Bestsellers

Della stessa autrice

nella collezione Oscar

Assassine

CINZIA TANI

COPPIE ASSASSINE

Uccidere in due per odio o per amore, per denaro o perversione

OSCAR MONDADORI

I edizione Le Scie ottobre 1999
I edizione Bestsellers Oscar Mondadori ottobre 2000

ISBN 88-04-48485-3

Questo volume è stato stampato
presso Mondadori Printing S.p.A.
Stabilimento NSM – Cles (TN)
Stampato in Italia – Printed in Italy

Il nostro indirizzo Internet è:
http://www.mondadori.com/libri

INDICE

5 I La mia verità
Elizabeth Jeffries e John Swan, Gran Bretagna 1752

15 II Troppo bionde
Sarah e Sarah Metyard, Gran Bretagna 1758

24 III Fratelli di latte
John Scanlan e Stephen Sullivan, Irlanda 1819

36 IV Chi ci ha traditi?
William Burke e William Hare, Scozia 1819

47 V Pan di zenzero
Jeanne Gras e Nathalis Gaudry, Francia 1877

61 VI Solo andata per Louis
Gabrielle e Marin Fenayrou, Francia 1882

75 VII Diciotto fiammiferi usati
Gabrielle Bompard e Michel Eyraud, Francia 1889

87 VIII Vendicati del mio amante
Penelope e Mario Carnevali, Italia 1890

96 IX Buon giorno dottor Crippen!
Hawley Harvey Crippen ed Ethel LeNeve, Gran Bretagna 1910

118 X Mai viste tante mosche in una stanza!
Frederick e Mary Ann Seddon, Gran Bretagna 1911

137 XI Solo due smidollati
Nathan Leopold e Richard Loeb, Stati Uniti 1924

156 XII Disperatamente
Bonnie Parker e Clyde Barrow, Stati Uniti 1932

187 XIII I tuoi occhi, la mia vendetta
Christine e Léa Papin, Francia 1933

198 XIV Fammi fare qualcosa di pericoloso
Karl Hulten ed Elizabeth Jones, Gran Bretagna 1944

210 XV Giulietta sovrappeso
Raymond Fernandez e Martha Beck, Stati Uniti 1948

222 XVI Più guardo la gente più la odio
Charles Starkweather e Caril Ann Fugate, Stati Uniti 1958

232 XVII No, ti prego, non lasciarmi!
Bernard Finch e Carole Tregoff, Stati Uniti 1959

246 XVIII Picnic nella brughiera
Ian Brady e Myra Hindley, Gran Bretagna 1963

268 XIX Doppio inganno
Youssef e Claire Bebawi, Italia 1964

289 XX Liberi di amare, liberi di uccidere
Wilhelm Leinauer e Christel Muller, Germania 1967

300 XXI La buccia di banana
Marion Ihns e Judy Andersen, Germania 1973

312 XXII Il peccato più nero
Kenneth Bianchi e Angelo Buono, Stati Uniti 1977

339 XXIII Dentro il furgone
Gerald e Charlene Gallego, Stati Uniti 1978

372 XXIV Che cosa avete fatto a papà e mamma?
Lyle ed Erik Menendez, Stati Uniti 1989

398 XXV L'uomo più perfetto del mondo
Paul Bernardo e Karla Homolka, Canada 1990

425 *Bibliografia*

COPPIE ASSASSINE

Alla mia mamma,
che ha sempre letto in me
e ora legge i miei libri

Se lo stupro e l'incendio, il pugnale e il veleno,
di vezzosi ricami non hanno ancora guarnito
dei nostri giorni il grigio miserevole ordito,
è che ogni volta, ahimé, l'animo ci vien meno!

BAUDELAIRE, *I fiori del male*

Come nel precedente libro *Assassine*, i nomi riportati nel titolo di ogni capitolo sono, naturalmente, quelli con cui sono noti gli assassini, o presunti tali; il paese è quello in cui ebbe luogo l'omicidio, o il primo degli omicidi; l'anno è quello in cui venne commesso.

I

LA MIA VERITÀ

Elizabeth Jeffries e John Swan, Gran Bretagna 1752

I vicini udirono distintamente i colpi di pistola alle due del mattino. Provenivano dal castello di Joseph Jeffries, il ricco possidente terriero. Rimasero col fiato sospeso, incerti sul da farsi. Stupiti non lo erano poi molto, da tempo temevano che qualcosa di grave sarebbe accaduto in quella famiglia. Elizabeth, la figlia adottiva, viveva come una selvaggia, odiava il padre e, ultimamente, aveva uno sguardo...

I vicini bisbigliavano nei letti caldi di sonno: e se quella sciagurata avesse commesso qualcosa di irreparabile? I minuti passavano e dal castello non veniva alcun rumore. Che fare? Fingere di non avere udito? Continuare a dormire? Trascorse un'ora. Poi tutti sentirono le grida di Elizabeth. La gente balzò in piedi, uscì dalle case.

La ragazza era in camicia da notte e, affacciata al balcone, gesticolava e chiamava aiuto: «Correte! C'è stata una rapina... E un omicidio... credo che abbiano tagliato la gola a mio padre!».

Joseph Jeffries era un uomo di quarant'anni, alto di statura, dai lineamenti marcati e dai lunghi baffi neri. Era molto ricco e con sua moglie Ann viveva in una specie di castello di campagna a Walthamstow, in Inghilterra. Non avevano figli, ma li desideravano tanto. Lei gli aveva suggerito una soluzione: «Perché non chiedi a tuo fratello Thomas se ci consente di adottarne uno dei suoi? Ne ha sei e si capisce bene che con il suo lavoro non riesce ad allevarli come dovrebbe». Ma Joseph non aveva mai trovato il coraggio di fare una simile richiesta al fratello e continuava a rimandare. Poi, nel 1732, si presentò l'occasione giusta. Thomas, che costruiva barche nello Shropshire, andò da lui a chiedere un prestito e a lamentarsi di non poter offrire ai figli un'esistenza più decorosa. Joseph approfittò dello sfogo del fratello per esprimere il suo desiderio. Se gli avesse permesso di adottare uno dei suoi ragazzi, questi sarebbe vissuto nel benessere, avrebbe studiato nei migliori istituti, e non avrebbe più gravato sulle già scarse risorse della famiglia.

Thomas rimase qualche minuto in silenzio, la proposta era inusuale e lo trovava impreparato, eppure non poteva essere tanto sciocco da privare uno dei suoi figli della possibilità di una vita migliore. Inoltre Joseph e Ann erano persone buone e affidabili, avrebbero allevato un bambino con amorevolezza e generosità. Accettò dunque ancora prima di consultare la moglie, sicuro che anche lei sarebbe stata d'accordo, pur a malincuore. Rimaneva però da stabilire quale dei ragazzi sarebbe andato a vivere con i Jeffries. Sperava infatti che il fratello scegliesse uno dei maschi, sicuramente più bisognoso delle ragazze di studiare per costruirsi un avvenire. Ma Thomas disse subito che sua moglie preferiva Elizabeth, la più piccola, una bambina di sei anni.

Elizabeth era molto graziosa e aveva un carattere dolce. La madre pianse quando i cognati la portarono via, ma si consolò pensando che la figlia avrebbe conosciuto il lusso e forse la felicità. Joseph e Ann iscrissero la bambina a una delle migliori scuole del paese, le regalarono un cavallo, le fecero prendere lezioni di musica. La coccolavano e la viziavano, soddisfacendo tutti i suoi capricci. Ma quando Elizabeth arrivò all'adolescenza il suo carattere mansueto cominciò a cambiare. Diventò disubbidiente e aggressiva con i genitori adottivi, insofferente a scuola, violenta con i compagni. Ogni rimprovero veniva accolto con uno scatto di rabbia, ogni divieto la faceva piangere o chiudere in se stessa. E allora seguivano giorni di bronci e di mutismi.

Quando, nel 1742, ebbe compiuto quindici anni, fu chiaro che era diventata una ribelle. Aveva lunghi capelli biondi che lasciava sciolti sulle spalle e un'ossatura sottile. Il suo aspetto esprimeva delicatezza e fragilità, ma contrastava con il suo modo di fare brusco e scostante. Trascorreva i pomeriggi nelle taverne al tavolo da gioco piuttosto che in biblioteca, si assentava spesso da scuola perché preferiva recarsi a Londra dove vagabondava per le strade senza uno scopo. Semplicemente guardava la gente e le piaceva farsi guardare. Attirava l'attenzione dei passanti con la sua andatura ancheggiante, scuotendo i lunghi capelli, sorridendo a chiunque. Aveva anche cominciato a bere e la sera girava per le locande alla ricerca di compagnia. I soldi non le mancavano e, poiché non le piaceva stare sola, c'era sempre chi approfittava della sua generosità. Potevano essere le donne che il locale esibiva per attirare i clienti come i gruppi di giovani che volevano soltanto divertirsi. Elizabeth mandava giù un bicchiere dopo l'altro, alzava la voce, partecipava agli scherzi e poi improvvisamente ammutoliva lanciando intorno sguardi desolati, e infine se ne andava lasciando tutti sorpresi.

Durante una di queste serate vide un bell'ufficiale che beveva al bancone di un pub a Tower Hill. Gli lanciò occhiate seducenti finché lui non si fece avanti presentandosi e accomodandosi accanto a lei. Consumarono insieme diversi bicchieri di birra e poi il giovane la invitò in una stanza d'albergo. Elizabeth cominciò a spogliarsi ma, mentre si sfilava il vestito, l'ufficiale si accorse con disgusto che la sua biancheria era macchiata. Sospettò allora che fosse stata recentemente con altri uomini e, temendo di essere contagiato da qualche malattia venerea, lasciò la stanza senza una parola. Elizabeth alzò le spalle, pensò «pazienza, ne troverò un altro», e si rivestì.

La signora Jeffries non sembrava accorgersi delle scappatelle a Londra della figlia. Era invece preoccupata per il suo strano comportamento in casa e per l'incomprensibile astio che la ragazza dimostrava nei confronti del padre. La sera, in camera, Ann piangeva e confidava il suo cruccio al marito che la consolava come meglio poteva.

«Che cosa abbiamo sbagliato con questa ragazza, Joseph?» chiedeva tristemente Ann.

«Ma niente, cara. È soltanto in un'età difficile. Prima o poi tornerà dolce com'era da bambina.»

«Forse abbiamo fatto male a portarla via dalla sua famiglia» riprendeva lei.

«Ma no! Lo sai benissimo che sarebbe stata infelice a casa di mio fratello. Con noi ha tutto quello che può desiderare» tagliava corto lui.

Ma Ann non si dava pace, chiamava Elizabeth presso di sé e le chiedeva se avesse qualche dispiacere, qualche sofferenza nascosta. La ragazza alzava le spalle, poi si inteneriva per la donna che vedeva sinceramente addolorata e la abbracciava. Subito dopo però scappava via e a volte non rientrava fino alla mattina successiva. Due anni dopo Ann Jeffries morì, probabilmente di crepacuore.

Joseph fece del suo meglio per supplire alla mancanza della moglie circondando Elizabeth di maggiori cure e attenzioni. L'amava teneramente e per farle capire quanto tenesse a lei decise di farne la sua unica erede. Scrisse quindi un testamento in cui le lasciava tutti i suoi averi, comprese le case e i mobili a Walthamstow e a Londra, e tutto ciò che rimaneva delle sue proprietà, tolti alcuni trascurabili lasciti in favore dei numerosi nipoti. Nonostante questa dimostrazione di affetto Elizabeth non cambiò atteggiamento. Invece di occuparsi della casa, adesso che la madre adottiva era morta, passava tutta la giornata chiusa nella sua stanza. Non studiava più e non voleva parlare con nessuno. A volte i vicini la vedevano passeggiare intorno alla villa con lo sguardo sognante ma, se le rivolgevano la parola, Elizabeth non rispondeva.

Nel 1748 il signor Jeffries assunse due nuovi servitori: Sarah Armstrong, una giovane cameriera, e il factotum John Swan. John era un ragazzo di vent'anni, con folti capelli rossi, spalle larghe e una costituzione robusta. In contrasto con la struttura fisica forte e solida aveva uno sguardo esitante e timido da fanciullo. Per diversi giorni lui ed Elizabeth si evitarono. Entrambi si erano accorti di provare una forte attrazione reciproca. In seguito la ragazza prese l'abitudine di gironzolargli intorno mentre era occupato a lavorare in casa e nel giardino.

Una mattina si sedette su uno sgabello nel cortile e fissò con insistenza John impegnato a spaccare la legna. Vedeva il braccio muscoloso di lui alzarsi e poi ricadere con forza, spezzando il ceppo in due con un colpo preciso. Elizabeth ruppe il silenzio che si protraeva ormai da lunghi minuti per chiedergli se desiderasse baciarla. John rimase con l'accetta a mezz'aria, sorpreso. Appoggiò l'attrezzo, si avvicinò e si mise in ginocchio davanti a lei guardandola e baciandole le mani. Poi la fece alzare e la strinse a sé, ardente e muto, mentre Elizabeth respirava profondamente per cercare di calmare i battiti furiosi del suo cuore. Nei mesi seguenti cercarono di nascondere la relazione, ma i loro incontri non sfuggivano ai contadini, ai vicini e ai domestici, per i quali la famiglia Jeffries rappresentava l'argomento principale dei pettegolezzi domenicali. Anche Sarah, la giovane cameriera, scoprì il legame segreto e decise di parlarne con Elizabeth. Le disse che il signor Jeffries non avrebbe approvato la sua scelta e che sarebbe stato meglio per lei troncare subito questo legame.

«Come ti permetti tu di darmi consigli?» le chiese sdegnata Elizabeth che non tollerava intrusioni nella sua vita privata da parte di nessuno, e tanto meno da quella donna che da qualche tempo si muoveva per la casa con l'altezzosità di una padrona. Sarah le rispose che aveva le sue buone ragioni. Conosceva John e sapeva che ciò che stava cercando era soltanto un ricco matrimonio.

Se anche John desiderava una vita agiata in compagnia della donna che amava, si convinse Elizabeth, non c'era nulla di male e lei non aveva niente da rimproverargli perché le sue dimostrazioni d'amore erano continue e perfino esagerate. John la cercava tutto il giorno con lo sguardo, la trattava con dolcezza, l'amava appassionatamente. Ogni tanto il ragazzo si chiedeva quale fosse il motivo della profonda avversione che Elizabeth provava per il padre, ma non le chiedeva spiegazioni perché pensava che non avesse mai perdonato a Joseph Jeffries di averla portata via ai suoi genitori.

Joseph fu l'ultimo ad accorgersi della relazione fra sua figlia e John Swan. Chiamò Elizabeth nel suo studio e le fece una scenata. La servitù rimase impressionata dalle grida che provenivano dalla stanza perché era la prima volta che il signor Jeffries perdeva il controllo. Elizabeth uscì dallo studio rossa in volto e con lo sguardo infuocato, ma non versò una lacrima e non fece nulla per troncare la relazione con John. Anzi, i loro incontri fuori dal castello raddoppiarono. A volte lui la vedeva talmente triste che le avrebbe volentieri proposto di fuggire insieme ma, sapendo di non essere in grado di offrirle la vita che il signor Jeffries le consentiva di fare, rinunciava.

Nella primavera dell'anno successivo il padre minacciò Elizabeth di cancellarla dal testamento se avesse continuato a dare questo spettacolo indecente di se stessa. La minaccia sortì qualche effetto e la ragazza promise di accontentarlo. Si fece quindi molto più guardinga negli incontri con l'amante, rimase più tempo in casa e diventò paziente e arrendevole. Ma quando arrivò l'estate e si accorse di essere rimasta incinta, temette allora di vedere veramente sfumare la sua eredità. Non voleva rinunciare a Swan che amava con tutta se stessa, ma non era neppure disposta a fare a meno dei soldi.

«Quel denaro è mio, mi spetta di diritto» dichiarò a John durante una passeggiata a cavallo. «Joseph mi ha comprata ai miei genitori con quel denaro!»

«Vedrai che non ti cancellerà dal testamento» cercava di calmarla lui. Ma sapeva benissimo che quando il signor Jeffries si fosse accorto dello stato della figlia avrebbe messo in atto le sue minacce. Non avrebbe sopportato di vedere oltraggiato il proprio orgoglio di padre.

«Non c'è che una soluzione» disse Elizabeth.

«Quale?» chiese John timoroso, intuendo il pensiero della ragazza.

«Bisogna che lui muoia» rispose lei decisa.

Ne parlarono a lungo, ma nessuno dei due sembrava disposto a compiere l'omicidio di persona.

Avvicinarono allora un pover'uomo chiamato Matthews che il signor Jeffries aveva assunto per una settimana come aiutogiardiniere. Matthews era uno straccione che cercava disperatamente la maniera di guadagnarsi da vivere, sembrava il candidato ideale a fare qualunque cosa per pochi soldi. Una mattina Swan lo chiamò in disparte nel bosco per fargli una proposta.

«Saresti disposto a uccidere il signor Jeffries per mio conto?» gli chiese a bruciapelo. «Ci sarebbe molto denaro per te...»

Al colloquio era presente anche Elizabeth che aggiunse le sue argomentazioni, piangendo e dicendo che non sarebbe mai stata felice se il padre adottivo fosse rimasto in vita. L'uomo esitava, e per la sua indecisione la proposta iniziale da cento sterline arrivò fino a settecento. Alla fine accettò l'incarico, e la coppia passò diversi giorni ad architettare macabri piani.

Nei mesi successivi i vicini si domandarono come mai Elizabeth da qualche tempo insistesse tanto perché il signor Jeffries uscisse la sera. La giovane spiegava che il padre aveva bisogno di distrarsi, magari bevendo un bicchiere in compagnia, invece di passare tutte le sere in casa insieme a lei e alla servitù. La gente pensò che Elizabeth volesse semplicemente incontrare più a lungo e con maggiore tranquillità il suo amante. Le chiacchiere sul suo conto non fecero che aumentare.

In un primo momento Elizabeth e John pensarono di uccidere Jeffries con un randello, ma poi cambiarono idea e optarono per una pistola. Alla fine di maggio John comunicò il suo piano a Matthews che incontrò al Bell Inn, una taverna in Petticoat Lane. I due bevevano e discutevano animatamente. Improvvisamente Matthews si alzò dal tavolo facendo cadere una bottiglia. Il proprietario del locale, insospettito dall'atteggiamento dei due uomini, volle perquisirli e quando scoprì che John Swan aveva con sé due grosse pistole chiamò la polizia.

Elizabeth fu prontamente avvertita dell'incidente e lasciò il castello alle quattro del mattino per andare in carrozza alla stazione di polizia a chiedere la liberazione dei suoi complici. Spiegò che le pistole erano state appena acquistate da suo padre che aveva inviato Swan in città per farle pulire. John e Matthews furono subito rilasciati.

Il 3 luglio il piano fu messo in atto. Verso le due del mattino alcuni vicini dei Jeffries sentirono degli spari. Un'ora dopo furono tutti svegliati da Elizabeth che, affacciata al balcone della sua stanza in camicia da notte, urlava disperatamente le parole «rapina» e «omicidio». Swan corse fuori a torso nudo annunciando in modo confuso che la casa era stata svaligiata e che temeva che il signor Jeffries fosse stato ucciso.

Elizabeth nel frattempo era scesa di corsa nel piazzale. Anche in quel momento di angoscia la ragazza camminava ancheggiando come d'abitudine, attirando le critiche dei presenti. I vicini, fra cui c'era anche l'ufficiale che aveva conosciuto nella taverna di Tower Hill, notarono con disgusto che la sua camicia da notte era tutta macchiata. Le chiesero cosa fosse successo e la ragazza rispose che aveva visto quattro uomini scendere le scale. Ridevano e dicevano di aver commesso tutto il male possibile in quella casa. Alla fine singhiozzando disse: «E poi... credo che abbiano tagliato la gola a mio padre!».

I vicini corsero in casa a cercare il signor Jeffries che trovarono sul suo letto. Non gli era stata tagliata la gola, ma era comunque in fin di vita, colpito alla testa da due pallottole. Il secondo proiettile, che si era frammentato, aveva causato una terza ferita molto profonda sotto l'orecchio che poteva sembrare il taglio di un coltello. Non era morto, ma non poteva parlare. Riusciva però a muovere una mano con la quale continuava a indicare la figlia. Le persone che si trovavano nella stanza pensarono che il padre la volesse vicina negli ultimi momenti e spinsero una ritrosa Elizabeth davanti a lui. Ma Jeffries, anche con la ragazza accanto, continuò a puntarle il dito contro, come se volesse dire qualcosa, poi la mano ricadde inerte sulla coperta e l'uomo spirò.

Elizabeth controllò tutta la casa e disse che mancavano dei pezzi di argenteria. Swan radunò un gruppo di contadini che, armati di rastrelli e di bastoni, cercarono gli assassini nel bosco. Era l'alba quando, su indicazione di Swan, gli uomini cominciarono a dragare lo stagno che si trovava vicino al castello dove venne rinvenuta la refurtiva chiusa in un sacco. La polizia arrivò poco dopo e cominciò le indagini. Una delle finestre che si trovavano accanto alla porta posteriore del castello era stata rotta per permettere ai ladri di infilare una mano e togliere il catenaccio. Sembrava così spiegata la dinamica del furto. Ci fu qualcuno tra i vicini che si chiese se per caso Matthews lo straccione, che era stato licenziato dal signor Jeffries due giorni prima ed era stato visto vagabondare nelle vicinanze della tenuta proprio quel giorno, non fosse coinvolto nella rapina e nell'omicidio.

Elizabeth e Swan si contraddicevano. L'uno diceva che Matthews sicuramente sapeva qualcosa di tutta la faccenda e che era il caso di cercarlo. L'altra affermava che l'uomo era innocente e che interrogarlo poteva creare problemi a tutta la famiglia.

Ma c'erano altre circostanze misteriose su cui la gente si poneva delle domande. Alcuni vicini avevano udito gli spari intorno alle due del mattino e si chiedevano come mai Elizabeth avesse impiegato un'ora prima di dare l'allarme. L'arma del delitto apparteneva alla vittima, e di solito era conservata in cucina insieme alle altre pistole. Adesso mancava, ma la cameriera Sarah Armstrong, che era appena tornata al castello dopo la sua giornata di permesso, ricordava di avere visto la mattina precedente Swan in cucina mentre caricava una delle rivoltelle. Infatti sul pavimento vennero rilevate tracce di polvere da sparo.

Ma le maggiori perplessità riguardavano la finestra rotta. Il castello era uno di quegli edifici pittoreschi dai vetri finemente decorati. Il foro era stato fatto con la cura di un vetraio che voleva assicurarsi che la parte di vetro rimosso non andasse in frantumi e potesse in seguito essere ricollocata al suo posto. Il pannello era stato quindi staccato ancora intatto... dall'interno della casa!

Alla fine Matthews venne rintracciato e, sottoposto a uno spietato interrogatorio, confessò la parte che aveva avuto nel piano. La notte del 3 luglio Swan ed Elizabeth gli avevano consegnato la pistola e ordinato di sparare alla testa del signor Jeffries. Spaventato, l'uomo aveva rifiutato di compiere il delitto. Allora la coppia aveva cercato di convincerlo offrendogli, di volta in volta, una somma di denaro sempre più consistente. Poi, di fronte al suo rifiuto, l'aveva minacciato di morte. Alla fine i due giovani avevano rinunciato a coinvolgerlo nel delitto e gli avevano intimato di sparire e di non farsi più vedere. Prima però gli avevano chiesto ingenuamente di prestare il solenne giuramento di non rivelare mai a nessuno i loro piani omicidi. Matthews giurò, ma con la riserva che avrebbe confessato nel caso la sua vita fosse stata in pericolo.

La data del processo fu ritardata perché si voleva controllare la presunta gravidanza di Elizabeth. Era chiaro a tutti che, in seguito al processo, la giuria l'avrebbe trovata colpevole condannandola all'impiccagione. Elizabeth era veramente incinta, però in carcere perse il bambino. Quindi il processo poté avere inizio, ma quale storia emerse dalla sua confessione!

Quando fu chiamata a deporre il pubblico ministero le domandò che rapporti ci fossero fra lei e il padre adottivo. Tutti conoscevano la dedizione di Joseph Jeffries nei confronti della figlia e per anni si erano chiesti da cosa dipendesse la malevolenza che la ragazza gli dimostrava.

Elizabeth parlava con voce dolce, da bambina, guardava un punto lontano e sembrava non volesse neppure prendere fiato. «Avevo tredici anni quando mio padre adottivo, Joseph Jeffries, venne nella mia stanza e mi violentò.»

I giurati, gli avvocati e tutto il pubblico rimasero col fiato sospeso.

«Da allora non mi lasciò più in pace» continuò Elizabeth. «A quindici anni rimasi incinta e lui mi mandò a Portsmouth dove fortunatamente ebbi un aborto spontaneo. Ma l'anno successivo rimasi di nuovo incinta. Mia madre, la signora Jeffries, non si era accorta di nulla. Poi lei morì e mio padre non ebbe rispetto neppure della mia gravidanza. Semplicemente mi procurò un farmaco e continuò a venire nella mia stanza anche dopo l'aborto.»

Nell'aula c'era un silenzio glaciale e la voce femminile risuonava come un'accusa verso il mondo intero. Elizabeth raccontò che il padre, da quando era rimasto vedovo, non si preoccupava più di nascondere il suo desiderio verso di lei, e lo manifestava senza tanti pudori. Era infatti convinta che i domestici sapessero delle sue visite notturne, ma lui li faceva tacere con inspiegabili e improvvisi aumenti di stipendio.

Il pubblico ministero la interrogò sul testamento che l'uomo aveva fatto in suo favore. Lei rispose che il generoso lascito non era che una maniera per renderla più docile e per impedirle di tornare dai suoi genitori.

Poi, però, avvenne un fatto nuovo.

Elizabeth raccontò che Joseph aveva assunto una cameriera giovane e carina, Sarah Armstrong, e un ragazzo che doveva occuparsi del giardino e dei lavori pesanti, John Swan. Una sera scoprì il padre a letto con la cameriera. Nonostante tutto ciò che aveva passato, nonostante il rancore che nutriva verso di lui si sentì ugualmente tradita. L'interesse repentino verso un'altra donna le fece capire che neppure il desiderio di Joseph nei suoi confronti era stato unico, il padre l'aveva semplicemente usata per soddisfare le sue malsane voglie sessuali, non avendo un'altra giovane a portata di mano. Si accorse che lo stipendio di Sarah aumentava di mese in mese e che la donna indossava abiti sempre più raffinati, molto diversi da quelli che una cameriera era solita portare. Cominciò anche a sfoggiare gioielli costosi e a comportarsi in maniera arrogante e autoritaria. Elizabeth capì che la donna stava prendendo il suo posto nel letto e nel cuore del padre ed ebbe paura, dopo essere stata rovinata moralmente, di esserlo anche finanziariamente se il padre avesse cambiato il testamento in favore di Sarah.

In questa drammatica situazione John Swan le era parso come il cavaliere giunto a salvarla da tutte le pene. Si rifugiò nella passione per dimenticare la vergogna degli stupri. Eppure, quando il signor Jeffries si accorse dell'amore che la nipote provava per il giovane reclamò di nuovo i suoi servizi a letto. La cercava continuamente, andava anche a svegliarla nel cuore della notte per farla sua.

Ecco perché Elizabeth aveva cercato di persuadere vicini e amici a portare fuori il padre la sera. Sperava che tornando ubriaco e stanco non la cercasse più e la lasciasse vivere tranquilla. Questa era la vera ragione della sua insistenza e non il desiderio di rimanere sola con il suo amante, come sosteneva l'accusa. Raccontò poi che cosa era successo la notte del delitto:

Mio padre era uscito ed era tornato ubriaco. Era la sera di libertà per la servitù e proprio per questo avevo chiesto a Swan di restare, di non lasciarmi sola. Lui venne nella mia stanza e rimanemmo fino a tardi a parlare. Fu in quelle ore che gli raccontai tutto, gli dissi delle molestie di mio padre, della mia vergogna e di come avevo reagito perdendo orgoglio e dignità finché non avevo incontrato lui. Sentimmo mio padre rientrare. Spensi la candela e finsi di dormire mentre Swan usciva cauto per raggiungere la sua stanza. Udii i passi di Joseph sulle scale, poi davanti alla sua camera e stavo per tirare un sospiro di sollievo quando lui riprese a camminare. Ecco, si era fermato davanti alla mia porta, che per fortuna avevo chiuso a chiave. Mi chiamava piano. Poi sempre più forte: «Elizabeth! Elizabeth!».

Bussò con violenza. Quando mi sembrò che volesse abbattere la porta mi alzai dal letto e aprii, ma contemporaneamente gridai per farmi sentire da Swan. Urlai: «Basta! Basta! Basta!». Swan accorse dal piano di sotto, minacciò mio padre, gli chiese di andarsene o avrebbe chiamato aiuto, l'avrebbe costretto a confessare alla polizia ciò che mi aveva fatto. Mio padre rise, disse che nessuno gli avrebbe creduto e infine lo licenziò. Poi mi spinse da parte ed entrò nella mia stanza. Swan gli andò dietro. Aveva uno sguardo feroce, tirò fuori la pistola e sparò, una, due volte. Mio padre cadde in terra e io scoppiai a piangere. Avevo paura, paura che Swan fosse arrestato. Qualcuno aveva sicuramente sentito i colpi. Aspettammo trattenendo il respiro. Non sentimmo alcun rumore e allora portammo il corpo di Joseph nella sua stanza e lo adagiammo sul letto. Poi decidemmo di fingere una rapina e andammo di sotto a rompere il vetro vicino alla porta posteriore. Swan prese dell'argenteria e uscì dal retro per andare a gettarla nello stagno. Solo allora io tornai nella mia camera e chiamai aiuto affacciata alla finestra. Poi cominciò ad arrivare gente.

Quando Swan fu invitato a deporre si limitò a confermare il racconto di Elizabeth e confessò l'omicidio.

Nessuno dei giurati ebbe pietà di loro. Forse perché nessuno credette alla storia di Elizabeth. Dopo due ore di discussione la giuria tornò in aula con un verdetto di colpevolezza per entrambi. Il giudice li condannò a morte mediante impiccagione. Quando Elizabeth poté prendere la parola si voltò verso il suo amante e disse semplicemente: «Mi dispiace».

Poi si lasciò portare via e John sorrise amaramente notando che anche in quell'occasione non aveva perso il vezzo di ancheggiare e di scuotere i lunghi capelli biondi.

John Swan ed Elizabeth Jeffries furono impiccati una mattina di settembre. La stampa molto tempo dopo commentò che era stata condannata a morte una donna che, se fosse vissuta nel secolo successivo, avrebbe ottenuto sicuramente una sentenza più mite o, addirittura, l'assoluzione.

II

TROPPO BIONDE

Sarah e Sarah Metyard, Gran Bretagna 1758

Anne si punse il dito con l'ago. Lo fece apposta per poter lasciare la sala dove cuciva insieme alle sue compagne. Disse che andava a disinfettarsi, invece scese le scale in punta di piedi. Passò davanti alla cucina dove la signora Metyard stava preparando la cena. Teneva strette le mani sul seno nel tentativo di calmare i battiti tumultuosi del cuore. Aprì la porta di casa e uscì per la strada. Poi cominciò a correre a perdifiato. Era libera! Presto però si scoraggiò perché non conosceva quella zona della città, non aveva denaro con sé e non sapeva dove andare. Vide la salvezza nell'uomo vestito di bianco che consegnava il latte.

«La prego, mi aiuti!» gli disse andandogli a finire addosso.

L'uomo la guardò stupito e le chiese che cosa le fosse accaduto.

«In quella casa...» cominciò lei cercando il fiato per continuare. Poi prese a raccontare delle torture subite, dei maltrattamenti, delle terribili punizioni. Le parole si accavallavano e si frammentavano nei singhiozzi.

«Mi uccideranno, lo so... mi uccideranno se mi riprendono. Mi aiuti!» supplicò.

«Di quale casa parli?» le domandò il lattaio.

«La casa della signora Metyard» disse lei e vide l'uomo impallidire.

Sarah Metyard era una modista di quarant'anni e abitava con la figlia adolescente, che aveva il suo stesso nome, ma era soprannominata Sally, nell'East End di Londra, a Bruton Street. Samuel, il marito di Sarah, un commerciante di stoffe, era morto già da diversi anni in circostanze mai perfettamente chiarite. Sarah era una donna bionda dalla carnagione pallidissima. Tutto in lei era esile, i capelli molto fini, la struttura delicata, il seno appena accennato. Ma l'apparente fragilità era contraddetta da uno sguardo duro, dal tono autoritario della voce e dai movimenti bruschi, a volte rabbiosi. Il marito l'aveva amata incondizionatamente accettando le sue impennate d'ira, le sue decisioni improvvise, i suoi cambiamenti d'umore.

E quando, nel luglio del 1743, era nata Sally, pensava di potersi finalmente godere una dolce femminilità. Perché la bambina era esteriormente identica alla madre ma tutto in lei era più morbido, dal sorriso luminoso allo sguardo avvolgente, al modo armonioso di parlare e muoversi. Anche lei era biondissima con capelli lisci e molto fini. Il padre ogni tanto scherzando diceva che le sue donne erano «troppo bionde» e che tutto quel biondo avrebbe causato guai.

Sarah era infatti una donna viziosa, per niente appagata dalla dedizione assoluta del marito. Lo tradiva continuamente, approfittando del fatto che Samuel partiva per frequenti viaggi di lavoro. Lo tradiva in casa, nel loro letto matrimoniale, con il primo garzone attraente che si presentava con qualche consegna da fare. E lasciava la porta della camera aperta, incurante delle occhiate desolate che la piccola Sally lanciava all'interno prima di fuggire agitata e confusa.

Samuel amava la moglie in maniera quasi dissennata e, nonostante i pettegolezzi dei vicini, non voleva credere alla sua infedeltà. Ma un giorno, nella primavera del 1750, tornò dal lavoro prima del tempo. Trovò Sally sola in cucina e quando le chiese della madre la piccola scoppiò a piangere. Poi, balbettando, con sussulti nella voce, sussulti che le salivano dal cuore amareggiato, disse che la mamma era fuori per delle compere. Sapeva invece che Sarah era di sopra, nella sua stanza da letto insieme all'uomo che consegnava il latte. Li aveva visti salire, li aveva sentiti ridere e quando si era affacciata alla porta l'avevano mandata via. «Vattene, mocciosa» aveva gridato la madre.

Samuel pensò che la figlia piangesse perché era rimasta sola in casa e la prese in braccio per consolarla. Poi le disse che avrebbero fatto una sorpresa alla mamma, avrebbero preparato insieme la cena. Prese dalla credenza l'occorrente per apparecchiare e mise sul fuoco la pentola per fare il brodo. Pregustava la risata di Sarah quando rientrando in casa avrebbe trovato tutto pronto. Tirò fuori la caraffa del vino, scartò il formaggio. Sally lo aiutava con gesti meccanici mentre le lacrime continuavano a rigarle le guance. Sentiva che la tragedia era stata soltanto rimandata e sperava che i movimenti sicuri del padre in cucina non finissero mai. La pendola suonò le sei e Samuel tese l'orecchio verso la porta. Aveva udito qualcosa.

«È la mamma? Vai a vedere, Sally» la pregò l'uomo.

Sally si affacciò alla porta della cucina e candidamente disse: «No. È il lattaio che scende le scale con le scarpe in mano».

Il mondo crollò addosso al povero, ingenuo Samuel. Tutto ciò che aveva sopportato, accettato, rimosso in quegli anni si trasformò in furia. Una specie di grido doloroso, orribile, gli uscì dalla gola mentre lasciava la cucina e si lanciava contro l'amante della moglie come una bestia ferita. Gridava frasi sconnesse, colpiva alla rinfusa mentre Sally guardava inorridita la scena. Poi tutto si confuse davanti ai suoi occhi. Era apparsa la madre che non le sembrava perfettamente vestita e si era messa fra i due uomini. Un gran rumore, grida, parole crudeli e poi un improvviso silenzio. Il padre era a terra, immobile, il lattaio scomparso e la madre in lacrime.

Negli anni che seguirono Sally seppellì l'episodio in fondo al cuore e non chiese mai nulla di quel pomeriggio. Se qualcuno le domandava del padre rispondeva che era morto per un colpo apoplettico, come le aveva spiegato la madre, d'altronde era malato di cuore da tempo e tutti quei viaggi non gli avevano fatto bene.

Sarah riuscì a mantenere se stessa e la figlia con il suo lavoro di modista. Con gli anni il suo carattere violento e irascibile peggiorò. Puniva la figlia picchiandola con la cinghia per ogni piccola mancanza, la faceva lavorare diverse ore al giorno impedendole di andare a scuola. Non le consentiva di avere amici, di giocare, neppure di mangiare ciò che desiderava. Non le faceva mai una carezza e coglieva ogni occasione per dirle che il padre era morto a causa sua. Poi però cambiava subito discorso.

Crescendo, Sally divenne simile alla madre anche nel carattere. Litigava violentemente con i ragazzi del vicinato, rispondeva con arroganza a parenti, vicini e negozianti, aveva delle crisi d'ira nelle quali gettava a terra tutto quanto le capitava davanti. Soltanto in presenza della madre tornava quieta e remissiva. Il suo rapporto con Sarah era ambivalente. Da una parte era affascinata dalla spietatezza materna nei confronti del prossimo, le sembrava un atteggiamento vincente, diverso dalla debolezza e dal romanticismo paterni. Dall'altra, quando la ferocia di Sarah si concentrava su di lei, capiva di detestarla con tutte le sue forze, ma si rendeva anche conto di essere in qualche modo una sua creatura, dipendente da lei come una marionetta.

Nel 1758 Sarah Metyard prese in casa cinque apprendiste che le erano state mandate dall'orfanotrofio. Il suo non era un atto di generosità, accettava di ospitare e di sfamare le ragazze in cambio di turni di lavoro massacranti. Fra queste c'era la giovane Anne Naylor che arrivò insieme a sua sorella Susan. Anne aveva una costituzione gracile e non era adatta al lavoro pesante e agli orari durissimi ai quali erano costrette le sue compagne. Si stancava presto, si distraeva e veniva continuamente ripresa dalla signora Metyard. Presto divenne l'oggetto preferito della collera e della barbarie della modista, il capro espiatorio delle sue rabbie incontenibili. Accadeva sempre più spesso che Sarah punisse la poveretta chiudendola a chiave nella soffitta, costringendola a nutrirsi solo di un tozzo di pane e un po' d'acqua. Spiegava poi alle altre apprendiste che Anne era una scansafatiche, ma che lei sarebbe riuscita a domarla.

Sconvolta da questi crudeli e ripetuti maltrattamenti, una mattina Anne riuscì a fuggire di casa. Non sapeva però dove andare e quindi si rivolse a un lattaio incontrato per la strada al quale chiese protezione. «Da chi vuoi che ti protegga, cara?» si informò l'uomo, commosso dal pianto di Anne. La ragazza allora raccontò le terribili sevizie di cui era vittima a casa Metyard.

Nel frattempo madre e figlia si erano accorte della sua scomparsa e Sarah aveva mandato Sally a cercarla nei dintorni. La vide infatti poco lontano e insieme a lei riconobbe l'uomo che aveva causato la morte del padre. Non disse nulla, ma afferrò Anne per un braccio e la trascinò via. Il lattaio rimase immobile, diviso fra il desiderio di aiutare la ragazza e la paura di venire coinvolto di nuovo dalla famiglia Metyard. Fra l'altro, si giustificò, non era neppure certo di aver capito il racconto di quella poverina, quindi preferì squagliarsela senza dire una parola.

Ricondotta a casa, Anne venne chiusa in uno stanzino al secondo piano dove la signora Metyard, aiutata dalla figlia, la picchiò con il manico di una scopa fino a lasciarla sanguinante e semisvenuta. Per evitare una nuova fuga le legarono le mani dietro la schiena e attaccarono la corda alla maniglia della porta, in modo tale che Anne non poteva stare né seduta né in piedi. Per tre giorni la ragazza fu costretta in quella posizione innaturale e non le fu dato nulla da mangiare e da bere. Mentre era rinchiusa nello stanzino le altre ragazze erano obbligate a lavorare in una sala adiacente, in modo che si rendessero conto delle sofferenze della compagna e fossero dissuase da qualsiasi tentativo di fuga.

La terza notte Anne venne slegata perché potesse raggiungere il suo letto nella soffitta e finalmente dormire. Provò a salire le scale ma, sfinita dalla mancanza di cibo e acqua, dalla reclusione e dalle botte, crollò a terra dove rimase fino all'alba.

La mattina dopo le apprendiste la trovarono ancora sulle scale e videro che non respirava più. Chiamarono quindi Sally perché venisse a controllare che cosa le fosse successo. Lei salì le scale esclamando: «Se non si muove la farò muovere io!» e arrivata davanti al corpo esanime di Anne la colpì con il tacco della scarpa. Poiché la ragazza non dava segni di vita, Sally chiamò spaventata la madre. Quando Sarah si accorse che Anne era morta, fece finta di niente e ordinò a una delle apprendiste di portarle un flacone di ammoniaca. Subito dopo chiese alle altre ragazze di scendere al piano di sotto e riprendere immediatamente il lavoro interrotto. Poi, aiutata dalla figlia, trasportò il cadavere nel solaio. Per qualche minuto le due donne rimasero in silenzio davanti alla morta. Si guardavano in preda al panico. Che avrebbero fatto? Alla fine la signora Metyard ebbe un'idea. Tornò giù e disse alle ragazze che Anne si era ripresa e adesso era nel suo letto in soffitta, dove aveva dovuto chiuderla per impedirle un'altra fuga.

Per evitare i sospetti delle apprendiste, nei giorni seguenti madre e figlia portarono in soffitta regolarmente il vassoio con il pranzo e la cena per Anne. Il quarto giorno dopo il delitto infilarono il cadavere in una cassa e questa volta non chiusero a chiave la porta del solaio. Lasciarono socchiuso anche il portone d'ingresso dell'abitazione e poi convocarono una delle ragazze.

«Cara, sali a chiamare Anne per la cena e dille che se si comporterà bene in futuro non sarà più punita» la pregò la signora Metyard in tono amichevole.

La ragazza tornò con la notizia che la reclusa non era più nella soffitta. Cominciò allora una frenetica ricerca in tutta la casa e alla fine le apprendiste arrivarono alla conclusione che Anne era fuggita di nuovo.

La sorella di Anne, Susan, che aveva lavorato qualche tempo dalla signora Metyard e poi se ne era andata per sposarsi, venne a chiedere sue notizie. Sally le comunicò freddamente che la sorella aveva lasciato la casa già da qualche giorno. Susan rimase interdetta, non poteva credere che se ne fosse andata senza dirle nulla e confidò i suoi sospetti a uno degli inquilini del palazzo. Questi le rivelò che circolavano strane voci sulle Metyard e le consigliò di continuare le ricerche della sorella per conto suo.

Susan attese, nascosta a casa dell'inquilino, che le due Metyard uscissero alla solita ora per andare a fare la spesa e poi suonò il campanello. Le aprì una delle apprendiste che la riconobbe e la fece entrare. Susan spiegò che aveva dimenticato qualcosa quando la signora Metyard le aveva mostrato la stanza dove aveva abitato la sorella. Salì quindi in soffitta e trovò i vestiti e le scarpe di Anne. Poiché era sicura che Anne possedeva solamente un paio di scarpe, era molto improbabile che la ragazza fosse andata via scalza.

Susan aspettò il ritorno della signora Metyard e poi la aggredì: «Dov'è mia sorella? Che ne è stato di lei?» chiese furibonda. Ma la donna alzava le spalle e rispondeva che non ne sapeva nulla.

«Se non mi dite la verità mi rivolgerò alla polizia» minacciò Susan.

Sally mostrò la stessa evasività della madre mentre le apprendiste tenevano la bocca ermeticamente chiusa. Per dimostrarle la sua collaborazione ed evitare qualche incidente, Sarah disse che l'avrebbe accompagnata ancora una volta in soffitta per guardare insieme a lei tra gli effetti personali di Anne. Ordinò alle ragazze di tornare immediatamente al lavoro e chiese a Sally di seguirla. Quando furono di nuovo nella soffitta Susan mostrò loro le scarpe della sorella. Nello stesso istante Sarah le mise le mani intorno al collo e cominciò a stringere. Sally afferrò le braccia della ragazza perché non cercasse di liberarsi. Poco dopo Susan era morta.

Il suo corpo venne infilato nella stessa cassa dove giaceva la salma di Anne. Per due settimane la soffitta rimase chiusa a chiave. Ma l'odore nauseabondo che proveniva dalla stanza invadeva gradualmente la casa e madre e figlia decisero di disfarsi dei cadaveri. La notte del 25 dicembre 1758 tagliarono i corpi in pezzi e iniziarono col bruciare le mani nel caminetto. Volevano farli scomparire così, ma quando si accorsero che l'orribile odore si diffondeva velocemente dappertutto, cambiarono idea e infilarono i resti di Anne e Susan in grossi sacchi. Aspettarono che in casa tutte le ragazze fossero andate a dormire e poi portarono i sacchi in Chick Lane, dove cercarono di lanciarli oltre il muretto perché finissero nella fogna. Ma erano troppo pesanti e così si limitarono a lasciarli cadere nel canale di fango e acqua che si formava prima della grata fognaria.

A mezzanotte un guardiano notturno che faceva l'abituale giro di ispezione notò i sacchi che erano rimasti impigliati nella grata e cercò di spingerli avanti con un bastone. La morbida consistenza del contenuto lo incuriosì ed egli aprì uno degli involucri. Quando vide con orrore i resti umani andò a chiamare un poliziotto di ronda, Victor Umfreville, che esaminò i sacchi e alla fine concluse che doveva trattarsi di cadaveri trafugati dai ladri e poi venduti a qualche chirurgo che li aveva sezionati. Decise quindi che non era il caso di denunciare il fatto e le salme vennero seppellite nel più vicino cimitero.

Passarono due anni. Sarah Metyard vedeva sfiorire la propria bellezza e se possibile diventava ancora più perversa e crudele. Neppure la figlia sfuggiva ai suoi attacchi feroci, agli insulti, alle botte. Ma a differenza delle apprendiste, Sally rispondeva a tono, cercava di ribellarsi e a volte minacciava la madre gridando che sarebbe andata a riferire dei delitti alla polizia.

Nel gennaio del 1762, Charles Rooker, un giovane di bell'aspetto e di classe sociale elevata, prese in affitto una stanza a casa Metyard e vi rimase sei mesi. In diverse occasioni ebbe modo di stupirsi del modo inflessibile e brutale in cui la signora trattava le apprendiste. La donna considerava ogni minima mancanza degna della più terribile punizione e Rooker si chiese più volte come mai quelle giovani, e perfino Sally, accettassero con tanta passività trattamenti così disumani. Arrivò il momento in cui non riuscì più a sopportare l'atmosfera lugubre di quelle stanze, le urla e i lamenti che sentiva quasi ogni notte mentre cercava di prendere sonno. Lasciò quindi la casa e tornò a vivere con i genitori nel loro appartamento in Hill Street. Volle però compiere una buona azione e chiese a Sally di andare a lavorare da lui come cameriera. Per la prima volta alla giovane si presentava una via di fuga dalla tirannia materna e accettò subito la proposta. Quando Sarah vide la ragazza prepararsi a lasciarla andò su tutte le furie, la afferrò per i capelli, la picchiò ma non riuscì a trattenerla.

Sarah non si arrese. Prese l'abitudine di andare ogni giorno a bussare alla porta di casa Rooker per reclamare la figlia. Poiché però Charles aveva dato ordine ai suoi genitori di non farla entrare, spiegando che la donna era fuori di senno, Sarah rimaneva per strada gridando ingiurie e minacce in direzione di Sally.

La pietà che inizialmente Charles aveva provato nei confronti di Sally si trasformò in tenerezza e poi in amore, e il giovane le chiese di andare a vivere insieme a lui come sua amante. Si trasferirono quindi a Ealing in una piccola proprietà della famiglia Rooker. Dopo qualche giorno di calma, la signora Metyard scoprì l'indirizzo e ricominciò a bussare alla porta della figlia. Alla fine Charles, stanco delle sue scenate, decise di lasciarla entrare per capire se un comportamento più indulgente e amichevole avrebbe in qualche modo placato la donna. Niente da fare. Sarah non sapeva controllarsi, appena vedeva la figlia la aggrediva gridando che doveva tornare immediatamente a casa con lei.

Il 9 giugno 1762 Charles arrivò a casa e trovò le due donne che si accapigliavano. Sally era orribilmente pallida, aveva il viso contratto da una viva agitazione e le mani le tremavano. Diceva qualcosa, qualcosa di terribile, ma si arrestò nel momento in cui si accorse che Charles era nella stanza. Quando finalmente Sarah se ne fu andata,

Charles chiese a Sally di spiegargli il senso delle minacce che madre e figlia si erano scambiate. Piangendo lei gli confessò i due omicidi avvenuti quattro anni prima, chiedendogli però di non rivelare mai a nessuno quel segreto che avrebbe potuto rovinare la vita di sua madre e forse anche la sua.

Charles volle riflettere qualche giorno. Avrebbe potuto fingere di non aver udito, di non aver capito, ma il senso di giustizia era in lui più forte di ogni altra considerazione. Sarah Metyard meritava di essere denunciata e inoltre era convinto che Sally non avrebbe avuto alcuna conseguenza penale perché la sua complicità negli omicidi risaliva a quando aveva soltanto sedici anni. Lo disse all'amante e cercò di convincerla a seguirlo al commissariato per rendere una piena confessione.

Sally non poteva credere che Charles facesse sul serio. Pianse disperatamente con singhiozzi e spasimi per qualche minuto, quindi le lacrime cessarono perché lui riuscì a convincerla che nessun giudice avrebbe potuto ritenerla colpevole con una madre simile. «D'altra parte» le disse «io non potrei più vivere insieme a te con questo peso sul cuore.»

Sally denunciò la madre che venne subito arrestata. Al commissariato furono convocate anche due delle apprendiste come testimoni delle torture e delle sevizie di cui era stata vittima Anne Naylor. Durante il confronto fra madre e figlia però emersero anche le responsabilità di Sally, che Sarah accusò di complicità in entrambi gli omicidi. La ragazza fu trattenuta in arresto.

Il processo contro le due donne cominciò all'Old Bailey di Londra nella primavera del 1763. Sarah non cercò di salvare la figlia, ma si accanì contro di lei, disse che era stata sempre perversa e bugiarda. Raccontò l'episodio della morte del marito a modo suo, per dimostrare che proprio le menzogne della figlia lo avevano ucciso. Quando Anne Naylor era fuggita, disse Sarah, Sally era corsa a riprenderla e aveva voluto punirla personalmente picchiandola e torturandola. Quando poi Anne era morta, le ragazze avevano visto Sally colpirla con il tacco della scarpa per sfregio. In seguito, spaventata, aveva chiesto l'aiuto della madre per disfarsi del cadavere. Sarah aveva dovuto eliminare Susan soltanto per proteggere la figlia.

La giuria considerò entrambe le imputate colpevoli di omicidio di primo grado. Vedendo che le cose si mettevano male per lei, Sally disse di essere incinta di Charles. Ma quando si scoprì che non era vero, le due donne vennero condannate a morte.

Il 19 luglio del 1768, quando fu prelevata dalla prigione di Tyburn per salire sul carro che l'avrebbe condotta al patibolo, Sarah Metyard si gettò a terra rifiutandosi di proseguire. Fu trascinata sul palco con la forza e quando perse i sensi di fronte al boia fu fatta rinvenire con i sali perché fosse cosciente nel momento della morte.

Per la prima volta Sally si dimostrò più forte e coraggiosa della madre, anche se per tutto il tragitto dal carcere di Newgate al patibolo pianse silenziosamente. Ma non piangeva per la morte imminente, piangeva per il suo amore perduto dal quale si sentiva tradita.

III

FRATELLI DI LATTE
John Scanlan e Stephen Sullivan, Irlanda 1819

John e Stephen passeggiavano sulla riva del fiume Shannon tenendosi per mano. Appartenevano a due ceti sociali diversi, John era figlio dei ricchissimi Scanlan, proprietari terrieri, e Stephen era nato in una famiglia di contadini. Avevano però avuto la stessa balia ed erano quindi fratelli di latte. Un esile legame che li aveva uniti più di qualunque vincolo di sangue. Quel giorno si sarebbero separati perché gli Scanlan si trasferivano in un'altra città. John aveva pianto tutta la mattina, sentiva di amare l'amico più di qualunque persona al mondo e non voleva lasciarlo. Stephen si dimostrò più forte, disse che si sarebbero ritrovati e volle dare a John il suo anello. Era un cerchietto d'oro con incisa una corona.

«Non è un regalo» gli disse. «Voglio che tu lo porti e che prima o poi me lo restituisca.»

«Lo farò, vedrai. È una promessa» disse John infilandosi l'anello.

Vent'anni dopo, sulla stessa riva, Desmond e Daniel cercavano pietre piatte per giocare a rimbalzello sull'acqua. Daniel vide qualcosa affiorare dalla sabbia e chiamò l'amico.

«Che cos'è?» chiese Desmond.

«Non lo so» rispose Daniel che non osava avvicinarsi a quello strano oggetto rosato semisepolto.

«Hai paura?» lo sfidò Desmond, e si mise a scavare per tirarlo fuori. E quando finalmente lo ebbe in mano lo lasciò cadere inorridito: era il braccio di una donna e al dito portava un anellino con incisa una corona.

Da due mesi Mary Walsh non aveva pace. La sua padroncina, Ellie Hanley, di nemmeno sedici anni, era sparita. Mary era stata assunta dal marito di Ellie, John Scanlan, perché, oltre a occuparsi della casa, tenesse compagnia alla sua giovanissima consorte. Mary si era affezionata a Ellie e ne era diventata la confidente. La coppia viveva a Glin, nella parte sudoccidentale dell'Irlanda e, nel luglio del 1819, era partita per un giro in barca insieme a Stephen Sullivan, factotum e marinaio di John Scanlan. Sullivan era maggiore di John di qualche anno e i due uomini erano legati da qualcosa di più profondo dell'amicizia. Erano fratelli di latte. Le madri li avevano dati a balia alla stessa donna quando erano bambini, e questo aveva creato fra loro un rapporto di grande affetto e complicità.

Mary era preoccupata per la scomparsa di Ellie. La polizia aveva fatto delle ricerche, ma da qualche giorno aveva rallentato il ritmo delle indagini. Poi, una mattina, Mary era rimasta sbigottita vedendo addosso a una ragazza il mantello grigio che Ellie portava il giorno della partenza. Si era rivolta al magistrato per denunciare il fatto.

La ragazza, interrogata, aveva risposto di aver trovato il mantello sulla spiaggia e, poiché non c'era nessuno che potesse reclamarlo, se ne era impossessata. Mentre continuava il suo racconto, due poliziotti si presentarono al magistrato per riferire del ritrovamento di un cadavere in avanzato stato di decomposizione sulla riva del fiume Shannon, a Moneypoint.

Il magistrato, temendo il peggio, chiese a Mary di seguirlo per un'eventuale identificazione. Un marinaio del luogo, John King, offrì loro un passaggio sulla sua barca per attraversare il fiume. Sull'altra riva il gruppo fu accolto dai pescatori che avevano trovato il corpo. L'avevano tirato a riva, coperto con una rete da pesca e semisotterrato nella sabbia in modo da preservarlo fino all'arrivo delle autorità.

Quando il cadavere venne dissepolto fu subito chiaro che l'identificazione non sarebbe stata compito facile. Il corsetto, l'unico indumento rimasto sul corpo, era un capo abbastanza usuale per le donne di allora. Al cadavere, che era privo di capelli, mancavano un braccio e una gamba mentre l'altra gamba era legata al collo con una corda. Il magistrato chiese a Mary se ricordasse qualche caratteristica particolare della ragazza scomparsa e la donna rammentò che Ellie aveva due denti superiori molto sporgenti. I denti erano caduti, ma dagli alveoli si poteva dedurre la loro posizione. La descrizione corrispondeva. Una ulteriore conferma dell'identità della ragazza venne dal ritrovamento di un braccio di donna da parte di due ragazzi che giocavano sulla riva del fiume. Intorno all'anulare della mano era rimasto un piccolo anello che Mary aveva visto al dito di Ellie.

Il barcaiolo che aveva portato il gruppo a Moneypoint riconobbe la corda che legava la gamba della ragazza. Disse che si trattava proprio della stessa corda che aveva prestato in luglio a John Scanlan e Stephen Sullivan.

«Come può riconoscere una corda?» gli chiese il magistrato.

«Semplice, distinguerei la mia impiombatura tra mille» rispose lui.

Il magistrato spiccò un ordine di cattura nei confronti di John Scanlan e Stephen Sullivan per omicidio. Ma dei due uomini non c'era traccia.

La popolazione di Limerick chiedeva giustizia, scandalizzata dalla notizia del brutale omicidio di una ragazza tanto giovane. Ma le autorità erano imbarazzate perché le indagini avrebbero coinvolto una famiglia di rango elevato come gli Scanlan. Così le ricerche di John procedevano lentamente nonostante voci che lo indicavano in questa o quella località. Invece non c'era alcuna traccia di Stephen Sullivan.

Ellie Hanley era la figlia di un povero contadino che viveva nella contea di Kerry. La madre era morta quando lei aveva appena sei anni e poiché il padre aveva intenzione di risposarsi, Ellie fu affidata a uno zio, John Connery, che faceva il calzolaio vicino a Ballycahane, nella contea di Limerick. Connery era uno scapolo di mezza età, alto, con spalle larghe, mani enormi e una grande barba rossa. Adorava la piccola Ellie che aveva una bellezza particolare, gli occhi celesti sempre ridenti, una bocca sensuale, il corpicino scattante di vitalità. Era amata da tutti perché era gentile, timida, servizievole.

Nella campagna circostante Limerick, gli Scanlan vivevano in una grande proprietà con diversi acri di terra coltivata, stalle e frutteti. Erano tornati nella zona qualche anno prima e in poco tempo avevano stretto rapporti con le migliori famiglie del luogo. Gli Scanlan erano estremamente orgogliosi della loro posizione sociale e non mancavano di vantarsene in ogni occasione. In particolare la signora Kathleen, madre di John, non avrebbe mai permesso a qualcuno della sua famiglia di mescolarsi a gente di classe inferiore.

John Scanlan, il minore dei tre figli, aveva ventitré anni ed era un ex ufficiale della Marina britannica. Viveva come un signorotto di campagna, facendo sport e corteggiando le ragazze e aveva la reputazione di chi ottiene sempre ciò che desidera. Il suo domestico personale, Stephen Sullivan, era per lui un compagno inseparabile. Se John aveva una bellezza delicata, con un corpo alto e magro, occhi azzurro pallido, una bocca femminile, Stephen era piccolo e muscoloso, con neri occhi allungati e come socchiusi, e il colorito olivastro che gli conferiva un'aria da straniero. Era intelligente e brillante, ma era svantaggiato dal suo aspetto fisico. Le donne lo evitavano e, se per caso erano gentili con lui, avevano un altro scopo, quello di arrivare a John Scanlan.

Il loro era uno strano rapporto. Stephen idolatrava il suo padrone, non lo lasciava mai, anticipava i suoi desideri, ammirava qualunque cosa facesse. Per lui aveva rinunciato ad avere una vita propria, non aveva donne, neppure legami occasionali. Anzi, i vari aspetti del mondo femminile, la tenerezza e il sentimentalismo, la debolezza e la vulnerabilità, lo infastidivano. Sapeva quanto John amasse andare a caccia e a pesca, come lo appagassero tutte le attività da svolgere all'aria aperta: il tiro con la pistola, le lunghe cavalcate, la lotta. E Stephen era il compagno ideale, silenzioso, disponibile, accomodante. John non si rese mai conto di come in realtà fosse lui a dipendere dall'amico, di quanto la sua costante presenza gli fosse indispensabile e a cosa avrebbe rinunciato pur di non perderlo.

Ellie Hanley conduceva una vita semplice insieme allo zio, ma la sua bellezza era tale che non c'era uomo nei dintorni che non si fosse innamorato di lei. Nel 1819, quando John Scanlan lasciò la Marina e tornò a casa, i due ragazzi si incontrarono. L'occasione si presentò durante una festa campestre dove, per una volta, signori e contadini passavano qualche ora divertendosi insieme, ballando e mangiando alla stessa tavolata, senza far troppo caso alle differenze di classe. Ellie non partecipava alle danze, aiutava a mescere il vino, a sparecchiare, come sempre si prodigava per tutti. John la osservò tutta la sera senza decidersi ad avvicinarla. Le sembrava così piccola e fuori dal mondo, una cosa preziosa di cui avrebbe voluto appropriarsi, ma capiva di non poter usare con lei i metodi sbrigativi a cui era abituato con le altre donne. Decise allora di conoscerla meglio.

L'opportunità si presentò un giorno in cui John era a caccia di uccelli insieme a Sullivan. Aveva cominciato a piovere e John bussò al cottage di Connery chiedendo riparo per sé e per l'amico. Connery diede loro il benvenuto e li invitò a sedersi vicino al fuoco per asciugarsi e riscaldarsi. Poi li invitò a cena e chiamò Ellie perché incontrasse i visitatori.

Scanlan parlò dell'insuccesso della giornata di caccia, ma mentre raccontava non staccava lo sguardo dalla ragazza intenta ad apparecchiare. Anche Ellie gli lanciava qualche occhiata languida. Conosceva bene John, l'aveva visto passare tante volte a cavallo e si sentiva attratta da lui.

A un tratto John si rivolse a Sullivan: «Che fine ha fatto il nostro cane, Stephen? Perché non vai a cercarlo?».

Sullivan capì al volo le intenzioni del padrone, dato che quel giorno non avevano portato con loro alcun cane, e lasciò il cottage simulando preoccupazione per la bestiola. Connery si offrì di accompagnarlo poiché stava scendendo la notte e non voleva che si perdesse. Diede a Sullivan un suo impermeabile, e i due uomini uscirono sotto la pioggia.

Rimasto solo con Ellie, John le chiese di raggiungerlo vicino al fuoco per poter parlare un poco. E, prima che gli altri fossero di ritorno, era riuscito a dichiararsi alla ragazza e a strapparle la promessa che si sarebbero visti di nuovo.

Nelle settimane successive Scanlan trovò ogni pretesto per presentarsi al cottage e i due innamorati passarono insieme lunghe ore a passeggiare nella campagna. John era totalmente affascinato da Ellie, dalla sua fragilità, dalle fresche risate, da quell'espressione talvolta gioiosa e talvolta spaventata, dalla particolarità dei capelli nerissimi sopra grandi occhi azzurri. La ragazza si sentiva gratificata dall'interessamento di un uomo socialmente superiore a lei e ne ammirava la bellezza delicata, così inusuale nei ragazzi che conosceva. Si incantava a osservare le labbra carnose di John che si distendevano in sorrisi di tenerezza quando le parlava, come pure l'espressione degli occhi si addolciva quando la guardava. Se però Sullivan era presente Ellie non si sentiva a suo agio. Non capiva come John potesse amare tanto la compagnia di quell'uomo, aveva una violenza nello sguardo che la spaventava e una risata selvaggia, cattiva, che la irrigidiva. D'altronde neppure Stephen provava simpatia per la ragazzina, troppo diversa dalle donne che era abituato a vedere accanto a John. Storie brevi di nessuna importanza che non lo avevano mai distolto dai suoi piaceri preferiti, dalla caccia, dalle bevute insieme a Stephen, dalle lunghe chiacchierate mentre percorrevano la riva del fiume Shannon, come facevano da bambini. Si accorgeva invece che ultimamente l'amico preferiva la presenza di Ellie alla sua.

Neppure i genitori di John approvavano il sentimento nato fra i due giovani. Conoscevano gli innamoramenti brucianti del figlio, veloci a nascere e a morire, e capivano che questa volta si trattava di qualcosa di diverso. L'attaccamento di John a una giovane di basso livello sociale non doveva essere incoraggiato. Kathleen Scanlan rifiutò di ricevere in casa Ellie e di dare il suo consenso al fidanzamento. Nessuna lode da parte di John, di come Ellie fosse diversa da ogni altra donna avesse conosciuto, più bella, più dolce e infinitamente innamorata, poté convincere la madre. Mai e poi mai l'avrebbe incontrata.

Questa preclusione della famiglia non fece che aumentare la determinazione di John, che propose a Ellie di fuggire con lui. L'educazione religiosa della ragazza le impediva di immaginare un rapporto con un uomo al di fuori del matrimonio, anche se John cercava di convincerla spiegandole come la fuga fosse l'unico modo per rimanere insieme e per mettere i suoi genitori davanti al fatto compiuto. Col tempo avrebbero dovuto accettare il loro amore e dare il consenso al matrimonio.

Ma Ellie sembrava irremovibile. «Ho paura» diceva. «Ho paura che poi tu non mi sposerai, che non mi vorrai sempre bene.» Infine si lasciò persuadere solo quando John le promise che l'avrebbe sposata al più presto, anche senza la benedizione della famiglia. Ellie non aspettava altro, amava John con tutta la follia della sua inesperienza, con i primi ardori del suo sangue giovane. La promessa vinse ogni sua reticenza e lei si affidò completamente al suo innamorato senza riflettere neppure un istante sulle conseguenze di quella fuga.

Mentre progettavano la partenza, Ellie confidò a John che suo zio teneva 100 sterline della dote per il suo matrimonio chiuse in una cassetta. John la convinse a forzarla e a rubare la dote che, prima o poi, sarebbe stata comunque sua. Le rimaneva però un ultimo scrupolo: non poter salutare lo zio prima di partire. Fu ancora John a far cadere quest'ultima resistenza: le disse che avrebbe scritto a Connery in seguito chiedendogli il suo perdono.

Il 29 giugno 1819 si diedero appuntamento per andare a Limerick dove si sarebbero sposati. Il giorno della fuga Ellie, approfittando dell'assenza dello zio, raccolse il denaro che le apparteneva, infilò i suoi vestiti in una grossa borsa e andò da John. Non seppe mai che il loro matrimonio non era valido perché il prete che li sposò a Limerick era in realtà un impostore pagato da Scanlan per rassicurarla.

Lo stesso giorno la coppia partì con il postale *The Lady Frances* da Limerick per raggiungere Glin, un paese a trenta miglia dall'estuario dello Shannon, dove John si recava di solito per le battute di caccia o per pescare. Con loro c'era anche Stephen Sullivan che fin dall'inizio aveva cercato di dissuadere l'amico dal compiere un passo così avventato. «Ti stancherai di lei molto presto» gli ripeteva. «E allora che farai?» John sorrideva e alzava le spalle, l'amico era sempre stato pessimista. Intanto Stephen sperimentava per la prima volta un sentimento che odiava, la gelosia.

Presero una casa in affitto e John assunse Mary Walsh come dama di compagnia di Ellie. Le prime settimane furono solo delizie per i giovani sposi. Ma l'arrivo di John Scanlan aveva sconvolto la vita di

Ellie, appena quindicenne. Inizialmente la corte di un giovane appartenente a una classe sociale elevata l'aveva riempita di orgoglio, ma presto si era accorta di essere assolutamente inadeguata come compagna di vita per un uomo come lui.

Lei aveva un forte accento irlandese, nei circoli dove si recava il marito si usava un inglese privo di inflessioni ed Ellie si sentiva un'estranea. Inoltre, quando finirono i soldi che aveva prelevato dalla cassetta in casa dello zio non ebbe più denaro per sé. Le dispiaceva non avere begli abiti come quelli delle donne che frequentavano, ma John non sembrava dare alla cosa alcuna importanza. Anche per questo motivo Ellie non lo accompagnò più alle riunioni mondane, d'altronde con John c'era sempre Sullivan. Sullivan con cui andare a caccia, Sullivan con cui scherzare, Sullivan con cui fare gite in barca. E lei rimaneva a casa, una piccolissima casa che riordinava e ripuliva rapidamente, trascorrendo tutto il tempo che le restava a piangere. Eppure Ellie sapeva che non c'era per lei altra speranza che l'amore di John. Si era data a lui, gli apparteneva e lo amava come una schiava appassionata e timorosa.

Anche John si rese conto dell'errore che aveva commesso ed era sempre più spesso di cattivo umore. Sullivan intuì le ragioni del malessere del suo amico e cominciò a riflettere seriamente su come risolvere il problema. Fu lui a pensare all'eventualità di mettere Ellie su una nave per l'America e non pensarci più. Ma John esitava, si sentiva in colpa e, oltretutto, Ellie gli ispirava un forte sentimento di compassione. Non l'amava, non voleva passare la vita insieme a lei, ma non voleva neppure farle del male. Il 13 luglio partirono in barca per Kilrush tutti e tre, e passarono lì l'intera giornata. In quell'occasione John comprò alla moglie dei nuovi vestiti e volle darle l'anello d'oro che portava sempre al dito. Era un cerchietto con sopra una corona, era stato Sullivan a darglielo quando erano bambini e non aveva mai voluto che gli fosse restituito. Ma quando Sullivan lo vide al dito di Ellie impallidì e lo considerò un tradimento da parte dell'amico.

Lo stesso giorno anche Mary Walsh andò a Kilrush insieme a degli amici di Glin. Quando però furono pronti per tornare a casa il proprietario della barca si rifiutò di salpare perché aveva altre persone da accompagnare. Era sceso il buio e il cielo prometteva pioggia. Mary Walsh si stava rassegnando a non partire quando vide arrivare la sua signora con il marito e Sullivan. Ellie aveva con sé una valigia piena di nuovi acquisti.

Mary chiese un passaggio in barca per sé e i suoi amici. Scanlan sembrava riluttante ad accettare, spiegò che erano troppi per una barca così piccola e inoltre era in arrivo un violento temporale. Ellie insistette e alla fine Scanlan acconsentì a ospitare l'intero gruppo. Quando però furono a metà strada, proprio nel mezzo del fiume, scoppiò una forte tempesta e la barca cominciò a beccheggiare pericolosamente. Gli uomini riuscirono a tenerla a galla con grande difficoltà. Era comunque impossibile ormai cercare di raggiungere Glin, così fu deciso di puntare verso Carrigafoyle che era più vicina. Avrebbero chiesto asilo in casa di amici.

Durante la notte Scanlan e Sullivan si ubriacarono. Ridevano e scherzavano tra di loro come se gli altri non fossero presenti. Quando John infine lasciò la sala da pranzo per andare a dormire, Ellie mostrò alla sua governante l'anello che lui le aveva regalato. Allora Sullivan si alzò di scatto dalla sedia e, attraversata la sala, strappò il gioiello dalla mano di Ellie. Le proteste delle due donne non ebbero alcun effetto e Sullivan lasciò precipitosamente la stanza.

Ellie, imbarazzata dalla scena, finse indifferenza e andò ad aprire la valigetta con i vestiti nuovi per farli vedere alla dama di compagnia. Erano due giacche di seta, un vestito di mussolina e un mantello grigio con un cappuccio di seta verde.

«Abbiamo passato un periodo triste» disse. «Pensavo che John non mi amasse più. Ma adesso credo di essermi sbagliata.» Mary abbracciò la ragazza di slancio, commossa da tanta ingenuità e candore.

La mattina dopo il barcaiolo salpò con gli amici di Mary Walsh per Glin mentre la donna volle rimanere insieme a Ellie. Scanlan e Sullivan erano andati a Ballylongford a cambiare un assegno e al ritorno si prepararono a partire. Mary Walsh chiese ancora una volta un passaggio per sé sulla loro barca che le fu rifiutato. Scanlan però le disse che il giorno dopo sarebbe tornato a prenderla e a pagare il conto dopo «essersi liberato della ragazza». Disse proprio così all'allucinata Mary che sul momento pensò che il giovane scherzasse. Gli chiese comunque che cosa intendesse dire. Ellie entrò nella stanza proprio in quel momento e volle conoscere il motivo della discussione. Quando seppe che Mary non poteva partire con lei si mise a piangere sconsolata e anche questa volta il marito acconsentì a portare la governante con loro. Poi Ellie prese in disparte Mary e le mostrò l'anellino che John aveva recuperato da Sullivan affermando che l'amico aveva voluto semplicemente farle uno scherzo.

La mattina del 14 luglio Mary Walsh scese a Glin mentre la barca ripartiva. Rimase qualche istante sulla riva, dispiaciuta nel vedere la sua padroncina che si allontanava e le lanciava uno sguardo smarrito. Fu l'ultima volta che la vide.

Il giorno dopo la donna incontrò Scanlan e Sullivan a Glin. Chiese loro dove si trovasse Ellie e John rispose che l'aveva lasciata a Kilrush per una visita. Questa spiegazione suonò strana a Mary perché la ragazza era stata a Kilrush solo due giorni prima.

Trascorso un altro mese senza notizie, Mary si imbatté in Maura Sullivan, la sorella di Stephen che, con sua grande sorpresa, indossava il mantello che Ellie le aveva mostrato a Carrigafoyle. Denunciò il fatto al magistrato con cui Maura Sullivan si giustificò dicendo di aver trovato il mantello sulla spiaggia. Ma l'uomo ricordava un'altra storia. Quello stesso mantello era stato oggetto di una disputa. Maura l'aveva impegnato per ottenere i soldi con cui pagarsi un quarto di whisky e poi aveva voluto riscattarlo, ma la donna del banco dei pegni, che aveva cominciato a indossarlo, non voleva più cederlo. Era dovuta intervenire la polizia perché il mantello fosse restituito a Maura, e fu allora che Mary lo vide.

La polizia nel frattempo aveva continuato le ricerche dei due fuggiaschi senza però darsi troppo da fare. La famiglia Scanlan era sicura che la sua posizione nella contea sarebbe stata per il giovane figlio scapestrato una validissima protezione. E lo stesso John, se si fosse sentito realmente in pericolo, avrebbe trovato il modo di lasciare il paese per non farvi più ritorno.

Ma la popolazione di Limerick non aveva dimenticato il delitto e si lamentava delle indagini che procedevano a rilento e che apparivano a tutti troppo superficiali. Così il 14 novembre il magistrato Thomas Spring Rice radunò una pattuglia di lancieri per far eseguire l'ordine di cattura nei confronti di John Scanlan. Il gruppo di soldati si avvicinò alla casa degli Scanlan da sentieri secondari per non essere individuato. Quando Spring Rice entrò in casa la signora Kathleen Scanlan li accolse imperturbabile, offrì loro dello sherry e conversò amabilmente. Ma quando fu chiaro che l'intenzione di Spring Rice era di trarre suo figlio in arresto, il sorriso le svanì dalle labbra. Con voce tagliente disse che da tempo non riceveva notizie da John.

«Aveva degli affari da sbrigare, non è certo fuggito perché ha commesso qualcosa di illegale!» ci tenne a precisare. Quando il magistrato disse che avrebbe dovuto perquisire la casa e il terreno circostante, la donna divenne sarcastica e fece rilevare che il padre di Spring Rice aveva cacciato, sparato, vissuto insieme ai suoi nonni e che lui aveva un bel coraggio a pensare di poter tranquillamente arrestare uno Scanlan.

Le ricerche in casa e nel terreno circostante si conclusero senza successo e, mentre la pattuglia stava lasciando la tenuta, uno dei soldati conficcò per caso la sua spada in una balla di paglia che si trovava nel fienile. Si udì un grido acuto e John Scanlan emerse sanguinando dal mucchio di fieno. Fu arrestato e condotto nella prigione di Limerick. Il processo cominciò alle Assise di Spring nel marzo del 1820.

La famiglia Scanlan riuscì a procurarsi il migliore avvocato irlandese, Daniel O'Connell, per difendere John. L'accusa era rappresentata da Charles Pennefeather e il giudice era Richard Jebb. La prova più schiacciante fu prodotta dalla testimonianza di Mary Walsh. L'identificazione dell'anello e degli abiti trovati in possesso della sorella di Sullivan indicavano già i colpevoli, come d'altronde il riconoscimento della corda da parte del barcaiolo.

Maura Sullivan confermò di aver avuto il mantello e altri indumenti appartenenti a Ellie da suo fratello. Quando l'avvocato le chiese se non le fosse sembrato strano di ricevere in regalo vestiti di un'altra donna lei rispose: «Sì, sapevo che appartenevano a Ellie e così ne chiesi ragione al marito. Ma John Scanlan mi spiegò che Ellie era fuggita con il capitano di una nave e che lui voleva disfarsi di tutto ciò che le ricordava la moglie. Io gli credetti».

A proposito dei denti sporgenti di Ellie, Mary Walsh disse di essere sicurissima di questo particolare e di averne trovato riscontro nelle cavità rimaste nelle gengive del cadavere. Lo zio di Ellie confermò, poi si rivolse al pubblico in aula affermando che il furto del denaro da parte della ragazza era un affare di poco conto di fronte alla tragedia della sua morte.

Furono chiamati altri testimoni, ma nessuno volle parlare in difesa dell'imputato. Daniel O'Connell si rivolse ai giurati e fece la sua arringa. Disse di comprendere benissimo l'indignazione di fronte a un crimine tanto crudele, ma il suo cliente era innocente. Non c'erano prove del delitto e John Scanlan non aveva alcun motivo per uccidere Ellie. Se i giurati consideravano come movente dell'omicidio l'opposizione della famiglia al matrimonio fra i due ragazzi, l'accusa contro il suo cliente doveva cadere in quanto, come dimostrato, la cerimonia era stata una messinscena e le nozze non erano valide.

«E se il mio cliente è innocente, chi ha commesso il crimine?» chiese. E poi si rispose da solo: «Naturalmente Stephen Sullivan, il marinaio di Scanlan che ha fatto perdere le sue tracce. Signori, Sullivan non era soltanto un domestico, ma molto di più, adorava il suo padrone e avrebbe eliminato chiunque si fosse messo tra lui e John».

L'avvocato dell'accusa, nella sua requisitoria finale, sostenne che, se la fuga rappresentava la sola prova della colpevolezza di Sullivan, allora lo stesso criterio poteva applicarsi a Scanlan che si era sottratto alla giustizia tanto a lungo. I giurati erano perplessi e indecisi e così il pubblico che assisteva al processo. La giuria si ritirò, rientrò in aula per ulteriori chiarificazioni e infine emise il verdetto.

Daniel O'Connell aveva perso il caso. Si disse che se i giurati si fossero confrontati dopo la sua arringa l'esito sarebbe stato diverso, ma le argomentazioni dell'accusa li avevano infine convinti a ritenere John Scanlan colpevole del delitto.

La famiglia Scanlan si era dimostrata tanto ottimista sull'esito del processo da organizzare un ricevimento in previsione del proscioglimento dell'imputato. Quando il giudice chiese a John se avesse qualcosa da dire, l'uomo dichiarò che quando Sullivan fosse stato rintracciato la sua innocenza sarebbe stata provata. Poi ascoltò la sentenza: il giudice lo condannò a morte. L'impiccagione venne fissata per il 16 marzo 1820.

John Scanlan era considerato un libertino, un uomo dalla vita estremamente sregolata, tutti sapevano che durante la sua relazione con Ellie Hanley continuava a mantenere rapporti con altre donne, ciò nonostante la notizia della sua condanna a morte fu accolta con sbigottimento. Fu subito preparata una petizione firmata dai notabili del luogo. Ma la legge continuò il suo corso.

Il giorno dell'esecuzione gli amici di John Scanlan riuscirono a trovare una carrozza per evitargli di percorrere a piedi la strada dalla prigione di Limerick al patibolo. Ma quando i cavalli arrivarono presso il Baalsbridge si fermarono e rifiutarono di continuare. Molta della gente che si era raccolta lungo la strada per veder passare il condannato pensò che fosse un segno della sua innocenza. Non ci fu verso di far riprendere il cammino ai cavalli, né con la frusta, né con gli speroni. Fu lo stesso Scanlan che allora decise di scendere dalla carrozza e di proseguire a piedi fino al luogo dell'esecuzione.

Quando il boia gli ebbe infilato la corda intorno al collo e coperto la testa con il cappuccio, il cappellano gli chiese se volesse confessare il suo crimine in punto di morte. Il cappuccio fu sollevato per permettere al condannato di rispondere e John disse: «Ecco, quando mi hanno infilato il cappuccio pensavo di non rivedere più il cielo. Sono felice di poterlo fare ancora una volta. Sono innocente e solo la cattura di Sullivan potrà dimostrarlo».

Il cavallo legato alla botola che si trovava sotto i piedi di Scanlan ricevette la rituale frustata e partì al galoppo mandando il condannato nel regno dei morti.

Solo nel mese di maggio si seppe qualcosa di Stephen Sullivan. Viveva a Kerry sotto falso nome. Si era sposato ed era stato arrestato per un piccolo furto, e ora si trovava nel carcere di Tralee. Uno dei prigionieri lo riconobbe e Sullivan fu portato a Limerick e accusato dell'assassinio di Ellie Hanley. Il processo cominciò nel luglio del 1820.

Mentre il dibattimento a carico di John Scanlan non ebbe risonanza sulla stampa per riguardo alla sua influente famiglia, quello contro Stephen Sullivan riempì le pagine dei quotidiani. Il pubblico dimostrò molta simpatia per l'accusato, soprattutto quando si venne a sapere che molti anni prima la madre, in un accesso di pazzia, si era gettata in un fiume annegando. Il padre era morto qualche mese dopo per un'infezione e i due figli, Stephen e Maura, abbandonati a se stessi, erano sempre stati considerati dei ragazzi difficili.

Nonostante queste attenuanti Sullivan fu riconosciuto colpevole e condannato all'impiccagione. In carcere confessò di aver commesso il crimine istigato da John Scanlan. Raccontò di aver cercato di dissuadere il suo amico dall'idea del delitto, ma di non esserci riuscito. Quando si erano trovati tutti nella barca, Scanlan aveva accusato un malessere ed era sceso chiedendo a Ellie di continuare la gita insieme a Stephen e di tornare a prenderlo al ritorno.

«Quando la barca arrivò al centro del fiume mi alzai in piedi e colpii Ellie con il fucile, la mancai. Ripetei il colpo e le mozzai un braccio. Continuai a colpirla finché non fui sicuro che fosse morta e infine le legai le gambe dietro al collo per rendere il corpo più compatto. Vi attaccai una grossa pietra e gettai tutto in acqua. Il cadavere affondò immediatamente.»

Dopo l'esecuzione di Sullivan la gente continuò a interrogarsi sul caso di Ellie Hanley. Quale dei due uomini aveva detto la verità?

Invece di uccidere Ellie, John avrebbe potuto abbandonarla oppure mandarla in America. Soprattutto se, come sembrava, il matrimonio non era valido. Molte persone erano convinte dell'innocenza di Scanlan e ritenevano Sullivan il vero e unico responsabile dell'omicidio, compiuto forse all'insaputa dell'amico. Ma se John Scanlan era innocente, perché era fuggito invece di denunciare Stephen Sullivan?

IV

CHI CI HA TRADITI?
William Burke e William Hare, Scozia 1819

Il droghiere Hugh Alston stava tornando a casa quando sentì filtrare da una finestra una bella musica. Si fermò ad ascoltare e pensò: «Lassù fanno baldoria». Poi quelli che sembravano i rumori di una danza si trasformarono in una lite. Non ci fece troppo caso e stava per allontanarsi quando udì la voce di una donna gridare: «Assassini!».

Si fermò di nuovo, interdetto, e pensò di chiamare la polizia ma poiché il chiasso era improvvisamente cessato tirò avanti per la sua strada.

La mattina dopo i poliziotti si recarono al numero 10 di Surgeons' Square, presso l'istituto di Anatomia, e chiesero al portiere se durante la notte fosse stata recapitata una grossa cassa. Il signor Paterson disse che effettivamente qualcuno aveva portato un baule per il dottor Knox. Il medico, però, non l'aveva ancora visto.

Gli agenti forzarono la serratura della cassa nonostante le proteste del portiere. All'interno c'era il cadavere di Mary Docherty, con la testa ripiegata sulle ginocchia.

Chi aveva tradito Burke e Hare?

All'inizio del diciannovesimo secolo l'università di Edimburgo era la più rinomata del Regno Unito, in particolar modo per la facoltà di Medicina. Già da un centinaio di anni gli studenti arrivavano anche da lontano per seguire le lezioni di specialisti famosi in tutto il paese. Il corso più popolare intorno agli anni Venti era quello di anatomia e fisiologia tenuto dal dottor Robert Knox, prediletto dagli studenti per le sue brillanti lezioni e soprattutto perché offriva dimostrazioni dal vero sui cadaveri. La sua locandina infatti diceva: «Si assicura un'ampia dotazione di soggetti anatomici». Seguiva il costo della lezione e il sovrapprezzo di tre ghinee per chi avesse voluto un «soggetto» da sezionare personalmente. Ma il problema principale degli istituti di anatomia era proprio l'approvvigionamento di «soggetti»: la legge era molto severa riguardo alla santità del corpo umano e si preoccupava meno delle necessità della scienza.

Nel Cinquecento, in Scozia, i chirurghi avevano diritto soltanto al corpo di un condannato a morte l'anno. E solo a condizione che pregassero per la sua anima. Alla fine del diciottesimo secolo l'interesse per la scienza aumentò e si consentì ai medici di usare per le loro lezioni di anatomia le salme di coloro che morivano in carcere e dei suicidi. Ma anche questo non era sufficiente e negli anni successivi si costituì addirittura una specie di società segreta, i Resurrezionisti, che clandestinamente trafugava cadaveri e li vendeva agli istituti di Medicina. Il traffico fu presto scoperto e le autorità ecclesiastiche insieme alle famiglie, allarmate dal pericolo che un loro congiunto potesse finire sezionato su un tavolaccio di medicina legale, pretesero maggiori controlli nei cimiteri.

Nonostante l'attenzione della polizia, i cadaveri continuavano ad arrivare a Edimburgo anche da Londra e dall'Irlanda del Nord. Inoltre il furto delle salme dai cimiteri non veniva effettuato soltanto da professionisti in cerca di denaro facile. A volte erano gli stessi assistenti dei medici che rischiavano in proprio per il bene della loro professione.

Nel 1828 il dottor Knox era all'apice della sua fama e aveva circa quattrocento allievi. I suoi assistenti, per procacciarsi cadaveri, facevano correre la voce riguardo alla cifra che il medico avrebbe pagato a chi li avesse procurati.

William Burke e William Hare, rispettivamente di trentasei e trentaquattro anni, erano due irlandesi arrivati a Edimburgo per sbarcare il lunario. Si erano conosciuti nel 1818 quando lavoravano entrambi come sterratori nel canale che veniva costruito tra Glasgow e Edimburgo, l'Union Canal. Erano due scansafatiche che non amavano sforzarsi troppo per guadagnarsi da vivere. Burke, gioviale, cortese nel modo di parlare, con il tipico *sense of humour* irlandese, aveva lasciato una moglie in Irlanda e viveva con Helen MacDougal, donna austera, poco socievole, nello squallido scantinato di un edificio decadente in Tanner's Close, al porto di Edimburgo. William Hare, un ometto secco, nervoso, dallo sguardo torvo e le maniere rudi, abitava poco distante con Margaret Laird, una donnina vivacissima, che pur non essendo sua moglie usava il cognome Hare. Quest'ultima coppia affittava camere a basso prezzo a vagabondi e accattoni. Nella loro casa potevano alloggiare anche otto persone, costrette però a dormire in due o in tre nello stesso letto. Burke, dopo aver lasciato il lavoro di sterratore nel canale, per lui troppo faticoso, aveva imparato il mestiere di ciabattino e con quello si arrangiava per vivere.

Nel novembre del 1827 a casa degli Hare un pensionante morì di idropisia quando ancora doveva al proprietario quattro sterline. Hare non si dava pace per la perdita del denaro e consultò il suo amico Burke al quale venne l'idea di vendere il corpo del vecchio Donald all'istituto di Anatomia.

Il curato della parrocchia fece avere alla famiglia Hare una bara per il pover'uomo e diede disposizioni per mandarla a prendere il giorno dopo. Quindi fu facile per i due amici estrarre il corpo e riempire la cassa di pietre per poi chiuderla di nuovo. Il giorno seguente, mentre la bara veniva solennemente seppellita al cimitero, il cadavere giaceva sotto il letto di Hare. Nel pomeriggio i due amici si incamminarono verso l'istituto di Anatomia al numero 10 di Surgeons' Square. Hare, meno coraggioso dell'amico, si fermò all'angolo della strada rifiutandosi di andare avanti. Burke proseguì solo e arrivò alla porta dell'istituto. Fu notato da alcuni studenti ai quali chiese del dottor Knox. Uno dei ragazzi si presentò come suo assistente e gli spiegò che il dottore non era disponibile. Imbarazzato, Burke disse che voleva qualche informazione, ma poi non riuscì a fare la sua proposta. Il giovane, intuendo di cosa si trattava, gli chiese prontamente dove avesse lasciato il «soggetto».

«Soggetto?» chiese Burke fingendo di non comprendere. L'assistente lo accompagnò nella sala incisoria e gli mostrò i resti di alcuni «soggetti». Burke si illuminò e disse che ne aveva giusto uno da vendere e chiese quanto ne avrebbe ricavato. Il ragazzo rispose che il dottor Knox doveva prima controllare la «merce» per fare la sua valutazione.

«Di solito la cifra si aggira sulle dieci sterline, qualcosa di meno, qualcosa di più. Dipende dallo stato del corpo» spiegò l'assistente e chiese a Burke di tornare con il cadavere alle dieci di quella stessa sera.

Donald fruttò sette sterline e dieci scellini, a quell'epoca l'equivalente della paga di sei mesi per un operaio. I due amici furono calorosamente invitati a tornare dai giovani assistenti del dottore. Rientrati a casa, Burke e Hare festeggiarono con una bottiglia di whisky insieme alle loro compagne l'inaspettato guadagno, e fecero progetti per il futuro.

«Dovremmo dare ospitalità soltanto a vecchi e malati» suggerì Hare «e sperare in un loro repentino decesso.» In questo caso però avrebbero dovuto aspettare i comodi della Divina Provvidenza, commentò Burke e propose di affrettare il passaggio a miglior vita dei pensionanti.

Il primo caso si presentò con un uomo già malato, di nome Joseph, la cui morte fu soltanto accelerata dal cuscino che Burke gli premette sulla bocca e sul naso per impedirgli di respirare. Nel frattempo Hare teneva ferme le gambe e le braccia dello sventurato. Il corpo fu consegnato al dottor Knox che non fece domande e pagò il dovuto.

Anche la seconda vittima non stava bene di salute ed era talmente debole che Burke questa volta decise di usare, al posto del cuscino, le mani nude per soffocarlo.

Poi fu la volta di una donna anziana, Abigail Simpson, arrivata a Edimburgo da Gilmarton per riscuotere la pensione. Hare la fermò per la strada fingendo di averla già vista precedentemente e la invitò a casa per un bicchiere di whisky. Abigail accettò volentieri e quella sera fu festeggiata dai quattro amici con una grande bevuta alla quale partecipò con entusiasmo. Poiché alla fine non era in grado di reggersi in piedi, le dissero che poteva rimanere a dormire e gli uomini dovettero prenderla in braccio per portarla a letto.

Burke e Hare passarono la notte a vegliare la vecchia. Dopo tanti macabri progetti improvvisamente non avevano la forza di uccidere una donna sana. Si guardavano perplessi, si parlavano all'orecchio mentre Abigail dormiva sonni tranquilli. Ogni tanto uno di loro allungava una mano avvicinandosi al corpo, ma un piccolo movimento della donna lo faceva prontamente ritrarre. A forza di tentennamenti e indecisioni spuntò l'alba. Per rimediare al tempo perso, quando Abigail si svegliò lamentando una grande debolezza, Hare le portò un bicchiere di birra scura corretta con il whisky che, disse, le avrebbe dato un po' di tono e rimesso a posto lo stomaco. Ovviamente si continuò a bere per tutta la mattinata finché la signora Simpson non crollò di nuovo sul letto priva di conoscenza. A quel punto i due amici presero in mano la situazione e mentre Hare si sdraiava sul corpo della donna per impedirle di muoversi, Burke la soffocava. Abigail era comunque troppo debole e ubriaca per opporre la pur minima resistenza e in pochi secondi spirò. Il cadavere fu svestito e infilato in una cassa. Gli indumenti furono messi in un sacco che i due legarono a una grossa pietra e gettarono in un canale.

Il dottor Knox, avvertito del nuovo arrivo, mandò qualcuno per il trasporto, pagò dieci sterline e non fece domande indiscrete.

Ma come si dividevano i due amici i profitti del loro traffico? Delle dieci sterline di solito pagate dal dottor Knox, Hare ne teneva sei perché la moglie pretendeva una percentuale per il suo silenzio e perché era, in effetti, la proprietaria dell'abitazione dove avvenivano i delitti, mentre a Burke andavano le restanti quattro sterline.

Mary Patterson e Janet Brown erano due prostitute di diciotto anni. Mary era famosa fra i giovani di Edimburgo per la sua eccezionale bellezza. Una sera le due amiche furono arrestate e passarono la notte in cella. La mattina dopo uscirono dal carcere e per prima cosa andarono nel negozio di liquori di William Swanston a bere un bicchierino di whisky per rinfrancarsi. A quell'ora c'era un solo cliente nel negozio, William Burke, che centellinava il suo rum in solitudine e che si mostrò subito interessato alle due ragazze.

Intuì il loro mestiere e pensò che fossero le vittime ideali perché la loro scomparsa non avrebbe suscitato troppo clamore. Mary e Janet rimasero affascinate dalla parlantina di William e accettarono da lui diversi bicchieri di whisky. Burke le invitò poi a casa per continuare il rinfresco. Accese il fuoco e preparò la colazione per tutti. Più tardi, dopo un brindisi di troppo, Mary Patterson crollò addormentata. Poiché la sua amica Janet non sembrava ancora abbastanza ubriaca, Burke la accompagnò in un locale vicino dove le offrì da mangiare e da bere. Rientrando in casa fu accolto dalle urla della sua compagna, Helen MacDougal, che aveva scoperto Mary addormentata sul letto e adesso vedeva lui arrivare insieme a un'altra ragazza.

Janet, impaurita dalla violenta discussione, uscì precipitosamente e tornò dalla sua maîtresse, la signora Laurie, mentre Mary Patterson continuò tranquillamente a dormire nonostante la scenata di gelosia che si svolgeva a pochi centimetri da lei. Per poco però. Perché appena Janet uscì arrivò William Hare che aiutò l'amico a strangolare la giovane prostituta.

Janet raccontò l'episodio alla signora Laurie che si mostrò preoccupata e mandò la ragazza insieme a una sua cameriera a cercare Mary Patterson. Ma a casa Burke non trovarono nessuno degli occupanti della mattina, furono invece accolte dagli Hare che dissero che i loro amici erano usciti tutti insieme accompagnati da Mary e che sarebbero rientrati presto. Invitarono Janet a bere un bicchiere insieme a loro e la giovane si sedette sul letto sotto il quale giaceva morta la sua amica. La cameriera tornò invece dalla signora Laurie. La maîtresse, insospettita, la rispedì subito a prendere Janet che, pur mezza ubriaca, la seguì senza fiatare.

Mary Patterson finì sul tavolo anatomico del dottor Knox che, quando vide tanta bellezza, rimandò la dissezione e usò il cadavere per fare una lezione ai suoi studenti sulla perfetta anatomia del corpo femminile. Chiamò perfino un disegnatore perché facesse il ritratto di Mary. Anche alcuni degli studenti realizzarono degli schizzi del cadavere.

Janet non si dava pace per la scomparsa dell'amica e tornò a chiedere sue notizie. Burke le disse che Mary era partita per Glasgow in compagnia di un venditore ambulante di cui si era innamorata improvvisamente, ma la spiegazione non convinse la ragazza. Comunque Janet si guardò bene dal denunciare la sparizione dell'amica alla polizia e nessuno fece più domande su Mary Patterson, eccettuato qualche studente che, avendo avuto rapporti intimi con lei e riconoscendola sul tavolo del dottor Knox, chiese delucidazioni a Burke. Questi rispose di non sapere nulla della ragazza e di aver comprato il corpo da una vecchia a Canongate.

Una mattina William Burke vide per la strada due poliziotti che trascinavano in prigione una donna ubriaca. Li raggiunse e chiese loro di lasciarla andare: «La conosco e so dove abita. La accompagnerò io a casa» disse. Gli agenti gliela affidarono volentieri e quella sera stessa la donna arrivò all'istituto di Anatomia chiusa in una cassa.

Qualche giorno dopo una donna irlandese, Hazel Frew, che teneva per mano il nipote dodicenne, Cecil, fermò Burke per la strada per chiedergli un'informazione. L'uomo le fornì l'indicazione richiesta e poi la invitò a rinfrescarsi a casa sua. Mentre Helen e Margaret intrattenevano il bambino, che era sordomuto, Burke offriva da bere alla signora Frew. Quando questa fu abbastanza ubriaca, Burke chiamò Hare e insieme la condussero nella stanza da letto dove la uccisero, soffocandola con un cuscino. Ma rimaneva il problema del piccolo Cecil. Non potevano tenerlo lì e neanche riportarlo dai genitori: come avrebbero giustificato la scomparsa della nonna? Burke portò il ragazzo nella camera da letto e lo mise a sedere sulle sue ginocchia. Poi, improvvisamente, lo piegò all'indietro con tanta forza da spezzargli la spina dorsale. Insensibile ai lamenti del povero Cecil continuò a spingerlo in basso, tenendogli ferme le gambe, finché il ragazzo non morì. Per i due cadaveri il dottor Knox pagò sedici sterline.

Da quel giorno William Burke cominciò a soffrire di insonnia e non si addormentava senza una candela e una bottiglia di whisky vicino al letto. Durante l'estate una sua lontana cugina, Mary Haldane, venne a fargli visita. Anche lei fu uccisa, ma questa volta, per una specie di riguardo verso la parentela, Burke si limitò a tenerle ferme le gambe mentre Hare la soffocava.

La vittima successiva fu James Wilson, un ragazzone alto e forte ma con l'intelligenza di un bambino. Per questo la gente l'aveva soprannominato Jamie Senzacervello. Jamie passava le sue giornate vagabondando per le strade di Edimburgo, dormendo sulle panchine, nutrendosi come poteva. Da qualche anno aveva lasciato la madre che lo picchiava e non era più voluto tornare a casa. Era diventato un personaggio in città, aveva molti amici che lo ricevevano volentieri a casa per sfamarlo e scherzare con lui. Una mattina Margaret Hare lo incontrò per la strada e lo invitò a casa. Burke, che in quel momento si trovava in un pub poco lontano, vide i due insieme e comprese le intenzioni della donna. Si scoprì a pensare: «Ecco l'agnello ignaro condotto al macello». Lasciò il bicchiere e li seguì.

A casa trovarono anche Hare che offrì a Jamie da bere, ma il ragazzo sapeva controllarsi e così rifiutò il secondo giro. Burke e Hare continuarono a insistere mentre Jamie si sentiva sempre più a disagio, disse che non aveva sete e che voleva sua madre. Gli promisero che sarebbe stata lì a momenti e lui nel frattempo poteva riposarsi nella camera da letto. Effettivamente anche quel poco che aveva bevuto gli aveva dato una certa sonnolenza e Jamie si sdraiò sul letto.

Hare procedette come al solito, mettendogli una mano sulla bocca, ma il ragazzo cominciò a lottare come una furia per la propria vita e Burke dovette intervenire per immobilizzarlo. Lo soffocarono con un cuscino e poi lo svestirono. Di solito bruciavano gli abiti delle loro vittime, ma questa volta decisero di regalarli ai nipoti di Burke. Nelle tasche di Jamie vennero anche trovati una tabacchiera, che volle tenere Burke, e un cucchiaino da tabacco, che si prese Hare. Quando il corpo arrivò nella sala anatomica del dottor Knox, il chirurgo notò i lividi e le escoriazioni e si affrettò a dissezionarlo per evitare domande indiscrete da parte dei suoi studenti. In molti infatti avevano riconosciuto il povero Jamie Senzacervello.

Non ci furono altri incidenti fino alla sedicesima vittima. Una mattina, mentre beveva il solito bicchierino nel pub di Rymer, William Burke venne avvicinato da una vecchina che chiedeva l'elemosina. «Una mendicante non deve avere molti amici» pensò l'uomo «e di solito non ha fissa dimora.» Si mostrò quindi gentilissimo con la donna e scoprì che anche lei era irlandese. La vecchia raccontò di essere venuta a Edimburgo a cercare suo figlio che l'aveva abbandonata, ma fino a quel momento non lo aveva trovato. Quando disse di chiamarsi Mary Docherty, Burke dichiarò con entusiasmo che quello era anche il suo cognome e che sicuramente erano lontani parenti. La invitò quindi a rimanere a casa sua finché non fosse ripartita per l'Irlanda e le promise che l'avrebbe aiutata nelle ricerche. La signora Docherty si mostrò felice dell'invito e seguì l'uomo a casa.

C'era però un problema. Dai Burke in quei giorni abitavano James e Ann Gray con i loro bambini e occupavano l'unica stanza libera della casa. Burke spiegò loro che la vecchia era una sua parente di passaggio a Edimburgo e che non poteva evitare di ospitarla. Chiese quindi alla famiglia Gray di trasferirsi a casa di Hare. Poiché era la festa di Halloween, celebrata sia in Scozia sia in Irlanda, si decise di organizzare un party. Hare andò a comprare il whisky e Burke preparò la cena a cui seguirono canti e danze tradizionali irlandesi. Anche alcuni vicini si unirono alla baldoria generale.

Ma a un tratto il tono della festa cambiò. Mentre Burke ballava con la signora Docherty una danza folcloristica del loro paese, le pestò ferocemente un piede con uno stivale. La donna si fermò interdetta. Hare allora si mise a insultare l'amico per la sua disattenzione. Il litigio trascese e i due si scambiarono schiaffi e pugni. Mary Docherty era spaventata a morte e cercava di evitare i colpi. Margaret e Helen non si preoccuparono, avevano intuito che la disputa era stata inscenata soltanto per preparare l'incidente che sarebbe seguito. Mary Docherty si accorse improvvisamente di essere diventata il bersaglio dei colpi dei due uomini. «Assassini!» gridò, mentre cercava di proteggersi dai pugni. Un quarto d'ora dopo il suo corpo giaceva nudo sotto un mucchio di paglia che si trovava tra il letto e la porta d'ingresso.

La mattina successiva i Gray vennero a fare colazione a casa di William Burke e notarono l'assenza della vecchia irlandese. Helen allora spiegò che la sera prima la donna si era mostrata troppo «carina» con Burke e lei l'aveva cacciata di casa. I Gray accettarono il chiarimento e consumarono la colazione. Poi la signora Ann si accese la pipa e cominciò a guardarsi intorno alla ricerca del calzino di uno dei suoi figli che nel frettoloso trasloco del giorno prima aveva perso da qualche parte. Lo sguardo le cadde sul mucchio di paglia ma, quando si alzò per andare a controllare, Burke la fermò con una scusa.

Più tardi Ann Gray si avvicinò al letto sotto il quale di solito venivano conservate le patate: voleva preparare una minestra per la cena. Ma ancora una volta fu intercettata da Burke che le impedì di guardare sotto il letto dove oltre alle patate c'erano i vestiti della signora Docherty. A questo punto la signora Gray era diventata molto curiosa, ma finse indifferenza per non irritare ulteriormente Burke. Avrebbe atteso il momento opportuno per guardare nella paglia e sotto il letto. Poco dopo Burke uscì per andare a proporre il nuovo affare al dottor Knox e chiese a Helen di controllare i movimenti dei signori Gray. Helen non diede però molto peso all'incarico e più tardi uscì anche lei lasciando alla curiosità della signora Gray la possibilità di essere soddisfatta.

Dopo aver scoperto il corpo nudo della signora Docherty nascosto nella paglia, i Gray si precipitarono fuori dalla casa per correre ad avvertire la polizia. Helen MacDougal, che stava rientrando in quel momento, li vide e comprese subito che cosa era successo. Non potendo trovare alcuna spiegazione plausibile si limitò a offrire del denaro per pagare il loro silenzio. I Gray rifiutarono sdegnati. L'offerta aumentò, diventò addirittura un vitalizio, ma i Gray non accettarono. Arrivò anche William Hare che suggerì di andare tutti in un pub a discutere della questione, ma i Gray erano irremovibili e si diressero speditamente verso la prima stazione di polizia a denunciare il fatto.

Alle otto di sera i poliziotti si presentarono a casa di Burke. Lo trovarono insieme a Helen MacDougal, ma naturalmente il corpo della signora Docherty era sparito. Erano rimasti però i suoi vestiti sotto il letto e videro che erano macchiati di sangue. Il cadavere si trovava nella sala anatomica del dottor Knox, dove Burke l'aveva lasciato dopo averlo chiuso precipitosamente in una cassa, dimenticando nella fretta di far scomparire anche i vestiti.

William Burke e Helen MacDougal dovettero seguire i poliziotti al commissariato ma non confessarono. La mattina dopo l'agente Fisher si presentò all'istituto del dottor Knox. Non si seppe mai chi gli avesse passato l'informazione. Il custode si mostrò molto gentile, accompagnò l'agente in una stanza dove si trovava la cassa ancora chiusa e disse che qualcuno l'aveva portata lì la sera prima, ma che il dottor Knox non l'aveva ancora vista. Dentro c'era ovviamente il corpo della signora Docherty che fu identificato da alcuni dei partecipanti al party in casa Burke.

William Burke e la sua compagna, condotti davanti al cadavere, dissero di non sapere chi fosse la donna. Anche gli Hare diedero la stessa risposta. Eppure i Gray insistevano nell'affermare di aver visto il cadavere nascosto a casa Burke. A questo punto William, sentendosi seriamente in pericolo, si cimentò in una fantasiosissima storia. Disse che il giorno prima si era presentato a casa sua un uomo per farsi riparare una scarpa. Lui si era messo subito al lavoro mentre il cliente aspettava e si guardava intorno. Poi l'uomo gli aveva fatto una strana richiesta: «Potete tenere una cassa qui per un paio di giorni?». Burke aveva risposto che non c'erano problemi e lo straniero si era fatto prestare un paio di scarpe per uscire nell'attesa che le sue fossero riparate. Era poi tornato con una grossa cassa e, mentre Burke era intento al suo lavoro, l'uomo aveva rovistato nella paglia. Infine il tipo aveva ripreso le sue scarpe, aveva pagato e se ne era andato promettendo di tornare il giorno dopo. Solo allora Burke aveva guardato nella cassa trovandola vuota. Stupito aveva rovistato anche lui nella paglia e con sua grande sorpresa aveva scoperto il corpo di una donna. Invece di andare alla polizia aveva preferito aspettare. Lo straniero era infine tornato e alle domande di Burke aveva risposto cortesemente ma in maniera evasiva, promettendo di riprendersi il cadavere il giorno seguente. Infatti il sabato, alle sei del pomeriggio, l'uomo era tornato accompagnato da un facchino, aveva infilato il corpo nella cassa e se lo era portato via.

Nessuno credette a questa storia.

I due assassini vennero arrestati e tenuti in celle separate. Tutta Edimburgo parlava dei sedici delitti commessi dai due uomini, ma non esisteva alcuna prova contro di loro. Il medico legale che esaminò il corpo della signora Docherty non poté assicurare che si trattasse di un omicidio. Il procuratore generale aveva pochi elementi per indire il processo: la signora Docherty era stata vista a casa di Burke viva e il giorno dopo i Gray ne avevano scoperto il cadavere. Chi l'aveva uccisa?

Poteva essere stato chiunque avesse partecipato al party la sera in cui la donna era morta. L'unica possibilità che il procuratore aveva di far confessare il colpevole era di indurre uno dei prigionieri a testimoniare contro il complice ottenendo così l'immunità. Scelse William Hare e gli fece la proposta che l'uomo naturalmente si affrettò ad accettare.

Il processo cominciò il 24 dicembre 1829 presso l'Alta Corte di Giustizia di Edimburgo e continuò per tutta la notte. Il giudice Boyle chiamò William Burke a rispondere solo dell'omicidio della signora Docherty nonostante tutti ormai parlassero delle altre quindici vittime, soprattutto della prostituta Mary Patterson e di Jamie Senzacervello. Ma anche un solo omicidio bastò per condannare l'imputato all'impiccagione. Il pubblico presente in aula assistette sconcertato alla doppiezza di William Hare che, con tono accusatorio, raccontava nei dettagli come l'amico avesse ucciso la povera Mary Docherty.

Dopo aver letto la sentenza, il giudice Boyle disse: «William Burke, non sperate nella grazia. L'unico dubbio che ho è se sia il caso, dopo l'esecuzione, di esibire il vostro corpo in catene al ludibrio popolare per scoraggiare chiunque altro dal commettere crimini simili. Ma considerando che la gente potrebbe essere offesa da un sì lugubre spettacolo penso che sia preferibile una soluzione più clemente per il vostro cadavere, che voglio sia sezionato pubblicamente a uso della scienza».

Helen MacDougal, anche lei imputata, venne assolta per non aver commesso il fatto. Margaret Hare non fu presa in considerazione visto che la moglie non poteva testimoniare contro il marito. William Hare fu invece costretto a confessare in aula tutti i delitti che aveva compiuto nonostante non potesse essere punito per essi. Anche il dottor Knox, chiamato in causa, non poté essere accusato di nulla, visto che l'unico cadavere che non aveva mai visto era proprio quello intorno al quale era stato istruito il processo. La cassa era arrivata nella sua stanza mentre lui era assente ed era stata aperta per la prima volta dagli stessi poliziotti.

Ma la carriera del brillante chirurgo terminò lì. La stampa se ne impadronì per raccontare storie macabre che lo riguardavano. Così i giornalisti punivano la sua notoria vanità, l'adorazione dei suoi studenti, la sua boria. La gente bruciò in piazza la sua immagine per sfregio e gli distrusse la casa. Il chirurgo fu costretto a lasciare la città. Finì i suoi giorni a Londra dove lavorò come medico generico.

Sembra che in carcere William Burke si lamentasse non tanto per la sua sorte quanto del fatto che il dottor Knox ancora gli dovesse cinque sterline. Fu impiccato a Liberton Wynd il 27 gennaio sotto una pioggia torrenziale che una folla di venticinquemila persone aveva sfidato per assistere all'esecuzione. Anche Sir Walter Scott era presente al macabro spettacolo. Il corpo di William Burke fu poi portato nell'istituto di Anatomia per essere sezionato e studiato mentre la pelle fu conciata e venduta a strisce.

Helen MacDougal e Margaret Laird rischiarono di essere linciate dalla folla inferocita e furono salvate dall'intervento della polizia. Helen scomparve subito dopo. Margaret si stabilì in Irlanda.

William Hare sfuggì più volte all'indignazione popolare rifugiandosi in prigione, poi cambiò nome e trovò lavoro in un cantiere, ma un giorno gli altri muratori scoprirono la sua vera identità e lo gettarono in un pozzo di calce. Riuscì a salvarsi, ma perse la vista e passò il resto della sua vita a mendicare per le strade di Londra.

V

PAN DI ZENZERO
Jeanne Gras e Nathalis Gaudry, Francia 1877

Jeanne e Georges scesero dalla carrozza. Prima di aprire il cancello con le chiavi che aveva nella borsetta, la donna lanciò uno sguardo nel viale deserto e poi alle finestre del suo appartamento che faceva parte di uno dei condomini del comprensorio. Vide che la luce nella sua stanza era ancora accesa e si attardò a cercare le chiavi, poi quando finalmente si spense sospirò di sollievo.

«È stata una bella festa» le disse Georges abbracciandola. «E tu eri fantastica.» Jeanne si staccò dall'uomo e gli chiese di precederla perché voleva chiudere il cancello alle sue spalle, come veniva espressamente richiesto da un cartello che vi era affisso.

«Non vieni?» le chiese Georges voltandosi.

«Sì, ma questo viale buio mi mette paura, preferisco che tu vada avanti a controllare» rispose lei mentre con gli occhi cercava qualcosa tra le ombre ai lati del viale.

Una figura di uomo sbucò improvvisamente dall'oscurità, lanciò il contenuto di un flaconcino che aveva in mano e fuggì attraverso il cancello rimasto aperto.

Georges si portò le mani al viso e cadde a terra gridando dal dolore, mentre il vetriolo gli sfigurava il volto e lo accecava.

Jeanne Brécourt era nata a Parigi nel 1837. Suo padre era tipografo e la madre aveva un negozio di frutta e verdura. I genitori, occupati dal loro lavoro, trascuravano l'unica figlia. Una nobildonna, la baronessa Eugénie de Bréville de Lacour, si interessò alle sorti della bambina che vedeva sempre abbandonata a se stessa e chiese ai Brécourt di affidargliela. La coppia fu ben felice di accettare e a cinque anni la bambina andò a vivere in casa della donna.

Fin da piccolissima Jeanne dimostrò di avere un carattere arrogante e prepotente. Era ombrosa, battagliera, inoltre aveva un modo di fare altezzoso che la rendeva antipatica agli altri bambini. Un giorno, a otto anni, si rifiutò di giocare con una coetanea dicendo: «La figlia di una baronessa non può giocare con la figlia di un vinaio!».

Quando compì undici anni i genitori ricomparvero improvvisamente e la rivollero indietro. Avevano avuto un'altra figlia, Thérèse, ma la bambina era gracile, malaticcia e troppo piccola per essere mandata nelle strade a vendere pan di zenzero. Avevano bisogno di Jeanne. La vita della bambina tornò a essere un incubo: otto ore filate trascorse con il freddo, la pioggia o il caldo sui marciapiedi a fermare i passanti perché acquistassero il suo pane. Jeanne si sentiva poco più di una mendicante e cercava di evitare i luoghi dove aveva vissuto insieme alla baronessa per non essere riconosciuta dai bambini che fino a poco tempo prima aveva disprezzato.

Soltanto Nathalis resisteva accanto a Jeanne, forse perché era più disgraziato di lei. Era orfano e abitava nello stesso quartiere insieme a uno zio. Nonostante la zona fosse abbastanza signorile, la casa dove Nathalis viveva era isolata in fondo a un vicolo, con i muri pieni di crepe, le tegole del tetto consumate dal muschio, le imposte inverdite dalle piogge. Era un bambino schivo, silenzioso, tranquillo che aiutava lo zio nella sua bottega di falegname e si illuminava soltanto alla presenza di Jeanne. La aspettava all'angolo della strada e rimaneva con lei gran parte della giornata. Le portava il cestino, a volte se la vedeva stanca era lui a vendere il pan di zenzero al posto suo. Oppure si procurava, rubandoli, i soldi che la bambina avrebbe dovuto riportare a casa e il pane lo mangiavano loro, nascosti dietro una delle siepi incolte che dividevano la casa di Nathalis dal resto della città. E qui Jeanne ripagava l'amico delle sue gentilezze alzandosi le sottane e consentendogli lunghi sguardi alle sue parti intime. I grandi occhi neri di Nathalis si appannavano e, nonostante il disagio rasentasse la sofferenza, il bambino non distoglieva lo sguardo.

Dopo sei anni di questa vita Jeanne cercò la sua benefattrice e le chiese di poter tornare a vivere con lei. La baronessa Eugénie acconsentì a riprenderla e le trovò lavoro in una fabbrica di seta.

Un giorno – Jeanne aveva compiuto diciotto anni – fu invitata al matrimonio di una sua collega. La cerimonia la impressionò tanto che, tornata a casa, disse che anche lei desiderava sposarsi. La baronessa non prese quest'affermazione seriamente e quando una mattina, mentre era in cucina con la ragazza, passò il giovane droghiere a fare una consegna, Eugénie disse a Jeanne indicandolo: «Vuoi un marito? Eccone uno».

Sorprendentemente Jeanne dichiarò che la scelta le andava benissimo e che avrebbe sposato il ragazzo. Non potendo opporsi a ciò che lei stessa aveva prospettato, la baronessa diede con riluttanza il suo consenso e nel 1855 Jeanne diventò la moglie del droghiere Jacques Gras.

Eugénie aiutò i giovani sposi ad aprire un negozio di alimentari. Ma Jeanne aveva un carattere dispotico, era esageratamente parsimoniosa e presto cominciarono le discussioni e le recriminazioni. Durante uno di questi litigi marito e moglie si predissero reciprocamente il futuro. Jeanne gli disse: «Tu morirai in ospedale». E Jacques di rimando: «Tu marcirai in prigione». Entrambe le previsioni erano destinate ad avverarsi.

Stanco delle collere quotidiane della moglie, un giorno il droghiere Gras uscì di casa e non vi tornò più. Jeanne riprese a vivere con la baronessa per qualche tempo e poi anche lei sparì. Riapparve a Parigi solo dieci anni dopo. Si faceva chiamare Jeanne de la Cour e faceva la cortigiana. In quegli anni aveva provato diversi mestieri, dal commercio al teatro, dal giornalismo alla pittura. Ma in nessuno di questi campi aveva dimostrato qualche talento. Poi si era accorta che lavorare non le era necessario poiché c'erano uomini disposti a mantenerla.

Jeanne era una donna bella e conosceva tutte le arti della seduzione. Aveva piccoli occhi neri e uno sguardo penetrante, labbra tumide, una pelle bianca e fine. Era astuta e razionale, non conosceva la passione, anche se sapeva fingerla molto bene, e possedeva un'innata sensualità che risvegliava il desiderio maschile.

Negli anni aveva mantenuto i contatti solo con la sorella Thérèse, l'unica persona che amava. Tornata a Parigi passava molto tempo insieme a lei e cercava di insegnarle la sua filosofia di vita: «Il mondo è pieno di polvere e di bugie. Peggio per gli uomini che mi incontrano sulla loro strada. Non sono che i miei trampolini di lancio. Appena cessano di essere utili, o hanno esaurito il loro compito, li metto sdegnosamente da parte. La società è come una grande scacchiera e gli uomini sono le pedine, alcune bianche, alcune nere. Io le muovo a mio piacere e le getto via quando mi annoiano».

Questo suo modo di pensare aveva recentemente portato un suo amante tedesco al suicidio e il commento di Jeanne era stato: «Un tedesco in meno a Parigi!». Un altro giovane era morto per aver assunto una dose eccessiva di una sostanza eccitante e lei aveva spiegato: «Doveva succedere, non sapeva controllarsi».

La vita sfrenata che conduceva la obbligò, nel 1865, a farsi ricoverare in una clinica psichiatrica per una serie di attacchi isterici accompagnati da stati di estrema eccitazione e da convulsioni che le toglievano l'uso della parola. Nella cartella clinica Jeanne veniva descritta come una «donna dagli occhi neri molto espressivi, il colorito estremamente pallido, un temperamento nervoso ma piacevole. Molto carina d'aspetto».

Quando i medici le fecero i nomi dei suoi genitori Jeanne disse: «Non conosco quelle persone». Il suo atteggiamento era sempre quello supponente di una gran signora.

Qualche mese dopo, dichiarata guarita, fu dimessa dalla clinica e le venne suggerito di trascorrere qualche tempo a Vittel per la convalescenza. Qui si presentò con il titolo di baronessa e ricominciò la sua vita di sempre, ma questa volta con maggiore moderazione. Scriveva spesso alla sorella descrivendole le persone che incontrava in albergo e il suo tono era come al solito caustico e dissacrante. Ridicolizzava una donna che avrebbe voluto convertirla al cattolicesimo, parlava con disprezzo di tutti coloro che non la trattavano con la considerazione dovuta a una dama del suo rango. Descriveva anche i suoi numerosi corteggiatori: ex ministri, prefetti, avvocati.

Un piccione ferito, sfuggito a una gara di tiro a segno, un giorno entrò nella sua stanza dalla finestra. Jeanne lo curò e poi lo tenne con sé, tanto che i suoi amici si ricredettero sul suo cuore duro. In seguito, in una lettera alla sorella, Jeanne scrisse con amarezza che l'uccello, come ogni uomo ingrato, una volta guarito sarebbe volato via di nuovo. Ma per il momento, brutto e zoppo com'era, lei sentiva di amarlo moltissimo. E aggiunse:

> Non dimenticare che una donna previdente e con senso pratico ama anche lei tirare al piccione quando gli uccelli sono i suoi amanti.

Tornata a Parigi apprese che il marito, il droghiere Gras, così come una volta gli aveva predetto, era morto all'ospedale dei poveri. Era libera. E poiché si avvicinava alla quarantina e la sua avvenenza cominciava a svanire decise di dedicarsi seriamente al proprio futuro. Temeva di dover tornare alla miseria e alla solitudine della sua infanzia, come purtroppo accadeva a molte donne sole, senza un uomo accanto. I suoi amanti non la cercavano più, la mettevano da parte sdegnosamente come una volta aveva fatto lei con loro. Provò a giocare in Borsa, tentò anche di ricattare qualche uomo sposato con cui aveva avuto una relazione, ma nulla andò in porto.

Fu a questo punto della sua vita che a un ballo incontrò Georges de Saint-Pierre, un giovane di vent'anni che, dopo aver perduto la madre in tenera età, viveva con il padre e gli zii in una tenuta di campagna. Georges aveva una cospicua rendita e conduceva una vita oziosa, ma possedeva un animo nobile e un carattere dolce e generoso.

Quattro mesi dopo il loro primo incontro, nell'estate del 1873, si videro di nuovo e alla fine dell'anno erano innamorati. Per tre anni si amarono teneramente e nulla disturbò la loro unione. Georges in particolare sembrava idolatrare la donna nonostante la notevole differenza d'età. D'altronde Jeanne era abbastanza astuta da comportarsi non soltanto da amante, ma era per Georges anche la madre che aveva perduto da bambino. E infatti dopo tre anni il ragazzo ancora le scriveva:

> Io ti amo con tutto il mio cuore. Non ti lascerò mai. Vivremo felici insieme. Se tu mi amerai sempre con lo stesso ardore io ti proteggerò. Non so cosa farei senza il tuo amore che veglia su di me.

La fiducia di Georges nella vedova Gras era assoluta. Quando, nel 1876, dovette trascorrere sei mesi in Egitto, le lasciò il suo appartamento di Parigi perché potesse usarlo a suo piacimento. Ma se Georges desiderava che Jeanne fosse l'amore per tutta la vita, i suoi parenti avevano per lui altri progetti. Non gradivano questa relazione con la vedova e speravano in una rottura e nel matrimonio di Georges con una compagna più adeguata. Jeanne intuiva tutto questo e meditava un piano per assicurarsi il futuro.

Un giorno, verso la fine del 1876, fu invitata a casa di Betty, una sua amica ballerina. A un certo punto la donna andò alla porta per ricevere uno dei suoi ospiti e accompagnarlo, poiché era cieco, a sedersi nel salotto. Poi per tutta la serata si occupò di lui affettuosamente. Jeanne le chiese il motivo di tanta sollecitudine e Betty rispose: «Amo questa vittima della natura e mi prendo cura di lui. È un ragazzo giovane, ricco, senza famiglia e presto ci sposeremo. Ho anch'io quarant'anni, proprio come te, la mia giovinezza se ne sta andando, presto se non faccio qualcosa sarò un relitto alla deriva. Questo ragazzo è una provvidenziale zattera, con lui toccherò terra».

«Così hai risolto tutti i tuoi problemi» le disse Jeanne.

«Sì, non devo più preoccuparmi del futuro» sorrise Betty.

«Congratulazioni. Anche perché lui non ti vedrà mai invecchiare...» commentò l'amica.

Jeanne rimase molto colpita da ciò che aveva visto e i giorni seguenti pensò a come fare per trasformare Georges de Saint-Pierre in una zattera provvidenziale. L'immagine dell'uomo cieco, totalmente dipendente dalle cure di una moglie devota, diventò l'ossessione delle sue giornate.

Qualcosa di fatale, più che di provvidenziale, apparve nella vita della vedova Gras. Mentre attraversava la strada vide sul marciapiede un uomo che la fissava. Qualcosa in lui le era familiare. Era alto, molto bruno, con un bel viso rotondo e regolare, anche se le mascelle erano eccessivamente pronunciate. Lui la salutò e Jeanne riconobbe lo sguardo imbarazzato, turbato del suo amico d'infanzia Nathalis Gaudry. Rimasero a lungo a ricordare il passato, risero ripensando al pan di zenzero e ognuno raccontò la propria vita da quando si erano persi di vista. Nathalis le disse di essere entrato nell'esercito, di aver combattuto in Italia nel 1859 guadagnandosi una medaglia al valore e di essersi sposato nel 1864. Undici anni dopo la moglie era morta e l'aveva lasciato con due bambini. Era quindi tornato a Parigi dove aveva trovato lavoro nella raffineria di Saint-Denis.

Nathalis si scoprì ancora innamorato di Jeanne, adesso era una donna splendida, desiderabile. Mentre le parlava sentiva il sangue salirgli alla testa e causargli un turbamento profondo. Ma si rendeva conto che ormai l'amica d'infanzia viveva in un mondo lontanissimo dal suo, fatto di lusso e raffinatezza. Poteva amarla da lontano e possederla solo in sogno. Jeanne invece rivide in Nathalis il bambino che sembrava esistere solo per lei, per esaudire i suoi desideri, per aiutarla. L'uomo aveva fama di onesto lavoratore, ed era apprezzato per il buon carattere. Provò a farle anche una proposta di matrimonio, ma in fondo lui stesso non ci credeva, e Jeanne, dopo averlo ringraziato, gli disse che era già fidanzata, ma che lo avrebbe aiutato a trovare la donna giusta da sposare. Parlò con alcune amiche, ma nessuna di loro accettò di unirsi a un uomo che lavorava in una raffineria di olio e che aveva già due bambini.

Così Jeanne decise di mettere a frutto la devozione che Nathalis le dimostrava. La domenica si faceva portare da lui le bottiglie di vino, il carbone, gli faceva pulire i pavimenti della sua casa, Nathalis si occupava di tutti i lavori pesanti. Per evitare le chiacchiere dei vicini Jeanne disse che Nathalis era suo fratello. Alcune volte, in assenza della sua cameriera personale, Jeanne consentiva a Nathalis di prendersi cura di lei, di aiutarla a pettinarsi, a mettersi il profumo, a vestirsi. La passione di Nathalis aumentò. Poter guardare da vicino, perfino toccare il corpo che tanto amava senza trarne alcuna soddisfazione sessuale lo faceva impazzire e lo consumava lentamente.

I compagni di lavoro si accorgevano del suo stato d'animo, ora esaltato ora depresso, e a tutti Nathalis rispondeva che la sua disgrazia derivava dall'essersi innamorato di una compagna d'infanzia, che purtroppo non faceva l'operaia, ma era una signora.

Nel novembre del 1876 Nathalis ricevette una lettera di Jeanne che gli chiedeva di prendere un permesso dal lavoro e di raggiungerla al più presto. L'uomo rimase assente dalla raffineria dal 17 al 23 novembre. Jeanne gli apparve molto nervosa e agitata quando gli disse che un uomo, al quale aveva affidato molto denaro, l'aveva derubata. L'unico modo per vendicarsi di quel tipo era di ferirne gravemente il figlio, e lei voleva che fosse Nathalis a farlo con un pugno di ferro che immediatamente gli consegnò. Avrebbe dovuto colpirlo con forza alla bocca dello stomaco. Poi lo accompagnò fuori dal club di cui Georges era socio e gli indicò la sua vittima.

Il pensiero della storia d'amore della sua amica Betty, la sua fortuna nell'essere riuscita ad assicurarsi un futuro che la proteggesse dalla vecchiaia e dalla solitudine, agiva come un veleno nella mente di Jeanne. Una serie di stati d'animo si alternavano in lei: invidia, delusione, sospetto e, soprattutto, la preoccupazione di non riuscire a trattenere per sempre il suo giovane innamorato. In fondo che se ne faceva di un amante, per quanto fedele e devoto, che era libero di lasciarla quando si fosse stancato di lei? Ricordò l'episodio del piccione ferito e di come fosse volato via una volta guarito.

Ma il piano fu abbandonato. Forse per la riluttanza di Nathalis Gaudry o per un improvviso accesso di pietà che colse la vedova nei confronti di Georges. Eppure il veleno continuava ad agire e poco tempo dopo Jeanne ricominciò a parlare di vendetta. Accadde nel 1877, quando Georges le mandò una lettera che la insospettì e la mise in apprensione. Le scriveva dalla sua casa in campagna:

> Non posso sopportare l'idea di lasciarti e non voglio farlo. Noi vivremo insieme.

Poi le manifestò le sue preoccupazioni riguardo all'insistenza della sua famiglia su una particolare questione. Non si trattava di affari, ma di qualcosa di cui avrebbe preferito parlare a voce con lei. Jeanne comprese subito a quale argomento si riferiva. Georges non aveva un carattere forte e presto o tardi avrebbe ceduto alle richieste della sua famiglia. Lui l'avrebbe abbandonata e per lei tutto sarebbe stato perduto.

A gennaio chiese a un amico doratore un flacone di vetriolo per lucidare il rame. Poi scrisse a Georges e gli chiese di prendere i biglietti per il ballo in maschera che si sarebbe tenuto all'Opéra il 13 del mese. Georges si stupì per la strana richiesta. Sembrava anche infastidito dall'idea di farsi vedere in pubblico insieme alla vedova. Infatti le scrisse:

Non capisco perché sei così ansiosa di andare all'Opéra. Non conosco le reali ragioni che ti spingono a volerti stancare a morte in una riunione tanto sconveniente. Ciò nonostante se la cosa ti rende felice ti ci porterò. Io sono l'ultima persona, mia cara mogliettina, a volerti negare una cosa che ti fa piacere.

Ma nonostante queste dichiarazioni Georges si sentiva dubbioso, incerto. Qualcosa lo deprimeva. Un presentimento non meglio definito di un evento negativo che incombeva su di lui. Anche suo fratello ne notò lo stato d'animo e gliene chiese la ragione. Ma Georges preferì parlarne per lettera a Jeanne:

Se tu sapessi quanto mi sento depresso questa sera! Mi sembra di essere sul punto di scoppiare a piangere per ogni nonnulla. Ho degli orribili pensieri in testa. Se sentissi il tuo amore vicino a me forse sarei meno triste.

Comunque promise di accompagnare Jeanne al ballo. Sarebbe arrivato a Parigi la sera del 12.

Il pomeriggio dell'11 gennaio Nathalis andò a trovare Jeanne, c'era stato un incidente alla distilleria e il lavoro era stato sospeso per tre giorni. Jeanne ebbe così tutto il tempo di mostrargli il flacone con il vetriolo che si era procurata. Si fece vedere infelice, cupa e gli disse che l'unica cosa che l'avrebbe fatta stare meglio era la vendetta nei confronti dell'uomo che l'aveva truffata.

«Se farai bene il tuo lavoro io sarò tua» promise. E nel dirlo versò una goccia del terribile liquido sul tappeto per vederne l'effetto devastante. Nathalis era scioccato, agghiacciato. Protestò che lui era un soldato e che non poteva fare una cosa così crudele a uno sconosciuto.

«Provocherò quell'uomo, lo ferirò in duello» propose.

«Non accetterebbe la sfida» rispose secca la vedova. «Non siete della stessa classe sociale, rifiuterebbe di battersi con te.»

Nathalis era chiuso in una morsa. Da una parte c'era l'orrore del crimine, dall'altra il desiderio cocente di possedere finalmente la donna che amava. Alla fine, sconfitto, accettò la volontà di Jeanne. Lei gli spiegò il suo piano. Il palazzo in Rue de Boulogne dove si trovava il suo appartamento era in fondo a un vialetto condominiale. Percorrendolo si oltrepassavano due padiglioni, uno a destra e uno a sinistra, e infine si arrivava a un cancello che veniva aperto solo per far entrare gli inquilini. La sera del 13 gennaio, Nathalis doveva attendere nell'appartamento mentre lei sarebbe andata con Georges al ballo. Al ritorno, entrando dal cancello, Jeanne avrebbe fatto suonare accidentalmente il campanello. Quello era il segnale. Nathalis sarebbe dovuto scendere, nascondersi dietro uno dei padiglioni e da quella posizione lanciare il vetriolo in faccia al giovane che la accompagnava. Lei sarebbe rimasta indietro con la scusa di chiudere il cancello, in realtà lo avrebbe tenuto aperto per permettere a Nathalis di fuggire.

Georges de Saint-Pierre arrivò il 12 gennaio e trascorse la notte in casa di Jeanne. Poi tornò a casa sua la mattina seguente. Gaudry raggiunse la donna alle cinque del pomeriggio. Lei gli consegnò il vetriolo e gli diede le ultime indicazioni.

Quella sera Jeanne invitò Georges a cena e alle dieci il giovane la lasciò per andarsi a vestire. Nathalis apparve alle dieci e mezzo e rimase con lei a guardarla indossare un domino rosa e una parrucca bionda. Sembrava molto eccitata. Quando Georges passò a prenderla, Jeanne nascose Nathalis in una nicchia del salotto separata dalla sala da una spessa tenda. Gli aveva anche dato uno sgabello perché non dovesse rimanere tutto il tempo in piedi. Gaudry fu così costretto a sopportare di sentirla ridere e civettare con Georges. Infine Georges uscì per andare a cercare una carrozza mentre Jeanne tranquillizzava Nathalis. Gli fece coraggio e rinnovò la promessa di concedersi a lui quando tutto fosse finito.

Al ballo Jeanne mostrò di divertirsi moltissimo e la sua gaiezza fu notata da tutti. Danzò l'intera notte sia con Georges sia con altri cavalieri. Nel frattempo, in Rue de Boulogne, Nathalis Gaudry aspettava seduto sul letto. Dalla finestra riusciva a vedere il cancello in fondo al viale, avrebbe così potuto scorgere la carrozza che riportava la coppia a casa. Le ore non passavano mai. Nathalis prese in mano un libro e cercò di leggere, ma presto la vista gli si annebbiò e cadde addormentato. Verso le tre del mattino fu svegliato dal rumore delle ruote di una carrozza sul selciato. Erano tornati. Poi udì il suono del campanello. Si precipitò al piano terra e si nascose dietro uno dei padiglioni. Appena vide Georges de Saint-Pierre passargli davanti solo, gli lanciò in faccia il vetriolo.

Georges rischiò di morire, ma alla fine riuscì a farcela. Rimase però sfigurato e cieco. Né lui né la polizia avevano dei sospetti sull'autore del crimine. Tutti pensarono a un errore di persona. Jeanne rimase al suo capezzale per trenta notti filate e poi portò l'amante a casa sua per la convalescenza. Si dimostrò infaticabile e piena di attenzioni e premure. Georges sentiva di amarla più di prima e le era grato di tanta sollecitudine e pazienza. Nel suo mondo ormai c'era soltanto lei, aveva infatti chiesto che nessuno, neppure i parenti, lo vedessero mai in quello stato.

Ma gli amici della coppia sospettavano qualcosa. Jeanne sentì delle chiacchiere, dei pettegolezzi e pensò che la soluzione migliore per evitare spiacevoli intrusioni nella sua vita fosse quella di partire con Georges per l'Italia. Quando venne a sapere del viaggio, il fratello di Georges si rivolse a un amico poliziotto e gli confidò i suoi sospetti riguardo all'incidente. Le autorità interpellarono il magistrato che, il 2 febbraio, quasi un mese dopo il crimine, accompagnato dal commissario Gustave Macé, si recò in Rue de Boulogne. Furono accolti malvolentieri da Jeanne che durante tutto il colloquio si mostrò molto nervosa e poi rifiutò di far entrare i poliziotti nella stanza del malato. Alla fine, dopo numerose insistenze, acconsentì.

Georges rispose alle domande del magistrato e quando questi gli chiese se avesse idea di chi potesse essere il colpevole, disse di non avere nemici e che sicuramente si era trattato di uno scambio di persona. Aggiunse che non voleva vedere nessuno eccettuata la sua devota e dolce compagna e che presto avrebbero lasciato insieme Parigi per cambiare ambiente e aria. Jeanne interruppe la conversazione affermando che il paziente aveva bisogno di riposo. Uscendo dalla stanza il magistrato le comunicò che non le era consentito portare Georges fuori dal Dipartimento della Senna prima che l'inchiesta si fosse conclusa. Aggiunse che il commissario Macé era autorizzato a sorvegliare lei e il suo amante e a porre loro qualsiasi domanda fosse stata necessaria per scoprire la verità.

Da quel momento ogni movimento di Jeanne venne controllato da due agenti. Questi, qualche giorno dopo, riferirono al commissario di aver visto la donna recarsi nell'appartamento di Georges per prelevarvi una piccola cassaforte che conteneva soldi e corrispondenza. L'11 febbraio l'avevano seguita al cimitero di Charonne dove aveva incontrato uno sconosciuto vestito da operaio. Era tornata sola e gli agenti avevano perduto le tracce del suo compagno.

Jeanne lasciò Parigi insieme a Georges e si stabilì nella periferia di Courbevoie. Il commissario Macé cominciava ad avere seri sospetti sulla vedova, soprattutto dopo aver interrogato i vicini di casa e altri testimoni. Venne a sapere dell'insistenza di Jeanne riguardo al ballo all'Opéra e del fatto che, rientrando a casa quella sera, Georges l'aveva preceduta sul viale, comportamento che non si addiceva certo a un gentleman. Ma, soprattutto, si chiedeva come mai il malvivente avesse trovato il cancello aperto. Infatti si trattava di un cancello molto pesante che, se lasciato andare, si sarebbe chiuso automaticamente. Ancor più strana gli apparve la scomparsa dalla casa di un uomo che Jeanne aveva presentato ai vicini come suo fratello, e che era stato visto nell'appartamento proprio il pomeriggio dell'attentato. Le descrizioni dell'uomo corrispondevano perfettamente a quelle dello sconosciuto che Jeanne aveva incontrato al cimitero.

Perché le indagini fossero più efficaci era però necessario separare la vedova dal suo amante. Così la polizia ordinò a Jeanne di rientrare immediatamente a Parigi e la famiglia di Georges prese il suo posto al capezzale del malato. Questo avvenne il 6 marzo. Tornata a Parigi, la vedova fu convocata al commissariato da Gustave Macé che le disse che era sospettata di essere la mandante dell'attentato contro Georges de Saint-Pierre.

«Chi si occuperà di Georges in mia assenza?» chiese Jeanne.

«La sua famiglia» rispose Macé.

Jeanne si fece prendere da una crisi isterica. Camminava nervosamente lungo la stanza, si agitava, minacciava. Quando finalmente sembrò più calma Macé cominciò il suo interrogatorio.

«Perché avete insistito tanto per andare al ballo all'Opéra?»

«Non ho affatto insistito» rispose lei.

«Come mai l'uomo che ha attaccato Georges de Saint-Pierre è riuscito a fuggire così rapidamente?» la incalzò il commissario.

«Non lo so.»

«Come si chiama e qual è l'indirizzo di vostro fratello?»

«Non darò un onesto padre di famiglia in pasto alla polizia» si irrigidì Jeanne.

«Perché siete andata al cimitero di Charonne?» chiese ancora Macé.

«Per pregare. Inoltre, se proprio volete saperlo, ho avuto una forte febbre tifoidea per cui spesso mi dimentico le cose.»

Jeanne mantenne un arrogante atteggiamento di sfida anche davanti al magistrato. Alla fine dell'interrogatorio dichiarò: «E dite a quella specie di superpoliziotto che non troverà mai niente contro di me. Ci pensi bene prima di mandarmi in prigione, non sono certo il tipo di donna che può essere messa insieme a ladri e prostitute!».

Il magistrato ordinò al commissario Macé di perquisire l'appartamento in Rue de Boulogne. Quando gli agenti entrarono in casa la vedova Gras ordinò alla domestica che tutte le finestre fossero immediatamente spalancate. «Aprite, ho bisogno di aria pura. Quando arriva, la polizia emana sempre un cattivo odore» disse.

Macé la invitò a sedersi mentre i suoi uomini ispezionavano ogni stanza. Tutte le lettere e i documenti vennero accuratamente esaminati. C'erano i conti di casa mescolati a bigliettini d'amore, c'era l'ultima lettera di un amante che si era suicidato per lei in mezzo a missive più volgari di altri innamorati. Jeanne rimase tranquillamente seduta in poltrona ostentando indifferenza mentre i segreti della sua vita passata venivano letti e controllati. Poi ci fu un momento in cui sembrò perdere il controllo. Accadde quando gli agenti aprirono il cassetto di un armadio e trovarono, sotto una pila di biancheria, una cartella di pelle contenente delle lettere semibruciate. Il commissario stava per leggerle quando Jeanne protestò che non aveva il diritto di toccare la corrispondenza privata del signor de Saint-Pierre.

Macé non fece caso alle lamentele della donna e lesse le lettere. Erano indirizzate a Georges ed erano piene di parole d'amore, parole che avrebbero messo in seria difficoltà la signora sposata che gliele aveva scritte, se fossero state rese pubbliche. Jeanne spiegò: «Le ho trovate sul pavimento, vicino al caminetto del salotto. Le ho tenute. Ammetto di aver fatto una cosa sbagliata, ma sono sicura che Georges mi perdonerà».

A Macé le spiegazioni di Jeanne non bastarono, così fece ricondurre a Parigi Georges e gli raccontò tutto ciò che aveva trovato nella stanza della sua amante. Il giovane disse che non gli interessava il passato di Jeanne, la dedizione e l'amore che gli dimostrava erano sufficienti, tutto il resto non contava. Disse accorato: «Perdono il suo passato, accetto il suo presente e, credetemi, nessuno ha il potere di separarmi da lei».

A quel punto il commissario accennò alle lettere semibruciate e ne lesse alcuni passaggi. Solo allora Georges comprese la verità. Poco dopo l'incidente, sentendo la morte vicina, aveva chiesto a Jeanne di andare a casa sua a prendere quelle lettere perché, se fossero state trovate, avrebbero potuto compromettere l'onore di una donna. Voleva che lei le distruggesse prima che fosse troppo tardi. Aveva sentito il crepitio delle fiamme e ne aveva dedotto che Jeanne avesse esaudito il suo desiderio. Non avrebbe mai immaginato che lei, approfittando della sua cecità, le avesse tirate fuori dal fuoco per conservarle e probabilmente, in futuro, ricattarlo. Georges scoppiò a piangere: «Accecarmi, torturarmi e approfittare delle mie condizioni per mentirmi, per tradirmi. È infame, infame!».

Quella notte Jeanne dormì nella prigione di Saint-Lazare insieme ai ladri e alle prostitute.

La polizia continuò a cercare il suo complice per farlo confessare visto che per il momento non c'erano prove per accusare la donna, ma di Nathalis si erano perse le tracce. In prigione Jeanne, senza notizie dall'esterno, senza parole dal suo amante, venne colta da un forte stato di ansia. Iniziò a temere il peggio. Allora scrisse a Gaudry chiedendogli di farsi avanti e di confessare il suo crimine. Scrisse anche che era disperata, che aveva rifiutato il cibo, ma che l'avevano nutrita con la forza, che era pronta a spaccarsi la testa contro un muro se lui non fosse corso in suo aiuto. Poi cambiò tono e promise a Nathalis di adottare i suoi figli nel caso fosse stato condannato, e di essere decisa a lasciare loro un terzo delle sue proprietà. Infine convinse un prigioniero che stava per essere rilasciato a consegnare il messaggio. L'uomo preferì passare la lettera alla polizia. Il commissario Macé, senza fare alcun cenno alla lettera in suo possesso, sottopose la donna a un nuovo interrogatorio.

Jeanne disse che il finto fratello si chiamava Nathalis Gaudry e che viveva presso la cattedrale di Saint-Denis e lavorava in una raffineria di olio. Fu facile per la polizia rintracciarlo e arrestarlo. A casa sua furono trovate alcune lettere di Jeanne, in una delle quali la donna gli proibiva di cercarla al suo indirizzo e gli dava appuntamento al cimitero di Charonne.

Gaudry confessò. Aveva commesso l'orribile crimine spinto dalla passione per Jeanne che aveva promesso di sposarlo. Fu rinchiuso nella prigione di Mazas. Nel frattempo la vedova Gras si macerava nell'ignoranza. Nathalis non aveva risposto al suo messaggio e lei precipitava sempre più in uno stato di prostrazione. Per due volte tentò il suicidio ingoiando i vetri di un bicchiere. Il 12 maggio il magistrato la mise a confronto con Gaudry. Lui raccontò la storia nei dettagli, lei era costernata, sorpresa che il suo compagno d'infanzia potesse dire tante menzogne sul suo conto. Piangendo chiedeva a Nathalis di fare qualcosa e lui amaramente rispondeva: «È troppo tardi». Furono entrambi imputati di tentato omicidio.

Il processo cominciò presso la Corte d'Assise di Parigi il 23 luglio 1877 e durò tre giorni. La vedova era rappresentata dall'avvocato Pierre Lachaud, uno dei migliori legali di Francia, mentre Edgar Demange sosteneva la difesa di Gaudry.

Il caso suscitò profondo interesse nel pubblico e nella stampa. «Le Figaro» descriveva così la vedova Gras:

> Dimostra più anni della sua età, di altezza media, ben fatta, sembra piuttosto a suo agio. Ha mani piccole, i capelli quasi bianchi e gli occhi sono quelli di una tigre, infiammati dall'odio e dal desiderio di vendetta.

Gaudry fu interrogato per primo sul motivo del suo crimine. «Ero pazzo della signora Gras» spiegò. «Avrei fatto qualsiasi cosa mi avesse chiesto. L'ho conosciuta da bambino, sono cresciuto con lei. Poi l'ho ritrovata. Ero innamorato di lei, non potevo resisterle. Ogni suo desiderio era legge per me.»

Jeanne disse tra i denti: «Mente».

Il giudice le chiese per quale motivo l'uomo avrebbe dovuto accusarla ingiustamente, ma la vedova non parlò. L'avvocato Lachaud la invitò a rispondere, ma Jeanne disse che non se la sentiva e si accasciò sulla sedia. Dopo una pausa parve riprendersi e l'interrogatorio ricominciò.

«Il signor Gaudry era a casa vostra mentre si svolgeva il ballo all'Opéra?» chiese il giudice.

«No! Quell'uomo non oserà guardarmi in faccia mentre dichiara una cosa simile!» proruppe Jeanne.

«Ma vi sta guardando proprio in questo momento» commentò l'avvocato.

«No, non oserà farlo» disse fermamente Jeanne piantando gli occhi sul viso di Gaudry che fu costretto ad abbassare lo sguardo.

«Bene, io, che ho il dovere di interrogarvi, vi guardo in faccia e ripeto la mia domanda. Gaudry era a casa vostra alle dieci e mezzo di quella notte?»

«No.»

«Avete sentito, Gaudry?» domandò il giudice.

«Sì, signore. Ho sentito, ma sta mentendo» rispose con un filo di voce Nathalis.

«È assolutamente impossibile. Chi può ritenermi colpevole di una cosa simile?» domandò in tono arrogante Jeanne.

Fu poi il turno di Georges de Saint-Pierre che, con estrema calma, raccontò i fatti. Il pubblico lo ascoltava commosso. Jeanne lo guardava disperata e, a un tratto, si rivolse a lui in lacrime: «Georges! Georges! Ti prego difendimi, difendimi!».

Ma lui replicò freddamente: «Desidero solo attenermi ai fatti».

L'avvocato Lachaud cercò di dimostrare che l'unico colpevole era Nathalis Gaudry, spinto a commettere il crimine dalla gelosia. L'avvocato Edgar Demange spiegò invece come il suo cliente avesse agito sotto l'influenza della grande passione per la vedova Gras. I giurati ritennero Jeanne colpevole dell'attentato, mentre a Nathalis Gaudry furono accordate le circostanze attenuanti. La vedova fu condannata a quindici anni di prigione, il suo complice a dieci.

VI

SOLO ANDATA PER LOUIS

Gabrielle e Marin Fenayrou, Francia 1882

Gabrielle partecipava suo malgrado al complotto. Era seduta al tavolo del ristorante col marito Marin e il fratello di lui, Lucien. Non aveva fame e guardava disgustata i due uomini di fronte a lei mangiare con grande appetito. Marin aveva parlato per quasi un'ora e adesso era concentrato sul cibo.

Alcune delle parole che aveva detto continuarono a risuonare nella mente di Gabrielle in modo ossessivo. «Martello... no, coltello... corda... pietra... sotto il pavimento della cucina... nel fiume...»

Finirono di cenare e lasciarono il ristorante. Dovevano separarsi. Marin e Lucien sarebbero andati a Versailles in carrozza mentre Gabrielle avrebbe raggiunto Louis, il suo ex amante, alla stazione. Anche loro sarebbero poi partiti per Versailles in treno.

«Ecco, tieni i biglietti. Li ho già fatti così non dovrai perdere tempo» le disse Marin e si allontanò con il fratello.

Gabrielle arrivò alla stazione e, mentre aspettava, controllò i biglietti. Erano tre. Andata e ritorno per lei, solo andata per Louis.

Gabrielle Gibbon era nata a Parigi nel 1852. Era la figlia minore di un farmacista che, con la moglie, lavorava in una piccola ma redditizia farmacia di cui era proprietario nel quartiere della Madeleine. La sorella di Gabrielle era affetta da una grave malattia mentale che aveva costretto i genitori a chiuderla in un ospedale psichiatrico. Gabrielle era una bambina dall'intelligenza brillante che ricevette un'educazione raffinata, forse superiore a quella impartita alle ragazze della sua classe sociale. Le compagne le volevano bene, la preside della scuola la descriveva come una bambina amabile e una studentessa modello, anche se con un carattere piuttosto debole e influenzabile.

Gabrielle aveva diciassette anni quando, nel 1869, suo padre morì e la madre dovette sostituirlo nel suo lavoro. Ma per condurre una farmacia serviva un vero farmacista e la vedova Gibbon doveva affrettarsi a trovarne uno. La sua attenzione si rivolse a Marin Fenayrou, un uomo di trent'anni, che era stato assistente del marito e stava completando i sei anni di tirocinio per diventare farmacista. Nonostante Marin non fosse né bello né particolarmente brillante, la vedova Gibbon pensò di aver trovato la persona adatta per dirigere la farmacia e per sposare la figlia.

Quando venne a sapere dei progetti per il suo futuro, Gabrielle confidò a un'amica di trovare Marin repellente, ma ciò nonostante avrebbe acconsentito al desiderio della madre. «Non è l'uomo che sognavo e questo è solo un matrimonio di convenienza. Mia madre è vedova e ha bisogno di qualcuno che diriga la farmacia. È l'unico motivo per cui accetterò la proposta» spiegò. Ma poi aggiunse: «Sarò infelice per il resto della mia vita».

Sposando Gabrielle, Marin Fenayrou ricevette una discreta dote e la signora Gibbon gli vendette la farmacia a un buon prezzo. Poiché l'uomo non disponeva comunque di tutto il denaro necessario all'acquisto, la donna gli concesse di pagarle soltanto gli interessi sul debito. Marin permise alla vedova Gibbon di abitare insieme a lui e alla moglie nell'appartamento che si trovava sopra il negozio.

Dopo il matrimonio però il suo atteggiamento cominciò a cambiare. Marin temeva l'influenza che la vedova Gibbon aveva sulla figlia e le chiese di trovarsi al più presto un altro alloggio. La donna si trasferì in un appartamento poco lontano. Quando Gabrielle scoprì di essere incinta la madre riprese a passare gran parte delle giornate insieme a lei. Nove mesi dopo il matrimonio Gabrielle partorì il suo primo bambino e un anno dopo ebbe un altro maschio.

Fu più o meno in quel periodo che Marin cominciò a perdere interesse per il lavoro e a trascurare la famiglia. Beveva molto, frequentava i caffè e prelevava i soldi dalla cassa della farmacia per giocarli ai cavalli. Gabrielle non si rammaricò troppo, aveva previsto quel momento. Marin era un uomo rozzo, con nessuna ambizione, sposandola si era sistemato e ora si prendeva i suoi piaceri altrove, fra uomini come lui, volgari e chiassosi. Questo a Gabrielle non dispiaceva, non amava la compagnia del marito, ma era preoccupata per la farmacia. Per evitare il fallimento, nel 1873 Marin assunse un giovane assistente che lo sostituisse durante le sue numerose assenze.

Louis Aubert aveva ventun'anni, era figlio di un commerciante di generi alimentari e aveva lasciato il seminario per trasferirsi a Parigi e cominciare gli studi di farmacia. Non era un uomo attraente e, date le difficoltà che ebbe nel passare i primi esami, non era neppure considerato particolarmente intelligente. Eppure aveva una delicatezza d'animo e un modo cortese di parlare che lo facevano amare da tutti. A Gabrielle piaceva la sua presenza, la morbidezza con cui si muoveva fra scatole e flaconcini, fra scaffali colmi di barattoli. Era colpita dal suo sorriso timido, dalla sua voglia di lavorare. Non era innamorata di lui, il sentimento che provava era un misto di tenerezza e compassione. Voleva proteggerlo, aiutarlo e lo circondava di piccole attenzioni. Ma non capì che Louis, sentendosi lusingato dell'interesse che la padrona gli dimostrava, approfittava della situazione e spesso si serviva dell'ascendente che aveva su di lei per farsi prestare del denaro. In seguito si fece più ardito e, poiché dormiva e mangiava nel negozio e aveva quindi molto tempo da trascorrere insieme a Gabrielle, spinse il loro rapporto oltre il lecito.

La relazione fra i due divenne presto motivo di pettegolezzi per il vicinato. Marin iniziava a sospettare qualcosa ed era anche convinto che la palese simpatia che la suocera dimostrava per il giovane influenzasse i sentimenti della figlia. La vedova Gibbon infatti criticava Marin perché non faceva nulla per rinnovare il locale come le aveva più volte suggerito Louis. Secondo il ragazzo questo atteggiamento pigro e conservatore del signor Fenayrou avrebbe portato la farmacia alla rovina. A questo proposito, nel dicembre del 1879, ci fu un'accesissima discussione tra Marin e il giovane assistente che venne licenziato.

Nonostante Louis spiegasse agli amici che il motivo del licenziamento era soltanto professionale, tutti sapevano che Marin aveva proibito alla moglie di uscire senza il suo permesso. Marin era infatti al corrente dell'amicizia che Gabrielle aveva stretto con la sorella di Louis, Camille Barbery, e temeva che i due approfittassero dell'appartamento della donna per incontrarsi. E proprio a casa di Camille gli amanti continuarono a vedersi fino all'estate del 1881. Poi accadde qualcosa.

Louis lasciò Gabrielle. Forse si era stancato di lei o forse aveva deciso di ascoltare i consigli degli amici che gli suggerivano di troncare la relazione se voleva acquistare maggiore credito e rispettabilità nella sua professione. Louis aveva usato una piccola eredità e un prestito che gli aveva fatto la sorella Camille per comprare una modesta farmacia nel Boulevard Malesherbes. Poi, nell'autunno del 1881, quando il nuovo negozio ormai prosperava, pensò che fosse giunto il momento di sposarsi. Cercava una donna ricca e per trovarla mise un annuncio sul «Petit Journal»:

> Farmacista, trent'anni, vorrebbe sposare donna tra i venti e i venticinque anni con discreta fortuna economica.

Ricevette oltre trenta risposte e molte provenivano da vedove. Non riuscì però mai a fare una scelta perché il suo corpo fu scoperto nel maggio del 1882 mentre galleggiava senza vita nella Senna. Aveva la testa spaccata e presentava ferite da arma da taglio sul torace.

Fu la sorella a identificare il corpo e a raccontare alla polizia tutto ciò che sapeva sui rapporti di Louis con la famiglia Fenayrou. La polizia convocò la coppia che dichiarò di non sapere nulla dell'omicidio di Louis Aubert. Gabrielle disse di non averlo più visto dopo che il marito l'aveva licenziato. Non credendole, il commissario volle rivolgerle qualche domanda da sola e alla fine di un lungo ed estenuante interrogatorio Gabrielle confessò la propria complicità nel delitto.

«In effetti sono una criminale...» disse piangendo. «Per tutta la mattina non ho detto altro che bugie e ora non ce la faccio più. Sto soffrendo troppo.»

Durante il processo che si svolse nell'autunno del 1882, «Le Figaro» descrisse Marin Fenayrou come un tipo rozzo e volgare, con una barba incolta e vestiti dimessi. Così commentava il giornalista:

> Si capisce che è un tipo provinciale che non si è adattato alla vita della capitale.

C'era solo una persona per cui Marin era una specie di divinità: suo fratello Lucien, che l'aveva seguito a Parigi dove aveva trovato lavoro come muratore e aveva sposato Amélie, un'operaia. L'ammirazione di Lucien per il fratello maggiore, che aveva una donna bella e ricca ed era diventato proprietario di una farmacia, nascondeva un forte sentimento di invidia. «Marin è riuscito a conquistarsi una rispettabilità borghese» diceva alla moglie. Poco gli importava che in realtà il fratello fosse un uomo patetico che trovava soddisfazione solo nel gioco, nel bere e nel tiranneggiare la moglie.

Al processo Marin raccontò che, fin dall'inizio del suo matrimonio, Gabrielle e sua madre l'avevano disprezzato. Criticavano il suo anticlericalismo e la moglie gli aveva perfino proibito di avere rapporti sessuali durante entrambe le gravidanze. Si era sempre comportata con lui in maniera arida e contegnosa, e gli faceva pesare la sua superiorità. Certe volte si accorgeva perfino che lei lo guardava con disgusto. Disse poi che aveva amato Louis Aubert come un figlio, nonostante avesse tradito la sua buona fede. Gli amanti gli avevano fatto toccare il fondo dell'umiliazione e dell'ignominia.

Gli amici, chiamati a testimoniare, definirono l'imputato un uomo orgoglioso, ingenuo, emotivo. Qualcuno lamentò certi imbrogli a carte, qualcun altro disse che aveva un carattere violento.

Interrogata a sua volta, Gabrielle dichiarò che la sua relazione con Louis Aubert era iniziata nove anni dopo il suo matrimonio, ma numerosi testimoni dissero che era cominciata molto prima, quando Aubert era stato appena assunto nella farmacia e il secondo bambino dei Fenayrou era ancora in fasce. D'altronde la vita della coppia si svolgeva a stretto contatto con molta gente. Nel quartiere della Madeleine i negozi passavano ancora di padre in figlio e tutti si conoscevano, era difficile tenere segreta una relazione clandestina. Perfino il fratello di Marin, oltre a numerosi vicini, raccontò di aver visto più volte la coppia baciarsi nel retrobottega della farmacia.

La madre di Gabrielle ammise di avere contribuito al fallimento del matrimonio della figlia non avendole permesso di scegliere l'uomo da sposare. Confessò anche di aver condiviso i sentimenti di Gabrielle verso il marito e di averla favorita, inconsapevolmente, nella sua relazione accettando Louis in famiglia, permettendogli di modernizzare la farmacia, e perfino occupandosi dei nipotini quando Gabrielle voleva uscire per incontrarlo.

Fu interrogata anche Camille Barbery, la sorella di Louis, che aveva sposato un impiegato di banca e viveva poco lontano dalla farmacia. Con lei Gabrielle si confidava, le raccontava dei suoi problemi con Marin, l'insoddisfazione della vita matrimoniale e infine le parlò della sua relazione con il fratello. Nel 1876 Louis aveva invitato i Fenayrou a unirsi a lui e ai Barbery per fare visita a sua madre in Normandia. La signora Aubert capì immediatamente quali fossero i veri rapporti tra suo figlio e Gabrielle e ne fu talmente sconvolta che abbreviò la visita della famiglia, mandando tutti via dopo soli due giorni. Camille si era dimostrata più comprensiva, proteggeva la coppia e le consentiva di usare il suo appartamento di Parigi.

Si parlò anche dei rapporti matrimoniali fra Gabrielle e Marin. La donna dichiarò imbarazzata che con suo marito c'erano molte incomprensioni, che lei si dimostrava dolce e affezionata ma lui si comportava in maniera estremamente fredda. Gli amici di Marin intervennero per dichiarare l'esatto contrario: era lui che si lamentava della freddezza della moglie e ne era talmente convinto che non riusciva a credere alle voci sull'infedeltà di Gabrielle, proprio perché non la riteneva particolarmente interessata ai rapporti sessuali.

Ma ci fu anche chi sostenne che Marin, pur sapendo dell'infedeltà della moglie, chiudesse un occhio purché Louis lavorasse nella farmacia accettando uno stipendio da fame. Infatti negli ultimi tempi, prima del licenziamento, la paga di Aubert era discontinua e Gabrielle cercava di rimediare regalando ogni tanto al giovane una somma di denaro.

Il difensore di Gabrielle insinuò nella giuria il sospetto che Marin avesse in un certo qual modo «ceduto» la moglie a Louis, vero angelo del male che si era insinuato nel focolare di una rispettabile famiglia, e che Gabrielle non fosse che la delusa ma leale moglie posseduta in uno stato di semincoscienza. «Aubert la possedette con la forza: un giorno la sorprese mentre stava finendo di vestirsi. Ancora insonnolita, la donna cercò di difendersi ma fu sopraffatta e quando si riprese ancora non capiva cosa le fosse successo» disse l'avvocato.

Gabrielle aggiunse che in quella particolare occasione era corsa dal marito chiedendogli di non lasciarla mai sola di giorno e di portarla a teatro la sera. Marin le aveva risposto rudemente che poteva andare dove voleva, ma senza di lui, visto che il suo unico interesse in quel momento erano le corse dei cavalli.

L'avvocato spiegò che inizialmente la sua cliente aveva venerato il marito e che lo aveva incoraggiato a nutrire nobili ambizioni. Lei stessa cominciò a studiare il latino per aiutarlo nel suo lavoro e farlo salire di qualche gradino nella considerazione della gente. «Ah, povera donna!» terminò l'avvocato rivolgendo uno sguardo compassionevole alla sua cliente. Si trattava ovviamente di uno sforzo per far dimenticare l'impressione che Gabrielle aveva sempre dato a tutti: quella di aver schiacciato intellettualmente e socialmente il marito, realtà che non l'avrebbe resa simpatica alla giuria composta di soli uomini.

Il fratello di Marin, Lucien, disse che Gabrielle era una donna altera e molto snob. Non aveva mai accettato di uscire con lui e la moglie, che era una semplice operaia. E aggiunse: «E sappiate che vale più il mignolo di Amélie che tutto il corpo di Gabrielle!».

L'avvocato della difesa raccontò un episodio della vita della sua cliente. Quando nacque il secondo bambino i medici proibirono a Gabrielle di avere un'altra gravidanza o avrebbe rischiato la vita. Marin quindi accettò di non avere più rapporti con lei per proteggerla, ma questo privò la donna di «certi piaceri e la sua mente cominciò ad avere problemi quando i sensi non furono più soddisfatti. È ben noto in medicina infatti come molte donne diventino matte perché non possono più essere "mogli" nel pieno senso del termine» spiegò il legale.

L'argomentazione dell'avvocato si basava su alcune tesi riguardanti la soddisfazione sessuale delle donne che erano apparse nella letteratura medica e in manuali sul matrimonio già da diversi anni. C'era un libretto in particolare che aveva avuto centosettanta ristampe da quando era stato pubblicato nel 1848. Si trattava di *Igiene e fisiologia del matrimonio* di A. Debay e conteneva una descrizione diretta e dettagliata dell'atto sessuale, sorprendente per quei tempi. Debay riconosceva alle donne la capacità di godere dei rapporti intimi esattamente quanto gli uomini e dichiarava che un sesso moderato faceva bene alla salute e contribuiva alla stabilità familiare e sociale. Comunque, concludeva, le donne dovevano cercare di soddisfare i propri mariti perché dipendevano economicamente da loro. Il consiglio agli uomini era quindi di dare importanza al piacere delle mogli, ma la richiesta che veniva fatta alle donne era di fingere l'orgasmo se non lo provavano. Insomma, si stabiliva un diritto maschile sul piacere femminile in nome dell'equilibrio matrimoniale.

Il fatto che l'avvocato facesse riferimento a queste teorie per difendere l'imputata non sembrò favorire la causa di Gabrielle. Inoltre, secondo il legale, non potendo diventare madre di nuovo, Gabrielle imboccò la strada di uno strano misticismo. In seguito, abbandonata anche la religione, il suo senso morale crollò, anche se non per sua colpa, e la donna si lasciò andare a una relazione adulterina. Quando il marito la scoprì lei non poté che ubbidire ai suoi ordini e aiutarlo a vendicarsi uccidendo il suo amante.

C'era qualcosa però che Gabrielle non aveva rivelato neppure al suo avvocato. Era pur vero che dopo la nascita del secondo figlio i medici le avevano proibito di avere altre gravidanze, ma il fatto che fosse una cattolica praticante forse l'aveva spinta a omettere una piccola realtà: che lei e Marin usavano dei metodi contraccettivi per continuare ad avere rapporti. Questo fatto apparve in seguito nelle memorie di Gustave Macé, il commissario che divenne anche il confidente di Gabrielle. Il libro apparve solo dopo il processo e Macé scrisse che la donna gli aveva raccontato come nel 1879, quando Marin contrasse una malattia venerea, l'uomo sospettò di averla presa da Gabrielle che in quel momento incontrava ancora Aubert. Questo avrebbe dimostrato che Marin e Gabrielle continuarono ad avere rapporti. Ma di quale tipo?

Secondo Macé, ciò che turbava profondamente Gabrielle non era la mancanza di rapporti sessuali con il marito quanto il fatto che essi fossero estremamente brutali. Marin le chiedeva costantemente la soddisfazione dei suoi diritti maritali e la forzava a sottostare ad atti che «venivano praticati soltanto dalle prostitute più degradate». Probabilmente Marin non era capace di offrire a Gabrielle la tenerezza e la delicatezza che lei desiderava, abituato com'era a contatti intimi rudi e poco romantici. Inoltre, secondo Macé, Gabrielle sembrava non aver trovato un amante delicato neppure in Louis Aubert, altrettanto carnale del marito.

Durante il processo Gabrielle confessò di aver avuto anche un altro uomo che fu immediatamente convocato e interrogato. Jerome Grousteau era un affascinante ventisettenne, un giornalista, che aveva incontrato Marin Fenayrou a una corsa di cavalli. Marin l'aveva invitato a casa molto spesso e Grousteau raccontò che aveva provato compassione e tenerezza per Gabrielle, che gli aveva confidato la tristezza del suo matrimonio. Si lamentava dell'insensibilità di Marin, un uomo che non l'aveva mai capita e che lei non aveva mai amato. Grousteau descrisse Gabrielle come una donna dotata di un carattere dolce ed espansivo. Cercava da altre parti la felicità che le era stata negata.

Nel novembre del 1880 Grousteau e Gabrielle diventarono amanti, ma anche il giornalista confermò che l'imputata era una donna estremamente fredda sessualmente, per questo non avevano avuto molti rapporti intimi. In lui Gabrielle cercava affetto, consolazione e incoraggiamento. Sapeva che Grousteau aveva altre amanti ma questo non le importava.

«Con me voleva realizzare un'unione sentimentale, affettiva, quella che non riusciva ad avere con il marito. A volte mi diceva: vorrei che tu fossi mio fratello e che potessi proteggermi» spiegò Grousteau.

Grousteau e Gabrielle si erano scambiati delle lettere. A volte lei andava a trovarlo la mattina presto mentre Marin, che spesso la sera esagerava nel bere, ancora dormiva. Poiché il giovane lavorava in un giornale che si occupava di corse di cavalli, a volte era lo stesso Marin a mandare la moglie da lui per avere informazioni sulle scommesse, facilitando così i loro incontri clandestini. Grousteau infine ammise che, dopo un certo periodo, cominciò a trovare il comportamento di Gabrielle e la sua dedizione imbarazzanti e nell'autunno del 1881 prese a pretesto una discussione avuta con Marin per rompere i rapporti anche con lei.

Nonostante le descrizioni del giornalista il pubblico ministero continuò a definire Gabrielle una donna provocante e corrotta. A prova di questa tesi l'avvocato chiamò un giovane che per qualche tempo aveva lavorato per Fenayrou nella farmacia e che durante le indagini aveva fatto una confessione. Aveva infatti raccontato che più di una sera la signora Fenayrou era apparsa nella sua camera da letto in camicia da notte con il seno parzialmente esposto. Ma quando fu interrogato in aula, il ragazzo sentì su di sé lo sguardo sconsolato di Gabrielle e perse il coraggio di ripetere la storia.

Alla fine ritrattò la sua confessione e disse ciò che era veramente accaduto: Gabrielle era passata effettivamente attraverso la sua camera, ma solo perché era l'unico modo per raggiungere il bagno. L'imputata dichiarò che il giovane l'aveva importunata più volte mentre lavorava da loro. Lui allora rispose: «Be', è giusto cercare di approfittare di ogni opportunità!».

Durante il processo la stampa descrisse Gabrielle come una donna che amava le attenzioni maschili, adorava i vestiti graziosi, voleva riuscire simpatica alla gente. Una figlia affettuosa e ubbidiente, una madre attenta e generosa. Nessuno aveva critiche particolari da farle eccettuati alcuni testimoni che dissero di averla sentita più volte parlare male del marito ai due figli.

Il pubblico ministero non riuscì a dare credito alla propria tesi secondo la quale Gabrielle avrebbe rivelato il suo adulterio al marito solo per spingerlo a vendicarsi del suo ingrato amante. Infatti gli amici della coppia erano sicuri che lei avesse confessato a Marin il suo tradimento qualche settimana prima del giorno dell'omicidio.

Ma che cosa era accaduto in seguito?

Tra il momento della confessione e il delitto la coppia fece lunghi e minuziosi preparativi. Gabrielle riprese i contatti con Louis promettendogli una somma di denaro in prestito. Marin nel frattempo prese in affitto una casa a Versailles e acquistò martelli, corde, una pala e un piccolo carro da trasporto. L'idea era di seppellire il corpo di Aubert in casa, sotto il pavimento della cucina ma, se la soluzione si fosse rivelata impraticabile il cadavere doveva essere legato, attaccato a un peso e gettato nella Senna. Per fare sparire il corpo si sarebbero fatti aiutare dal fratello di Marin, Lucien, che fu coinvolto nel piano.

Gabrielle scrisse, sotto la dettatura di Marin, una prima lettera a Aubert in cui lo rimproverava della sua freddezza e gli dava appuntamento in una villa isolata poco distante da Parigi. Il giovane rifiutò l'invito. Gabrielle scrisse una seconda lettera, più tenera della prima. Altro rifiuto. Finalmente Louis rispose alla terza lettera accettando l'incontro.

Quella sera i tre cospiratori si incontrarono in un ristorante vicino alla Gare du Nord. Dopo una sontuosa cena Marin e Lucien partirono per Versailles mentre Gabrielle si diresse prima in chiesa a pregare e poi raggiunse Louis alla stazione. Marin aveva già acquistato i biglietti per tutti. Gabrielle si trovò in mano un'andata e un ritorno per lei e soltanto un'andata per l'ex amante.

Quando Louis e Gabrielle arrivarono nella casa di Versailles, Marin, nascosto dietro la porta, piombò addosso all'uomo e lo colpì con il martello. Lucien, che non era presente, testimoniò che il fratello gli aveva raccontato che senza l'aiuto di Gabrielle non sarebbe riuscito a uccidere Louis. Poiché Marin era molto più basso e meno robusto della sua vittima le cose potevano essere andate così, ma l'uomo disse di aver fatto tutto da solo. L'autopsia rivelò che la vittima non aveva opposto troppa resistenza prima di essere colpita a morte dal martello.

Dato che scavare una buca nel pavimento della cucina si rivelava un compito troppo lungo e faticoso, Marin preferì prendere il corpo e portarlo con un carro lungo la Senna. Con l'aiuto di Lucien legò una grossa pietra al cadavere e lo gettò nel fiume. Come ulteriore precauzione, per evitare che l'acqua entrando nel corpo lo facesse galleggiare, Marin cucì le labbra di Louis.

Risolta la meccanica dell'omicidio mancava solo di conoscere il vero movente. Gabrielle e Marin parlavano di delitto passionale, ma se veramente l'uomo aveva scoperto l'adulterio della moglie tre anni prima, quando le aveva proibito di uscire di casa senza il suo permesso, perché avrebbe aspettato tanto tempo per vendicarsi?

La pubblica accusa immaginò che Louis Aubert stesse ricattando il farmacista riguardo ad alcune questioni passate, per esempio un aborto di Gabrielle. Oppure che Gabrielle, gelosa del suo ex amante che ormai la ignorava, che aveva una sua farmacia e altre donne, avesse confessato tutto al marito spingendolo alla vendetta.

Il pubblico ministero accusava l'imputata: «Voleva che Aubert morisse per soddisfare un desiderio personale... Lei era l'amante abbandonata, lei era infelice mentre lui faceva la bella vita. Dati questi sentimenti ha armato la mano di Marin Fenayrou, confessandogli l'adulterio, con grande sangue freddo». Gabrielle negò e disse che aveva agito solo per ubbidire al volere del marito contro cui aveva peccato.

Si arrivò faticosamente alla verità. Effettivamente Marin aveva avuto qualche sospetto riguardo alla relazione tra la moglie e il suo assistente, per questo aveva licenziato Louis e segregato in casa Gabrielle. Qualche testimone raccontò di aver visto Marin minacciare di morte la moglie in pubblico con una pistola acquistata per l'occasione, se avesse trasgredito i suoi ordini. Ma non sembrava convinto della sua infedeltà, tanto che si vantava con gli amici della dedizione assoluta di Gabrielle. Poi era accaduto qualcosa.

Nel 1879, dopo il licenziamento di Louis, la farmacia iniziò ad andare lentamente in rovina a causa della negligenza di Marin che, per riprendersi economicamente, aveva deciso di investire dei soldi nella contraffazione illegale di una nota acqua minerale. Non aveva però ancora finito di pagare bottiglie, tappi e altri materiali che la polizia gli aveva sequestrato tutto. Obbligata a vendere la farmacia per pagare i debiti, la coppia aveva dovuto trasferirsi in una casa di periferia.

Rimasto senza lavoro, Marin aveva usato i soldi rimasti dalla vendita per associarsi con il signor Valette, l'insegnante di lingua di uno dei suoi figli, che lo coinvolse in un progetto per lo sviluppo delle miniere di rame in Spagna. Gabrielle, intenerita dai ripetuti fallimenti del marito, convinse la madre a rinunciare al pagamento della farmacia e con i soldi risparmiati Marin divenne socio di Valette. Presto però si rese conto che i famosi uffici di cui Valette gli aveva parlato altro non erano che due stanze del suo appartamento e lo stuolo di impiegati che aveva annunciato si riduceva a due unità. Scoprì anche che il proprio lavoro consisteva per il momento nel preparare i pagamenti per il personale e nel migliorare la propria calligrafia ricopiando lettere d'affari.

Ancora una volta la polizia fu chiamata a indagare e scoprì che Valette non era un ingegnere, come aveva detto, e che non esisteva alcuna miniera in Spagna. In realtà voleva solo approfittare del denaro di Fenayrou per cercare di combinare qualche affare redditizio.

Marin era a pezzi. Bendisposto dalla devozione della moglie e convinto che la crisi del loro matrimonio dipendesse dalla sua avversione alla religione, ordinò a Gabrielle di andare a messa e di confessarsi. L'equilibrio appena ristabilito tra i due durò solo fino a marzo, quando si concluse la causa riguardo alla contraffazione dell'acqua minerale e Marin fu condannato a due mesi di carcere e al pagamento di una pesante multa. Fu allora che cominciò a sospettare che fosse stato proprio Louis Aubert a denunciarlo alla polizia per vendicarsi.

Marin era tormentato dal pensiero dell'assistente e lo considerava la causa di tutti i suoi problemi, familiari e professionali. Ancora una volta chiamò la moglie presso di sé e le chiese se avesse avuto una relazione con Louis. Gabrielle disse che, poiché lui le aveva promesso di perdonarla, poteva finalmente raccontare la verità: ebbene sì, aveva avuto rapporti intimi con Aubert.

Mentre la donna confessava, Marin la guardava con sgomento, livido in volto. Invece di perdonarla andò alla polizia per persuadere gli agenti a recuperare le lettere che sua moglie aveva scritto a Aubert. Lettere che gli avrebbero permesso di chiedere il divorzio per adulterio. La polizia si rifiutò di intervenire. Allora Marin riportò Gabrielle da sua madre dicendole che gli era stata infedele. Gabrielle era terrorizzata dalla reazione del marito e da ciò che avrebbe potuto fare e dopo qualche giorno tornò a casa chiedendo perdono. Marin accettò di riprenderla con sé, ma le disse che se si fosse rifiutata di aiutarlo nella vendetta, lui avrebbe ucciso i loro bambini.

In aula Marin spiegò che aveva bisogno della complicità di Gabrielle perché la donna potesse espiare la sua colpa. Finché lei non avesse pagato il prezzo della sua infedeltà, non sarebbe più stata sua moglie. Come pegno rivolle indietro la fede matrimoniale. Da quel momento Marin cominciò ad architettare piani strampalati per uccidere Aubert. Dopo tante fantasie però si risolse a usare come arma un semplice martello. La polizia trovò perfino, nel quaderno in cui Gabrielle registrava tutte le spese di casa, la nota dell'acquisto dell'attrezzo e degli altri materiali usati per uccidere e far scomparire il corpo di Aubert. Marin riferì ai giurati la frase con cui aveva accoltellato Louis dopo averlo aggredito con il martello: «Mi hai fatto soffrire nel cuore e nel cuore io ti colpisco». Dopo l'omicidio aveva organizzato una piccola cerimonia privata per restituire a Gabrielle il suo ruolo di sposa e le aveva infilato ancora una volta la fede al dito, consacrando il nuovo giuramento con un bacio.

La giuria del tribunale di Versailles condannò Marin alla pena di morte e Gabrielle all'ergastolo. A Lucien, come complice, furono dati sette anni. In seguito, una giuria parigina assolse Lucien e commutò la condanna a morte di Marìn nel carcere a vita.

La pubblica opinione era tutta contro Gabrielle, anche se nel secondo processo era emerso un ulteriore fatto. Qualche settimana prima del crimine la donna aveva fatto visita al signor Valette sperando che potesse avere qualche ascendente sul marito. Lo aveva pregato di allontanare dalla Francia Marin per lavoro in modo da impedirgli di commettere una terribile vendetta. Valette le rispose che l'avrebbe accontentata. Al processo disse che Gabrielle si era definita una «donna molto colpevole» e che lui l'aveva congedata quando lei aveva cominciato a parlare di affari personali. Valette dichiarò che se Gabrielle gli avesse riferito di piani precisi per uccidere un uomo sarebbe sicuramente andato a denunciare il fatto alla polizia, ma sapeva anche che nessuno gli avrebbe creduto, data la sua cattiva reputazione.

Quasi tutta la stampa era d'accordo con il «Petit Journal» che scrisse come non vi fosse nulla di umano in una donna come Gabrielle. Un altro giornale, «L'intransigeant», particolarmente misogino, commentò:

Vogliamo che sia chiaro che undici uomini su dodici credono di agire secondo la loro volontà mentre in realtà parlano, scrivono e si comportano spinti dalle creature che pensano di possedere e che, in realtà, possiedono loro. La morale del processo Fenayrou e di altri dello stesso tipo è che noi uomini sfuggiamo al controllo femminile quando abbiamo sette anni solo per ricaderci all'età di diciannove.

Che Marin avesse minacciato Gabrielle con una pistola, che avesse giurato di ucciderle i figli, che avesse pianificato brutali torture per Aubert e infine l'avesse ammazzato a martellate sembravano elementi di minore importanza rispetto all'adulterio e alla complicità della moglie nel delitto. Almeno questa fu la tesi dell'arringa del suo difensore, che cercò di impietosire la giuria, tutta maschile, nei confronti di un uomo portato alla follia dal comportamento libertino della moglie.

Gabrielle ottenne un po' di simpatia soltanto dall'auditorio femminile, tutto radunato in una galleria separata, nell'aula del tribunale di Versailles. Le donne ascoltarono con emozione le descrizioni che l'avvocato fece della situazione matrimoniale dell'imputata e furono particolarmente favorevoli nei suoi confronti quando seppero che Gabrielle, prima di incontrare Louis per l'ultima volta, era andata in chiesa a pregare. Fu perfino letta in aula una lettera spedita da una signora che non voleva comparire nel timore che il proprio marito la rimproverasse.

La lettera diceva:

La sera del 18 maggio mi trovavo nella chiesa menzionata. Accanto a me c'era una donna vestita di nero. Notai che sospirava disperata, i suoi erano quasi dei singhiozzi, e poi udii qualche parola: «Dio mio, non lo fare venire, risparmiaci questo crimine, calma tu la rabbia...».

Due anni dopo il processo, la madre di Gabrielle scrisse che la figlia era molto pentita e che trovava il suo adulterio più imperdonabile del delitto di cui era stata lo strumento. L'omicidio anzi sarebbe stato niente altro che la giusta punizione della sua infedeltà.

Dopo la seconda sentenza Gabrielle ebbe la possibilità di scegliere se seguire il marito nella Nuova Caledonia o rimanere in prigione in Francia. Scrisse una lettera al commissario Macé, con il quale era rimasta in contatto, affermando che già troppo aveva fatto per compiacere il marito, se fosse uscita dal carcere avrebbe dedicato il resto della vita alla vecchia madre e all'educazione dei suoi figli. Vent'anni dopo Gabrielle fu liberata, Marin nel frattempo era morto nella Nuova Caledonia.

La stampa inglese criticò i giudici francesi per la sorte di Gabrielle e non condivise la pubblica simpatia nei confronti di Marin. Probabilmente, scrivevano i giornalisti, l'uomo aveva agito per invidia nei confronti di Aubert o forse perché ne era ricattato. Se Marin avesse voluto commettere un delitto passionale sarebbe semplicemente entrato nella farmacia del rivale e gli avrebbe sparato a bruciapelo. Forse allora il tribunale francese l'avrebbe assolto. Ma Marin voleva commettere il delitto mantenendo la propria rispettabilità e questo l'aveva perduto.

E a proposito di Gabrielle, il commissario Macé scrisse:

> Che triste fenomeno quello di questa donna che ha ucciso il suo amante con la stessa facilità con cui ha tradito il marito: senza sapere perché! Forse era semplicemente curiosa di sensazioni mai provate.

VII

DICIOTTO FIAMMIFERI USATI

Gabrielle Bompard e Michel Eyraud, Francia 1889

«Questa mattina provano un nuovo spettacolo, vuoi venire?» chiese Marguerite a Gabrielle. Marguerite lavorava in un teatro come cassiera e, conoscendo la passione dell'amica, la fece entrare in sala ad assistere alle prove. Più tardi uscirono insieme per andare a pranzo. Gabrielle scelse quel particolare giorno per confidarle di essersi innamorata di un uomo molto più anziano di lei, un impresario teatrale che aveva promesso di trovarle una scrittura.

Entrarono in un bistrot e Gabrielle rimase interdetta sulla soglia. Poi disse all'amica: «Eccolo, è lui, seduto a quel tavolo!».

Michel Eyraud era effettivamente al bistrot con l'ufficiale giudiziario Auguste Gouffé. I quattro si guardarono.

Ancora qualche minuto e Michel avrebbe saputo che la ragazza che amava faceva la prostituta, Gabrielle avrebbe scoperto che il suo impresario era in realtà un ladro, un truffatore e un protettore. Auguste Gouffé non avrebbe invece capito che gli restavano soltanto poche ore di vita.

Il 27 giugno 1889 venne denunciata al commissariato di Parigi la scomparsa dell'ufficiale giudiziario Auguste Gouffé. Il cognato, Gaspard, disse che lo cercava da tre giorni in ufficio e a casa, ma nessuno l'aveva visto. Inizialmente le autorità non presero troppo sul serio la denuncia perché l'uomo in questione, un vedovo di quarantanove anni, era famoso per le sue avventure sentimentali che spesso lo portavano ad assentarsi dal lavoro e dalla città. Poiché però questa volta il commissario Marie-François Goron aveva la sensazione che Gouffé fosse nei pasticci, diede inizio alle indagini. Si recò nell'ufficio dell'uomo scomparso, in Rue Montmartre, e interrogò il portiere. Questi disse di aver udito dei passi la sera del 24 giugno e di aver pensato che l'ufficiale giudiziario stesse salendo nel suo ufficio. Più tardi, però, aveva sentito qualcuno scendere le scale e si era affacciato a guardare: l'uomo che gli era passato di fronte quasi correndo non era Auguste Gouffé. Non avrebbe comunque potuto riconoscere l'intruso perché a quell'ora la portineria era chiusa e l'androne del palazzo in penombra. Lui stesso era molto assonnato.

Nello studio dell'ufficiale giudiziario Goron trovò diciotto fiammiferi usati sul pavimento vicino alla cassaforte che però era ancora inviolata. Indagò allora negli affari dello scomparso e mandò degli agenti a interrogare le sue ultime amanti. Inoltre diramò a tutte le stazioni di polizia della Francia una descrizione di Gouffé e incaricò i suoi uomini di leggere la pagina della cronaca nera di tutti i giornali locali nell'ipotesi che fosse stato rinvenuto un cadavere ancora non identificato.

Nel frattempo a Millery, un piccolo paese vicino a Lione, una guardia cercava di rintracciare la fonte del terribile odore che si diffondeva tutt'intorno. Dietro un cespuglio, sulla riva del fiume Rodano, trovò un sacco di tela. Mentre si avvicinava, l'odore si fece nauseante, insopportabile. L'uomo mise un fazzoletto davanti al naso e si piegò per slegare la corda che chiudeva il sacco. Ne emerse il cadavere semidecomposto di un uomo con la barba.

Il corpo, trasportato all'obitorio di Lione, venne in seguito esaminato dal dottor Paul Bernard. Nonostante l'avanzata putrefazione della salma, il medico legale poté ugualmente dichiarare che la morte era avvenuta per strangolamento. Ulteriori analisi gli fecero definire l'età della vittima: trentacinque anni.

Quattro giorni dopo, in un bosco nei pressi del luogo dove era stato rinvenuto il cadavere, un uomo che cercava funghi vide un grande baule di legno sul cui fondo notò delle macchie sospette. Si scoprì presto che si trattava di sangue e che proprio in quel baule era stato chiuso il corpo trovato qualche giorno prima.

Quando la notizia dei due ritrovamenti giunse all'ufficio del commissario Goron, questi convocò subito il cognato di Gouffé e insieme partirono per Lione. Dopo un rapido esame della salma, Gaspard negò che si trattasse di Auguste Gouffé che aveva i capelli castani mentre quelli del cadavere erano, con tutta evidenza, neri. Inoltre Gouffé aveva quarantanove anni e non trentacinque. I due ripartirono, ma il commissario non era del tutto convinto. Qualche tempo dopo scrisse alla polizia di Lione per sapere se ci fossero stati ulteriori sviluppi. Gli dissero che sul baule era stata ritrovata un'etichetta con la data e il luogo della spedizione: 24 giugno, Parigi. Tre giorni dopo veniva denunciata la scomparsa di Auguste Gouffé.

Goron chiese l'esumazione del corpo dal cimitero de La Guillotière e l'autopsia fu affidata ad Alexandre Lacassagne, titolare della cattedra di Patologia e Medicina legale presso l'università di Lione. Lacassagne riscontrò che i precedenti esami erano stati eseguiti con grande superficialità e incompetenza, e per le sue analisi usò metodi di ricerca innovativi. In effetti il corpo era proprio quello di Auguste Gouffé. Poiché il cadavere era in uno stato di decomposizione avanzata, Lacassagne concentrò le sue analisi sulle ossa e sui capelli. Questi avevano cambiato colore solo perché l'uomo era rimasto tanto a lungo chiuso nel baule.

Per provare la sua tesi, il professore lavò la testa e la barba di Gouffé con un sapone speciale e acqua distillata e il colore tornò a essere castano. Poi si concentrò sullo scheletro e riscontrò un'irregolarità. Una piccola deformità del ginocchio destro aveva probabilmente causato una lieve zoppia nell'uomo. Un membro della famiglia Gouffé confermò poi che Auguste da bambino era caduto da cavallo, e da allora aveva sempre zoppicato un po'.

Per quanto riguardava la causa della morte il professore concordò con lo strangolamento e aggiunse però che l'omicidio non era stato compiuto, come aveva affermato il suo collega, con una corda, ma a mani nude. Anche l'età fu modificata, infatti Lacassagne dedusse dallo stato dei denti che la vittima doveva avere più o meno cinquant'anni. Infine, per provare definitivamente l'identità dell'uomo, fece comparare campioni dei capelli del cadavere con quelli rimasti attaccati a una spazzola che Gouffé aveva in casa.

La stampa seguiva attentamente gli sviluppi delle analisi e il giornale «L'intransigeant» annunciò: *Il cadavere è stato identificato!* in prima pagina. Riuscendo a dare un nome a un corpo in avanzato stato di decomposizione, il professor Alexandre Lacassagne era diventato uno dei più celebri medici criminologi del suo tempo. «Le Petit Journal» aveva riportato tutte le fasi dell'autopsia e infine scriveva:

> La nazione ha dato al mondo Alphonse Bertillon che ha rivoluzionato i metodi della polizia giudiziaria. Il modo in cui è stato chiarito il mistero di Millery indica come la medicina francese sia in grado di aprire nuove strade alla criminologia. L'identificazione del cadavere di Millery segna una svolta decisiva nella sua storia.

Goron esultò, i suoi sospetti si erano dimostrati veritieri. Esaltato dalla scoperta offrì personalmente del denaro a chiunque avesse riferito notizie importanti sul caso. L'operazione riuscì. Un giovane si presentò al commissariato per raccontare di aver visto in un bistrot, il giorno del delitto, Auguste Gouffé in compagnia di un brutto ceffo chiamato Michel Eyraud.

Ulteriori indagini portarono Goron a scoprire che Michel Eyraud era già ricercato per i reati di furto e di sfruttamento della prostituzione e, al momento, era latitante. Era un uomo di mezza età, truffatore professionista, sempre vestito di grigio forse per intonare l'abito al colore predominante del suo corpo. Aveva infatti capelli e occhi grigi, perfino il colorito della pelle era grigiastro. Il commissario scoprì anche che Michel da circa un anno aveva una fidanzata, Gabrielle Bompard.

Gabrielle aveva ventidue anni ed era l'unica figlia di genitori benestanti. Quando compì diciotto anni il padre e la madre affogarono durante una gita in barca. Gabrielle era stata una bambina tranquilla, disciplinata e ubbidiente. Si affidava completamente alle decisioni dei genitori che sceglievano per lei le scuole, le amicizie, le vacanze, perfino gli abiti e l'acconciatura. Le piaceva la propria passività, si sentiva una specie di bambola che la mamma lavava, imboccava, vestiva, pettinava. Più grandicella ascoltava le lezioni di vita che le impartiva il padre a tavola e condivideva i progetti che lui faceva per il suo futuro.

Gabrielle era piccola e rotondetta, aveva il viso roseo incorniciato da due folte trecce di capelli neri. Attirava simpatia perché, nonostante la timidezza e i modi insicuri, improvvisamente esplodeva in entusiasmi infantili e allora mostrava tutta la sua passionalità, l'energia trattenuta, la vitalità.

Terminati gli studi sapeva che si sarebbe sposata e anche in questo caso aspettava la decisione, o quanto meno i consigli dei genitori. Aveva però un segreto che teneva per sé: la passione per il teatro. Le era sempre piaciuto recitare. A casa studiava tutte le parti delle commedie che poi interpretava per il compleanno della mamma. A scuola le affidavano il ruolo di protagonista nelle rappresentazioni di fine anno. La recitazione era il suo unico talento, ma non osava parlare ai genitori del suo sogno di diventare attrice. Le rare volte che riusciva a convincerli perché la conducessero a teatro si accorgeva di quanta poca considerazione il padre avesse per la professione dell'attore, mentre la madre si addormentava qualche minuto dopo l'apertura del sipario. Gabrielle invece non perdeva una battuta dello spettacolo, che spesso anticipava mentalmente poiché conosceva il testo a memoria. Chiudeva gli occhi e pronunciava a voce bassa pezzi di dialogo, poi li riapriva e si estasiava davanti alle scene sontuose o ai costumi degli attori che studiava nei dettagli per imprimerli nella memoria.

Sperava di trovare prima o poi il coraggio di confessare la propria aspirazione ai genitori. Se l'avessero vista davvero convinta, per la prima volta nella sua vita, forse non si sarebbero opposti, anzi, l'avrebbero sostenuta e aiutata. Continuava però a rimandare, quando si sentiva pronta a parlarne almeno alla mamma il timore di un rifiuto le bloccava il respiro e non diceva una parola. Rimandava ancora. Finché non poté più farlo.

In un attimo la tragedia le strappò insieme ai genitori qualsiasi punto di riferimento. Nessuno si sarebbe più occupato di lei, nessuno le avrebbe concesso o negato il permesso di recitare. Nessuno le avrebbe indicato l'uomo giusto da sposare. Per qualche giorno rimase frastornata, come imbambolata. Dopo il funerale i parenti erano ripartiti per la Bretagna convinti che la giovane, che aveva superato i diciotto anni e aveva una casa di proprietà, non avesse difficoltà di alcun genere.

Ma il problema di Gabrielle era l'assoluta incapacità di prendere una decisione senza il consiglio di qualcuno. Accettò quindi il suggerimento di uno zio che le disse di affittare una stanza della casa, sia per non rimanere sola sia per guadagnare qualcosa in attesa di trovarsi un lavoro. Infatti oltre all'appartamento Gabrielle non aveva avuto nient'altro in eredità. Il padre era stato un medico che spendeva per la famiglia tutto il denaro che guadagnava.

Gabrielle attaccò al portone il cartello AFFITTASI e poi attese.

Dal giorno del funerale si era trascurata, metteva sempre lo stesso vestito, comprava al mercato ciò che ricordava acquistasse la mamma, ma poi non era capace di cucinare e così si nutriva di frutta, verdura fresca e uova crude. Avrebbe vissuto ancora a lungo in questo stato di inerzia e apatia se Marguerite, una donna di trent'anni, non le avesse chiesto la camera in affitto. A Gabrielle piacque subito la sua aria sicura, il suo sguardo diretto, la stretta di mano forte e amichevole. Le diede la stanza anche se Marguerite le aveva chiesto di dimezzarle l'affitto, perché con il suo lavoro di cassiera in un teatro non guadagnava tanto denaro. Il lavoro di Marguerite convinse Gabrielle più di tutto il resto. Da quel momento la sua vita cambiò. Marguerite aveva compreso che la ragazza aveva bisogno di una guida e quindi le insegnò come organizzare la casa e il suo tempo libero. Gabrielle seguiva alla lettera tutte le sue indicazioni, contenta di avere di nuovo qualcuno che le dicesse cosa fare.

La sera andava a teatro perché Marguerite riusciva a farla entrare senza biglietto purché si sedesse dove diceva lei e a spettacolo già iniziato. Non voleva avere guai con il direttore. Gabrielle si commuoveva tutte le sere negli stessi punti del dramma oppure rideva di cuore alle medesime battute della commedia come se stesse assistendo per la prima volta allo spettacolo.

Presto questo non le bastò più e cercò il modo di guadagnare qualche soldo per entrare negli altri teatri. Non sapeva fare niente e, per dedicarsi all'unica attività in cui dimostrava del talento, o quanto meno una grande passione, doveva conoscere qualche impresario.

Una sera, mentre camminava sola nei dintorni di un teatro pensando a come procurarsi i soldi per acquistare il biglietto, un uomo la notò. Poiché lei rispose al suo saluto, lui la invitò a bere in un bar e Gabrielle accettò. Era un uomo di mezza età, distinto e comunicativo. Le chiese se avrebbe accettato di andare a letto con lui a pagamento. Gabrielle non si scandalizzò della proposta, anzi, la valutò attentamente e poi portò il cliente a casa sua approfittando dell'assenza di Marguerite che a quell'ora lavorava.

Quello fu il primo rapporto sessuale della sua vita, ma lei non ci fece troppo caso, era solo un mezzo per comprarsi un biglietto del teatro e raggiungere la felicità. Quel sistema di procurarsi il denaro le sembrò così facile e indolore che ripeté spesso gli incontri con lo stesso uomo.

Dopo uno spettacolo, mentre aspettava come al solito davanti all'uscita gli artisti per osservarli da vicino, notò un uomo molto elegante, tutto vestito di grigio, in compagnia di un'attrice. Li vide insieme anche le sere successive finché una volta l'uomo uscì solo, con un'espressione cupa sul volto. Poiché Gabrielle lo guardava con insistenza lui si fermò a salutarla e lei gli chiese con avidità notizie dell'attrice che era spesso in sua compagnia. L'uomo disse di chiamarsi Michel Eyraud, sorrise dell'entusiasmo mostrato da Gabrielle e la invitò a cena. Le spiegò poi di essere un impresario teatrale e vide il volto di lei illuminarsi. Parlarono di teatro per tutta la sera e poi Michel la riaccompagnò a casa dandole appuntamento per il giorno seguente. L'avrebbe invitata ad assistere a un varietà.

Michel non era un impresario bensì un truffatore, un ladro e uno sfruttatore di ragazze che volevano prostituirsi una volta ogni tanto per arrotondare lo stipendio. Bazzicava nell'ambiente teatrale sia per compiere i suoi furti – era infatti anche un abile borseggiatore – sia per combinare appuntamenti tra alcune attricette e facoltosi uomini d'affari o professionisti.

Ma Gabrielle gli era piaciuta davvero. Raramente aveva trovato nelle donne che frequentava ciò che vedeva in lei. Oltre che molto graziosa, Gabrielle era semplice, ingenua, piena di entusiasmo e voglia di vivere. Era una ragazza facilmente suggestionabile che aveva ancora tutto da scoprire. Nonostante la differenza d'età – Michel aveva venticinque anni di più – Gabrielle si innamorò di lui. Le piaceva che un uomo maturo si prendesse cura di lei, la conducesse a teatro e nei ristoranti, nei caffè o alle corse dei cavalli. Le piaceva ascoltarlo e gli chiedeva consiglio su qualsiasi cosa. Insomma aveva ritrovato il padre perduto tre anni prima.

Michel passava diverse serate a casa di Gabrielle. Facevano l'amore a lungo e all'uomo piaceva quel corpo giovane che imparava docilmente e con facilità tutto quanto lui le insegnava in campo sessuale. Michel si sorprese nello scoprire di essere ancora capace di provare un sentimento d'amore innocente e Gabrielle capì cosa volesse dire avere rapporti intimi con l'uomo amato.

Non disse nulla a Marguerite, temeva il suo giudizio come aveva sempre temuto quello della madre. Continuò anche ad avere sporadici rapporti con il suo solito cliente che le permetteva di guadagnare quel poco denaro che le serviva per vivere. A Michel disse che il padre le aveva lasciato una piccola eredità, ma dentro di sé sperava che prima o poi lui le chiedesse di sposarlo. Michel le aveva anche promesso di aiutarla a diventare un'attrice dopo averla sentita recitare, e si impegnò a pagarle personalmente delle lezioni private.

Poi un incidente aprì gli occhi a entrambi.

Michel era seduto in un bistrot insieme a uno dei suoi clienti, l'ufficiale giudiziario Auguste Gouffé. Un'attrice con cui lavorava aveva richiesto la sua mediazione per un appuntamento discreto e ben pagato. La ragazza stava provando un nuovo spettacolo ed era in ritardo. Dallo stesso teatro uscirono Marguerite e Gabrielle che avevano assistito alle prove e si incamminarono verso il bistrot per cenare. Gabrielle aveva finalmente deciso di raccontare all'amica di essersi innamorata e mentre le descriveva il fidanzato lo vide nel bar insieme all'uomo che dapprima non riconobbe. Quando Gabrielle le indicò l'uomo che amava, Marguerite la fermò sulla porta e le disse a bassa voce: «Mio Dio! Gabrielle, amica mia! Quell'uomo è un ladro. Vieni via con me!».

«Ma come!» balbettò lei. «No, non posso venire... spiegati meglio.»

«Te lo spiegherò dopo. Liberati subito e raggiungimi più tardi a teatro» disse Marguerite e tornò sui suoi passi.

Nello stesso istante Auguste Gouffé, che aveva riconosciuto Gabrielle, disse in un orecchio a Michel che aveva già avuto diversi rapporti con quella ragazza e che era soddisfatto della scelta. Quando gli fu più vicina anche Gabrielle riconobbe Gouffé e lasciò precipitosamente il bistrot. Michel la seguì.

Gabrielle corse lungo la strada, ma lui la raggiunse e la trascinò per un braccio in un vicolo deserto. La prese per le spalle e cominciò a sbatterla contro un muro, le disse che era soltanto una sgualdrina, le sputò in faccia. La rabbia, la delusione, la gelosia lo rendevano folle. Se lei avesse reagito, se solo avesse protestato o si fosse giustificata forse l'avrebbe uccisa con le sue mani. Ma Gabrielle si limitava a piangere silenziosamente mentre un tic nervoso le contraeva le labbra. Sembrava una bambina e sul momento Michel ebbe pietà di lei. Continuando a chiederle: «Perché?» la spinse verso la casa che distava qualche centinaio di metri.

Qui ricominciò a schiaffeggiarla, a colpirla dappertutto. Poi si fermò, esausto, e con voce gelida le chiese di raccontargli quello che aveva fatto con quell'uomo o non sarebbe uscita viva dalla stanza. Adesso Gabrielle piangeva a dirotto, i singhiozzi le impedivano di parlare e respirava a stento. Un'altra volta le era accaduto di deludere qualcuno, suo padre, e lui l'aveva picchiata. Per farlo smettere si era messa in ginocchio e gli aveva chiesto perdono: «Non mi picchiare. Farò tutto quello che vorrai, te lo giuro!» lo aveva supplicato. Fece lo stesso con Michel che abbassò le mani e non la toccò più.

Le chiese però i particolari dei suoi incontri con Gouffé e poi, eccitato dalle immagini evocate, trascinò Gabrielle sul letto e tentò di prenderla con la forza. Ma non ci riuscì. Davanti a lui c'era un'altra donna, non più la sua ragazza ingenua e innamorata, sprovveduta e infantile, ma un tipo che conosceva bene, una prostituta verso cui non provava alcun desiderio. Si prese la testa fra le mani. Doveva far qualcosa, la gelosia lo torturava. Aveva il volto rabbuiato e prese a camminare su e giù per la stanza. Gabrielle era rimasta mezza nuda sul letto, in attesa della sua sorte. Non pensava alla propria delusione, al fatto che anche lei era stata ingannata. Che Michel non fosse un impresario ma un ladro, come Marguerite le aveva soffiato all'orecchio, non le importava. Lui l'amava e lei l'aveva tradito.

Avrebbe fatto qualsiasi cosa per riparare.

Michel trovò la soluzione. L'unica soluzione. Avrebbe ucciso il rivale e lei lo avrebbe aiutato. Poi l'avrebbero derubato e sarebbero partiti insieme. D'altronde a Parigi lui non poteva più rimanere, soprattutto adesso che l'amica di Gabrielle l'aveva riconosciuto. Tornò calmissimo e disse alla ragazza, che lo guardava con gli occhi lucidi di pianto, che da quel momento avrebbe dovuto eseguire tutti i suoi ordini. Sarebbe andata al teatro per assicurarsi che l'amica non l'avesse già denunciato. Lui avrebbe aspettato un suo segnale nel vicino bistrot. Poi sarebbe dovuta tornare a casa e attenderlo. Doveva spogliarsi e indossare la veste da camera. Michel avrebbe rintracciato Gouffé, si sarebbe scusato per l'incidente, e l'avrebbe mandato da Gabrielle. Lo avrebbe preceduto nell'appartamento e lì si sarebbe nascosto.

«Dovrai essere carina con lui. Fare tutto quello che hai sempre fatto» le disse in tono sardonico e poi uscì.

Gabrielle aveva ascoltato come inebetita, senza associare a quegli ordini perentori alcun significato preciso. Annuì semplicemente. Poi si rivestì, si aggiustò il trucco e i capelli e si diresse al teatro. Marguerite era al suo posto, dietro la cassa. Vide l'amica sconvolta e volle rassicurarla: non aveva denunciato Michel Eyraud e forse non l'avrebbe fatto neppure in seguito, ma lei doveva prometterle di non rivederlo mai più. Gabrielle promise e le disse che quella sera forse sarebbe stato meglio per entrambe cercare un altro alloggio perché Michel l'avrebbe cercata. Marguerite le diede l'indirizzo di una sua collega che per una notte le avrebbe ospitate e decisero di vedersi da lei dopo lo spettacolo.

Gabrielle passò davanti al bistrot e fece il segnale convenuto, poi andò a casa. Michel la raggiunse poco dopo, attaccò un grosso anello di ferro alla parete dietro il divano e svuotò un baule che aveva acquistato qualche mese prima durante una gita a Londra insieme a Gabrielle. Doveva essere il contenitore dei costumi teatrali che gli piaceva regalarle di tanto in tanto, sarebbe diventato la cassa dove nascondere il cadavere.

Proprio il baule che, nella speranza di risvegliare la memoria di qualcuno, il commissario Goron fece risistemare da un falegname per esibirlo pubblicamente. Circa trentacinquemila persone sfilarono davanti alla cassa mentre i fotografi ne facevano circolare l'immagine in tutto il mondo. Qualche giorno dopo Goron ricevette una lettera da un francese che viveva a Londra. Egli affermava che due mesi prima un uomo accompagnato da sua figlia (in seguito identificati come Michel Eyraud e Gabrielle Bompard) aveva preso in affitto una stanza presso di lui. Prima di tornare a Parigi i due avevano acquistato un baule molto simile a quello delle fotografie.

Nonostante i giornali dessero molto spazio al caso, non si ebbero notizie dei due fuggiaschi fino al gennaio del 1890, quando Michel Eyraud scrisse a Goron una lettera da New York. In essa l'uomo protestava la sua assoluta innocenza e affermava che l'unica colpevole del delitto era Gabrielle Bompard. In seguito inviò altre due lettere al commissario sempre sullo stesso tono.

Qualche giorno dopo, il 22 gennaio, il commissario era nel suo ufficio quando un agente gli annunciò la visita di una signora francese e di un americano. Goron lasciò la sua scrivania per accogliere gli ospiti. La donna era molto giovane, con i capelli scuri raccolti in due trecce, e disse di chiamarsi Gabrielle Bompard. L'uomo era un ricco americano che si era innamorato di lei a New York e aveva voluto accompagnarla in Francia.

Gabrielle si accasciò sulla sedia che Goron le indicava e cominciò a singhiozzare. Dalle sue labbra uscì una storia allucinante fatta di sesso, tradimenti, ricatti e omicidio. Goron andò a prenderle un bicchiere d'acqua perché Gabrielle sembrava senza fiato e le chiese di ricominciare a raccontare tutto dal principio.

Gabrielle riferì con enfasi una storia fantasiosa nella quale lei era stata la vittima di un falso impresario teatrale, Michel Eyraud, che l'aveva costretta ad avere rapporti sessuali con Auguste Gouffé che poi aveva ucciso per derubarlo. Minacciandola di morte si era fatto aiutare a spedire il baule e l'aveva costretta a partire con lui. Era riuscita a sfuggirgli in America e fortunatamente aveva incontrato John, che si era innamorato di lei e l'aveva convinta a tornare a Parigi e a raccontare tutta la storia. Mentre parlava Gabrielle non staccava lo sguardo dal suo amante che annuiva e le sorrideva.

Il commissario intuì che la donna stava recitando una parte e chiese all'americano di uscire, poi sottopose Gabrielle a uno sfibrante interrogatorio che durò tutta la notte. Finalmente all'alba la donna confessò la verità: «Auguste Gouffé venne nel mio appartamento in Rue Tronson-Ducoudray e gli offrii da bere in salotto mentre Michel era nascosto dietro una tenda. A un certo punto mi tolsi la sciarpa di seta che chiudeva la mia veste da camera e la passai intorno al collo di Gouffé ridendo. Anche lui rideva pensando a un gioco di seduzione. Sempre scherzando infilai le due estremità in un anello di ferro che Michel aveva conficcato nel muro poco prima. Quello doveva essere il segnale, infatti Michel sgusciò fuori dalla tenda, prese dalle mie mani le estremità della sciarpa e tirò con tutte le sue forze. Non so come accadde però che Gouffé riuscì a sfilarsi la sciarpa dal collo e costrinse Michel a strangolarlo con le sue mani. Volevamo derubarlo. Infatti Michel prese dalle sue tasche delle chiavi e quella sera andò nel suo ufficio, ma non riuscì ad aprire la cassaforte».

Goron comprese allora la presenza dei fiammiferi nell'ufficio di

Gouffé. Eyraud non aveva acceso la luce per non insospettire i vicini e poiché aveva dimenticato la torcia elettrica usò i fiammiferi. Non era riuscito ad aprire la cassaforte e inoltre non si era accorto del mucchio di denaro che si trovava in bella vista proprio sulla scrivania. Gabrielle disse che avevano messo il cadavere nel baule che tempo prima avevano acquistato a Londra e il giorno dopo erano partiti per Lione. Avevano poi raggiunto Millery in carrozza, dove Michel aveva gettato il baule nel fiume. Infine si erano imbarcati per l'America. Secondo la donna, Eyraud voleva convincerla ad aiutarlo in un altro crimine, ecco perché era fuggita.

Il 19 maggio del 1890 Michel Eyraud fu catturato mentre usciva da un bordello all'Avana e la polizia cubana acconsentì alla sua estradizione in Francia. Il processo, che cominciò alla Corte d'Assise della Senna il 16 dicembre 1890, suscitò un forte scalpore soprattutto perché raramente si erano visti due complici accusarsi così ferocemente a vicenda.

La sentenza venne pronunciata il 19 dicembre: Michel Eyraud fu condannato a morte. Gabrielle Bompard, grazie anche alla bravura del suo avvocato, il principe del foro Henri-Robert, ebbe venti anni di lavori forzati. Ma se aveva evitato la pena di morte era stato soprattutto per la perizia del professor Alexandre Lacassagne, che aveva scartato l'ipotesi dello strangolamento per mezzo della sciarpa di seta di Gabrielle e aveva invece dichiarato con assoluta certezza che l'ufficiale giudiziario era stato strozzato dalle forti mani di un uomo.

Michel Eyraud fu ghigliottinato il 3 febbraio 1891. Gabrielle uscì di prigione nel 1905 e per prima cosa andò a ringraziare due persone: la sua amica Marguerite, che al processo aveva giurato di non sapere nulla riguardo al suo rapporto con Michel Eyraud, e il professor Lacassagne che con la sua perizia le aveva evitato la pena di morte.

In seguito la stampa, commentando il caso, dichiarò che se la coppia avesse spedito il baule in una qualsiasi altra località francese forse si sarebbe salvata perché probabilmente il corpo non sarebbe stato identificato. Ma i due assassini avevano scelto Lione dove insegnava il professor Alexandre Lacassagne. L'identificazione della salma di Millery fu uno dei numerosi trionfi conseguiti nella sua carriera di medico legale. Lacassagne può essere infatti considerato il padre della scienza applicata alla criminologia. Prima di chiunque altro egli riconobbe il significato delle striature delle pallottole e fu uno dei migliori esperti nelle analisi delle macchie di sangue trovate sulla scena del delitto.

Per quanto riguarda Gabrielle Bompard in seguito venne sollevata la questione della suggestione. Si ritenne che la donna fosse stata suggestionata da Eyraud in Europa, poi in America dal suo nuovo amante e infine dal commissario Goron a Parigi al quale confessò il suo crimine. Il criminologo Cesare Lombroso invece scrisse che Gabrielle aveva tutti i caratteri di una vera delinquente:

> Essa fu un automa nelle mani di Eyraud ma venne a lui attratta da quell'affinità elettiva che unisce spesso nella coppia criminale l'uomo e la donna delinquenti.

Il commissario di polizia Gustave Macé, dopo aver tracciato un quadro delle donne criminali nel suo libro *Il mio museo criminale,* scrisse:

> I miei contemporanei diventano troppo indulgenti quando si parla di questo genere di femmine e temo che in un prossimo futuro i nostri bambini ne soffriranno moltissimo. Non è forse scandaloso vedere con quale liberalità viene trattata proprio ora l'orribile Gabrielle Bompard? Ordina i suoi pasti, distribuisce strette di mano, riceve soldi, fiori; vengono descritte sui giornali le sue toilette, si raccolgono le sue dichiarazioni e un fotografo la segue a Lione per non perdere nessuno dei suoi passi. Si dimentica troppo facilmente il suo ruolo nell'omicidio di Gouffé, per applaudire il ruolo che gioca al suo ritorno dall'America in cui ha fatto scoprire il colpevole Eyraud...
>
> Questa piccola criminale sa ben capire come funzionano le cose nella nostra epoca. Felice del rumore che è stato fatto intorno all'omicidio, ella gode della pubblicità sfruttando la scarsa simpatia che di solito circonda gli ufficiali giudiziari. Fosse stata vecchia e brutta sarebbe rimasta in America, poiché è giovane e carina per attirare l'attenzione è tornata in Francia a confessare. Ha denunciato Michel Eyraud perché si è dimostrato al di sotto del compito: insieme a lei è riuscito ad uccidere, senza di lei non è riuscito neppure a rubare.

VIII

VENDICATI DEL MIO AMANTE
Penelope e Mario Carnevali, Italia 1890

«Sei sicura di amarmi?» le chiese ancora una volta Augusto prendendola fra le braccia.

Penelope in quel momento ne era certissima e decise di dargli una prova della fiducia che aveva in lui e del suo amore. Qualche tempo prima aveva consegnato al marito, Mario Carnevali, una lettera che adesso volle dare all'amante. Era certa che dopo averla letta Augusto non avrebbe più potuto dubitare di lei.

Gli disse: «Se mai ti tradissi, con questa potrai vendicarti di me!».

Augusto prese la lettera e cominciò a leggerla:

> Caro Mario, in questo momento è morto William. Io tremo dalla paura che lo sezionino, perché sappi che io l'ho avvelenato per essere tua...

Augusto lasciò cadere il foglio, e l'espressione di dolcezza che aveva avuto fino a quel momento guardando Penelope si tramutò in orrore.

Penelope Menghini era nata nel 1866 a Roma. Il padre era morto quando lei aveva quindici anni e la madre, Costanza, non si era più ripresa. Soffriva di crisi nervose ed era insofferente al rumore, alla troppa luce, alla gente in generale. Si accorse ben presto di non avere la forza di occuparsi di una ragazza adolescente e la mandò a studiare in un convento di suore. Penelope era bellissima, aveva folti capelli castani e uno sguardo romantico e languido. Le suore amavano il suo buon carattere, la vitalità, la disponibilità a compiere qualsiasi servizio le venisse richiesto e le compagne ne ammiravano la spregiudicatezza. Penelope aveva infatti un'indole irruenta, passionale, prendeva sempre le parti delle bambine più deboli e indifese e detestava l'ingiustizia sopra ogni cosa. Non conosceva l'amore se non attraverso i racconti casti che ascoltava a scuola e i libri che di nascosto si scambiava con le amiche. Sognava un uomo forte e bello che l'avrebbe amata sopra ogni cosa. Voleva una vita avventurosa e intensa, insieme avrebbero superato ogni ostacolo.

«Ma quali ostacoli!» le diceva Giuseppina, l'amica del cuore. «Sarà tua madre a sceglierti il marito e non ci saranno ostacoli per voi!»

«No, vedrai!» rispondeva Penelope saltando nel letto di Giuseppina che era affiancato al suo. «Senza prove, senza qualcosa da combattere l'amore non è amore. Lo sai che è così, è scritto in tutte le storie che leggiamo!»

«Ma quelle sono storie di cavalieri e principesse o di persone che appartengono a diversi ceti sociali. Noi siamo ricche, Penelope, e sposeremo un uomo altrettanto ricco e molto noioso...»

«Non io!» chiudeva il discorso Penelope e abbracciava l'amica. In una delle rare uscite dal convento, in gruppo con le compagne e accompagnate dalle suore, Penelope vide al lato della strada un bel giovane di statura media, ma dal fisico vigoroso e atletico. Aveva occhi dolci e labbra grandi e carnose. Anche i denti erano bianchi e perfetti. Si chiamava Mario Carnevali e aveva appena lasciato l'esercito con il grado di sottufficiale di cavalleria, trovando subito un impiego al servizio del principe Del Drago.

Il gruppo di collegiali lo superò lentamente e Mario fu subito attratto da Penelope. Lo colpì proprio il contrasto della ragazza con le altre, semplici educande dall'aria sottomessa e con un aspetto ancora molto infantile. Lei no, lei aveva uno sguardo infiammato che si fermava a lungo sul volto delle persone, camminava con passo spedito come volesse conquistare la strada e nello stesso tempo aveva un atteggiamento altero. Possedeva una classe innata, un portamento nobile e, anche se era molto giovane, il suo corpo prometteva passione e sensualità. Inoltre Mario venne ben presto a sapere che la ragazza apparteneva a una famiglia ricca e questo non fece che aumentare l'interesse nei suoi confronti. Pensò che sposandola avrebbe risolto anche i suoi problemi economici.

Penelope notò i suoi sguardi, ricambiò i sorrisi e cercò di uscire sempre più spesso per vedere il giovane anche solo da lontano. Si scambiarono bigliettini d'amore. In uno di questi Mario le chiese il permesso di rivolgersi alla madre per chiederla in moglie. Penelope acconsentì felice. Ma Costanza rispose con un no deciso. Non desiderava che l'unica figlia che aveva sposasse uno spiantato, avrebbe trovato lei, quando fosse arrivato il momento, un marito adatto al ceto sociale di Penelope.

Indignato, Mario si confidò con un amico. Gli disse che a tutti i costi avrebbe avuto la ragazza e se la famiglia gli rifiutava il consenso per il matrimonio lui lo avrebbe ottenuto in qualche altro modo.

«Come farai?» gli chiese Fabrizio.

«Andrò prima di tutto a prenderla in convento» rispose lui determinato.

«In convento? Ma le suore non ti lasceranno entrare» lo ammonì preoccupato l'amico.

«Vedrai!» furono le ultime parole di Mario.

E infatti si presentò al convento, disse di essere un cugino di Penelope e recitò una scena melodrammatica in cui spiegava che la madre della ragazza, scendendo dal letto, si era rotta un piede e reclamava la presenza della figlia al suo capezzale. Recitò talmente bene questa parte e aveva un'espressione così sinceramente addolorata che le suore, ingenuamente, gli credettero e lasciarono che Penelope lo seguisse.

Usciti dal convento i due ragazzi si presero per mano incuranti della gente, si fermarono in tutti i vicoli per baciarsi e stringersi uno all'altra. Penelope non conosceva nulla della città, soltanto l'appartamento civettuolo, pieno di ninnoli e ammobiliato con arte in cui viveva con la madre, e i lunghi corridoi bianchi del convento. «Portami a vedere il Colosseo!» chiese a Mario e lì, in un angolo appartato, gli si abbandonò completamente, felice e impaurita dall'incontrollabile attrazione che sentiva per il suo primo ragazzo. Rimasero insieme tre giorni. Alloggiavano in una piccola pensione e passavano la giornata a bighellonare per la città, dimentichi di tutto il resto.

«Non possiamo rimanere ancora nascosti» le disse il quarto giorno Mario. Amava Penelope, ma ormai non avevano più neppure il denaro per pagare l'hotel e dovevano studiare qualcosa per il futuro.

Così Penelope tornò al convento. La madre superiora la accolse con aria preoccupata: «Penelope! Ti abbiamo cercata tanto! Ma dove sei stata tutto questo tempo?».

La ragazza la guardò in faccia con fierezza e, con aria di sfida, indicando il suo amante, disse: «Con lui!».

Quando Costanza fu avvertita di ciò che era successo ritirò la figlia dal convento e la chiuse in casa. Presto si accorse che Penelope era rimasta incinta. Mario, sicuro che questo fatto avrebbe giocato in suo favore, si ripresentò davanti a lei con la proposta di matrimonio. Pensava che Costanza, per evitare il disonore e lo scandalo, avrebbe acconsentito finalmente a dargli la figlia in sposa. Ma la donna cacciò di casa il giovane ordinandogli di non farsi più vedere.

«Sposerai chi dico io!» gridò poi alla figlia prima di cadere vittima di uno dei suoi soliti attacchi di nervi che la lasciavano spossata per tutto il giorno.

William Jones era un giovane inglese che viveva a Roma. Frequentava la casa di un cugino di Penelope e a una riunione di famiglia conobbe la ragazza. Appena la vide sentì di amarla perdutamente. Chiese di lei ad amici e conoscenti, e nessuno ebbe il coraggio di dirgli la verità. Allora si rivolse a Costanza perché gli confidasse se il cuore di Penelope era già occupato. La donna gli parlò chiaramente, affermò che sarebbe stata ben felice di concedergli la mano della sua bambina, ma doveva metterlo al corrente di un fatto importante. Gli spiegò che la figlia, che era una ragazza ingenua e influenzabile, era stata adescata da un giovane che per tre giorni le aveva impedito di tornare al convento, tenendola segregata in una stanzetta d'albergo. Penelope era rimasta incinta...

William rimase colpito dalla rivelazione e se ne andò per riflettere con calma. Ma l'immagine di Penelope non lo abbandonava mai, era diventata un'ossessione. Chiese consiglio agli amici e si accorse che tutti erano a conoscenza della storia di Penelope e Mario Carnevali, perfino un giornale aveva pubblicato l'episodio descrivendolo nei dettagli, ma tacendo i nomi dei due protagonisti.

«Io la sposerò lo stesso» dichiarava William.

«È una pazzia!» cercavano di dissuaderlo gli amici e gli raccontavano della fuga di Penelope dal convento con dovizia di particolari.

«Ma io la amo!» riprendeva lui.

«Se lei ti sposa è soltanto per rimediare all'incidente. Penelope non aspetta altro che trovare qualcuno disposto a risolvere la sua situazione» spiegavano gli amici.

William sapeva che non era così. Penelope non gli aveva chiesto nulla, purtroppo non le interessava sposarsi visto che non poteva farlo con Mario Carnevali.

«Ma io sono sicuro che presto lo dimenticherà. Lo dimenticherà e mi amerà» dichiarava testardo.

«Pensaci, William. Non compiere un passo affrettato!» insistevano gli amici.

«Se decido di farlo deve essere ora o sarà troppo tardi. Farò conto di sposare una vedova» tagliava corto lui.

William sposò Penelope nel giugno del 1883. Passarono pochi mesi e nacque la prima bambina, Carmela; l'anno successivo venne al mondo la seconda, Selinte. Due mesi dopo Penelope incontrò di nuovo Mario Carnevali. Entrambi si accorsero che i loro sentimenti erano ancora gli stessi e ripresero a frequentarsi di nascosto. Penelope lo amava di un amore sfrenato, la sua era una folle dedizione che la stordiva impedendole di pensare ad altro.

Gli amici di William se ne accorsero e lo avvertirono. L'uomo disse che non era vero e che la gente si era sempre divertita a sparlare di Penelope. Tuttavia, mentre cercava di rassicurarsi e di convincersi, mille piccoli episodi si risvegliavano nella sua memoria. Tante sfumature inosservate, ritardi, assenze che improvvisamente assumevano un'importanza diversa. William diventò cupo e pensieroso. Non disse nulla a Penelope, ma cominciò a cercare nel suo comportamento i segni della passione, quel tipo di sguardo che aveva tanto sognato fosse rivolto a lui. Capiva di avere commesso un terribile errore sposandola, ma i primi due anni di matrimonio erano stati felici, amava le due bambine e pensava che anche Penelope avesse imparato ad amarlo. Non era così, ma non lo avrebbe mai ammesso neppure a se stesso. Continuò la vita di sempre ma presto il sospetto piantò le sue velenose radici dentro di lui e il suo stesso stato di salute ne venne turbato. Soffriva di crisi depressive, di mal di testa, mangiava poco e si indeboliva sempre più.

Alla fine Giacomo, un amico, gli disse che doveva accettare la verità e per questo l'unica cosa da fare era verificare di persona il tradimento della moglie. Stabilirono di seguire insieme Penelope quando fosse uscita di casa.

Il pomeriggio seguente Penelope chiamò una carrozza e i due giovani la controllarono da una certa distanza. Videro che si faceva accompagnare in un alberghetto di periferia davanti al cui ingresso la aspettava Mario Carnevali. Gli amanti si presero per mano e scomparvero all'interno.

William era diventato improvvisamente paonazzo, tanto che l'amico temette che il sangue gli facesse scoppiare le vene. «Dio mio!» diceva. «Dio mio!» Voleva scendere, correre dentro l'albergo, ma Giacomo lo trattenne con forza per un braccio.

«Non fare pazzie!» gli disse. «Non è il momento. Hai avuto la prova, adesso potrai pensare con calma al futuro. Dovrai lasciarla. Ma prima calmati o potresti pentirtene.» Poi, per evitare un gesto impulsivo dell'amico, disse al cocchiere di partire subito.

«Hai bisogno di me?» gli chiese prima di lasciare William a casa. Lo vedeva così pallido, temeva per lui.

«No, vai. Voglio rimanere solo» disse William ed entrò in casa.

Sperava di calmarsi, ma la rabbia non faceva che ingigantirsi mentre i minuti passavano. L'immagine di Penelope sorridente, che tendeva la mano al suo amante, divenne gigantesca, lucidissima. William si chiese da quanto tempo la moglie lo tradisse. Come poteva avere approfittato tanto della sua bontà, del suo amore?

Penelope tornò, lui sentì i suoi passetti veloci e vide una nuvola di seta verde entrare nel salotto immerso nella penombra, aveva infatti chiuso le tende. La moglie non si era accorta della sua presenza. «Che buio qua dentro!» disse e andò verso la finestra.

«Stai ferma! Non toccare niente» gridò William alzandosi in piedi.

Lei ebbe un soprassalto vedendolo e tutta la gaiezza scomparve immediatamente. Lui la guardò e le vide tremare gli angoli della bocca. Erano uno di fronte all'altra ed entrambi esitavano. Poi Penelope coraggiosamente andò incontro al pericolo e gli chiese cosa avesse.

«Ti ho vista» rispose laconicamente lui.

«Bene» sospirò lei. Per un attimo si sentì svenire, come se tutte le forze l'abbandonassero. Cosa sarebbe accaduto adesso?

William le prese la testa fra le mani e cominciò a stringere. Tremava violentemente. Gli occhi di entrambi erano vicinissimi e il suo fiato sfiorava la bocca di lei. Avrebbe voluto ammazzarla, sbattere quella testolina cara contro la parete e lasciarvi una bella chiazza di sangue e cervello. Ma avevano due figlie.

«Abbiamo due figlie, Penelope. L'hai dimenticato?» le disse cercando di vincere la voglia di piangere.

«Lo so, mi dispiace. Non dovevamo sposarci, tu lo sapevi che amavo Mario!» disse lei con tono testardo.

«Certo che lo sapevo, ma tu mi avevi promesso di non vederlo più. Hai una famiglia adesso, non ti basta? Ti serve anche un amante?»

Penelope non rispose e cercò di sganciare il proprio sguardo da quello del marito.

Poi William la lasciò e tacque per qualche minuto. Riprese con voce lenta e pensosa: «Ascolta, Penelope. Devi prendere una decisione, ora, subito. Vai da lui se vuoi ma dovrai rinunciare a tutto. Alla rispettabilità, alle tue figlie, al denaro, alla casa. Mario non è in grado di mantenerti, lo sai. Oppure rimani con me. Non ti toccherò più, il solo pensiero di farlo mi disgusta. Ma ti proteggerò perché sei mia moglie. Devi decidere».

Penelope restò, d'altronde non aveva altra scelta. Per diversi giorni cercò di comportarsi nel migliore dei modi. Stava sempre in casa, si occupava delle bambine, dedicava lunghe e noiose ore al lavoro a maglia e alle letture. Sembrava un'altra donna. Ma il cuore scalpitava, i sensi erano vigili e il desiderio di Mario prorompente. Non avrebbe resistito. Non poteva resistere.

Una settimana dopo chiamò il dottore perché il marito si era improvvisamente sentito male. Il medico trovò l'uomo già morto e diagnosticò un colpo apoplettico. I fratelli di William, insospettiti dallo strano decesso, chiesero alla procura del re il permesso di effettuare l'autopsia del cadavere. Ma la procura, non volendo contraddire il medico che aveva redatto il certificato di morte, non acconsentì alla richiesta.

Alcuni amici di William avevano qualche sospetto, altri pensavano che probabilmente la scoperta del tradimento della moglie poteva avergli fatto venire una sincope.

La giovanissima vedova tornò ad abitare a casa della madre con le due bambine e per qualche tempo osservò il lutto. Due mesi dopo riprese i suoi incontri con Mario Carnevali e questa volta Costanza non ebbe nulla da obiettare al loro matrimonio. Almeno così le bambine avrebbero avuto un padre, una di loro il padre naturale, e lei si sarebbe liberata di un'intera famiglia a carico.

Penelope sposò il suo Mario e gli portò in dote sessantamila lire, una discreta somma per quell'epoca. La felicità durò qualche tempo, tanto da godere finalmente di un sogno realizzato. In un momento di grande intimità, all'inizio del matrimonio, Penelope confidò a Mario il suo grande segreto. Gli diede una lettera, nella quale gli confessava di aver ucciso William per poter essere soltanto sua. Mario non le credette, conosceva il temperamento fantasioso e romantico della moglie e non la riteneva capace di compiere un atto così definitivo. D'altronde le erano sempre piaciute le situazioni complicate, se avesse voluto avrebbe continuato a ingannare William. O semplicemente l'avrebbe lasciato, non c'era bisogno di ucciderlo. Le restituì la lettera e le disse di strapparla.

Poi però qualcosa cominciò a non funzionare. Penelope aveva ormai scoperto la propria natura avventurosa e trasgressiva. Ora che Mario era diventato il suo compagno ufficiale lei sentiva di non amarlo più come prima. Cominciò invece ad avere brevi relazioni con molti degli amici del marito. Uno di essi, Augusto Ottavi, era un impiegato postale del paese di Paliano, in Ciociaria. Fra loro esplose una passione che somigliava molto a quella tra Penelope e Mario nel periodo in cui il loro amore era osteggiato dalla madre di lei.

Quando Penelope si innamorava di qualcuno, da quel momento non esisteva nient'altro che il suo sentimento. Gettava tutto il suo corpo, la sua anima, la sua reputazione nella nuova fiamma. Allora avrebbe fatto qualsiasi cosa per l'uomo che amava, fuggire con lui, uccidere per lui, rinunciare alla famiglia per lui. Lo disse una volta ad Augusto, dichiarò di essere pronta ad avvelenare il marito se le avesse procurato l'arsenico. Così poi avrebbero potuto sposarsi. Augusto pensò che l'amante scherzasse. Penelope pensò che forse lui non la riteneva capace di un atto così spregiudicato. Volle quindi dargli una prova dei suoi sentimenti e gli consegnò la lettera che aveva scritto tempo prima al marito e nella quale diceva:

> Caro Mario, in questo momento è morto William. Io tremo dalla paura che lo sezionino, perché sappi che io l'ho avvelenato per essere tua... Se mai io fossi scoperta e andassi carcerata, spero che tu non sarai di nessun'altra donna e che continuerai ad amarmi.

Questa doveva essere la prova suprema d'amore.

«Se mai fossi capace di tradirti» disse ad Augusto dopo avergli consegnato la lettera «questa è un'arma con la quale potrai vendicarti di me. Con questa confessione potrai perdermi.»

Augusto guardò la lettera come si guarda un insetto repellente, poi squadrò Penelope con orrore e, dimostrando di non apprezzare affatto la grande prova di amore che lei gli offriva, se ne andò senza dire una parola.

Penelope non si aspettava una simile reazione, credeva fermamente nella complicità degli amanti, ma probabilmente si era illusa su Augusto, forse lui non l'amava veramente. E adesso gli aveva messo in mano la propria vita. Che terribile sbaglio!

Nei giorni seguenti visse nel terrore che l'uomo potesse usare la lettera per denunciarla alla polizia. Doveva trovare il modo di fermarlo. Disse dunque al marito che Augusto la corteggiava assiduamente, che stava diventando ossessivo e che non sapeva come allontanarlo.

Mario doveva ad Augusto Ottavi grosse somme di denaro che l'uomo generosamente gli aveva prestato negli ultimi mesi. Augusto gli aveva recentemente chiesto indietro il denaro e Mario non era stato in grado di restituirlo. Trovò quindi un pretesto per aggredirlo una mattina nella pubblica piazza. Lo insultò, arrivò perfino a schiaffeggiarlo sperando di farsi sfidare a duello. Ma alcuni amici comuni si intromisero nella lite separando i due uomini ed evitando così uno scontro a sangue, nonostante i padrini di Mario Carnevali fossero già pronti all'occorrenza.

Qualche giorno dopo Penelope mandò la sua cameriera a chiamare Augusto, voleva parlargli. L'uomo pensò si trattasse di un tranello e non rispose.

La mattina del 1° maggio 1890, Mario Carnevali stava cavalcando dalla sua casa verso Paliano quando un ragazzo lo fermò per consegnargli una lettera della moglie. Penelope gli confessava il suo adulterio con Augusto Ottavi, gli chiedeva perdono e aggiungeva che non potendo sopportare la vergogna del proprio tradimento aveva deciso di uccidersi. Si sarebbe avvelenata. Così concludeva:

> Ti raccomando le nostre figlie. Abbine cura, tienile sempre con te. Di' loro che ti ho amato e se ho mancato nei tuoi confronti non è stata tutta colpa mia. Ricordati di me e per il bene delle nostre figlie non amare un'altra donna.
>
> Perdonami, Mario. Addio per sempre.

Letta la lettera, Mario si precipitò nell'ufficio postale dove lavorava Augusto Ottavi. Senza neppure concedergli un colloquio di spiegazione approfittò della distrazione dell'uomo che era intento a leggere alcune carte e, attraverso la grata dello sportello, gli sparò due colpi in testa fracassandogli il cranio. Poi si presentò ai carabinieri ai quali disse di aver ucciso un uomo per vendicare il proprio onore.

Penelope non si era suicidata, si era limitata ad assumere dei narcotici che l'avevano semplicemente fatta dormire per qualche ora. Quando seppe che suo marito aveva ucciso Augusto Ottavi sorrise soddisfatta, il suo piano era perfettamente riuscito.

Il 20 maggio, un parente di Augusto Ottavi, Benedetto Angelucci, andò nell'ufficio postale di Paliano a ritirare gli effetti personali dell'ucciso. Mentre vuotava i cassetti alzò lo sguardo e vide un quadretto a cui Augusto teneva in modo particolare. Lo staccò dalla parete e mentre lo stava posando sul tavolo qualcosa cadde a terra. Angelucci raccolse il foglio e lo lesse. Era la lettera in cui Penelope si autoaccusava della morte del primo marito e che Augusto aveva voluto conservare in un luogo sicuro.

Soltanto allora l'autorità giudiziaria acconsentì a far riesumare il corpo di William Jones che da sette anni era sepolto nel cimitero Verano di Roma. Il cadavere fu sottoposto a perizia, ma non si riuscì a stabilire la causa della morte perché ormai il tempo aveva distrutto le tracce dell'avvelenamento.

Quando Penelope seppe che era stata trovata la famosa lettera lasciò precipitosamente casa e figlie e scomparve. Così il processo si fece in sua contumacia nell'agosto del 1892 a Frosinone. Dopo alcune udienze fu però interrotto e rinviato per l'arresto di due testimoni che risultarono essere falsi. Qualche settimana più tardi Penelope veniva arrestata a Palermo mentre stava imbarcandosi per la Grecia. Questa volta il processo procedette senza intoppi e si concluse con la condanna all'ergastolo di Mario e Penelope Carnevali.

IX

BUON GIORNO DOTTOR CRIPPEN!

Hawley Harvey Crippen ed Ethel LeNeve, Gran Bretagna 1910

La nave di linea *SS Montrose* viaggiava da qualche giorno per raggiungere Québec, in Canada. Il capitano, Henry Kendall, era nella sua cabina a prepararsi per la cena quando dall'oblò vide sul ponte il signor John Philo Robinson e il figlio sedicenne. Qualcosa in quei due l'aveva incuriosito fin da quando si erano imbarcati, ma non avrebbe saputo dire che cosa. Continuò a guardare e vide che la coppia si teneva per mano e si scambiava sguardi teneri non propriamente consoni a un padre e un figlio.

Kendall rimase colpito dalla scena e volle indagare. Quella sera invitò i Robinson al suo tavolo. Il padre era un uomo eloquente che parlò per tutta la cena e spiegò di voler raggiungere il Canada perché il suo ragazzo aveva bisogno di particolari cure. Robinson junior, che non aveva aperto bocca fino a quel momento, tossì.

Dopo cena il capitano cercò in cabina dei giornali vecchi e in uno di essi trovò la fotografia di un uomo ricercato dalla polizia. Con un pezzo di gesso cancellò baffi e occhiali e non ebbe più dubbi.

Andò subito a trasmettere un messaggio alla polizia di Liverpool:

> Ho forti sospetti che Crippen, l'assassino dello scantinato, sia a bordo della mia nave insieme alla sua complice.

Hawley Harvey Crippen era nato nel 1862 a Coldwater, nel Michigan, e aveva studiato presso l'Homoeopatic Hospital College di Cleveland, nell'Ohio, dove si era diplomato nel 1885. In seguito aveva ottenuto un secondo diploma a New York come specialista in oculistica e otoiatria. Fece poi praticantato in varie città americane e in Canada a Toronto.

Crippen era un uomo di media statura, con due baffoni neri e occhi scuri sporgenti, il cui sguardo era sbiadito da spesse lenti. Aveva un carattere mite ed era molto timido. A San Diego conobbe l'infermiera Charlotte Jane Bell, di origini irlandesi. Charlotte era una ragazza cattolica educata con rigidi principi religiosi e quando nel 1887 sposò Crippen, che era protestante, dovette procurarsi una dispensa speciale. Era graziosa, ma aveva un carattere dispotico e soffriva di frequenti attacchi isterici. In seguito Crippen raccontò che ogni volta che facevano l'amore la moglie correva in chiesa a confessarsi.

Ebbero un figlio, Otto Hawley, e poi si trasferirono a Salt Lake City dove Crippen aprì uno studio privato. I rapporti sessuali con la moglie erano sporadici perché Charlotte, da fervente cattolica, non ammetteva il sesso al di fuori del progetto di procreazione. La donna morì di parto nel 1892. Crippen affidò il figlio Otto ai nonni che vivevano in California e tornò a New York.

Vide per la prima volta Cora nel pronto soccorso dell'ospedale di Brooklyn dove aveva trovato lavoro come assistente del dottor Jeffrey. La ragazza, una diciannovenne avvenente e formosa, il cui vero nome era Kunigonde Mackamotzki, era stata ricoverata per le conseguenze di un aborto. Il padre era un salumiere polacco che aveva il suo negozio proprio nei pressi dell'ospedale dove lavorava Crippen. Cora era una ragazza vivacissima, chiassosa, stravagante, ma anche molto procace e sensuale e in quel periodo viveva con un uomo sposato che si era arricchito fabbricando stufe e che, oltre a mantenerla e a pagarle un appartamento in affitto, le dava del denaro per le lezioni di canto. La ragazza aveva infatti una discreta voce e sognava di diventare una grande cantante lirica.

Colpita dagli sguardi languidi che le lanciava il dottorino si lasciò tentare dalla prospettiva di una vita diversa, benestante e rispettabile. Per convincerlo a compiere il passo decisivo disse a Crippen che il suo amante le aveva proposto di partire con lui. Crippen quindi si decise e i due si sposarono il 1° settembre 1892 a Jersey City. Poi si trasferirono a St. Louis dove Hawley trovò posto in uno studio oculistico.

Erano anni di depressione economica e la gente non spendeva volentieri in visite specialistiche. Crippen vide diminuire gradualmente i suoi clienti poiché ormai le famiglie preferivano curarsi da sé usando medicinali da banco e panacee di diverso genere. Cora cominciò a lamentarsi dei magri guadagni del marito che non le consentivano di continuare le lezioni di canto, e rinfacciò a Crippen i vantaggi che aveva perduto abbandonando il suo precedente amante. Hawley allora aprì un piccolo negozio tra la 14ª Street e la 6ª Avenue nel quale vendeva medicinali adatti a ogni tipo di disturbo, la maggior parte dei quali non erano che miscugli di alcol e oppiacei a cui veniva aggiunto dello zucchero.

Nel 1894 fu contattato dal professor Munyon che lo assunse nel suo stabilimento farmaceutico, la Munyon Rimedies, che produceva farmaci per curare le emorroidi e svariati altri malanni. Il professor Munyon si dimostrò talmente soddisfatto del lavoro di Crippen che decise di affidargli prima la filiale di Philadelphia e quindi quella di Toronto.

Poiché Cora non poteva avere figli – dopo l'aborto le erano state tolte le ovaie – era sempre più decisa a fare carriera in campo artistico. Per questo aveva cambiato il suo nome e si spacciava per la figlia di un nobile polacco. Inoltre con il denaro che il marito cominciava a guadagnare poteva finalmente permettersi le lezioni di canto, vestiti più adeguati al nuovo stato sociale e gioielli costosi. Ma Crippen era spesso assente da New York e gli ammiratori, le feste, gli spettacoli, distraevano Cora dalle lezioni, tanto che cominciò a diradarle. Poi comunicò al marito di aver cambiato idea riguardo all'opera lirica e di voler provare con il vaudeville. Crippen non approvava le nuove ambizioni della moglie e tanto meno le persone con cui Cora trascorreva le serate a sue spese.

Nel 1897 il professor Munyon mandò Crippen in Inghilterra per aprire una filiale anche a Londra. Questo significava lasciare la moglie sola per diversi mesi, ma era un'offerta che l'uomo non poteva permettersi di rifiutare. Nell'agosto di quell'anno anche Cora arrivò in Inghilterra per riunirsi al marito nell'appartamentino di Guilford Street e per intraprendere la carriera di star del music-hall.

Ogni mattina Crippen usciva di buon'ora per raggiungere gli uffici Munyon in Shaftesbury Avenue mentre Cora faceva il giro di agenti e impresari teatrali. Ma soltanto l'intervento economico del marito le permise di essere ingaggiata all'Old Marylebone Music-hall dove cantò con il nome di Cora Motzki in un'operetta. La sua esibizione fu accolta con freddezza dal pubblico e lo spettacolo fu smontato dopo una sola settimana.

Cora riprese a fare il giro degli agenti e, con il nome di Belle Elmore, trovò altre due scritture in mediocri music-hall. In realtà era Crippen che pagava i teatri perché le offrissero una parte, pagava gli autori perché scrivessero le sue canzoni e le costumiste perché disegnassero vestiti stravaganti come piacevano a lei. Ancora una volta le performance furono un fiasco e, contemporaneamente, Crippen venne richiamato a Philadelphia, dove il professor Munyon in persona lo licenziò. Aveva saputo che perdeva tempo e denaro per sovvenzionare la carriera della moglie e questo era secondo lui un comportamento che male si conciliava con la sua posizione.

Tornato a Londra e sconvolto dal licenziamento, Crippen si chiuse ancora di più in se stesso. Non poteva trovare un'occupazione come medico perché il diploma conseguito in America in campo omeopatico non era riconosciuto in Inghilterra. Era di nuovo al punto di partenza, un insignificante omuncolo senza lavoro, con una moglie che lo accusava di sabotare la sua carriera artistica e perdipiù lo tradiva. Aveva infatti scoperto che durante la sua assenza Cora era stata vista in locali di terz'ordine dove si ubriacava e si intratteneva con compagnie equivoche. Inoltre ultimamente aveva anche un amante fisso, Bruce Miller, un ex pugile.

La crisi tra Crippen e Cora sembrò temporaneamente superata dalla necessità per il medico di trovare un nuovo impiego. Lavorò qualche mese presso la Sovereign Remedy Company prima che questa fallisse. Poi decise di aprire un piccolo commercio e vendeva tonici per i nervi realizzati con una sua formula. Fece pubblicare annunci pubblicitari su settimanali molto popolari, ma sembrava che nessuno avesse bisogno di tranquillanti. Nel 1901 fu infine assunto presso il Drouet Institute per sordi a Regents Park. Si trattava di una società diretta da un medico senza scrupoli che contava sulla creduloneria della gente per vendere tutta una serie di farmaci inutili che lo stesso Crippen prescriveva. Fra di essi un medicinale miracoloso per sconfiggere la sordità.

Fu all'istituto Drouet che Crippen conobbe Ethel LeNeve, una diciassettenne che lavorava come stenodattilografa. Il vero cognome di Ethel era Neave ma lei riteneva che LeNeve fosse più romantico. Ethel aveva grandi occhi grigi, una bocca sensuale e una figuretta esile. I colleghi le avevano affibbiato un soprannome, «Non molto bene, grazie», perché era così fragile e delicata da soffrire sempre di qualche malessere: anemia, mal di testa, bronchite. Il padre era un alcolista violento che non l'aveva mai amata preferendole la sorella, più intelligente e vivace. Ethel era convinta che i suoi genitori la odiassero a causa di un piede deforme che la costringeva a una lieve zoppia. Per anni chiese al padre di essere operata, ma questi rifiutava dichiarando che se Ethel avesse imparato a camminare in modo più appropriato sarebbe guarita da sola. E così infatti era stato ma a Ethel rimase l'impressione di non essere benvoluta dalla sua famiglia. I colleghi la definivano un'ipocondriaca e anche una ragazza molto bugiarda.

«Ethel non è proprio capace di dire la verità» affermavano.

Crippen fu colpito da quella ragazzina dagli enormi occhi grigi, il volto così pallido, le ciocche castane sulla fronte e lo sguardo smarrito. Si compresero immediatamente perché vivevano entrambi una vita misera e senza scopo. Crippen trovava in lei la dolcezza che aveva sempre cercato e la mattina correva in ufficio sfuggendo alle scenate della moglie, che chiedeva sempre più denaro per acquistare vestiti e gioielli. Ethel vedeva in Crippen la figura di un padre tenero e protettivo e lo accoglieva con grandi sorrisi e sguardi di ammirazione che lo deliziavano.

La società Drouet fu costretta a chiudere quando un paziente morì per negligenza medica. La polizia scoprì infatti che gli strumenti usati dai dottori che vi lavoravano erano sudici. Crippen rimase ancora una volta senza lavoro. Nel 1905 cambiò casa e si stabilì con Cora in una villa, chiamata Albion House, al numero 39 di Hilldrop Crescent, vicino a Camden Road, nella parte settentrionale della città. La casa aveva bisogno di essere rimessa a posto e Crippen eseguì tutti i lavori diretto dalla moglie che come prima cosa volle le pareti ritinteggiate nelle diverse sfumature del rosa. Poi Crippen raccolse le foglie nel vialetto, potò i cespugli di rose, costruì un muretto per separare il loro giardino da quello delle case confinanti, realizzò una piccola serra e un recinto per i gatti. I vicini seguivano da lontano i lavori e compativano quel pover'uomo a cui la moglie non faceva che dare ordini dalla mattina alla sera.

Quando poi ebbero modo di conoscere meglio la coppia, il giudizio che ne diedero fu molto simile a quello della vicina di casa Adeline Harrison: «Hawley Crippen era un brav'uomo che tornava puntualmente a casa dopo il lavoro, non raggiungeva gli amici al pub e accoglieva ogni richiesta della sua esigente moglie. Cora odiava le finestre aperte e l'aria pura, non puliva mai la casa eccettuato quando riceveva gli amici a cena. I due praticamente vivevano in cucina, che di solito era in uno stato di totale disordine. Una mattina seguii Cora in cucina mentre era occupata a preparare qualcosa. Era una giornata calda e umida e le finestre incrostate di sudiciume erano ermeticamente chiuse. Nel vestibolo c'era di tutto e ogni cosa era ammucchiata sull'altra: lettere, mollette per i capelli, ricci finti, stoviglie sporche, un portagioielli, biancheria...».

Quando Cora fece sapere al vicinato che era stata una cantante di music-hall venne eletta tesoriera di un'organizzazione benefica che si occupava degli artisti meno fortunati. Ogni pomeriggio organizzava civettuoli tè con le amiche nella sua villa ai quali partecipava anche la famosa artista Marie Lloyd, che aveva soprannominato Crippen «il re della mezza corona» per l'abitudine del medico di trovarsi sempre senza denaro quando si trattava di pagare da bere e per la sua usuale richiesta a qualche amico di prestargli mezza corona che poi non restituiva mai.

Nel frattempo Crippen aveva trovato lavoro presso l'Aural Remedies Company, un'altra società che vendeva medicinali per corrispondenza dove fu assunta anche Ethel LeNeve come contabile. Pure questa attività fallì ed Ethel suggerì a Hawley di intraprendere la carriera dentistica che rendeva molto denaro. Crippen trovò un socio e aprì uno studio dove Ethel lavorò come sua assistente.

A causa degli alti e bassi professionali del marito Cora era sempre a corto di denaro, così decise di mettere un'inserzione sul «Daily Telegraph» alla ricerca di pensionanti. Anche se fra lei e Crippen non c'era più alcun sentimento, alla sera Cora voleva apparire al braccio del marito nei migliori ristoranti della capitale e ai diversi ricevimenti a cui era invitata. Per questo però aveva bisogno di vestiti alla moda e di gioielli. Quattro uomini risposero al suo annuncio e andarono ad abitare dai Crippen. La solita vicina pettegola, Adeline Harrison, in seguito raccontò di aver visto il dottor Crippen inchinato a strofinare gli stivali degli ospiti ogni mattina prima di andare al lavoro. La coppia infatti non aveva domestici e l'accordo fra marito e moglie stabiliva che l'affitto pagato dai pensionanti sarebbe servito a Cora per acquistare vestiti e gioielli, una piccola consolazione dopo l'ultimo fallimento della cantante che fu fischiata nei teatri di Bedford ed Euston.

Tutta la delusione e le frustrazioni di Cora ricadevano quotidianamente sul marito trasformandosi in scenate e litigi, ma Crippen ormai era immune agli scoppi di voce che gli perforavano la mente, alle ingiurie scagliate come proiettili; ormai era perdutamente innamorato della sua segretaria e ciò che accadeva in casa non gli faceva più alcun effetto.

Nei primi due anni della loro relazione, Hawley ed Ethel non ebbero rapporti sessuali. La ragazza voleva essere sicura delle intenzioni del medico, sicura che prima o poi avrebbe lasciato la moglie per sposare lei. Hawley le promise che avrebbe trovato il modo di porre fine al suo matrimonio, ma in realtà Cora lo intimidiva a tal punto da togliergli ogni coraggio.

Quando Cora scoprì che Crippen era innamorato di un'altra donna lo minacciò, gli disse che se non si fosse comportato decentemente sarebbe partita con i soldi che lui aveva risparmiato negli anni, più della metà dei quali erano a nome suo. Volle anche separare le stanze ma non pensò mai di rinunciare alla presenza formale del marito accanto a sé. Contemporaneamente riallacciò la vecchia relazione con l'ex pugile Bruce Miller e si fece trovare a letto con lui proprio da Hawley che tornava da un viaggio di lavoro.

Crippen non disse una parola quando scoprì la moglie insieme all'amante, si rimise il cappello e uscì di casa. Poi raggiunse Ethel e le raccontò piangendo tutte le umiliazioni che era costretto a subire; la ragazza, sicura ormai che le intenzioni dell'amante fossero di chiudere in qualche modo il suo matrimonio, gli si concesse nella stanza di un albergo il 6 dicembre 1906. Qualche mese dopo si rese conto di essere rimasta incinta e sembrò allora che il destino avesse deciso per loro. Ma Ethel ebbe un aborto spontaneo e Crippen rimandò i suoi progetti di abbandonare la moglie. Gli incontri segreti in alberghi fuori mano continuarono per altri due anni durante i quali Cora passava da un amante all'altro e il suo umore in casa peggiorava di giorno in giorno.

Il 17 gennaio 1910 Crippen andò da Lewis and Burrows in New Oxford Street, grossisti di prodotti farmaceutici, ad acquistare cinque grani di ioscіamina, un alcaloide ricavato dal giusquiamo, se assunto un veleno fatale anche in piccola quantità. Era conosciuto nella ditta perché vi comprava regolarmente medicinali per il suo lavoro e anche questa volta l'acquisto non destò alcun sospetto, nonostante quella sostanza non venisse mai usata nei farmaci che era solito prescrivere. Crippen firmò la richiesta e la giustificò scrivendo: preparato omeopatico.

Il 25 gennaio Ethel tornò nel pensionato dove abitava in preda a una crisi isterica. La proprietaria raccontò in seguito che aveva assistito la ragazza per tutta la notte perché piangeva e tremava e quando le aveva chiesto il motivo del suo stato Ethel le aveva dato solo vaghe risposte, affermando tra l'altro di avere paura per il proprio futuro. La donna pensò che fosse una delle frequenti crisi di sconforto e di nervosismo che assalivano Ethel.

Il 31 gennaio Hawley e Cora invitarono a cena i signori Martinetti, Paul e Claire, che vivevano a Shaftesbury Avenue. Dopo cena Cora intrattenne gli amici chiacchierando allegramente dei suoi progetti artistici, raccontando aneddoti sulla sua carriera fallimentare e alla fine organizzando una partita di whist. Giocarono a carte fino all'una e mezzo di notte, poi i Martinetti chiamarono un taxi e salutarono Hawley e Cora che li avevano accompagnati alla scala d'ingresso.

«Rientra cara, o ti prenderai un raffreddore!» disse Claire Martinetti all'amica. Non la vide mai più.

Il 2 febbraio Crippen lasciò una busta sul tavolo di Ethel perché la desse alla signorina May, la segretaria del comitato Attrici di Music-hall che lavorava nello stesso palazzo. La lettera era stata scritta da Crippen, ma era firmata con il nome di Cora, che spiegava come la malattia di un parente l'avesse costretta a partire improvvisamente per l'America. Era quindi costretta a rassegnare le sue dimissioni. Nella busta c'erano tutti i documenti ancora in suo possesso e un libretto di assegni che usava nel suo ruolo di tesoriera.

Qualche giorno dopo Crippen impegnò alcuni dei gioielli della moglie: un anello con diamanti e degli orecchini per ottanta sterline, e regalò a Ethel insieme ai vestiti più belli e alle pellicce anche una spilla d'oro a forma di sole che Cora amava particolarmente.

Claire Martinetti, insospettita dal fatto che l'amica non le avesse scritto neppure una cartolina dall'America, decise di mettere alla prova Crippen e gli chiese di acquistare due biglietti per il ballo annuale di beneficenza a favore degli artisti di varietà. Lui non poté rifiutare e andò al ricevimento conducendo con sé anche l'amante. Gli amici di Cora rimasero sbalorditi alla vista della coppia, soprattutto perché Ethel indossava un abito di Cora e la sua famosa spilla d'oro, la stessa che Claire Martinetti ricordava appuntata sul vestito della donna l'ultima sera in cui l'aveva vista. Ciò che soprattutto la stupiva era che Cora fosse partita senza portare con sé i suoi gioielli dai quali non si separava mai, neppure durante i viaggi.

Il 12 marzo Ethel si licenziò e si trasferì a casa di Crippen che nel frattempo aveva impegnato altri gioielli della moglie. Il 15 marzo il medico raccontò ai coniugi Martinetti che la moglie gli aveva mandato una lettera in cui diceva di non stare bene. Qualche giorno dopo inviò agli amici una sua missiva in cui li metteva al corrente di aver ricevuto un telegramma con la notizia del peggioramento di Cora che era stata ricoverata in ospedale per una broncopolmonite. Il 23 marzo Claire Martinetti informò anche le altre donne del comitato.

Crippen mandò un altro telegramma alla signora Martinetti per comunicarle che la moglie era morta in California di polmonite e il 26 marzo apparve sulla rivista teatrale «Era» un necrologio in commemorazione di Cora. Lo stesso giorno Crippen partì per Dieppe insieme a Ethel per una specie di luna di miele. Ma durante la loro breve vacanza gli amici cominciarono a indagare. Scoprirono allora che nessuno con il nome di Cora Crippen o Belle Elmore aveva viaggiato dall'Inghilterra all'America in quei giorni. Scrissero alla polizia di Los Angeles e ricevettero questa risposta:

> Nessuna persona dal nome di Crippen o Belle Elmore è morta in questa città.

I Martinetti decisero di rivolgersi a Scotland Yard dove parlarono con l'ispettore capo Walter Dew, un uomo benevolo, comprensivo, che non pensò ci fossero gli estremi per avviare un'indagine.

Il mese successivo Crippen ed Ethel fecero un altro viaggio e questa volta arrivarono fino a Boulogne e a Whitsun. Il 18 giugno una coppia di amici di Cora, appena arrivati dall'America, andarono a bussare a casa Crippen per esprimere le loro condoglianze. John Nash e Lil Hawthorne erano degli artisti di varietà molto conosciuti e volevano bene a Cora, la notizia della sua morte li aveva sconvolti. Alle loro incalzanti domande Hawley rispose con vaghezza, imbarazzo, e sulla malattia della moglie diede risposte assai approssimative, inoltre non sapeva dire con esattezza dove la donna fosse morta. Successivamente anche John Nash si rivolse a Scotland Yard per parlare dei suoi sospetti.

L'ispettore Walter Dew decise infine di iniziare le indagini e l'8 luglio, insieme al sergente Arthur Mitchell, andò a trovare Crippen nel suo ufficio. Il medico capì che non avrebbe potuto mentire ancora e quindi con aria contrita raccontò la sua storia:

> Mia moglie non è partita per andare al capezzale di un parente malato. Mia moglie non è morta. Quello che ho raccontato agli amici non è mai successo. Litigavamo da tempo e Cora mi diceva che voleva andarsene con un uomo che le offrisse una vita migliore di quella che io ero in grado di darle. La sera in cui i Martinetti vennero a cena da noi discutemmo di nuovo. Cora mi disse che era stanca di me e che forse sarebbe partita il giorno dopo con un suo ex amante, il pugile a riposo Bruce Miller. Non diedi troppo peso alla minaccia, ma la mattina, tornando dal lavoro, scoprii che se ne era andata. Mi sono seduto a riflettere. Cercavo un modo per nascondere lo scandalo. Allora ho deciso di scrivere la lettera di dimissioni dal comitato e poi ho raccontato della sua malattia e della morte per polmonite. Se ho mentito è stato solo per proteggere la sua e la mia reputazione.

Tanta franchezza disarmò l'ispettore Dew che, dopo aver interrogato brevemente anche Ethel, chiese a Crippen di poter ispezionare la sua abitazione. Il giorno dopo quindi si recò a Hilldrop Crescent e il medico lo guidò nei tre piani e in tutte le nove stanze della casa senza che l'ispettore potesse trovare nulla di sospetto.

Dew disse che avrebbe dovuto fare delle indagini sulla scomparsa di Cora e chiese a Crippen di mettere un'inserzione sul giornale offrendo una ricompensa a chiunque avesse fornito notizie. Il medico dichiarò che l'avrebbe fatto quel giorno stesso e insieme decisero il testo dell'annuncio:

> Belle Elmore comunichi con Hawley Crippen o con le autorità immediatamente. Seri problemi durante sua assenza.

Walter Dew tornò a Scotland Yard quasi persuaso dell'innocenza di Hawley Crippen, anche se era comunque deciso a fare un ulteriore sopralluogo nella villa.

La visita della polizia e gli interrogatori dell'ispettore Dew allarmarono Hawley a tal punto che prese una decisione affrettata. Avvertì Ethel di fare le valigie, sistemò tutti i suoi affari, pagò i conti della casa e partì con l'amante per Rotterdam portando con sé solo il minimo necessario. Qui la ragazza si fece tagliare i capelli e indossò abiti maschili.

L'11 luglio Walter Dew ripassò a casa Crippen per interrogare di nuovo il dottore, ma la villa era chiusa e vuota. Tornò un'altra volta e non vide nessuno, capì che la coppia era fuggita. Fece forzare la porta d'ingresso e riprese le ricerche in casa e nel giardino. Non trovò nulla ma continuò a cercare. Alla fine scese nello scantinato dove veniva tenuto il carbone.

In seguito, nel libro che scrisse sul caso Crippen, l'ispettore Walter Dew raccontò:

> Forse fu per istinto, ma lo scantinato continuava ad attrarmi. Anche quando ero a letto in quei giorni frenetici in cui dormivo pochissimo, non riuscivo a pensare ad altro che allo scantinato.

Walter Dew e il sergente Mitchell tornarono ancora una volta a Hilldrop Crescent e scesero direttamente in cantina. Si misero carponi e con un attizzatoio saggiarono la consistenza del terreno tra una mattonella e l'altra. A un tratto la punta dell'attizzatoio si infilò in un interstizio più morbido e Walter Dew si accorse che alcune mattonelle sembravano meno allineate delle altre. Si fece aiutare dal sergente Mitchell per alzare quella parte di pavimento e con una vanga presa in giardino cominciarono a scavare. Un odore nauseabondo invase la stanza. Era un fetore davvero insopportabile che costrinse i due poliziotti a correre fuori per prendere una boccata d'aria fresca. Tornarono di nuovo al lavoro dopo avere buttato giù qualche sorsata di brandy per farsi coraggio. Mentre alcune parti di un corpo umano venivano alla luce sotto uno strato di calce, Walter Dew mandò a chiamare il suo superiore, Melville Macnaghten, che arrivò con il medico legale.

Del cadavere non rimanevano che gli organi, eccettuati quelli sessuali, e brandelli di carne e muscoli avvolti in una giacca di pigiama. Mancavano la testa, gli arti e le ossa.

Quella mattina Bernard Spilsbury, patologo del St. Mary's Hospital, stava partendo per le vacanze con la moglie e i figli quando ricevette la chiamata dei suoi colleghi Pepper, Willcox e Luff per andare a esaminare ciò che rimaneva del cadavere. La sua relazione indicò come fosse impossibile perfino identificare il sesso della salma poiché mancavano gli organi specifici. L'unica particolarità che riuscì a rilevare era la cicatrice di un'operazione in un brandello di pelle del basso addome. Insieme ai resti del cadavere la polizia aveva trovato un bigodino con attaccati alcuni capelli neri alla radice e biondi alle punte, e una giacca di pigiama nella quale i resti del corpo erano stati avvolti. Tutto era stato ricoperto da uno spesso strato di una materia che assomigliava alla calce.

Il tossicologo William Willcox trovò nel corpo circa due grani e mezzo di iosciamina. Dew emise un mandato di cattura per Hawley Crippen ed Ethel LeNeve e la notizia arrivò ai giornali che titolarono: *Attrice assassinata, Omicidio e scempio di cadavere* e *Cadavere disossato trovato in uno scantinato*. Furono diramate descrizioni di Hawley Crippen ed Ethel LeNeve in tutto il mondo. Duecentocinquanta sterline furono offerte a chiunque avesse dato alla polizia notizie dei fuggiaschi.

L'ispettore Walter Dew fu incolpato dalla stampa per la fuga di Crippen e della sua amante. Lui stesso poi commentò nel suo libro:

> La gente mi criticava. Persone che non sapevano nulla delle procedure della polizia e della legge mi rimproveravano per aver permesso a Crippen di fuggire. Secondo loro avrei dovuto arrestarlo subito. Ridicolo!

Crippen vide i giornali e decise di affrettare la partenza da Rotterdam. Insieme a Ethel il 20 luglio si imbarcò ad Anversa sulla nave di linea *SS Montrose* che in undici giorni avrebbe raggiunto Québec, in Canada.

Il capitano Henry Kendall aveva delle velleità di detective e quando vide per la prima volta il signor Robinson e suo figlio qualcosa lo insospettì. Il ragazzo aveva strani pantaloni, molto tirati sulle cosce e tenuti dietro la schiena da spille di sicurezza. Quando infine dall'oblò della sua cabina si accorse che i due si stringevano la mano come due innamorati decise di inviare un radiomessaggio alla polizia di Liverpool, che a sua volta passò il comunicato a Scotland Yard:

> Ho forti sospetti che Crippen, l'assassino dello scantinato, sia a bordo della mia nave insieme alla sua complice. Lui si è tagliato i baffi e si è fatto crescere la barba. Lei ha abiti maschili. La voce, il comportamento e la struttura fisica sono indubbiamente quelli di una ragazza. Viaggiano con i nomi di Robinson e figlio.

Per avere maggiori prove il capitano aveva invitato la coppia a cenare al suo tavolo e si era accorto che John Robinson parlava con un accento americano e si descriveva come un commerciante in viaggio per condurre in California il figlio sedicenne che aveva problemi di salute. Durante il pranzo Kendall esaminò il cappello del giovane. Sembrava più grande della sua testa e Kendall intuì che dentro c'era della carta di giornale per farlo calzare meglio. Guardando meglio il ragazzo pensò che aveva dei lineamenti molto femminili. Provò anche a raccontare qualche storiella sconcia e lo vide arrossire fino alla radice dei capelli. Il capitano si accorse anche che il signor Robinson non portava occhiali, ma i segni intorno al naso ne provavano inequivocabilmente un uso quotidiano.

Quella sera Kendall radunò tutti i giornali esistenti a bordo e trovò in una copia del «Daily Mail» del 14 luglio una fotografia di Crippen e della sua complice. Con un pezzetto di gesso lavorò sulla fotografia fino a togliere occhiali e baffi al medico, ottenendo un'immagine molto somigliante al signor Robinson. Fece lo stesso con la fotografia di Ethel LeNeve, cancellandole i capelli, e vide in lei Robinson junior. A quel punto telegrafò alla polizia.

Non aveva più dubbi. Ma continuò a indagare per il proprio piacere. Uno degli articoli che parlavano dell'omicidio affermava che Crippen aveva gli incisivi superiori con degli intarsi d'oro. Quella sera a cena Kendall raccontò ai Robinson storielle esileranti finché Crippen non scoppiò a ridere e il capitano notò i denti falsi brillare nella sua bocca. In seguito prese l'abitudine di seguire la coppia da lontano mentre passeggiava lungo il ponte e di chiamare ad alta voce: «Signor Robinson!». Di solito non riceveva risposta che al terzo o quarto tentativo e soltanto perché il ragazzo tirava il padre per un lembo della giacca.

«Oh, mi scusi» si giustificava l'uomo «questo vento freddo mi rende un po' sordo e non l'avevo proprio sentita!»

L'ispettore Walter Dew, nei giorni che seguirono la fuga di Crippen, era stato occupato a controllare tutte le segnalazioni che riguardavano i due ricercati. Quando ricevette la comunicazione da Liverpool sentì che questa volta era sulla pista giusta e telefonò subito al suo superiore, Melville Macnaghten, per discutere la notizia. Entrambi furono dell'opinione che la coppia dovesse essere arrestata prima dell'arrivo in Canada. Walter Dew ottenne il permesso di imbarcarsi a Liverpool sul *Laurentic*, un piroscafo più moderno e veloce della *Montrose*, per sperare di arrivare in Canada prima di Crippen.

Il *Laurentic* avrebbe impiegato sette giorni per arrivare a Québec, c'erano quindi speranze di superare la *Montrose* proprio in dirittura d'arrivo. Sulle due imbarcazioni fu mantenuto un rigido silenzio riguardo all'inseguimento e i due poliziotti decisero di viaggiare in incognito. Ma nel resto del mondo i giornali seguivano minuto per minuto lo svolgimento della vicenda. Il pubblico era elettrizzato e tratteneva il respiro mentre il *Laurentic* inseguiva la *Montrose* in mezzo all'Oceano Atlantico.

In quei giorni il capitano Kendall ebbe modo di accompagnarsi spesso con i due Robinson. Il padre parlava incessantemente, faceva commenti sul tempo, sugli altri passeggeri, chiedeva notizie sulla velocità della nave e si meravigliava della splendida invenzione del telegrafo, senza sapere che era la prima volta nella storia della polizia inglese che il nuovo mezzo di comunicazione veniva usato per identificare e catturare un assassino.

«Come siamo fortunati a vivere in un'epoca in cui si può godere di tali miracoli della scienza!» esclamava.

Il resto della giornata Crippen passeggiava con Ethel lungo il ponte, sedeva con lei a guardare il mare, le schiacciava le noci o la teneva per mano. Era sempre molto attento ai suoi desideri, a tavola divideva la sua insalata con lei e le parlava sottovoce. Kendall cominciò a tenere un diario in cui annotava tutte le sue osservazioni riguardo alla coppia.

La cabina radio della *Montrose* venne tenuta sempre chiusa ai passeggeri per evitare una fuga di notizie e anche i giornali che parlavano del crimine dello scantinato furono tutti requisiti e conservati in un luogo sicuro. Così, mentre il dottor Crippen e la sua amante erano tranquillamente seduti a tavola a leggere il menu, il resto del mondo scommetteva sulla loro cattura. Quando finalmente la terra fu in vista il signor Robinson disse al capitano che era molto stanco e non vedeva l'ora di sbarcare.

Il 27 luglio la *Montrose* fu superata dal *Laurentic* alle foci del San Lorenzo e il capitano Kendall ricevette un messaggio dall'ispettore Walter Dew:

> Saliremo a bordo della nave *Montrose* a Father Point. Per favore tenga la notizia segreta.

Kendall ebbe un gesto di stizza e inviò la sua risposta:

> Cosa diavolo pensa che abbia fatto finora?

Mentre il viaggio volgeva al termine, Hawley Crippen diventava via via più nervoso e non faceva che chiedere informazioni sullo sbarco. Ormai si faceva vedere poco in giro e passava la maggior parte del tempo nella sua cabina insieme a Ethel. Una sera volle parlarle con molta serietà e le consegnò tutto il suo denaro dicendole che se fosse successo qualcosa a lui quei soldi le sarebbero serviti per trovarsi un lavoro a Québec. La ragazza lo guardò stupita e preoccupata, ma Crippen le spiegò che si trattava solo di una precauzione in più. In seguito si disse che il medico aveva deciso di fingere il suicidio lasciando un biglietto e facendo credere di essersi gettato in mare mentre aveva precedentemente preso accordi con un marinaio che l'avrebbe nascosto e poi aiutato a lasciare la nave. L'ispettore Dew, nelle sue memorie, invece si dichiarò certo del desiderio di Crippen di uccidersi realmente prima dello sbarco, perché era sicuro di venire identificato e arrestato.

La mattina del 31 luglio l'ispettore Walter Dew, vestito con l'uniforme di pilota per non destare sospetti, salì su un piccolo rimorchiatore insieme a poliziotti canadesi. Voleva arrivare a bordo della *Montrose* prima che la nave, lasciato Father Point, cominciasse a percorrere il San Lorenzo alla volta di Québec. Incontrò il capitano Kendall sul ponte e gli chiese di indicargli il signor Robinson.

«È quello lì» disse Kendall puntando il dito verso l'uomo in redingote appoggiato al parapetto poco lontano.

Walter Dew si avvicinò al signor Robinson che gli dava le spalle e quando fu a portata di voce disse: «Buon giorno dottor Crippen!».

Crippen si voltò lentamente e, riconosciuto l'ispettore, sorrise amaramente e disse a sua volta: «Buon giorno ispettore Dew».

L'arresto formale fu eseguito dalla polizia di Québec che prese in custodia Crippen.

Il medico allora chiese: «Avete un mandato? Di che cosa mi accusate?». I poliziotti produssero il mandato e dissero: «L'accusa è omicidio e scempio di cadavere».

Crippen sbiancò e riuscì soltanto a dire: «Omicidio e scempio di cadavere... Mio Dio!».

Mentre gli venivano infilate le manette altri poliziotti andavano a prelevare Ethel nella sua cabina. La ragazza, che stava leggendo sdraiata sul letto, lanciò un alto grido quando vide entrare gli agenti e svenne.

Le pratiche per l'estradizione cominciarono l'8 agosto e subito dopo l'ispettore Dew e il sergente Mitchell salirono insieme ai prigionieri sulla *Megantic*. Avevano assunto tutti falsi nomi per evitare la curiosità degli altri passeggeri. Sulla nave Crippen ed Ethel furono tenuti sempre chiusi in cabine separate.

Dew scrisse poi che Ethel manteneva un perfetto controllo di sé, non piangeva, non faceva scene isteriche. Anche il medico mangiava e dormiva tranquillamente. Conversava con i poliziotti di vari argomenti e spesso chiedeva notizie della sua amante. Un giorno pregò l'ispettore Dew di esaudire un suo grande desiderio: «Forse non vedrò più Ethel» disse con un nodo in gola. «È stata il mio unico conforto in questi tre anni. Vorrei vederla un'ultima volta se fosse possibile.» Dew non se la sentì di rifiutare e permise agli amanti di affacciarsi alla porta delle rispettive cabine. Hawley ed Ethel si guardarono da lontano, non si dissero una parola e prima di rientrare si salutarono con la mano.

Quando la *Megantic* approdò a Liverpool, il 28 agosto, una vasta folla attendeva in porto. Per la prima volta Crippen apparve nervoso e chiese all'ispettore qualcosa con cui coprirsi il viso. Dew gli prestò il suo pesante giaccone e Crippen alzò il bavero fino a nascondervi gran parte della faccia. I prigionieri furono accompagnati da fischi e insulti fino alla stazione. Anche all'arrivo del treno a Londra l'accoglienza fu la stessa. Furono portati al commissariato di Bow Street dove venne loro letta l'accusa.

Nelle sue memorie Dew scrisse che in fondo era contento di affidare Crippen ad altri perché quell'uomo lo turbava.

> Non aveva mai mostrato la minima animosità nei miei confronti né aveva detto una parola sull'ostilità della gente. Accettava tutto come parte del prezzo che doveva pagare.

Il processo a carico di Hawley Harvey Crippen cominciò l'8 ottobre 1910 all'Old Bailey di Londra. Cinquemila persone avevano chiesto di poter assistere al dibattimento e una folla enorme rimase giornate intere sotto la pioggia battente fuori dal tribunale. Il giudice era Lord Alverstone e l'accusa era rappresentata da Richard Muir. Il grande legale Edward Marshall Hall avrebbe voluto difendere Crippen, ma in quel momento si trovava in vacanza all'estero e la difesa dell'imputato fu affidata ad Alfred Tobin, considerato un avvocato ancora inesperto.

Richard Muir cominciò con un forte attacco e parlò del movente dell'omicidio: il desiderio di eliminare la moglie per sposare Ethel LeNeve. Muir disse che quando Crippen era stato interrogato a proposito della scomparsa della moglie aveva mentito e poi era fuggito. Perché avrebbe dovuto scappare se la moglie era viva? Cosa aveva da temere?

Muir disse ai giurati che il corpo della donna era stato mutilato e sezionato da qualcuno che aveva dimestichezza con i ferri chirurgici.

Inoltre la iosciamina trovata nel cadavere era un veleno non molto usato dai medici, eppure Crippen ne aveva acquistati cinque grani.

La vera battaglia degli avvocati e degli esperti per l'identificazione della vittima ebbe come nodo centrale la cicatrice che il dottor Augustus Pepper aveva riscontrato in una parte di tessuto addominale. Il dottor Pepper era stato nominato patologo del ministero degli Interni nel 1908 e aveva quindi ceduto il suo posto al St. Mary's Hospital al suo migliore studente, Bernard Spilsbury. Questi era un uomo affascinante di trentatré anni, una figura carismatica, elegantissimo, con il vezzo di portare sempre un garofano all'occhiello. I giornali ammiravano la sua aria da gentleman unita a una grande comunicativa sulla base però di una profonda cultura scientifica. Con voce chiara e sicura, con grande calma e pazienza affermò che le sue analisi al microscopio avevano determinato senza possibilità di dubbi che il brandello di carne in questione apparteneva all'addome della donna e che la cicatrice che vi era stata rilevata era il prodotto di un'operazione. Proiettò diapositive e fece anche delle dimostrazioni con il microscopio e poi, perché i giurati si rendessero conto di che cosa stava dicendo, tirò fuori con un paio di pinze da un recipiente che conteneva formalina la striscia di pelle in oggetto e la passò in un piatto da zuppa davanti a ogni giurato.

A seguire questa inusuale lezione di scienza forense fra gli spettatori fu notato anche Arthur Conan Doyle. Spilsbury allora non era che un esordiente, ma il caso Crippen fu il primo dei moltissimi che poi gli furono affidati e in poco tempo divenne il più grande medico legale della sua epoca. In trentasette anni di attività effettuò venticinquemila necroscopie e i suoi assistenti ironizzavano chiedendogli: «Quando è stata l'ultima volta che ha esaminato un paziente vivo, dottor Bernard?».

Muir dimostrò che effettivamente Cora aveva subìto molti anni prima un'operazione all'addome per rimuovere le ovaie, di natura tale da lasciare una cicatrice del tipo descritto dal perito. L'avvocato Tobin fece del suo meglio producendo altre analisi del dottor Turnbull che dichiarava come in realtà non si trattasse di una cicatrice ma di una piega della pelle. Spilsbury ribatté dimostrando che unito al brandello di carne c'era anche parte del muscolo dell'intestino retto. Il dottor Wall, uno degli esperti chiamati dalla difesa, cambiò idea durante il processo e disse che effettivamente il tessuto faceva parte dello stomaco.

Muir quindi si rivolse ai giurati per dimostrare inequivocabilmente l'identità della vittima: «Sono stati ritrovati alcuni capelli neri alla radice e biondi alle punte, la vittima aveva capelli neri alla radice e biondi alle punte» poi continuò con gli altri particolari.

Tobin provò anche a riabilitare la figura di Crippen nella pubblica opinione: «Chiunque abbia avuto a che fare con lui non fa che ripetere gli stessi aggettivi: amabile, generoso, uno degli uomini più gentili che abbia mai conosciuto... Crippen non aveva debiti, non sapeva nulla di anatomia o di operazioni eccettuato ciò che aveva studiato sui libri da ragazzo e inoltre non c'è un vero movente in questo delitto».

E per quanto riguardava il veleno, la iosciamina, la quantità che il dottor Willcox aveva riscontrato nei resti umani era troppo ridotta per poter effettuare esami più precisi e quindi secondo l'avvocato difensore rimaneva un ragionevole dubbio che l'alcaloide trovato fosse stato prodotto nel naturale processo di putrefazione della carne.

Quando Crippen venne interrogato disse di non aver mai fatto pratica chirurgica o effettuato un'autopsia nella sua vita. Poi Muir lo controinterrogò: «La mattina del 1° febbraio era solo a casa con sua moglie?».

«Sì.»

«Lei era viva?»

«Sì.»

«Sa di qualche persona che l'abbia vista viva da allora?»

«Non lo so.»

«Sa di qualche persona che le possa avere inviato una lettera da allora?»

«Non lo so.»

«Sa di qualche persona che può provare che sua moglie lasciò la casa viva quella mattina?»

«Non so nulla. Ho raccontato quello che sapevo all'ispettore Dew.»

Il pubblico ministero chiese a Crippen dove pensava fosse andata sua moglie.

«In America» rispose lui.

«Ha fatto delle ricerche?»

«No.»

«Ha scoperto con quale nave sua moglie sia andata in America e esattamente in quale giorno?»

«No.»

«Non ha mai cercato di saperlo?»

«No.»

«Mai?»

«Mai.»

«Neppure dopo il suo arresto?»

«No.»

«Ma come!» gridò Muir perdendo la pazienza. «Non ha cercato di saperlo mai?».

«Mai» rispose Crippen.

Muir disse ai giurati che l'ispettore Dew aveva trovato in casa Crippen anche la famosa bozza dell'inserzione che gli aveva chiesto di far uscire sul giornale, nella quale il medico chiedeva informazioni sulla scomparsa della moglie. L'imputato non l'aveva mai fatta pubblicare.

Dew aveva anche trovato sotto il letto di Crippen tre pantaloni di altrettanti pigiami e soltanto due giacche, tutti acquistati da Jones Brothers di Holloway proprio come quello rinvenuto nella fossa dello scantinato. Crippen disse che i resti della giacca ritrovati insieme al cadavere potevano benissimo essere stati messi lì prima del suo arrivo in quella casa. Ma quando fu interrogato il proprietario del negozio dove l'indumento era stato comprato si venne a sapere che il pigiama era stato confezionato dopo il 1908, quando Crippen viveva già a Hilldrop Crescent.

Alla domanda che tutti attendevano sul motivo della sua fuga, Crippen rispose: «Ho pensato che tutti quegli interrogatori e quei sospetti nei miei confronti potevano condurmi prima o poi in prigione e magari farmici restare finché mia moglie non fosse ricomparsa. Ecco perché ho preferito andare via».

Il giudice invitò i giurati a riunirsi, erano le due e un quarto del pomeriggio. Venticinque minuti dopo la giuria tornò in aula per dichiarare l'imputato colpevole di omicidio di primo grado.

Crippen strinse le mani una con l'altra talmente forte che le dita diventarono bianche, poi si accasciò sulla sedia, pallidissimo. Alla domanda del giudice se era colpevole o innocente si alzò di nuovo e, riacquistato il controllo, rispose di ritenersi innocente, e ascoltò la condanna a morte senza più reagire.

Ethel LeNeve fu processata quattro giorni dopo. Era imputata di complicità dopo il fatto. L'accusa era sempre rappresentata da Richard Muir e la difesa fu affidata a un avvocato migliore di Tobin, Frederick Edwin Smith, che si dimostrò così convincente nello scagionare la ragazza quanto Muir nell'accusare Crippen.

Smith dichiarò che Ethel non era stata che la vittima inconsapevole dei disegni diabolici di Crippen e alla fine la giuria la assolse per non aver commesso il fatto.

Durante il proprio processo Crippen ebbe come unico pensiero quello di dimostrare l'innocenza di Ethel, che secondo lui non aveva mai saputo nulla dell'omicidio di Cora. E prima del verdetto nei confronti della ragazza aveva scritto dalla sua cella nel carcere di Pentonville una lettera alle autorità in cui diceva:

> In questa lettera di addio al mondo, poiché davanti a me c'è l'eternità, io dico che Ethel LeNeve mi ha amato come poche donne amano i loro uomini e che la sua innocenza riguardo a qualsiasi crimine eccettuato quello di seguire il suo cuore, è assoluta. La mia ultima preghiera sarà a Dio perché la protegga e la tenga lontana dai pericoli e dal male e le consenta alla fine della sua vita di riunirsi a me per l'eternità.

La gente cominciò a cambiare opinione e Crippen, che era stato definito un mostro, divenne l'innamorato modello, il gentleman, l'uomo romantico che non avrebbe mai lasciato la donna che amava neppure per sfuggire al boia. Ormai in molti lo vedevano come la vittima di una moglie vanitosa e cattiva che era stata uccisa per errore o forse in un raptus di rabbia.

L'appello di Crippen fu respinto e l'esecuzione fissata per il 23 novembre.

Crippen scrisse a Ethel ogni giorno lunghissime lettere d'amore.

> Cara, non temo la morte ma, amore mio!, mi dispiace soltanto lasciarti sola nel mondo senza di me!

John Ellis, il boia che avrebbe impiccato Hawley Crippen, raccontò nella sua autobiografia che i giorni che precedettero l'esecuzione gli fecero rimpiangere di aver scelto quel lavoro. La gente aveva seguito il processo con grande eccitazione e ognuno aveva qualcosa da dire al riguardo.

> Dal momento in cui mi fu dato l'incarico di impiccare Crippen la mia vita divenne impossibile. Ero diventato famosissimo. Ero così a disagio che non osavo più uscire di casa, non perché fossi in pericolo, ma perché ero diventato troppo popolare. Ovunque andassi c'era qualcuno che mi indicava agli amici gridando: «È lui! È l'uomo che impiccherà Crippen!».

John Ellis riceveva decine di lettere e le conservò quasi tutte. In una di esse un uomo che aveva avuto dei rovesci finanziari gli chiedeva un pezzetto della corda che avrebbe usato per impiccare Crippen come portafortuna.

Ellis descrisse Crippen come un uomo piacente, con uno sguardo dolce e maniere cortesi. Tutti i suoi amici lo ritenevano molto umano. E anche dopo l'esecuzione la gente continuò a tormentarlo con le domande: «Che cosa ha detto prima di morire?», «Ha confessato?», «Era nervoso?».

Prima di essere giustiziato, Hawley chiese al direttore della prigione di essere seppellito con le lettere e la fotografia di Ethel accanto. Il permesso fu accordato. Nella sua autobiografia l'ispettore Dew scrisse che l'amore di Crippen per Ethel era stata la cosa più importante della sua vita, e l'assassino non parve mai molto interessato alla propria sorte quando ebbe la certezza dell'assoluzione della ragazza. Walter Dew andò in pensione diciotto giorni dopo l'esecuzione di Crippen e si ritirò nella sua casa a Worthing a curare il giardino e a scrivere le sue memorie.

Il pomeriggio che precedette l'esecuzione, il boia John Ellis arrivò al carcere per dare un'occhiata al condannato. Lo osservò a lungo attraverso lo spioncino della cella e raccontò:

> Mi meravigliai della sua totale calma. Era seduto davanti al tavolino e scriveva. Ogni tanto si interrompeva per chiacchierare piacevolmente con i due guardiani che gli erano accanto.

La notte Crippen si coricò di buon'ora. I due poliziotti di guardia ebbero la sensazione che ci fosse qualcosa di strano nel sonno repentino del condannato. Uno di loro entrò nella cella e, accorgendosi che gli occhiali del dottore non erano al solito posto, scosse Crippen per svegliarlo.

«Dove sono gli occhiali?» chiese.

«Qui, nel letto» rispose Crippen.

Il poliziotto fece alzare il prigioniero e trovò gli occhiali, ma una delle lenti era stata rimossa e Crippen teneva in mano i vetri con cui aveva deciso di suicidarsi.

La mattina dopo una grande folla si era formata davanti all'ingresso della prigione già dalle prime ore dell'alba nonostante fosse una giornata fredda e nebbiosa. Il boia salì sul patibolo per controllare che tutto fosse pronto. Crippen si svegliò presto e fu condotto nella cappella del carcere. Sdegnò la colazione che lo attendeva alle otto e parlò a lungo con il sacerdote. Poco prima delle nove il boia entrò nella sua cella per legargli i polsi e controllare che il collo fosse libero. Poi uscì per precedere il condannato.

Alle nove vennero a prendere Crippen per condurlo al patibolo. John Ellis era già sul posto quando lo vide arrivare.

> Ero sul palco e potei vedere arrivare la processione. Dietro il sacerdote in preghiera veniva il famoso dottor Crippen. Se mai avesse avuto momenti di cedimento o di vigliaccheria certamente non li mostrò allora. Lo vedevo sorridere mentre si avvicinava e il sorriso non scomparve mai dalla sua faccia almeno fino a quando gli infilai il cappuccio bianco in testa e cancellai per sempre la luce di Dio dai suoi occhi.

Dopo la sua morte l'opinione pubblica continuò a dividersi riguardo al movente dell'omicidio. Il famoso avvocato Marshall Hall disse che se fosse stata affidata a lui la difesa di Crippen l'avrebbe incentrata sulle ossessionanti richieste di rapporti sessuali da parte della moglie. Il medico, volendo trascorrere la notte nel letto di Ethel, aveva trovato una soluzione nella iosciamina, prodotto che veniva usato in alcuni casi di ninfomania per soffocare gli appetiti sessuali. Evidentemente aveva sbagliato dose, e quando con orrore si era reso conto che Cora era morta, aveva deciso di sezionare il corpo e farlo sparire.

A questa tesi qualcuno oppose una delle dichiarazioni dell'imputato in cui riferiva di non avere da tempo rapporti con la moglie, tanto che la coppia dormiva in stanze separate. E c'era chi, pur accettando la tesi del sovradosaggio, si chiedeva come mai Crippen non fosse subito corso fuori a chiamare aiuto, se il suo non era stato un omicidio volontario, ma un incidente. Questa tesi dell'overdose di iosciamina per calmare le crisi di nervi o gli appetiti sessuali di Cora fu condivisa negli anni da molti scrittori che si occuparono di questo caso.

Per quanto riguarda il mistero della testa e degli arti della vittima ci fu chi disse che quasi sicuramente Crippen se ne era disfatto gettandoli in mare durante la gita a Dieppe insieme a Ethel. Qualcun altro invece disse che il medico li aveva bruciati nel caminetto. Il dottor Ingleby Oddie, che lavorava per il pubblico ministero Muir, era convinto che Crippen avesse deciso di uccidere la moglie somministrandole una quantità di iosciamina in modo da far apparire il decesso come un attacco cardiaco. Ma la iosciamina a volte, se assunta in grosse quantità, può avere un effetto opposto a quello sedativo, può infatti produrre delle crisi isteriche. Qualcuno dei testimoni disse di aver udito delle grida e un forte botto quella notte. Crippen possedeva una pistola. Secondo il dottor Oddie la reazione isterica di Cora aveva costretto Crippen a spararle un colpo in testa.

Raymond Chandler scrisse che Crippen sarebbe sicuramente riuscito a fuggire se non avesse portato con sé Ethel vestita da ragazzo, travestimento troppo sospetto per non essere scoperto. L'altra cosa che Chandler non riusciva a capire era il motivo che portò Crippen a dire a tutti che la moglie era morta. Che cosa ci guadagnava? Perché non dire che era fuggita e sostenerlo fino alla fine? Scrisse anche:

> Ecco un uomo che apparentemente ha i mezzi, l'opportunità e anche il temperamento per portare a termine il delitto perfetto e tuttavia commette tutti quegli errori che puntualmente non sono dettati dalla stupidità, ma dal panico. Eppure Crippen non sembra affatto il tipo che si lasci prendere dal panico. Fa non poche cose che richiedono grandissimo sangue freddo. E,

per essere un uomo che mantiene il sangue freddo ed è capace di riflettere, fa anche molte cose che non si giustificano affatto. Non capisco per esempio perché uno debba darsi tanto da fare a disossare, mutilare dei genitali e decapitare un cadavere e non si prenda poi quel piccolissimo fastidio in più di sbarazzarsi anche della carne invece di seppellirla.

E aveva ragione, perché soltanto quei brandelli di carne nascosti in cantina segnarono la sorte del dottor Crippen.

Su Ethel si fecero mille congetture. Era stata lei a istigare Crippen a uccidere la moglie? Come mai con tanta naturalezza si era stabilita a casa di Crippen e aveva cominciato a indossare vestiti e gioielli di Cora, se sapeva che la donna sarebbe prima o poi ritornata? Perché aveva accettato di fuggire e di vestirsi da ragazzo se non per la paura che la polizia la rintracciasse? Alcuni dissero che Crippen non aveva lasciato Cora perché avrebbe dovuto abbandonare anche la sua carriera di dentista e trasferirsi in un'altra città. Fosse stato per lui avrebbe continuato a vivere nella sua comoda casa e a incontrare Ethel negli alberghetti di periferia, ma l'amante aveva cominciato ad avere crisi isteriche sempre più frequenti. Questo forse l'aveva convinto a eliminare la moglie.

Comunque Ethel partì per New York con la nave *Majestic* lo stesso giorno dell'esecuzione del suo amante. Era vestita di nero e uno spesso velo le copriva il volto. In America cambiò nome e fu assunta in un ufficio come dattilografa. Crippen le aveva lasciato una discreta somma che le permise di tornare in Inghilterra nel 1916 dove sposò un bibliotecario chiamato Stanley Smith ed ebbe due bambini. Chi la conobbe allora disse che il marito aveva una strana somiglianza con Hawley Crippen, e la stessa Ethel dichiarò fino al giorno della sua morte, avvenuta il 9 agosto 1967, di essere ancora innamorata di lui.

Il capitano Kendall ebbe duecentocinquanta sterline di ricompensa per aver individuato l'assassino dello scantinato. Ma la sua fortuna durò poco: il 29 maggio 1914 fu accusato del disastro navale che vide la sua nave *Empress of Ireland* scontrarsi con la carboniera *Storstad* nel fiume San Lorenzo a causa della densa nebbia. L'incidente avvenne nel luogo esatto dove la *Montrose* era stata abbordata dal rimorchiatore che conduceva l'ispettore Dew ad arrestare Crippen. Morirono più di mille passeggeri e l'eroe del caso Crippen cadde in disgrazia.

La villa del dottor Crippen restò vuota. Il proprietario cercò invano di venderla o affittarla, ma la gente la credeva abitata dai fantasmi e si teneva alla larga. Un imprenditore alla fine la acquistò per farne un museo, ma l'iniziativa non ebbe successo. Infine, durante la Seconda guerra mondiale, la villa fu rasa al suolo da una bomba tedesca.

X

MAI VISTE TANTE MOSCHE IN UNA STANZA!
Frederick e Mary Ann Seddon, Gran Bretagna 1911

Qualche giorno prima di essere giustiziato Frederick Seddon scrisse alla moglie Mary Ann di aver notato qualcosa di strano negli eventi che lo avevano travolto negli ultimi tempi:

> La signorina Barrow è venuta ad abitare nella nostra casa ad agosto, nel 1910, ed è morta a settembre del 1911: tredici mesi. Si è ammalata il 1° settembre, è spirata il 14: tredici giorni. Sono stato arrestato il 4 dicembre, il processo è cominciato all'Old Bailey il 4 marzo: tredici settimane. Ho lasciato la prigione di Brixton insieme a tredici prigionieri. In un altro tragitto ero insieme a diciannove prigionieri ma io fui il tredicesimo a essere chiamato. Alla mensa del carcere eravamo in tredici. Il mio numero di matricola era 13.990. Ho messo delle crocette a caso per indicare altrettanti baci nella prima lettera che ti ho mandato, poi le ho contate: erano tredici. Ho mandato sette crocette di baci a nostra figlia Ada e lei me ne ha inviate sei: totale tredici. Ho riflettuto su queste e tante altre coincidenze simili il 5 aprile, tredici giorni prima del giorno fissato per la mia esecuzione.

Frederick Henry Seddon era nato a Liverpool nel 1872 da una famiglia di contadini. Dopo le scuole si era imbarcato e aveva fatto naufragio presso Capo Horn. Divenne pastore nelle isole Falkland, si stancò e tornò a casa, insegnò alla scuola domenicale, poi riprese il mare e a vent'anni aveva ormai girato mezzo mondo. Fu allora che venne assunto nella compagnia di assicurazioni London & Manchester Industrial. Si trasferì a Londra e conobbe Mary Ann, la sua futura moglie, che gli diede quattro figli. Dopo circa vent'anni in cui aveva dimostrato grande zelo e serietà nel suo lavoro fu promosso a supervisore degli agenti che lavoravano nel distretto di Islington, nella zona nord della città. Guadagnava ormai quattrocento sterline l'anno e si poté permettere l'acquisto di una casa di tre piani al numero 63 di Tollington Park, in una zona periferica di Londra.

Seddon aveva quasi quarant'anni, era basso di statura, aveva glaciali occhi azzurro pallido e i suoi capelli erano così radi e fini da farlo apparire quasi calvo ma, per contrasto, portava folti e appuntiti baffi neri. Aveva adibito una stanza della sua abitazione a ufficio. Grosse somme di denaro, la maggior parte in monete d'oro e d'argento, venivano depositate nella sua cassaforte. La grande passione della sua vita, momento supremo di gioia fisica e mentale, era per lui quella di toccare, sfiorare, odorare, maneggiare il denaro. Passava lunghe ore ad ammucchiare le monete sul tavolo, a contarle e ricontarle, a guardarle luccicare, a sentirne la consistenza. La sua tirchieria era notoria e nessuno si stupiva più del fatto che addebitasse addirittura alla compagnia di assicurazioni un piccolo affitto per l'uso del suo ufficio casalingo o che risparmiasse fino al centesimo sulle spese per la casa.

Sua moglie Mary Ann era una donna graziosa, alta e sottile, dai capelli neri e gli occhi chiari, totalmente sottomessa alla volontà del marito con il quale sembrava condividere qualsiasi interesse eccettuato quello per il denaro. Aveva trentaquattro anni e quattro figli: William di diciassette anni, Maggie di sedici, Freddie di quindici e Ada di otto. Insieme alla famiglia abitava anche il vecchio padre di Frederick. Mary Ann aveva una domestica, Paula Chater, che era stata infermiera in un ospedale psichiatrico e aveva una triste tradizione di follia in famiglia. Ogni tanto Paula aveva degli attacchi in cui gettava a terra tutto ciò che aveva a portata di mano ma, a parte questo, era una ragazza fedele e una grande lavoratrice.

La casa in cui i Seddon si trasferirono nel 1909 era un solido edificio di epoca vittoriana che aveva bisogno di lavori e migliorie per diventare un luogo piacevole in cui vivere. Ma sembrava che Frederick, dopo essersi «dissanguato» per l'acquisto, non volesse più tirar fuori neppure uno scellino. Così il mobilio fu scelto al mercato dell'usato, un intero piano adibito a ufficio e le quattro stanze dell'attico arredate alla meglio per essere affittate.

Nel luglio del 1910, Eliza Mary Barrow, una zitella di quarantanove anni, venne a visitare la casa. Ma non riusciva a decidersi e tornò ancora con una coppia di amici: Robert Hook, di professione macchinista, e la moglie Ann. Dopo questa seconda ispezione la donna decise di prendere le quattro stanze in affitto e vi si trasferì insieme a un orfanello di otto anni, Ernie Grant, nipote di Robert e Ann Hook. La sorella di Robert Hook era stata la padrona di casa di Eliza per molti anni ma era morta nel 1908 lasciando due figli: Ernie e Hilda. La bambina fu messa in un orfanotrofio mentre Eliza volle prendere il piccolo con sé e andò ad abitare a casa dei cugini Vanderhaven. Quando litigò con loro si cercò un altro alloggio. Dato che dai Seddon l'appartamento era spazioso chiese anche agli Hook di trasferirsi con lei. Non avrebbero pagato alcun affitto, ma in cambio la signora Hook avrebbe cucinato per tutti.

Eliza era una donna piuttosto eccentrica, pur essendo molto ricca non curava né il vestiario né l'igiene personale. Il suo carattere dispotico e insofferente le aveva allontanato tutti gli amici ed erano note le sue liti con i padroni di casa. Conduceva quindi una vita solitaria ed egoista eccettuato l'intenso affetto che nutriva per il piccolo Ernie. Nella vita aveva due passioni, una per il denaro, che condivideva con Frederick Seddon, e l'altra per il gin. Non fidandosi delle banche, teneva una considerevole somma di monete d'oro in una cassetta sotto il cuscino. Ernie Grant dormiva nel letto insieme a lei, gli Hook nella stanza più grande, una camera veniva adibita a cucina e l'ultima rimaneva chiusa. Alla fine del mese di agosto Eliza litigò anche con Robert Hook e gli lasciò un biglietto in cui chiedeva a lui e alla moglie di cambiare immediatamente alloggio. Robert l'affrontò direttamente dichiarando che non era cortese mandarlo via con un biglietto e senza preavviso. Mentre i due discutevano apparve Maggie Seddon che convocò Robert nello studio del padre.

«Così non avete intenzione di tener conto della decisione della signorina Barrow?» chiese in tono arrogante Frederick.

«No di certo a quest'ora della notte» rispose irritato Robert.

«Bene, vi do ventiquattr'ore per lasciare la casa» intimò Seddon. E poi aggiunse: «Non so se lo sapete, ma la signorina Barrow ha affidato a me tutti i suoi affari».

«Io sfido voi e un reggimento di uomini come voi a mettere le mani sui suoi soldi!» gridò Robert Hook uscendo dalla stanza.

Quella notte Seddon attaccò un altro biglietto alla porta dei coniugi Hook nel quale ordinava loro di lasciare la sua casa la mattina seguente e lo firmò in stampatello: FREDERICK SEDDON. PADRONE DI CASA E PROPRIETARIO. Gli ospiti indesiderati andarono via il giorno dopo, 10 agosto 1910, ed Eliza rimase sola col piccolo Ernie.

In seguito Seddon raccontò che la donna era rimasta talmente male per il comportamento di Robert Hook che la notte del 9 agosto gli aveva chiesto di mettere il suo denaro in cassaforte, nel timore che l'uomo volesse vendicarsi in qualche modo e derubarla prima di andar via. Seddon chiese alla signorina Barrow a quanto ammontasse la somma.

«Non voglio prendermi la responsabilità del vostro denaro se non sapete esattamente quanto possedete» spiegò. «Vorrei che lo contaste in mia presenza in modo che io possa rilasciarvi una ricevuta per la cassetta e il suo contenuto.»

Eliza disse che la cassetta conteneva tra le trenta e le trentacinque sterline, ma rifiutò di contare il denaro in presenza di Seddon. Questi, volendo approfittare fino in fondo della situazione, chiese alla signorina Barrow se desiderava che sua figlia Maggie si occupasse della cucina e delle pulizie per uno scellino al giorno. L'accordo fu concluso. Il piccolo Ernie si spostò in una delle stanze libere ed Eliza rimase nella sua camera.

La signorina Barrow trascorreva le giornate in totale solitudine a parte la compagnia che poteva farle il bambino. Non c'erano amici o parenti che venissero in visita o che chiedessero sue notizie. Così cominciò a passare molte ore in cucina a chiacchierare con la cameriera e a bere in compagnia il solito bicchierino di gin. Cominciava a fidarsi di Seddon, inoltre lo considerava un uomo solido, con un accentuato senso pratico. Un uomo che non avrebbe avuto alcun bisogno di approfittare di lei visto che aveva un ottimo stipendio e una casa propria. Così in marzo la donna gli cedette la proprietà di una locanda, il Buck's Head, per un vitalizio di cinquantadue sterline l'anno. In seguito Seddon la convinse a passargli anche tutte le azioni di sua proprietà in cambio di una somma annuale pari a circa cento sterline. Entrambi sembrarono soddisfatti dell'accordo raggiunto. Quel mese Mary Ann Seddon diede alla luce il suo quinto figlio, una bambina chiamata Lily.

Durante una conversazione nella quale Seddon ed Eliza si divertivano a parlare di cifre e percentuali, la donna si lasciò sfuggire un segreto. Disse di possedere, nascosta da qualche parte nella casa, una somma pari a quattrocento sterline in oro e banconote. Seddon commentò sorpreso: «Questa è una somma enorme da tenere in casa, mia cara. Forse dovreste darla a me perché io possa chiuderla in cassaforte». Ma Eliza rifiutò decisamente.

Seddon credeva molto nel valore immobiliare e quindi decise di vendere le azioni ricevute da Eliza Barrow per acquistare quattordici piccoli appartamenti a Coutts Road da affittare. Poi, il 5 agosto 1911, invitò Eliza a partire con la sua famiglia per un viaggetto di qualche giorno al sud. Decisione abbastanza inusuale per un uomo che non spendeva mai i suoi soldi in vacanze.

Il 1° settembre Eliza Barrow si sentì male mentre era in cucina insieme alla signora Seddon: aveva fortissimi dolori al ventre. Mary Ann la accompagnò a letto e pensò che fosse colpa del caldo e anche del fatto che Eliza non rispettava le più elementari regole di igiene. La temperatura nel mese di agosto era stata altissima e non accennava a diminuire neppure nei primi giorni di settembre. Questo aveva fatto sì che un gran numero di mosche infestassero la casa e molte si posavano sui piatti contenenti il cibo che Eliza teneva in camera senza alcuna protezione. Mary Ann chiamò il dottor Herny Sworn, il medico di famiglia, perché visitasse l'ammalata. Sworn trovò che la paziente soffriva di disturbi intestinali, prescrisse dei medicinali e disse che sarebbe tornato la mattina dopo. Nei giorni successivi non ci furono miglioramenti e il medico, finita l'ultima visita, prese da parte i coniugi Seddon e disse loro che le condizioni della loro ospite erano assai gravi. Margaret gli riferì allora che Eliza rifiutava di prendere le medicine che le aveva consigliato e Sworn minacciò la paziente di farla ricoverare in ospedale se non avesse seguito attentamente la cura.

Eliza si lamentava continuamente per la presenza delle mosche nella sua stanza nonostante l'impegno che il piccolo Ernie metteva nel cacciarle con un grande ventaglio dal letto della donna. La signora Seddon mandò la figlia a comprare della carta moschicida dal farmacista Meacher in Stroud Green Road. Ne chiese due strisce, ma il negoziante le disse che poteva averne quattro in offerta speciale. Maggie le portò a casa e la madre le immerse in altrettanti piattini colmi d'acqua, disponendone poi due sulla mensola del camino e due sul cassettone nella camera di Eliza. In quei giorni Frederick si tenne il più possibile alla larga dalla stanza della signorina Barrow. Salì soltanto un paio di volte a informarsi della sua salute. Appena lo vide, la donna sembrò riprendersi un poco e invece di lamentarsi della sua fastidiosa malattia volle parlare con lui di affari e di denaro.

Il 5 settembre il dottor Sworn visitò ancora la malata e riscontrò un leggero miglioramento. Ma nei giorni seguenti trovò Eliza di nuovo molto debole e affetta da una forte diarrea. Il medico ordinò una dieta ferrea. La paziente doveva prendere acqua e soda, latte e budini leggeri oltre a una piccola quantità di brandy e del brodo di carne. L'11 settembre Eliza disse alla signora Seddon che voleva fare testamento e per questo aveva bisogno di suo marito.

«Dovreste chiamare un avvocato» le consigliò Frederick. Ma la donna rispose che si fidava soltanto di lui. Seddon chiamò a testimoniare la moglie e la cameriera Paula e poi scrisse il documento che sottopose ai presenti per la firma. Secondo il volere di Eliza i mobili, i gioielli e gli effetti personali dovevano essere venduti alla sua morte e il ricavato custodito per Ernie Grant e sua sorella Hilda.

Seddon, come unico esecutore testamentario, si sarebbe occupato di consegnare loro il denaro al raggiungimento della maggiore età. La donna non fece però menzione nel testamento di denaro liquido.

Il 13 settembre il dottor Sworn visitò di nuovo la signorina Barrow e riferì a Mary Ann Seddon che la paziente era peggiorata. Quella sera Frederick andò a teatro e la moglie rimase in giardino a prendere il fresco. Improvvisamente udì un grido provenire dall'ultimo piano: «Sto morendo!» urlava Eliza. Mary Ann corse al piano di sopra e chiese alla donna che cosa avesse. «Dei tremendi dolori allo stomaco e un grande freddo alle gambe» rispose lei.

Mary Ann le coprì i piedi con una coperta e poi scese ad aspettare il marito, tormentata dall'inquietudine. Frederick arrivò a mezzanotte e mezzo e, dopo aver ascoltato il racconto della moglie, salì nella propria camera. Era un uomo metodico e gli orari del sonno e del risveglio dovevano essere sempre gli stessi. Si spogliò e si infilò nel letto. Non voleva sprecare neppure un minuto del suo tempo e per questo, quando un'ora dopo Ernie andò a chiamarlo perché la signorina Barrow stava molto male, si girò semplicemente dall'altra parte. Mary Ann tornò dalla malata e le mise addosso un'altra coperta. Durante la notte i Seddon furono svegliati altre volte da Ernie e alle quattro del mattino la signora Seddon trovò Eliza sul pavimento, con il bambino che cercava di sollevarla mentre lei si contorceva in terra lamentandosi di atroci dolori al ventre. Mary Ann questa volta chiamò il marito e si fece aiutare a rimettere la donna a letto, rimanendole poi accanto. Eliza sembrò addormentarsi e, sentendola russare, la signora Seddon si appisolò sulla poltrona. Quando si svegliò era già mattina e nella stanza c'era un silenzio innaturale. Eliza aveva smesso di respirare.

Frederick andò ad avvertire il dottor Sworn e gli disse che la signorina Barrow era deceduta intorno alle sei del mattino e che per tutta la notte aveva avuto dolori tremendi. Il medico firmò il certificato di morte senza chiedere di vedere il cadavere. Seddon tornò a casa con il documento nel quale Sworn aveva scritto:

> Causa della morte: diarrea epidemica. Durata della malattia, dieci giorni.

La cameriera si occupò di lavare e vestire la salma mentre Seddon apriva la cassetta dove Eliza teneva il denaro. Ma con sua grande sorpresa trovò soltanto dieci sterline. «Pensavo ci fosse di più» disse in seguito. «Per questo cominciammo a cercare nella stanza.»

Nello stesso armadio in cui aveva trovato la chiave della cassetta c'era un'altra piccola somma di denaro avvolta in un fazzoletto.

«Guardiamo anche nella borsa» disse allora alla moglie. In una tasca interna trovarono altri soldi e altri ancora in una valigia oltre a qualche gioiello. Il denaro raccolto, in realtà non molto, andò al piccolo Ernie e Frederick volle che durante la consegna fosse presente anche la cameriera. Poi andò da un impresario di pompe funebri di sua conoscenza, William Nodes, in Stroud Green Road. Chiese il prezzo per un funerale e l'amico volle sapere che tipo di cerimonia volesse.

«Mah, con mia grande sorpresa ho trovato soltanto dieci sterline nella cassetta di quella donna e devo anche pagare il dottore» rispose Seddon.

«Bene» replicò William. «Per quella somma però il cadavere verrà sepolto in una tomba comune.»

Seddon disse che era d'accordo e poi ebbe l'audacia di trattenere dalla somma una piccola commissione per sé. Chiese anche a Nodes di prelevare il cadavere quella sera stessa e di conservarlo fino al giorno dopo, 16 settembre, in cui si sarebbe svolto il funerale. Al rito funebre parteciparono soltanto la famiglia Seddon e il piccolo Ernie.

La mattina in cui la signorina Barrow era morta, Frederick era sceso come sempre in ufficio per incontrare il suo assistente, Harry Taylor, e fare insieme i conti della settimana. La somma incassata nel distretto di Holloway di cui si occupavano ammontava a sessantatré sterline.

Al processo Taylor raccontò che quel giorno Seddon era sceso in ritardo e non gli aveva parlato della morte della sua ospite ma gli aveva semplicemente detto di non aver chiuso occhio per tutta la notte. Più tardi, mentre era seduto alla sua scrivania, aveva sentito il tintinnare di alcune monete e aveva alzato la testa incuriosito. Seddon era seduto dall'altra parte della stanza e sul tavolo davanti a lui c'erano diversi mucchi di monete d'oro, secondo Taylor erano almeno duecento sterline. Frederick forse si sentì osservato perché fece qualcosa che sorprese il suo assistente: scherzò. Alzò la borsa con i soldi e gli disse: «Ecco la tua paga».

Taylor rispose: «Magari!», e poi vide Seddon riporre velocemente la borsa in cassaforte.

Quello stesso giorno Frederick scrisse una lettera al cugino di Eliza, Frank Vonderahe:

> Sono sinceramente dispiaciuto di informarvi della morte di vostra cugina, la signorina Eliza Mary Barrow, avvenuta alle sei di questa mattina a causa di una diarrea epidemica. Il funerale avrà luogo sabato dall'una alle due del pomeriggio. Vi prego di informare anche Albert Edward ed Emma

Marion Vonderahe del decesso e di farmi sapere se desiderano partecipare al funerale. Devo anche riferirvi che la signorina Barrow ha fatto testamento l'11 di questo mese lasciando tutto ciò che possiede a Hilda ed Ernest Grant e nominando il sottoscritto come unico esecutore.

Il signor Vonderahe negò di aver mai ricevuto quella lettera e disse di aver saputo della morte della cugina per caso, soltanto a funerale avvenuto. Il 20 settembre andò a casa Seddon. La cameriera gli disse che i signori erano in vacanza e più tardi mandò un telegramma ai suoi padroni per avvertirli della visita. Frederick decise allora di prolungare il viaggio. Finalmente, il 9 ottobre, Frank e Julia Vonderahe trovarono i Seddon in casa. Mary Ann chiese loro se avessero ricevuto la lettera.

«No, di quale lettera parlate?» domandò Julia. Allora Frederick tirò fuori dalla tasca una copia carbone della lettera che affermava di avere spedito quando era morta la signorina Barrow e la diede alla signora Vonderahe che restò senza parole. Prima di andarsene, Frank volle sapere perché Frederick avesse fatto seppellire Eliza in una tomba comune e, quando l'uomo rispose che non c'era abbastanza denaro, Frank gridò: «Se l'avessi saputo avrei pagato io il suo funerale!».

Il giorno dopo Frank Vonderahe tornò a parlare con Frederick Seddon. «Che volete ancora?» chiese quest'ultimo.

«Sono venuto a vedere il testamento di mia cugina e anche la polizza di assicurazione» rispose l'altro.

«Non vedo perché dovrei darvi delle informazioni riservate» disse Frederick.

«E dove sono tutti i soldi che Eliza teneva in casa?» riprese Frank.

«Nella sua cassetta abbiamo trovato soltanto dieci sterline. Sottratte le spese del funerale, il resto l'ho dato al piccolo Ernie» rispose calmo Frederick.

«Voglio sapere chi è il proprietario del Buck's Head. E anche che fine hanno fatto le azioni di mia cugina» disse Frank in tono aspro.

«Se volete sapere qualcosa a proposito delle azioni potete scrivere al governatore della Banca d'Inghilterra» tagliò corto Frederick.

Dopo le prime schermaglie Seddon si calmò e spiegò a Vonderahe che Eliza gli aveva ceduto tutte le azioni e le proprietà in cambio di un vitalizio. Vitalizio che ovviamente cessava con la sua morte. Aggiunse poi che la donna non aveva lasciato nulla ai parenti poiché si erano comportati male con lei. Dato che loro non l'avevano considerata, lei non avrebbe considerato loro nel suo testamento.

Frank Vonderahe salutò Seddon con un'amichevole stretta di mano, ma andò subito a riferire i suoi sospetti alla polizia riguardo alla morte della cugina. Le autorità ordinarono quindi la riesumazione del cadavere che ebbe luogo il 15 novembre.

Frank Vonderahe identificò il corpo, poi consegnato al patologo Bernard Spilsbury che notò come, a eccezione dello stomaco dilatato e degli intestini arrossati, il resto fosse sano. Disse quindi di essere inequivocabilmente certo che la donna non era morta per cause naturali. Probabilmente era stata avvelenata, ma solo un tossicologo avrebbe potuto accertarlo. Fu quindi chiamato William Willcox. Dopo molteplici analisi condotte sul cadavere di Eliza Barrow e basandosi su complicati calcoli riguardo al peso della salma e al presunto peso della donna viva, Willcox confermò la presenza di arsenico in tutti gli organi e i tessuti.

L'ispettore Alfred Ward fermò Frederick Seddon mentre rientrava a casa la sera del 4 dicembre. Quando questi chiese di cosa fosse accusato, Ward disse che lo arrestava per l'omicidio volontario di Eliza Barrow, avvenuto per avvelenamento. Frederick rimase allibito. Poi, con aria offesa, mentre lo portavano via, commentò: «Assurdo. Che accusa terribile: omicidio volontario. È la prima volta che nella nostra famiglia qualcuno viene accusato di un tale crimine». Poi chiese: «Avete intenzione di arrestare anche mia moglie?» e, non ottenendo risposta, continuò: «Perché altrimenti vorrei darvi un messaggio per lei. Ci sarebbero dei conti da fare, dei pagamenti da ritirare... Hanno trovato arsenico nel corpo? Non l'avrà fatto da sola? Non saranno state le medicine che prendeva?». Continuò a protestare per tutto il tragitto, ripeté che doveva lasciare un messaggio alla moglie, c'erano dei pagamenti, dei conti, delle scadenze da rispettare... Fu condotto al commissariato mentre continuava a borbottare «omicidio... omicidio... omicidio...».

Il suo avvocato andò subito a trovarlo e poi fece una strana richiesta alla signora Seddon: doveva mandare la figlia Maggie a comprare della carta moschicida perché voleva fare un esperimento. Quindi, due giorni dopo l'arresto del padre, Maggie andò da un farmacista in Tollington Park e chiese una striscia di carta moschicida. Quando però dovette firmare il registro il farmacista notò il suo nome e, ricordando di aver letto dell'omicidio di Eliza Barrow sul giornale, rifiutò di servirla.

Il 15 dicembre anche la signora Seddon fu arrestata mentre si trovava a casa. La sua risposta all'atto di accusa fu un laconico: «Molto bene».

La polizia aveva ispezionato la casa di Tollington Park portando via documenti e gioielli. Ward trovò tra le carte una busta che conteneva dei capelli. Sopra c'era scritto: «Capelli della signorina Barrow per Hilda ed Ernest Grant» seguito dalla data della morte di Eliza.

La polizia organizzò anche un confronto all'americana tra il farmacista da cui era stata acquistata la carta moschicida nel mese di agosto e venti ragazze per determinare se tra loro fosse presente la persona che aveva compiuto l'acquisto. Il signor Thorley puntò subito il dito su Maggie Seddon. Si disse in seguito che l'identificazione era stata influenzata dalle fotografie della ragazza apparse sui giornali.

Frederick e Mary Ann Seddon furono processati all'Old Bailey il 4 marzo 1912. Un'enorme folla ostruiva l'ingresso del tribunale, la gente cercava di vedere qualcuno dei personaggi implicati nel caso. Rufus Isaacs rappresentava l'accusa mentre per la difesa di Frederick Seddon era stato chiamato il notissimo Edward Marshall Hall, descritto come uno dei più brillanti e fantasiosi avvocati del paese, abituato a considerare l'aula del tribunale come un palcoscenico su cui esibire il proprio talento e la propria intelligenza. Richard Muir e Travers Humphreys erano i suoi assistenti mentre Gervais Rentoul difendeva la signora Seddon.

Frederick Seddon fece la sua comparsa in mezzo al mormorio generale. Aveva un atteggiamento sicuro e arrogante e lanciava sguardi di disprezzo a tutti i presenti. La moglie teneva il volto coperto da uno spesso velo nero. Quando si trovarono vicini cominciarono a bisbigliare tra di loro. Per tutto il processo Mary Ann sorrise e quando alla fine le fu chiesto il motivo della sua allegria la donna rispose che si trattava di un tic nervoso.

Il pubblico ministero chiamò quarantacinque testimoni e tutti parlarono della cupidigia dell'imputato, commentando con orrore il fatto che avesse fatto seppellire Eliza Barrow in una tomba per poveri pretendendo perfino una commissione sul prezzo del funerale.

Ernie Grant fu ascoltato il secondo giorno del dibattimento. Era molto pallido e i coniugi Seddon gli sorrisero per fargli coraggio.

«Sai che cos'è una carta moschicida?» gli chiese il pubblico ministero Rufus Isaacs.

«Non ne ho mai vista una» rispose sicuro il ragazzo.

«Hai mai visto della carta moschicida nella stanza della signorina Barrow?» chiese ancora Isaacs.

«No.»

«Nella stanza dei signori Seddon?»

«No.»

«Maggie Seddon ti ha mai mostrato della carta moschicida?»

«No.»

La cameriera Paula Chater fu interrogata subito dopo, ma anche lei negò di aver mai visto della carta moschicida a casa dei Seddon. Frederick sembrò sollevato da queste risposte e la moglie si sentì perfino in grado di salutare con la mano alcuni parenti che erano nell'aula.

Il padre di Frederick, chiamato al banco dei testimoni, disse a proposito delle mosche: «Erano dappertutto, nell'appartamento della signorina Barrow e anche al piano di sotto».

Gli fu chiesto della carta moschicida e lui rispose: «Be', sì... mi pare di averne vista nel mese di agosto».

Marshall Hall interrogò poi il farmacista Thorley, che aveva riconosciuto in Maggie la ragazza che aveva acquistato la carta moschicida alcuni mesi prima. Disse che probabilmente l'uomo aveva indicato lei perché ne aveva visto la fotografia sui giornali e anche perché al commissariato era stato in compagnia del farmacista Robert Price, da cui Maggie aveva effettivamente cercato di comprare la carta moschicida, ma solo dopo che suo padre era stato arrestato e quindi nel mese di dicembre.

Ma alla domanda: «Credete ancora che la ragazza che è venuta da voi ad agosto sia Maggie Seddon?», il farmacista rispose «sì».

Al riguardo delle mosche anche il medico Henry Sworn dichiarò: «Non ne avevo mai viste tante in una stanza!».

E alla domanda se avesse notato della carta moschicida nella camera della sua paziente, il medico rispose: «No».

Che la vittima fosse morta avvelenata era stato ormai accertato, rimaneva da capire se il veleno era stato somministrato in un'unica dose con l'intento di ucciderla oppure se Eliza aveva cominciato a ingerirne minime quantità molto tempo prima. Se avesse dimostrato questo, Marshall Hall avrebbe vinto la sua battaglia.

Il patologo Spilsbury affermava che nel cadavere non aveva riscontrato le condizioni che dimostrassero un avvelenamento continuato nel tempo, la sostanza a suo parere era stata propinata tutta in una volta. Anche il dottor Willcox concordava con questa tesi. Marshall Hall disse che secondo lui invece Eliza Barrow prendeva abitualmente delle piccole dosi di arsenico come corroborante. Se infatti, come risultava, nelle radici dei suoi capelli si fosse trovata presenza di veleno, questo indicava che la donna ne faceva uso da molto tempo. Era stato dimostrato che il veleno raggiungeva le radici dei capelli diversi mesi dopo la somministrazione.

«Avete lavato i capelli di Eliza Barrow prima di effettuare le vostre analisi?» chiese Marshall Hall insinuando il dubbio che forse i capelli avevano assorbito l'arsenico dal terreno del cimitero.

«Sì» rispose il dottor Willcox.

«E poiché avete ottenuto sempre lo stesso risultato, ammesso che l'arsenico non fosse stato assunto regolarmente nel tempo, come potrebbe essere arrivato alla radice dei capelli?»

Willcox rifletté e poi dichiarò che i capelli avevano assorbito l'arsenico dai fluidi che emanavano dal corpo all'interno della bara, questo fra l'altro avrebbe spiegato perché tutti i tessuti ne erano impregnati.

La giuria non sembrava convinta e Willcox decise di fare quel giorno stesso un altro esperimento. Prese i capelli di una donna morta per cause naturali e li immerse in un recipiente con i fluidi del corpo di Eliza Barrow. Quattro giorni dopo riscontrò la presenza di arsenico nelle radici dei capelli della donna. Riferì dell'esperimento in aula e inoltre disse che i capelli che Frederick Seddon aveva messo nella busta per Hilda ed Ernest non contenevano che una minima parte di arsenico. Questo confutava la tesi della difesa che sosteneva l'avvelenamento cronico.

Si tornò a parlare della carta moschicida e Marshall Hall disse che non c'era la minima prova della presenza di quel veleno in casa Seddon. Spiegò anche che Maggie era stata mandata ad acquistare la carta moschicida dopo l'arresto del padre su consiglio dell'avvocato che voleva capire quanto arsenico quel prodotto potesse contenere. E comunque lui stesso riteneva che l'idea di mandare Maggie non era stata delle migliori.

Frederick chiese di parlare in propria difesa e fu chiamato al banco dei testimoni. Rispose alle domande del suo avvocato con voce ferma e decisa mentre la moglie si sporgeva in avanti per ascoltarlo attentamente.

«Sapevate che vostra moglie il 4 settembre aveva fatto comprare della carta moschicida?» chiese Marshall Hall.

«Me lo disse lei» rispose Frederick.

«Avete mai maneggiato della carta moschicida?»

«Assolutamente no. Ne vidi un paio di strisce la notte dell'11 settembre nella camera di Eliza Barrow, una sulla cassettiera e una in un piattino sul ripiano del caminetto. Si trattava di strisce di carta su cui versare dell'acqua. Non sapevo che contenessero arsenico. So solo che le mosche bevono quell'acqua e muoiono.»

«Avete mai bollito della carta moschicida per ricavarne un preparato?»

«Mai.»

Fu poi la volta del controinterrogatorio. Rufus Isaacs chiese a Frederick se volesse bene alla signorina Barrow. Era naturalmente una domanda trabocchetto. Se l'imputato avesse risposto di sì sarebbe risultato inspiegabile il suo comportamento meschino a proposito del funerale, se avesse risposto di no avrebbe pregiudicato la sua posizione.

Dopo una leggera esitazione la risposta di Frederick fu: «Non era certo una donna che si facesse amare, ma provavamo sicuramente una grande simpatia reciproca».

«Lo sapevate che sarebbe stato più prudente per voi richiedere la presenza di almeno un parente prima di appropriarvi della chiave della signorina Barrow e guardare nella sua cassetta?» chiese il pubblico ministero.

«Non ci ho pensato.»

«Siete un uomo d'affari. Se non avevate nulla da nascondere avreste dovuto chiamare dei testimoni prima di aprire la cassaforte o di far uscire il corpo dalla vostra casa.»

«C'era un testimone.»

«Chi?» chiese secco Rufus.

«La cameriera Paula Chater, che si è occupata del cadavere.»

«Quanto denaro avete trovato nella cassetta?»

«Dieci sterline.»

«Sapete quanto denaro possedesse la signorina Barrow quando arrivò da voi?»

«Aveva centosessantacinque sterline.»

Rufus Isaacs volle poi parlare dell'episodio raccontato dal signor Taylor, l'assistente di Seddon, che aveva visto l'imputato contare pile di monete d'oro la mattina della morte di Eliza Barrow.

Frederick non riuscì a mantenere il controllo dopo questa domanda e con voce stentorea disse: «Il pubblico ministero sta insinuando che io mi sia appropriato del denaro della donna morta; che io lo avrei portato dalla sua stanza fino al mio ufficio e che lo avrei contato in presenza del mio assistente. Non sarebbe stata pura follia?».

«Non voglio discutere con voi» fu la pacata risposta di Sir Rufus. «Ma sapete bene che a volte la gente compie cose folli...»

«Bene, io non sono un delinquente» gridò Seddon. «E non sono neppure un essere inumano, avido, un mostro, come voi volete far credere.»

«Che cosa intendete?» chiese Isaacs.

«Sarei una persona avida, un mostro disumano, o qualcuno con una mente degenerata se avessi commesso il vile crimine che il pubblico ministero mi addebita e poi avessi derubato la vittima nonostante le mie condizioni economiche fossero più che soddisfacenti.

Per non parlare poi dell'idea di contare il denaro trafugato in presenza del mio assistente scherzandoci sopra. È una supposizione scandalosa!»

Forse Seddon avrebbe dovuto fermarsi lì senza aggiungere l'ultima frase che fece una pessima impressione sui giurati: «In fondo avrei avuto tutta la giornata per contare i soldi!».

Mary Ann Seddon fu ascoltata dopo il marito. Avanzò con la sua classe, l'atteggiamento composto, il sorriso timido e si accattivò la simpatia dei giurati. Questa volta fu Frederick a sporgersi in avanti per non perdere una parola della sua deposizione.

«Avete mai mandato vostra figlia Maggie ad acquistare della carta moschicida?» chiese il pubblico ministero.

«Mai.»

«C'è forse andata di sua spontanea volontà?»

«No, no, no.»

«Avete letto le istruzioni della carta moschicida quando l'avete acquistata?»

«No. Il farmacista mi ha solo detto di versarci sopra dell'acqua.»

«Vi ha detto di inumidirla?»

«Mi ha detto di inumidirla con un po' d'acqua.»

«Ed è quello che avete fatto?»

«Sì.»

«Avete messo ognuna delle strisce in un piattino diverso?»

«Sì, poi ho appoggiato due piattini sulla mensola del caminetto e gli altri sulla cassettiera.»

Quando Mary Ann parlò di Eliza Barrow diede l'impressione di essere una donna compassionevole che aveva fatto del suo meglio per aiutare una malata. Poi il pubblico ministero le fece una domanda a proposito del denaro trovato nella cassaforte.

«Siete rimasta sorpresa di trovare soltanto dieci sterline nella cassaforte?»

«Sì.»

«Avete commentato la scoperta con vostro marito?»

«No.»

Rufus Isaacs disse di avere scoperto che qualche mese prima altre cinque sterline erano state incassate dalla signora Seddon, che aveva cambiato un assegno di Eliza Barrow in monete d'oro e banconote e aveva usato nome e indirizzo falsi. Perché l'aveva fatto?

L'imputata rispose: «Perché quei soldi non appartenevano a me».

«Perché allora non avete usato il nome della signorina Barrow?»

«Perché non avevo il diritto di usare il suo nome.»

«Avevate detto a qualcuno di aver cambiato delle banconote in oro per lei?»

«No.»

«Ma vi aspettavate di trovare una considerevole somma nella cassaforte?»

«Sì, ma non ero responsabile di ciò che faceva la signorina Barrow... non ero la sua governante.»

L'ingenuità delle risposte di Mary Ann e il suo infantile senso morale furono considerati dalla stampa e dal pubblico in aula una prova della sua franchezza. I giornali scrissero che la donna era totalmente succube del marito e vittima delle circostanze.

Fu poi sentita la figlia, Maggie. Quando la polizia le aveva chiesto se avesse acquistato la carta moschicida il 6 dicembre la ragazza aveva risposto: «No». La risposta fu usata contro di lei quando fu chiaro che aveva mentito. Ma Maggie se la cavò spiegando che la sua dichiarazione riguardava l'acquisto, non il «tentato acquisto», infatti il farmacista non le aveva dato la carta moschicida e lei era uscita dal negozio a mani vuote.

Nella sua arringa Marshall Hall sostenne la tesi secondo la quale la signorina Barrow aveva assunto spontaneamente il veleno. Tutto quel traffico di piatti e piattini poteva aver causato un incidente. Forse Eliza aveva bevuto l'acqua avvelenata pensando fosse minestra. Inoltre chiese alla giuria: «Se Frederick Seddon avesse davvero ucciso Eliza Barrow perché non ne ha fatto cremare il corpo? Non avrebbe avuto alcuna difficoltà a ottenere il permesso, anche perché il certificato medico parlava di morte per cause naturali». Secondo l'avvocato, nonostante fosse ormai accertata la natura avida dell'imputato, era assurdo pensare che avesse commesso un delitto soltanto per risparmiare i soldi del vitalizio da passare a Eliza Barrow. Inoltre non esisteva alcuna prova del fatto che Seddon avesse maneggiato la carta moschicida.

L'avvocato Rentoul parlò poi a favore della signora Seddon. Infine il pubblico ministero, nella sua requisitoria, affermò che Frederick Seddon era l'unica persona che avrebbe ricavato dei vantaggi dalla morte della vittima. Quali? Non avrebbe più dovuto pagarle il vitalizio e nonostante l'uomo avesse abbastanza mezzi per conto suo, considerato il suo estremo attaccamento al denaro, il movente poteva essere ritenuto validissimo. Inoltre l'imputato era l'unico, oltre alla moglie, ad aver avuto l'opportunità di compiere il delitto. Poiché però neppure lui credeva alla responsabilità della signora Seddon consigliò la sua assoluzione. Anche il presidente

Bucknill, nel suo riassunto alla giuria, raccomandò l'assoluzione dell'imputata.

I giurati si ritirarono per un'ora e tornarono in aula. Gli imputati furono fatti alzare, la tensione in aula era altissima. Tutti gli occhi erano fissi su Frederick e Mary Ann che apparivano imperturbabili nonostante lei avesse un leggero tremore alle labbra e lui inghiottisse con difficoltà.

Fu loro letto il verdetto. Frederick Seddon: colpevole. Mary Ann Seddon: non colpevole.

I Seddon si voltarono uno verso l'altra, si abbracciarono e si baciarono nel silenzio totale. Si dissero addio. Poi la donna scoppiò in singhiozzi e fu portata via dalle guardie carcerarie. Il suo pianto fu udito nell'aula ancora per lunghi istanti.

Fu chiesto a Frederick Seddon se avesse qualcosa da dire prima della lettura della sentenza da parte del giudice Bucknill. L'uomo parlò con voce calma per venti minuti e poi concluse: «Il pubblico ministero non ha trovato il denaro di cui mi sarei appropriato e che rappresenta l'unico movente del mio diabolico crimine. Io dichiaro davanti al Grande Architetto dell'Universo che sono innocente, signore». Mentre pronunciava questa frase alzò la mano verso l'alto nel tipico giuramento della massoneria.

Questo appello di clemenza fatto da un massone a un altro massone ebbe un effetto considerevole sul giudice e sul pubblico. Per i massoni il giuramento davanti al Grande Architetto dell'Universo era sacro, e i loro fratelli dovevano accettarlo come tale. Bucknill rimase qualche secondo in silenzio, colpito profondamente, poi cominciò a parlare in un'atmosfera raggelata a voce talmente bassa che poteva a malapena essere udito. Disse di essere d'accordo con entrambi i verdetti e pronunciò la sentenza di morte per Frederick Seddon. Gli tremava la voce e dovette interrompersi più volte per ricacciare indietro le lacrime.

Alla fine disse: «Quello che avete detto dimostra che voi e io apparteniamo alla stessa confraternita. È quindi ancora più penoso per me dire quello che sto dicendo, ma la nostra confraternita non incoraggia il crimine. Anzi, lo deplora». Ormai le lacrime scorrevano liberamente sul suo viso e Bucknill continuò dichiarando che Frederick Seddon era condannato alla pena capitale. Poi concluse: «Cercate, nel poco tempo che vi rimane, di fare pace con il Creatore».

«Sono già in pace» rispose Seddon. Poi prese un sorso d'acqua dal bicchiere che aveva davanti e si diresse calmo verso l'uscita dell'aula prima che gli fosse ordinato di farlo.

Uno spettatore disse amareggiato che Seddon era stato condannato non perché si fosse provata la sua colpevolezza, ma perché non era riuscito a provare la sua innocenza.

Mary Ann andò a trovare il marito in prigione il 14 marzo e il giorno dopo il «Lloyd's News» pubblicò una sua lettera:

> Non dimenticherò mai l'ultimo terribile giorno in tribunale. Sul momento non realizzavo cosa stesse succedendo. Non potevo pensare che mio marito fosse stato giudicato colpevole di omicidio volontario. Tutti e due eravamo sicuri dell'assoluzione. Frederick non ha mai pensato un solo istante di venire condannato. Quando Rufus Isaacs stava facendo la sua requisitoria mi disse: «Sta cercando di avvelenare la mente dei giurati».

Frederick confidava nell'appello che doveva tenersi il 1° aprile. Ma quel giorno il giudice confermò la sentenza. Il condannato scrollò le spalle e con aria rassegnata si fece ricondurre a Pentonville dove l'esecuzione fu fissata per il 18 aprile.

Mary Ann Seddon scrisse lettere al re e alla regina e organizzò una petizione a favore del marito che venne firmata da trecentomila cittadini. Fece di tutto perché al marito fosse salvata la vita. Pubblicò le lettere d'amore che lui le scriveva dal carcere, mandò appelli ai giornali, girò per le strade con il ritratto dei cinque figli, chiese clemenza al mondo intero. Fino all'ultimo Frederick rimase fiducioso, ma poi perse la speranza e scrisse alla moglie un'ultima lunghissima lettera. Dichiarò ancora una volta la sua innocenza e che era stato condannato sulla base di una serie di prove circostanziali. Disse che i pregiudizi e le critiche sul suo attaccamento al denaro avevano influenzato negativamente la giuria. Poi, forse per non smentire del tutto il suo amore per le cifre, aggiunse un post scriptum nel quale spiegava come tutto ciò che riguardava il caso Barrow avesse come denominatore comune il numero tredici.

Il 17 aprile il boia, John Ellis, andò nell'ufficio del direttore del carcere dalla cui finestra poté osservare a lungo il condannato che passeggiava nel cortile, in modo da prendere, come di consueto, le misure per la corda che l'avrebbe impiccato. Vide però dall'alto una scena che lo incuriosì. Frederick era in compagnia del sacerdote e sembrava discutere animatamente. Aveva un'espressione alterata, infuriata. Quando John Ellis domandò al direttore cosa fosse successo, questi gli spiegò che quel pomeriggio Seddon aveva mandato a chiamare il suo avvocato per chiedergli a quale prezzo fossero stati venduti all'asta certi mobili di sua proprietà. Quando ebbe saputo la cifra fu preso da una forte rabbia e forse in quel momento stava raccontando al sacerdote l'accaduto.

Scrisse poi John Ellis nelle sue memorie:

> Lo guardavo camminare e parlare e gesticolare e discutere come se la morte fosse l'ultimo dei suoi pensieri.

Quella sera stessa il boia andò a controllare che tutto fosse in ordine sul patibolo e chiacchierò con alcune delle guardie che avevano conosciuto Frederick Seddon. Gli dissero che il condannato passava le sue giornate a scrivere lunghe lettere alla moglie, tutte piene di citazioni bibliche. In una aveva aggiunto poche righe per la figlia più grande dicendole:

> Ricorda che questo è un mondo molto pericoloso per le ragazze giovani e inesperte.

Aveva anche dato istruzioni per la lapide da porre sulla sua tomba, indicandone perfino il costo. Ai suoi guardiani aveva sempre ripetuto di essere vittima di un errore giudiziario.

Diverse migliaia di persone, inclusi donne e bambini, si accalcarono davanti alla prigione di Pentonville la mattina del 18 aprile. Seddon aveva scritto alla sorella:

> Non piangere per me perché sono preparato a incontrare il mio destino e preferisco la morte al carcere a vita che mi farebbe vivere da morto...

Gli fu concesso di indossare i suoi vestiti, consumò una leggera colazione e pregò insieme al sacerdote. Alle nove in punto percorse i dieci passi dalla sua cella al patibolo. Era estremamente pallido, ma camminava in modo eretto e questo lo faceva sembrare più alto. Quando vide il cappio si innervosì e chiuse gli occhi. Non li riaprì più, tanto che le guardie al suo fianco, temendo che potesse inciampare, lo presero per le braccia per sostenerlo. Salì sul palco con gli occhi ancora chiusi e il boia gli infilò in testa il cappuccio bianco mentre il suo assistente, Pierrepoint, gli legava le gambe. Pochi secondi dopo Frederick Seddon penzolava appeso alla corda.

John Ellis in seguito scrisse che molti gli avevano chiesto se secondo lui l'uomo fosse colpevole o innocente. Nella sua autobiografia affermò di essere sicuro della colpevolezza di Frederick Seddon:

> Il suo comportamento alla vigilia dell'esecuzione era quello di un tipo cinico, freddissimo, sicuro di sé, e solo individui così sono capaci di usare il veleno per uccidere qualcuno che si pone fra loro e il denaro.

Mary Ann Seddon era stata vista la mattina dell'esecuzione vicino ai cancelli della prigione. Qualcuno disse che vi aveva trascorso tutta la notte. Sorprendentemente, però, si risposò due mesi dopo la morte del marito. Un giornalista scrisse che la sua vita matrimoniale con Frederick non doveva essere stata molto felice e ricordò una sua affermazione in aula: «Non faceva troppo caso alle cose che gli dicevo; aveva sempre altro a cui pensare».

In seguito Mary Ann scrisse un articolo che fu pubblicato sul «Weekly Dispatch» nel quale affermava di aver visto Frederick avvelenare Eliza Barrow. Non aveva parlato prima perché lui l'aveva minacciata con la pistola.

In seguito apparve un altro articolo sul «John Bull» nel quale la donna dichiarava che la confessione che aveva fatto al «Weekly Dispatch» era falsa, l'aveva resa soltanto perché aveva bisogno di denaro e continuava a essere invece certissima dell'innocenza di suo marito.

XI

SOLO DUE SMIDOLLATI

Nathan Leopold e Richard Loeb, Stati Uniti 1924

La mattina del 21 maggio Richard Loeb passò del nastro adesivo intorno al manico dello scalpello, per facilitarne la presa e renderlo meno scivoloso, e poi lo mise in macchina insieme alla corda e all'acido cloridrico.

Nathan Leopold portò degli stracci da casa, dovevano essere infilati nella bocca del ragazzo per impedirgli di gridare, e una coperta in cui avvolgere il cadavere.

Aggiunsero un paio di stivali impermeabili da indossare quando avrebbero nascosto il corpo in una palude che avevano già scelto in precedenza. Si procurarono poi una pistola per le evenienze e Richard portò con sé la lettera scritta a macchina per il riscatto nella quale mancavano il nome e l'indirizzo.

Già... perché i due amici non avevano ancora scelto la loro vittima.

Nathan Leopold era nato nel 1900 a Chicago e si era sviluppato sessualmente in un'età in cui gli altri ragazzi avvertivano soltanto i primi stimoli della pubertà. Esteriormente era il tipo dell'intellettuale riservato, distaccato, asociale. Non era attraente, aveva molti problemi di salute e soffriva di ipertiroidismo. Era basso di statura, aveva spalle curve, capelli molto grossi e occhi sporgenti. Con un'intelligenza fuori dal comune, a scuola veniva considerato un genio. Si rendeva conto di essere poco dotato fisicamente quando si paragonava con i compagni, e questo lo faceva soffrire. Si chiuse in se stesso, diventando permaloso e facilmente irritabile. Odiava il mondo intero. Conscio delle proprie capacità intellettuali, non aveva però la furbizia di nascondere il suo disprezzo per l'inferiorità dei suoi compagni, che lo evitavano considerandolo superbo e presuntuoso. Le materie che preferiva erano la letteratura e la filosofia, ma aveva anche una grande passione per la botanica e l'ornitologia. Adorava Friedrich Nietzsche e la teoria del superomismo divenne una guida importante per la sua adolescenza. Parlava correttamente nove lingue straniere e prese il primo livello di laurea in filosofia presso l'università di Chicago a soli diciott'anni, fatto che non aveva precedenti.

Nathan, soprannominato Babe perché era il più piccolo di quattro fratelli, era cresciuto in una famiglia rigida e formale che usava il denaro per compensare l'aridità di sentimenti. I Leopold erano ricchissimi, il padre di Nathan, che si chiamava come lui, era un magnate dei trasporti. Babe fu affidato alle cure di una governante fin dai primi anni di età, ma la donna aveva malsani gusti sessuali e iniziò il ragazzo a pratiche perverse e a giochi sadomasochisti, distorcendo così la sua giovane mente.

Quando i genitori si accorsero che Nathan, a differenza dei suoi compagni, non usciva mai con le ragazze ritennero che fosse a causa della sua esagerata timidezza. Pensarono quindi di risolvere questo problema iscrivendolo in una scuola femminile che si trovava in un'altra città, dove si trasferì insieme alla governante. Nathan soffrì terribilmente di questa soluzione, si sentiva profondamente umiliato, non legò con nessuno e finì con il disprezzare tutte le donne.

Nell'anno in cui ottenne il diploma scolastico la madre morì di nefrite e il padre cercò di mitigare la perdita assegnando al figlio una rendita di centoventicinque dollari a settimana, comprandogli un'auto di lusso e donandogli tremila dollari che avrebbe dovuto usare per fare un lungo viaggio in Europa prima di entrare nella facoltà di Legge di Harvard.

Una zia, Birdie Schwab, si trasferì in casa Leopold per occuparsi del ménage, ma Babe, profondamente colpito dalla morte della madre, si isolò completamente e si allontanò dalla religione che fino a quel momento aveva avuto un ruolo importante nella sua vita. Ormai non aveva nessuno con cui parlare, nessuno di cui desiderare la presenza. Chiuso nella sua stanza sognava una persona da venerare, qualcuno più forte e più grande di lui, che potesse guidarlo in una vita che sentiva di detestare. A quattordici anni conobbe la personificazione dei suoi sogni: Richard Loeb.

Richard, soprannominato Dickie, era figlio del multimilionario Albert Loeb e, proprio come Nathan, era un ricco ragazzo viziato. Oltre a lui in famiglia c'erano altri tre figli: Ernest, Allan e Thomas. La sua governante l'aveva incoraggiato negli studi, forse troppo, spronandolo a essere sempre il migliore. Richard aveva un anno meno dell'amico ed era alto, dal fisico atletico, con un sorriso luminoso e maniere gentili. Era bello, brillante e anche un piacevole conversatore. Aveva una notevole intelligenza anche se non poteva competere con Nathan. Dickie amava avere degli ascoltatori e Babe divenne il suo uditorio. Suo padre era vicepresidente della grande catena di empori Sears e aveva assegnato al figlio una rendita settimanale di duecentocinquanta dollari, il doppio di quanto la maggior parte degli uomini guadagnava nell'America degli anni Venti.

Anche Richard Loeb aveva dei problemi fisici. Per esempio fastidiosi tic che aumentavano quando era nervoso, una leggera balbuzie e improvvisi svenimenti. Pensava spesso al suicidio e il suo umore era a volte tetro e fatalistico. Anche lui si diplomò prestissimo in filosofia e fu accettato nella Phi Beta Kappa, l'associazione accademica nazionale degli studenti con maggior talento. Se Nathan si divertiva a leggere libri di botanica e ornitologia, Richard amava soprattutto le storie di crimini che divorava avidamente. Confidava all'amico che avrebbe voluto fare il detective oppure compiere il delitto perfetto.

Nathan si innamorò di Richard. Con lui finalmente poteva parlare delle teorie del superomismo, sicuro di essere compreso, insieme condividevano il disprezzo per le donne e per l'umanità in generale. Avrebbe desiderato avere rapporti sessuali con l'amico, ma Dickie, anche se tendenzialmente omosessuale, era disgustato dall'idea. Non dava troppa importanza al sesso, forse perché angustiato da problemi di impotenza. In seguito Richard cambiò idea, ma pretese qualcosa in cambio. Avrebbe consentito a Nathan di infilare il pene tra le sue gambe una volta al mese se l'altro avesse sottoscritto un patto di totale complicità, anche nei piccoli crimini che Richard si divertiva a commettere. Nathan accettò.

I crimini consistevano nell'accendere fuochi per far scattare allarmi antincendio, nell'effettuare piccoli furti, nell'imbrogliare a carte, nel «vandalizzare» le case di amici ricchi. A volte venivano arrestati, ma subito rilasciati perché le famiglie pagavano prontamente i danni giustificando gli atti dei figli come semplici ragazzate.

Nonostante Dickie e Babe litigassero frequentemente tra di loro, non si separarono mai per cercare altre amicizie. Eppure alcune liti erano così accese che finivano con percosse violente e minacce di morte. Ma poi le nubi scomparivano e il forte legame di cuore e di anima riprendeva, completo, tenero, assoluto.

Un rapporto che rischiò di interrompersi per cause esterne nel 1924 perché il padre di Nathan voleva che il figlio, prima di affrontare l'università di Harvard, intraprendesse il viaggio in Europa che gli aveva promesso. Richard disse allora all'amico che non potevano più aspettare: dovevano commettere il crimine del secolo prima della sua partenza.

Nathan era riluttante, ma Richard gli ricordò il patto che avevano stretto. Inoltre gli spiegò che il delitto perfetto era proprio un'idea coerente con gli insegnamenti di Nietzsche, il suo idolo intellettuale. Babe si convinse e scrisse un biglietto all'amico nel quale diceva:

> Il superuomo non è responsabile di alcun atto compiuto eccettuato dell'unico crimine possibile per lui: sbagliare.

Prepararono un piano: avrebbero rapito e ucciso qualcuno per poi inviare una lettera di riscatto alla famiglia della vittima senza attirare alcun sospetto su di loro. Richard condusse Nathan nella sua camera e gli mostrò una macchina per scrivere portatile che aveva rubato nel novembre del 1923 dal suo gruppo di studio mentre i compagni erano impegnati in una partita di football. Per confondere le idee aveva sottratto agli studenti anche orologi e denaro. Poiché nessuno aveva sospettato di lui, la portatile sarebbe servita per scrivere la lettera di riscatto.

«Il prossimo passo da fare è procurarci un'automobile» disse Richard. «Non possiamo naturalmente usare una delle nostre!»

Assunsero identità false per affittare l'auto. Richard, usando il nome di Morton D. Ballard, prese una stanza al Morrison hotel di Chicago. Si presentò come un commerciante di Peoria. Poi andò in un vicino *rent-a-car* e chiese del proprietario, il signor Jacobs, al quale disse che voleva affittare una berlina. Jacobs volle delle referenze e Nathan gli diede il nome di Louis Mason e un numero di telefono. L'uomo chiamò Mason (che ovviamente era Richard Loeb) il quale fornì delle referenze eccezionali sul suo amico Morton D. Ballard. Nathan lasciò cinquanta dollari di deposito. Salì alla guida dell'auto e andò in giro senza meta per circa due ore riportandola poi all'agenzia e comunicando al proprietario che sarebbe tornato a prenderla quando gli fosse servita. Con gli stessi nomi falsi i due ragazzi aprirono un conto in banca dove avrebbero versato i soldi del riscatto.

Qualche settimana prima del crimine, Babe e Dickie salirono diverse volte sul treno delle tre che da Chicago portava a Michigan City. Richard si metteva nella carrozza belvedere e lanciava pacchetti nei luoghi indicati dall'amico che conosceva perfettamente la zona avendola battuta per suoi studi di ornitologia. Si trattava di una prova per capire quali indicazioni fornire alla persona che avrebbe dovuto gettare la busta con i soldi del riscatto dal finestrino di quello stesso treno.

Il 20 maggio 1924 tornarono a prendere l'auto e andarono in un negozio di ferramenta dove acquistarono uno scalpello, una corda e dell'acido cloridrico. Erano gli strumenti per il delitto. La corda serviva per strangolare la vittima, lo scalpello per colpirla nel caso facesse troppa resistenza e l'acido per cancellare l'identità del cadavere. Dickie e Babe discussero a lungo sull'acido da usare, se cloridrico o solforico.

La mattina del 21 maggio Richard portò scalpello, corda e acido nella macchina. Nathan vi aggiunse degli stracci e una coperta in cui avvolgere il cadavere. Si armarono di una pistola da usare in caso di necessità e Richard prese la lettera per il riscatto priva ancora del nome e dell'indirizzo della vittima.

Mancava l'ultimo particolare: scegliere il soggetto giusto. Doveva trattarsi di un ragazzo, infatti non si ritenevano abbastanza forti da uccidere un adulto; doveva avere dei genitori ricchi poiché il riscatto parlava di diecimila dollari; per evitare indagini troppo ravvicinate non poteva essere nessuno che appartenesse alle loro famiglie, anche se questo era stato il primo pensiero. Per il resto, chi avrebbe potuto sospettare di loro come rapinatori visto che non avevano bisogno di denaro?

Compilarono una lista di possibili vittime. Esclusero il fratello più piccolo di Richard e passarono a vagliare il giovane William Deutsch, il nipote del multimilionario filantropo Julius Rosenwald, presidente della Sears. Ma lasciarono perdere anche lui perché il padre di Richard era il vicepresidente dell'azienda e non volevano complicazioni in famiglia. Poi pensarono a Richard Rubel, un amico che pranzava tre volte alla settimana insieme a loro. Fu scartato perché il padre aveva fama di avarizia e forse non avrebbe pagato il riscatto.

Salirono in macchina e si fermarono davanti alla Harvard Preparatory School dove aveva studiato Richard da piccolo, una scuola esclusiva per bambini molto ricchi. Osservarono gli scolari all'uscita e ne scelsero uno. Era Johnny Levinson, la vittima ideale: età giusta e famiglia abbiente. Ma non conoscevano l'indirizzo della sua abitazione, dove spedire la lettera di riscatto, quindi raggiunsero un vicino *drugstore* per controllarlo sull'elenco telefonico. Quando tornarono davanti alla scuola il bambino stava andando via. Richard fece un'inversione per seguirlo ma il ragazzo svoltò a un angolo e scomparve alla loro vista.

Delusi ricominciarono a vagare per il quartiere alla ricerca di un altro soggetto. Infine arrivarono sulla Ellis Avenue e videro un gruppo di bambini che giocavano a pallone. Uno di essi era Bobby Franks, un lontano cugino di Richard. Aveva quattordici anni e spesso veniva invitato a fare una partita a tennis nel campo dei Loeb.

«Lui è perfetto» disse Richard e spiegò a Nathan che il padre di Bobby, Jacob Franks, era proprietario di una grande fabbrica di scatole e adorava il figlio, per il quale avrebbe sicuramente pagato un alto riscatto. Nathan fermò la macchina, abbassò il finestrino e lo chiamò. Bobby si avvicinò.

«Vuoi fare un giro in macchina?» chiese Richard.

«No, grazie. Non conosco il tuo amico» rispose Bobby diffidente. «E poi devo andare a casa.»

Richard gli disse che l'avrebbe accompagnato e, conoscendo la passione del ragazzo per il tennis, aggiunse che voleva mostrargli una racchetta nuova. Bobby si convinse e salì sul sedile posteriore, dove Richard prontamente lo raggiunse mentre Nathan metteva in moto.

Qualche minuto più tardi Richard capì che strangolare Bobby con la corda in pieno giorno sarebbe stato troppo complicato e pericoloso, quindi tirò fuori dalla tasca lo scalpello. Con mossa fulminea infilò gli stracci nella bocca del ragazzino e poi lo colpì quattro volte alla testa e al collo. Il sangue sprizzò copioso e Nathan, che seguiva la scena dallo specchietto retrovisore, rabbrividì dal disgusto e dall'orrore. Richard spinse il corpo di Bobby sul pavimento dell'auto e lo nascose con la coperta.

«Oh Dio! Non pensavo fosse così» si lamentò Nathan.

Richard invece, con un sorriso soddisfatto, dichiarò che era stato più divertente del previsto. Nathan continuò a guidare nel traffico pomeridiano mentre l'amico denudava la sua vittima e la legava. Più tardi parcheggiarono la macchina davanti a un ristorante per acquistare dei sandwich e Richard telefonò al padre per avvertirlo che quella sera sarebbe rientrato tardi.

Sempre aspettando l'oscurità si fermarono davanti a un altro ristorante. Questa volta si sedettero a un tavolo dove consumarono con calma una cena completa. Nathan era preoccupato per il cadavere nascosto nell'auto. Richard gli disse che effettivamente qualcuno poteva affacciarsi nella macchina attraverso il finestrino aperto e sbirciare all'interno, ma era sicuro che questo non sarebbe successo. «In fondo a nessuno importa niente degli altri» concluse.

Quando scese la notte guidarono fino a un'area chiamata Panhandle Tracks che si trovava vicino alla ferrovia. Qui l'acqua di una palude defluiva in un condotto fognario di cemento dove avevano deciso di far sparire il corpo di Bobby Franks.

Richard tirò fuori dall'auto il cadavere e dichiarò: «È morto». Gli versò l'acido cloridrico sul viso per sfigurarlo e sul pene per nascondere la circoncisione che avrebbe indirizzato le ricerche nell'ambito della comunità ebraica della città. Nathan, che nel frattempo aveva messo gli stivali di gomma, tornò a prendere il corpo che infilò nella conduttura. Non era un lavoro facile e lui, per muoversi più liberamente, si tolse la giacca e la gettò a Richard, senza rendersi conto che gli occhiali che teneva nel taschino erano scivolati nel fango. Era così buio che non si accorse neppure che un piede del ragazzo era rimasto fuori dal tubo di scarico e poteva essere visto alla luce del giorno. Erano invece sicuri che il cadavere non sarebbe stato scoperto molto presto e forse non prima che si fosse decomposto.

Quando parcheggiarono l'auto in una strada secondaria del loro quartiere notarono che i sedili posteriori erano macchiati di sangue e pensarono di occuparsene il giorno dopo. Posteggiarono l'auto e bruciarono la coperta e gli abiti di Bobby a casa di Richard. Presero la macchina portatile e scrissero il nome del signor Franks sulla busta della lettera di riscatto. Infine uscirono di nuovo per andare fuori città a seppellire le scarpe, la spilla della scuola e la fibbia della cinta del ragazzo, tutto ciò che non avevano potuto bruciare. Quindi spedirono la lettera.

Tornati a Chicago, Nathan chiamò la villa di Bobby Franks. Rispose la signora Flora. I genitori del ragazzo erano molto preoccupati per il ritardo ingiustificato del figlio. I fratelli avevano suggerito l'ipotesi che Bobby fosse andato a giocare a tennis dai Loeb. Ma la ricerca non diede esito. Poi quella telefonata a cui rispose la signora Flora...

Nathan disse: «Vostro figlio è stato rapito. È vivo e in buona salute. Domani riceverete una lettera di riscatto con le istruzioni, ma non avvertite la polizia o Bobby morirà». Senza aspettare la risposta della donna, riagganciò il ricevitore. Poi invitò Richard a casa sua dove giocarono a carte fino a mezzanotte passata.

Il giorno dopo Jacob Franks ricevette una lettera firmata «George Johnson» nella quale veniva chiesto un riscatto di diecimila dollari in banconote usate da venti e da cinquanta. Il denaro doveva essere messo in una scatola da sigari avvolta in carta bianca e poi sigillata con della cera. Altre istruzioni sarebbero arrivate durante la giornata. Jacob avvertì la polizia, ma chiese il silenzio stampa.

Nathan e Richard impiegarono tutta la mattina a togliere le macchie di sangue dall'auto. La portarono nel garage di casa Leopold dove l'autista, Sven Englund, li osservò mentre pulivano accuratamente i sedili posteriori. Alle sue domande Nathan rispose che era la macchina di un amico che la sera prima avevano sporcato con del vino rosso.

Dovevano ancora far scomparire la macchina per scrivere. Mentre Nathan guidava nelle vicinanze di Jackson Park, Richard strappava via tutti i tasti che poi gettava nel lago mentre la carcassa della portatile fu lanciata in un'altra laguna.

Era il momento di lasciare un secondo messaggio a Jacob Franks. Andarono alla stazione e salirono nella carrozza belvedere del treno che partiva per Michigan City. Richard appoggiò il biglietto sulla scrivania che veniva usata per compilare i telegrammi e sulla busta, oltre al nome di Jacob Franks, scrisse:

> Se qualcuno troverà questa lettera per favore la lasci stare. È molto importante.

Avrebbero poi chiesto al padre del ragazzo di salire sul treno a una certa ora per fargli trovare la lettera con le istruzioni del luogo preciso in cui gettare il pacchetto con il denaro. Ma Andy Russo, un elettricista che lavorava sul treno e che cercava un pezzo di carta su cui scrivere il testo per un telegramma, vide la busta. Senza leggerla decise di recapitarla personalmente al destinatario la mattina seguente.

Più o meno alla stessa ora un operaio delle ferrovie che lavorava lungo il canale fognario vicino a Wolf Lake vide emergere un piede nudo dalla conduttura e scoprì il cadavere di Bobby.

Jacob Franks ricevette la seconda telefonata dai rapitori. Il solito George Johnson gli disse che un taxi stava arrivando al suo indirizzo e l'avrebbe accompagnato nel *drugstore* Van de Bogert & Ross sulla sessantatreesima strada dove qualcuno l'avrebbe chiamato al telefono e gli avrebbe dato ulteriori istruzioni. Se per caso aveva già disubbidito agli ordini avvertendo la polizia, doveva mantenere segreta questa seconda telefonata o suo figlio sarebbe stato ucciso. Nathan diede all'autista di un taxi l'indirizzo di casa Franks. Calcolarono il tempo che il taxi avrebbe impiegato per raggiungere il *drugstore* e chiamarono per farsi passare Jacob Franks al telefono. Ma la persona che rispose disse che il signor Franks non era lì. Stessa risposta per le due successive telefonate. Fu a questo punto che notarono il giornale della sera con la notizia del ritrovamento del cadavere del piccolo Bobby.

Quando era stato rinvenuto il corpo del ragazzo la polizia aveva avvertito il padre di Bobby che, fiducioso in ciò che avevano detto i rapitori, non aveva voluto credere che il cadavere fosse quello di suo figlio. Aveva però mandato il cognato a controllare. Cinque minuti prima che il taxi raggiungesse la sua villa era arrivata la telefonata del cognato che confermava l'identità del corpo.

Le indagini cominciarono in modo frenetico. Jacob Franks era un ricco uomo d'affari che apparteneva a una famiglia di ebrei tedeschi arrivati in America alla metà dell'Ottocento. Jacob viveva con la moglie Flora e i figli Jack, Josephine e Bobby nell'esclusivo quartiere di Kenwood e aveva molte amicizie importanti. Gli agenti interrogarono subito decine di persone e ne trattennero alcune. Dato che la lettera di riscatto era stata scritta da qualcuno che dimostrava di avere una certa cultura furono arrestati tre insegnanti della Harvard School dove studiava Bobby. La polizia li interrogò per ore mentre i loro appartamenti venivano perquisiti.

L'autopsia del cadavere di Bobby, eseguita dal dottor Joseph Springer, determinò che il ragazzo era morto per soffocamento e poi era stato colpito quattro volte alla testa da un oggetto appuntito.

Dopo la scoperta del cadavere Nathan divenne di umore tetro e si chiuse in camera per non vedere nessuno. La reazione di Richard Loeb fu esattamente opposta. Maniaco di investigazioni e delitti non parlava che del caso del piccolo Bobby con chiunque incontrasse. Vagabondava nei luoghi delle indagini chiedendo informazioni, ficcando il naso nelle operazioni di polizia, azzardando perfino dei suggerimenti e offrendo il proprio aiuto nelle ricerche. Disse a un poliziotto: «Se avessi dovuto scegliere un soggetto da rapire o da uccidere avrei proprio scelto quel piccolo vanitoso figlio di puttana». L'agente lo guardò a lungo, stupito, e poi lo invitò a seguirlo mentre svolgeva le indagini per capire se il ragazzo sapeva qualcosa.

Richard voleva evidentemente scoprire fino a che punto poteva spingersi senza rischiare. Suggerì a un detective il nome del *drugstore* in cui il signor Franks avrebbe dovuto ricevere le istruzioni sul riscatto, perché, nella concitazione del momento il padre di Bobby aveva dimenticato l'indirizzo. La polizia andò a controllare e scoprì che effettivamente qualcuno aveva chiamato tre volte il Van de Bogert & Ross chiedendo di Jacob Franks. Altre indicazioni portarono al ritrovamento dello scalpello insanguinato.

Si cercava ancora la portatile con cui era stato compilato il messaggio per chiedere il riscatto. La polizia arrestò un riparatore di macchine da scrivere Corona, la marca che sembrava corrispondere alla portatile usata per la lettera di riscatto, che ne stava riconsegnando una proprio vicino alla scuola. Ma la scoperta più importante avvenne nel luogo in cui era stato nascosto il cadavere. Gli investigatori trovarono nel fango un paio di occhiali e, attraverso ulteriori ricerche, arrivarono fino ai fabbricanti, Albert Coe e Jacob Weinstein, che dai registri poterono individuare i tre clienti a cui avevano fornito quel tipo speciale di lenti. Un paio apparteneva a un avvocato che da qualche tempo era in viaggio in Europa. Il secondo paio condusse a una donna che li aveva con sé. Il terzo paio era stato venduto a Nathan Leopold junior, proprio il migliore amico di quel ragazzo che aiutava con tanta sollecitudine i poliziotti nelle indagini.

Il procuratore Richard Crowe, un uomo duro e astuto di quarantacinque anni, convocò Nathan nel suo ufficio per interrogarlo. Gli mostrò gli occhiali e gli chiese se appartenevano a lui.

«No» rispose Nathan «i miei sono a casa.»

Crowe mandò il ragazzo a cercarli insieme a due detective, ma gli occhiali non furono trovati.

«Probabilmente mi sono caduti» spiegò Nathan. «Vado spesso a osservare gli uccelli proprio nella zona dove li avete recuperati, forse mi sono scivolati e non me ne sono accorto. D'altronde non li metto sempre.» Inizialmente Crowe credette alla versione di Nathan, anche perché apparteneva a una famiglia facoltosa e non ci sarebbe stato alcun motivo per lui di rapire un bambino per chiederne il riscatto. Ma Nathan volle aggiungere: «Fra l'altro adesso che mi ricordo sono inciampato diverse volte in quei giorni e forse gli occhiali sono saltati fuori dal taschino della giacca». Crowe prese gli occhiali e glieli infilò nel taschino, poi gli chiese di inciampare deliberatamente. Nathan eseguì l'ordine, ma gli occhiali non si mossero. Quando però Crowe gli suggerì di togliersi la giacca e di gettarla lontano, caddero sul pavimento.

Fu a quel punto che Crowe ebbe i primi sospetti. Volle sapere cosa Nathan avesse fatto la notte del 21 maggio e lui rispose che aveva girovagato in macchina insieme all'amico Richard Loeb e a due ragazze raccolte per la strada di cui non ricordava il cognome. Aggiunse che lui e Richard avevano bevuto molto gin e per questo chiese che la notizia non fosse diffusa perché il padre di Richard era molto severo in fatto di alcolici. Disse anche di aver letto sul giornale gli articoli a proposito del rapimento di Bobby Franks e del ritrovamento degli occhiali, ma di non aver mai pensato che potessero essere i suoi.

Infine dichiarò: «Mio padre è ricco e se voglio del denaro non ho che da chiederlo. Inoltre guadagno una discreta somma anche insegnando ornitologia».

Il procuratore Crowe desiderava interrogarlo ulteriormente, ma non poteva trattenerlo alla centrale senza delle valide accuse, così lo ospitò, a sue spese, in una stanza dell'hotel La Salle. Mandò poi a prelevare anche Richard Loeb e lo fece condurre in un'altra stanza dello stesso albergo. Voleva confrontare le dichiarazioni dei due ragazzi, che si rivelarono subito contraddittorie perché Richard disse che la sera del delitto era rimasto a casa propria. Non parlò né di Nathan né delle due ragazze.

I giornalisti che in quei giorni ebbero il permesso di interrogare i sospetti erano convinti che contro di loro non ci fossero che congetture. Nessuno fino a quel momento li considerava colpevoli. Le famiglie Leopold e Loeb non fecero alcun passo per farli rilasciare perché erano certe della loro innocenza e pensavano che gli interrogatori fossero semplice routine. Crowe continuò quindi a trattenerli in albergo e a portarli a cena nel più caro ristorante della città. Naturalmente a sue spese.

Nathan aveva riacquistato la calma e cercava in ogni modo di cooperare con le indagini. A un cronista disse: «Non mi lamento se la polizia mi trattiene. Sono stato nella zona dove hanno trovato il cadavere sia sabato sia domenica, ed è possibile che gli occhiali mi siano caduti in uno di quei giorni. Mi dispiace di quanto sta accadendo perché questo può preoccupare la mia famiglia, ma sono felice di fare il possibile per aiutare la polizia». Era evidente che cominciava ad apprezzare le luci dei riflettori su di sé, l'interesse della stampa. E poi con i giornalisti poteva conversare di filosofia, di letteratura, di politica e sport e poteva fare delle vere e proprie conferenze sui suoi idoli, Oscar Wilde e Friedrich Nietzsche. Il padre dichiarò ai giornalisti: «Nonostante sia un'ardua prova da affrontare per me e per mio figlio, il nostro atteggiamento è quello di fornire il massimo aiuto alle autorità... L'idea che Babe abbia qualcosa a che fare con questo caso è troppo assurda e non merita commenti».

Albert Loeb invece non poté essere interpellato perché aveva avuto un infarto qualche giorno prima dell'omicidio ed era ancora ricoverato in ospedale. La famiglia preferì tenerlo all'oscuro di tutto.

Mentre la polizia interrogava i sospetti, due reporter, Al Goldstein e Jim Mulroy, del «Daily News» di Chicago, conducevano delle indagini per proprio conto intervistando decine di persone, soprattutto gli amici di Nathan e Richard. Uno di essi, Arnold Maremont, disse a Goldstein di appartenere con Richard allo stesso gruppo di giovani che faceva pratica in uno studio legale. Il gruppo si riuniva una volta alla settimana per preparare degli appunti che sarebbero poi serviti per gli esami. Maremont disse che diversi di questi incontri si erano svolti nella biblioteca di casa Loeb. Ricordava che Richard usava di solito una grande macchina per scrivere Hammond, ma una volta aveva utilizzato una piccola portatile. Maremont consegnò al giornalista alcune pagine battute con la macchina, e Goldstein li portò a un esperto perché confrontasse i caratteri con quelli della lettera di riscatto. L'esperto concluse che si trattava della stessa macchina per scrivere e il risultato dell'indagine fu comunicato alla polizia.

Richard Crowe interrogò Richard al riguardo e lui, senza perdere il controllo dei nervi, disse che la portatile apparteneva a Maurice Shanberg. Shanberg negò e Richard allora disse di essersi sbagliato e che in realtà la portatile apparteneva a un altro amico, Leon Mandel. Mandel era in Europa. Richard allora rifletté e ipotizzò che la portatile fosse ancora a casa sua. Non era così. Ma proprio quel giorno la polizia trovò i tasti e la carcassa della macchina per scrivere nelle lagune in cui erano stati gettati.

Il procuratore interrogò anche l'autista di casa Leopold, Sven Englund, che per anni era stato umiliato e trattato con arroganza da Nathan e Richard e aveva finalmente l'occasione di vendicarsi. Disse che il giovane Leopold non era uscito con la sua auto la notte del delitto perché era rotta, e che lui stesso il giorno dopo aveva trascorso diverse ore a ripararla. Inoltre raccontò di come i due amici si fossero preoccupati di far scomparire alcune macchie di vino rosso dai sedili posteriori di un'altra macchina. Nell'udire questo racconto Crowe esultò e convocò subito Richard Loeb nel suo ufficio. Quando il ragazzo ebbe saputo che cosa aveva riferito l'autista impallidì e poi saltò in piedi gridando: «Mio Dio! Davvero ha detto questo?». Chiese una sigaretta e poi bestemmiò a bassa voce.

Nathan, in un'altra stanza, veniva sottoposto alla stessa prova. Rimase in silenzio dopo la rivelazione.

«Non c'erano due ragazze nell'auto, vero Nathan?» gli chiese il detective che lo interrogava. «Solo un bambino, Bobby Franks. Perché non liberi la tua coscienza?» Nathan sorrise soltanto per dimostrare di essere superiore a certe tattiche usate dalla polizia.

Dickie Loeb perse gradualmente l'autocontrollo mentre l'interrogatorio si faceva incalzante. Tremava a ogni nuova domanda, si prendeva la testa fra le mani. Crowe pensò che, nonostante risultasse evidente che era lui il leader nella coppia, sembrava anche il più fragile dei due adesso che tutta la sua arroganza era scomparsa. Dava l'idea di un animale preso in trappola.

Crowe decise di bluffare con Nathan Leopold. Alle quattro del mattino entrò nella stanza dove il ragazzo stava tranquillamente fumando una sigaretta sdraiato sul letto e gli comunicò che il suo amico aveva confessato tutto.

«Lei pensa che io sia stupido» disse Nathan facendo una smorfia. «Non ci credo. E poi non è possibile che abbia confessato visto che non c'è niente da confessare.»

Il procuratore disse che i suoi uomini avevano trovato l'auto nella quale era stato commesso il delitto. Il proprietario dell'agenzia in cui era stata noleggiata aveva riconosciuto una fotografia di Nathan e Richard. Mentre parlava, Crowe passeggiava in lungo e in largo per la stanza, faceva lunghe pause e guardava Nathan negli occhi.

«Hai preso in affitto la macchina perché la tua era rossa e troppo riconoscibile, non è vero?»

Nessuna risposta da parte di Nathan.

«Perché hai dato un nome falso al Morrison hotel?»

Silenzio.

«È vero che hai seguito Johnny Levinson per rapirlo? Il tuo amico ha detto che da tempo programmavate il rapimento. Ha anche detto che sei stato tu a uccidere Bobby Franks» disse ancora Crowe, sperando di fare centro.

Nathan spense nervosamente la sigaretta nel portacenere, capì che soltanto Dickie poteva aver fatto quelle rivelazioni alla polizia. Non era proprio così, il procuratore Crowe aveva semplicemente messo insieme parti di informazioni e le aveva collegate fra loro. Nathan confessò e Crowe chiamò qualcuno a stenografare. Quando Babe ebbe firmato la sua deposizione, Crowe la portò nella stanza di Richard Loeb e gliela mostrò. Anche lui cedette e alla fine le dichiarazioni dei due ragazzi corrispondevano in tutto, eccettuato un particolare. Nathan incolpava Richard di avere materialmente eseguito l'assassinio e Richard accusava Nathan.

La polizia riuscì però a risolvere l'enigma chiedendo separatamente a ognuno dei due di descrivere nei minimi particolari l'omicidio. Mentre Nathan, raccontando come l'amico avesse compiuto il delitto, poté farlo solo approssimativamente, Richard descrisse esattamente quanti colpi Nathan avesse inferto alla vittima e come gli stracci gli fossero stati infilati in bocca, e così via. Entrambi furono accusati di omicidio premeditato.

Quando si incontrarono per la prima volta dopo l'arresto, Richard disse: «Siamo sulla stessa barca, Babe. Tanto vale remare insieme».

Invece di rispondere Nathan si rivolse al poliziotto di scorta per ripetere ancora una volta che l'autore del delitto era Richard. Il secondino diede loro un'occhiata di disprezzo e rivolgendosi a Crowe disse: «In fondo sono solo due smidollati!».

La comunità ebraica era in subbuglio. Sembrava inimmaginabile che un simile crimine fosse stato commesso dai brillanti e colti figli di quell'élite sociale. Ci sarebbero forse stati più gravi risvolti razziali se anche gli assassini non avessero avuto origini ebraiche.

I genitori dei due killer sapevano che i loro figli erano destinati alla sedia elettrica. Soltanto un uomo poteva salvarli e questi era Clarence Darrow, il più grande avvocato dell'epoca, che era riuscito a evitare la sedia elettrica a centodue assassini. Darrow, come spiegò in seguito nella sua autobiografia, era infatti un convinto oppositore della pena capitale.

Il padre di Nathan andò a trovare l'avvocato nel suo appartamento mentre Darrow e la moglie ancora dormivano. «Fate dare loro l'ergastolo e non la pena di morte» pregò l'uomo. «È tutto quello che chiedo. Pagherò qualsiasi cifra, ma nel nome di Dio non fateli giustiziare!»

Darrow era molto amato dalla gente comune perché aveva sempre difeso i poveri e i diseredati, per questo la nazione intera si stupì quando accettò di difendere i ricchi assassini di un bambino innocente. L'avvocato sapeva di avere poche speranze di salvare i ragazzi se fossero stati giudicati da una giuria, in quanto lo stato dell'Illinois dava ai giurati la possibilità di stabilire la sentenza. La loro colpevolezza era certa; non ispiravano simpatia a nessuno; il crimine era uno dei peggiori che il paese ricordasse. Se accettò di assumere la loro difesa fu soltanto perché il processo gli avrebbe dato un'ulteriore occasione per combattere la pena di morte.

«Mentre lo stato processerà Leopold e Loeb io processerò la pena capitale» disse. Decise quindi di abbandonare l'idea di far dichiarare gli imputati innocenti e di tentare la strada dell'insanità mentale come molti suggerivano. Volle invece che si confessassero colpevoli sia del rapimento sia del delitto, e questo gli permise di evitare la presenza della giuria e di sottomettere il caso soltanto al giudice John Caverly. Darrow sapeva che il giudice Caverly aveva una mente aperta e moderna ed era estremamente coscienzioso. Si affidò a lui.

Il processo cominciò a Chicago il 23 luglio 1924. L'aula del tribunale non poteva contenere più di trecento persone, e duecento posti erano riservati ai giornalisti, così, fu consentito assistere a soli settanta spettatori. Per trentatré giorni Darrow combatté strenuamente contro il pubblico ministero rappresentato da Richard Crowe. Combatté da solo, chiedendo ragione, giustizia e pietà contro la rabbia del pubblico che voleva vendetta.

Darrow chiese il permesso al giudice di produrre le perizie psichiatriche degli imputati per ottenere una pena più mite. «Non credo che ci sia un solo giudice nella Cook County che non voglia prendere in considerazione lo stato mentale di un uomo prima di condannarlo a morte» disse Darrow. Il pubblico ministero protestò, ma il giudice accordò il suo permesso affermando di voler verificare ogni prova prodotta dalla difesa.

Così entrambe le parti chiamarono a deporre una schiera di psichiatri. Darrow convocò anche un endocrinologo che dimostrò quanto entrambi gli imputati, ma soprattutto Nathan Leopold, soffrissero di disturbi alle ghiandole endocrinali. Gli psichiatri chiamati dalla difesa, Karl Bowman e Harold Hulbert, delinearono in trecento pagine i profili degli accusati che provavano la loro estrema instabilità mentale e una personalità confusa. Dissero che Richard Loeb era un incorreggibile bugiardo, dall'età di dieci anni fantasticava su crimini e omicidi, e si immaginava come il più grande detective del mondo. Aveva barato a carte, rubato auto e liquori, lanciato mattoni dalle finestre e perfino derubato i suoi compagni di studio. Di Nathan dissero che non aveva né tendenze criminali né la fredda crudeltà di Richard, ma che era stato fortemente influenzato dalla sua perversa governante, che lo incoraggiava a rubare in modo da poterlo poi ricattare e che gli diede «l'erronea concezione del sesso, della legge, di ciò che è giusto o sbagliato, dell'egoismo e del segreto».

Per Nathan, disse Darrow, l'egoismo era un sentimento da rispettare. Ogni uomo doveva seguire la propria legge. Richard Loeb era il suo re. Ne era stato innamorato da quando aveva quattordici anni. «Mi sentivo meno di un granello di polvere davanti a lui» aveva spiegato agli psichiatri. E poi: «Sono geloso del cibo che mangia, dell'acqua che beve perché non posso essere vicino a lui come lo sono il cibo e l'acqua».

Per quanto riguardava il crimine, dissero gli psichiatri, Nathan non ne aveva ricavato alcun piacere. Per lui era stato un affare tutto intellettuale, privo di emozione. Non aveva sentimenti di colpevolezza o di rimorso. E Richard?

«Non so quale fosse il vero motivo del suo desiderio di uccidere. Penso che forse volesse provare il potere assoluto, il senso dell'onnipotenza, la realizzazione della sua morbosa fantasia riguardo al delitto perfetto» spiegò Nathan.

Nathan adorava le sedute con gli psichiatri. Il suo ego ne veniva continuamente gratificato e gli piaceva vedere la propria personalità analizzata al microscopio. Inoltre aveva la possibilità di parlare continuamente di sé. Richard invece era talmente annoiato da questi colloqui che molto spesso crollava addormentato sulla sedia.

Gli psichiatri chiamati dall'accusa continuarono a insistere che Leopold e Loeb erano assolutamente sani e normali, così Darrow spinse i suoi esperti a dichiarare che la sanità legale degli imputati era innegabile, ma che l'instabilità mentale non era insanità e non era normalità.

La pubblica accusa riteneva che il movente dell'omicidio fosse il denaro, ma Clarence Darrow spiegò che cinquemila dollari ciascuno non potevano giustificare un delitto quando il padre di Nathan ne aveva appena offerti al figlio tremila per un viaggio in Europa. Debiti di gioco? Sì, effettivamente i due avevano perso a bridge l'enorme somma di novanta dollari!

La sua arringa finale durò dodici ore filate. «Perché hanno ucciso Bobby Franks?» si chiese Darrow. «Lo hanno ucciso come avrebbero ucciso un ragno o una mosca, per l'esperienza in sé. Lo hanno ucciso perché sono fatti in questo modo. Perché nell'importante processo che va dal ragazzo all'adulto qualcosa non ha funzionato.» La conclusione del suo discorso è rimasta un classico nella storia processuale, sempre utilizzato da coloro che si sono battuti contro la pena capitale:

> So che il futuro è con me ed è il motivo per cui io sono qui ora; non solo per le vite di questi due sfortunati giovani, ma per tutti i ragazzi e tutte le ragazze; e, per quanto è possibile, per tutti gli adulti. Io combatto per la vita, la comprensione, la carità, la gentilezza e l'infinita pietà che ci riguarda tutti ... Vostro Onore si trova tra il passato e il futuro. Può giustiziare questi ragazzi. Ma in questo caso volterebbe la faccia verso il passato rendendo più difficile la strada per ogni altro ragazzo che nell'ignoranza e nell'oscurità deve procedere attraverso il labirinto che ogni infanzia conosce... Io combatto per il futuro, per quei tempi in cui l'odio e la crudeltà non controlleranno più il cuore degli uomini, quando impareremo con la ragione e il giudizio e la comprensione e la fede che la vita è un bene prezioso e che la pietà è la più alta qualità dell'uomo ... Se riuscirò nel mio intento la mia maggiore ricompensa e la mia più grande speranza sarà di aver fatto qualcosa per le decine di migliaia di altri ragazzi, per gli innumerevoli sfortunati che devono percorrere la stessa strada in infanzie cieche... qualcosa per aiutare l'essere umano a capire, per temperare la giustizia con la misericordia, l'odio con l'amore.

Quando Darrow smise di parlare il silenzio era totale. Il giudice Caverly si mostrò molto commosso dall'arringa e volle riflettere qualche giorno prima di pronunciare il suo giudizio. Quando tornò in aula disse che gli imputati erano condannati al carcere a vita per l'omicidio premeditato e a novantanove anni ciascuno per il rapimento. Alla sentenza il giudice aggiunse una raccomandazione: che per i due condannati fosse esclusa ogni possibilità futura di condono. «Sono convinto che i colpevoli, soprattutto per come sono fatti, soffriranno gli anni di prigione come la forma più severa di punizione ed espiazione» concluse.

Clarence Darrow aveva vinto un'altra battaglia contro la pena di morte. Come spiegò più tardi nella sua autobiografia, ne era un sincero oppositore:

> Nessuno dei miei clienti è stato condannato a morte. Io sento che se questo dovesse accadere ne morirei. Non sono mai stato capace di ascoltare il racconto di un'esecuzione. Ho sempre lasciato la città nel giorno in cui qualcuno veniva giustiziato. Io sono fortemente, direi quasi morbosamente, contro la pena capitale.

In seguito i giornali scrissero che Darrow aveva accettato la difesa di Leopold e Loeb perché le famiglie gli avevano promesso un milione di dollari. Non era così, come dimostrò il fatto che per sette anni l'avvocato non ricevette un soldo e alla fine dovette lottare per ottenere trentamila dollari dal padre di Nathan. Il quale, dimenticandosi di aver chiesto in ginocchio l'aiuto dell'avvocato, ebbe anche il coraggio di dirgli con la stessa arroganza che caratterizzava il figlio: «Il mondo è pieno di eminenti avvocati che avrebbero pagato una fortuna per avere la possibilità di distinguersi in questo caso e di farsi così pubblicità».

Nathan Leopold e Richard Loeb furono rinchiusi nel penitenziario di Stateville, chiamato Joliet per la vicinanza della città omonima, nel nord dell'Illinois. Nonostante il giudice Caverly si fosse raccomandato che i due amici fossero tenuti separati, Nathan e Richard ebbero due celle contigue le cui porte venivano lasciate aperte durante la notte per consentire agli amici di frequentarsi. Inoltre ebbero scrivanie, gabinetti privati, una piccola biblioteca personale. Mangiavano nella sala mensa delle guardie e i loro pasti arrivavano direttamente da un ristorante. Nathan aveva un piccolo giardino di cui occuparsi. Potevano fare la doccia nei bagni delle guardie ed erano sempre provvisti di liquori e perfino di narcotici. Ricevevano visite ogni giorno e a qualsiasi ora, e avevano il permesso di fare telefonate in ogni momento. Con i soldi riuscivano a ottenere qualsiasi privilegio.

Nathan passava le sue giornate tra i libri e la cura del giardino. Inoltre insegnava agli altri prigionieri e lavorava nell'ospedale del carcere. Nel 1933, insieme a Richard, organizzò una scuola per corrispondenza per carcerati. Tre anni dopo Richard indirizzò le sue attenzioni omosessuali su un detenuto, James E. Day, un pugile condannato per furto. Day continuava a rifiutare le proposte sempre più assillanti di Richard. Il 28 gennaio Loeb seguì il pugile nella stanza delle docce, lo bloccò minacciandolo con un rasoio che aveva rubato al barbiere del carcere. «Fai come ti dico!» gli ordinò. «Tieni la bocca chiusa e spogliati.» Iniziò una colluttazione e Day riuscì a impossessarsi del rasoio con il quale colpì il suo assalitore per ben cinquanta volte. Richard riuscì a trascinarsi fino alla porta e poi in corridoio dove cadde privo di conoscenza.

In seguito Day disse: «Non avevo una giornata di pace. Mi era sempre addosso. Ero disperato. Volevo togliermelo di torno e aspettavo soltanto l'occasione giusta». Fu processato e assolto per legittima difesa.

Richard Loeb fu portato all'ospedale dove sua madre ebbe il permesso di convocare un medico di fiducia. Ma non c'era più niente da fare e Dickie morì fra le braccia di Nathan accorso ad assisterlo e a donargli il suo sangue.

Nathan Leopold dimostrò di essere un detenuto modello, continuò da solo la scuola per corrispondenza iniziata con l'amico, imparò altre lingue straniere e portò avanti i suoi studi di ornitologia. La legge dell'Illinois stabiliva che un prigioniero potesse essere rilasciato sulla parola solo dopo vent'anni. Un detenuto condannato a un numero preciso di anni doveva avere scontato almeno un terzo della sua pena. In questo caso, visto che Nathan ne aveva avuti novantanove poteva chiedere la libertà sulla parola dopo trentatré anni, nel 1957. Ma durante la Seconda guerra mondiale fu accettato tra i volontari che si sottoposero a studi sperimentali sulla malaria e ne risultò gravemente ammalato. Ai volontari era stata promessa una riduzione della pena. Così il 22 settembre 1949 la sua condanna fu ridotta da novantanove a ottantacinque anni. Dal 1952 Nathan ricominciò a chiedere la libertà sulla parola che gli fu concessa soltanto nel 1958.

Quando fu liberato partecipò a una conferenza stampa in cui disse: «Sono un uomo finito. Voglio solo avere la possibilità di redimermi aiutando gli altri».

Venne mandato a Porto Rico dove lavorò come tecnico nel laboratorio della chiesa del Brethren Hospital, a Castaner, e come volontario all'università di Porto Rico. Nel 1961 richiese e ottenne la completa libertà per poter insegnare matematica e sposare la vedova Trudi Feldman García de Quevedo, proprietaria di un negozio di fiori. In seguito pubblicò un libro: *La vita più novantanove anni,* che ebbe un discreto successo e lo portò a tenere conferenze in varie parti del mondo. Nel 1963 tornò a Chicago, per la prima volta dopo il delitto, per partecipare a un convegno sulle malattie tropicali. Morì nel 1971 per un attacco cardiaco.

Il giudice Caverly e la moglie furono ricoverati in ospedale subito dopo la fine del processo per esaurimento nervoso. Quando il giudice tornò in tribunale volle occuparsi soltanto di cause di divorzio.

Jacob Franks morì l'anno successivo all'omicidio del figlio: non si era più ripreso dalla perdita. La moglie, Flora, si risposò dopo la morte del marito. Albert Loeb aveva saputo del processo mentre era ancora in ospedale, aveva ripudiato il figlio dopo la sentenza, non aveva più fatto il suo nome ed era morto qualche mese dopo. Il padre di Nathan Leopold morì di attacco cardiaco nel 1929. Due dei suoi figli cambiarono nome per sfuggire allo scandalo che aveva colpito la loro famiglia.

XII

DISPERATAMENTE

Bonnie Parker e Clyde Barrow, Stati Uniti 1932

A maggio Bonnie Parker e Clyde Barrow sentirono nostalgia delle proprie famiglie. Attraverso un sistema di codici segreti (la signora Barrow telefonò alla madre di Bonnie e alla sorella di Clyde invitando tutti da lei a mangiare fagioli messicani) fu stabilito l'appuntamento.

Quando si ritrovarono nel posto convenuto, Emma Parker prese Bonnie sotto braccio e la trasse in disparte per dirle: «Tesoro, vorrei che pensassi di lasciare Clyde e ti costituissi. Anche una sentenza a vita è meglio di come le cose andranno a finire. Tu lo sai che per voi sarà morte sicura?».

Bonnie scosse la testa e rispose: «Clyde non cederà mai. Lui sa che sarà ucciso. Tutti e due lo sappiamo. Quando morirà, mamma, io non avrò ragione di vivere. Così, vedi, non posso cedere neanch'io. Andremo avanti. Disperatamente!».

Nei mesi in cui si sentì parlare di Bonnie e Clyde l'America viveva un periodo drammatico, l'epoca della Grande Depressione. Per questo almeno all'inizio le prodezze di Clyde Barrow non ebbero rilievo sui giornali, che parlavano invece di disoccupazione e problemi economici. Dopo il crollo della Borsa di New York, nel 1929, seguì il caos economico. Diecimila banche americane chiusero i battenti tra il 1930 e il 1933 ingoiando circa tre miliardi di dollari depositati dai cittadini. Le industrie tagliarono i costi e la produzione, oltre ovviamente a licenziare gran parte degli operai. La disoccupazione nelle grandi città come New York e Chicago raggiungeva anche l'ottanta per cento. La gente vagabondava per le strade nella disperata ricerca di un impiego qualsiasi per sopravvivere. Alcuni risparmiatori, perduto tutto il loro denaro, incolpavano se stessi di quanto era accaduto e si suicidavano, altri abbandonavano la famiglia non potendo più mantenerla. Le chiese e gli istituti di carità non riuscivano a fronteggiare la richiesta di cibo dei nuovi poveri.

Il padre di Clyde, Henry Barrow, era un uomo tranquillo, basso di statura, e lavorava nei campi di cotone di un piccolo appezzamento vicino alla cittadina di Teleco, in Texas. Non era mai stato a scuola e non sapeva né leggere né scrivere. Sua moglie, Cumie, era nata a Nacogdoches, in Texas. Sembrava più vecchia di quanto non fosse in realtà, i capelli erano grigi e la faccia bruciata dal sole. Nel 1909 i Barrow avevano già quattro figli e aspettavano il quinto. Il 24 marzo nacque Clyde Chestnut. Seguirono altri tre fratelli e le difficoltà finanziarie della famiglia aumentarono considerevolmente anche perché il prezzo del cotone oscillava di continuo. Per qualche anno i Barrow non riuscirono neppure a nutrire decentemente i loro figli e li affidarono ai parenti che stavano nella parte orientale del Texas. Clyde abitò presso uno di questi zii.

Nel 1921 i Barrow si trasferirono a Dallas. Ma prima che Henry trovasse un lavoro in una stazione di servizio e prendesse una casa in affitto, la famiglia fu costretta a vivere per un lungo periodo all'aria aperta.

A dieci anni Clyde si divertiva a torturare gli animali e a ucciderli con la sua pistola. A sedici lasciò la scuola, che comunque aveva frequentato ben poco, e trovò un impiego presso la Proctor & Gamble. Era un ragazzo di bassa statura, dal viso dolce, con i capelli lisci e scuri divisi in due bande e occhi neri malinconici. Aveva un carattere mutevole, poteva sorridere e sembrare rilassato un momento e improvvisamente essere colto da terribili accessi di rabbia. Dai genitori aveva ereditato il temperamento vulcanico, mentre il sentimento di sfida e di rivalsa proveniva dall'estrema povertà della famiglia. Di suo aveva una grande passione per i vestiti costosi e un insaziabile desiderio di guidare automobili veloci. C'erano due oggetti da cui il ragazzo non si separava mai: il sassofono, che suonava discretamente, e le armi, delle quali possedeva un'intera collezione.

Una sera un collega lo invitò a cena e gli presentò un'amica con la quale Clyde cominciò a uscire. L'anno dopo pensò seriamente di sposare la ragazza e le fece diversi regali costosi. Volle anche avere le sue iniziali tatuate sul braccio sinistro: EBW. Ma lei considerava Clyde soltanto un buon amico e presto la coppia si divise. Qualche anno dopo Clyde ci riprovò con un'altra ragazza, Grace, che aveva incontrato a Wichita Falls. La portò subito a vivere con sé a Dallas e raccontò ai suoi amici che l'aveva sposata. Presto però Grace gli disse che era stata una decisione troppo affrettata e, dato che non si sentiva abbastanza innamorata, se ne tornò a casa sua.

Il fratello più grande di Clyde, Marvin Ivan chiamato Buck, era un tipo magrolino, dal carattere apatico e indolente. Non aveva interessi, vestiva come un campagnolo e passava le giornate vagabondando per i bar. Proprio l'opposto di Clyde che aveva un carattere esplosivo, eccitabile, non beveva mai e amava vestirsi alla moda. La prima volta che Clyde ebbe guai con la polizia fu quando «dimenticò» di restituire un'auto che aveva noleggiato per un appuntamento con una ragazza a San Antonio. La sua macchina si era guastata proprio quel giorno e lui ne prese una in affitto che poi decise di tenere. Era abituato a rubare ciò di cui aveva bisogno. La polizia lo arrestò ma, data la sua giovane età e la sua aria da ragazzo perbene, decise di dargli un'altra possibilità. Clyde amava le auto, le riparava, le smontava, le guidava ad altissima velocità. Nulla lo arrestava, neppure i semafori rossi. Se la polizia gli faceva segno di fermarsi lui aumentava l'andatura e agli amici diceva: «È più facile correre che spiegare».

Nel 1926 Buck e Clyde rubarono una partita di tacchini e li portarono a Dallas per venderli a Natale. La polizia di Dallas vide la loro macchina piena di pennuti e li arrestò per furto. Buck scagionò il fratello dichiarando che Clyde non sapeva che i tacchini fossero rubati e si fece qualche giorno di carcere. Dato che la famiglia Barrow viveva in un quartiere degradato e poverissimo, Clyde si allontanava appena poteva. Fece amicizia con un coetaneo, Frank Clause, un tipo cupo, crudele, dagli occhi di ghiaccio e le labbra sottili. Clyde lasciò il lavoro alla Proctor & Gamble e si unì alla sua banda formata dal fratello Buck, da Sidney Moore e da Raymond Hamilton per compiere rapine a Dallas e nelle città vicine. Raymond divenne poi uno dei compagni fissi delle sue scorribande. Era un uomo magrissimo con capelli biondi molto fini e occhi scuri dallo sguardo duro. Aveva un carattere arrogante, nervoso, mutevole e impulsivo.

Il 29 novembre 1929 il gruppo partì per raggiungere Henrietta, una cittadina a venti miglia a sud del Red River che divide il Texas dall'Oklahoma. Rubarono una Ford berlina, il tipo di auto preferito da Clyde, e poi svaligiarono una casa portando via una gran quantità di gioielli. Ma non sapevano a chi venderli e, avendo bisogno di denaro liquido, andarono a Denton a rapinare un negozio. Trovarono una piccola cassaforte e, non riuscendo ad aprirla sul posto, la trascinarono nell'auto. Una pattuglia della polizia li vide e li seguì per fermarli. Clyde era al volante e riuscì a fuggire, ma quando arrivò alla fine di un sentiero senza via di uscita la macchina si impantanò nel fango. I componenti della banda cercarono di fuggire a piedi, ma gli agenti cominciarono a sparare.

Buck venne ferito a un ginocchio e insieme a Sidney Moore fu arrestato e condotto nella più vicina prigione. Moore aveva ancora i gioielli in tasca e chiese al compagno cosa dovesse farne.

«Gettali dalla finestra» rispose Buck.

In quel momento, all'esterno della cella, uno dei poliziotti stava aspettando il medico per il ginocchio di Buck. I gioielli caddero proprio ai suoi piedi. Buck e Moore furono condannati a quattro anni ciascuno e trasferiti nella prigione di Huntsville. Clyde venne arrestato a casa sua e accusato di furto d'auto, ma la sentenza venne sospesa. Qualche giorno dopo, il 5 gennaio 1930, andò a visitare un'amica che si era ferita scivolando sulla strada ghiacciata e si era rotta un braccio. La sua vicina, Bonnie Parker, si era trasferita da lei per aiutarla in casa durante la convalescenza. Quella sera Clyde raggiunse Bonnie in cucina e la osservò mentre preparava della cioccolata calda. Si innamorò di lei istantaneamente e da allora non guardò più nessun'altra donna.

Bonnie Parker era nata a Rowena, in Texas, il 1° ottobre 1910. Era una ragazza piccolissima di statura ma dai lineamenti graziosi e delicati, con riccioli rossicci, piccole lentiggini sul naso e sulle guance, occhi blu. Aveva un fratello, Buster, più grande di due anni e una sorella, Billie Jean, più piccola di tre. Suo padre, Charles, era un muratore e la madre, Emma, lavorava in casa. La famiglia era molto religiosa. Nel 1915 il padre di Bonnie morì improvvisamente lasciando la moglie con i tre figli da allevare. I nonni materni accolsero la famiglia a casa loro, a Cement City. Bonnie era una brava scolara, adorata dalle insegnanti e dalle compagne e vinceva spesso premi per i suoi componimenti e per la lettura di poesie. Aveva sempre avuto molti corteggiatori che le regalavano dolciumi e cioccolata. Amava recitare e le piacevano molto i bambini per i quali organizzava insieme alla sorella festicciole e spettacoli in casa. Ancora non sapeva che non avrebbe mai avuto dei figli suoi.

A quindici anni iniziò a frequentare Roy Thornton, un ragazzo magrolino con una testa ricciuta e un naso lungo e stretto. L'anno successivo Bonnie e Roy, entrambi sedicenni, si sposarono. Ma Bonnie non riusciva a vivere senza la madre, andava a trovarla tutti i giorni e a volte rimaneva anche a dormire. Si decise così che sarebbe stato più semplice abitare tutti nella stessa casa. L'ossessione materna di Bonnie stancò il giovane marito che la lasciò nell'agosto del 1927. Bonnie attese a casa per qualche settimana, pianse, poi trovò un posto come cameriera al Marco's Café in Main Street, nel centro di Dallas, e non pensò più a Roy.

Il locale era frequentato da gente disperata che passava le giornate a cercare lavoro e si fermava per tirare il fiato e per bere un caffè. Bonnie aveva un cuore generoso e spesso non si faceva pagare dai clienti più poveri. Il proprietario del caffè avvertì la signora Parker che se la ragazza avesse continuato con la sua eccessiva disponibilità sarebbe stato costretto a licenziarla. Prima che potesse mettere in pratica la minaccia il locale fallì e il proprietario fu costretto a chiuderlo.

Bonnie trovò un altro impiego all'American Café, in Houston Street, a un isolato dal tribunale di Dallas. Qui la clientela era diversa, avvocati, poliziotti, impiegati, uomini d'affari. Tutti facevano la corte alla giovanissima cameriera dai capelli rossi e gli occhi blu. Bonnie era graziosa, vivacissima, intelligente e molto amichevole. Ted Hinton era un impiegato delle poste e passava ogni giorno al caffè per vedere Bonnie. Lei si fermava spesso al suo tavolo a chiacchierare. Così Ted apprese che la ragazza era già sposata e che il suo sogno era di diventare un'attrice di teatro o una poetessa di successo. Si innamorò di lei, ma la perse di vista quando Bonnie lasciò l'impiego e andò ad aiutare un'amica che si era rotta un braccio. Ted non sapeva che l'avrebbe incontrata di nuovo due anni dopo, in una situazione drammatica.

Il marito di Bonnie continuò per un certo periodo a entrare e uscire dalla sua vita. Verso la fine del gennaio 1928, Bonnie decise che se fosse tornato ancora lei l'avrebbe cacciato per sempre. Infatti Thornton riapparve e la moglie gli disse di andarsene. Nei lunghi mesi di assenza il ragazzo si era unito a una banda di malviventi e nel 1929 fu arrestato durante una rapina e condannato a cinque anni di carcere.

La signora Parker chiedeva alla figlia: «Tesoro, perché non divorzi da lui?».

«Non ho divorziato prima che andasse in prigione. Penso che sarebbe sbagliato farlo adesso che è dentro» era la risposta di Bonnie.

Nel 1930, dopo essersi conosciuti a casa dell'amica comune, Bonnie e Clyde non si lasciarono per diversi giorni e la signora Parker ebbe così modo di incontrare il ragazzo. Quando vide la figlia insieme a lui capì che tra i due giovani c'era un sentimento molto forte, una corrente elettrica, un'attrazione totale. Qualche giorno dopo Bonnie tornò a casa propria. Non faceva che pensare a Clyde, adorava le sue mani delicate, i lineamenti femminili, i capelli lisci, le lunghe ciglia sugli occhi appassionati. Le piaceva sentirlo suonare il sassofono, strumento che non abbandonava mai, neppure durante le rapine.

Un mercoledì sera – era il 12 febbraio – Clyde andò a trovarla per annunciarle che sarebbe partito la mattina seguente. Bonnie lo guardò disperata: «Amore, non puoi lasciarmi proprio ora che cominciamo a conoscerci. Ti prego, resta ancora».

«Non capisci, tesoro. La legge mi cerca, devo andare.»

Bonnie continuò a insistere. Chiese altri cinque minuti, ancora cinque... finché la signora Parker, vedendo l'ora tarda, disse al ragazzo che poteva restare a dormire. La mattina dopo la polizia si presentò a casa Parker ad arrestare Clyde, incriminato per diverse rapine e furti d'auto, che dopo un breve processo fu condannato a due anni di carcere. Quando la signora Parker vide gli agenti a casa sua si irritò con la figlia e le proibì di rivedere il fidanzato.

«Non è stato lui, mamma. Vedrai che Clyde spiegherà tutto e non farà mai più cose disoneste» disse fiduciosa Bonnie e poi scrisse a Clyde in carcere:

Quando uscirai dalla prigione voglio che trovi un lavoro e che non ti metta più nei guai. Voglio che tu sia un uomo, non un criminale.

Clyde aveva un vero e proprio orrore claustrofobico per gli spazi angusti e chiusi. Il suo compagno di cella nella prigione di Waco, William Turner, gli disse che aveva una pistola nascosta a casa, era un'arma piccola e sarebbe potuta passare attraverso le sbarre. Se qualcuno fosse andato a prenderla forse ce l'avrebbero fatta a uscire di lì.

Nel frattempo Bonnie era arrivata a Waco e si era stabilita da una cugina. Durante un colloquio Clyde la pregò di andare a casa di William Turner a prendere la pistola. Bonnie non ci pensò neppure un secondo, uscì dal carcere e, salita sull'auto della cugina Mary, le chiese di accompagnarla. Aveva la piantina dell'appartamento e Turner le aveva detto che la sua famiglia non sarebbe rientrata prima delle dieci di sera. Mentre scendevano dalla macchina Mary domandò: «Che cosa devi prendere, Bonnie?».

«Una pistola» rispose lei.

«Una pistola?» fu la domanda dell'esterrefatta cugina.

«Sì, serve a Clyde per fuggire dalla prigione.»

Mary protestò, ma Bonnie la zittì dicendo: «Senti, io troverò quella pistola dovesse essere l'ultima cosa che faccio nella mia vita. Se mi aiuti andremo via di qui più velocemente».

Entrarono nell'appartamento e cercarono dappertutto, ma la pistola non era dove Turner aveva indicato. Stavano quasi per rinunciare quando Bonnie la vide su un davanzale. Come farla avere a Clyde? Bonnie chiese alla cugina di prestarle la sua cintura e se la strinse alla vita, sotto i vestiti. Poi ci infilò l'arma. Tornò alla prigione e supplicò di poter parlare ancora una volta con Clyde. L'agente di guardia la vide così sconsolata che non osò negarle il permesso e le concesse pochissimi minuti di colloquio. Bonnie riuscì a far passare la pistola tra le sbarre e corse via. Quella notte né lei né la cugina riuscirono a prendere sonno.

La sera successiva, quando la guardia portò la cena ai detenuti, Clyde e Turner le puntarono la pistola alla nuca e si fecero aprire la porta. Riuscirono a fuggire dal carcere e rubarono un'auto. Si diressero verso Abilene, poi a Wichita Falls e poi più avanti, sempre cambiando auto e targhe per confondere le idee ai poliziotti, e rapinando negozi e grandi magazzini per procurarsi il denaro. Quando Clyde ritenne di essere abbastanza lontano da Waco si fermò per spedire un telegramma a Bonnie.

Lei era tornata a Dallas, a casa della madre, e passava il suo tempo camminando nervosamente avanti e indietro, aspettando l'uscita dei giornali e l'arrivo del telegramma. La signora Parker, leggendo il quotidiano, si rese conto che la figlia doveva aver aiutato Clyde a evadere e capì ancora una volta quanto fosse assoluto l'amore di Bonnie per quel ragazzo.

Finalmente arrivò il telegramma in cui Clyde annunciava di essere riuscito a fuggire sano e salvo e le diceva che l'amava. I fuggiaschi attraversarono l'Illinois, passarono nell'Indiana e il 18 marzo 1930 arrivarono a Middleton, nell'Ohio. Qui lasciarono la macchina per derubare l'ufficio delle ferrovie, l'auto venne riconosciuta e la polizia si lanciò all'inseguimento. Decisero allora di dividersi, Turner scappò a piedi e venne arrestato. Clyde fu fermato poco dopo. Furono ricondotti in prigione e il 27 marzo Clyde ricevette la visita di sua madre e di Bonnie che volevano vederlo prima che dal penitenziario di Waco fosse trasferito a quello di Huntsville.

Clyde aveva mentito sulla sua età e invece di ventuno aveva dichiarato di avere diciott'anni. La madre aveva confermato la sua menzogna. Clyde disse anche che Bonnie era sua moglie e questo gli consentì di ricevere lettere da lei. Ad aprile fu condannato a quattordici anni di lavori forzati nei campi di cotone della prigione di Eastham vicino a Huntsville. Eastham era conosciuta per essere un vero inferno sulla terra. Il sadismo era all'ordine del giorno. I prigionieri venivano puniti brutalmente con la frusta ed erano costretti a dormire in baracche, uno addosso all'altro in mezzo ai propri escrementi.

Bonnie aveva il cuore a pezzi, rimaneva tutto il giorno a casa a piangere e scrivere lunghe lettere d'amore. Senza Clyde il mondo aveva perso i suoi colori, le ore passavano monotone e la notte rimaneva sveglia a ricordare i momenti trascorsi insieme. Gradualmente però il dolore si attenuò e poi scomparve del tutto. Aveva ripreso il lavoro di cameriera e cominciò ad accettare appuntamenti con altri ragazzi. Le lettere a Clyde diminuirono e infine cessarono. Poi, improvvisamente, nell'autunno del 1930 ricominciò a scrivere all'amante. Lui rispose l'11 dicembre dicendole di essere felice di ricevere nuovamente sue notizie dopo tanto silenzio. Non le chiese spiegazioni, ma la pregò di avere fiducia perché sua madre aveva chiesto al giudice Munroe di Waco di ridurre la sua sentenza da quattordici anni a due. Bonnie gli scrisse di nuovo comunicandogli di essersi fidanzata con un altro.

Nel frattempo Buck, il fratello di Clyde, anch'egli chiuso nella prigione di Eastham, era riuscito a evadere. Dopo la fuga aveva incontrato una ragazza, Blanche Caldwell, e l'aveva sposata. Quando però le disse di essere fuggito dal penitenziario la moglie volle che si costituisse per completare la condanna. Due giorni dopo il Natale del 1931 la famiglia riportò Buck a Huntsville e l'uomo si consegnò alle autorità.

Clyde stava perdendo la speranza nella riduzione della propria pena. Era molto depresso perché temeva che Bonnie non lo amasse più e inoltre il suo fisico non sopportava le lunghe ore di lavori forzati nei campi della prigione. Così un giorno, per disperazione, decise di farsi segare due dita del piede destro da un altro detenuto in modo da essere mandato in una prigione normale. Le autorità lo trasferirono nel penitenziario di Huntsville perché fosse curato. Contemporaneamente la raccomandazione del giudice Munroe aveva convinto il governatore Ross Sterling a liberare Clyde sulla parola. Tornò a casa l'8 gennaio 1932, appoggiato a una stampella.

La famiglia lo trovò cambiato. Clyde era diventato insofferente, nervoso, e faceva strane richieste ai genitori. Voleva abiti alla moda e camicie di seta. In quei terribili mesi di depressione economica si fece prestare i loro magri risparmi e poi, vestito come un damerino, si presentò a casa Parker. Trovò Bonnie seduta sul divano del salotto in compagnia del suo nuovo ragazzo. Quando lei lo vide entrare fu come se il tempo non fosse mai passato, si alzò di scatto e gli corse incontro. Il suo fidanzato capì immediatamente la situazione e se ne andò senza dire una parola, mentre la signora Parker lesse nella riunione dei due giovani l'inizio della tragedia.

Nei giorni seguenti Clyde andò a trovare Bonnie regolarmente. Verso la fine del mese sua sorella Nell con grande fatica riuscì a procurargli un lavoro in un'impresa edile a Wooster, nel Massachusetts. Ma due settimane dopo aver cominciato, Clyde tornò a Dallas.

«Tu sei pazzo, Clyde» lo rimproverò la sorella. «Non sai cosa vuol dire trovare un lavoro di questi tempi. È stato un vero miracolo e tu l'hai lasciato! C'è la depressione, nel caso tu non lo sappia!»

Clyde rispose che aveva nostalgia di casa.

«E adesso che cosa farai?» chiese Nell.

«Troverò qualcosa nei dintorni» promise Clyde.

Ma Nell non voleva credere alle ragioni della nostalgia, allora Clyde disse: «Niente per me conta quanto voi. Se devo stare lontano dalla famiglia per me è come morire. Penso a volte che sarebbe stato meglio per tutti se quel pazzo in prigione invece di segarmi due dita del piede mi avesse spaccato la testa».

Nell si mostrò commossa e abbracciò il fratello dicendogli che anche loro avevano sentito la sua mancanza. Poi aggiunse: «Ti dico una cosa, Clyde Barrow. Devi dimenticare l'esistenza di quei tipi con cui stavi prima di andare in prigione. Altrimenti potresti finire veramente molto male». Clyde promise che non li avrebbe cercati e disse di avere imparato la lezione.

Tre giorni dopo il ritorno a casa di Clyde, Bonnie riferì alla madre di aver trovato un lavoro a Houston in una profumeria. Sarebbe partita il giorno dopo. «Ma tu non sai niente di cosmetici!» commentò la signora Emma. Bonnie disse che avrebbe imparato e che comunque a Dallas non aveva trovato nulla di meglio. Non le disse però che Clyde stava formando una nuova banda con due rapinatori, Raymond Hamilton e Ralph Fults e che insieme a loro, il 22 marzo 1932, avrebbe tentato una rapina a Kaufman, una piccola città a est di Dallas.

All'una di notte il gruppo entrò in un negozio di ferramenta per rubare delle pistole. Bonnie faceva da palo. Un guardiano notturno li vide e lanciò l'allarme. La banda riuscì a raggiungere l'auto e Clyde la spinse al massimo per uscire dalla città e imboccare una strada di campagna dove la macchina si impantanò nel fango. I banditi continuarono la fuga a piedi, trovarono poi dei muli e vi salirono in groppa, ma gli animali rifiutavano di muoversi. Quando Clyde vide arrivare i poliziotti disse a Bonnie di nascondersi in un fosso e di aspettarlo, lui avrebbe distratto l'attenzione degli agenti e poi sarebbe tornato a prenderla con un'altra macchina. I poliziotti arrestarono Fult, ma Clyde e Hamilton riuscirono a fuggire.

Bonnie rimase nascosta fino all'alba, ma Clyde non si vide. Allora uscì dal nascondiglio e raggiunse l'autostrada dove fece l'autostop. Purtroppo l'uomo che le diede il passaggio apparteneva a una squadra armata che cercava i banditi di Kaufman e, insospettito, portò la ragazza nella cittadina per farla interrogare. Bonnie finì in una cella vicino a Ralph Fults che le raccomandò di non dire nulla, lui avrebbe confessato per proteggerla. Bonnie ringraziò l'amico e chiese alle guardie il permesso di telefonare a sua madre.

La signora Parker, che credeva la figlia a Houston, la trovò invece in prigione a Kaufman. Quando cominciò a compilare le pratiche per il suo rilascio, la moglie di uno dei poliziotti le suggerì di non pagare la cauzione e di lasciare la figlia dietro le sbarre per qualche giorno. Le avrebbe fatto bene. Sicuramente poi al processo, vista la mancanza di prove, sarebbe stata assolta. Emma Parker accettò il consiglio.

Bonnie era rimasta delusa dal comportamento di Clyde e in carcere scrisse una poesia in cui parlava di una ragazza il cui amante le faceva addossare la colpa dei suoi crimini. Non si seppe mai perché Clyde non fosse tornato a riprenderla. Si disse che era stato inseguito dalla polizia tutta la notte e che comunque era sicuro che lei se la sarebbe cavata anche da sola. Oppure che dopo aver coinvolto Bonnie per la prima volta in un crimine avesse voluto darle la possibilità di lasciarlo. Ralph Fults confessò di essere uno degli autori della tentata rapina e riuscì a scagionarla. Nel frattempo Clyde e Raymond si erano uniti al loro vecchio compagno di scorrerie, Frank Clause, per preparare un colpo a Hillsboro.

John e Martha Bucher erano proprietari di una piccola stazione di servizio con annesso negozio di regali e articoli vari appena fuori Hillsboro, tra la Highway 77 e la Highway 81, in Texas. Nel pomeriggio del 30 aprile John era occupato a fare l'inventario della merce nel retrobottega mentre due suoi commessi lavoravano all'interno del negozio. Poco dopo le cinque Clyde, Raymond e Clause chiesero a uno degli impiegati di mostrare loro alcuni orologi. Quando i banditi vollero vedere articoli più importanti il commesso avvertì il proprietario.

John Bucher accompagnò i tre nel retrobottega e aprì la piccola cassaforte che conteneva gioielli e orologi preziosi. I banditi osservarono la merce, dissero che volevano pensarci su e se ne andarono. Tornarono quella stessa notte e parcheggiarono la Ford nera davanti all'entrata del negozio. Clyde sedeva al posto di guida con Clause accanto, mentre Raymond era dietro. Questi saltò fuori dall'auto nervosamente e andò a bussare alla porta del negozio seguito da Clyde. I Bucher si svegliarono, Martha disse al marito di lasciar perdere ma lui rispose che forse qualcuno aveva bisogno di aiuto. Si affacciò alla finestra e riconobbe i due uomini.

«Che volete?» chiese. «Non mi piace essere svegliato a quest'ora di notte!»

Clyde rispose che lui e i suoi amici erano stati a una festa ma le corde della loro chitarra si erano rotte e volevano sostituirle. Bucher disse che sarebbe sceso subito, prese una pistola e andò ad aprire il negozio. Consegnò le corde ed ebbe da Hamilton un biglietto da dieci dollari.

«Non ho il resto» disse. «Non avete altro?»

Raymond scosse la testa. Bucher disse che avrebbe dovuto chiamare la moglie per aprire la cassaforte, i suoi occhi non erano più buoni per comporre la combinazione. Si fidava dei tre tipi perché erano vestiti bene, sembravano persone pulite e avevano soldi per pagare.

Martha Bucher scese e cominciò ad armeggiare con la manopola della cassaforte. Quando lo sportello finalmente si aprì Raymond puntò la pistola contro Bucher e gli ordinò di consegnargli denaro e gioielli. Mentre parlava gesticolava nervosamente e il dito scivolò sul grilletto. L'arma esplose un colpo contro il vecchio che cadde al suolo colpito al cuore. Quando vide che il marito era morto la signora Bucher svenne sul pavimento.

«Perché l'hai fatto?» gridò Clyde.

«È stato un incidente, davvero» spiegò Raymond sconvolto.

Presero soldi e gioielli e corsero alla macchina. Clause, che aveva sentito lo sparo, chiese che cosa fosse successo.

«È stato un incidente, lo giuro» ripeté Raymond.

Martha Bucher si riprese e telefonò allo sceriffo. I poliziotti arrivarono sul posto in pochi minuti. Lo sceriffo John Freeland diramò la descrizione dei banditi a tutte le auto della polizia e iniziò le indagini.

A quel punto della sua vita Clyde aveva due possibilità: poteva arrendersi alla polizia, ma il suo coinvolgimento in un omicidio significava la pena di morte. Oppure poteva scegliere la fuga, ma sapeva che sarebbe stata una fuga senza ritorno. Preferì la libertà e per qualche tempo si rifugiò dai suoi genitori. La sorella Nell andò a trovarlo e gli chiese se avesse qualcosa a che fare con l'omicidio di Hillsboro. Clyde giurò di no. Poi disse che in effetti era stato presente, ma era rimasto in macchina a fare da palo durante la rapina.

La caccia era aperta. Il governatore Sterling offrì una taglia di duecentocinquanta dollari per i killer di Bucher, una somma notevole per quei tempi di crisi. Dopo qualche giorno la banda composta da Clyde, Clause e Hamilton ricominciò con furti e rapine, tutti effettuati in luoghi vicini a Dallas perché Clyde aspettava la decisione del tribunale sulla sorte di Bonnie.

Il 17 giugno il Gran Giurì decise di assolvere Bonnie che tornò a casa giurando a se stessa che la storia con Clyde era finita. Qualche giorno dopo la signora Parker trovò un biglietto della figlia che annunciava di essere partita per Wichita Falls, a circa duecento miglia a nord di Dallas, dove avrebbe cercato lavoro come cameriera in un nuovo caffè. Emma Parker ricevette poi un secondo messaggio di Bonnie che le comunicava di essere stata assunta e di avere affittato due stanze in un appartamento. In realtà Bonnie, Clyde e Hamilton avevano preso una casa a Wichita Falls che lasciavano solo per compiere furti e rapine nei dintorni.

Il 5 agosto Clyde riportò Bonnie dalla madre e riprese le scorribande insieme a Hamilton e un altro bandito, Everett Mulligan. Mentre lasciavano la cittadina di Atoka, passarono davanti a un locale da ballo. Hamilton volle a tutti i costi fermarsi anche se per Clyde era troppo pericoloso. Parcheggiarono ed entrarono nel locale dove ballarono con delle ragazze del luogo. Tornarono poi nell'auto e Hamilton passò a Clyde la bottiglia di whisky che lui però rifiutò. Ci teneva a essere sempre lucido nel caso avesse dovuto guidare a velocità sostenuta per sfuggire ai poliziotti.

Era ancora in vigore il proibizionismo e quando lo sceriffo Maxwell e l'agente Moore che passavano davanti al locale videro Hamilton con la bottiglia in mano, gli dissero che era in arresto e gli ordinarono di scendere dall'auto. Clyde e Raymond afferrarono le pistole e fecero fuoco. Moore cadde al suolo con una ferita mortale alla fronte, lo sceriffo Maxwell fu colpito al petto, a un braccio e a una gamba. Clyde mise in moto la Ford e la lanciò a tutta velocità a marcia indietro riuscendo a fuggire mentre lo sceriffo, pur ferito, continuava a fare fuoco per colpire le gomme dell'auto. Nel locale Mulligan stava ancora ballando, ignaro di quanto accadeva all'esterno, quando sentì gli spari. Intuì il pericolo, chiese un passaggio a un uomo che aveva appena conosciuto e si allontanò dalla zona.

Clyde dovette abbandonare la Ford troppo danneggiata dai colpi sparati da Maxwell. Un automobilista si fermò per offrirgli il suo aiuto. Clyde tirò fuori la pistola e disse all'uomo di spostarsi sul sedile posteriore vicino a Raymond mentre lui si metteva alla guida. Più tardi lasciò anche l'ostaggio con la sua auto ormai fuori uso e ne confiscò un'altra con relativo proprietario all'interno.

Nel frattempo Mulligan era alla stazione di Stringtown e acquistava un biglietto dell'autobus per McKinney. La polizia era già sulle sue tracce perché aveva interrogato alcuni clienti del locale che l'avevano indicato come uno della banda e inoltre era stato rintracciato l'uomo che gli aveva dato un passaggio fino alla stazione. Mulligan venne arrestato mentre scendeva dall'autobus e portato ad Atoka. Clyde e Raymond cercarono invece di raggiungere il Texas percorrendo sentieri di campagna e strade poco frequentate.

Alle otto di sera di sabato 6 agosto Bonnie sedeva con la madre nel portico della loro casa. Stava programmando il ritorno a Wichita Falls per l'indomani mattina. Ad un tratto vide passare un'auto e notò il segnale che le fece Hamilton. Corse a parlare con lui e seppe che Clyde la aspettava nel solito nascondiglio, una fattoria abbandonata a Grand Prairie. Tornò dalla madre e le disse che poteva risparmiare i soldi dell'autobus perché un amico le dava un passaggio fino a Wichita Falls.

Quando furono di nuovo tutti insieme pensarono a un rifugio più sicuro in una zona dove non fossero conosciuti. Bonnie suggerì la casa di una zia, Nettie Stamps, che viveva in una fattoria vicino a Carlsbad, nel New Mexico. Vi arrivarono il 15 agosto. Un poliziotto notò l'auto con la targa del Texas, che non si vedeva di frequente da quelle parti, e decise di fare un controllo. Effettivamente si trattava di una macchina rubata qualche giorno prima. L'uomo si segnò la targa nel caso l'avesse vista ripassare in città.

La zia di Bonnie fu felice di accogliere la nipote e i suoi amici e preparò i letti per tutti e tre oltre a un'abbondante cena. La mattina seguente Raymond andò a Carlsbad a comprare un blocco di ghiaccio per fare il gelato. L'agente Johns riconobbe l'auto e la seguì fino alla fattoria. Raymond parcheggiò nel cortile e chiuse a chiave lo sportello perché dentro la macchina c'erano tutte le loro armi. Johns bussò alla porta. Bonnie andò ad aprire e vide un uomo in borghese con una grande pistola attaccata alla cintura. Clyde e Raymond si impadronirono del fucile della zia di Bonnie e uscirono dal retro. Johns chiese a Bonnie di poter parlare con il proprietario dell'auto parcheggiata nel cortile. Bonnie sorrise: «Certo, agente. Appartiene a un mio amico che è qui in visita. Ora si sta vestendo e scenderà a minuti».

Il poliziotto ringraziò e uscì nel cortile. Stava cercando di aprire una delle portiere quando Clyde gli fu alle spalle e gli puntò il fucile alla testa. Johns fece cadere la sua pistola, Clyde si chinò per raccoglierla e il dito scivolò sul grilletto. Il fucile sparò un colpo che fortunatamente non colpì l'agente. Nel frattempo Bonnie e Raymond avevano raggiunto l'auto e vi entrarono; Clyde vi spinse dentro anche Johns.

Quando la signora Stamps si rese conto di ciò che stava accadendo nel suo cortile, si precipitò a telefonare alla polizia. Agenti di tutto il New Mexico e del Texas si misero alla ricerca dell'auto dei banditi. Le autorità erano convinte di trovare prima o poi l'agente Johns morto, ma questi telefonò da San Antonio il lunedì mattina riferendo che la banda l'aveva lasciato andare sano e salvo.

Clyde rubò una Ford coupé con la quale si diresse verso Victoria dove la banda trascorse la notte in un motel. Poi ripresero la strada verso Houston. Hamilton decise di proseguire per conto suo su una Ford berlina. Il proprietario della macchina avvertì subito le autorità del furto e questo permise alla polizia di intuire il percorso che stavano compiendo i banditi. Furono organizzati dei posti di blocco e, siccome tra Wharton e Houston c'era soltanto un ponte sul fiume Colorado, la polizia preparò un'imboscata distribuendo due squadre ai lati del ponte. I poliziotti si aspettavano di veder comparire i banditi sulla Ford berlina, così quando videro la coupé ebbero un momento di indecisione. Clyde si accorse della trappola ma non diminuì l'andatura, sparò dal finestrino ferendo alcuni agenti, fece una rapida inversione di marcia e riprese la strada per Victoria. Quando incrociò Raymond gli fece segno di voltare la macchina e di seguirlo. Poco dopo, poiché la coupé era stata danneggiata, Bonnie e Clyde salirono sulla Ford del loro compagno e ripresero la fuga.

Durante la prima settimana di settembre Raymond volle andare a trovare suo padre che si era trasferito in Michigan per cercare lavoro. Ma neppure Bonnie e Clyde resistevano a lungo senza vedere le proprie famiglie, così Raymond chiese a un altro amico, Gene O'Dare, di accompagnarlo.

Il mese successivo Clyde lasciò Bonnie in uno dei loro rifugi a Denton e insieme a due complici, Frank Hardy e Hollis Hale, si diresse a Sherman, in Texas. Qui, durante una rapina in un grande magazzino, uccise un macellaio, Howard Hall, che voleva impedire la loro fuga. Una cliente, la signora Butler, assistette alla scena e chiamò subito la polizia e un'autoambulanza, ma per il vecchio non c'era più niente da fare. Clyde andò a riprendere Bonnie e proseguì verso l'Oklahoma. Ci furono altre rapine e poi Hardy e Hale tornarono in Texas mentre Bonnie e Clyde puntarono verso il Kansas. Il giorno che precedeva Halloween, mentre percorrevano un sentiero di campagna, improvvisamente Bonnie disse: «Ho nostalgia di mamma, tesoro. Vorrei davvero vederla». Clyde non aprì bocca ma fece una delle sue famose inversioni di marcia e tornò verso Dallas.

Per avvertire la signora Parker che Bonnie voleva incontrarla la coppia usava sempre lo stesso sistema. Passavano velocemente con l'auto davanti alla casa e buttavano nel giardino una bottiglia. La signora Parker andava a raccoglierla maledicendo i giovani maleducati che lanciavano rifiuti nei giardini altrui e poi rientrava in casa. Nella bottiglia c'era un messaggio con le indicazioni del luogo e dell'ora dell'incontro.

Anche la sorella di Clyde, Nell, andò all'appuntamento e chiese: «Avete a che fare con l'omicidio di Howard Hall a Sherman?».

Clyde rispose che la polizia cercava di addossare loro tutti i crimini che non avevano un colpevole. «Nelle ultime tre settimane siamo stati sempre in Kansas» aggiunse.

Il giorno dopo Bonnie e Clyde arrivarono a Carthage, nel Missouri, dove si riunirono con Hollis Hale e Frank Hardy. Effettuarono diverse rapine per tutto il mese di novembre fra cui una nella banca di Oronogo. Qui, mentre Clyde teneva a bada le guardie e gli impiegati, Hardy e Hale vuotavano la cassa. Quando tornarono in macchina Clyde chiese a quanto ammontasse il bottino.

«Sono soltanto ottanta dollari» rispose Hardy.

«Bene, dividili in tre parti» ordinò Clyde.

Arrivati al motel Hardy e Hale dissero che sarebbero tornati a Oronogo per rifornirsi di munizioni. Fecero l'autostop fino alla città, rubarono una macchina e Clyde non li vide mai più. Il giorno dopo lesse sul giornale che la somma sottratta alla banca ammontava a 115 dollari.

Nel frattempo Raymond Hamilton e Gene O'Dare viaggiavano attraverso il Michigan. Raymond aveva incontrato il padre e adesso voleva trovare delle ragazze per divertirsi. Vide una cameriera piuttosto carina in un ristorante e per impressionarla le parlò delle sue rapine e le fece vedere i soldi che aveva rubato. Non poteva immaginare che la ragazza fosse fidanzata con un poliziotto a cui riferì tutto per telefono. La coppia organizzò una trappola. La cameriera disse a Raymond che aveva un'amica per il suo socio e diede loro appuntamento alla pista di pattinaggio. Quando i poliziotti si avvicinarono ai due banditi che pattinavano O'Dare tirò fuori la pistola, ma non fece in tempo a usarla. Fu arrestato insieme a Hamilton ed entrambi furono riportati a Dallas. Gli agenti andarono a prendere la signora Bucher per metterla a confronto con Raymond Hamilton e la donna riconobbe in lui l'assassino del marito.

Bonnie e Clyde avevano trovato un altro compagno. Si trattava di un ragazzo di sedici anni, William Daniel Jones, che Clyde conosceva dall'infanzia. Piccolo di statura, con i capelli lisci e profondi occhi scuri, aveva sempre un'aria spaventata e trepidante, ma voleva imparare a diventare un vero bandito. Era già noto alla polizia come ladruncolo di macchine, Clyde lo prese con sé soprattutto perché aveva bisogno di qualcuno con cui alternarsi alla guida per poter dormire. Passarono la notte del 24 dicembre in un motel a Temple, in Texas, e il giorno dopo decisero di rubare un'auto. Clyde vide una Ford coupé davanti a una villetta.

«Dài» disse a William «vai a vedere se ci sono le chiavi.»

Il ragazzo andò verso la Ford. Le chiavi erano nel cruscotto ma lui, troppo spaventato, non riusciva a mettere in moto l'auto. Nel frattempo la moglie del proprietario, Tillie Johnson, che aveva visto la scena dalla finestra, si mise a gridare. Scesero di corsa il marito Doyle e suo genero Clarence. Anche Clyde saltò fuori dall'auto e corse in aiuto di William. Si mise alla guida della Ford, ma nello stesso momento Doyle Johnson si attaccò alla portiera e cominciò a lottare per impadronirsi del volante. Clyde avviò il motore e l'uomo gli afferrò il braccio mentre gridava: «Clarence, corri a chiamare la polizia!».

Bonnie, seduta nell'altra macchina, osservava la scena e gridava a Clyde di lasciar perdere e di raggiungerla. I vicini, insospettiti dal chiasso, cominciavano a scendere per la strada. Clyde prese la pistola e la puntò addosso a Doyle Johnson. L'uomo diede un colpo al braccio di Clyde e riuscì a deviare il colpo che andò a frantumare il vetro dell'auto. Quando udì lo sparo, William quasi meccanicamente fece fuoco dalla sua pistola e raggiunse Doyle al collo. Mentre l'uomo crollava al suolo, Clyde faceva partire la macchina. Si affiancarono a Bonnie, lasciarono l'auto rubata in mezzo alla strada e tornarono sulla Ford coupé.

Raymond Hamilton venne processato e condannato a duecentosessantatré anni da scontare nel penitenziario di Eastham. Alla fine di dicembre Clyde ricevette dall'amico un messaggio: «Tirami fuori di qui». Clyde pensò di usare come intermediaria la sorella di Raymond, Lillie McBride, e le portò una radio con una piccola sega nascosta all'interno da consegnare a Raymond. Mentre Lillie andava in carcere a fare visita al fratello, Clyde accompagnava Bonnie a salutare la madre. Si sarebbero rivisti più tardi. La casa di Lillie McBride era conosciuta dalla polizia perché la donna dava spesso rifugio ai detenuti che fuggivano dal penitenziario. Quella sera una squadra di poliziotti occupò il suo appartamento mentre lei era dal fratello. Erano stati informati che un evaso, Odell Chandless, sarebbe arrivato durante la notte. Quando Lillie tornò dal carcere trovò gli agenti che la obbligarono a seguire i loro ordini. Spensero tutte le luci e attesero la comparsa di Chandless.

Invece poco dopo bussarono alla porta Bonnie, Clyde e William che volevano notizie di Raymond. Lillie li ricevette sulla soglia e Clyde ebbe un'intuizione improvvisa. Fece esplodere un colpo di pistola alle spalle della ragazza. Subito dal buio dell'appartamento arrivarono in risposta altri spari e Clyde corse insieme ai suoi compagni verso la macchina senza smettere di fare fuoco. Una pallottola prese in pieno petto l'agente Malcolm Davis che morì mentre la banda si dileguava.

La polizia riuscì comunque a sventare il tentativo di fuga di Raymond, che nella sua cella aveva già acceso la radio a tutto volume mentre era intento a segare le sbarre della finestra.

Bonnie, Clyde e William arrivarono a Oklahoma City e si nascosero in un motel per due settimane. Nello stesso periodo per Buck Barrow c'erano importanti novità. Il nuovo governatore del Texas era una donna, Miriam Ferguson, famosa per le sue amnistie. La Ferguson decise di accogliere l'appello di Blanche, la moglie di Buck, che andò a trovarla portando con sé i loro tre bambini. Buck uscì dalla prigione di Huntsville il 20 marzo 1933 e una settimana dopo disse alla moglie che voleva vedere Clyde. Blanche protestò, gridò, pianse, minacciò di lasciarlo, ma poi decise di andare con lui per controllare che non si mettesse di nuovo nei pasticci.

Bonnie, Clyde, William e Buck, con la moglie Blanche, affittarono un piccolo appartamento a Joplin, nel Missouri, e vi si stabilirono per un lungo periodo. Furono giornate piacevoli e tranquille per tutti. Chiacchieravano, giocavano a carte, cucinavano piatti speciali e finalmente dormivano. Si divertivano anche a scattare fotografie e a guardare quelle che avevano fatto nei giorni passati. Anche Blanche, che si era tanto opposta all'incontro, si rilassò e si godette quei giorni di pace occupandosi di un piccolo cane bianco che aveva raccolto per la strada. Bonnie trovò il tempo per scrivere le sue poesie, Clyde per suonare il sassofono.

Dopo qualche tempo la polizia di Joplin cominciò a controllare la banda. Alcuni vicini avevano notato che gli occupanti dell'appartamento cambiavano spesso auto e possedevano diverse armi. La notte del 12 aprile gli agenti appostati videro uscire dal garage una delle vetture sospette. Proprio quella notte era stata commessa una rapina nei dintorni e le descrizioni dei rapinatori corrispondevano a quelle degli uomini del gruppo.

La sera del 13, ignara di essere controllata dalla polizia, la banda stava trascorrendo ore tranquille. Buck si era tolto le scarpe e dormiva sul divano. Bonnie, in camicia da notte e pantofole, stava cucinando un dolce. Blanche faceva un solitario con le carte e il cucciolo era addormentato ai suoi piedi. Clyde si affacciò alla finestra e vide avvicinarsi i poliziotti armati di fucili. Gridò: «C'è la legge là fuori. Ognuno prenda le proprie armi e andiamo ad accoglierli».

Buck saltò in piedi, afferrò la pistola e aprì il fuoco dalla finestra: l'agente Harriman crollò a terra morto. Mentre Bonnie riempiva le valigie, Clyde e William correvano giù nel garage per preparare la fuga. Blanche rimase seduta, come pietrificata. Poi uscì dall'appartamento urlando mentre dietro di lei il cucciolo abbaiava con tutto il fiato che aveva in gola. Blanche si trovò al centro della strada, proprio in mezzo alla furia delle pallottole, senza quasi rendersene conto. Un altro agente fu colpito a morte. Anche Buck e Bonnie scesero ed entrarono nell'auto indicata da Clyde mentre William saliva sulla macchina che i poliziotti avevano lasciato davanti all'entrata del garage e, dopo aver tolto il freno, le dava una spinta mandandola a sbattere contro un albero. Clyde diede gas alla sua Ford e sfondò la porta del garage. Quando si trovò all'aperto vide Blanche correre lungo la strada e la fece salire.

Nell'appartamento abbandonato furono trovate diverse fotografie che si dimostrarono molto utili alla polizia che riuscì finalmente a identificare William D. Jones. Una delle istantanee, quella che raffigurava Bonnie con un grande sigaro in bocca mentre puntava due pistole contro il fotografo, cadde in mano ai giornalisti e venne pubblicata su diversi quotidiani. Questo non piacque a Bonnie che fumava solo Camel e detestava i sigari: ne aveva messo uno in bocca solo per farsi ritrarre in una posa stravagante. I giornalisti definivano Clyde «il nemico pubblico numero uno» poiché era direttamente, o indirettamente, responsabile di sei omicidi.

Dopo aver vagabondato per due settimane senza mai fermarsi, Clyde vide una Chevrolet e disse a William di scendere e rubarla. Ma i proprietari si accorsero del furto e inseguirono a piedi l'auto. Vennero fermati da Clyde che, minacciandoli con la pistola, li obbligò a salire sulla sua macchina e li rilasciò poco dopo. Poi, per quanto lo cercasse, non riuscì più a ritrovare William.

A maggio Bonnie, Clyde, Buck e Blanche sentirono nostalgia delle proprie famiglie. Attraverso un sistema di codici segreti fu stabilito l'appuntamento. Quando si ritrovarono tutti nel posto convenuto Emma Parker trasse la figlia in disparte per consigliarle di costituirsi. Ma Bonnie disse che avrebbe seguito Clyde fino alla morte. Si amavano come il primo giorno e avevano imboccato insieme una strada senza via d'uscita. Ne erano entrambi consapevoli e vivevano ogni giorno come fosse l'ultimo, inseparabili, innamorati. Nei rari momenti in cui si trovavano da soli rimanevano abbracciati senza parlare. Guardavano lontano, oltre i prati, oltre i fiumi, oltre le case delle città da cui dovevano fuggire e sognavano un futuro insieme che non avrebbero avuto. Il loro amore aveva un orizzonte vicinissimo, quasi tangibile e per questo era così intenso e disperato.

Bonnie e Clyde ritrovarono William D. Jones, e il 10 giugno partirono per raggiungere Buck e Blanche che stavano trascorrendo una breve vacanza da alcuni parenti a Caldwells, nel Missouri. A circa sei miglia da Wellington era crollato un ponte, ma i segnali che lo indicavano erano stati spostati. Guidando alla solita velocità sostenuta Clyde mandò la macchina nel burrone dove la Ford prese subito fuoco. Clyde uscì miracolosamente illeso mentre Bonnie era rimasta imprigionata nell'auto. Un contadino, Tom Pritchard, corse in aiuto di Clyde e William e riuscirono a estrarre la ragazza dai rottami. La portarono poi in braccio a casa di un vicino, John Cartwright. La moglie di Pritchard si occupò delle ferite di Bonnie che era priva di conoscenza. Aveva il viso e un braccio seriamente ustionati, ma una gamba era ancora più grave. John Cartwright disse che sarebbe andato a telefonare a un dottore a casa di un vicino. Uscendo vide che Clyde tornava alla macchina e ne estraeva delle armi. William se ne accorse e disse a Clyde che forse l'uomo si era insospettito ed era andato a chiamare la polizia. Infatti Cartwright avvertì lo sceriffo che preparò una squadra e arrivò sul posto in pochi minuti.

Clyde aveva portato Bonnie nel bosco, adagiandola su un letto di foglie, e quando vide sopraggiungere la macchina dello sceriffo puntò il fucile contro la portiera e chiese agli agenti di gettare le armi. Poi ripartì con Bonnie e William, portando con sé i due poliziotti come ostaggi. Li liberò più tardi, ammanettandoli a un albero. Finalmente si riunì con Buck e Blanche e guidò fino a Fort Smith, nell'Arkansas, dove prese una camera in un motel e cercò un dottore per Bonnie. Il medico disse che la donna era ferita gravemente e che aveva bisogno di cure continue per cui sarebbe stato meglio portarla in un ospedale. Clyde si fece spiegare quello che doveva fare e rimase vicino alla sua compagna tutta la notte e i giorni seguenti per un'intera settimana. Allora la lasciò insieme a Buck e andò a prendere Billie Jean, la sorella di Bonnie, perché la assistesse. Arrivò di nuovo al motel e, nonostante non avesse dormito per quarantott'ore, trascorse la notte accanto alla malata che delirava e chiamava la madre. Il giorno dopo si rese conto che i soldi scarseggiavano e insieme a Buck rapinò una banca. Seguirono una sparatoria, un inseguimento, diversi furti d'auto e infine i due fratelli arrivarono al motel sani e salvi.

Clyde decise che era il momento di cambiare posto, caricò in macchina Bonnie, Billie Jean e Blanche e disse a William e a Buck che sarebbe tornato a prenderli dopo aver trovato un rifugio sicuro per nascondere le donne. Rubò un'auto, dove c'era una provvidenziale cassetta del pronto soccorso che servì per curare Bonnie. Poi lasciò Billie Jean alla stazione di Sherman e le diede del denaro per acquistare il biglietto del treno che l'avrebbe ricondotta a Dallas. Non voleva che anche lei fosse coinvolta. Quando Billie Jean vide ripartire l'auto con la banda al completo sentì che non avrebbe più rivisto la sorella viva.

Dopo un'altra serie di rapine il gruppo prese in affitto due stanze comunicanti in un motel a Platte City, nel Missouri. Nei giorni che seguirono Blanche si occupò di comprare il cibo, le bende per Bonnie e di pagare l'affitto delle stanze. Siccome lo faceva sempre con banconote di piccolo taglio e usando anche mucchi di monetine, il proprietario del motel si insospettì e avvertì le autorità. La polizia si fece descrivere i cinque e riconobbe la banda di Clyde. Fu organizzata una squadra armata di tredici uomini che preparò la trappola intorno al motel. Un'auto fu messa davanti al garage per sbarrarne l'uscita e i poliziotti si avvicinarono alle porte delle due stanze. Bonnie dormiva e anche Clyde stava riposandosi.

Lo sceriffo Coffey bussò violentemente a una delle porte. Blanche rispose che doveva rivestirsi prima di aprire. Clyde fu svegliato dalla voce di Blanche e afferrò il fucile. Anche William e Buck balzarono in piedi e imbracciarono le armi. Clyde sollevò Bonnie e uscì dalla porta laterale che conduceva all'interno del garage. La lasciò nella macchina e poi fece fuoco con il fucile automatico contro la porta del garage. I colpi raggiunsero l'auto della polizia parcheggiata davanti all'entrata e ferirono un agente. Nel motel, intanto, Buck cercava di difendersi, ma due pallottole lo colpirono alla testa. Clyde e William sparavano all'impazzata contro i poliziotti e uccisero lo sceriffo Coffey. Solo così Buck, aiutato da Blanche, poté uscire dal motel e salire nella macchina che Clyde era riuscito a portare fuori dal garage.

Mentre l'auto partiva, i poliziotti continuarono a sparare mandando in frantumi i finestrini. Alcuni vetri esplosero proprio in faccia a Blanche e delle schegge le entrarono in un occhio. Clyde guidò fino a una strada secondaria, poi spense i fari e andò avanti fino a un campo coltivato. Aiutò Buck e Bonnie a sdraiarsi sull'erba e si occupò delle ferite del fratello. William portò la cassetta del pronto soccorso. Poi risalirono in macchina. Clyde guidò per tutta la notte senza mai fermarsi né per dormire, né per mangiare. Buck aveva la febbre alta e delirava, Blanche piangeva un po' per lui e un po' per la propria ferita all'occhio, Bonnie si lamentava per la gamba. Finalmente Clyde si fermò vicino a un ruscello per cambiare le bende a Bonnie, per lavare l'occhio di Blanche e porre delle compresse fredde sulla fronte di Buck. Poi ripartì, ma non sapeva dove andare.

Alla fine trovò un parco tra Dexter e Redfield, nello Iowa, e vi lasciò i feriti mentre con William andava nella vicina città di Perry a procurarsi cibo, medicine e un'altra macchina. Tornò poi al parco e vide che le condizioni di Buck erano peggiorate. Ricordando il desiderio della madre di avere i figli vicini nel caso fosse successo loro qualcosa di grave, Clyde disse a William di prepararsi a ripartire. Nel frattempo la polizia era riuscita a scoprire il nascondiglio della banda e, dopo la mezzanotte del 24 luglio, quaranta agenti e altrettanti contadini armati di fucili circondarono il parco aspettando l'alba.

I banditi si svegliarono alle prime luci del giorno. Jones accese un piccolo fuoco per arrostire le salsicce. Tutti gli occhi dei poliziotti erano fissi sullo sceriffo Knee che doveva dare il segnale. Bonnie fu la prima a scorgere gli agenti e avvertì Clyde che corse in macchina a prendere le armi. Lanciò un fucile automatico Browning a William e ne prese uno per sé. Iniziarono a sparare contro i poliziotti nascosti dietro gli alberi mentre Bonnie, Blanche e Buck entravano in macchina.

Clyde, coperto da William, continuò a fare fuoco mentre indietreggiava per salire nell'auto, poi aspettò il ragazzo e mise in moto, ma una pallottola lo raggiunse a un braccio. Perse il controllo della vettura che andò a schiantarsi contro un albero. Ordinò quindi a tutti di scendere e di salire sulla seconda macchina mentre i poliziotti sparavano senza sosta. Buck venne colpito due volte, alcune schegge ferirono Bonnie, un proiettile prese William al petto. Clyde gridò al gruppo di lasciare l'auto che ormai era crivellata dalle pallottole e di nascondersi dietro gli alberi. Blanche aiutò Buck che venne colpito ancora e ancora.

Blanche gridava: «Clyde! Aiutaci!», e cercava di fare scudo al marito col proprio corpo. Clyde li raggiunse mentre un proiettile lo colpiva a una gamba. Disse alla coppia di sedere e aspettarlo, sarebbe tornato a prenderli.

Buck lo pregò con un filo di voce: «Porta Blanche con te. Non lasciarla qui». Ma Blanche rifiutò di abbandonarlo.

Clyde gridò a William di prendersi cura di Bonnie mentre lui cercava un'altra auto. Arrivò al fiume mentre un proiettile lo colpiva di striscio alla testa dopo essere stato deviato dal ramo di un albero. Arrivato sull'altra riva si accorse che la sua pistola era scarica. William aveva la vista appannata a causa del sangue che gli colava sugli occhi dalla ferita alla testa, ma riuscì a portare Bonnie fino al fiume. Qui udirono una raffica di colpi e la ragazza si accasciò in terra singhiozzando. «L'hanno ucciso» gridava. «Hanno ucciso Clyde!» Poi sentì un rumore di passi, alzò gli occhi e lo vide che veniva verso di lei.

Clyde aiutò entrambi ad attraversare il fiume. Erano a circa metà percorso quando i poliziotti li scoprirono e ripresero a sparare. Clyde prese Bonnie in braccio e raggiunse l'altra riva. Poi proseguì da solo verso una fattoria dove tre uomini seguivano la scena con attenzione. Li minacciò con la pistola scarica e si fece dare le chiavi della loro auto, poi aiutò William e Bonnie a salire e partì a tutta velocità.

Nel frattempo i poliziotti avevano catturato Buck e Blanche. Arrivarono anche giornalisti e fotografi che scattarono delle foto a Blanche vestita da cavallerizza e coperta di sangue che urlava disperatamente che non voleva essere separata dal marito. La coppia fu portata al più vicino ospedale nella cittadina di Perry. Quando lessero la notizia sul giornale, la signora Barrow si preparò a partire, accompagnata dai figli.

Bonnie era svenuta nell'auto e visto che William in qualche modo riusciva a guidare, anche Clyde svenne. Trovarono un nascondiglio in un bosco vicino a Denver e vi si rifugiarono per diversi giorni. Presto le condizioni di tutti migliorarono e, quando Clyde si sentì in grado di rimettersi alla guida, William se ne andò e tornò a Dallas. Qui fu subito catturato dalla polizia e, per evitare la sedia elettrica, rilasciò una confessione di ventotto pagine nella quale descriveva la vita con Bonnie e Clyde come un vero inferno. Scrisse che i due lo tenevano incatenato e in stato di incoscienza durante la maggior parte dei crimini e a volte lo obbligavano a sparare contro i poliziotti minacciandolo di morte. Per rendere la storia ancora più credibile, il ragazzo raccontò dettagli della vita sessuale di Bonnie e Clyde e di come la coppia a volte coinvolgesse anche lui nei suoi rapporti intimi. Basandosi su questa confessione, e anche su certi articoli apparsi sui giornali, alcuni autori negli anni che seguirono ipotizzarono che Clyde fosse un omosessuale diventato in seguito impotente, mentre Bonnie fu definita una ninfomane.

Quando la famiglia Barrow arrivò nella città di Perry trovò l'ospedale pattugliato da un piccolo esercito. La signora Cumie si rese conto per la prima volta che la polizia attribuiva poteri soprannaturali a Bonnie e Clyde. Buck uscì dal coma e riuscì a rispondere a qualche domanda degli agenti, ma morì il 29 luglio.

Nel novembre del 1933 Bonnie e Clyde tornarono a Dallas per fare visita alle proprie famiglie. Clyde voleva incontrare la madre il giorno del suo compleanno, il 21 novembre. Così i Barrow e i Parker si riunirono nel posto convenuto. La polizia, avvisata da un contadino insospettito da tanto movimento, circondò la zona. Ancora una volta Clyde ebbe la percezione del pericolo imminente e gridò a Bonnie di non uscire dalla macchina. Gli agenti cominciarono a sparare e, oltre a forare le gomme della vettura, colpirono entrambi i giovani alle ginocchia. Bonnie e Clyde tirarono fuori le armi e spararono a raffica ferendo uno degli agenti che si era accostato troppo con la sua auto, della quale i banditi si appropriarono per fuggire.

Il giorno dopo Clyde mandò una lettera ai giornali con una minaccia per lo sceriffo che aveva organizzato l'imboscata. Scrisse che era stato fortunato perché se sua madre fosse rimasta ferita durante la sparatoria lui si sarebbe vendicato ammazzandolo. Appena poté rubò un'altra Ford. Le Ford modello V8 erano le sue macchine preferite perché erano veloci e resistenti, e consumavano poca benzina. Scrisse perfino una lettera a Henry Ford per fargli i suoi complimenti e per riferirgli che, quando ne aveva la possibilità, preferiva sempre rubare una Ford.

Raymond Hamilton si fece vivo con un altro appello disperato dal carcere di Eastham. Chiedeva a Clyde di aiutarlo a fuggire. Mandò il suo messaggio attraverso un detenuto che era appena stato liberato e che riuscì anche a procurargli delle armi. Il 16 gennaio 1934 novantacinque prigionieri marciavano in mezzo alla densa nebbia lungo il fiume per andare a falciare l'erba. Tre guardie a cavallo li controllavano da vicino. Ray Hamilton lasciò il suo gruppo e si unì a quello di Joe Palmer e Henry Methvin con i quali aveva organizzato il piano. Arrivarono fino a un cespuglio sotto il quale trovarono le armi che Clyde aveva nascosto per loro. Le tre pistole spararono all'unisono: il maggiore Crowson fu colpito allo stomaco e morì in ospedale poco dopo. Anche le altre guardie, Olen Bozeman e Bill Bullard, furono ferite, il secondo gravemente. Clyde copriva dall'esterno la fuga dei tre detenuti e Bonnie suonava il clacson per indicare ai fuggiaschi la posizione dell'auto. Mentre evadevano, i tre uomini chiesero agli altri prigionieri se volevano unirsi a loro. Li seguirono Hilton Bybee e J.B. French.

Nel frattempo dal carcere di Eastham le guardie chiamavano il direttore di tutti i penitenziari texani, Lee Simmons, a Huntsville.

L'uomo organizzò il ricovero in ospedale dei feriti e l'inseguimento degli evasi. Poi si fece portare a Eastham e, dopo aver valutato i fatti, disse: «Scommetto che è stato Clyde Barrow a organizzare la fuga perché Ray Hamilton non faceva che vantarsi che il suo amico prima o poi l'avrebbe tirato fuori».

Bybee e French lasciarono l'auto di Clyde per proseguire da soli. Furono catturati di nuovo il giorno successivo. Gli altri si fermarono a una stazione di servizio e si resero conto che la polizia aveva bloccato tutte le strade fino a Dallas. Così si diressero a Houston.

Il direttore di Huntsville, Lee Simmons, rimase in ospedale ad assistere Crowson che veniva operato e aveva poche speranze di sopravvivere, Bozeman invece riuscì a salvarsi. Quella notte Simmons non riuscì a dormire, guardava il soffitto e pensava a come catturare la banda responsabile dell'evasione dal carcere. La mattina dopo la polizia gli riportò uno dei detenuti, J.B. French, e da lui Simmons si fece dare tutti i nomi delle persone coinvolte nell'attacco al carcere. Alla fine French commentò: «Credete a me, non prenderete mai Clyde Barrow vivo».

Quando Crowson morì, Simmons andò al suo funerale e giurò a se stesso che non si sarebbe fermato finché non avesse catturato i killer. Pensò allora di chiamare un ex capitano dei ranger del Texas, Frank Hamer, una leggenda per lo stato, considerato il più veloce tiratore a sud del Red River, famoso per il suo coraggio e il sangue freddo. Sessantacinque fuorilegge avevano perduto la vita nei confronti a fuoco con lui. Era un uomo di cinquant'anni, dalla faccia bruciata dal sole, con glaciali occhi grigi e vestiva sempre di nero. Il 1° febbraio 1934 Simmons andò a casa del governatore Miriam Ferguson per sottoporle la sua scelta. La donna disse che già era stata formata una squadra di ranger texani e offerta una ricompensa di mille dollari per chi avesse catturato Bonnie e Clyde, vivi o morti. Simmons insistette sull'incarico al capitano Frank Hamer, secondo lui l'unico uomo capace di prendere i due banditi.

Hamer accettò la missione che però mantenne segreta per poter investigare tranquillamente sulle abitudini, gli interessi, e tutto ciò che riguardava i ricercati. Presto scoprì quale era il loro cibo preferito, che marca di sigarette fumavano, quali vestiti amavano indossare.

Nel frattempo alla banda di Clyde si era aggregata la moglie di Gene O'Dare, Mary, che invece di aspettare il marito chiuso in carcere divenne l'amante di Raymond Hamilton.

Il 19 febbraio le famiglie Barrow e Parker incontrarono Bonnie e Clyde che poi proseguirono per compiere una rapina alla banca di

Lancaster. La banda rubò una macchina e dopo aver effettuato il colpo si divise in due gruppi: Clyde, Joe Palmer e Raymond Hamilton in un'auto, Bonnie, Mary O'Dare e Methvin nell'altra. Mentre guidava, Clyde si accorse, guardando nello specchietto retrovisore, che Raymond si stava appropriando di parte del bottino. Non disse niente e puntò verso lo stato dell'Indiana, poi fermò l'auto in una zona solitaria e accusò l'amico del furto. Joe Palmer chiamò Raymond ladro e imbroglione, soprattutto ingrato visto che Clyde aveva rischiato la vita per farlo evadere, e gli sputò in faccia. Quella sera mentre si avvicinavano a Joplin, nel Missouri, e mentre Palmer dormiva nel sedile posteriore, Raymond cercò di ucciderlo con il suo fucile, ma Clyde vide la scena dallo specchietto retrovisore, si voltò di scatto e cercò di disarmarlo. Ci riuscì ma perse il controllo della vettura che andò a finire in un fosso. Bisognava rubare un'altra macchina, ma dato che anche fra le due donne erano sorti dei conflitti, la banda decise di dividersi: Bonnie, Clyde, Henry Methvin e Joe Palmer si diressero verso il Texas, mentre Raymond e la sua amante fecero l'autostop.

Bonnie e Clyde tornavano sempre dalle famiglie durante le feste, ma ormai la polizia controllava da vicino casa Barrow e casa Parker, e la coppia doveva inventare nuovi segnali per avvertire i genitori. A volte era la bottiglietta lanciata nel giardino, a volte un membro della banda meno conosciuto veniva mandato direttamente a portare il messaggio. Si avvicinava Pasqua, e Bonnie comprò un coniglietto bianco da regalare alla madre. Joe Palmer doveva avvertire le famiglie, ma non trovò nessuno a casa Parker. Nel frattempo Bonnie, Clyde e Methvin aspettavano nel luogo dell'incontro, un bosco a cento miglia da Grapevine. Avevano accostato l'auto al bordo della strada e, mentre Clyde dormiva, Bonnie aveva legato un fiocco al collo del coniglietto e lo lasciava pascolare nell'erba.

Due agenti in motocicletta li videro e, insospettiti, si avvicinarono alla macchina. Bonnie se ne accorse e svegliò Clyde. Questi saltò fuori dall'auto e colse i due di sorpresa. Anche Methvin uscì e aspettò un segnale: non sapeva che Clyde non uccideva mai i poliziotti e, se li prendeva in ostaggio, poi li liberava sempre. Clyde fece un segno e Methvin lo interpretò come l'ordine di sparare, quindi fece fuoco uccidendo l'agente Wheeler. Poi sparò anche sull'altro poliziotto che stava cercando rifugio dietro l'auto. L'agente Murphy fu colpito a morte.

Un altro uomo quel giorno giurò a se stesso che avrebbe arrestato i banditi per vendicare l'uccisione dei due poliziotti: era il capitano Larry Phares, capo della polizia stradale del Texas. Fece diramare un bollettino con la descrizione dell'automobile e offrì una taglia di mille dollari per la cattura degli assassini. Poi chiamò al telefono Lee Simmons per chiedergli il permesso di unire a Frank Hamer anche uno dei suoi.

«Per me va bene» disse Simmons ma aggiunse che occorreva chiederlo a Hamer. Questi rispose che preferiva lavorare solo, ma quando udì il nome proposto dal capitano Phares accettò. Si trattava di Manny Gault, anche lui un ex ranger del Texas, poi diventato un poliziotto della stradale. Aveva fatto parte della stessa squadra di Hamer e si era dimostrato altrettanto coraggioso e freddo sotto il fuoco. Quando i due uomini si incontrarono in un caffè, Hamer illustrò a Gault le sue conclusioni sui percorsi compiuti dalla banda di Clyde. Spiegò che i banditi avevano un itinerario fisso che procedeva in circolo: da Dallas attraverso l'Oklahoma e il Kansas fino a Joplin, nel Missouri, poi a sud nella parte nordoccidentale della Louisiana e di nuovo a Dallas.

«Bene» disse Gault. «Tutto quello che noi dobbiamo fare è spezzare il circolo.»

Se Hamer e Gault erano gli uomini perfetti per fermare Bonnie e Clyde, l'unico inconveniente era che non li conoscevano personalmente. Lee Simmons decise quindi di affiancare loro due agenti che avevano avuto a che fare con i fuorilegge: Bob Alcorn e Ted Hinton. Ted era il giovane che si era innamorato di Bonnie quando lavorava come cameriera all'American Café. Il 3 aprile i quattro poliziotti speciali si incontrarono e si distribuirono in due macchine: Alcorn e Hinton in una, Hamer e Gault nell'altra. Hamer disse di aver avuto il permesso da Simmons, che a sua volta l'aveva chiesto al governatore Ferguson, di offrire l'immunità a qualsiasi bandito li avesse aiutati a catturare Bonnie e Clyde. Poi espose il suo piano: «Il padre di Henry Methvin vive in una fattoria proprio nella parte nordoccidentale della Louisiana, tra Arcadia e Gibsland. Si tratta di un segmento del circolo di cui parlavamo. Voglio proprio parlare con quel vecchio».

Hamer andò a Bienville Parish e disse al padre di Henry Methvin che Bonnie e Clyde e chiunque fosse stato insieme a loro erano destinati a morte sicura. Se Henry li avesse traditi, e avesse favorito la loro cattura, avrebbe ottenuto il perdono dalle autorità del Texas. Ma né Simmons né il governatore Ferguson sapevano che proprio Henry Methvin aveva ucciso i due poliziotti della pattuglia stradale.

L'ipotesi di Frank Hamer era che prima o poi la banda sarebbe andata a casa Methvin, in Louisiana. Nel frattempo le due auto degli inseguitori arrivarono a Durant, in Oklahoma, il 4 aprile 1934. Proprio al centro della cittadina, mentre la gente affollava le strade nell'ora dello shopping, Bob Alcorn vide passare la macchina di Clyde. I poliziotti si lanciarono all'inseguimento ma l'auto scomparve.

Clyde e la sua banda raggiunsero Texarkana verso mezzogiorno. Bonnie disse che aveva fame e scese con Henry in un *drugstore* a comprare dei panini. Le continue segnalazioni dei cittadini aiutavano la polizia a individuare gli spostamenti della banda. Vicino a Miami, l'auto di Clyde si impantanò e con Henry scesero per liberarne le ruote. Furono affiancati da una macchina della polizia, con gli agenti John Campbell e Percy Boyd a bordo e cominciò una sparatoria. In pochi secondi i due poliziotti erano a terra: Campbell era morto e Boyd ferito alla testa.

Un altro agente in motocicletta si avvicinò, e Clyde lo costrinse ad aiutarlo a liberare la macchina dal fango. Il poliziotto, Jack Boydston, notò che Clyde era scalzo e che gli mancavano due dita del piede destro, poi vide Bonnie che in macchina fumava tranquillamente una sigaretta. Clyde lo lasciò andare mentre decise di portare con sé come ostaggio l'agente Percy Boyd. Durante il viaggio Bonnie e Henry Methvin si occuparono della ferita del poliziotto e poi cominciarono a conversare amichevolmente con lui. In seguito Boyd riferì di essere stato trattato bene, soprattutto da Bonnie che era molto gentile e che giocava teneramente con un coniglietto bianco che aveva chiamato Sonny Boy. Bonnie gli aveva chiesto addirittura di consegnare l'animaletto a sua madre nel caso le fosse successo qualcosa mentre lui era ancora insieme a loro.

L'agente Boydston intanto comunicava la targa dell'auto in fuga allo sceriffo che mandò immediatamente cinquanta uomini all'inseguimento. Ormai la berlina blu scuro veniva continuamente segnalata e Clyde era costretto a cambiare spesso direzione, compiendo le sue famose e improvvise inversioni a U che stupirono l'agente Percy Boyd. La polizia era convinta che la banda avrebbe ucciso l'ostaggio e invece ancora una volta, arrivato vicino a Fort Scott il 6 aprile, Clyde lasciò andare il poliziotto.

Prima di allontanarsi, l'agente si rivolse a Bonnie per salutarla e le chiese se avesse un messaggio per qualcuno. Lei rifletté a lungo e poi disse: «Certo. Di' per favore ai giornalisti che io non fumo sigari».

Durante la primavera gli inseguimenti della banda di Clyde si intensificarono. Ormai gli omicidi avevano raggiunto il numero di dodici in ventiquattro mesi. Bonnie sapeva che Clyde non aveva mai ucciso per il gusto di uccidere, se l'aveva fatto era stato per difendere la loro vita. In sei occasioni diverse aveva preso degli ostaggi, ma li aveva rilasciati tutti. Joe Palmer, dopo un'ultima rapina a una banca, decise di abbandonare la banda perché aveva problemi di salute e sentiva il bisogno di una pausa. Il 6 maggio Bonnie, Clyde e Henry Methvin arrivarono alla stazione di servizio dei Barrow e gettarono davanti alla pompa di benzina una bottiglia che conteneva le istruzioni per un incontro. I parenti si passarono l'informazione per telefono e andarono all'appuntamento. Mentre Clyde parlava con sua madre e sua sorella Nell, Bonnie si appartò con la signora Parker. Dopo qualche istante di riflessione Bonnie con voce seria disse: «Quando ci uccideranno, non lasciare che prendano il mio corpo, mamma. Fammi riportare a casa». La madre cominciò a piangere.

Bonnie allora riprese: «No, mamma, non piangere. Perché non dovremmo parlarne? Sta per succedere, tu lo sai. Portami a casa quando sarà la fine. È passato tanto tempo da quando stavamo sempre insieme. Voglio passare l'ultima notte con voi nel portico. Sarà bello e riposante. E un'ultima cosa, quando ci avranno uccisi, non dire niente di spiacevole su Clyde. Per favore, promettimelo».

Emma promise e Bonnie le diede una poesia intitolata: *La storia di Bonnie e Clyde.* Un verso diceva: «Andranno avanti fino alla morte». Prima di lasciarsi, Bonnie e Clyde promisero alle loro famiglie che si sarebbero rincontrati dopo due settimane. Non si videro mai più.

Il 26 aprile Raymond Hamilton era stato catturato di nuovo dalla polizia dopo aver compiuto una rapina alla banca di Lewisville, in Texas. Il 19 maggio, un sabato sera, le due auto con i quattro poliziotti speciali alla caccia di Clyde si fermarono all'Inn hotel a Shreveport, in Louisiana. Poco più lontano Clyde e gli altri parcheggiarono la Ford davanti al Majestic Café. Decisero cosa volevano mangiare e poi Methvin entrò nel locale per acquistare i sandwich e le bevande. Una macchina della polizia, che stava facendo il normale giro di ispezione, apparve nello specchietto retrovisore di Clyde che velocemente mise in moto e partì. L'auto si lanciò all'inseguimento, ma la berlina scomparve nella notte.

Methvin era rimasto all'interno del caffè. Lentamente uscì e si allontanò a piedi. Rifletteva tra sé che negli ultimi giorni suo padre aveva cercato inutilmente di convincerlo ad abbandonare Bonnie e Clyde, e ora loro avevano abbandonato lui. Ma l'accordo era che, in un caso simile, si sarebbero ritrovati sulla strada tra Sailes e Gibsland. Henry fece l'autostop e arrivò a casa dove riferì al padre il luogo dell'appuntamento. Ivan Methvin uscì di corsa per andare ad avvertire lo sceriffo Jordan.

I poliziotti che inseguivano Clyde si presero una notte di riposo all'Inn hotel, giocarono a carte e scrissero alle loro famiglie. Poi arrivò una telefonata di un agente che li informò di quanto era avvenuto davanti al Majestic Café. I poliziotti andarono nel locale la mattina dopo e mostrando alle cameriere alcune foto seppero che Henry Methvin era stato lì. Hamer capì che quella era l'occasione che aspettava da tempo. Sicuramente Henry era andato a casa del padre che era in contatto con lo sceriffo Jordan. Infatti fu proprio Jordan a fornire a Hamer l'indicazione del luogo dell'appuntamento. I poliziotti guidarono velocemente verso Arcadia. Era il 22 maggio quando Frank Hamer si fermò a una cabina pubblica e telefonò a Lee Simmons, a Huntsville, per dirgli in codice: «La vecchia gallina sta covando le uova. Penso che domani avremo i pulcini».

Agli agenti speciali si unirono anche lo sceriffo Jordan e un suo assistente, e tutti raggiunsero il luogo dell'incontro dove prepararono un'imboscata. Dinanzi a loro la strada si restringeva ed era delimitata da due sponde scoscese: sarebbe stato impossibile per Clyde fare la solita inversione a U. Nascosero le auto nella boscaglia e si prepararono a trascorrervi la notte. La mattina dopo, alle otto, arrivò Ivan Methvin con il furgone che di solito usava il figlio Henry e i poliziotti gli fecero segno di posteggiare di lato. Alle nove e un quarto una Ford comparve da lontano. Alcorn, che conosceva bene Clyde, la osservò attentamente: l'auto corrispondeva alle descrizioni e anche il modo di guidare. Quando la Ford passò davanti al luogo dell'imboscata, Alcorn disse: «Sono loro».

Clyde, che guidava scalzo, si fermò vicino al furgone. Bonnie stava mangiando un sandwich e sembrava rilassata. Indossava il suo vestito migliore, rosso, e portava anche scarpe dello stesso colore. Clyde continuò a guardare per capire se Henry Methvin fosse nel furgone mentre dietro i cespugli Hamer alzava il fucile e prendeva la mira. Gli altri poliziotti fecero la stessa cosa. Clyde si accorse dei fucili puntati e afferrò la sua pistola. Troppo tardi.

La polizia aprì il fuoco. Dozzine di proiettili crivellarono la Ford. Bonnie, raggiunta da una pallottola alla testa, cadde in avanti sul sedile. Clyde cercò di accendere il motore ma, colpito a morte, si abbatté sul volante mentre il piede scivolò sul pedale. La macchina balzò in avanti andando a finire in un banco di sabbia. La squadra di poliziotti continuò a sparare nonostante dalla Ford non arrivassero più segni di vita. Alla fine furono contati centosessantasette fori nell'auto.

Frank Hamer abbassò il fucile e segnalò agli altri di cessare il fuoco. I poliziotti si avvicinarono guardinghi alla macchina e rimasero qualche istante in attesa con le armi puntate. Infine guardarono all'interno dove Bonnie e Clyde giacevano morti in posizioni quasi grottesche.

Ivan Methvin arrivò per assicurarsi che suo figlio non fosse con loro e poi, tranquillizzato, tornò al furgone e si allontanò. Ted Hinton prese dall'auto una cinepresa con la quale filmò la Ford crivellata di colpi e i corpi al suo interno. Quando vide Bonnie riversa sul cruscotto, con i riccioli rossi di sangue e sangue sul vestito anch'esso rosso, la ricordò com'era mentre serviva all'American Café, risentì la sua voce, rivide la sua risata e improvvisamente si sentì male e smise di filmare.

Mentre i poliziotti controllavano la macchina, decine di contadini si avvicinavano per guardare. Hamer e Jordan li tennero a distanza e cominciarono a inventariare il contenuto dell'auto: quindici targhe diverse, una borsa da viaggio con svariati vestiti, munizioni per fucili automatici, pistole, il sassofono di Clyde, altri vestiti nel portabagagli e altre armi, oltre al necessario per accamparsi all'aperto.

Presto la notizia dell'uccisione dei due banditi si sparse e centinaia di curiosi arrivarono da ogni parte dello stato insieme a giornalisti e fotografi. Nel luogo dell'imboscata la gente aveva cominciato a raccogliere souvenir: pezzi dell'auto, vetri, brandelli insanguinati dei vestiti di Bonnie e Clyde. Un uomo fu fermato mentre con un coltellino cercava di tagliare un orecchio di Clyde.

La Ford, con i cadaveri ancora al suo interno, fu trasportata nella cittadina di Arcadia. Gruppi di studenti che uscivano dalla scuola si precipitarono verso l'auto e vi infilarono le mani dentro per toccare i capelli insanguinati di Bonnie o il corpo ancora caldo di Clyde.

Dopo centodue giorni di caccia il lavoro del capitano Frank Hamer era terminato. Telefonò a Lee Simmons e disse: «Non è stata una grande battaglia. Sono entrambi morti con le armi in pugno, ma non hanno avuto la possibilità di usarle».

Quando il corpo di Clyde fu messo sulla barella per essere portato dentro un grande negozio di mobili, i suoi occhiali da sole caddero in terra e così una manciata di monetine. La gente si accapigliò per impossessarsene. Quando invece fu trasportata Bonnie i presenti ammutolirono nel vederla così piccola e così devastata dalle pallottole. Più di cinquecento curiosi si accalcarono all'entrata del negozio. I cadaveri vennero disposti nelle bare e finalmente fu concesso alla folla di vederli. In due giorni più di trentamila persone sfilarono davanti alle salme.

Un cronista telefonò a Emma Parker per darle la notizia e la donna svenne. Il fratello di Bonnie la prese in braccio e la adagiò sul divano. Quando riprese i sensi Emma scoppiò a piangere: «La polizia ha ucciso i ragazzi. Da qualche parte nella Louisiana».

Ma lui le disse: «Non credere ai reporter, mamma. Abbiamo sentito la stessa notizia centinaia di volte e non era mai vera».

La signora Parker scosse la testa: «No. Qualcosa mi dice che questa volta è diverso».

Un altro giornalista chiamò casa Barrow. Cumie cominciò a singhiozzare e disse: «Oh, mio Dio. Giusto l'altra notte ho pregato perché potessi rivederlo vivo un'ultima volta».

I genitori di Bonnie e Clyde non vollero che i figli fossero sepolti vicini come invece loro avrebbero desiderato. Clyde fu seppellito vicino al fratello Buck, in un piccolo cimitero sovrastante una delle sue strade preferite, la Highway 80, nella parte ovest di Dallas. Il corpo di Bonnie non fu portato a casa come lei aveva chiesto alla madre. Troppa gente aspettava davanti al portone e il fratello preferì tornare indietro e dirigersi al McKamy-Campbell Funeral Home, dove il giorno dopo si svolse una commovente cerimonia funebre. Dopo, il corpo fu sepolto nel cimitero vicino a Love Field, nella parte settentrionale di Dallas.

Raymond Hamilton e Joe Palmer furono condannati a morte per l'omicidio del maggiore Crowson. Effettuarono una spettacolare fuga dal carcere di Huntsville nel luglio del 1934, ma furono ripresi e giustiziati sulla sedia elettrica.

Henry Methvin ottenne il perdono in Texas, ma la polizia dell'Oklahoma lo stava aspettando per l'omicidio di John Campbell. Fu condannato a morte; poi la sentenza fu commutata in ergastolo. Venne liberato sulla parola nel 1942. L'anno dopo morì investito da un treno.

Il giovanissimo William D. Jones, che aveva raccontato alle autorità come Bonnie e Clyde l'avessero tenuto prigioniero e torturato, fu condannato a quindici anni per l'omicidio di Malcolm Davis. Scrisse un lungo articolo quando uscì il film su Bonnie e Clyde che si concludeva così: «Clyde si fidava di una sola persona: Bonnie».

William in seguito fu ucciso a Houston da un ignoto assalitore.

Blanche Barrow fu condannata a quindici anni per favoreggiamento. Mentre era in carcere i chirurghi le operarono l'occhio destro, ma non riuscirono a farle riacquistare la vista.

Cumie Barrow ed Emma Parker ebbero trenta giorni ciascuna. La madre di Bonnie ripeteva ossessivamente la medesima storia: aveva avvertito la figlia che le autorità le avevano promesso il perdono se avesse abbandonato Clyde. Lo stesso Clyde aveva chiesto più volte a Bonnie di tornare a casa. Ma lei aveva sempre rifiutato. Il suo amore per Clyde e la sua lealtà erano più forti del desiderio di libertà.

La stazione di servizio dei Barrow oggi è un ristorante di *tortillas*.

La macchina dentro la quale furono uccisi Bonnie e Clyde fu venduta nel 1973 per centosettantacinque dollari a un ricchissimo spacciatore di cocaina.

XIII

I TUOI OCCHI, LA MIA VENDETTA

Christine e Léa Papin, Francia 1933

L'agente Truth salì fino alla mansarda e bussò alla porta della camera delle sorelle Papin. Nessuno rispose e la porta era chiusa a chiave. Il poliziotto fu costretto a buttarla giù a spallate. La stanza era immersa nell'oscurità come il resto della casa. Soltanto la debole luce di una candela, appoggiata sull'unico tavolino accanto al letto, gli permise di vedere le due ragazze. Erano nude, abbracciate e tremanti sotto il lenzuolo, e lo guardavano terrorizzate.

Quando chiese loro cosa fosse successo, Christine, con un'espressione allucinata, disse tutto d'un fiato: «Quando vidi la signora Lancelin gettarsi contro di me cercai di fermarla con le mani e le strappai gli occhi con le dita».

Poi si interruppe, accorgendosi di essersi sbagliata e si corresse: «No... io cercai di fermare la signorina Lancelin ed erano suoi gli occhi che strappai con le dita. Nel frattempo mia sorella Léa si era lanciata sulla signora e le cavava gli occhi nello stesso modo».

Si bloccò di nuovo, sospirò e poi riprese: «Non so... forse è accaduto il contrario...».

Christine e Léa Papin avevano rispettivamente ventotto e ventidue anni quando furono assunte come cuoca e cameriera a casa Lancelin a Le Mans, in Rue La Bruyère 6. Il signor René Lancelin era un avvocato in pensione che abitava con la moglie e l'unica figlia, Geneviève.

Christine era nata nel 1903 e ancora bambina era stata messa, insieme alla sorella Léa, nell'istituto del Buon Pastore ad Angers perché i genitori avevano appena divorziato. Per tutta l'infanzia e l'adolescenza non avevano conosciuto che i lavori manuali, le pulizie, la cucina, il cucito e, ovviamente, la preghiera. La madre le aveva affidate alle suore perché non aveva mezzi per mantenerle. In realtà Christine era convinta che la donna non le volesse con sé perché non le amava.

Il signor René Lancelin era un uomo formale, ma estremamente gentile, mite, magnanimo. Aveva quarantanove anni, era di corporatura media, con spalle ampie, capelli neri e ricci e una corta barbetta ispida. In casa la sua presenza si notava appena per la sua abitudine di parlare a voce bassa e di starsene quasi sempre chiuso nello studio a leggere. La moglie, Jacqueline, era il suo opposto anche se ugualmente rispettosa di formalismi ed etichetta. Era piccola, bionda e rosea. Vestita all'ultima moda, amava le acconciature stravaganti e i cappellini colorati di cui aveva un'intera collezione. Il suo ritorno a casa era un fuoco di artificio, con voce stridula gridava alle cameriere che, appunto, era arrivata. Chiamava la figlia perché corresse a salutarla. Entrava in cucina e scoperchiava le pentole per vedere cosa stesse preparando la cuoca, passava in rassegna ogni stanza per controllare che nulla fosse fuori posto.

Geneviève aveva un rapporto estremamente freddo con il padre che amava innanzitutto la classe e il buon gusto. Invece la sua unica figlia aveva una voce squillante e stonata, si muoveva a disagio tra cristalli e argenterie e il suo passo pesante quando scendeva le scale rimbombava fastidioso anche nel suo studio. «Silenzio! Un po' di silenzio!» si lamentava lui, stringendosi la testa fra le mani.

Geneviève non aveva la grazia, il fisico minuto, i lineamenti delicati che distinguono tante giovani francesi e che la madre avrebbe desiderato per lei. Aveva una struttura ossea pesante e la sua passione per i dolci l'aveva fatta diventare molto grassa per una ventenne. Gli occhi erano neri, tondi e sporgenti; le guance sempre troppo rosse e i capelli corti e stoppacciosi.

I giovanotti non la guardavano né lei sembrava interessata a loro. La sua vita era totalmente condizionata e organizzata dalla madre. Le lezioni di pianoforte, il ricamo, le passeggiate in centro per le spese, l'ascolto della musica, tutta la sua giornata era scandita da orari ben precisi. Inoltre Geneviève doveva essere sempre presente anche quando Jacqueline riceveva le amiche per il tè. Era obbligata a cambiarsi d'abito e a sedere compunta accanto a lei sul divano per ascoltare i discorsi delle signore senza però il permesso d'intervenire.

Jacqueline Lancelin aveva un'alta opinione della classe sociale a cui apparteneva e disprezzava i ceti inferiori. Con le amiche sosteneva di essere molto soddisfatta del lavoro delle sue domestiche, ma ogni giorno aveva qualcosa da rimproverare alle ragazze. Usava indossare guanti bianchi con i quali passava la mano sui mobili, sulla ringhiera della scala che portava al piano di sopra, sulla mensola del caminetto... e guai se trovava un solo granello di polvere! Per non parlare di una grinza nella sopraccoperta del letto! Allora chiamava Léa e, senza dirle una parola, le lanciava uno sguardo di disprezzo indicando l'oggetto della sua lamentela.

Era soprattutto la giovane cameriera il bersaglio dei suoi rimproveri. Forse perché era la sorella più piccola, forse perché sembrava così fragile e indifesa, le dava un piacere particolare sgridarla e vederla arrossire di paura. Forse anche perché aveva un'età molto vicina a quella di sua figlia e guardandole insieme non poteva negare a se stessa che la ragazza con più distinzione, con un viso più piacevole e un corpo più armonioso era sicuramente Léa. Ecco, doveva essere punita per questo. La natura aveva commesso un'ingiustizia, una terribile ingiustizia. D'altronde lei lo diceva sempre alla figlia che non doveva mangiare dolci, che doveva stare attenta alla dieta. Per questo nascondeva cioccolata e pasticcini nei luoghi più impensabili, ma Geneviève riusciva ugualmente a trovarli.

Un giorno la signora Lancelin costrinse Léa a inginocchiarsi per raccogliere la carta di un cioccolatino che Geneviève aveva lasciato cadere sul tappeto del salotto. L'episodio si ripeté più volte e Léa si inchinava davanti alle gambe della sua padrona con il cuore colmo di indignazione. Ma anche Christine si prendeva i suoi rimproveri sul cibo che preparava. La signora Lancelin non la riprendeva personalmente, ma tramite la figlia le mandava dei bigliettini con le sue critiche acide e malevoli.

Christine e Léa avevano sempre vissuto in disparte, separate dal resto del mondo. Nessuna delle due aveva avuto rapporti con l'altro sesso. Nei sette anni trascorsi a casa Lancelin avevano imparato a sopportare ogni rimprovero, ogni umiliazione per poi discuterne la notte, nell'oscurità della loro camera. Forse allora, stringendosi l'una all'altra per vincere il freddo e la tristezza, avevano scoperto il piacere di un corpo caldo da abbracciare, da baciare, da accarezzare. Quando si accorsero che nei pochi metri della loro stanza potevano trovare la felicità, l'appagamento dei sensi, il piacere che non avevano mai conosciuto, cominciarono a rinunciare alle uscite domenicali. Finalmente potevano rimanere a letto fino a tardi, girare nude per la camera, vedere il proprio corpo riflesso nello sguardo dell'altra, parlare di niente, provarsi le delicate camicie di pizzo che entrambe sapevano cucire con abilità, sentire i lunghi capelli abbandonati sulle spalle senza doverli costringere in ordinate pettinature. Via i grembiuli inamidati, le scarpe pesanti, le calze spesse, i fermagli e le cinture. Rimanevano soltanto le loro delicate figure femminili che si aggiravano fra le quattro mura come fantasmi innamorati.

Da qualche giorno il ferro da stiro continuava a rompersi. Era successo una volta e la signora Lancelin l'aveva fatto riparare. Era successo ancora e la signora Lancelin aveva fatto una scenata, non era possibile che il medesimo guasto si ripetesse due volte nella stessa settimana. Léa, che si occupava del guardaroba della famiglia, era stata aspramente rimproverata. «E che non accada più!» l'aveva minacciata la signora Lancelin.

Il 2 dicembre 1933 Jacqueline era uscita con la figlia per una visita dicendo che sarebbe tornata intorno alle sette per cambiarsi d'abito e poi uscire di nuovo con Geneviève e raggiungere il marito e suo fratello in un ristorante. Mentre Christine era in cucina a lavare i bicchieri, Léa stirava una blusa di Geneviève. Era una camicetta molto delicata, con pizzi e ricami, che la ragazza avrebbe indossato quella sera stessa. A un tratto il ferro da stiro si era guastato di nuovo provocando uno scoppio e un corto circuito che aveva fatto saltare tutte le luci della casa.

Quando Léa vide la fiammata e improvvisamente rimase al buio cominciò a gridare. Istintivamente aveva lasciato il ferro, che era rimasto sulla blusa bruciandola. Si teneva la testa fra le mani, diceva frasi sconnesse nelle quali ricorreva la parola «paura» e sentiva la mente inabissarsi in una disperazione senza confini. Christine era accorsa in suo aiuto e aveva acceso una candela per illuminare la stanza. Léa era in uno stato pietoso, fissava la bruciatura sulla camicetta e cercava di strapparsi i capelli, singhiozzava e si contorceva. La sorella la prese dolcemente per le spalle e la accompagnò nella loro stanza da letto. Le parlava come a una bambina, la accarezzava, cercava di rassicurarla dicendole che avrebbe risolto tutto lei, non doveva preoccuparsi.

Léa si fece spogliare docilmente e Christine le infilò la camicia da notte, poi la aiutò a sdraiarsi sul letto. Le sciolse i capelli e fece la stessa cosa con i suoi. Anche lei indossò la camicia da notte nonostante non fosse ancora il momento di andare a dormire. La signora sarebbe rientrata presto.

«Cosa faremo... cosa faremo?» si lamentava Léa e Christine le sfiorava il viso con le labbra cercando di calmarla. Alla fine si addormentarono entrambe, abbracciate ed esauste.

Furono svegliate dalle grida irritate della signora Lancelin che era rientrata in anticipo, alle cinque e mezzo, e aveva trovato la casa immersa nell'oscurità.

«Christine!» urlava. «Vieni subito qui. Subito!»

Non ottenendo alcuna risposta la signora Lancelin, seguita dalla figlia, cominciò a salire le scale mentre continuava a chiamare Christine. Arrivò all'ultimo gradino e si fermò sul pianerottolo, un'altra stretta rampa portava alla mansarda, dove si trovava la stanza delle domestiche. Christine apparve davanti alle due donne improvvisamente, nella lunga camicia da notte bianca, come un fantasma sbucato dal buio. Era scarmigliata, discinta, con gli occhi infuocati d'odio. Dietro di lei, nelle stesse condizioni, si nascondeva Léa. La signora Lancelin gridò ancora più forte, ma questa volta per il disgusto.

«Sgualdrine!» le apostrofò. «Schifose! Che cosa state facendo? Che cosa avete fatto?»

«Dov'è la mia camicetta di pizzo?» intervenne con petulanza Geneviève. «Devo metterla stasera. Léa, l'hai stirata?»

Léa rabbrividì e si strinse ancora di più alla sorella.

La signora Lancelin non si controllava più, fece un altro passo in avanti e afferrò i capelli di Christine. «È questo il modo di conciarsi?» urlò. «A casa mia! Schifose! Sporcaccione! Ah, ma ci penserò io, vedrete... vedrete!» Si voltò per scendere le scale, ma poi parve ripensarci perché risalì l'ultimo gradino e sputò in faccia a Christine.

Accadde tutto in un lampo. Prima che la donna riuscisse a voltarsi di nuovo, Christine l'aveva afferrata per il collo con una mano mentre con l'altra le strappava un occhio. Un grido acutissimo si levò dal petto della vittima mentre Léa si lanciava su Geneviève ripetendo tutto ciò che aveva fatto la sorella. Nei lunghi minuti che seguirono, come due sorelle siamesi, Christine e Léa replicarono gli stessi gesti. La prima spingeva la signora Lancelin giù per le scale, Léa faceva altrettanto con la figlia. Si accanirono sulle due donne con tutto ciò che trovarono a portata di mano: una brocca di stagno, un paio di forbici, un coltello e un martello che andarono a prendere in cucina e con i quali infierirono sui corpi già esanimi delle loro vittime.

Poi si fermarono per riprendere fiato. Si guardarono e, compiendo automaticamente i gesti a cui erano abituate ogni giorno, lavarono il pavimento, strofinarono, pulirono tutto: coltello, forbici, martello e riposero ogni cosa al suo posto. Tornarono poi nella loro camera e si tolsero le camicie da notte macchiate di sangue. Non avevano però il coraggio di rivestirsi e si infilarono a letto nude, aspettando.

Il signor Lancelin trascorreva come ogni giorno qualche ora al club. Alle diciotto e quarantacinque venne a prenderlo il cognato, l'avvocato Jérôme Renard, che aveva invitato a cena lui e la sua famiglia in un locale del centro. Giunti al ristorante entrambi attesero a lungo l'arrivo della signora Lancelin e di sua figlia, ma queste non apparvero. René era preoccupato, non era mai accaduto che la moglie tardasse tanto a un appuntamento, perdipiù per cena. Provò a telefonare, ma a casa non rispondeva nessuno. Decise allora di andare a vedere di persona e il cognato volle accompagnarlo.

Trovarono la porta d'ingresso chiusa a chiave dall'interno, suonarono il campanello, bussarono al portone, ma non ricevettero risposta. Le finestre dell'abitazione erano buie eccettuata una debole luce che proveniva dalla mansarda dove dormivano Christine e Léa. Si accorsero però di una stranezza. Ogni volta che suonavano il campanello la luce si spegneva. Quando poi si allontanavano di qualche passo dall'entrata la luce tornava ad accendersi. Provarono allora a gridare il nome delle cameriere perché scendessero ad aprire. Nessuno rispose e la luce si spense di nuovo.

I due uomini andarono al primo posto di polizia e sottoposero il caso al commissario. Questi decise di mandare tre dei suoi agenti. I poliziotti forzarono la porta d'ingresso. Provarono ad accendere la luce, ma gli interruttori non funzionavano, evidentemente doveva esserci stato un black-out. Misero allora in funzione le torce elettriche e lanciarono dei richiami per vedere se qualcuno rispondeva. Non ottenendo alcun segnale di vita gli agenti, insieme al signor Lancelin e al cognato, si avventurarono dentro l'appartamento.

Due poliziotti cominciarono a salire le scale e poi soffocarono un grido. Ai loro piedi, sul terzo gradino, c'era un occhio strappato dalla sua orbita. Uno degli agenti tornò subito al piano terra e disse all'avvocato Renard di trattenere il cognato. Lo spettacolo che si era presentato ai suoi occhi era raccapricciante. La signora Lancelin e la figlia erano sulle scale, morte e immerse nel loro sangue. Ognuno dei corpi era stato spaventosamente devastato da colpi di armi contundenti e da taglio. Gli agenti dissero al collega di accompagnare i due uomini al commissariato e di tornare con una squadra di rinforzo. Rimasti soli continuarono a osservare la macabra scena alla luce delle torce.

I cadaveri erano stati orrendamente mutilati. Sotto le gonne le gambe delle donne presentavano diversi tagli e ferite. Le unghie delle mani erano state strappate e così i denti di Geneviève. Su uno scalino c'era un occhio della signora Lancelin, l'altro pendeva ancora attaccato all'orbita. Anche gli occhi di Geneviève erano stati strappati e giacevano in terra a una certa distanza l'uno dall'altro. Il muro e le porte del primo piano erano schizzate di sangue. Mancavano però le armi del delitto.

L'agente Truth, il più giovane dei tre, fu mandato a controllare la mansarda. Bussò alla porta della camera delle sorelle Papin, non sentendo alcun rumore e trovando la porta chiusa la buttò giù a spallate. Alla debole luce di una candela, poggiata su un piattino su un tavolo, il poliziotto vide Christine e Léa a letto, nude e abbracciate, che lo guardavano con un'espressione terrorizzata.

Quando chiese cosa fosse successo, Christine confessò il crimine tutto d'un fiato. Léa invece non riuscì a emettere alcun suono.

Furono arrestate e interrogate di nuovo. Le sorelle risposero alle domande del commissario con estrema freddezza e non omisero alcun particolare. Quando si trattò di raccontare le fasi del delitto il commissario chiese a Christine: «La signora Lancelin aveva alzato la mano contro di voi?».

«No» rispose Christine.

«Ma voi vi siete scagliata contro di lei.»

«Sì.»

«La signora Lancelin è crollata sulle scale. In quel momento è accorsa sua figlia. È vero, come avete detto voi stessa, che vi ha afferrata per la manica?»

«No, sono io che l'ho colpita per prima.»

«E in quel momento è intervenuta anche vostra sorella?»

«Lei era già al mio fianco.»

«E voi che cosa le avete detto?»

Christine non rispose.

«Se non volete dirlo, ve lo dirò io. Mentre voi vi accanivate sulla madre, avete indicato la signorina Lancelin, a terra, e avete detto a vostra sorella: "Strappale gli occhi!". E vostra sorella, che vi ubbidisce cecamente, si è gettata sulla malcapitata, incapace di difendersi, gliele ha "suonate", come dice lei, poi le ha infilato le dita nelle orbite e le ha strappato gli occhi. E voi, intanto, strappavate gli occhi alla signora. In che modo l'avete fatto?»

«Con le dita.»

«E avete gettato i globi oculari sulle scale?»

«Sì.»

Il commissario si rivolse poi a Léa chiedendole: «E voi, quando avete visto che vostra sorella si accaniva sulla signora Lancelin, che cosa avete fatto?».

«Ho strappato gli occhi alla signorina Lancelin.»

«Quando vostra sorella ha visto che la signorina Lancelin cercava di risollevarsi da terra, vi ha gridato: "Strappale gli occhi"?»

«Sì.»

«E come l'avete fatto?»

«Con le dita.»

«In seguito avete preso un coltello. Per farne cosa?»

«Dei tagli.»

«Volete dire che avete tagliuzzato le gambe della signorina Lancelin. Era morta quando avete infierito su di lei con il coltello?»

«Non si muoveva più.»

Il commissario chiese ancora a Christine quali fossero state le armi con cui avevano compiuto i due delitti. La ragazza rispose: «Un martello con cui le abbiamo colpite in testa, in faccia, sui denti, sulle mani, un coltello con cui abbiamo fatto dei tagli sulle gambe e una brocca di stagno che si trovava su un tavolinetto sulle scale. Ci scambiavamo gli strumenti. Se io le passavo il martello, Léa mi dava il coltello e così abbiamo fatto anche con la brocca».

«Perché avete chiuso a chiave la porta d'ingresso?» chiese ancora il commissario.

«Non volevo che il signor Lancelin vedesse per primo che cosa era successo. Volevo che fosse la polizia a farlo» rispose Christine.

Il commissario le domandò perché si erano infilate a letto totalmente nude e Christine spiegò, mentendo, che i vestiti erano tutti sporchi di sangue.

«Non i vestiti, ma le camicie da notte erano sporche di sangue... Perché vi eravate svestite se aspettavate il ritorno della signora Lancelin e di sua figlia?»

Christine non seppe che cosa rispondere. Poi disse che non aveva rimpianti o che comunque non sapeva se li aveva oppure no. Quel che era certo era che non aveva premeditato i delitti e non sentiva un odio particolare contro le due donne, ma non aveva resistito davanti agli insulti e ai gesti che la signora Lancelin le aveva rivolto quella sera.

Anche Léa confermò che i delitti non erano stati programmati: «L'idea venne all'improvviso, quando udimmo tutte quelle ingiurie di madame Lancelin contro di noi».

In carcere Christine cominciò ad avere strane visioni. Una volta che non riusciva a calmarsi, condussero la sorella nella sua cella, e Christine le gridò inspiegabilmente: «Di' sì, di' sì».

Nessuno capì mai cosa significassero le sue parole. Alcune volte si trincerava dietro lunghi silenzi. Altre passava la giornata a pregare. Tracciava segni incomprensibili sul muro della prigione con la lingua. Poi gridava di essere l'unica responsabile dei crimini, Léa non aveva fatto nulla. Durante gli interrogatori la ragazza diceva strane frasi e faceva strane domande: «Dov'ero prima di essere nella pancia di mia madre?», e «Dove saranno la signora e la signorina Lancelin adesso? Potrebbero essere tornate sulla terra in altri corpi?». Le misero una camicia di forza, ma riuscì a liberarsene.

I poliziotti pensavano che fingesse, forse voleva dimostrare di essere pazza per evitare la pena di morte. Comunque, a parte le crisi di follia di Christine, entrambe le ragazze in carcere si dimostrarono disciplinate e educate, tenevano in perfetto ordine le loro celle e ricevevano le guardie che portavano loro il pranzo come delle signore invitate per il tè.

Il processo contro Christine e Léa Papin cominciò il 29 settembre 1933 alla Corte d'Assise di Le Mans. Fu un vero evento nazionale. Truppe con le baionette dovettero difendere l'entrata dall'assalto della folla. I giornali avevano mandato i loro cronisti da ogni parte del paese e parlavano diffusamente delle due criminali chiamandole di volta in volta «le diaboliche sorelle» o «gli agnelli diventati lupi».

Durante il dibattimento, la gente, ammutolita e inorridita, ascoltò il racconto dei particolari che avevano accompagnato i due delitti. Ogni tanto da qualche parte dell'aula arrivava un grido: «Alla ghigliottina!».

Le due imputate ascoltavano impassibili. Anzi, a un certo punto Christine chiuse gli occhi e rimase così per tutta la durata del processo. Sembrava addormentata o quanto meno in trance, ma se veniva interrogata si alzava in piedi automaticamente e rispondeva con pacatezza, senza comunque aprire mai gli occhi.

Se Christine teneva gli occhi chiusi quelli di Léa erano spalancati, ma sembrava che la ragazza non vedesse nulla. Un velo leggero la separava dalla realtà. Léa non sentiva il proprio corpo, non udiva ciò che veniva detto intorno a lei, era lì perché qualcuno aveva deciso per lei, forse Christine.

Il giudice Beucher chiese alle due sorelle il motivo del massacro. Era ormai stabilito che non si era trattato di furto perché nell'appartamento non mancava nulla e poi le due donne in quel caso avrebbero cercato di fuggire. Non riusciva a credere che tutto fosse successo soltanto perché in casa erano saltate le valvole e il ferro da stiro aveva bruciato una camicetta. Quella furia non poteva essere stata scatenata da un banale rimprovero. D'altronde loro stesse avevano ammesso durante il processo di non essersi mai lamentate della paga né della maniera in cui venivano trattate.

Christine disse che non poteva affermare se la signora fosse o non fosse gentile con loro visto che in sette anni non le aveva quasi rivolto la parola.

«E allora perché? Perché?» le chiedeva il giudice. Christine rifletté a lungo e poi disse che quegli omicidi erano stati una piccola rivoluzione, esplosa dopo anni di umiliazioni e di rimproveri.

«È vero» chiese ancora il giudice a Christine «che quando venivate sgridata in cucina invece di rispondere cominciavate a battere i coperchi delle pentole uno contro l'altro con forza? Non si trattava forse di una reazione dettata dall'orgoglio? Eppure voi dite che il lavoro vi piaceva e comunque non avete mai dimostrato alcun odio di classe... Inoltre non eravate influenzata dalla letteratura, visto che nella vostra stanza sono stati trovati soltanto libri di preghiere.»

Il giudice disse che durante il processo si sarebbe stabilito se le sorelle Papin erano sane di mente oppure no, nel qual caso non potevano essere ritenute responsabili dei crimini commessi. Si diede quindi grande spazio alle relazioni degli esperti. L'accusa portò a testimoniare tre psichiatri che avevano visitato le ragazze soltanto due volte per mezz'ora e le loro deposizioni si rivelarono molto ambigue. Per il dottor Swarzimmer, nonostante i precedenti familiari delle imputate (il padre di Christine e Léa era un alcolizzato che aveva abusato della figlia più grande, la madre era un'isterica assetata di denaro, un cugino era morto in manicomio, uno zio si era impiccato perché «la sua vita era priva di gioia»), non c'erano prove che dimostrassero la loro infermità mentale. D'altronde però non sembrava normale l'attaccamento morboso, quasi mistico, che le due sorelle provavano l'una per l'altra.

«Attaccamento mistico?» ribatté l'accusa. «Abbiamo seri sospetti che si trattasse invece di attaccamento anormale, insomma di un rapporto lesbico fra le due imputate.»

Il giudice ne chiese conferma a Christine. Ma la ragazza, alzando le spalle, disse che lei e Léa erano soltanto sorelle e non c'era nulla di morboso tra loro.

L'avvocato della difesa, Pierre Chautemps, convocò il professor Logre di Parigi che parlò di «colossali dubbi sulla salute mentale delle imputate», ma poi, controinterrogato dal pubblico ministero, dovette ammettere di non aver mai visto le due donne, neppure per cinque minuti, e di avere studiato il loro caso chiuso nel suo studio parigino.

Considerando la debolezza e il carattere contradditorio delle due posizioni, l'avvocato Chautemps reclamò altre analisi psichiatriche, ma il giudice non acconsentì.

A proposito delle visioni di Christine, il pubblico ministero dichiarò che si trattava di una delle più comuni strategie per sfuggire alla pena capitale. L'avvocato della difesa, rendendosi conto di non poter fare quasi nulla per Christine, provò almeno a convincere la giuria della mancanza di responsabilità di Léa, giovane e sottomessa all'influenza della sorella più grande.

Il processo durò soltanto ventisei ore. Christine, ritenuta colpevole di entrambi i delitti, fu condannata alla ghigliottina. L'esecuzione si sarebbe svolta nella pubblica piazza di Le Mans nel febbraio del 1934. Quando Christine udì la sentenza cadde in ginocchio.

Poiché da tempo le donne non venivano più ghigliottinate in Francia la sua pena fu commutata nei lavori forzati a vita. Léa, ritenuta responsabile dell'omicidio della sola Geneviève, fu condannata a dieci anni di lavori forzati.

In carcere Christine continuò ad avere allucinazioni. Presto cominciò a dare più preoccupanti segni di pazzia e così fu trasferita all'ospedale psichiatrico di Rennes dove morì nel 1937.

Léa fu liberata nel 1941, a trentadue anni, e finì la sua vita facendo la domestica.

XIV

FAMMI FARE QUALCOSA DI PERICOLOSO

Karl Hulten ed Elizabeth Jones, Gran Bretagna 1944

Karl incontrò Elizabeth in un caffè di Hammersmith, a Londra.

«Come ti chiami?» le chiese.

«Georgina» rispose lei. «E tu?»

«Ricky» disse l'ufficiale.

«Che cosa ti va di fare, bambina?» le domandò lui più tardi quando la fece salire sul suo camion per accompagnarla a casa.

«Mi piacerebbe fare qualcosa di pericoloso.»

«Pericoloso?»

«Sì, per esempio volare sulla Germania per sganciare qualche bomba. Si può fare?»

«Si può fare di meglio...» disse lui e tirata fuori dal fodero la pistola la tese alla ragazza.

«È molto pesante» disse lei che non aveva mai toccato un'arma in vita sua.

«Già. Adesso hai una pistola, sei su un camion rubato all'esercito americano insieme a un disertore. Niente male come esperienza pericolosa. Ma ce la faresti ad affrontare qualcosa di più forte?»

Elizabeth sentì un brivido lungo la schiena e poi annuì.

Elizabeth accompagnò gli ultimi spettatori al loro posto con la sua torcia tascabile e quando il leone della MGM cominciò a ruggire anche lei si sedette per guardare il film. Jean, la sua collega, le andò vicino sussurrando: «Vieni fuori a fumare una sigaretta?».

«No, preferisco guardare il film» rispose Elizabeth.

«Ma l'hai già visto decine di volte!» commentò l'altra.

«Non importa, mi piace» ribadì Elizabeth.

«Sei innamorata di Humphrey Bogart?» scherzò l'amica uscendo dalla sala.

Ma Elizabeth non badava agli interpreti maschili dei suoi film preferiti, quelli sui gangster, tutta la sua attenzione era concentrata sulle «pupe». Le donne dei fuorilegge, nelle quali si immedesimava completamente. Loro sì che vivevano una vita elettrizzante, con l'adrenalina alle stelle, senza curarsi di ciò che diceva la gente, di ciò che è giusto o sbagliato. Loro sì che non erano obbligate a essere gentili e disponibili con tutti, non dovevano lavorare per sopravvivere. Il suo idolo era Joan Crawford, bella e altera.

La sua vita invece era stata molto diversa.

Era nata diciotto anni prima a Neath, nel Galles, e aveva vissuto cinque anni in Canada. Poi il padre aveva riportato la famiglia in Gran Bretagna quando era scoppiata la Seconda guerra mondiale. Elizabeth voleva molto bene a suo padre mentre la madre preferiva la sorellina Gladys che era handicappata e aveva più bisogno di lei. Quando Elizabeth compì tredici anni si verificò un episodio che doveva segnarla per la vita. Un amico del padre le era corso dietro mentre lei faceva un giro in bicicletta e l'aveva afferrata per la gonnellina facendola cadere. Poi le aveva infilato le mani nelle mutandine mentre lei gridava disperatamente: «Non farlo! Ti prego, non farlo!». Ma l'uomo le aveva messo una mano sulla bocca dicendole fra i denti: «Stai zitta tesoro. Non ci vorrà molto. Stai zitta!».

La sera Elizabeth aveva raccontato l'episodio al padre, piangendo. Ma lui l'aveva rimproverata aspramente: «Non sei che una bugiarda, Betty. Dan Edwards è il mio migliore amico e non farebbe mai una cosa simile. Vai subito in castigo nella tua camera!».

In seguito Elizabeth era scappata di casa tre volte per raggiungere il padre che era stato richiamato dall'esercito britannico. La terza volta la madre l'aveva messa in riformatorio. Proprio lì Elizabeth aveva imparato a danzare. Quando aveva sedici anni i genitori le fecero sposare un uomo di tredici anni più grande che la prima notte di nozze la picchiò a sangue. Questa volta non era corsa dai genitori a piangere, ma era partita per Londra e non era più tornata a casa.

Avrebbe voluto fare la ballerina, ma aveva trovato lavoro solo come spogliarellista al Panama Club di Knightsbridge e al Blue Lagoon Club di Carnaby Street. Allora aveva cambiato il suo nome in quello di Georgina Grayson. Ma quando una notte un gruppo di soldati inglesi si era messo a fischiare mentre lei si spogliava, aveva capito di non avere talento neppure per quel lavoro e si era licenziata.

Viveva da sola in un piccolo appartamento ammobiliato e da poco era stata assunta come maschera in un cinema. Nel tempo libero scriveva lettere alle attrici di Hollywood, soprattutto a Joan Crawford.

Vi ho sempre ammirata moltissimo, signora Crawford. Io so che potrei avere un grande futuro a Hollywood se solo potessi farmi conoscere. Potreste mettere una buona parola per me? Vi sarei eternamente grata...

Mentre al buio ripercorreva mentalmente la propria vita, Elizabeth non si era accorta che alcuni spettatori, non trovandola al suo posto, erano andati a protestare con il direttore che adesso la afferrava con forza per un braccio e la portava fuori dalla sala. Più tardi lasciò il cinema con l'ultima paga: era stata licenziata. Poteva andare a casa, ma era ancora presto, soltanto le dieci, così decise di fare un salto al Blue Spot Café.

Era il 3 ottobre 1944, la guerra era entrata nella sua fase finale e i soldati statunitensi riempivano i pub, i night-club e le strade della città. Le ragazze inglesi li trovavano irresistibili e il governo temeva che l'influenza americana avesse degli effetti disastrosi sulla società britannica. Anche Elizabeth, come tutti i giovani, era entusiasta della loro presenza in città. Teneva un taccuino con i nomi dei soldati americani con cui aveva avuto un'avventura, segnava il loro grado e che fine avevano fatto: «scomparso», «deceduto», «ferito». I blackout, le sirene che davano l'allarme, le uniformi dei soldati che potevano non tornare più, tutto questo per lei era molto eccitante.

Al Blue Spot Café incontrò la sua amica Beryl Bexley, seduta a un tavolo insieme a suo padre Len.

«Georgina! Pensavo lavorassi questa sera!» esclamò l'amica.

«Sono stata licenziata. Mi ero distratta a guardare il film...»

«Che peccato. E adesso che farai?» chiese Beryl.

«Non importa. Troverò qualcos'altro» rispose evasivamente lei.

Il padre di Beryl la invitò a sedere al suo tavolo. «Vuoi qualcosa da mangiare?» le chiese e poi le presentò Ricky, un tenente americano che aveva conosciuto recentemente.

Elizabeth guardò il giovane e notò che aveva un fisico notevole, una forte stretta di mano e una voce chiara e sicura. Ricky disse di essere in permesso, appena arrivato dall'Olanda.

«E tu che cosa fai, Georgina?» le chiese.

«Sono una showgirl» rispose lei con orgoglio. «Ballo in diversi locali.»

Mangiarono e poi Ricky le propose di fare un giro fuori. Elizabeth accettò anche se erano già le undici e mezzo. Lui le disse di aspettarlo all'uscita di un cinema poco lontano, sarebbe passato a prenderla in pochi minuti. Elizabeth andò in bagno a rimettersi il rossetto e poi lasciò il caffè per raggiungere il cinema. Aspettò mezz'ora, ma Ricky non si fece vedere. Stava per incamminarsi delusa verso casa quando si sentì chiamare. Allora lo vide, alla guida di un camion dell'esercito americano. Lo guardò stupita e quando lui le fece cenno di salire lo raggiunse sul sedile anteriore.

«Che cosa ti va di fare, bambina?» le chiese lui.

«Mi piacerebbe fare qualcosa di pericoloso» rispose Elizabeth.

Ricky le chiese cosa intendesse dire e lei rispose che le sarebbe piaciuto volare sulla Germania e sganciarvi qualche bomba. Lui le disse che c'era di meglio, per esempio usare una pistola come quella che tirò fuori dal fodero e che le tese.

«È molto pesante» disse lei.

«Già. Adesso hai una pistola, sei su un camion rubato all'esercito americano insieme a un disertore. Niente male come esperienza pericolosa. Ma ce la faresti ad affrontare qualcosa di più forte?»

Elisabeth annuì elettrizzata, ma poi cambiò discorso e chiese all'ufficiale se era veramente un disertore.

«Non solo» si vantò Ricky che in realtà si chiamava Karl Hulten «ho una mia banda a Chicago dove sono nato.»

«Davvero?» esclamò lei battendo le mani.

«Già. Sei spaventata?»

«Nient'affatto. È bellissimo. Quindi adesso io sarei... la pupa del gangster?»

«Be', sì. Mettiamola così.»

In realtà Karl Hulten non era nato a Chicago ma a Cambridge, nel Massachusetts, ventidue anni prima. A Chicago non era mai stato. Dopo la scuola aveva trovato lavoro come impiegato di banca e in vita sua non aveva commesso alcun crimine se non quello recente di disertare dall'esercito.

Il camion aveva lasciato la Great West Road e aveva imboccato una stradina stretta che costeggiava un villaggio. Improvvisamente i fari illuminarono una figura in bicicletta.

«Stai attento, Ricky. C'è una donna in bicicletta davanti a noi» lo avvertì Elizabeth.

Ricky non rispose, ma accelerò.

«Attento, così le vai addosso!» gridò Elizabeth.

Troppo tardi. Travolta dal camion, la donna era caduta in terra e sembrava priva di conoscenza. Ricky fermò il motore e scese.

«Ma non l'avevi vista?» chiese Elizabeth sconvolta, saltando giù.

«Certo che l'avevo vista. Ma adesso dammi una mano.»

Elizabeth tremava violentemente. «Ma non sarà...»

«Morta? Non sono mica stupido! Guarda, si sta rialzando. Prendi questa!»

Raccolse la borsetta perduta dalla donna e la lanciò a Elizabeth prima di risalire sul camion.

Sulla via del ritorno per Londra Elizabeth guardò nel portafoglio della donna. Oltre ai documenti c'erano cinque scellini e alcuni buoni per l'abbigliamento. Ricky prese i buoni che avrebbe venduto al mercato nero e lasciò i soldi alla ragazza.

Era ormai quasi l'alba quando Ricky parcheggiò il camion sotto casa di Elizabeth al numero 311 di King Street, a Hammersmith. Prima di salutarla con un rapido bacio sulle labbra le comunicò che anche a Londra aveva una sua banda e per questo doveva stare molto attenta a comportarsi bene perché: «I miei uomini ti sorveglieranno».

Mentre saliva le scale per tornare nel suo appartamentino, Elizabeth era frastornata. Era stata la serata più emozionante della sua vita.

Il giorno dopo non andò a cercarsi un lavoro, voleva aspettare Ricky. Uscì soltanto per raggiungere il caffè all'angolo dove consumò il suo pranzo seduta a un tavolino vicino alla finestra per controllare la strada nel caso lui fosse arrivato. Ricky non venne quel giorno ma si fece vivo quello seguente, nel tardo pomeriggio, insieme a Len Bexley, il padre della sua amica Beryl.

«Ti va di venire al cinema con noi?» le chiese Ricky.

Si trattava di una pellicola sui gangster ed Elizabeth accettò volentieri. Nella sala Ricky le tenne la mano e ogni tanto le faceva sentire lo spessore della pistola attaccata alla cintura. Più tardi salutarono Len e andarono in un caffè di Hammersmith. Qui fecero un piano per derubare un pub. Ricky la condusse nel parcheggio dove aveva lasciato il camion e qualche minuto dopo entrava nel pub prescelto. Ma ne uscì subito dopo.

«Che cosa è successo?» chiese Elizabeth.

«Niente da fare, siamo sorvegliati» disse lui enigmaticamente. In realtà aveva avuto paura.

«Perché non rapiniamo un taxi?» suggerì lei mentre oltrepassavano Marble Arch. «Per esempio quello» e indicò una macchina.

Seguirono il taxi finché non lo videro imboccare una strada solitaria a Cricklewood. Ricky lo superò. Poi arrestò il camion, scese e con la pistola fece segno al taxi di fermarsi. Dopo qualche istante risalì accanto a Elizabeth.

«E adesso che cosa è successo?» chiese lei delusa mentre lui partiva a tutta velocità.

«Il tassista non aveva soldi. Andiamo.»

Stavano percorrendo Edgware Road quando Elizabeth gli chiese di fermarsi. «Ho visto una ragazza. Torniamo indietro.»

Era una giovane di diciannove anni che camminava sul bordo della strada trascinando una pesante valigia. Ricky le si avvicinò.

«Dove stai andando tesoro?» le chiese.

La ragazza lo guardò sospettosa, ma quando si accorse della presenza di Elizabeth si rassicurò. «Vado a Paddington. Devo prendere il treno per Bristol, ma non sono sicura di farcela» rispose fermandosi per riposare il braccio.

«Be' noi stiamo andando a Reading. Se vuoi possiamo darti un passaggio. Puoi prendere il treno da lì. Dammi la valigia che la metto dentro» disse Karl.

La ragazza, che disse di chiamarsi Violet Hodge, lasciò che Ricky la aiutasse con il bagaglio e poi prese posto sul camion tra i due. Cominciò a chiacchierare con Elizabeth, le raccontò che lavorava come cameriera a Londra e che aveva abbandonato l'impiego per tornare a casa sua a Bristol. Mentre oltrepassavano Runnymede Park, vicino all'argine del Tamigi, Ricky fermò il motore imprecando.

«Che c'è?» chiese Elizabeth allarmata.

«Abbiamo forato» spiegò saltando giù. Le ragazze scesero dietro a lui.

Ricky si avvicinò a Elizabeth e le sussurrò all'orecchio: «Cerca di farla voltare. La voglio di spalle».

Elizabeth intuì il piano del ragazzo e offrì a Violet una sigaretta. Ma non accadde nulla. Poi lui la richiamò e, strizzando l'occhio, le chiese di salire sul camion a prendere un particolare attrezzo che gli serviva per riparare la gomma. Violet si piegò a guardare la ruota e in quel momento Ricky la colpì con una sbarra di ferro alla testa. Elizabeth ebbe un tuffo al cuore e smise di respirare per qualche istante. Poi scese a guardare. La ragazza era ancora in piedi nonostante il terribile colpo. Ricky allora la prese alla gola ed entrambi caddero sul selciato. Riuscì a tenerla con il viso schiacciato contro l'asfalto e le salì sulla schiena.

«Vieni ad aiutarmi!» gridò a Elizabeth. «Tienile il braccio fermo e frugale nelle tasche.»

Elizabeth si inginocchiò sul braccio di Violet e tirò fuori un portafoglio. La ragazza aveva smesso di muoversi, Ricky pensò che fosse morta e si fece aiutare da Elizabeth per portarla fino al fiume. Lei prese Violet per i piedi e lui per le braccia e insieme la fecero scivolare lungo la sponda del Tamigi fino all'acqua.

Risalirono sul camion e Ricky si accorse di avere i pantaloni macchiati di sangue. «Ci penserò domani» disse, e volle sapere che cosa c'era nel portafoglio.

«Pochi spiccioli» rispose lei.

«Abbiamo sempre la sua valigia» si consolò il ragazzo.

Passarono il resto della notte insieme, a casa di Elizabeth, e si svegliarono soltanto il pomeriggio seguente. Ricky la pregò di recarsi alla stazione a prendere una sacca con i vestiti di ricambio che aveva lasciato al deposito bagagli. Le diede la chiave ed Elizabeth andò e tornò velocemente. Lui si cambiò pantaloni e giacca e poi tirò fuori dalla sacca due affilati pugnali. Le fece vedere come si usavano e ingaggiarono una breve battaglia scherzosa. Diventato improvvisamente serio, Ricky le disse che si sarebbe assentato per un paio d'ore.

Alle undici di sera non era ancora tornato ed Elizabeth era già in pena quando udì il suo inconfondibile fischio dalla strada.

Il giorno dopo, sabato 7 ottobre, il vigile del fuoco Robert Balding finì il suo turno alle nove e da Stanise, a venti miglia a ovest di Londra, si incamminò verso casa attraversando Knowle Green. Qualcosa sul bordo della strada attrasse la sua attenzione. Era un uomo steso in terra. Si avvicinò sollecito pensando che stesse male, ma si rese subito conto che era morto. Chiamò la polizia e i primi rilievi evidenziarono, nella fanghiglia che copriva la strada, le tracce di grosse ruote, ruote di un camion. L'uomo era stato raggiunto alla testa da una pallottola che l'aveva ucciso.

Quello stesso giorno un elettricista aveva trovato un portafoglio poco distante dal luogo dove era stato scoperto il cadavere. Conteneva i documenti dell'uomo, che si chiamava George Heath, aveva trentaquattro anni, era di Ewell, nel Surrey, e lavorava come autista di macchine a noleggio. La notizia ebbe un certo risalto sui giornali perché Heath era un soldato, era stato ferito a Dunkerque e solo recentemente era stato dimesso dall'ospedale e aveva ripreso il suo lavoro.

La polizia diramò la descrizione della macchina che Heath guidava la sera in cui era stato ucciso, si trattava di una Ford V8 con targa RD8955. Due giorni dopo un agente la vide parcheggiata di fronte a una casa a Fulham Palace Road. Avvertì subito la centrale e un collega lo raggiunse in pochi minuti. Decisero di nascondersi e di aspettare.

Quarantacinque minuti dopo un tenente dell'esercito americano uscì dalla casa e si avvicinò alla macchina. Mentre stava aprendo lo sportello con le chiavi uno dei poliziotti lo afferrò per un braccio e gli chiese se fosse lui il proprietario dell'auto. Il soldato non rispose. Il poliziotto allora gridò e fu raggiunto dal collega. Insieme immobilizzarono il giovane e gli frugarono nelle tasche. Trovarono una pistola automatica carica e con la sicura disinserita.

Lo portarono alla centrale di Hammersmith dove il tenente disse di chiamarsi Richard John Allen e di appartenere al secondo battaglione del 501° reggimento di paracadutisti americani. Ma Ricky Allen era il nome con cui lo chiamavano gli amici, la polizia scoprì quasi subito che il tenente che aveva disertato in agosto portandosi via un camion e una pistola automatica si chiamava Karl Hulten.

Karl fu interrogato dall'avvocato Robert De Mott, tenente dell'esercito americano, al quale disse di avere trovato la Ford, il pomeriggio del giorno prima, abbandonata vicino a Newbury, nel Berkshire. La notte del delitto aveva dormito nel suo camion a Newbury. In seguito cambiò versione e disse di aver rubato la Ford in un parcheggio a Hammersmith e di avere trascorso la notte del delitto a casa di una ragazza che si chiamava Georgina Grayson. Poi aggiunse: «Non conosco questo George Heath, non l'ho mai visto. Giuro di non averlo ucciso».

Gli agenti si fecero condurre a casa di Elizabeth e trovarono la ragazza ancora a letto. Karl scoprì soltanto allora che la ragazza si chiamava Elizabeth Mude Jones. Entrambi dissero di essersi conosciuti al Blue Spot Café e di aver passato un paio di giorni insieme. Per quanto riguardava la sera del delitto Elizabeth raccontò che Karl era venuto a trovarla alle undici e mezzo ed era rimasto tutta la notte insieme a lei.

Elizabeth non fu trattenuta e forse non sarebbe neppure stata incriminata se il suo esibizionismo non l'avesse tradita. Quel giorno incontrò un amico poliziotto che, vedendola pallida e con le occhiaie, le chiese se per caso quella notte non avesse dormito. Elizabeth rispose: «Se tu avessi visto qualcuno fare le cose che io gli ho visto fare neppure tu saresti riuscito a chiudere occhio per tutta la notte».

Insospettito da questa frase il poliziotto andò a riferire il colloquio all'ispettore Bert Tansell che fece condurre Elizabeth nel suo ufficio e poi le chiese di raccontare anche a lui che cosa «aveva visto fare» la notte del delitto.

Quella sera, riferì Elizabeth, dopo aver udito il fischio dalla strada, aveva raggiunto Karl. «Andiamo a rapinare un taxi» aveva suggerito lui.

Avevano camminato fino a una delle strade più frequentate della città e si erano fermati davanti all'ingresso di un negozio. Poco dopo era passata una Ford. L'autista guidava molto lentamente, come se cercasse dei clienti nonostante sull'auto non avesse contrassegni. Elizabeth gridò: «Taxi!» e l'auto accostò al bordo della strada.

La ragazza andò a parlare con il conducente e poi tornò da Karl che si era nascosto temendo si trattasse di un'auto della Marina.

«È un autista di macchine a noleggio. Non dovrebbe prendere clienti per la strada ma ha detto che per noi farà un'eccezione» riferì Elizabeth.

Karl uscì dal nascondiglio e si accordò con l'autista perché li conducesse a King Street. L'uomo disse che la corsa sarebbe costata dieci scellini, una cifra esorbitante.

Poi Elizabeth continuò la sua confessione:

> Accettammo perché tanto non avevamo alcuna intenzione di pagarlo. Arrivati a King Street, Ricky disse all'autista di proseguire fino a Great West Road. Mi accorsi che aveva tirato fuori la pistola e la teneva accanto a sé. Ricky disse all'uomo che poteva fermarsi, e quando quello si voltò indietro per aprirmi lo sportello lui gli sparò alla testa. Mi stupii del fatto che la pistola non avesse fatto il rumore che mi aspettavo. L'autista si lamentò debolmente e cadde in avanti, con il capo sul volante. Non era morto perché continuava a gemere. Ricky gli disse di spostarsi se non voleva un altro colpo in testa. Credo che l'autista capisse cosa doveva fare perché si spostò alla sua sinistra mentre Ricky occupava il posto di guida e partiva velocemente. Dopo qualche secondo mi chiese di controllare dal finestrino posteriore se qualcuno ci stava seguendo. Gli dissi di no e lui mi chiese allora di frugare nelle tasche dell'uomo. Mentre cercavo sentivo che l'autista faceva fatica a respirare. Trovai quattro sterline, una fotografia, i suoi documenti, un accendino prezioso, un portasigarette, una penna stilografica e un porta mine d'argento. In un'altra tasca c'era un libretto d'assegni e alcune lettere. Misi tutto sul sedile accanto a me. Ricky mi disse che dovevo sfilargli anche l'orologio. Poi volle che cercassi il bossolo nell'auto, guardai con la torcia, ma non riuscii a trovarlo. Ricky guidò ad alta velocità fino a una radura. Fermò l'auto e tirò fuori l'autista che trascinò in un fossato dove poi lo fece scivolare.

Karl si accorse di avere le mani sporche di sangue e lei gli tese il fazzoletto che aveva trovato nelle tasche dell'uomo. Quando risalirono sull'auto lui le disse di stare attenta a non lasciare impronte digitali. Tornarono a Londra e finalmente riuscirono a trovare il bossolo che gettarono dal finestrino insieme ai documenti dell'uomo. Portarono la macchina nel parcheggio di un cinema dietro Hammersmith Brodway e cominciarono a pulirla.

Quando arrivarono a casa, Elizabeth gli chiese se l'uomo fosse proprio morto. Karl, infastidito, rispose di sì e lei disse: «Questo è omicidio a sangue freddo. Come hai potuto farlo?».

Lui rispose che i veri gangster non hanno tempo di pensare a quello che fanno. Il giorno dopo Karl vendette l'orologio dell'uomo per cinque sterline, la penna stilografica e la matita per otto scellini.

Karl Hulten diede poi la sua versione della storia. Disse che non era stato lui ad avere l'idea di rapinare un autista di taxi quella notte, ma Georgina. Avevano anche discusso, ma siccome lui non voleva saperne, lei gli aveva chiesto in prestito la pistola perché l'avrebbe fatto da sola. Alla fine Karl si era convinto ed erano saliti sull'auto di George Heath.

«Quando la macchina si fermò io avevo la mia pistola in mano, ci giocavo come spesso mi accade» raccontò. «Guardai Georgina e le dissi di osservare come sparavo verso il prato dal finestrino. In quel momento l'autista scese e venne ad aprire la portiera per far scendere Georgina, proprio nel momento in cui premevo il grilletto. L'uomo venne colpito, ma se non fosse sceso e non si fosse trovato proprio davanti alla pistola non sarebbe successo niente.»

Furono entrambi condotti sul luogo dell'omicidio. Karl disse: «Non sarei venuto qui se non fosse stato per lei. Io volevo semplicemente fare una passeggiata ma lei aveva altre idee in testa».

Elizabeth invece disse soltanto: «Qui è dove lui l'ha ucciso».

Secondo il Visiting Forces Act del 1942, Karl Hulten doveva essere processato da un tribunale dell'esercito americano. Ma c'era un alleato da non scontentare e il presidente Franklin Roosevelt, qualche giorno dopo essere stato rieletto, accordò il permesso alla giustizia britannica di occuparsi del caso.

Il processo si aprì all'Old Bailey il 16 gennaio 1945. Decine di giornalisti britannici e americani si prepararono a veder passare il terribile bandito americano e la ormai famosa spogliarellista e rimasero delusi nel vedere un giovane soldato molto nervoso e una fragile e delicata ragazzina che, dopo due mesi passati nella prigione di Holloway, non sembrava certo il tipo da far voltare gli uomini per la strada. Inoltre i giornalisti inglesi notarono che era la prima volta che un'imputata compariva all'Old Bailey senza cappello.

Le prove contro Karl Hulten erano schiaccianti: era stato trovato in possesso di una macchina rubata, la pistola che aveva ucciso l'autista era sua, aveva venduto alcuni degli oggetti di proprietà della vittima e quindi non poteva sperare in una sentenza mite sostenendo che l'omicidio era stato un semplice incidente, perché era avvenuto nel corso di una rapina. Anche contro Elizabeth le accuse erano gravi, lei stessa aveva dichiarato di sapere che il suo compagno aveva una pistola e intendeva usarla.

Quando fu chiamata a deporre Elizabeth apparve terrorizzata. Lanciava occhiate disperate ai suoi genitori che erano nell'aula. Parlava a bassa voce, tremava e teneva lo sguardo fisso sul pavimento. Poi la stampa notò un cambiamento radicale nella ragazza mentre gli interrogatori proseguivano. Infatti, quando Elizabeth si rese conto di essere l'attrazione principale del processo cominciò a recitare.

Alzò il tono della voce, raddrizzò le spalle, prese a gesticolare. Si sentì all'improvviso nel bel mezzo di un set cinematografico.

Il pubblico ministero le chiese quanti anni avesse e lei rispose: «Diciotto».

L'avvocato allora puntualizzò: «Diciott'anni e sette mesi». Infatti diciotto era il limite sotto il quale un imputato non poteva essere condannato a morte.

Elizabeth sostenne di essere stata minacciata da Karl con la pistola se non lo avesse seguito la notte della rapina e dell'omicidio. Ma il pubblico ministero le domandò: «Erano sue le dita che sfilarono l'orologio dal polso di George Heath?».

«Sì» fu costretta ad ammettere Elizabeth.

«Ed erano sempre sue le mani che frugarono nelle sue tasche?»

«Sì, ma Karl mi aveva detto che se non l'avessi fatto sarei finita come l'autista.»

«Che cosa è successo il giorno dopo?» chiese l'accusa.

«Sono andata alle corse dei cani e al cinema» rispose Elizabeth.

«Sola?»

«Con Karl.»

«Come!» esclamò il pubblico ministero con aria scandalizzata. «Con l'uomo che aveva appena commesso un omicidio a sangue freddo!»

«Sì...» rispose Elizabeth esitando.

Sostenne poi di essere stata costantemente tenuta sotto la minaccia della pistola da Karl. Disse che una volta lui l'aveva perfino schiaffeggiata ordinandole di non lasciare mai l'appartamento senza il suo permesso e di stare molto attenta perché i suoi uomini la sorvegliavano costantemente. «Una notte mi minacciò con due pugnali affilati!» soggiunse.

Fu chiamato a deporre Len Bexley, che aveva acquistato gli oggetti del morto, e alla domanda di quale fosse stato l'atteggiamento di Elizabeth nei confronti di Karl rispose: «La ragazza lo adorava e penso che i loro rapporti fossero molto intimi».

Quando fu chiamato a deporre, Karl Hulten cambiò ancora una volta la versione dell'omicidio. Disse che quella sera, mentre aveva in mano la pistola e stava uscendo dall'auto, gli si era impigliata la manica della giacca nello sportello e il colpo era partito accidentalmente uccidendo Heath. Così, spaventato, aveva deciso di nascondere il corpo. Quando arrivò vicino al fossato, Elizabeth prese Heath per i piedi e lui per le braccia e lo portarono fuori.

Effettivamente la polizia non aveva trovato tracce che indicassero che il corpo fosse stato trascinato sull'erba da una persona sola fino al fossato, quindi la dichiarazione di Karl, contraria a quanto sostenuto da Elizabeth, fu confermata.

La difesa volle poi che Elizabeth raccontasse la sua infanzia e si soffermasse soprattutto sull'episodio dello stupro da parte di un amico del padre e su come i genitori non avessero voluto crederle. L'imputata parlò delle sue fughe, del riformatorio e dell'infelice matrimonio avvenuto quando aveva sedici anni e durato soltanto una notte. Ma tutto questo non bastò a salvarla perché uno degli ultimi giorni del processo si verificò un colpo di scena. Il pubblico ministero chiamò in aula una testimone e si presentò una ragazza che disse di chiamarsi Violet Hodge.

«Conoscete questa ragazza?» l'accusa chiese a entrambi gli imputati.

La sera in cui era stata aggredita e fatta scivolare nel fiume, Violet aveva riacquistato conoscenza a contatto con l'acqua gelata ed era riuscita a raggiungere la riva. Poi aveva chiesto aiuto in un cottage che si trovava nei dintorni e infine si era fatta accompagnare alla polizia. La sua testimonianza non fece che aggravare la posizione dei due imputati.

La giuria ebbe bisogno di soli tre quarti d'ora per raggiungere il verdetto. Entrambi i ragazzi furono ritenuti colpevoli di omicidio di primo grado, ma per quanto riguardava Elizabeth Jones i giurati aggiunsero una forte raccomandazione di clemenza.

Mentre il giudice Edwin Charles proclamava la sentenza di morte per entrambi, Elizabeth gridava rivolta a Karl: «Bugie! Sono soltanto bugie quelle che hai detto! Perché non dici la verità?».

La pubblica opinione era divisa, molti chiedevano che i colpevoli fossero impiccati, altri volevano che almeno Elizabeth, che era così giovane, fosse risparmiata.

Il 6 marzo 1945 Elizabeth Jones ottenne la grazia, due giorni prima dell'esecuzione. Rimase in carcere nove anni, poi uscì e non si ebbero più sue notizie. Karl Hulten, nonostante gli appelli della famiglia a Roosevelt perché intervenisse per salvargli la vita, fu impiccato l'8 marzo alle nove del mattino.

Il taxi di George Heath fu acquistato da un commerciante di auto che lo espose al pubblico nel suo negozio di Oxford Street, completo delle silhouette di legno, in dimensioni reali, che rappresentavano Karl ed Elizabeth.

XV

GIULIETTA SOVRAPPESO

Raymond Fernandez e Martha Beck, Stati Uniti 1948

La giovane vedova Delphine Downing aspettò che la figlia Rainelle si fosse addormentata per cominciare a spogliarsi. Era una serata estiva torrida e voluttuosa e Delphine sentiva forte il desiderio di un corpo maschile. Indossò una camicia da notte molto trasparente e andò a controllare nella stanza accanto se Raymond fosse ancora sveglio. Voleva sorprenderlo e così camminò in punta di piedi fino alla sua porta. La spinse delicatamente ed entrò.

L'uomo era seduto in poltrona, stava leggendo il giornale. Ma qualcosa nel suo aspetto bloccò Delphine. I bei capelli neri, folti e riccioluti erano scomparsi. Raymond era calvo e visto così aveva l'aspetto di un vecchio.

Quando si accorse dell'espressione sbigottita della vedova, Raymond allungò prontamente la mano per afferrare il parrucchino che aveva appoggiato sul tavolo. Troppo tardi. Delphine lo guardava inorridita e sembrava sorda alle sue spiegazioni.

Mentre Raymond avanzava verso di lei, la donna indietreggiava gridando: «Non mi toccare! Impostore!». E poi aggiunse: «Questa sera tu e tua sorella ve ne andate da casa mia!».

A questa ultima dichiarazione la mano che Raymond aveva alzato per farle una carezza si fermò in aria e poi scese verso la tasca dei pantaloni. Il grido di Delphine si confuse con il rumore dello sparo.

Martha dalla soglia, nell'imponenza dei suoi centoventi chili, guardava la scena compiaciuta.

Raymond Fernandez nacque alle Hawaii quattro giorni prima di Natale, nel 1914, da genitori di origini spagnole. Quando ebbe tre anni la sua famiglia si spostò a Bridgeport, nel Connecticut. Il padre si rese conto di aver commesso un errore perché gli immigrati come lui ottenevano soltanto lavori di basso livello e paghe inferiori. L'uomo si rifugiò nell'alcol e quando era ubriaco picchiava il suo bambino che divenne il capro espiatorio di tutte le frustrazioni paterne. Raymond non andava a scuola, non aveva denaro ma molto tempo libero per compiere piccoli furti. Rubò dieci polli e fu arrestato a quindici anni. Il padre rifiutò di pagare la cauzione e Raymond rimase due mesi in carcere. Dal riformatorio uscì con un solo pensiero: andarsene dall'America. Lavorò quel tanto che gli permise di guadagnare i soldi del biglietto e si imbarcò per la Spagna dove raggiunse i suoi parenti a Orgiva.

A vent'anni era un bell'uomo. Alto e slanciato, aveva una struttura molto robusta, una fronte spaziosa e capelli ricciuti molto scuri. Ma gli occhi erano la parte migliore di Raymond: neri, vellutati, con ciglia lunghissime. Aveva uno sguardo romantico, provocante, che incantava le donne. In cinque anni aveva provato ogni genere di lavoro, manuale e di concetto, scoprendo di non essere dotato di alcun talento specifico. Comunque era contento di non vivere in America dove la Grande Depressione rendeva molto difficile la stessa sopravvivenza.

In Spagna gli arrivò una lettera dal padre che aveva deciso di raggiungerlo con tutta la famiglia. Raymond aveva nel frattempo conosciuto Encarnación Robles e se ne era innamorato. Encarnación proveniva da una famiglia benestante e quando alla coppia nacque un bambino, i suoceri li ospitarono nella loro casa. Forse questa convivenza forzata non piacque a Raymond o forse il giovane non voleva rivedere il padre, comunque trovò il pretesto di una lite con la moglie e ripartì per gli Stati Uniti. Era appena sbarcato quando lo avvertirono che il suo bambino era gravemente ammalato. Ritornò in Spagna e rimase intrappolato nella guerra civile che disperse la sua famiglia e lo vide arruolato nell'esercito di Franco.

In seguito fece il giardiniere e raccolse i rifiuti cittadini, lavò le macchine e scaricò merci per un grande magazzino. Visse periodi tristi e vuoti e vide arrivare un'altra guerra. Andò a Gibilterra e, nell'estate del 1939, vendeva gelati ai marinai britannici, ai soldati e ai turisti.

Questo lavoro gli permetteva di vivere all'aperto e di conversare con i clienti abituali del suo chioschetto di gelati. In questo modo strinse amicizia con un inglese dei servizi segreti che gli propose di diventare una spia del governo britannico. Raymond chiuse il chiosco: d'altronde la stagione era finita. Si dimostrò così abile in questo incarico che, quando il conflitto mondiale finì, ricevette perfino un attestato:

Raymond Fernandez si è dimostrato totalmente fedele alla causa degli Alleati e ha eseguito i compiti a lui affidati, alcune volte difficili e pericolosi, estremamente bene.

L'ex spia tornò a vendere gelati. Poi si imbarcò come marinaio su una petroliera che salpava per Curaçao. Sulla nave sbatté la testa contro la botola di un boccaporto e fu trasportato in gravi condizioni all'ospedale. Ne uscì il 15 marzo 1945 profondamente cambiato. La ferita alla testa era guarita ma le cicatrici erano ben visibili e i capelli non sarebbero più ricresciuti. Anche la sua personalità aveva subìto dei mutamenti, era diventato guardingo, ansioso, desiderava essere rassicurato e cercava in tutti i modi di piacere alla gente. Soffriva anche di terribili mal di testa. Sulla petroliera che lo riportò in America compì piccoli furti e, quando sbarcò, fu direttamente trasferito nel carcere di Tallahassee in Florida, con la condanna a un anno e un giorno di prigionia.

Stanco di tante vicissitudini andò ad abitare dalla sorella Ann, a Brooklyn. Fratello e sorella si sentivano due estranei non essendosi frequentati per tanti anni. Gli ultimi ricordi che avevano insieme risalivano all'infanzia. Ann scoprì che Raymond praticava oscuri riti vudu chiuso nella sua stanza che aveva arredato come un santuario, con un piccolo altare, candele, strani profumi. Passava lunghe ore a cantare litanie e a emettere suoni incomprensibili. Cominciò a dubitare della sua salute mentale, ma Raymond le spiegò che si era accorto di avere poteri soprannaturali e che aveva appreso tutte le tecniche vudu quando era in carcere.

«Che tipo di poteri avresti, Raymond?» chiese Ann.

«Be', riesco a ipnotizzare la gente a distanza» rispose lui sicuro.

«Nient'altro?» domandò lei sorridendo.

«Se mi concentro posso costringere le donne a fare tutto quello che voglio.»

Convinto di quest'ultima dichiarazione, Raymond annotò in un taccuino gli indirizzi delle agenzie per cuori solitari e iniziò a spedire lettere. Quando arrivarono le risposte passò diverso tempo a studiarle accuratamente e infine decise di rispondere alla signora Jane Lucille Thompson, una dietologa.

Dopo una breve corrispondenza si incontrarono e Raymond recitò perfettamente la sua parte. Lucille non era una donna attraente e non era mai stata sposata. Raymond la corteggiò, si dimostrò piacevole e divertente e sperimentò su di lei i suoi poteri ipnotici. Lucille aveva da anni un sogno, desiderava vedere il mondo, ma aveva bisogno di un compagno per farlo. Adesso lo aveva finalmente trovato, così invitò Raymond a partire insieme a lei e ritirò tutti i suoi soldi dalla banca per pagare il lungo viaggio per entrambi. Raymond la convinse a fare la prima tappa in Spagna. Qui, lasciata Lucille in albergo, andò a trovare sua moglie Encarnación. Le spiegò la situazione e la donna acconsentì a fare la parte della vecchia amica di famiglia. Il trio andò a teatro, ai balli, alle corride, cenarono in ristoranti costosi, tutto con i soldi di Lucille.

Il 7 novembre 1947, tornati in albergo, Raymond e Lucille litigarono violentemente. Lei aveva capito che Encarnación non era una semplice amica e sospettava di essere vittima di un raggiro. Più tardi Raymond lasciò la stanza e non vi tornò più. La mattina dopo una cameriera trovò la donna morta per un'overdose di tranquillanti. Il caso fu chiuso come suicidio e non si seppe mai se lo fu realmente.

La polizia spagnola voleva interrogare il signor Fernandez che però non era più reperibile poiché si era imbarcato per gli Stati Uniti. Arrivato a New York, Raymond andò direttamente nell'appartamento di Lucille Thompson ed entrò con la chiave che le aveva sottratto. Vi trovò la vecchia madre di Lucille che lo conosceva e che pianse sulla sua spalla quando seppe del suicidio della figlia. Poi lo invitò a restare, non voleva abitare in quella casa da sola. Durante la notte, l'uomo sedette diverse ore alla scrivania per esercitarsi a imitare la firma di Lucille finché non gli riuscì perfettamente. Alla fine compilò un documento nel quale la donna lasciava tutti i suoi immobili ed effetti personali al caro amico Raymond Fernandez.

Temendo una reazione negativa da parte della signora Thompson riguardo al falso lascito, Raymond le disse che nonostante le disposizioni della figlia lei poteva restare tranquillamente nell'appartamento e continuare la vita di sempre. La donna, felice di avere un tetto, e per niente contraria alla presenza di un uomo in casa, accettò la sistemazione e offrì a Raymond la stanza di Lucille.

Una mattina molto presto suonò il campanello. Raymond andò ad aprire e sulla soglia apparve un'enorme figura femminile che rispondeva al nome di Martha Beck. La donna aveva con sé tutti i suoi bagagli e due bambini in braccio.

«Che cosa ci fai qui, Marta?» chiese Raymond sbigottito.

«Non lo vedi? Mi trasferisco da te» rispose lei.

Martha Beck era nata il 6 maggio 1920 in Florida, ultima di cinque figli. La sua infanzia era stata molto triste. Una grave disfunzione alle ovaie aveva portato la bambina a soffrire di disordini ghiandolari. Divenne ben presto obesa e l'oggetto preferito degli scherzi e delle battute cattive dei compagni di classe. Anche se non fosse stata così corpulenta non sarebbe stata una ragazza attraente con i suoi capelli stopposi, gli occhi inespressivi e troppo piccoli, la bocca sottile. Il padre, Holland Stanley Seabrook, editore del «Milton Gazette», trovando insopportabile la vista della grassa figlia quasi quanto la presenza della litigiosa moglie, fece le valigie e se ne andò per non tornare più.

Quando Martha ebbe tredici anni fu stuprata dal fratello Dudley. Superò il trauma e riuscì a terminare gli studi, poi si iscrisse alla scuola di Pensacola per seguire un corso di infermiera. A dispetto della sua imponente figura, Martha aveva maniere gentili e dita delicate, così le fu concesso di fare praticantato presso un ospedale. Passò gli esami il 2 marzo 1942 con il massimo dei voti e cercò lavoro, sicura che con l'America in guerra molti ospedali avrebbero richiesto la sua collaborazione.

Invece nessuno voleva assumerla dopo averla vista. Martha si accorgeva delle risatine maltrattenute e degli sguardi di pietà, e detestava entrambi. Ma come! Era un'infermiera diplomata con il massimo dei voti, una grande lavoratrice e nessuno la voleva! Alla fine, per sopravvivere, accettò un posto presso un'impresa funebre. Doveva lavare e pettinare i cadaveri prima della sepoltura.

La sua vita trascorse così per otto mesi, nella monotonia e nello squallore della sua macabra occupazione. Quando non lavorava invece dava libero sfogo ai suoi sogni. Sentiva il desiderio di una relazione affettiva e, non riuscendo ad averla, si accontentava di comprare romanzetti d'amore che leggeva durante la notte e di collezionare fotografie provocanti delle star di Hollywood. Ma i suoi mondi erano entrambi fantastici: se accudendo i cadaveri si chiedeva chi fossero state quelle persone in vita, leggendo le storie d'amore immaginava incontri inesistenti.

Dopo otto mesi lasciò il lavoro e poté pagarsi il viaggio fino alla California dove gli ospedali avevano bisogno di infermiere. Riuscì a ottenere un impiego quasi subito al Victory Memorial Hospital. Ma il desiderio di un compagno aumentava, diventava un'ossessione. Martha voleva sposarsi e avere figli. Nelle ore dei pasti girava per i caffè alla ricerca dell'uomo ideale. Lo trovò su un autobus. L'autista dimostrò interesse per lei e uscirono insieme. Dopo qualche tempo Martha rimase incinta e chiese all'autista di sposarla. L'uomo, terrorizzato dalla richiesta, prese tempo per riflettere. Alla fine decise che piuttosto che diventare il marito di Martha Seabrook preferiva suicidarsi. Una sera si ubriacò e saltò giù da un ponte. Ma un passante lo vide e si gettò in acqua riuscendo a salvarlo. Poi chiamò un'autoambulanza che lo portò in ospedale. L'autista rimase in vita; ma cambiò nome e città.

Lo shock per Martha fu così violento che perse la memoria, e fu trovata che vagava, incinta, per le strade di San Francisco. Venne ricoverata in un ospedale psichiatrico e, quando riemerse dall'amnesia, fu dimessa. Allora tornò a Pensacola, dove si era diplomata, ed ebbe il suo bambino. Fu assunta in un ospedale e questa volta si presentò con la fede al dito, inventando un marito, Joe Carmen, impegnato in guerra.

Qualche giorno dopo si spedì un telegramma che le comunicava la morte di Joe durante un combattimento. Fece vedere il telegramma in giro e un giornalista scrisse anche un trafiletto sul quotidiano locale. Lo lesse un altro autista di autobus che, impietosito, cercò la donna e cominciò a corteggiarla. Si chiamava Alfred Willard Beck e questa volta Martha ricevette la tanto desiderata proposta di matrimonio.

Si sposarono a Natale e si separarono a Capodanno, dopo dodici giorni di litigi furiosi, e Martha rimase sola con un altro bambino in arrivo. La richiesta di divorzio giunse poco dopo tramite il giudice Ernest Mason. Martha si ritrovò senza un marito e senza un tetto. Quando le nacque il secondo figlio si trattenne il più a lungo possibile in ospedale e poi riprese a cercare lavoro come infermiera. Fu assunta in un istituto per bambini handicappati a Pensacola il 15 febbraio 1946. Il suo lavoro venne talmente apprezzato dai superiori che sei mesi dopo fu nominata sovrintendente.

Nel novembre del 1947 Martha lesse su un giornale la pubblicità di un'agenzia per cuori solitari. Decise di rispondere e inviò i cinque dollari richiesti. Ricevette varie proposte e una in particolare la incuriosì, quella di un uomo che si chiamava Raymond Fernandez, con cui cominciò a corrispondere.

I due decisero che era venuto il momento di conoscersi e Raymond andò a trovare Martha a Pensacola. L'incontro avvenne alla stazione degli autobus. Quando lui vide la mastodontica donna rimase inorridito e pensò di tornarsene subito indietro. Poi prevalse il suo autocontrollo e decise di trascorrere comunque la giornata insieme a Martha scoprendo che la sua compagnia era tutt'altro che spiacevole. E poi, per chissà quale strana alchimia, Raymond e Martha si trovarono come ipnotizzati uno dall'altra e finirono in un motel dove passarono due giorni chiusi in camera. Fu la loro luna di miele.

Raymond era soggiogato dalla forte personalità di Martha che trovava nell'uomo insicuro e disilluso qualcuno su cui riversare il suo affetto. Quando però Raymond si rese conto che Martha non aveva denaro e che perdipiù aveva due figli da mantenere, trovò il pretesto di un viaggio a New York e la lasciò. In seguito le scrisse una lettera nella quale le spiegava di essersi sbagliato, che durante la lontananza si era accorto di non essere innamorato come pensava, e sperava che lei avrebbe capito.

Quando ricevette la lettera di addio Martha soffrì molto. Raymond Fernandez rappresentava la realizzazione di tutti i suoi sogni, un uomo che riusciva a controllare, un uomo che desiderava e di cui poteva anche essere gelosa, insomma un'esperienza totalmente nuova per lei. Mentre era incerta sul da farsi, il destino decise al posto suo. L'istituto dove lavorava la licenziò, i dirigenti avevano saputo della sua luna di miele in albergo con uno sconosciuto e trovarono disdicevole la sua presenza presso di loro. Martha fece le valigie, prese i bambini, arrivò a New York e suonò alla porta dell'appartamento dove abitava Raymond.

Non aveva scritto, non aveva avvertito del suo arrivo in alcun modo, semplicemente si era presentata all'indirizzo che lui aveva messo nella lettera. L'indirizzo dell'appartamento di Lucille Thompson.

Raymond non disse nulla quando la vide, ma le permise di entrare e poi di rimanere. Ormai si era arreso a un sentimento che non sarebbe più cambiato. Era innamorato di quella donna almeno quanto lei lo era di lui. Adesso Martha aveva un nuovo bambino esigente da accudire e i suoi due figli furono mandati per qualche tempo in Florida a casa di alcuni parenti. Quando i bambini non furono più una preoccupazione, Martha si concentrò sulla signora Thompson e le chiese di cercarsi un altro alloggio. La vecchia, che non sopportava la vicinanza di Martha, acconsentì di buon grado.

«Dove prendi i soldi per vivere, mio caro?» Raymond si sentì chiedere quella sera stessa.

Cercò di tergiversare, ma incalzato rispose: «Me li faccio dare dalle donne... donne sole». Poi guardò Martha negli occhi per vedere se era rimasta colpita dalla sua rivelazione. Ma lei rideva.

«Bene, amore. Forse possiamo lavorare insieme» disse Martha e si fece spiegare quale fosse la procedura abituale. Raymond le illustrò i criteri con cui sceglieva le sue vittime nelle agenzie per cuori solitari. Le raccontò come entrava in contatto con loro e, infine, come organizzava il primo incontro. Da quel momento faceva del suo meglio per ispirare fiducia alla futura compagna e farsi intestare un conto o affidare soldi e gioielli. In seguito scompariva.

Scelsero insieme il nome di Esther Henne, un'insegnante quarantunenne di Pennhurst, Pennsylvania. Raymond scrisse le prime lettere. Poi lui e Martha si presentarono a casa della donna come fratello e sorella. Qualche giorno dopo Raymond propose a Esther di sposarlo e Martha si occupò dei preparativi per le nozze. Il matrimonio si celebrò nel marzo del 1948. Andò tutto bene finché Esther non si rese conto che, perfino durante la luna di miele, Martha non si staccava da loro e, anzi, pretendeva di dormire insieme a lei, mentre il marito occupava una stanza da solo. Quando provò a protestare fu immediatamente redarguita dalla «cognata» che la spaventò a morte con le sue minacce. Presto Esther si trovò totalmente soggiogata da Martha tanto che non osava più prendere alcuna decisione da sola. Non protestò neppure quando, tornati nel Bronx, Martha le chiese di ritirare i suoi soldi dal conto in banca per affidarli al marito che si sarebbe occupato del ménage familiare. Qualche tempo dopo la donna fu informata che dei suoi risparmi non rimaneva più nulla. Capì improvvisamente di essere stata derubata, fece le valigie e sparì.

Per altri due anni la coppia lavorò insieme procedendo nello stesso modo. Raymond sposava donne ricche e, perlopiù, anziane che per anni avevano desiderato un marito e, quando finalmente lo trovavano, diventavano così fragili e disponibili da accettare anche l'invadente presenza di Martha. Finché le povere vittime, rimaste senza un soldo, decidevano di scomparire piuttosto che raccontare ad amici e familiari la loro vergognosa esperienza.

Martha era molto gelosa del suo compagno e non allentò mai il suo vigile controllo. Ma Raymond era totalmente succube, molto innamorato di lei e anche appagato sessualmente: le altre donne non lo interessavano più. A New York Martha aveva cominciato a curare maggiormente il suo aspetto. Nonostante l'enorme taglia, acquistava vestiti alla moda, andava dal parrucchiere, si truccava vistosamente. Cercava anche di controllare l'inarrestabile aumento di peso.

Nell'agosto del 1948 la coppia scelse una nuova vittima, Myrtle Young. L'intesa con il novello sposo si ruppe quasi subito, quando Martha volle addirittura dormire nello stesso letto degli sposi. Myrtle protestò, fece una scenata, non accettò le spiegazioni di Martha e si ritrovò, imbottita di barbiturici, su un autobus che la portava a Little Rock in Arkansas. Quando arrivò alla stazione era in coma e qualche ora dopo morì in ospedale.

A Natale dello stesso anno Martha e Raymond erano di nuovo senza soldi, e decisero così di mettere a segno un altro colpo. Questa volta la scelta cadde su Janet Fay, una vedova di sessantasei anni che viveva ad Albany, la capitale dello stato di New York. Raymond le scrisse firmandosi con il nome di Charles Martin, un uomo solo alla ricerca di compagnia per trascorrere gli ultimi anni della sua vita. Janet rispose con parole di incoraggiamento e di speranza e invitò Charles ad andarla a trovare. Fratello e sorella presero una stanza in albergo ad Albany e Raymond si presentò a casa di Janet Fay il 30 dicembre. Dopo qualche giorno di corte assidua chiese alla donna di sposarlo e le presentò la sorella. Janet insisté perché entrambi si trasferissero a casa sua.

La vedova era talmente felice di poter coronare il suo sogno che, mentre faceva i preparativi per il matrimonio, non volle dare la notizia a nessuno per scaramanzia. Acconsentì anche a prelevare i suoi averi dalla banca, oltre ai gioielli e ai titoli che consegnò al futuro marito perché li depositasse nella città dove sarebbero andati a vivere dopo il matrimonio. Infine lasciò tutti i suoi mobili ed effetti personali in deposito presso l'American Express e si trasferì con Martha e Raymond nella piccola città di Valley Stream.

Qualche giorno dopo Janet disse che voleva scrivere alla sua figliastra per raccontarle l'evento straordinario che aveva cambiato la sua vita, ma fu dissuasa con fermezza da Martha. La donna protestò vivacemente, disse che non si poteva impedirle di scrivere a un parente. Il litigio fra le due si fece più acceso finché Martha prese un martello e la colpì violentemente al capo. Ma Janet continuava a dibattersi, a urlare, nonostante il sangue uscisse copiosamente dalla ferita. Raymond accorse e, per tapparle la bocca, la soffocò con una sciarpa. Quando si accorse che era morta, avvolse il cadavere in una coperta e lo nascose dentro un armadio. Gli amanti passarono le ore seguenti a pulire le macchie di sangue e poi si sedettero intorno a un tavolo fumando e bevendo per discutere sui prossimi passi da compiere. Infine la decisione fu presa.

La mattina dopo andarono a New York dove acquistarono un baule di seconda mano e vi infilarono il corpo di Janet Fay. Lo portarono poi a Brooklyn e chiesero ad Ann, la sorella di Raymond, di custodirlo nella sua cantina. La coppia affittò una casa a New York e si riprese il baule. Il cadavere di Janet Fay fu sepolto in una fossa che scavarono in cantina e che coprirono con una colata di cemento. Quattro giorni dopo Raymond chiamò il padrone di casa e gli disse che non era soddisfatto dell'appartamento e che aveva deciso di non affittarlo. Pagò lo stesso la cauzione e con Martha tornò a Valley Stream per incassare alcuni assegni che Janet Fay aveva firmato prima di morire. Ma Martha voleva di più, pensava ai mobili e agli effetti personali che Janet aveva lasciato in deposito all'American Express. Come fare per recuperarli?

Decisero di scrivere alla figliastra della signora Fay, la stessa a cui la donna voleva comunicare la notizia del suo matrimonio.

Qualche giorno dopo Mary Spencer ricevette una lettera dattiloscritta:

Cara Mary
sono molto eccitata in questo periodo della mia vita. Non sono mai stata tanto felice. Presto diventerò la signora Martin e andrò a vivere in Florida. Mary, devo chiederti un grande favore. Vorrei che tu andassi all'American Express per farmi spedire i miei bauli e le mie casse. L'indirizzo è sugli adesivi che unisco alla lettera. Voglio risolvere tutte le mie cose prima di partire per la Florida. Sono molto contenta perché Charles è buono e carino con me e lo stesso sua sorella. Hanno fatto di tutto per farmi sentire a mio agio. Mando i migliori auguri a te e alla tua famiglia. Mi mancate molto ma sono sicura che le mie preghiere sono state esaudite dall'arrivo di questo meraviglioso uomo.
Dio vi benedica tutti.
Janet Fay

Mary Spencer rimase senza parole leggendo la lettera e sospettò che non fosse opera di Janet. Infatti Janet non sapeva battere a macchina e non possedeva una macchina per scrivere, inoltre non firmava mai le sue lettere in maniera tanto formale. Non perse tempo e si rivolse alla polizia.

Nel febbraio del 1949 Raymond e Martha partirono per Byron Center, un sobborgo di Grand Rapids, nel Michigan, dove erano attesi nel cottage di Delphine Downing, una giovane vedova che viveva con una bambina di due anni, Rainelle. Il grande errore di Delphine, in una serata di grande caldo in cui desiderava la presenza del futuro marito nel suo letto, fu quello di fargli una sorpresa entrando in punta di piedi nella sua stanza. Quando scoprì che Raymond era calvo e che l'aveva ingannata portando un parrucchino, ebbe una crisi isterica e disse al fidanzato e alla sorella che dovevano lasciare immediatamente la sua casa. La scenata le valse un colpo di pistola alla testa.

Raymond e Martha fecero una buca nella cantina e vi seppellirono il corpo. Fu allora che udirono il pianto della bambina. Si ricordarono di Rainelle e decisero di portarla fuori perché i vicini non facessero domande indiscrete. La condussero a fare un giro in macchina e poi al cinema. Ma Rainelle continuava a lamentarsi e a chiamare disperatamente la mamma. Tornati a casa Martha disse a Raymond di non preoccuparsi e di aspettarla in cucina, ci avrebbe pensato lei. Andò in bagno e affogò la piccola nella vasca. Poi riaprirono la buca nella cantina e seppellirono la bambina accanto alla madre. I vicini si insospettirono nel non vedere la signora Delphine e Rainelle per diversi giorni e avvertirono la polizia. Dissero che una strana coppia occupava il cottage della signora Downing.

Quando lo sceriffo Clarence Randle di Grand Rapids arrivò a casa della vedova Downing vi trovò Martha, che si presentò come signora Martin e disse che suo fratello Charles era lì per sposare la padrona di casa. Comunque in quel momento la vedova e la bambina erano fuori città per una visita. La polizia non credette a una parola del racconto e cominciò a cercare nella casa. In camera da letto gli agenti trovarono due valigie già pronte e del denaro avvolto in un fazzoletto, oltre a un taccuino con 125 nomi di donne. In cantina notarono il cemento fresco in un angolo e dissotterrarono i corpi di Delphine e della piccola Rainelle. I Martin negarono tutto. Sostennero di non essere mai scesi in cantina e che i soldi che si trovavano in camera costituivano tutti i loro risparmi. E quei nomi di donne? Erano semplicemente le pazienti che Martha aveva assistito come infermiera in vari ospedali.

I poliziotti decisero di interrogarli separatamente e mentre Martha ripeté freddamente tutta la storia, Raymond non riuscì a controllarsi e confessò. Disse il suo vero nome, ammise di abitare a Valley Stream. Raccontò anche che Martha era praticamente sua moglie e che i nomi trovati dalla polizia erano quelli che sceglieva nelle agenzie per cuori solitari.

Raymond e Martha furono arrestati. In seguito arrivò la richiesta dello stato di New York per l'estradizione dei due assassini, dopo che la denuncia di Mary Spencer aveva portato alla scoperta del corpo di Janet Fay. La coppia sperava che lo stato del Michigan, che non prevedeva la pena di morte, non acconsentisse, ma non fu così.

Il 16 marzo lo stato di New York assunse la custodia della coppia infernale che fu subito al centro di una grande curiosità da parte dei mass media. Quando arrivarono all'aeroporto La Guardia, decine di reporter e di fotografi erano lì ad attenderli. I quotidiani chiamavano Martha *Giulietta sovrappeso* oppure *L'orchessa obesa*.

Raymond Fernandez e Martha Beck furono accusati degli omicidi di Janet Fay, di Delphine Downing e di sua figlia Rainelle.

Martha passò le lunghe giornate nella sua cella a leggere romanzi d'amore. Raymond invece scriveva all'amante lettere appassionate.

Nel giugno del 1949 cominciò il processo presieduto dal giudice Ferdinand Pecora presso il tribunale del Bronx. Dal 9 giugno al 17 luglio la battaglia fu accesissima. Per dimostrare la propria insanità mentale, entrambi gli imputati indulgevano nel raccontare nei dettagli tutti i loro trascorsi sessuali, con descrizioni talmente oscene che alcuni brani vennero omessi anche dai quotidiani più abituati al sensazionalismo.

Martha fu chiamata a deporre. Era vestita di seta verde e portava un trucco vistosissimo, si alzò dalla sedia e invece di dirigersi verso il banco dei testimoni raggiunse Raymond, gli prese la faccia tra le mani e gli stampò un lunghissimo bacio sulla bocca lasciandogli il segno del rossetto. Poi, con il suo passo pesante, attraversò l'aula e disse ad alta voce: «Io lo amo! Lo amo! Lo amerò sempre!».

L'avvocato John Minton disse che la sua cliente aveva più volte tentato il suicidio nel corso della vita e che gli psichiatri l'avevano definita instabile di mente. Il legale di Raymond, Herbert Rosenberg, disse invece che era stata Martha a compiere gli omicidi, colta da raptus di gelosia. Dopo la requisitoria del pubblico ministero, Edward Breslin, la giuria si ritirò per dodici ore e tornò con un verdetto di colpevolezza per omicidio di primo grado a carico di entrambi gli imputati. Gli amanti rimasero in silenzio e impallidirono. Qualche giorno dopo tornarono in tribunale per ascoltare la sentenza del giudice Pecora: erano condannati a morire sulla sedia elettrica.

Cominciò un lungo periodo di attesa mentre gli avvocati si davano da fare con gli appelli. Martha perse interesse per i romanzi d'amore e cominciò a scrivere poesie, naturalmente dedicate a Raymond. Quando lui le lesse scoppiò a piangere, prese una matita e scrisse un breve messaggio di risposta da consegnarle. Il biglietto diceva:

Vorrei gridare il mio amore per te al mondo intero.

Furono giustiziati nella prigione di Sing Sing nella notte dell'8 marzo 1951 a distanza di dodici minuti l'uno dall'altra. Fino all'ultimo Martha cercò di addossarsi la colpa degli omicidi e morì con il nome di Raymond sulle labbra.

XVI

PIÙ GUARDO LA GENTE PIÙ LA ODIO

Charles Starkweather e Caril Ann Fugate, Stati Uniti 1958

Caril Ann era preoccupata, disse a Charles che temeva la visita di qualche parente. «Potrebbero venire mia sorella oppure la nonna e scoprirebbero tutto. Che cosa facciamo?»

Charles ebbe un'idea e scrisse su un pezzo di carta:

NON ENTRATE. SIAMO TUTTI MALATI D'INFLUENZA.

Poi attaccò il foglio sulla porta d'ingresso.

Quella sera la sorella più grande di Caril, Alice, andò con il suo bambino a far visita alla madre. Lesse il biglietto e, sorpresa, bussò alla porta. Ma Caril si rifiutò di farla entrare.

«Mamma è malata, siamo tutti malati!» disse Caril.

Alice raccontò l'episodio al marito che chiamò la polizia.

Un agente andò a bussare alla porta, ma Caril Ann rispose che la madre le aveva ordinato di non far entrare nessuno.

Il giorno dopo anche la nonna fece un tentativo, ma Caril si ostinò a non aprire. La donna andò di corsa alla polizia, sicura che fosse successo qualcosa di grave a casa di sua figlia.

Due poliziotti tornarono a casa Bartlett. Ignorarono il cartello sulla porta d'ingresso ed entrarono. La casa era vuota. Inizialmente pensarono che tutta la famiglia fosse andata dal dottore. Poi scoprirono la verità.

Charlie Starkweather era nato nel 1940 a Lincoln, nel Nebraska, da una famiglia poverissima. Dell'infanzia non aveva alcun ricordo positivo. Era un bambino introverso, insicuro e piagnucoloso. Non era grazioso né particolarmente intelligente, ma non era neppure un bambino problematico o indisciplinato, gli insegnanti lo trascuravano e i compagni lo sopportavano. Non aveva amici perché nessuno lo riteneva abbastanza interessante. Estate e inverno portava gli stessi pantaloncini e le magliette slabbrate e troppo corte che la madre dimenticava di lavare. Il padre era sempre stanchissimo dopo una giornata passata nei campi e la sera la famiglia si riuniva davanti al televisore senza dire una parola.

A volte Charlie parlava da solo, così, tanto per sentire il suono di una voce. Sognava di fare qualcosa di strano, di eccezionale, per essere finalmente notato. Quando lasciò la scuola cercò un lavoro, ma trovò soltanto un posto come spazzino. Aveva diciannove anni e girava tutto il giorno con il camioncino dell'immondizia. Ascoltava la radio, canticchiava, poi improvvisamente si affacciava al finestrino per lanciare insulti ai passanti. Una delle sue frasi preferite era: «Più guardo la gente più la odio». La odiava perché la gente sembrava non vederlo, nessuno faceva caso a lui. A volte si sentiva un insetto, un lombrico che diligentemente ripuliva il suo centimetro di terreno, nessuno l'avrebbe mai lodato e il massimo che poteva fare era evitare di essere schiacciato.

Non aveva grandi interessi, amava leggere i fumetti, bersi una birra nel suo bar preferito, vagabondare per le strade con la sua vecchia Ford e andare a caccia. Ma qualcosa lo appassionava veramente: i film con James Dean. Li aveva visti decine di volte, conosceva tutte le battute a memoria e le ripeteva mentre faceva il suo giro con il camioncino. L'attore ribelle era il suo idolo e per questo si pettinava e vestiva come lui. Pensava forse di somigliargli per il ciuffo sulla fronte, ma Charlie era molto basso di statura, aveva un fisico tarchiato, i piedi storti verso l'interno. Questo gli procurava una goffa andatura che a scuola i compagni avevano sempre ridicolizzato. Lo imitavano e lo inseguivano mimando i modi più buffi di camminare, e intanto ridevano alle sue spalle. Charles non piangeva e non si ribellava, ma era paralizzato dalla vergogna, il cuore gli batteva fortissimo e lui rimaneva immobile, deciso a non camminare più davanti a loro. Poi il difetto si era attenuato, ma non era scomparso del tutto e, per nasconderlo, Charles aveva preso l'abitudine di portare stivali da cowboy di diverse misure più grandi in cui metteva carta di giornale.

L'altro problema era rappresentato dalla sua bassa statura per cui evitava di corteggiare le ragazze della sua età, sapeva che non sarebbero uscite con lui. Si teneva lontano dalle feste e dai luoghi di ritrovo, non si metteva mai in competizione con gli altri ragazzi. Ma un giorno vide Caril Ann Fugate uscire dalla scuola e tornare a casa a piedi. Caril Ann aveva soltanto quattordici anni ed era alta quanto lui. Era anche ben sviluppata per la sua età e si dava arie da «grande» ancheggiando mentre camminava e truccandosi vistosamente. Caril era una ribelle riuscita, non solo velleitaria come lui. Era insofferente a regole e orari. Andava a scuola quando voleva e si comportava in maniera indisciplinata e turbolenta. Ma era intelligente, simpatica e i compagni si divertivano insieme a lei.

Caril Ann aveva amato molto il padre perché era un po' burlone, sempre pronto a scherzare con lei e a prendere in giro tutti. Ma lui era morto e la madre si era risposata con Marion Bartlett, che Caril detestava. Marion era serio, autoritario, la costringeva a togliersi il trucco e a vestirsi come una ragazzina perbene. La rimproverava continuamente e le preferiva la figlia minore, Betty Jean, la sorellastra di Caril, una mocciosetta di due anni, capricciosa e invadente. Caril le faceva dispetti crudeli per vederla piangere. La pungeva con gli spilli, le dava terribili pizzicotti e poi correva via per non farsi scoprire.

Conobbe Little Red, come Charlie veniva chiamato dagli amici per i suoi capelli rossi, mentre passava davanti alla sua scuola. Gli aveva chiesto di fare un giro sul suo camion dell'immondizia e il ragazzo l'aveva fatta divertire tutta la giornata. Da allora Charlie si era innamorato di Caril e cercava di passare tutto il suo tempo libero insieme a lei. Finalmente aveva trovato qualcuno che lo apprezzava, che lo ascoltava con piacere, che gli faceva domande e gli chiedeva consiglio. Charlie avrebbe fatto di tutto per diventare sempre più grande e unico agli occhi della sua fidanzata.

La sera Caril non aveva il permesso di uscire e lui andava a farsi delle grandi bevute di birra nel solito bar. Una volta, mentre era visibilmente ubriaco, disse a un amico: «Da domani la gente non riderà più di uno stupido spazzino, avranno cose molto più interessanti da dire su di me. Ho un fucile e so sparare. Nessuno può farmi paura. Ho una ragazza e a lei piace tutto ciò che faccio. Non temo neppure la morte. Ma non morirò come un coniglio e non morirò per primo».

Il giorno dopo, il 1° dicembre 1957, Charlie entrò nella stazione di servizio del giovane Robert Colvert e, dopo averlo derubato minacciandolo con il suo fucile, lo portò in auto in una strada isolata appena fuori Lincoln. Gli chiese di scendere dalla macchina e quando Robert cercò di afferrare la canna del fucile, Charlie gli sparò in faccia. Per essere sicuro che fosse morto, gli sparò altre volte alla testa. Nessuno sospettò di Little Red per l'omicidio e, dopo qualche infruttuosa indagine, la polizia chiuse il caso.

Una mattina del gennaio 1958 Charlie andò come ogni giorno a trovare Caril Ann a casa. La ragazza non era ancora tornata da scuola e Charlie si sedette sotto al portico giocherellando con il suo fucile da caccia da cui non si separava mai. La signora Velda Bartlett non amava quel ragazzo e non gli piaceva che venisse a casa sua armato. Così gli disse di andarsene, prima gentilmente e poi cominciando a gridare.

«Io e mio marito non ne possiamo più di te» urlò. «Non vogliamo più vederti girare qua intorno. Hai capito?»

Charlie disse alla signora Bartlett che poteva andarsene al diavolo e lei lo schiaffeggiò. Charlie le restituì lo schiaffo. In quel momento Marion Bartlett uscì nel patio e stava per lanciarsi contro il ragazzo quando questi fece fuoco con il fucile, prima contro Velda Bartlett e poi contro suo marito, uccidendoli entrambi.

Caril era appena arrivata e aveva assistito muta e immobile alla scena. Charles sapeva che la ragazza non amava la madre, e ancora meno il patrigno, e non avrebbe fatto niente per aiutarli. Anzi, dopo gli omicidi Caril gli rivolse uno sguardo grato e ammirato. Qualche istante dopo Betty Jean, che evidentemente il padre aveva lasciato sola in casa, uscì nel patio sgambettando e chiamando la madre con la sua vocetta stridula. Little Red la uccise spingendole la canna del fucile nella gola fino a soffocarla, e questa volta Caril sentì dei forti brividi lungo la schiena.

Charles le chiese di aiutarlo con i cadaveri. Li avvolsero in giornali vecchi e stracci e poi nascosero il corpo di Marion Bartlett nel recinto dei polli, dietro la casa, e quello della moglie in una baracca abbandonata a qualche centinaio di metri dall'abitazione. La bambina venne infilata nella grande scatola di cartone dove teneva tutti i suoi giocattoli. Poi entrambi si sedettero sul divano a guardare un programma di cartoni animati alla televisione e a mangiare i sandwich che Charlie aveva preparato in cucina.

Diversi mesi dopo Charles disse che per lui passare il tempo con Caril «era come avere un piccolo mondo tutto per noi. Stare sul divano abbracciati senza parlare molto, soltanto stringendoci l'uno all'altra, ascoltando il soffio del vento o guardando le stelle e magari accarezzandoci il viso. Il mondo ci aveva messi insieme e noi volevamo che ci lasciasse insieme. Se ce lo avessero permesso non avremmo fatto del male a nessuno».

Caril Ann temeva che qualche parente potesse venire a casa e scoprire i delitti. Così Charles scrisse su un pezzo di carta NON ENTRATE. SIAMO TUTTI MALATI D'INFLUENZA, e lo attaccò alla porta d'ingresso.

Quella sera la sorella più grande di Caril, Alice, arrivò con la figlioletta per una visita alla famiglia. Lesse il biglietto e bussò alla porta. Ma Caril si rifiutò di farla entrare. La donna raccontò l'episodio al marito che chiamò la polizia. Un agente andò a bussare alla porta, ma Caril Ann rispose che la madre le aveva ordinato di non aprire.

«Ma non intendeva includere anche i parenti, non ti pare?» chiese l'agente dietro l'uscio.

«Certamente sì. Mia sorella ha una bambina piccola, non vorrà certo prendersi l'influenza!» spiegò con tono convincente Caril.

«Ma perché tuo cognato sarebbe venuto a chiamarci, secondo te?» riprese l'agente.

«Non lo so. Chiediglielo. Forse non mi crede, deve avere qualcosa contro di me. E poi è un tipo che si preoccupa per ogni minima cosa.»

Il poliziotto si lasciò persuadere da Caril. Conosceva la ragazzina e sul momento pensò che dicesse la verità. Il giorno dopo la nonna di Caril si presentò a casa Bartlett, avvertita da Alice.

«Apri, Caril!» ordinò la donna.

«Non posso, mamma non vuole» rispose Caril.

«Voglio parlare con tua madre» disse la nonna.

«È a letto. Ha la febbre e non può alzarsi.»

La nonna andò alla polizia e si rivolse all'ispettore Eugene Masters dichiarando che la nipote aveva uno strano tono di voce, come se volesse nascondere qualcosa.

Due poliziotti accompagnarono la donna di nuovo a casa Bartlett. Ignorarono il cartello sulla porta d'ingresso ed entrarono. La casa era vuota. Poi il cognato di Caril e il fratello più grande di Charles cercarono nei dintorni e scoprirono i corpi.

Charles e Caril erano fuggiti sulla vecchia Ford del ragazzo. Il proprietario di una stazione di servizio a Bennet, a sessanta miglia da Lincoln, riferì il giorno dopo alla polizia che Charles Starkweather, insieme alla sua ragazza, si era fermato da lui per riparare una gomma, fare il pieno di benzina e comprare una nuova pistola e delle cartucce per il suo fucile. Quella sera Charles e Caril andarono nella fattoria di August Meyer, un amico della famiglia Starkweather, lo derubarono di una pistola, pallottole, biscotti e cento dollari, e poi Charles lo uccise con il suo fucile. La Ford si impantanò proprio nei dintorni della casa della vittima e i due ragazzi andarono a chiedere aiuto alla villa di Robert Jensen.

Robert era un giovane di diciassette anni e in quel momento era in casa insieme alla sua fidanzata, Carol King, di sedici. Sentì bussare alla porta e andò ad aprire.

Lo sceriffo Merle Karnopp, insieme alla squadra di poliziotti, arrivò all'alba a casa di Robert Jensen perché un vicino aveva visto parcheggiata lì fuori la macchina di Charles Starkweather.

«Charles Starkweather!» gridò lo sceriffo prima di entrare.

Non ottenendo alcuna risposta Karnopp diede il segnale e i suoi uomini lanciarono delle bombe lacrimogene all'interno della casa attraverso le finestre. Poi entrarono.

Lo spettacolo che si presentò ai loro occhi era agghiacciante. Due corpi erano addossati uno all'altro: quelli di Robert Jensen, colpito alla testa, e di Carol King, colpita al cuore e seminuda. Entrambi i cadaveri presentavano diverse ferite da coltello inferte dopo la morte e il medico legale stabilì che la ragazza era stata violentata prima di venire uccisa.

Il giorno dopo Charles e Caril rapinarono la casa di un ricco uomo d'affari, il quarantasettenne Chuck Lauer Ward. Arrivarono alle otto e mezzo del mattino. Il signor Ward era appena uscito per andare al lavoro, ma sua moglie Clara e Lillian Fencle, la loro cameriera di ventisei anni, stavano facendo colazione. Charles minacciò le donne con il fucile e si fece preparare qualcosa da mangiare, poi ispezionò con calma la casa alla ricerca di denaro e di oggetti da rubare. Infine spaccò la testa al barboncino e accoltellò la signora Ward e la cameriera.

«Adesso la casa è tutta nostra» disse Charles. «Almeno fino a che il signor Ward non torna dall'ufficio.»

Come se avessero trovato un nuovo gioco Charles e Caril si divertirono a usare ogni stanza della grande villa, si sdraiarono su tutti i letti, lavarono le proprie magliette, mangiarono quanto trovarono nel frigorifero e poi guardarono alla TV i loro cartoni animati preferiti. Nel tardo pomeriggio udirono il motore della Packard del signor Ward, Charles afferrò il fucile e corse nel cortile. L'uomo uscì dall'auto e si avviò verso casa, ma camminava controsole e non vide il suo assassino. Una pallottola lo colpì al petto. Nonostante fosse morto, Charles si avventò sulla sua vittima con il coltello. Caril era in piedi accanto a lui e sorrideva.

Anche questa volta la polizia arrivò troppo tardi, avvertita da un parente del signor Ward che, non avendolo visto in ufficio la mattina seguente, era andato a casa a controllare. Gli agenti trovarono il suo corpo nel salotto e quelli delle due donne in camera da letto, nudi, martoriati da diverse pugnalate e mutilati degli organi genitali. Il commissario organizzò una squadra di 1200 uomini per catturare Little Red e la sua ragazza, e chiamò perfino la Guardia Nazionale.

Gli assassini erano fuggiti con la Packard del signor Ward dirigendosi verso lo stato di Washington. La mattina dopo, attraversando il confine del Wyoming, Charles decise di fare uno scambio di auto. Fermò la Packard accanto alla vettura di Merle Collison, un commerciante di scarpe addormentato nella sua Buick al bordo della strada. Collison non sembrò d'accordo con la proposta di Charles, e questi gli sparò nove volte alla testa con il suo fucile.

«Abbiamo una macchina nuova, tesoro!» gridò poi a Caril. Ma il freno a mano si era incastrato e, mentre Charles cercava di sbloccarlo, passò un geologo che si fermò per dare una mano a quello che pensava fosse un automobilista in difficoltà.

Starkweather imbracciò il fucile: «Aiutami a togliere il freno a mano o ti ammazzo» lo minacciò. L'uomo vide il corpo senza vita di Collison e si rese conto che il ragazzo non stava scherzando. Cominciò ad armeggiare con il freno a mano, ma a un tratto si rialzò di scatto e cercò di strappare il fucile dalle mani di Charles.

L'agente Sprinkle che passava in quel momento vide i due uomini lottare e si fermò. Mentre anche lui cercava di impadronirsi del fucile Caril era rimasta quasi pietrificata nel vedere avvicinarsi un'altra macchina della polizia. Il gioco era finito. Scese dall'auto lo sceriffo William Rohmer e Caril gli corse incontro gridando: «Aiutatemi! È Starkweather... È pazzo! Ha ucciso un uomo e voleva uccidere anche me!».

Sprinkle riuscì ad afferrare il fucile, ma Charles era risalito in macchina partendo ad altissima velocità. Lo sceriffo Rohmer spinse Caril nella sua auto e si lanciò all'inseguimento. Diversi colpi di pistola raggiunsero la macchina di Starkweather e il vetro posteriore andò in frantumi. Passata la città di Douglas, nel Wyoming, Charles fermò l'auto e si piantò in mezzo alla strada gridando: «Bastardi, mi avete colpito!».

In realtà il suo orecchio destro era stato leggermente ferito da una scheggia di vetro. I poliziotti lo arrestarono e lo sceriffo Rohmer, controllando la ferita, disse disgustato: «Sei proprio un duro, eh!».

Inizialmente Charles cercò di proteggere la sua ragazza dichiarando: «Non prendetevela con lei, non c'entra niente. Era solo un mio ostaggio. Lasciatela andare».

Questa affermazione venne presto smentita. Quando gli agenti lo perquisirono, trovarono nella tasca dei pantaloni un messaggio firmato da lui e da Caril. Scriveva Charles:

> Questo è per i poliziotti quando ci arresteranno. Caril e io lasciamo questo biglietto perché voi e tutti gli altri possiate sapere cosa è successo.

Poi era Caril a continuare:

Martedì 7 prima che voi trovaste i corpi di mia madre, di mio padre e della mia sorellina, Charles era venuto a trovarmi. Era felice e mi volle aspettare ma quando mamma gli disse di andarsene e di non tornare mai più, lui la guardò fisso negli occhi e le chiese: PERCHÉ?

Poi mio padre cominciò a colpirlo e a spingerlo. Per questo lui si è arrabbiato e non è riuscito a fermarsi. Aveva il suo fucile con sé e ha sparato a mio padre. Mia madre è arrivata con un coltello e mentre Charles le diceva che era molto dispiaciuto, lei ha cercato di ammazzarlo. Per questo le ha sparato. Poi è arrivata mia sorella, Betty Jean, che camminava e non voleva fermarsi. Allora Charles l'ha fermata con il suo fucile. Poi ha guardato i corpi per quattro ore, li ha avvolti negli stracci e nei giornali e li ha portati fuori. Eravamo contenti di poter stare finalmente da soli qualche giorno e poi magari ucciderci insieme. Ma la gente non ci ha lasciati in pace e così noi siamo stati costretti ad andarcene.

La lettera proseguiva ancora con la calligrafia di Charles:

Mi dispiace molto di quello che ho fatto e anche Caril è dispiaciuta. Abbiamo fatto soffrire molte persone, ma posso dire che alcune di loro, come la sorella più grande di Caril, sono state fortunate a non venire uccise.

Dal carcere Charles scrisse anche ai suoi genitori chiedendo il loro perdono e dicendogli di non fare nulla per aiutarlo a uscire di prigione, perché quello era il castigo che si meritava. Affermò che i poliziotti erano molto gentili con lui, ma che non sopportava i giornalisti. Alla fine della lettera però aggiunse:

In realtà non sono proprio dispiaciuto per quanto è successo perché per la prima volta io e Caril ci siamo divertiti, lei mi ha molto aiutato. Ma se sarà liberata, per favore, non odiatela perché non ha ucciso nessuno. Noi volevamo soltanto andarcene dalla città.

Quando cominciò il processo Charles cambiò atteggiamento nei confronti di Caril Ann. Soprattutto perché la ragazza, nella sua deposizione, l'aveva definito «un killer».

«Caril poteva fuggire quando voleva» spiegò Charles in tribunale. «L'ho lasciata sola tantissime volte. Per esempio se andavo a comprare gli hamburger lei rimaneva seduta in macchina con tutte le armi. Se fosse scappata non avrei mai potuto riprenderla». E poi raccontò: «Un giorno disse che gli hamburger che avevo comprato facevano schifo e che dovevo tornare dentro e ammazzare tutta la gente che si trovava nel ristorante». E ancora: «Quando ho ucciso i suoi genitori e la sorellina, mentre io mi occupavo dei cadaveri, Caril guardava tranquillamente la televisione».

Dichiarò anche che, a parte il primo omicidio, aveva sempre ucciso per difendere la propria vita e quella della sua ragazza. I genitori di Caril avevano fatto quella brutta fine perché l'avevano colpito e gli altri perché volevano consegnarlo alla polizia. Insisté poi sul sadismo di Caril, dichiarando che era stata lei a mutilare dei genitali il corpo di Carol King, presa da un raptus di gelosia nei suoi confronti. E il commerciante di scarpe l'aveva ucciso lei, ridendo in faccia all'uomo che chiedeva pietà e le parlava della moglie e dei figli.

Proprio la sua testimonianza contro la ragazza convinse i giurati a condannare Caril Ann Fugate, nonostante tutti gli sforzi della difesa per salvarla. L'avvocato che rappresentava Caril disse in suo favore che il cartello che aveva messo sulla porta d'ingresso era un modo per evitare anche alla sorella più grande di venire uccisa da Charles Starkweather. Ma i giurati non credettero alla sua ipotesi.

Caril Ann fu condannata al carcere a vita nonostante continuasse a singhiozzare ripetendo che lei non aveva commesso alcun crimine. In carcere si comportò bene e fu liberata sulla parola nel 1977.

Charles Starkweather fu condannato a morte. Tra il momento dell'arresto e il giorno dell'esecuzione lavorò alla propria autobiografia. Scriveva e ricopiava ogni pagina anche decine di volte. Parlando con il suo psichiatra, James Reinhardt, affermava di essere contento di poter stare solo nella cella della morte perché così aveva tutto il tempo per lavorare. Disse che il suo libro doveva servire alla gente per non dimenticarlo. Fece anche vari disegni nei quali dimostrò un discreto talento. Il disegno era stata una delle sue passioni a scuola, ma nessuno l'aveva mai incoraggiato a continuare. In carcere poté dedicarcisi di nuovo pensando che dopo la sua morte forse i suoi lavori avrebbero trovato un loro mercato e, chissà, la sua famiglia si sarebbe potuta arricchire.

«Probabilmente alla gente piacerà vedere il lato artistico di uno dei più famosi killer di tutti i tempi» ripeteva. E al suo psichiatra: «Dicono che questo è un mondo meraviglioso in cui vivere, ma io non ho vissuto in questo mondo meraviglioso. Non ho mai mangiato in un ristorante di lusso, non ho mai visto giocare i New York Yankees, non sono mai stato a Los Angeles o a New York o in quegli altri posti di cui parlano i libri e i giornali, non ho mai avuto né la possibilità né il privilegio di vivere le cose belle della vita. Sono uscito con delle ragazze, ma quasi tutte erano vanitose, ragazze che si truccavano, che indossavano vestiti costosi oppure erano di un altro tipo, quelle facili che vengono volentieri con te chiunque tu sia».

Tra i vari episodi che raccontò nella sua autobiografia uno in particolare sembrava averlo segnato:

Il mio odio contro il mondo cominciò il primo giorno di scuola e da quel momento in poi io sono cambiato. Sono diventato un ribelle perché quel primo giorno tutti hanno riso di me.

Lo psichiatra svolse delle indagini nella scuola di Charles, rintracciò i suoi insegnanti, ma nessuno ricordava che si fosse mai riso in classe sulle sue gambe storte.

Ancora una volta, prima di morire, Charles dichiarò di aver ucciso solo per difendere la propria vita e per poter fuggire con Caril. A proposito della sua ragazza disse: «Mi dispiace di averla conosciuta. Nel passato io e lei abbiamo trascorso dei bei giorni insieme. Il nostro legame era ardente e appassionato. Ma poi il mio amore per lei ha cominciato a diminuire, e adesso è totalmente morto. Ha impiegato molto tempo prima di morire, ma mi dispiace che non sia successo prima».

Quando gli fu chiesto quali fossero i suoi pensieri pochi giorni prima di essere giustiziato, Charles rispose: «L'anno passato l'ho trascorso in prigione. Sono stato bene e ho cercato di ricordare tutta la mia vita. Sono giovane e in circostanze normali dovrei avere molto tempo davanti a me. Ma siccome andrò sulla sedia elettrica la mia vita finirà. Non ho paura della sedia elettrica, è il prezzo che devo pagare per aver preso la vita di altre persone. Far cessare la mia vita non servirà a niente, non spiegherà perché certe cose sono state fatte. Ma la sedia elettrica porrà fine alle mie domande che non trovano una risposta».

Charles fu giustiziato nel penitenziario dello stato del Nebraska a mezzanotte del 24 giugno 1959. Fuori dal carcere trenta ragazzi in blue-jeans e stivali rimasero tutta la notte ad aspettare.

Una ragazza disse a un giornalista: «Alcuni di noi lo conoscevano. Vogliamo rimanere con lui fino alla fine».

Prima dell'esecuzione il Lion's Club della città di Beatrice chiese a Charles se acconsentiva a donare gli occhi alla sua banca per i trapianti, e lui rispose di no.

«Nessuno ha mai fatto qualcosa per me! Perché io dovrei fare qualcosa per gli altri?» domandò.

XVII

NO, TI PREGO, NON LASCIARMI!

Bernard Finch e Carole Tregoff, Stati Uniti 1959

Quella sera io e Bernard avevamo deciso di incontrare sua moglie. Volevamo parlarle di noi, trovare un accordo. Andammo alla villa ma lei non era ancora tornata. Decidemmo di aspettarla nel garage. Barbara rientrò poco dopo le undici. Bernard le andò incontro e le disse che eravamo lì per parlarle.

Lei rispose che non voleva sentire niente e quando scese dall'auto mi accorsi che aveva una pistola in mano e la puntava contro di me. Bernard riuscì ad afferrarle il braccio e mi gridò di scappare.

Corsi attraverso il prato e sentii la signora Finch urlare. Quando udii anche la voce di Bernard pensai di tornare indietro perché forse era nei guai. Mi voltai e vidi di nuovo Barbara puntare l'arma nella mia direzione. E ancora una volta lui la raggiunse.

Spaventata mi nascosi dietro un cespuglio di buganvillea. Poco dopo qualcuno sparò, ma io non mi mossi. Rimasi lì fino alle cinque del mattino. Arrivò la polizia, ma neppure allora rivelai la mia presenza, ero come paralizzata. Alla fine, quando tutti se ne furono andati, ripresi la mia macchina dal parcheggio e tornai a Las Vegas. Più tardi sentii la notizia alla radio.

Alle dieci e mezzo di domenica 19 luglio 1959, la polizia entrò in un appartamento nei pressi del Desert Inn Hotel di Las Vegas e trovò il dottor Bernard Finch addormentato. Gli agenti lo svegliarono, gli ordinarono di vestirsi e lo trassero in arresto. L'accusa era di omicidio.

Bernard Finch era figlio di un oculista, si era laureato in medicina al College of Medical Evangelists, a Loma Linda, in California. Si era specializzato in chirurgia ed era diventato comproprietario del West Covina Medical Center a Los Angeles, una clinica privata. A quarantadue anni era un uomo affascinante, sempre abbronzato. Lo sguardo era vigile e intelligente, gli occhi di un blu intenso, i capelli già grigi non nascondevano un'incipiente calvizie. Era un bravo giocatore di tennis e frequentava il Los Angeles Tennis Club di cui era membro. Aveva maniere cordiali e amichevoli. «Chiamami Bernie» diceva a ogni nuova conoscenza.

Nel 1951 sposò a Las Vegas Barbara Finch che aveva già una figlia, Patti. Tutti e due venivano da un precedente matrimonio. Lei era più giovane di otto anni ed era stata la sua segretaria. Proprio la loro relazione aveva portato entrambi al divorzio. Barbara era una donna molto attraente, aveva capelli corti e neri che portava con la frangetta. Con il marito condivideva la passione per il tennis. Insieme ebbero un bambino nel 1953, Raymond, ma il loro amore, invece di consolidarsi, si raffreddò. Bernard affermava che, dopo la nascita del figlio, Barbara era diventata frigida, non voleva più avere rapporti con lui. La moglie attribuiva il proprio rifiuto alla scoperta delle avventure extraconiugali del marito. Nel 1957 decisero di comune accordo che avrebbero continuato a vivere sotto lo stesso tetto conducendo, però, vite separate.

Bernard affittò un appartamento a Monterey Park con il nome di George Evans e vi portò la sua amante, Carole Tregoff. Carole era una splendida ragazza bionda di ventun'anni. Era nata a Pasadena e per qualche tempo aveva posato come modella per una marca di profumo. A diciotto anni aveva sposato James Pappa, un appassionato di body building. James desiderava che la moglie continuasse la sua carriera nella pubblicità, ma Carole aveva altre idee. Trovò un impiego come centralinista e qualche mese dopo fu assunta al West Covina Medical Center, diventando la segretaria particolare del dottor Bernard Finch.

La loro relazione cominciò come una semplice avventura, ma presto la coppia si trovò emotivamente molto coinvolta. Si vedevano quasi ogni giorno nell'appartamento che Bernard aveva preso in affitto, a volte di mattina, a volte di pomeriggio, secondo gli impegni professionali del medico. Nel 1958 si trasferirono in un altro appartamento, più grande, che arredarono loro stessi. A gennaio dell'anno successivo Carole divorziò da James Pappa e lo stesso mese Bernard andò da un avvocato per discutere la possibilità di separarsi dalla moglie. L'avvocato gli spiegò che le leggi californiane stabilivano che i beni acquisiti dalla coppia durante il matrimonio venivano equamente divisi fra i due partner in caso di divorzio. Ma se questo era chiesto per adulterio, crudeltà o abbandono, la corte aveva la facoltà di garantire alla parte lesa la quota maggiore delle proprietà.

La signora Finch, consigliata dal suo avvocato, Joseph Forno, disse che avrebbe chiesto la totalità dei beni in comune con il marito, incluse le azioni del West Covina Medical Center, valutate circa settecentocinquantamila dollari. Inoltre voleva diciottomila dollari per le spese legali più gli alimenti, per un ammontare di milleseicentoquaranta dollari al mese e altri duecentocinquanta dollari mensili per il mantenimento del bambino. Se solo l'ottanta per cento delle sue richieste fosse stato accolto, Bernard sarebbe rimasto senza un soldo.

A febbraio, una giovane svedese di diciannove anni, Mary Ann Lindholm, andò ad abitare come ragazza alla pari in casa Finch per occuparsi dei bambini. Era lì da dieci mesi quando, una domenica, Barbara le mostrò il lenzuolo macchiato di sangue. «È stato mio marito!» le disse. «Quando gli ho detto che volevo divorziare mi ha fatto sbattere la testa contro lo spigolo del letto.» Poi spiegò che lui stesso le aveva messo dei punti e l'aveva fasciata, ma le aveva anche detto che avrebbe assoldato un killer a Las Vegas per ammazzarla se avesse denunciato l'incidente alla polizia.

Barbara rimase due giorni a letto e poi si trasferì a casa di un'amica a Hollywood Hills. Anche a lei confidò di essere terrorizzata dal marito. Il 18 maggio, nonostante le minacce di Bernard, Barbara andò dal suo avvocato e firmò i documenti per il divorzio. Tre giorni dopo il legale ottenne un'ordinanza dal giudice secondo la quale Bernard doveva smettere di molestare la moglie, non era autorizzato a toccare alcun bene o a prelevare fondi dal conto corrente, escluso il denaro per il normale ménage quotidiano.

Poiché il marito non abitava più a Lark Hill Drive, Barbara tornò a vivere nella loro casa per occuparsi dei figli. Ma Bernard si presentava spesso alla villa senza avvertire e continuava a insultarla e a picchiarla, come lei stessa raccontò agli amici del Tennis Club. A uno di questi, l'attore Mark Stevens, riferì che il marito l'aveva colpita alla testa con una statuina di porcellana. Mark le offrì un revolver e le disse che le avrebbe insegnato a usarlo, ma Barbara rifiutò perché aveva il terrore delle armi.

Allora Mark tirò fuori un manganello dal portabagagli della sua auto e le disse di tenerlo sempre a portata di mano. Barbara lo nascose sotto il letto. A un altro amico, qualche giorno dopo, disse che il marito aveva cercato di spingerla con l'auto giù da una scarpata.

A giugno Bernard propose una riconciliazione per interrompere le pratiche del divorzio. Voleva tornare a casa, ma Barbara era sicura che la sua vera intenzione fosse quella di ucciderla. Comunque la coppia fu convocata dal giudice per un tentativo di rappacificazione. Bernard disse di aver lasciato la sua amante e chiese un'altra possibilità. La signora Finch ottenne la delega per gestire anche il denaro destinato alle spese mediche e familiari.

Dopo la seduta di riconciliazione Bernard tornò a casa e una sera, durante un litigio, colpì la moglie con il calcio di una pistola. La ragazza svedese chiamò la polizia e Bernard se ne andò prima dell'arrivo degli agenti. Barbara riferì dell'incidente al suo avvocato, disse anche che il marito aveva tentato di farla entrare con la forza nella sua auto. Aggiunse che se Bernard fosse tornato a casa lei si sarebbe rifugiata nella villetta del suocero che si trovava accanto alla sua.

Il 7 luglio firmò una deposizione in cui dichiarava che il marito si rifiutava di affidarle la gestione del patrimonio. Fu emesso allora un ordine di comparizione nei confronti di Bernard Finch per oltraggio alla corte, perché non aveva rispettato le precedenti disposizioni del tribunale. Dato che il documento doveva essere recapitato nelle mani del medico, Finch si rese irreperibile.

Carole Tregoff a maggio aveva lasciato Los Angeles e si era trasferita a Las Vegas, ospite di alcuni amici perché, disse, voleva riflettere sulla sua relazione sentimentale. Bernard la raggiungeva di frequente, ma le sue visite finivano ormai in litigi e discussioni anche con lei. La situazione stava diventando tesa e insostenibile, ma Carole non si perse d'animo. La famiglia presso la quale era ospite aveva un nipote di ventun'anni, Donald Williams. Era un suo amico d'infanzia che studiava Legge all'università del Nevada. Carole gli chiese di indicarle qualcuno a Las Vegas che avesse dei precedenti penali. Donald conosceva un uomo di Minneapolis che era coinvolto nel racket.

«Vorrei incontrarlo» disse semplicemente Carole.

Donald era al corrente della sua situazione e sapeva che il dottor Finch aveva chiesto il divorzio. Quindi non si stupì quando Carole gli spiegò che voleva procurarsi delle prove da usare contro Barbara Finch utili nella causa di divorzio, magari un suo legame extraconiugale. Quello che lasciò Donald perplesso fu l'ultima frase dell'amica: «Sarò felice solo quando quella donna verrà messa fuori scena definitivamente». Il ragazzo ebbe il sospetto che il piano concepito da Carole prevedesse l'uso della violenza. Ma poi allontanò questo pensiero dalla mente e le procurò un appuntamento con Patrick Cody.

Cody era nato a Minneapolis nel 1930. Dal 1946, anno in cui finì per la prima volta in un riformatorio, al giorno in cui incontrò Carole era stato arrestato diciannove volte per furto, rapina, guida pericolosa, ubriachezza molesta e sfruttamento della prostituzione. Tre giorni prima dell'appuntamento era fuggito dal carcere e aveva intenzione di andarsene verso il Sud. Era un ragazzo piuttosto grasso, con una carnagione pallidissima e uno sguardo vacuo. Amava bere e indossare abiti costosi.

Dopo il primo incontro alla presenza di Donald Williams, vide ancora Carole Tregoff il 1° luglio, quando lei gli propose di uccidere la signora Finch. Cody chiese duemila dollari per il lavoro, lei gliene offrì la metà e alla fine si accordarono per millequattrocento dollari, di cui trecentocinquanta come anticipo. Carole gli diede una mappa per raggiungere la villa dei Finch e anche per trovare la casa dell'amica da cui Barbara ogni tanto si rifugiava. Fu anche stabilita la data dell'omicidio, il 4 luglio, in modo che tutti avessero la possibilità di procurarsi un alibi. Carole consegnò a Cody i trecentocinquanta dollari e l'uomo le domandò se era davvero certa di quello che gli stava commissionando.

«Farai sempre in tempo a richiamarmi, se cambierai idea» le disse andando via.

Se Barbara Finch fosse stata davvero uccisa il 4 luglio sia Carole Tregoff sia Bernard Finch avrebbero avuto degli alibi di ferro. La ragazza aveva trovato un lavoro come cameriera al Sands hotel di Las Vegas e quel giorno tutti l'avevano vista lì. Bernard invece si trovava a La Jolla, a centoventi miglia a sud di Los Angeles, impegnato in una partita di tennis.

Dopo aver lasciato Carole, Cody aveva raggiunto Los Angeles in macchina e aveva passato la giornata a Hollywood con la sua ragazza. Dimenticò la signora Finch e la domenica successiva tornò a Las Vegas dove, come d'accordo, incontrò Carole.

«Hai fatto il lavoro?» chiese lei.

«Certo» rispose Cody.

«Come?»

«Con la pistola.»

Sorridendo soddisfatta Carole gli diede una busta con il resto del denaro pattuito. In seguito Patrick Cody avrebbe detto che era la prima volta che vedeva la ragazza sorridere.

Il dottor Finch chiamò la sua villa e rispose la moglie. Sorpreso telefonò subito a Carole che convocò di nuovo Cody. Questi si mostrò stupito di quanto era successo. Disse di essere sicuro di aver ucciso Barbara Finch. Arrivò anche Bernard nell'atrio dell'albergo in cui si svolgeva l'incontro e concluse che forse l'uomo aveva assassinato per errore l'amica della moglie. Chiese a Cody quanto volesse per completare il lavoro.

«Ho bisogno di una pistola» disse Cody.

«Posso darti la mia, ce l'ho in macchina» suggerì Bernard.

«No, ne voglio una mia.»

Finch gli consegnò altri duecento dollari. Poi si raccomandò: «Quando sarai sul punto di ucciderla dille: "Questo è da parte di Bernie"».

Cody mandò giù un sorso di whisky e poi chiese: «Dottore, lei è innamorato di Carole?».

«Sì, moltissimo» rispose Bernard.

«Secondo me uccidere sua moglie solo per il denaro non vale la pena. Le lasci tutto, prenda Carole e andate da qualche parte a ricominciare da capo. In un'altra città, in cima a una montagna...»

Bernard lo interruppe seccato, disse che il lavoro andava fatto e lasciò l'albergo. Cody rimase con Carole e le disse: «Hai ventidue anni e non sai a cosa stai andando incontro. L'omicidio è una brutta cosa».

Carole lo guardò freddamente e rispose: «Puoi sempre tirarti indietro, ma se non lo farai tu sarà Bernard a farlo, oppure io stessa».

Qualche ora dopo Cody salì sull'aereo per Los Angeles. Trascorse piacevolmente due giorni con la sua ragazza e poi partì per il Wisconsin.

Nel frattempo Bernard aveva preso in affitto un appartamento a Las Vegas per Carole e andava a trovarla ogni giorno. Oltre al piacere di vederla, cercava di sfuggire all'ordine di comparizione che lo raggiunse comunque una mattina mentre si trovava al Medical Center. Doveva presentarsi in tribunale nove giorni dopo, il 23 luglio. Il 17 lasciò la macchina a Los Angeles e partì in aereo per Las Vegas. Il 18 prese l'auto di Carole e insieme a lei tornò a Los Angeles, diretto a casa sua dove voleva avere un colloquio risolutivo con la moglie.

Raggiunsero Lark Hill Drive qualche minuto dopo le dieci di sera e parcheggiarono la macchina al Country Club.

A mezzanotte la polizia di West Covina fu chiamata perché nella villa dei Finch era stato commesso un omicidio.

La signorina Lindholm cercò di spiegarsi nel suo stentato inglese. Disse che quella sera si trovava nel salotto della villa a guardare la televisione con Patti, la figlia dodicenne della signora Finch. Dopo le undici la bambina era andata a dormire e lei si era ritirata nella sua stanza. A un certo punto sentì tornare la signora. Aveva riconosciuto la sua Chrysler che rientrava in garage. Qualche minuto dopo la signora gridò chiedendo aiuto. Lei si precipitò in giardino pensando che forse Barbara era caduta in piscina o aveva avuto qualche altro incidente. Patti la seguì. Ma quando Mary Ann sentì la voce concitata di Bernard Finch ordinò alla bambina di rientrare in casa. Raggiunse il garage e accese la luce. La signora Finch era stesa sul pavimento. Le usciva sangue dalla fronte. Il dottor Finch era accanto a lei. Quando Mary Ann si avvicinò a Barbara per aiutarla, Bernard la afferrò per il collo e le fece sbattere la testa contro il muro.

«Era furioso» spiegò la ragazza.

La polizia effettivamente riscontrò che una parte dell'intonaco era caduta dalla parete del garage nel punto indicato dalla ragazza.

«E poi che cosa è successo?» le chiese l'agente.

«Non lo so precisamente» disse Mary Ann. «Non so... ero molto confusa. Mi sono sentita mancare. Poi il dottore mi ha fatto salire in macchina minacciandomi con la pistola. Io mi sono seduta sul sedile posteriore. Lui ha ordinato alla moglie di mettersi davanti. Lei si è alzata in piedi e ha obbedito mentre il marito urlava: "Se non fai quello che ti dico ti ammazzo!". Ma la signora Finch subito dopo è riuscita a scendere dall'auto e ha cominciato a correre. Cercava di raggiungere la villa del suocero dove rifugiarsi. Il marito l'ha seguita con la pistola in mano e io ne ho approfittato per saltare fuori dall'auto e tornare in casa. Come sono entrata ho udito uno sparo e ho chiamato subito la polizia.»

Gli agenti trovarono il corpo di Barbara Finch senza una scarpa. L'altra, insieme agli orecchini, fu rinvenuta più lontano. La donna era stata colpita alla schiena e inoltre aveva diverse fratture alla testa e numerose contusioni e abrasioni. Sul pavimento del garage fu scoperto un guanto da chirurgo. Nonostante le ricerche compiute dagli uomini del capitano Jack Ryan, la pistola non venne mai trovata.

Bernard Finch fu arrestato e Carole Tregoff venne interrogata quello stesso giorno. Disse che la sera del 18 luglio con la sua auto era andata a casa di Barbara Finch insieme al suo amante. Volevano soltanto parlarle. Dopo aver parcheggiato al Country Club, il medico imboccò il sentiero della sua villa e le gridò di raggiungerlo con la torcia.

«Non so perché, ma invece di prendere soltanto la torcia afferrai la valigetta di Bernard» disse Carole.

La valigetta fu trovata dagli agenti vicino al garage il giorno dopo il delitto e conteneva una corda, un flacone di Seconal, delle siringhe con gli aghi, delle bende, sonniferi, un guanto da chirurgo e un coltello a serramanico. Tutto questo fu definito dal pubblico ministero durante il processo il «kit per un delitto».

Carole raccontò che quando era entrata nel garage insieme a Bernard, Barbara non era ancora tornata dal circolo del tennis dove si era trattenuta per la cena con alcuni amici. Carole e Bernard l'aspettarono nel garage giocando con il cane, Frosty. Barbara rientrò poco dopo le undici. Bernard le andò incontro e le disse che voleva parlarle. Carole raccontò che Barbara era scesa dall'auto e l'aveva minacciata con una pistola. Bernard era riuscito a disarmarla mentre Carole fuggiva nel prato. In seguito Barbara riprese la pistola e la puntò ancora contro di lei. Per questo Carole si era nascosta dietro un cespuglio di buganvillea. Vi rimase fino alle cinque del mattino, senza muoversi, nonostante avesse udito uno sparo e avesse visto la polizia arrivare e andare via.

La sua versione coincideva con quella del dottor Finch che raccontò come, dopo aver lasciato la villa, avesse rubato una Ford a South Citrus Avenue e una Cadillac a La Puente con cui poi aveva raggiunto Las Vegas. Era andato subito a dormire e la mattina dopo era stato svegliato dalla polizia.

Carole disse che mentre guidava anche lei verso Las Vegas aveva sentito alla radio la notizia della morte di Barbara Finch. Allora si era fermata a una cabina pubblica e aveva svegliato Bernard per chiedergli se fosse stato lui a uccidere la moglie, ma l'uomo le aveva risposto di no. Sollevata, Carole andò a lavorare al Sands hotel dove rimase fino al mattino seguente. Undici giorni dopo anche lei fu arrestata come complice e istigatrice del delitto di Barbara Finch. Così passò il Natale del 1960 e anche il suo ventitreesimo compleanno dietro le sbarre, confezionando insieme alle altre detenute calzini per gli orfani.

Il processo cominciò il 4 gennaio 1960 presso il tribunale di Los Angeles. Presiedeva il giudice Walter Evans. Il pubblico ministero, Fred Whichello, era un uomo di mezza età che sembrava più interessato alle pieghe della sua toga che allo svolgimento del processo. Rideva troppo, anche delle proprie battute. Era comunque un buon avvocato anche se aveva l'abitudine di confondere i documenti da esibire alla giuria. Se per esempio avanzava verso i giurati con una fotografia e diceva: «Come potete vedere questa è una Cadillac, vorrei che voi identificaste...», subito dopo si accorgeva, dagli sguardi stupiti dei giurati, che quello che stava mostrando era un angolo della villa o la ferita prodotta dalla pistola. «Vostro onore mi deve scusare» diceva precipitandosi a frugare fra le sue carte alla ricerca dell'immagine giusta.

L'avvocato di Bernard Finch era Grant Cooper mentre per Carole Tregoff la difesa era rappresentata da Rexford Egan. Dopo aver esaminato più di cento candidati, finalmente gli avvocati scelsero la giuria, composta da sei uomini e sei donne. L'aula sembrava un set cinematografico per la presenza di attori, registi e scenografi. Gli imputati apparivano tranquilli e rilassati, a volte un po' annoiati. Si scambiavano frequentemente sguardi e sorrisi. E quando fu consentito loro di riunirsi in una stanza con i rispettivi avvocati si baciarono appassionatamente.

Il medico legale, Gerald Ridge, all'inizio del procedimento dichiarò che la signora Finch era morta per una forte emorragia causata da una pallottola che era penetrata sotto la spalla sinistra e aveva raggiunto lo sterno. Il medico esaminò anche le ferite prodotte dal calcio dell'arma sul cranio, una sopra l'occhio destro e l'altra nella parte sinistra della testa.

All'inizio del processo i giurati furono condotti nella villa dei Finch, a West Covina, per esaminare la scena del delitto. Fu loro indicato anche il punto della parete del garage dove, presumibilmente, il dottor Finch aveva sbattuto la testa della giovane svedese. Parte dell'intonaco si trovava ancora sul pavimento.

Il pubblico ministero Fred Whichello chiamò il suo primo testimone, Mary Ann Lindholm. La ragazza ripeté esattamente il racconto fatto alla polizia la notte dell'omicidio e parlò anche delle numerose minacce di morte che la signora Barbara riceveva costantemente dal marito. Su questo punto la difesa obiettò che non esistevano prove, Mary Ann esibì una lettera scritta a sua madre in Svezia prima dell'omicidio nella quale descriveva come il dottor Finch maltrattava la moglie, e l'avesse minacciata di assoldare qualcuno a Las Vegas per eliminarla.

Fu poi la volta di Patrick Cody, che era stato arrestato dalla polizia a Milwaukee dopo che una conversazione tra due prostitute di Las Vegas aveva insospettito gli agenti. Cody fu l'incubo della difesa. Se la giuria avesse creduto a lui non ci sarebbero stati dubbi sulla colpevolezza dei due imputati. Bisognava screditarlo e l'avvocato Cooper fece il possibile elencando i suoi precedenti penali e riferendo che in un anno Cody aveva lavorato in totale quattro giorni e in due posti diversi.

«Che cosa ha fatto durante l'anno invece di lavorare?» chiese Cooper.

«Ho bighellonato» rispose Cody.

«Come si mantiene?»

«Con l'astuzia.»

«La sua fidanzata la aiuta economicamente?»

«Sì.»

«L'ha aiutata anche a Hollywood o lì ha vissuto della sua astuzia?» ironizzò l'avvocato.

«Entrambe le cose.»

«E a Las Vegas?»

«Ho trovato un lavoro al Fremont hotel... per due giorni.»

«Era un lavoro difficile?»

«Oh, no. Ma sono stato obbligato a lasciarlo. Altrimenti la polizia mi avrebbe rintracciato per riportarmi a Minneapolis.»

L'avvocato passò poi a parlare dell'incarico che gli era stato affidato dal dottor Finch e dalla sua amante.

«Perché ha truffato il dottor Finch e la signorina Tregoff?»

«Be', io non la chiamerei truffa» puntualizzò Cody.

«Imbroglio?»

«Già.»

«Lei ha voluto cooperare con la polizia. L'ha fatto per il suo buon cuore?»

«No, me l'ha consigliato il mio avvocato.»

Il pubblico rise.

Anche l'avvocato Egan interrogò Patrick Cody senza ottenere migliori risultati. Alla fine chiese: «Lei ha detto di essere stato pagato per uccidere qualcuno. È giusto?».

«Sì, signore.»

«Lei mentirebbe per denaro?»

Cody prese del tempo per riflettere. Poi rispose: «Sembra che io l'abbia fatto».

Voleva dire che aveva mentito mentre prendeva il denaro da Finch e da Carole che gli commissionavano un delitto che lui non aveva alcuna intenzione di compiere. Invece l'avvocato voleva fargli ammettere che avrebbe mentito anche alla polizia se fosse stato pagato e che, quindi, la sua testimonianza poteva essere falsa.

Cody tornò in prigione a Minneapolis e il processo fu rimandato a causa di alcune defezioni. Infuriava l'influenza, l'asiatica, per cui uno dei giurati, che si era ammalato, era stato sostituito da una donna scelta nella riserva. Ora la giuria era composta da sette donne e cinque uomini. Anche alcuni importanti testimoni erano influenzati.

Il giorno in cui doveva testimoniare Bernard Finch l'aula del tribunale si riempì all'inverosimile. Ci furono spintoni e svenimenti. Non si riusciva a respirare neppure con l'aria condizionata.

Prima di cominciare a parlare Bernard chiese se poteva fare a meno del microfono. Poi raccontò gli anni di grande felicità passati insieme a Barbara e di come la moglie, dopo aver avuto il bambino, non volesse più avere rapporti con lui. Soltanto per questo Finch aveva cominciato a guardare le altre donne. Quando capì che con il divorzio la moglie voleva ridurlo sul lastrico provò a riconciliarsi con lei. Anche questo tentativo fallì e Bernard insieme a Carole decise di assoldare Patrick Cody perché cercasse le prove di un eventuale adulterio di Barbara. Finch descrisse Cody come un gigolo senza scrupoli.

«Gli dissi che se non avesse trovato nulla avrebbe dovuto cercare di sedurre Barbara in modo da ottenere comunque qualche prova. Lui si dimostrò d'accordo ma io ero sicuro che non l'avrebbe fatto.»

Riguardo alle minacce contro la moglie, Finch disse che Barbara era una donna nevrotica che immaginava cose inesistenti e andava in giro a raccontarle soltanto per dimostrare la crudeltà del marito e ottenere così migliori condizioni per il divorzio. E, a proposito delle armi, dichiarò che non era vero che Barbara ne avesse paura. Era capace di colpire una lattina di birra a venti piedi di distanza con lo stesso revolver che poi l'aveva uccisa. All'inizio del loro matrimonio si divertivano spesso a sparare al tiro a segno al club.

Disse che la sera del 18 luglio si era avvicinato alla moglie nel garage per chiederle un colloquio. Barbara gli aveva puntato contro la pistola e lui, nel tentativo di fermarla, era stato obbligato a colpirla in testa con l'arma che le aveva strappato di mano. In quel momento era apparsa Mary Anne in preda a una crisi isterica. Lui, per calmarla, la scosse e le fece sbattere accidentalmente la testa contro la parete del garage. Quando aveva afferrato la ragazza la pistola era caduta in terra, Barbara l'aveva raccolta ed era corsa via.

Bernard Finch continuò:

> Non so dove fosse Carole Tregoff in quel momento, ma ebbi paura che Barbara la stesse inseguendo per ucciderla, per questo cercai di raggiungerla. Vidi che puntava la pistola verso qualcosa nel giardino e allora mi lanciai su di lei per disarmarla. Ci riuscii e Barbara riprese a correre. Poi, inaspettatamente, mentre cercavo di disfarmi della rivoltella gettandola in un cespuglio, partì il colpo che raggiunse mia moglie alla schiena. La vidi cadere e le corsi accanto. Le chiesi cosa fosse successo, dove era stata ferita. Lei indicò il torace. Le dissi di non muoversi. «Chiamo un'ambulanza per portarti in ospedale.»
>
> Ma lei alzò una mano, e con una voce debolissima disse: «No, ti prego, non lasciarmi!». Poi sussurrò: «Mi dispiace non averti ascoltato».
>
> Io la pregai di non parlarne in quel momento, volevo solo portarla all'ospedale. Ma lei ripeté: «Non lasciarmi» e poi: «Abbi cura dei bambini».
>
> Sentii il suo polso e mi accorsi che era morta. Non respirava più. La chiamai: «Barb!», ma lei non poteva rispondermi.

A questo punto del racconto la voce di Bernard sembrò spezzarsi e l'uomo cominciò a piangere. Il pubblico taceva emozionato.

Il dottor Finch non era l'unico a piangere, anche alcuni giurati si asciugavano furtivamente le lacrime.

A proposito della valigetta ritrovata nel garage Bernard spiegò che era la borsa del pronto intervento che portava sempre con sé. Il coltello a serramanico era un regalo per Carole. Disse che, dopo aver visto morire la moglie, aveva camminato in stato di shock finché non aveva rubato una Ford.

Il pubblico ministero controinterrogò l'imputato per un'intera settimana. Fece riascoltare la registrazione della sua prima deposizione alla polizia, nella quale aveva dichiarato di aver lasciato la villa senza sapere se la moglie fosse viva o morta.

Whichello disse che la donna era stata colpita alla schiena da una notevole distanza. Possibile che la pistola fosse difettosa? Non c'era modo di saperlo perché non era mai stata ritrovata. Inoltre, chiese l'accusa, se nel primo tentativo di strappare l'arma alla moglie il dottore era riuscito nel suo intento perché poi l'aveva colpita due volte alla testa e con tanta forza da fratturarle il cranio? E come aveva fatto Barbara a riprendersi la pistola e a scappare così velocemente da essere riacciuffata dal marito solo nel momento in cui si era fermata per mirare all'ombra di Carole Tregoff?

Anche il comportamento del dottor Finch dopo lo sparo sembrava molto strano. Innanzitutto, se la moglie era stata uccisa accidentalmente, perché era scappato? Bernard rispose che era stata una reazione emotiva. La signorina Tregoff aveva detto alla polizia e in tribunale di essersi nascosta dietro un cespuglio di buganvillea e di essere rimasta lì fino all'alba. Perché Bernard non l'aveva chiamata? I cespugli che circondavano la villa non erano così folti e numerosi da rendere la ricerca impossibile. Bernard disse che nella concitazione del momento aveva pensato che Carole se ne fosse andata.

«C'era un modo molto semplice per saperlo» commentò Clifford Crail. «Controllare se l'auto di Carole era ancora parcheggiata al Country Club. Per raggiungere Citrus Avenue dove rubò la Ford, lei era obbligato a passare davanti al parcheggio del Country Club. Perché non ha verificato se la macchina della sua amante era ancora lì? Noi sappiamo che c'era perché Carole la usò più tardi per tornare a Las Vegas. Perché invece di rischiare, rubando un'altra auto, non è risalito nel giardino a cercare la signorina Tregoff? Oppure forse già si sentivano le sirene della polizia?»

Carole confermò quello che aveva già riferito alla polizia. Il pubblico ministero ridicolizzò la sua dichiarazione di essere rimasta nascosta dietro la buganvillea e poi di aver appreso solo per radio della morte della signora Finch. Non solo, era stata lei a comunicarla per telefono al dottor Finch che era andato a dormire, mentre lei si era recata al lavoro. Crail sottolineò anche che era stata di Carole l'idea di servirsi di Cody e che tutto il suo comportamento indicava che voleva scaricare la colpa sul suo amante.

Clifford Crail, alla fine della sua requisitoria, chiese la camera a gas per entrambi gli imputati. Ironizzò sulla *soap opera* raccontata da Finch, disse che Carole era stata la Lady Macbeth della vita di Bernard, l'ispiratrice del crimine.

Dopo il riassunto del giudice Walter Evans i giurati si ritirarono per deliberare. Otto giorni dopo annunciarono di non essere riusciti a ottenere un verdetto. Si parlò di tensioni razziali all'interno della giuria visto che uno dei giurati era negro e un altro ispanico. Carole Tregoff fu liberata sotto cauzione in attesa del nuovo processo. Il pubblico ministero chiese un risarcimento per il danno arrecato alle sue corde vocali, perché era stato costretto a parlare troppo e a voce eccessivamente alta.

Il 20 luglio cominciò un nuovo dibattimento con il giudice LeRoy Dawson e una giuria di undici donne e un solo uomo. Il 19 ottobre i giurati si ritirarono e ventiquattr'ore dopo, quando sembrava evidente che non riuscivano a trovare un accordo, il giudice Dawson li richiamò tutti in aula per ammonirli. Disse che non dovevano dare molto credito alle dichiarazioni rese dagli imputati. L'avvocato Cooper protestò e, poiché il giudice proseguiva il suo discorso senza dargli ascolto, l'avvocato continuò a interromperlo finché non fu citato per oltraggio alla corte. Il giudice concluse dicendo che i racconti degli imputati non servivano che a coprire la realtà dei fatti e cioè l'omicidio premeditato.

Disse: «A mio parere la testimonianza di Patrick Cody riguardo al vero motivo per cui era stato assoldato è più credibile della spiegazione che ne hanno dato i due imputati».

Dopo aver deliberato per venti giorni, la giuria annunciò di non aver raggiunto comunque un verdetto. Si seppe poi che, nonostante fossero tutti convinti della colpevolezza di Bernard Finch, nove avevano votato per l'omicidio di primo grado e tre per quello di secondo grado. Riguardo a Carole Tregoff, nove giurati avevano votato per la sua colpevolezza e tre per la sua innocenza.

Fu istruito un terzo processo che cominciò il 4 gennaio 1961. Il giudice era David Coleman e la giuria era composta da dieci uomini e due donne che si riunirono a dibattere il 23 marzo. Finalmente, cinque giorni dopo, un verdetto fu raggiunto: Bernard Finch fu ritenuto colpevole di omicidio di primo grado, Carole Tregoff venne considerata responsabile di omicidio di secondo grado.

Gli imputati furono richiamati in aula per ascoltare la sentenza che condannava entrambi al carcere a vita. Carole scoppiò a piangere mentre Bernard sembrava annichilito, quasi come il suo avvocato. Ma forse non si era reso conto di essere sfuggito alla camera a gas per un miracolo.

Fu concesso ai due amanti di salutarsi e di baciarsi. Non si videro mai più. Nel 1969 Carole Tregoff ottenne la libertà sulla parola. Negli anni trascorsi in carcere non aveva mai voluto rispondere alle lettere che le inviava Bernard. Cambiò nome e fu assunta in un ospedale a Pasadena.

Bernard Finch fu liberato due anni dopo, lavorò in un ospedale del Missouri per dieci anni e tornò ad abitare a West Covina nel 1984.

XVIII

PICNIC NELLA BRUGHIERA

Ian Brady e Myra Hindley, Gran Bretagna 1963

La sera del 12 luglio Pauline Reade voleva andare a ballare in un pub. Sapeva che i genitori non l'avrebbero mandata da sola e così, tornando a casa dalla pasticceria dove lavorava, chiese a Linda Bradshaw di accompagnarla. Ma l'amica non aveva il permesso di uscire. Pauline indossò comunque il suo vestito rosa e si spazzolò i lunghi capelli neri aspettando il ritorno del padre. Amos Reade le diede il suo consenso, il locale dove Pauline era stata invitata non era molto distante e la figlia era una ragazza giudiziosa.

Pauline infilò i guanti bianchi e il soprabito e si incamminò per raggiungere Chapman Street. La madre la seguì per un tratto, era preoccupata, poi raccomandò alla figlia prudenza e tornò a casa. La ragazza proseguì. Erano le otto di sera.

Pauline girò in Eaton Street, attraversò la strada che passava davanti alla casa di Myra Hindley e imboccò Taylor Street. Due amici, Pat e Dorothy, diretti anche loro al pub, la individuarono da lontano e presero una scorciatoia per incrociarla. Poi, non vedendola, si fermarono ad aspettarla.

Pauline non arrivò più, sembrava svanita nel nulla.

Margaret Stewart si guadagnava da vivere lavorando in una sala da tè alla periferia di Glasgow quando, il 2 gennaio 1938, a diciannove anni, diede alla luce un bambino illegittimo, Ian. Prese in affitto una stanza in Caledonia Road, nel quartiere povero e degradato di Gorbals. Qualche mese dopo si rese conto di non riuscire a dividersi tra il lavoro e un neonato e mise un annuncio sulla vetrina di un negozio per l'affidamento del piccolo. Rispose una coppia, John e May Sloan, che avevano già quattro figli, tutti più grandi di Ian. Il bambino andò a vivere con loro nel centro di Glasgow, in un affollatissimo edificio popolare.

Margaret voleva che suo figlio fosse sempre pulito e ben vestito. Quando andava a trovarlo in Camden Street, dove abitavano gli Sloan, lo portava in negozi raffinati e acquistava per lui abitini eleganti. Così Ian la domenica indossava una camicia di seta sul piccolo kilt e durante la settimana pantaloncini di velluto nero. Crescendo mantenne il gusto di vestire bene ed esibiva i suoi pantaloncini immacolati anche ai compagni di scorribande di quartiere.

Tra gli amici d'infanzia si fece la reputazione di bambino crudele: si divertiva infatti a torturare gli animali. Tirava sassi agli uccelli e uccideva tutti gli insetti che gli capitavano a tiro. Lanciava i gatti dalla finestra per vedere se erano in grado di sopravvivere. Un giorno trovò un gatto in un edificio bombardato, lo mise in un cestino e lo gettò in una fossa che poi chiuse con una pietra per vedere quanto tempo avrebbe impiegato la bestiola a morire. Un suo compagno lo vide e tolse la pietra per liberare l'animale ma non dimenticò mai l'episodio.

Quando la guerra finì la famiglia Sloan si trasferì in un appartamento fuori città. A scuola Ian era uno studente diligente anche se indisciplinato. Un amico, molti anni dopo, ricordò che portava sempre con sé un coltellino e che, durante una lite, l'aveva ferito a una mano. Un altro raccontò che Ian gli aveva avvolto il braccio in fogli di giornale a cui poi aveva dato fuoco.

A undici anni sembrava molto interessato, se non ossessionato, dal nazismo. Collezionava reliquie tedesche: elmetti, coltelli, le foto di Eva Braun e di Hitler. Faceva sempre il saluto nazista e parlava entusiasticamente della Germania. I suoi coetanei non lo amavano perché era scontroso e superbo. E Ian li ricambiava dello stesso sentimento. Era convinto di essere diverso dagli altri, in qualche modo speciale, e provava un senso definito di «non appartenenza».

Un insegnante raccontò che alla domanda che aveva rivolto un giorno alla classe: «Credete in Dio?» soltanto Ian, all'età di cinque anni, rispose: «No».

I due traumi che segnarono la sua infanzia furono: la morte del suo cane adorato e la scoperta di essere figlio illegittimo. A tredici anni cominciò a compiere piccoli furti in case e negozi e fu arrestato una prima volta nel 1951. Usufruì della libertà condizionata e nel luglio dell'anno successivo fu catturato di nuovo durante una rapina in un appartamento e ottenne ancora la libertà sulla parola. A quindici anni lasciò la scuola e trovò lavoro presso una macelleria. Nel novembre del 1954 fu arrestato per la terza volta e rilasciato a patto che tornasse a vivere a casa della madre naturale. May Sloan, la madre adottiva, non si oppose alla decisione del giudice perché Ian era un ragazzo difficile e non riusciva più a controllarlo.

Margaret si era appena sposata con l'operaio irlandese John Brady e viveva a Moss Side, un sobborgo di Manchester. Lei, che non si era occupata del figlio durante la sua infanzia, diventò una madre premurosa e attenta. Ma Ian soffrì per il cambiamento perché aveva perduto tutti i suoi amici, i luoghi che amava e i genitori adottivi. Il patrigno gli trovò un impiego come scaricatore al mercato della frutta dove lui stesso lavorava, ma la paga era scarsa e le tentazioni molte, così Ian fu arrestato di nuovo per furto nel novembre del 1955. Questa volta fu condannato a trascorrere due anni nel riformatorio di Hatfield, nello Yorkshire.

Lo psichiatra che lo visitò durante la detenzione scrisse nella sua scheda che lo considerava uno psicopatico. Fu liberato il 14 novembre 1957 e tornò a vivere dalla madre che si era trasferita nel sobborgo di Longsight, a Manchester. Trovò lavoro presso una fabbrica di birra tra l'aprile e l'ottobre del 1958, ma veniva spesso scoperto ubriaco e così fu licenziato.

Ian non era tagliato per i lavori manuali e faticosi, e iniziò a cercare un posto da impiegato. Lo assunse come addetto al magazzino la Millwards Merchandising Ltd, una piccola azienda chimica in Levenshulme Road, nel quartiere di Gorton. Cominciò nel febbraio del 1959 con un salario di dodici sterline la settimana.

Si dimostrò un impiegato attento e scrupoloso e l'unico rimprovero che i suoi superiori potevano fargli era la mancanza di puntualità e qualche assenza dovuta alla sua passione per le corse dei cavalli. Non socializzava con i colleghi, nell'ora di pausa consumava il pasto, consistente in un pezzo di formaggio e uova sode, nel suo piccolo ufficio, leggendo i libri preferiti: volumi sul nazismo e sui crimini di guerra. A volte passava tutta l'ora a riempire moduli per ordinare dalla Germania cassette con le registrazioni di marce e discorsi dei capi nazisti o resoconti del processo di Norimberga. Era anche interessato ai libri sulla tortura e leggeva appassionatamente le opere del marchese de Sade.

Nel gennaio del 1961 nell'azienda dove lavorava Ian fu assunta una stenodattilografa di diciott'anni, Myra Hindley. Una ragazza alta, con i capelli biondi e gli occhi azzurri. Un tipo attraente, romantico, con idee all'antica. Myra era la prima figlia di Bob e Nellie Hindley. Il padre, di religione protestante, era stato paracadutista nell'esercito britannico e a casa era spesso ubriaco e litigioso. Nellie, cattolica, si occupava delle due figlie, Myra nata il 23 luglio 1942, e Maureen, venuta al mondo quattro anni dopo.

La famiglia abitava a Eaton Street, nel quartiere di Gorton. Quando Myra era molto piccola i genitori la mandarono a vivere con la nonna in un appartamento poco lontano, a Bannock Street, così le due bambine avrebbero avuto una stanza ciascuna. Myra non fu traumatizzata dal cambiamento perché la madre cucinava per entrambe le famiglie e lei stessa durante il giorno passava continuamente da una casa all'altra. A scuola si dimostrò una bambina intelligente e socievole anche se molto indisciplinata. I genitori, presi dalle loro liti, trascuravano l'educazione della figlia, che cresceva senza confrontarsi con divieti e punizioni. Myra era libera di fare ciò che voleva durante il giorno, e la sera rimaneva alzata quando gli altri bambini andavano a letto. Le compagne la ricordavano come una ragazzina allegra, sempre pronta a ridere e a cantare, una vera piccola commediante che si divertiva a inventare giochi e a fare scherzi.

Nel 1957, mentre frequentava l'ultimo anno scolastico, il suo amichetto del cuore, Mike Higgins, di due anni minore di lei, morì. Era una caldissima giornata di giugno e Mike le aveva chiesto di andare con lui a nuotare nel laghetto artificiale, ma Myra preferì accompagnare la sua amica Pat dalla zia a prendere il tè. Quando tornarono seppero che Mike era annegato. Myra corse sul posto e vide il corpo del ragazzo. Si sentì in colpa per non essere andata con lui. Pianse per diversi giorni e dopo il funerale cominciò a frequentare la chiesa cattolica e ad assistere regolarmente alla messa.

Terminata la scuola, Myra cominciò vari lavori, ma nessuno durò più di qualche mese. La sera andava con gli amici al cinema o nelle sale da ballo e i pomeriggi li passava a lezione di judo o dal parrucchiere. I capelli erano la sua ossessione, li aveva castani ma li voleva biondo platino. A diciassette anni si fidanzò con Ronnie Sinclair, ma dopo sei mesi lo lasciò perché lo considerava immaturo e comunque non abbastanza ricco da sposarla. L'anno successivo, il 16 gennaio 1961, fu assunta come stenodattilografa alla Millwards Merchandising, la stessa azienda dove lavorava Ian Brady, l'impiegato incaricato di dettarle le lettere ogni giorno.

Myra cercava un compagno dalla personalità forte, diverso dal ragazzo con cui era stata fidanzata. Si innamorò di Ian perché vide in lui un uomo deciso, determinato. Ma Ian, che fino ad allora non aveva avuto alcuna storia sentimentale, per un anno intero la considerò e la trattò semplicemente come una collega. Myra, che lo spiava all'uscita dall'ufficio, si accorse che la sera rimaneva sempre in casa e che non aveva amici. Nel suo diario, oltre agli appuntamenti dal parrucchiere e alle date di compleanno da ricordare, cominciò ad annotare i progressi del suo rapporto con Ian:

> Oggi mi ha guardata!

E poi:

> Oggi mi ha sorriso ... Oggi mi ha ignorata ... Mi chiedo se vorrà mai uscire con me ... Ian aveva una camicia nera ed era bellissimo ... Lo amo ... Oggi ha il raffreddore e io vorrei tanto curarlo ... Spero che un giorno mi possa amare e sposare.

Ci fu poi un momento in cui Ian la deluse. Scrisse infatti sul diario:

> Ho visto la sua seconda faccia...

Accadde quando, per una scommessa persa ai cavalli, Ian non riuscì a controllare i propri nervi. Myra si rese conto di quanto potesse diventare violento, volgare e maleducato. Ma improvvisamente qualche giorno prima di Natale Ian la invitò a uscire e lei scrisse sul diario:

> Eureka! Oggi abbiamo il primo appuntamento. Andremo al cinema.

Il film era *Il processo di Norimberga.*

Dopo il cinema Ian la accompagnò a casa e si salutarono sulla porta. Così accadde anche le serate successive. Soltanto l'ultimo giorno dell'anno, dopo essere stati a cena dai genitori di Myra, la ragazza acconsentì a farlo salire da lei. Si assicurò che la nonna stesse dormendo e poi invitò Ian a entrare nella sua stanza. Quella notte perse la verginità.

Anche se Ian non le diceva mai che la amava, neppure all'inizio del loro rapporto, la coppia divenne inseparabile. Myra trovava Ian eccitante e sofisticato. Le piaceva che vestisse di nero, che leggesse libri «intellettuali» e che volesse imparare il tedesco. Invece di tornare a casa per il pranzo, come era sua abitudine, Myra rimaneva insieme a lui in ufficio per farsi leggere ad alta voce i libri sul nazismo. Ian le prestò diverse pubblicazioni sulla tortura e sull'antisemitismo e lei condivise con entusiasmo tutte le sue idee.

Myra raccontava alla sorella Maureen che Ian aveva un fascino carismatico, tutto di lui era diverso da ciò a cui era abituata, dal modo di vestire al suo essere così freddo e asociale, alle sue idee politiche e religiose. Le piacevano i suoi occhi grigi dallo sguardo penetrante, il sorriso sardonico e il gesto con cui si passava la mano tra i capelli castani per ravviarseli. Ian non seguiva la moda e si faceva cucire i vestiti da un sarto. Aveva una moto con cui portava Myra a fare delle gite in campagna e in quelle occasioni indossava un lungo impermeabile, un copricapo di pelle e grossi occhiali. Era molto generoso, invitava Myra a cena in ristoranti orientali e ordinava vini tedeschi. A volte andavano a giocare a bingo o al cinema, ma spesso preferivano passare la serata a parlare. O meglio, Ian parlava e Myra lo ascoltava affascinata.

Maureen si rese conto che la sorella in tre mesi era molto cambiata. Esagerava con il trucco, fuori dall'ufficio usava giacche di camoscio e stivali di pelle. Mentre aveva sempre dimostrato di amare i bambini, improvvisamente li trovava insopportabili. Il matrimonio era diventato una convenzione ipocrita, un'istituzione anacronistica, i valori religiosi erano stati sostituiti da un vago ateismo. Ma Myra non era una donna debole, aveva sempre dimostrato volontà e coraggio, e quando decise di seguire Ian lo fece con totale consapevolezza, nel bene e nel male.

Dopo la prima notte passata insieme, nel gennaio del 1962, Myra convinse la nonna a ospitare Ian il sabato sera a casa sua, in Bannock Street. Ellen Maybury, che aveva settantasette anni, occupava il piano di sotto, era sorda e comunque la sera prendeva i sonniferi e cadeva in sonni profondi. Myra e Ian ascoltavano le marce naziste a tutto volume, ignorando le lamentele dei vicini, e leggevano l'uno all'altra brani di *Mein Kampf*, di *Sei milioni di morti* e di *Eichmann* che prendevano in prestito dalla biblioteca di quartiere. Per Ian gli altri erano insetti, imbecilli e vermi. Myra condivideva i suoi discorsi sulle minoranze etniche e contro le religioni organizzate.

Un giorno del 1963 Ian avvertì Myra che avrebbero rapinato una banca o un grande magazzino. Dovevano però procurarsi delle armi e un'auto. Poiché in Inghilterra non era consentito possedere una pistola se non si apparteneva a un circolo di tiro, Myra si iscrisse al Cheadle Rifle Club e acquistò due pistole. Ian aveva la patente che lo abilitava esclusivamente a portare motociclette, quindi fu Myra a dover sostenere gli esami di guida. Riuscì soltanto al quarto tentativo e acquistò una Mini Morris usata con la quale andava a prendere Ian ogni mattina per andare insieme in ufficio. Ian le aveva dato precise istruzioni e così Myra non bussava mai alla porta della casa di Westmorland Street, dove lui abitava con la madre, ma lo aspettava in strada.

Myra guidava anche nelle numerose gite che la coppia faceva nei dintorni di Manchester e durante le vacanze in Scozia. A volte Ian le chiedeva di portarlo alla stazione perché amava gironzolare lungo i binari guardando la gente mentre lei lo aspettava pazientemente, seduta in macchina. Nel giugno del 1963 Ian si stabilì definitivamente a casa dell'amante.

La sera del 12 luglio, alle otto di sera, Pauline Reade, una ragazza di sedici anni, uscì di casa per andare in un pub a ballare. Viveva a Wiles Street, nel quartiere di Gorton, proprio dove abitavano Ian e Myra. Pauline chiese a un'amica di accompagnarla, ma la ragazza non ottenne il permesso dai genitori. Così Pauline si avviò da sola. La madre la seguì per un tratto di strada. Due suoi compagni, anche loro diretti al pub, la scorsero da lontano e presero una scorciatoia per aspettarla alla fine della strada. Non la videro comparire. Nessuno la vide più.

Nel mese di novembre Myra rivendette la Morris verde e prese a nolo un'altra auto, nell'attesa di acquistare una Mini nuova.

Sabato 23 novembre, John Kilbride, un ragazzo di dodici anni che viveva ad Ashton-under-Lyne, vicino a Manchester, dopo aver passato il pomeriggio al cinema, andò in un mercato nei pressi di Gorton dove sperava di guadagnare qualche soldo aiutando i commercianti a smontare le bancarelle. Quando cominciò a farsi scuro e a scendere la nebbia una giovane donna gli offrì un passaggio sulla sua auto. Kilbride non fu più visto vivo.

Il 16 giugno 1964, Keith Bennett, un ragazzino di dodici anni che abitava a Eston Street, disse ai genitori che sarebbe andato a dormire a casa della nonna nel quartiere di Longsight. Alle otto di sera salutò la madre che andava a giocare a bingo e che aveva fatto un tratto di strada insieme a lui. La mattina dopo la signora Bennett andò a riprenderlo dalla nonna e seppe così che il figlio la sera prima non era mai arrivato. Keith Bennett non ricomparve mai più.

Maureen, la sorella diciottenne di Myra, rimase incinta. Il padre del bambino, David Smith, aveva sedici anni. David era un figlio illegittimo, nato nel gennaio del 1948, e aveva un carattere violento. Era già stato arrestato più volte per rissa o rapina. Ad agosto si sposarono e Maureen fu assunta nella stessa azienda chimica dove lavoravano Ian e Myra.

Il giorno che precedette il matrimonio della sorella, Myra portò Ian a casa di David e i due giovani fecero subito amicizia. Dopo le nozze Ian e Myra invitarono gli sposi a fare una gita a Bowness, nel distretto dei laghi. Queste escursioni si ripeterono frequentemente e finivano tutte a casa degli Smith dove, mentre le sorelle andavano a dormire, i ragazzi rimanevano fino all'alba a bere e a chiacchierare. I discorsi erano quasi sempre gli stessi. Ian e David parlavano di rapine da organizzare e di crimini da commettere. Ian mostrò all'amico i suoi libri sul nazismo e sulla tortura, oltre a quelli della sua passione, il marchese De Sade.

La nonna di Myra fu informata che la casa in Bannock Street doveva essere demolita e che le era stato assegnato un piccolo appartamento ad Hattersley, vicino alla brughiera dove Ian e Myra amavano andare a fare i loro picnic. Nel mese di settembre tutti e tre si trasferirono al numero 16 di Wardle Brook Avenue, appena fuori Manchester.

Ian divise la stanza con Myra, al piano superiore, portando con sé le sue apparecchiature fotografiche, compresi i macchinari per lo sviluppo, i suoi libri, le sue cassette, la collezione di riviste pornografiche. Aveva la passione per la fotografia e spesso scattava istantanee di Myra in pose oscene o con i segni di frustate sui glutei, mentre lei lo ritraeva con il pene eretto. Con l'autoscatto poi fotografavano i loro rapporti sessuali.

Il giorno di Santo Stefano la piccola Lesley Ann Downey, di dieci anni, andò al luna park ad Ancoats insieme ai suoi fratelli e ad alcuni amici. Mentre si dirigeva a casa con un'amica ci ripensò e decise di tornare indietro da sola a fare qualche altro gioco. Nessuno la vide più.

David e Maureen ebbero una bambina, Angela Dawn, che morì al sesto mese di età. Quando David venne a saperlo corse in ospedale e diede in escandescenze. Si attaccò perfino ai lampadari dal soffitto. Poi gettò nell'immondizia i vestiti della bambina e andò a stare dai nonni mentre la moglie tornava dai genitori. David non volle rimanere ad abitare nella vecchia casa in Wiles Street, così la coppia si trasferì ad Hattersley, in un appartamento a poche centinaia di metri da quello di Myra, che però mise subito in chiaro che ogni visita doveva essere preannunciata.

Ian decise di mettere alla prova David. Prima cercò di coinvolgerlo nell'organizzazione di una rapina a mano armata a una banca. Gli mostrò i suoi appunti e le sue armi, una Smith & Wesson calibro 38 e una Webley calibro 45, con le rispettive munizioni. Volle anche dargli una dimostrazione della sua mira e organizzò una gita nella brughiera di Saddleworth, a nordest di Manchester. Mentre le ragazze rimanevano in macchina a chiacchierare, Ian sparò ad alcuni bersagli e consentì a David di provare le sue pistole.

In quei giorni David teneva un diario nel quale annotava le frasi che Ian gli leggeva dai suoi libri preferiti:

> Gli uomini e le donne possono essere soltanto di due tipi: sadici o masochisti ... Lo stupro non è un crimine ma uno stato mentale ... L'omicidio è un

hobby e un piacere supremo ... Dio è una superstizione, un cancro che divora il cervello ... Le persone sono solo vermi, piccoli, ciechi e privi di valore.

Il 25 settembre, come accadeva spesso di sabato, Myra e Ian passarono la serata insieme agli Smith. Ecco come David descrisse la serata nel suo diario:

Myra e Maureen rimasero in piedi fino all'una e mezzo del mattino. Poi andarono a letto e lasciarono me e Ian nel salotto .... Discutemmo della rapina alla banca e poi lui mi chiese se sarei stato capace di uccidere. Lo guardai stupito. Allora lui disse: «Io l'ho fatto». Dichiarò di aver commesso almeno tre o quattro omicidi. Ma era ubriaco e non gli prestai molta attenzione. Allora mi chiese se credevo a quello che aveva appena detto. Lo guardai ancora una volta stupito e gli dissi che non lo sapevo. E che non ero interessato a quei discorsi. Mi spiegò che aveva adottato due procedimenti diversi per i suoi delitti. Il primo era quello di aspettare in macchina che la vittima giusta comparisse. Poi usciva dall'auto e commetteva l'omicidio. Disse che però non amava molto quel tipo di delitto perché aveva bisogno di lunghe preparazioni per evitare di sporcare le scarpe e la macchina di sangue ... Il secondo metodo consisteva nell'offrire un passaggio a qualcuno che poi portava a casa a Wardle Brook Avenue. Lì lo uccideva e poi lo seppelliva nella brughiera. Disse anche che sceglieva ragazzi tra i sedici e i vent'anni perché a quell'età molti giovani scappano di casa e la polizia non fa troppe ricerche ... e poi dichiarò: «Ho le prove fotografiche degli omicidi. Tu e tua moglie vi siete seduti proprio vicino a una delle mie vittime ma non ti dirò dove».

Disse anche che prima di uccidere qualcuno doveva prendere una droga che si chiamava Pro-Plus, un blando stimolante che si poteva trovare sui banchi delle farmacie. Quella sera non raccontò altro a proposito dei delitti e io rimasi in dubbio se credergli o no.

Il sabato successivo Ian continuò il discorso e David scrisse:

Riprese a parlarmi di omicidi. Disse: «Tu non credi che io sia capace di farlo ma presto te lo dimostrerò».

Tre giorni dopo, Ian chiamò David e gli chiese di restituirgli i libri che gli aveva prestato e anche la sua collezione di riviste pornografiche. David mise tutto in una scatola e la sera del 5 ottobre la portò a casa di Myra. Brady prese la scatola e la nascose in camera, al piano di sopra. Qualche minuto dopo scese con due valigie e chiese all'amico di aiutarlo a metterle in macchina.

«Stai attento a non farle cadere» lo avvertì «o finiremo tutti male.» Caricate le valigie nel portabagagli della Mini, Ian e Myra le portarono alla stazione centrale di Manchester e le lasciarono nel deposito bagagli.

La sera del 6 ottobre, verso le undici e mezzo, Myra andò a trovare Maureen che notò come la sorella avesse, contrariamente al solito, i capelli in disordine e fosse vestita con gli abiti che abitualmente usava per lavorare in casa. Inoltre si stupì del motivo della visita: Myra le chiese di ricordare alla madre che il lunedì successivo doveva tingerle i capelli. Un messaggio che non avrebbe richiesto una visita serale. Poi Myra pregò David, che stava andando a letto, di accompagnarla a casa perché aveva paura di tornare sola la sera.

David portò un bastone che aveva sempre con sé. Prima di entrare nell'appartamento Myra chiese al cognato di aspettare il suo solito segnale nel caso Ian stesse registrando qualcosa e non volesse essere disturbato. Qualche secondo dopo David vide la luce del salotto spegnersi e accendersi tre volte e quindi bussò alla porta. Venne ad aprirgli Brady che, con un tono esageratamente alto, come per farsi sentire da qualcuno all'interno, gli chiese: «Sei venuto per quelle bottigliette di liquore?» e poi lo lasciò entrare.

David tornò a casa alle tre e mezzo del mattino. Maureen dormiva. Lui entrò in bagno a sciacquarsi la faccia con l'acqua fredda e poi si sentì male. Andò a letto ma non riusciva a prendere sonno e decise di svegliare la moglie. Tutto d'un fiato le raccontò che cosa aveva visto quella notte a casa di Myra. Se all'inizio Maureen non voleva credergli, poi fu lei a convincerlo a riferire tutto alla polizia. Uscendo di casa David si armò di un cacciavite e di un coltello che usava per tagliare il pane, in caso avesse incontrato Brady, e si diresse insieme alla moglie verso la prima cabina telefonica. Chiamò la polizia e disse che lui e Maureen erano in pericolo di vita. Una macchina li raggiunse dopo qualche minuto e li portò al commissariato. Qui David raccontò tutto quello che aveva visto quella sera in casa di Myra Hindley.

In cucina Ian mi offrì tre bottigliette di liquore e andò a cercarne delle altre nel salotto insieme a Myra. Aspettavo da un paio di minuti quando udii un grido terribile: sembrava una voce di donna ed era veramente molto acuta. Poi le grida si susseguirono, una dopo l'altra, sempre terribilmente acute. Quando sentii Myra urlare: «Dave, aiutalo!». Corsi nel salotto pensando che i miei amici fossero stati aggrediti da qualcuno e portai con me il bastone.

Vidi un ragazzo che poteva avere circa diciassette anni. Giaceva con la testa e le spalle sul divano, mentre le gambe erano sul pavimento. Aveva la faccia rivolta verso l'alto. Ian era in piedi davanti a lui, con le gambe del giovane allungate in mezzo alle sue. Il ragazzo continuava a gridare. Non mi sembrò ferito, ma c'era solo una piccola luce accesa, quella centrale era spenta. Ian aveva un'accetta in mano e la teneva sollevata in alto. Poi colpì il ragazzo, sul lato sinistro della testa. Sentii il colpo, fece un rumore orribile. Ian usava la parte posteriore dell'accetta, non quella affilata. Il ragazzo gridò. Poi scivolò dal divano e si contorse sul pavimento, piegato in due, e gridava ancora. Ian gli fu subito sopra e continuò a massacrarlo con l'accetta. Non so quante volte lo colpì, ma certamente molte volte, sulla testa, sul collo, sulle spalle.

Quando Ian smise di colpire il ragazzo, questi rimase in terra con la faccia sul pavimento e i piedi vicino alla porta. Una specie di rantolo gli usciva dalla gola. Ian prese una delle coperte da una sedia e l'avvolse intorno alla testa del giovane. Io stavo tremando e non riuscivo a muovermi dal terrore, avevo lo stomaco contratto. C'era sangue dappertutto nella stanza, sui muri, sul camino, ovunque. Per tutto questo tempo Ian non aveva detto una parola; poi prese una corda, un filo elettrico credo, e lo avvolse intorno al collo del ragazzo. Incrociò la corda e tirò, e continuò a tirare finché non cessò quella specie di rantolo. Mentre faceva questo Ian continuava a sudare e mormorava: «Sporco bastardo!».

Myra era sempre lì e si limitava a osservare la scena. Ian si rivolse a lei e le disse qualcosa come: «È fatta. È stato più complicato del previsto. Di solito basta un colpo». Myra lo guardò appena e non disse assolutamente niente. Poi Ian si rialzò e dopo essersi pulito le mani da qualche parte, prese una sigaretta. Poi accese la luce grande e disse a Myra di procurarsi uno strofinaccio, un secchio di acqua calda, un catino, del sapone e qualche straccio.

Myra tornò con l'acqua e il resto. Non sembrava affatto scossa. Si fermò vicino al corpo del ragazzo e posò tutto sul tappeto davanti al camino. Ian mi guardò e disse: «Dacci una mano a mettere un po' d'ordine in questo caos». Io ero terrorizzato ed eseguii tutto ciò che mi ingiunse di fare, li aiutai a risistemare. Nessuno parlò mentre lo facevamo. Dopo che avemmo pulito gran parte della stanza, Ian, rivolgendosi a Myra, disse: «Credi che qualcuno abbia udito le grida?».

«Sì, mia nonna. Le ho detto che mi è caduto il registratore su un piede.» Poi Myra uscì dal salotto. Mentre era fuori, Ian mi offrì da bere del vino. Il ragazzo era ancora steso sul pavimento. Myra tornò col lenzuolo bianco. Probabilmente era stato Ian a dirle di andarlo a prendere. E portò anche molti fogli di plastica, piuttosto grandi, e una coperta. Ian mi disse di sollevare il ragazzo per le gambe, cosa che io feci, mentre lui lo prendeva per le spalle, e lo posammo sul lenzuolo e le coperte. Ian si mise a scherzare. Disse: «Eddie è un peso morto».

Tutti e due trovarono la cosa davvero divertente. Io dovetti aiutarlo a riunire gli angoli del lenzuolo; il corpo era nel centro; lui annodò gli angoli insieme. Durante tutto questo tempo Myra continuò a pulire. A questo punto Ian le disse: «Va' su e chiudi la porta della stanza di tua nonna», poi si rivolse a me: «Aiutami a sollevarlo» ordinò. Così portammo su il ragazzo, tenendolo in mezzo a noi due, fino a una camera che non veniva mai usata, al piano di sopra.

Scendemmo di nuovo e io vidi un portafoglio sul pavimento. Ian lo prese, ne tirò fuori un pezzo di carta verde e disse: «È il suo nome. Lo conosci?». Guardai il documento. Non lo conoscevo. Vidi anche un paio di scarpe sul pavimento del salotto, vicino a dove era il portafoglio, e Ian raccolse tutto, assieme ad alcune lettere che erano sempre per terra, e mise quegli oggetti in una borsa della spesa. Raccolse anche l'accetta e me la porse dicendo qualcosa come: «Senti un po' quanto è pesante. Come l'avrà *presa* lui?». Io non dissi niente, e gliela resi. Avevo paura che se ne servisse su di me. Mise l'accetta insieme al resto e portò tutto di sopra.

Myra stava ancora pulendo e a quel punto la casa aveva assunto un aspetto normale. Poi Ian mi descrisse il modo in cui aveva agito quella sera mentre io aspettavo in cucina: come si trovasse dietro al divano per cercare alcune bottigliette per me e come il ragazzo fosse seduto sul divano stesso. Disse: «Ho preso l'accetta con entrambe le mani e l'ho tirata giù con forza sulla sua testa». Myra allora commentò: «Nei suoi occhi ho visto un grande stupore quando l'hai colpito». Queste furono le sue esatte parole.

Ian si lamentava perché durante la lotta con il ragazzo si era fatto male a una caviglia e il giorno dopo avrebbe dovuto caricare il cadavere nella macchina e pensava di non farcela. Myra suggerì di usare una carrozzina. Io ho detto che ero d'accordo e che la mattina dopo avrei portato la carrozzina.

Myra preparò una tazza di tè per tutti e cominciò a ricordare un episodio. Disse a Ian: «Rammenti quel giorno che tu stavi scavando la fossa per seppellire un cadavere nella brughiera e un poliziotto si avvicinò alla mia auto per chiedermi se avevo bisogno di qualcosa?». Poi si rivolse a me: «Pensa che il corpo era nel portabagagli, avvolto nella plastica. Spiegai al poliziotto che stavo facendo asciugare le candele della macchina e lui se ne andò. Temevo che vedesse Ian tornare con la vanga...».

Dissi che preferivo andarmene, che volevo uscire e loro mi permisero di andare. La mia decisione li lasciava indifferenti. Corsi per tutta la strada fino a casa. Andai subito in bagno. Mi gettai dell'acqua gelata sulla faccia, poi mi sentii male. Alla fine mi infilai a letto. Erano ormai le tre e mezzo di notte, ma non riuscivo ad addormentarmi. Continuavo a pensare al ragazzo, alle grida e ai suoi rantoli. Dopo un po' mi rialzai. Maureen si svegliò e mi chiese: «Cos'hai tesoro, ti senti male?». Allora accesi la luce e le raccontai tutto. Anche lei si alzò e scoppiò a piangere. Era davvero sconvolta. Poi ci mettemmo a sedere e cercammo di prendere una decisione. Restammo lì fino alle sei e quando uscimmo c'erano già gli uomini del latte che bussavano alle varie porte. Io mi armai di un cacciavite e di un coltello da cucina nel caso avessimo incontrato Ian e Myra. Andammo a piedi fino alla cabina telefonica di Hattersley Road e da lì abbiamo chiamato la polizia. Ecco tutto.

Alle otto e un quarto l'ispettore Robert Talbot arrivò con la sua squadra di poliziotti davanti alla casa di Myra Hindley. Portò molti uomini con sé perché David lo aveva avvertito che Ian Brady possedeva due pistole. Per essere sicuro che la donna gli avrebbe aperto la porta, si fece prestare il camice bianco dall'uomo che in quel momento stava consegnando il pane e lo indossò sopra l'uniforme. Suonò il campanello. Myra andò ad aprire e l'ispettore tirò fuori il tesserino e si fece riconoscere. Le chiese se suo marito era in casa.

«Non sono sposata» rispose Myra.

«Ho ragione di ritenere che ci sia un uomo in casa» insisté Talbot.

«Non c'è nessun uomo qui» ripeté Myra.

«Questa risposta non mi soddisfa» disse Talbot spingendo delicatamente la donna di lato ed entrando nell'appartamento.

Allora Myra cedette: «È nell'altra stanza».

Talbot, seguito dai suoi uomini, andò nel salotto e trovò Ian seduto sul divano. Aveva addosso soltanto la camicia e stava scrivendo una lettera al direttore della sua azienda per spiegargli che non poteva andare a lavorare perché si era fatto male a una caviglia. Ian non alzò neppure lo sguardo quando entrarono i poliziotti.

Talbot gli chiese il nome e poi gli disse che aveva saputo che in quella casa, la notte precedente, si era svolto un atto di violenza.

«Qui non è successo niente» disse Myra.

Talbot lasciò Ian con un agente e salì le scale insieme a lei. Oltrepassò la stanza da letto della nonna che ancora dormiva e vide un'altra porta, ma scoprì che era chiusa a chiave. Myra disse che la chiave era in ufficio.

«Bene, l'accompagno a prenderla» propose Talbot quando fu di nuovo nel salotto.

Allora Myra disse a Ian: «Forse è meglio che gli racconti tutto».

Ian cominciò a spiegare: «C'è stata una discussione ieri sera. Poi una lotta... il corpo è nella stanza». Chiese a Myra di dare le chiavi all'ispettore che vi entrò seguito dai suoi agenti. Sotto la finestra della camera scarsamente ammobiliata era buttato il corpo di Edward Evans avvolto in un lenzuolo. Accanto c'era l'accetta ancora sporca di sangue e il bastone di David, anch'esso macchiato di sangue.

Edward Evans, la vittima, era un ragazzo di diciassette anni, un apprendista meccanico omosessuale. Il giorno prima aveva detto alla madre che sarebbe andato ad assistere a una partita di calcio a Old Trafford. Qualcuno lo vide alle sette in un pub nel centro di Manchester, vicino alla stazione dove avrebbe dovuto prendere il treno per raggiungere lo stadio.

Myra e Ian furono condotti al commissariato per essere interrogati separatamente. Ian raccontò di avere conosciuto Evans qualche mese prima. L'aveva rivisto quella sera nel pub e l'aveva invitato a casa a bere qualcosa. In seguito era scoppiata una lite. «Eddie mi colpì alla caviglia e non avrebbe smesso se non avessi trovato quell'accetta sul pavimento» spiegò. Disse che in quel momento David era in cucina ed era corso in suo aiuto colpendo il ragazzo con un bastone che aveva portato con sé. Non raccontò di avere strangolato Evans, ma semplicemente che mentre lui e David pulivano il pavimento il ragazzo aveva smesso di respirare.

Myra non rispose alle domande dell'ispettore. Si limitò a dire: «Ian non ha fatto niente e David Smith è un bugiardo». Fu rilasciata e andò a stare a casa della madre, ma quattro giorni dopo la polizia tornò per arrestarla.

Il medico legale esaminò il corpo di Evans e dichiarò che il ragazzo era stato colpito alla testa quattordici volte e la morte era stata accelerata dallo strangolamento. Sul cadavere c'erano anche chiari segni di un recente rapporto sessuale. I poliziotti ispezionarono la casa dove si era svolto l'omicidio. Trovarono le due pistole e una quantità di munizioni, fotografie e negativi oltre a libri sul nazismo e sulla tortura. Nell'auto di Myra c'era un portafoglio dal quale saltarono fuori tre pagine di quaderno nelle quali Ian aveva segnato, abbreviando le parole, le istruzioni per far scomparire un corpo:

Seppellire testa ... distruggere plastica ... ispezionare macchina per macchie ... indossare guanti...

Ian sostenne di avere scritto quelle note dopo la morte del ragazzo e non prima.

L'ispettore Talbot trovò anche un quaderno nel quale c'erano disegni, conti e un elenco di nomi di attori del cinema, ma fra essi c'era anche quello di John Kilbride, uno dei ragazzi scomparsi di recente. Ian disse che si trattava di un suo compagno di scuola. Furono anche esaminati i tappeti del salotto, ma non vennero rinvenute tracce di sangue. La polizia ne dedusse che fossero stati tolti durante l'omicidio, ma David Smith ricordava che i tappeti si trovavano al loro posto quella sera.

David raccontò all'ispettore anche delle conversazioni avute con Ian e soprattutto quella in cui l'uomo aveva dichiarato di avere commesso tre o quattro omicidi e di aver sepolto i corpi nella brughiera. Ian e Myra sembravano amare moltissimo la brughiera, e David riferì che, oltre a farvi dei picnic, a volte vi trascorrevano la notte.

Talbot organizzò le ricerche: squadre di uomini interrogarono tutti gli amici e i conoscenti di Brady, informazioni furono prese nei posti dove l'uomo aveva vissuto o lavorato, la casa di Myra Hindley fu ispezionata di nuovo. La polizia interrogò anche i vicini di casa di Myra e in particolare Patricia Hodges, una ragazza di dodici anni che raccontò di essere stata spesso insieme a Ian e Myra con il consenso dei genitori. Gli amici le offrivano del vino e la portavano nella brughiera anche molto tardi la sera. L'ultima volta era stato nel Natale del 1964 quando erano rimasti lì fino a mezzanotte passata.

I poliziotti chiesero a Patricia di indicare loro esattamente il luogo in cui la conducevano i suoi amici. Patricia riuscì a ricordare dove Myra parcheggiava la sua auto. Era vicino a un posto chiamato Hollin Brown Knoll. Cinquanta poliziotti iniziarono a scavare, aiutati da volontari e da contadini e pastori che conoscevano bene la zona. Il compito non era facile in un terreno dalla morfologia uniforme, fatto di erba e pietre. Ma sei giorni dopo un agente notò un osso sporgere dalla terra e scavando trovò il corpo di Lesley Ann Downey. Il cadavere giaceva sul lato destro con le gambe ripiegate verso lo stomaco. Nella fossa c'erano anche i suoi vestiti. L'autopsia non riuscì a rivelare le cause del decesso perché ormai il corpo era totalmente decomposto.

Il 20 ottobre la polizia riprese le ricerche a casa di Myra. Gli agenti scavarono nel giardino, staccarono i quadri dalle pareti, rimossero i tappeti, tolsero il pavimento della cucina. Rovistando tra i libri un poliziotto trovò un volume di preghiere che gli zii di Myra le avevano regalato per la prima comunione. Nel dorso era nascosto lo scontrino di un deposito bagagli della stazione centrale di Manchester. Così furono scoperte le due valigie di Ian che vennero aperte sul tavolo del commissario Talbot. Contenevano libri e fotografie pornografiche, manganelli, maschere, parrucche, munizioni, appunti per rapinare le banche e alcune cassette registrate. Tra le fotografie, nove erano state scattate alla piccola Lesley Ann Downey con indosso soltanto scarpe e calze e la bocca chiusa da un fazzoletto tenuto fermo da una sciarpa. La bambina aveva lo sguardo terrorizzato.

L'ispettore ascoltò le cassette nelle quali Ian aveva registrato programmi radiofonici e televisivi. Ma l'ultima cominciava in modo diverso. Talbot udì dei movimenti, dei passi, dei mormorii e poi un grido. La voce di una bambina che urlava: «No, non farlo! Per favore... Dio aiutami...». Per diciassette minuti Talbot ascoltò pietrificato i lamenti, le preghiere e i pianti di Lesley Ann Downey.

Ian sostenne che Lesley era stata portata a casa di Myra da due uomini che gli avevano chiesto di scattarle delle foto nuda. «Uno dei due rimase fuori dalla stanza. Io non lo conoscevo» disse. «L'altro invece lo conoscevo... Poi portarono via la ragazzina... Non posso dire il nome dell'uomo anche se so chi è. L'ho incontrato a Manchester, frequenta il bar Liston.» Myra invece disse che Lesley era stata accompagnata a casa loro da David che poi l'aveva condotta via dopo averle scattato alcune foto.

Talbot dovette chiamare la madre di Lesley e farle ascoltare la cassetta perché la voce della figlia fosse identificata con certezza. Fu un momento drammatico e la donna alla fine svenne dal dolore.

Tra le fotografie di Myra e Ian ce n'erano ventidue scattate proprio nella brughiera. Alcune ritraevano l'uomo o la donna, altre erano semplicemente fotografie del paesaggio. L'ispettore Joseph Mounsey, che da molto tempo indagava sulla scomparsa di alcuni ragazzi a Manchester, si stupì che Ian e Myra avessero pensato di nascondere delle fotografie apparentemente così insignificanti. Le fece ingrandire per identificare l'area preferita dalla coppia. In una foto la donna aveva in braccio il suo cagnolino, Puppet, era accovacciata e guardava in basso. Seguendo il suo sguardo la polizia riuscì a scoprire il luogo in cui era stato sepolto John Kilbride. Il ragazzino fu trovato con i pantaloni tirati giù sulle ginocchia a dimostrazione che anche lui aveva subito violenza sessuale. Neppure nel suo caso l'autopsia riuscì a stabilire la causa della morte.

La polizia voleva però determinare se la fotografia fosse stata scattata prima o dopo l'omicidio e così portò il cane di Myra dal veterinario perché ne stabilisse l'età per poi confrontarla con quella dell'istantanea. Il medico anestetizzò il cane per fargli le lastre ai denti e la bestiola morì durante l'esame. Il cagnolino poteva avere fra i diciotto mesi e i tre anni. Myra perse per la prima volta il controllo quando le diedero la notizia.

«Non siete nient'altro che degli assassini!» gridò disperata ai poliziotti.

Il processo cominciò il 19 aprile 1966 alla Corte d'Assise di Chester. Ian Brady si dichiarò non colpevole degli omicidi di Lesley Ann Downey, Edward Evans e John Kilbride. Myra Hindley, che era accusata degli ultimi due, si dichiarò ugualmente innocente.

La giuria era composta da soli uomini. Il giudice, Fenton Atkinson, era considerato un uomo giusto ma non indulgente. Il pubblico ministero era Frederick Elwyn Jones, assistito da William Mars-Jones e Ronald Waterhouse. Brady era difeso da Emlyn Hooson e da D.T. Lloyd-Jones. Godfrey Heilpem e Philip Curtis difendevano Myra Hindley. Per il pubblico erano disponibili soltanto sessanta posti e per ottenerli lunghe file si formarono davanti al palazzo di giustizia fin dalle prime ore del mattino di tutti i quattordici giorni del processo.

Ian e Myra comparvero in aula entrambi pallidissimi, ma apparentemente tranquilli. Myra aveva i capelli molto biondi e indossava un completo di tweed grigio. Ian portava un vestito grigio con un fazzoletto bianco infilato nel taschino e una camicia anch'essa grigia. Passarono molto tempo a prendere appunti di ogni genere che poi porgevano ai rispettivi avvocati. Ian in particolare non attirò mai la simpatia del pubblico. Era arrogante, distaccato, non dimostrava alcuna emozione. Anche il volto di Myra era duro e impassibile. Spesso si lanciavano sguardi d'intesa e facevano segni che appartenevano a un loro codice personale.

Un giornalista commentò: «Credo che vivano in un loro mondo in cui noi non significhiamo nulla».

La difesa puntò tutto sulla carta David Smith cercando di farlo accusare come complice dell'ultimo delitto e unico responsabile degli altri due. In realtà gli avvocati della difesa volevano semplicemente screditare il principale testimone.

Ian fu chiamato a deporre tre volte. L'ultima fu per la propria autodifesa e in quel caso parlò per mezz'ora. Negò di aver preso parte ai primi due omicidi. Per quanto riguardava Lesley Ann disse che era stato David a portarla a casa di Myra Hindley per farle delle fotografie. Ammise di aver ucciso Evans, ma non di aver premeditato il delitto. Sembrava che il suo unico obiettivo fosse quello di scagionare completamente Myra dai crimini.

Ma che cosa era successo la sera del 6 ottobre? Myra e Ian erano andati nel centro di Manchester per comprare del vino. Poi in un negozio vicino alla stazione centrale ad acquistare della birra. Il negozio era chiuso. Ian vide il giovane Edward Evans davanti a un distributore automatico di latte. Evans era un ragazzo magro con la carnagione scura. Indossava giacca e scarpe di camoscio e jeans molto attillati. Ian pensò che fosse omosessuale e ne ebbe la prova quando lo invitò a casa. Appena Evans salì in macchina, Ian gli presentò Myra come sua sorella.

Alle undici e mezzo Myra portò come al solito il cane a fare la passeggiata serale lasciando i due nel salotto a bere. Poi andò a casa della sorella e le fece quello strano discorso sulla tintura dei capelli. Anche David si stupì della richiesta della cognata di scortarla a casa. Non era forse buio anche quando era arrivata?

Si passò poi a parlare dell'omicidio della piccola Lesley. Quel giorno Myra e Ian avevano visto la ragazzina incamminarsi verso il luna park alle sei del pomeriggio e le avevano offerto un passaggio.

La portarono a casa e la fecero spogliare per scattarle delle fotografie. Le immagini ritraevano la bambina nuda a eccezione delle scarpe e delle calze, che eseguiva come dei passi di danza, alzando le braccia o una gamba. Nella nona e ultima fotografia Lesley aveva le mani giunte come se pregasse.

Il momento più terrificante del processo fu quando il pubblico ministero fece ascoltare in aula la cassetta con le urla e i pianti di Lesley Ann Downey. Alcune persone lasciarono la sala perché si sentirono male. Myra si prese la testa tra le mani e disse: «Mi vergogno». Ian si limitò a scartare una caramella.

Nella registrazione si udiva distintamente Brady chiedere il nome alla bambina e poi dirle che voleva fotografarla: «Sei così bella!» le sussurrava.

Lei si era messa a piangere dicendo: «Devo tornare a casa prima delle otto... mi ammazzano se non torno... lo giuro su Dio...».

Seguivano le voci di Ian e Myra che ridendo dicevano: «Non ancora... non ancora».

Nel sottofondo una musica di Ray Conniff avrebbe dovuto coprire la voce della piccola. Ma ecco che di nuovo Lesley singhiozzava: «Che cosa volete farmi?... Per favore, non posso respirare... per favore, Dio... ma perché?».

E la voce di Brady: «Metti questo in bocca».

«Mi fa male!» gridava la ragazzina.

E Myra: «Stai zitta per favore. Mettilo in bocca e non fiatare». E poi ancora: «Guarda il terrore nei suoi occhi, Ian».

Ian giurò che Myra non aveva mai toccato la bambina ed era stato lui a metterle il fazzoletto in bocca perché non gridasse. Anche Myra sostenne per tutto il processo la propria innocenza. Dichiarò di non aver mai partecipato attivamente agli omicidi e che in un primo momento Ian l'aveva ricattata per farsi aiutare. Certo, avrebbe potuto lasciarlo, ma era innamorata di lui e non voleva perderlo.

Ian volle spiegare la particolare intesa esistente tra lui e l'amante. Disse: «Non avevamo bisogno di parlare. Bastava un gesto che indicava che qualcosa doveva essere fatto, che qualcosa doveva succedere. Io le lanciavo uno sguardo o facevo un semplice segno con la mano e la cosa sarebbe accaduta. Sapevamo esattamente che cosa passava nella mente dell'altro. Eravamo una sola mente».

Il riassunto del giudice alla giuria durò tre giorni. Fenton Atkinson parlava a voce molto bassa, tanto che alcuni giurati dovettero piegarsi in avanti per udirlo. Soltanto i due imputati apparivano distratti e ci fu un momento in cui Ian Brady sembrò addirittura addormentato. Il 6 maggio la giuria si ritirò per venti minuti e tornò con un verdetto di colpevolezza per Ian Brady per tutti e tre gli omicidi di cui era accusato. Myra Hindley fu ritenuta colpevole di due omicidi e di complicità nel terzo.

Il 9 novembre 1965 la pena di morte era stata abolita in Gran Bretagna e così la coppia fu condannata al carcere a vita («L'unica sentenza che la legge ci consente» disse il giudice). Ian prese la mano di Myra e la tenne tra le sue qualche secondo prima di alzarsi per ascoltare la sentenza.

Durante il processo Ian aveva cercato in tutti i modi di scagionare Myra e fu contento di esserci riuscito almeno per uno dei delitti. Durante i primi anni di reclusione gli amanti si scrissero di continuo e fecero domanda per potersi incontrare. Ian era stato messo in una cella singola perché i killer di bambini sono odiati dagli altri detenuti. Per due mesi, nel 1971, Brady cessò di assumere cibi solidi perché gli fosse accordato il permesso di vedere Myra. Ma il digiuno non servì a nulla.

Myra cambiò moltissimo. Disse che aveva rovinato la prima parte della sua vita, ma era contenta di avere una seconda possibilità. Nel 1972 Lord Longford suscitò un putiferio perché, sulla base dell'evidente pentimento di Myra Hindley, la propose per la libertà sulla parola. La stampa fece un sondaggio fra la popolazione dal quale risultò che più del novanta per cento dei cittadini britannici chiedeva che né Brady né Hindley fossero mai rilasciati.

Nel 1972 Dorothy Wing, la direttrice del carcere di Holloway dove Myra era rinchiusa, portò la detenuta a fare una passeggiata ad Hampstead Heath. Myra raccontò al «Sunday Times»:

> Nel momento stesso in cui uscii dalla prigione fu come se non ci fossi mai entrata. Tutti i ricordi tornarono all'improvviso. Forse fu per l'odore dell'erba e degli alberi o per la palla che lanciai al cane del direttore.

Quando l'intervista arrivò al pubblico esplose l'indignazione popolare contro Dorothy Wing che fu perfino rimproverata dal Parlamento britannico.

L'anno successivo Pat Cairns, una ex suora che era diventata guardia carceraria e con cui Myra aveva una relazione omosessuale, aiutò la donna in un tentativo di fuga. Pat Cairns fu condannata a sei anni di carcere e Myra a uno.

Nel 1974 Myra scriveva:

> Qualcosa sta lentamente morendo dentro di me ed è il desiderio di vivere ... Non so se la causa è questa acuta depressione che mi fa sentire, nel profondo del mio cuore, che non sarò mai liberata o se questo accadrà allora sarò molto vecchia. Mi sento torturare dal rimorso e dal dolore del disastro che ho provocato e quasi non riesco a vivere con me stessa.

Ian considerò l'improvvisa devozione religiosa e il pentimento dell'amante come una semplice strategia e cinicamente scrisse:

> Non ho mai chiesto la libertà sulla parola e non ho intenzione di farlo. Ho sempre saputo che il peso dei crimini che sia io che Myra abbiamo commesso giustifica il carcere a vita, a prescindere dai rimorsi personali e dai cambiamenti verificabili nel nostro comportamento.

E poi aggiunse:

Non credo che Myra possa mai essere liberata, ma se questo avvenisse io potrei far sapere delle cose attraverso i miei avvocati che la terrebbero in carcere per altri cento anni.

Da quel momento in poi gli ex amanti divennero avversari. Entrambi tentarono più volte il suicidio. Ian non riuscì mai a dire «mi dispiace» ma a modo suo cominciò a sentire il rimorso per ciò che aveva fatto e a un certo punto pensò addirittura di donare un rene per «riequilibrare il passato». Poi si impegnò a tradurre libri per i ciechi nell'alfabeto Braille.

«Azioni e non parole» diceva.

Myra Hindley non ammise mai di aver preso parte ai delitti, sempre sperando di essere liberata sulla parola. Dichiarò di essere stata ricattata da Ian che le aveva scattato delle fotografie pornografiche dopo averla drogata, e che voleva mostrarle alla nonna. Per questo era stata costretta ad aiutarlo. Il primo omicidio si era svolto il 12 luglio 1963 quando Myra era alla guida della sua auto, seguita da Brady in motocicletta. Myra vide Pauline Reade che camminava verso il pub dove sarebbe andata a ballare. Le offrì un passaggio e poi le chiese, in cambio di alcuni dischi, se era disposta ad aiutarla nella ricerca di un guanto che aveva perduto nella brughiera. Pauline acconsentì e Myra la portò a Saddleworth Moor.

Quando Brady apparve improvvisamente accanto a loro, Myra disse alla ragazza che era il suo fidanzato. Poi Ian e Pauline andarono a cercare il guanto e Myra raccontò di essere rimasta in macchina finché non scorse l'amante tornare solo. Allora lo seguì sul luogo del delitto e vide la ragazza morta con i vestiti in disordine, da cui intuì che l'uomo aveva abusato di lei prima di tagliarle la gola. Seppellirono il cadavere con una vanga che avevano portato con sé e tornarono a casa.

Poi era stata la volta di John Kilbride al quale avevano dato un passaggio con l'auto presa a noleggio. Ian gli aveva raccontato la solita storia del guanto perduto nella brughiera e gli aveva promesso una bottiglia di sherry che aveva in macchina se lo avesse aiutato. John acconsentì e salì sull'auto. Myra guidò fino a Saddleworth Moor e poi seguì con lo sguardo i due che sparivano nell'oscurità. Raccontò di aver vagabondato nei dintorni e al ritorno di aver trovato Ian solo, che le disse di aver violentato il ragazzo e poi di averlo strangolato, perché il coltello che aveva portato con sé non era abbastanza affilato per tagliargli la gola.

«Uccidere gli dava la sensazione di un grande potere» spiegò Myra.

L'anno seguente Ian le disse che si sentiva pronto per un altro omicidio. Fu quindi la volta del piccolo Keith Bennett. Myra aveva appena acquistato una Mini blu sulla quale il ragazzino salì attratto dalla prospettiva di un lavoretto ben pagato. L'omicidio fu la copia dell'altro.

Per quanto riguardava Lesley Ann Downey, Myra sostenne sempre di essere stata in cucina mentre Ian le scattava le fotografie. Un grido della bambina l'aveva insospettita e quando era corsa nella sua camera Ian le aveva ordinato di andare a farsi un bagno. Myra rimase nella vasca finché l'acqua non diventò fredda e poi tornò nella camera dove Lesley era stata appena strangolata. Vide che aveva del sangue tra le cosce e da questo capì che Ian l'aveva stuprata. Quella sera alle otto entrambi portarono il cadavere a Saddleworth Moor e lo seppellirono.

In un'intervista che le fu fatta nel 1982, Myra Hindley disse di essere completamente cambiata e di riuscire a vivere e a sperare di avere un futuro grazie «all'amore dei miei amici e al mio amore per la vita». A volte però avrebbe voluto semplicemente chiudere gli occhi e morire. «So di essere odiata, ma so che per ogni mille persone che mi odiano ce n'è una che mi ama» aggiunse.

Le condizioni psichiche di Ian Brady cominciarono a deteriorarsi rapidamente nel giugno del 1985. Chiese ripetutamente di essere trasferito in un ospedale psichiatrico per essere curato. Negli ultimi anni non si coricava più nel letto, ma rimaneva in poltrona con una borsa dell'acqua calda stretta sul ventre. Mantenne, come unica attività, la trascrizione dei libri in Braille. Per anni le madri degli altri ragazzi scomparsi avevano chiesto a Brady e Hindley di confessare se avevano ucciso i loro figli e dove li avevano seppelliti. Alla fine Myra Hindley decise di dare una risposta alle domande angosciate che le mamme di Keith Bennett e di Pauline Reade le rivolgevano per lettera. Nel 1986 il commissario Peter Topping andò a parlare sia con Ian Brady, nella prigione di Gartree, che con Myra Hindley a Cookham Wood. Brady aveva già concesso una serie di interviste al giornalista Fred Harrison durante le quali aveva confessato anche gli omicidi di Pauline Reade e Keith Bennett. Sia Brady che Hindley si dimostrarono disposti ad aiutare Topping a localizzare i corpi. Pauline Reade fu trovata il 1° luglio 1987; ma non si riuscì a rintracciare il cadavere di Keith Bennett e le ricerche vennero definitivamente abbandonate.

David pagò a caro prezzo la sua denuncia e le accuse che gli erano state rivolte durante il processo. Da Maureen ebbe tre bambini, ma nessuno era disposto a offrirgli un lavoro. Esasperato dai rifiuti e dalle insinuazioni, nel 1969 accoltellò ripetutamente un vicino di casa, senza però ucciderlo. Il giudice, consapevole dell'atmosfera di ostilità che lo circondava, fu clemente e lo condannò a soli tre anni. Subito dopo Maureen abbandonò il marito e i tre bambini. Parecchi anni dopo David si risposò e i figli diventarono quattro. Non riuscendo ancora a trovare lavoro decise di occuparsi dei bambini, mentre la moglie andava a lavorare.

Nel gennaio del 1990, in una lettera aperta alla stampa, Ian Brady sostenne che Myra aveva sempre mentito e che aveva avuto una parte attiva negli omicidi. Disse che le ferite trovate sul naso e sulla fronte di Pauline Reade erano state inflitte dalla donna e che proprio lei aveva insistito per strangolare Lesley Ann Downey. Lo aveva fatto usando una cordicella di seta che poi, forse per sfida nei riguardi di Ian, forse come trofeo o chissà per quale altro motivo, portava sempre con sé per giocherellarci in presenza di altre persone.

XIX

DOPPIO INGANNO

Youssef e Claire Bebawi, Italia 1964

Stavamo discutendo, ma avevamo ormai chiarito la nostra situazione, quando mio marito Youssef ci ha raggiunti. Era fuori di sé, mi ha coperta di insulti e poi ha aggredito Farouk. Quando hanno cominciato a picchiarsi io, temendo il peggio, sono andata a chiudermi in bagno. Ho sentito degli spari, poi un grande silenzio... Sono tornata nello studio e ho visto Farouk a terra, morto. Youssef aveva ancora la pistola in mano... Poi da una tasca della giacca ha preso un flacone e ne ha versato il contenuto sul volto di Farouk. Era vetriolo.

Ho accompagnato mia moglie Claire in via Lazio ma lei non ha voluto che la seguissi nell'ufficio di Farouk. L'ho attesa davanti al portone e dopo una decina di minuti è scesa, sconvolta. Mi ha detto d'averlo ucciso, e mi ha dato l'arma con cui aveva commesso il delitto... Siamo tornati in albergo e saliti in camera. Lei si è seduta sul letto. Le ho chiesto perché l'avesse fatto. Claire ha scosso la testa e poi ha detto: «Mi ha rovinato la vita». Quando le ho domandato cosa avesse sul viso mi ha confessato di essersi schizzata con il vetriolo che aveva versato sulla faccia di Farouk per essere sicura che fosse proprio morto.

Sabato 20 gennaio 1964, alle diciotto e dieci, Farouk Chourbagi entrò nel palazzo in via Lazio 9 a Roma dove si trovavano gli uffici della società Tricotex, un'industria tessile di cui era titolare. Farouk era un uomo d'affari molto attraente, nato il 16 aprile 1937 al Cairo da uno dei più ricchi industriali egiziani. Nel 1961, a ventiquattro anni, si era trasferito in Svizzera, a Losanna, per seguire gli interessi della famiglia in Europa. Nel 1963 lasciò la Svizzera per stabilirsi a Roma dove prese in affitto un lussuoso appartamento nel quartiere Parioli. Nella zona di via Veneto, dove aveva l'ufficio, tutti lo conoscevano perché era spesso accompagnato da donne bellissime. Quindi furono in molti a vederlo entrare quel pomeriggio nel palazzo, ma nessuno lo vide uscire.

Il portiere dello stabile, Aldo Simoni, salutò il signor Farouk che saliva negli uffici chiusi e in seguito raccontò che più tardi una vicina, Isabella Luparelli, si era lamentata per le urla e i rumori di lotta che provenivano dall'appartamento di Chourbagi. Ma Simoni non intervenne perché era abituato alle frequenti discussioni di Farouk con le sue amanti.

Il lunedì mattina Arbib Karin, una graziosa ragazza egiziana di ventun'anni, aprì l'ufficio che si trovava al terzo piano. Arbib era la segretaria di Farouk. Entrò nella sua stanza e come ogni mattina controllò l'agenda degli appuntamenti, poi andò ad aprire lo studio del principale che sarebbe arrivato più tardi. Quando vide il corpo di un uomo sul pavimento lanciò un urlo e all'inizio non lo riconobbe perché era orrendamente sfigurato e immerso nel sangue. Corse al telefono e chiamò l'abitazione di Farouk in via Savastano, ma nessuno le rispose, allora avvertì la polizia.

Gli agenti identificarono l'uomo attraverso i documenti che aveva nel portafoglio e per l'anello che la vittima portava abitualmente all'anulare.

Il medico legale evidenziò quattro ferite da arma da fuoco, di cui tre alla testa e una alla schiena, prodotte da una pistola calibro 7,65, e ustioni sul volto causate dall'azione del vetriolo che era stato gettato sull'uomo quando era già morto. Venne anche accertata l'ora del decesso che risaliva a due giorni prima, approssimativamente al pomeriggio di sabato 18 gennaio.

Inizialmente la polizia seguì la pista della malavita che fu però abbandonata per la tesi dell'omicidio passionale. La vicina che si era lamentata del rumore udito nell'ufficio di Farouk il 18 gennaio disse alla polizia che le era sembrato di sentire anche un tonfo sordo come «di un corpo che cade pesantemente per terra e, quasi contemporaneamente, due grida, chiaramente di donna». Non aveva invece percepito alcun colpo di pistola, uditi invece distintamente dalle impiegate di una sartoria che si trovava nello stesso stabile.

La segretaria riferì agli inquirenti delle numerose relazioni sentimentali di Farouk, nessuna delle quali le era sembrata importante tranne una. Disse infatti che una donna telefonava spesso da Losanna, una certa Claire Bebawi, e a volte udiva Farouk discutere animatamente all'apparecchio con lei e poi rimanere nervoso a lungo. Anche il giorno che precedette l'omicidio Claire aveva chiamato e, dopo averle parlato, Farouk era sembrato molto scosso.

Gli agenti interrogarono i parenti della vittima che confermarono la relazione di Farouk con Claire Bebawi. Gli inquirenti telefonarono in Svizzera, dove la donna viveva con il marito Youssef Bebawi, ma scoprirono che la coppia era partita da Losanna il 18 gennaio. La madre di Claire disse alla polizia che sua figlia era andata ad Atene da dove le aveva telefonato il giorno 20 alle otto di sera.

Claire Ghobrial era nata al Cairo il 30 giugno 1928. Youssef Bebawi, anche lui egiziano, era nato a Salamput il 14 aprile 1926 e si era laureato negli Stati Uniti presso una delle migliori università. Youssef era un uomo d'affari, proprietario di aziende di cotone in Egitto. Sposò Claire giovanissimo, nel luglio del 1947, al Cairo. Al rito nuziale seguì un lunghissimo viaggio di nozze e poi nacquero tre figli: Mourad, Nadine e Sheif. Completati gli studi in America, Youssef si era occupato, insieme al padre Yacoub, dell'esportazione di cotoni egiziani all'estero.

Dopo la rivoluzione politica e sociale che aveva travolto in Egitto la monarchia e instaurato la repubblica, si determinò anche un nuovo assetto sociale ed economico in conseguenza del quale molti egiziani decisero di stabilire all'estero la propria attività. Nel 1961 Youssef intraprese con la moglie uno dei soliti viaggi in Europa ma, una volta giunti in Svizzera, le comunicò che a causa dei gravi problemi politici del suo paese avrebbe trasferito la famiglia a Losanna.

Claire soffrì molto del cambiamento anche perché non amava la Svizzera dove si sentiva un'estranea per la lingua, i costumi, lo spirito della gente. Senza preavviso, era stata sradicata dalla sua realtà, aveva dovuto allontanarsi dal proprio paese, dalla propria casa e dai genitori. Inoltre il suo matrimonio non era felice, il marito la trascurava per il lavoro e lei si sentiva molto sola.

In uno degli ultimi giorni dell'anno Claire incontrò all'aeroporto di Ginevra il padre di Farouk Chourbagi che conosceva da tempo. Con lui c'era anche il figlio ventiquattrenne ed entrambi erano diretti come lei a Parigi. Farouk era un bel ragazzo con i capelli castani e gli occhi chiari, il volto regolare. Era alto e vestiva sempre con eleganza. Claire fu invitata a unirsi a loro per raggiungere Parigi in auto e alloggiò nello stesso albergo di Farouk. Per il giovane l'incontro con Claire era stato un vero e proprio colpo di fulmine e cominciò a farle una corte assidua e invadente.

All'inizio Claire non prese in considerazione l'interessamento del ragazzo, ma presto vide la dedizione di un uomo più giovane, più affascinante, più ricco del marito con altri occhi. Divennero amanti e cominciò una passione tormentata e travolgente fatta di lettere quasi quotidiane, di incontri furtivi e di frequenti viaggi. Claire si abbonò a una casella postale a Losanna per ricevere la corrispondenza dell'amante. Farouk avrebbe voluto sposarla e aspettava soltanto che lei si separasse dal marito.

Youssef ebbe subito dei sospetti a causa dei lunghi periodi che Claire trascorreva a Roma con la famiglia Chourbagi. I sospetti aumentarono quando, dovendo partire per Khartum, chiese alla moglie di seguirlo, ma lei volle prima passare qualche giorno a Roma. Nel 1963 gli eventi ebbero una svolta inaspettata. Youssef Bebawi, che era di religione cristiana copta, si convertì alla fede musulmana allo scopo di ripudiare la moglie. Fra l'altro aveva iniziato una relazione sentimentale con la governante dei suoi figli, Gisela Henke, che era stata assunta in casa Bebawi nel luglio del 1962. Seguì un'aspra battaglia per l'affidamento dei figli e per l'assegno di mantenimento che Youssef doveva corrispondere alla moglie. Eppure, nonostante dissidi e tradimenti, la coppia continuò a vivere sotto lo stesso tetto e il 18 aprile partì per un'imprevista vacanza.

Claire poteva ormai pensare davvero a rifarsi una vita con Farouk, ma proprio allora lui cominciò a trattarla con freddezza e distacco. Di matrimonio non parlava più adducendo come scusa la ferma opposizione della sua famiglia che non approvava la scelta di una donna più anziana, divorziata e madre di tre figli. Farouk disse a Claire che doveva avere pazienza, lui non poteva rompere i rapporti con i suoi genitori che avevano minacciato di diseredarlo. E anche lei doveva prima risolvere i problemi giudiziari che aveva con il marito.

Tra discussioni violente, abbandoni, ripensamenti e riappacificazioni si arrivò al mese di gennaio e alla improvvisa partenza di Claire e Youssef per Roma. La polizia riuscì a individuare i movimenti della coppia dalla mattina del 18 gennaio. Claire e Youssef erano atterrati all'aeroporto di Fiumicino alle due del pomeriggio e avevano raggiunto l'albergo La Residenza, in via Emilia, non lontano da via Lazio. Si erano poi assentati dalle diciassette alle diciotto e trenta ed erano rientrati in albergo solo per comunicare la loro immediata partenza per Napoli. Alle diciannove e venti avevano preso il treno alla stazione Termini e quella notte avevano dormito all'hotel Royal di Napoli. La mattina dopo affittarono una barchetta per una breve gita e lunedì 20 andarono in treno a Brindisi da dove si imbarcarono su una nave diretta in Grecia, giungendo ad Atene nel tardo pomeriggio del martedì.

La polizia italiana inoltrò formale richiesta a quella greca perché fermasse i coniugi Bebawi per accertamenti, mentre due funzionari della squadra omicidi di Roma li avrebbero raggiunti al più presto. I poliziotti greci alle otto di sera del 21 gennaio perquisirono la stanza 819 dell'albergo Esperia in cui alloggiavano i Bebawi e sequestrarono una busta con dieci pallottole calibro 38 e una pistola dello stesso calibro.

Claire e Youssef furono quindi fermati e interrogati separatamente dal commissario Sucato ad Atene. Entrambi ammisero di aver conosciuto Farouk Chourbagi e Claire rivelò che il giovane aveva numerosi nemici che l'avevano anche minacciato di morte. Youssef disse che da molto tempo era al corrente del legame della moglie con Farouk e che aveva posseduto una pistola calibro 7,65, ma l'aveva venduta a un fantomatico americano il 4 gennaio 1964 in occasione di un viaggio a Stoccarda.

Il commissario notò alcuni particolari sospetti. Youssef aveva dei graffi sul volto che inizialmente disse di essersi fatto nel sonno anche se in seguito confermò la versione della moglie che confessò di averglieli procurati durante una lite. Claire aveva delle scottature sulla mano e sul viso. Potevano essere schizzi del vetriolo lanciato sulla vittima, ma la donna dichiarò di essersi bruciata con l'acqua bollente di una pentola che si era rovesciata nella sua casa di Losanna.

Nel frattempo proprio nella casa di Losanna la polizia svizzera effettuava una perquisizione durante la quale venivano rinvenuti gli astucci vuoti di due pistole: una calibro 38 e una 7,65. La prima era quella che la polizia greca aveva sequestrato a Youssef mentre della seconda, che poteva essere quella che aveva ucciso Farouk, non c'erano tracce. Gli investigatori accertarono anche che Youssef aveva acquistato il 3 dicembre precedente cinquanta cartucce insieme al revolver.

Il magistrato inquirente al quale era stato affidato il caso chiese l'estradizione di Claire e Youssef Bebawi incriminandoli per omicidio volontario e premeditato con vilipendio di cadavere. Il 19 aprile le autorità greche concessero l'estradizione e i coniugi Bebawi vennero imbarcati su una nave diretta in Italia.

Prima del processo Claire e Youssef si discolparono a vicenda ma, quando capirono che non sarebbero stati prosciolti in istruttoria, l'atteggiamento di entrambi mutò e cominciarono ad accusarsi reciprocamente.

Youssef dichiarò che il 17 gennaio, dopo una burrascosa telefonata con il suo amante, Claire gli aveva chiesto di accompagnarla a Roma perché voleva rompere definitivamente la relazione con Farouk. Lui non l'aveva seguita nell'ufficio in via Lazio, ma l'aveva attesa sotto il portone. Quando Claire era scesa aveva l'aria sconvolta e gli aveva confessato di aver ucciso Farouk. «Ignoravo che Claire avesse portato con sé una delle mie due pistole, quella calibro 7,65» disse Youssef. «Tornammo in albergo e salimmo in camera. Lei si sedette sul letto. Io ero di fronte a lei. Per tre o quattro minuti nessuno di noi parlò. Poi io dissi: "Dobbiamo andarcene...". Partimmo in fretta per Napoli e qui presi una barca in affitto per una gita sul golfo. Giunti al largo gettammo in mare la pistola, una sciarpa di seta e la boccetta del vetriolo.»

Youssef continuò il racconto: «In seguito sono andato in Grecia con Claire nel tentativo di metterla in salvo, immaginando che la polizia sarebbe risalita fino a lei. Non volevo fuggire, non sono complice di quel delitto, ho solo cercato di aiutare la madre dei miei figli...».

A proposito del movente Youssef disse che mentre Claire poteva avere ucciso Farouk per gelosia, lui non aveva alcun motivo per desiderare la sua morte visto che ormai aveva ripudiato la moglie e si era legato a un'altra donna. Il magistrato inquirente interrogò allora Claire che confermò la versione del marito soltanto fino al suo arrivo nell'ufficio di Farouk. Secondo lei Youssef l'aveva raggiunta poco dopo e aveva ucciso il suo amante. Poi gli aveva versato il vetriolo sul viso e qualche goccia era schizzata fino a lei che era lì accanto. Disse che non avrebbe avuto motivo per uccidere Farouk poiché avevano deciso di lasciarsi di comune accordo. Invece il marito spesso le ripeteva che aveva intenzione di vendicarsi dell'uomo che aveva distrutto il suo matrimonio.

Il 22 aprile 1964, nel carcere di Regina Coeli, il magistrato inquirente comunicò a Youssef Bebawi i motivi per i quali veniva indiziato come responsabile del delitto di via Lazio: la pistola con la quale il delitto era stato compiuto risultava essere di sua proprietà; nessuno lo aveva visto rientrare da solo in albergo come invece lui aveva dichiarato; era più logico che il vetriolo fosse schizzato addosso alla moglie mentre lui lo versava, se fosse stata Claire a gettarlo addosso a Farouk avrebbe sicuramente fatto molta attenzione a non rimanere ferita; e infine «come buon tiratore lui poteva far centro con tutti e quattro i colpi e non la moglie».

Ma le ipotesi che si fecero in quei giorni erano molte. Si diceva che Claire avesse ucciso per un motivo passionale: era stata la vendetta di una donna ferita nell'orgoglio da un amante che dopo averla sedotta l'aveva abbandonata. Oppure poteva essere stato Youssef, ma questo significava che l'uomo, dopo avere scoperto il tradimento della moglie e ottenuto un divorzio alla musulmana da lei, la amava e la desiderava ancora. Ed effettivamente, nonostante il divorzio, Claire e Youssef continuavano a vivere insieme.

Ma come si spiegava quella vendetta scattata con un ritardo di oltre un anno dalla scoperta del tradimento? E proprio quando il rivale dava segno di volersi liberare di Claire? Se invece l'avessero ucciso insieme? Questa era l'ipotesi condivisa dal pubblico ministero e dalla parte civile: forse Claire, abbandonata da Farouk, per vendicarsi aveva incitato il marito a commettere il delitto promettendogli che non l'avrebbe mai più tradito.

In attesa del processo Claire passò lunghi mesi a Rebibbia, nervosa, colpita da frequenti malesseri, pensando sempre ai suoi figli e frequentando la scuola di italiano. Youssef, più calmo, trascorreva il tempo leggendo libri di storia e la Bibbia.

Il processo cominciò alle Assise di Roma il 21 gennaio 1965. Il pubblico ministero, Giorgio Ciampani, aveva un compito difficile. Non poteva usare contemporaneamente i due imputati come testi dell'accusa, perché erano in contraddizione. Se avesse deciso di dare credibilità a uno dei due, automaticamente lo avrebbe scagionato. Alla fine si convinse che entrambi i coniugi erano responsabili dell'omicidio: Youssef aveva sparato a Farouk e Claire gli aveva gettato sul viso il vetriolo. L'omicidio era sicuramente premeditato, visto che i due imputati si erano portati dietro la pistola e l'acido solforico.

Giuliano Vassalli difendeva Youssef Bebawi mentre l'avvocato difensore di Claire era Giovanni Leone, futuro presidente della repubblica.

Mancavano le prove e non c'erano testimoni oculari, inoltre non era stata ritrovata l'arma del delitto. Per i due avvocati della difesa soltanto uno dei coniugi Bebawi aveva ucciso, ma quale dei due?

Il processo si svolse in tre lingue perché gli imputati passavano continuamente dall'italiano al francese e all'inglese. Claire apparve in aula indossando la sua pelliccia di astrakan color miele con il collo di visone, era passata da una porticina laterale opposta a quella da dove era entrato il marito. Portava lunghi guanti neri e un paio di scarpe di lucertola con il tacco a spillo.

«Non voglio vederlo neppure in fotografia» aveva affermato, riferendosi a Youssef, nel corso del suo ultimo interrogatorio dinanzi al magistrato inquirente. E infatti, entrata in aula, riuscì a non posare mai lo sguardo su di lui. I giornali dedicarono ampio spazio in quei primi giorni del processo alle descrizioni degli imputati, al loro stato d'animo, ai vestiti che indossavano, ai loro gesti e sguardi.

Scriveva una giornalista sul «Messaggero»:

> Claire, con le gambe ben tornite, con quella snellezza pronta a fondersi in linee curve, com'è di tutte le brevilinee, ricoperte dal velo sottile di calze

chiarissime, i piedi calzati con scarpe di coccodrillo nero, la solita pelliccia color miele, un vestito in lana verde marcio, lavorato all'uncinetto (forse opera sua perché la signora Claire ha come unica distrazione in carcere quella del lavoro a maglia e all'uncinetto) ... Nessun anello alle dita, niente smalto violento, nessun braccialetto, ma solo un fazzolettino bianco ricamato, strizzato nel palmo: qualcosa su cui sfogarsi, qualcosa da stringere, qualcosa da «dominare».

E riguardo a Youssef:

Il dottor Bebawi (che per coprire l'assenza di cravatta porta un pullover blu scuro molto accollato) lancia ogni tanto qualcuno dei suoi pallidi sorrisi alle persone con le quali si sente «in sintonia».

Quando Claire fu interrogata dal presidente della corte, Nicolò La Bua, raccontò nei dettagli la sua relazione con Farouk e come fosse faticosa la sua vita tra Losanna e Roma, oppressa dalle crisi di gelosia di entrambi gli uomini. Il presidente le chiese di riferire un episodio particolarmente importante, relativo a certe minacce che il marito avrebbe fatto a Farouk tramite lo zio di quest'ultimo.

«Ricevetti un telegramma da mio marito nel quale mi diceva di avermi cercata all'hotel Sporting e di non avermi trovata e di sapere quindi che gli avevo mentito» raccontò Claire. «Dopo un giorno o due ci incontrammo a Roma in un albergo di via del Tritone. Avevo paura di fargli sapere che stavo in casa di Farouk e gli dissi che mi trovavo da una sua cugina. Youssef mi rispose che dovevo stare in albergo con lui e così ci trasferimmo al Residenza. Ricordo che quando lasciai Farouk egli mi sembrò come impazzito e mi disse che era assurdo che io andassi a stare con mio marito quando lui mi considerava ormai la sua fidanzata.»

«Quanto tempo rimase a Roma?» chiese il presidente La Bua.

«Mio marito restò a Roma una settimana o dieci giorni, litigammo ancora. Io non riuscivo a comprendere la mia situazione che appariva davvero molto confusa.»

«E in questi giorni si vide anche con Farouk?»

«Lo vidi tutte le volte che mi fu possibile. Ebbi delle liti anche con lui.»

«Dove vi vedevate?»

«In casa sua. Io mi recavo a farmi fare delle iniezioni ricostituenti da un medico nei pressi della sua abitazione e qualche volta lui mi aspettava in strada. Avevo dimenticato di dire che quando mi trovavo a Karthum avevo deciso di vendere alcuni gioielli che non usavo mai. Quando ne parlai con mio marito, mi disse che non avrei dovuto venderli e così mi rivolsi a Farouk. Egli lo fece volentieri e mi disse anzi che doveva essere l'unica persona a interessarsi delle mie cose.»

«E lui vendette i suoi gioielli?»

«Sì, ma non so né come né dove. Tenne però per sé gran parte del denaro spiegando che altrimenti io lo avrei speso in modo inutile.»

«E a Roma cosa avvenne?»

«A Roma mio marito cominciò a cercare una casa da acquistare. Non so quali fossero le sue reali intenzioni. Un giorno telefonò Mounir, lo zio di Farouk, che voleva parlargli. Io dissi che non c'era motivo di incontrarlo e chiesi di poter andare al posto suo. Mi rispose che non sarebbe stato possibile e ricordo che pregai Lella, la figlia di Mounir, di cercare di essere presente al colloquio tra i due per riferirmi in seguito. Ma Lella non poté essere presente perché il padre la mandò a comprare del caffè.»

«E riuscì a sapere il contenuto della conversazione?»

«Il giorno dopo vidi Farouk. Era furente perché Mounir gli aveva riferito che mio marito aveva minacciato di ucciderlo se non mi avesse lasciata in pace. Risposi che mio marito non avrebbe mai detto una cosa del genere, che Mounir era un bugiardo e che lui lo sapeva bene. Youssef, infatti, giurò sulla vita dei nostri figli di non aver mai pronunciato alcuna minaccia contro Farouk. Poi disse che voleva incontrare di nuovo Mounir o chiunque lo avesse accusato di aver minacciato Farouk.»

«E lei che cosa rispose?»

«Mi decisi a telefonare a Mounir e lo incontrai a casa sua. Lo presi in disparte e gli chiesi di dirmi la verità. Mi confermò che mio marito aveva minacciato di uccidere Farouk. Allora gli dissi che intendevo chiamare subito Youssef e farlo venire lì. Mounir non volle e gridò: "No! No! Non farlo!". Era evidente che aveva mentito. Sapevo del resto che Mounir odiava Farouk, diceva di lui che sarebbe stato capace di far morire i suoi figli di fame, perché era avaro e voleva tutto per sé.»

«Aggiunse altro?»

«Disse solo che era naturale che la cosa sarebbe finita così: che cioè mio marito avrebbe ucciso Farouk e che aveva ragione perché Farouk lo aveva disonorato, gli aveva preso la moglie e aveva rovinato la sua vita. Io sapevo che Mounir era il peggiore nemico di Farouk e che mentiva. Da quella conversazione ebbi la conferma di quanto lo odiasse e capii che voleva istigare mio marito.»

«C'erano altri motivi, oltre a questi, per cui lei si convinse che Mounir odiava Farouk?»

«Mounir e Farouk erano stati sempre nemici e avevano avuto

spesso delle violente liti. Me lo aveva detto Farouk che più di una volta aveva cacciato lo zio dal suo ufficio. Ma non era soltanto Mounir a odiare Farouk: nella sua famiglia tutti erano nemici. Quando Farouk prendeva un aereo, sua sorella pregava perché ci fosse un incidente: sperava di ottenere una fetta di eredità maggiore quando il padre fosse morto. E ciò mi sorprese perché apparentemente la loro era una famiglia unita, formavano una specie di clan. Ma quando li conobbi meglio capii che Farouk aveva ragione e provai pietà per lui. Ricordo che parlava di loro come di serpenti velenosi.»

«Riferì a Farouk il colloquio avuto con Mounir?»

«Gli dissi tutto. Lui mi rispose: "So che Mounir è un malvagio, ma lo può essere fino a questo punto?". Io risposi di sì.»

«Vada avanti.»

«Mio marito rientrò in Svizzera, mi chiese ancora di tornare con lui, io rifiutai e mi trasferii in un piccolo albergo nel quale venne a stare anche Farouk, perché aveva capito che nella sua famiglia erano cominciati gli intrighi e preferiva restarne fuori. Un giorno mi disse che era avvenuto un fatto molto strano: Mounir gli aveva chiesto di sposare sua figlia Lella. La richiesta era stata fatta alla presenza del padre di Farouk che aveva risposto: "Non mi sembra il caso perché Farouk e Lella sono come fratello e sorella". Dissi che l'argomento non mi interessava. Intanto era venuto il momento di tornare a Losanna e così fissai il giorno della mia partenza. Mi recai in casa di Farouk per prendere le mie cose. Mi chiese di lasciare ancora i vestiti presso di lui, ma io risposi che era meglio di no. Litigammo. Lui mi dette una spinta e io caddi sul pavimento, urlai. Lella, che era nella stanza accanto, accorse e vide cosa stava succedendo. Fu a questo punto che Farouk mi disse che se avessi portato via i vestiti non sarei più tornata, e lui si sarebbe ucciso. Eravamo vicini all'armadio, corse al comodino, afferrò un flacone di sonniferi e ne ingoiò il contenuto, quattro o cinque pillole, credo. Volevo chiamare un dottore, ma lui non volle. Passammo una sera molto triste.»

Claire continuò per alcuni giorni il suo racconto fatto di viaggi, ritorni, pianti, tentativi di suicidio, minacce di morte, decisioni irrevocabili, perdoni e poi nuove liti e nuovi perdoni e nuove minacce. E riguardo al marito spiegò che era ossessionato dalla gelosia al punto da diventare furioso, da trascorrere le notti in bianco passeggiando su e giù nella camera da letto senza darsi pace.

Fu poi la volta di Youssef Bebawi di rispondere alle domande del presidente La Bua. «Lei sa che è imputato di concorso nell'omicidio volontario e premeditato di Farouk Chourbagi, colpito a morte da quattro colpi di pistola... Sa che le sono state attribuite varie minacce rivolte all'ucciso?»

«Sì, lo so» rispose Youssef.

«Esponga tutte le sue ragioni, le sue discolpe iniziando col dire quando, dove e come conobbe Farouk Chourbagi... parli dei suoi rapporti con lui.»

«Ho conosciuto Farouk a Ginevra, mi è stato presentato da mia moglie nel 1962.»

«Sua moglie le disse come lo aveva conosciuto?»

«Mi disse che era figlio dei nostri amici Chourbagi.»

«Dopo il primo incontro quando lo ha rivisto?»

«Uno o due mesi dopo.»

«Chi c'era?»

«Mia moglie, il padre di Farouk e altre persone di cui non ricordo il nome.»

«Dove vi incontraste?»

«All'albergo Du Rhône di Ginevra, e più precisamente al bar.»

«Di che cosa parlaste?»

«Parlammo amichevolmente, ricordo che il padre di Farouk si lamentava delle difficoltà della situazione nel Medio Oriente.»

«Dopo quanto tempo vi rivedeste?»

«Sempre nel 1962, forse nel mese di luglio, in occasione di una nostra visita a Roma. Fummo invitati dal padre in un ristorante a Trastevere. C'era molta gente, tra cui anche Mounir, lo zio di Farouk.»

«Quando apprese che fra sua moglie e la vittima c'era qualche cosa?»

Non l'ho saputo in un momento preciso, ma nel mese di ottobre del 1962 ho cominciato ad avere dei sospetti. Mia moglie voleva fare continuamente dei viaggi. Cercava il modo di partire da sola. Andava a Roma, a Venezia, ma specialmente a Roma. La scusa era che doveva comprare dei vestiti. Dopo la nostra partenza dall'Egitto ci stabilimmo in Svizzera e io pensavo che desiderasse viaggiare perché non riusciva ad ambientarsi in quel paese. Poi mi accorsi che frequentava sempre più spesso la famiglia Chourbagi. I miei sospetti si aggravarono quando, dovendo fare un viaggio in Inghilterra, le proposi di accompagnarmi. Rifiutò dicendomi che aveva da fare in Svizzera e la cosa mi insospettì perché sapevo che amava l'Inghilterra e non la Svizzera. Poi ricevette a casa una lettera di Farouk e notai che ella fece in modo che io la vedessi. La lessi e dal suo contenuto compresi che era una missiva scritta in modo da calmare i miei sospetti. Era amichevole, si chiedevano notizie di tutta la famiglia e c'erano i saluti per me.

Le dissi appunto che quella lettera era stata scritta per me e che la sua condotta avrebbe portato al nostro divorzio. Claire negò e mi accusò di avere una mentalità sporca. Aggiunse che era ridicolo che io pensassi, solo perché lei usciva qualche volta con la famiglia Chourbagi, che potesse amoreggiare con un vecchio di sessant'anni o con un giovane di venti. Disse che la mia era una gelosia ridicola, che avrei fatto meglio a consultare uno psichiatra e che si considerava offesa dai miei sospetti. Era il Natale del 1962 e nel gennaio successivo dovevo recarmi in Sudan. Le chiesi di venire con me, ma lei rispose che mi avrebbe raggiunto in seguito perché prima voleva passare qualche giorno a Roma. Io dichiarai che se si fosse fermata a Roma era poi inutile che mi raggiungesse nel Sudan perché avrei divorziato. Non sembrò molto colpita dalle mie parole. Dovetti rinviare il mio viaggio nel Sudan perché mi fratturai una gamba. Partii, da solo, nel febbraio, per Khartum. Mia moglie mi raggiunse e appena arrivata io le dissi subito che la sua condotta era quella di una donna malvagia e che ormai dovevamo assolutamente separarci, in quanto lei aveva una relazione con un altro uomo. Lei negò nuovamente, ma io non le credetti. Andai da un prete per chiedergli informazioni riguardo al divorzio, ma quello mi parlò di riconciliazione. Mi rivolsi allora a un avvocato che mi disse che dovevo cambiare religione. Diventando musulmano potevo ottenere il divorzio.

Il 5 marzo mi feci musulmano e il 25 marzo ottenni il divorzio. Lo stesso giorno con mia moglie ci recammo dal suo avvocato per stipulare un accordo che entrambi firmammo. L'accordo stabiliva che i figli restassero con me salvo il diritto della madre di vederli e comunicare con loro e di averli con lei durante le vacanze. Io avrei corrisposto a mia moglie un assegno di settantacinque sterline al mese più cinquecento lire sudanesi alla fine di ogni anno, e le avrei ceduto una percentuale, il quindici per cento, dei beni che avevo in Egitto. Ma quando Claire tornò a Losanna il suo atteggiamento nei miei confronti mutò. Dopo qualche giorno mi disse che gli accordi presi in Sudan non poteva più accettarli. Aggiunse che mi comportavo in modo disonesto dato che lei non aveva avuto mai rapporti con un altro uomo né d'altronde io avevo prove dei suoi tradimenti. Mi avvertì che qualora avessi insistito per far rispettare gli accordi lei mi avrebbe citato davanti a un tribunale svizzero. Siccome volevo spaventarla, nel mese di maggio la raggiunsi a Roma e le dissi che avevo assunto un investigatore privato.

Lei allora smise di minacciarmi, ma mi fece delle altre richieste: più denaro, di poter tenere con sé due dei tre figli, un appartamento a Roma. Le dissi che ero d'accordo per l'appartamento ma non per i figli. Claire tornò in Svizzera soltanto il 15 giugno e io le chiesi cosa avremmo dovuto dire a sua madre. Mi rispose: «Niente perché lei non sa niente». Così a mia suocera dissi solo che sua figlia per ragioni di salute voleva trasferirsi a Roma e che mi sarebbe stato impossibile seguirla perché il mio lavoro era in Svizzera.

Nel mese di luglio, era il periodo delle vacanze, presi i miei figli e insieme alla governante Henke partii in auto per la Grecia attraverso l'Italia. Mia moglie e mia suocera mi raggiunsero ad Atene.

Youssef raccontò i successivi viaggi che fece da solo mentre la moglie passava la maggior parte del suo tempo a Roma. Poi a novembre Claire tornò in Svizzera e lui la vide triste e amareggiata. Piangeva spesso ed era molto nervosa. Gli comunicò che a Roma aveva cercato un appartamento senza trovarlo e gli disse che aveva il dovere di aiutarla nella ricerca della casa. A dicembre Youssef l'accompagnò a Roma.

Dopo qualche giorno Claire si ammalò. «Mi disse che l'avevo accusata ingiustamente. Non era colpa sua se Farouk le telefonava e cercava di vederla; non era colpa sua se era una bella donna e tutti gli uomini la corteggiavano. Sapevo che non era vero, perciò le chiesi di farmi incontrare con Farouk. Dapprima rifiutò affermando che lui non avrebbe fatto altro che dirmi bugie. Quel suo atteggiamento mi esasperava; io non ero proprio un imbecille e capivo che una donna non si sarebbe disperata e non avrebbe pianto per un uomo che le correva dietro. Alla fine cedette e mi fissò un appuntamento con lui nei pressi dei Parioli. Vi andai in taxi. Non appena arrivai mia moglie mi venne incontro e mi disse che Farouk se ne era appena andato perché non voleva vedermi. Dopo qualche giorno tornammo a Losanna.»

Il presidente La Bua chiese a Youssef di raccontare un episodio che riguardava la governante. Bebawi disse che la moglie era convinta che uno dei loro figli si fosse innamorato della signorina Henke. «Invitai mia moglie a non occuparsene: parlai con mio figlio e gli dissi che anche io, quando avevo tredici anni, avevo avuto un'istitutrice a scuola che mi faceva battere il cuore. Gli dissi che a quell'età era facile prendersi delle cotte: io ne prendevo una ogni tre mesi. Insomma volevo fargli capire che quei sentimenti erano passeggeri. Mia moglie invece sostenne che con tale atteggiamento avevo incoraggiato la relazione di nostro figlio con l'istitutrice, la quale aveva finito per sedurlo. Ricordo che disse a mio figlio: "Stai con tuo padre che avete qualche cosa in comune!". Io mi offesi molto. Trascorsi il Capodanno con la mia famiglia, successivamente mi recai a Stoccarda dove incontrai la signorina Henke.»

Un colpo di scena nel processo si ebbe quando fu chiamata a deporre Patrizia de Blank, una ex valletta del «Musichiere». La donna raccontò che la vittima intendeva sposarla. Disse di non avere dato troppa importanza a quella richiesta in quanto era in attesa del divorzio. Nel processo si era parlato molto di questa amicizia tra il giovane miliardario egiziano e la graziosa valletta che Mario Riva aveva portato alla notorietà nel suo famoso programma. Proprio la sera dell'omicidio Patrizia de Blank aspettò invano che il giovane andasse a prenderla per condurla alla festa organizzata a Palazzo Doria Pamphili in occasione del fidanzamento della figlia dell'ex presidente del Brasile, Martha Kubitschek, con un miliardario sudamericano. Soltanto due giorni dopo Patrizia venne a sapere che Farouk era stato assassinato. La donna era sposata con un nobile inglese, aveva ventiquattro anni ed era figlia di un diplomatico cubano che era stato ambasciatore a Roma ai tempi di Batista. Quando la ragazza entrò in aula Claire sibilò fra i denti «puttana!», poi, per paura di non riuscire a controllare i propri nervi, disse di sentirsi male e chiese di allontanarsi dall'aula.

«Però non permetto che la teste deponga durante la mia assenza» aggiunse.

Erano tre gli alibi su cui si basava la difesa di Youssef. Il primo saltò subito: l'uomo che sosteneva di averlo visto quella famosa sera del 18 gennaio 1964 mentre passeggiava su e giù per via Emilia davanti all'albergo La Residenza, quando fu interrogato cominciò a farfugliare, disse che non ricordava più niente. Gli altri due alibi erano di tipo psicologico. L'accusa sosteneva infatti che Youssef avesse ucciso Farouk (in concorso con Claire) per difendere il suo onore di uomo tradito. Ma che cosa doveva difendere se già da dieci mesi si era arreso e aveva chiesto il divorzio? Inoltre della moglie non gli interessava più nulla visto che si era innamorato della governante, Gisela Henke, bambinaia tuttofare alla quale aveva perfino promesso il matrimonio.

Poiché la ragazza non volle venire a Roma per partecipare al processo dichiarando di essere stata minacciata, fu interrogata il 26 aprile nel palazzo di giustizia di Amburgo. In sostanza Gisela ammise di aver avuto rapporti con Youssef e di essere stata con lui a Stoccarda dove i due avevano condiviso la stessa camera d'albergo. Disse anche di aver parlato con Youssef di matrimonio, ma respinse tutte le accuse di Claire che durante il processo l'aveva definita «dissoluta e immorale» e le attribuiva relazioni intime con molti uomini.

«Interrogate Gisela» aveva aggiunto Claire «e forse otterrete da lei una versione diversa da quella fornita in istruttoria. Sono stata io a suggerire a mio marito di dire che non aveva alcun motivo di uccidere Farouk in quanto non si interessava più a me bensì alla nostra governante. Poi l'idea è stata perfezionata dai difensori di Youssef. Ma non si può dare peso alle dichiarazioni di una donna che ha avuto una relazione perfino con mio figlio di quattordici anni. Il suo amore per Youssef era una cosa volgare, un sentimento ancillare.»

Venne poi chiamata a deporre la segretaria di Farouk, Arbib Karin, che raccontò delle frequenti telefonate che arrivavano da Losanna e in cui Claire e Farouk parlavano quasi sempre in arabo. Poi, era forse il 6 gennaio, l'uomo aveva preso la comunicazione dal telefono della segreteria perché nel suo studio c'era il padre e Arbib era riuscita a udire una frase che Farouk aveva quasi gridato: «Non ti posso sposare! Dimmi che cosa devo fare... no, no».

Inoltre raccontò che il portiere dello stabile, il mercoledì che precedette l'omicidio, le aveva chiesto cosa avesse avuto il signor Farouk che il giorno prima aveva urlato contro una donna che piangeva. Lei disse di non saperlo perché quel giorno non era andata in ufficio. Claire negò di essere stata a Roma in quella data, negò anche di aver mai parlato con Farouk in una lingua diversa dall'arabo.

Un'altra testimone, che fu interrogata a domicilio perché malata, confermò la dichiarazione del portiere. Fulvia Trinca era la domestica di Isabella Luparelli che abitava nello stesso palazzo di via Lazio. In uno dei giorni che precedettero il 18 gennaio la signora Luparelli, tra l'una e un quarto e l'una e trenta, l'aveva chiamata nella sua camera da letto e l'aveva invitata ad ascoltare: «Fulvia, senti, senti...».

«Sentii infatti» raccontò la Trinca «come un pianto soffocato e straziato di donna proveniente non so precisare da dove. Quando andai via lo dissi al portiere che rispose che quelli dell'appartamento di sopra erano arabi e quando discorrevano o telefonavano usavano toni di voce molto alti.»

Il 6 maggio il processo venne annullato per la inidoneità di uno dei giurati. Riprese nell'ottobre successivo, ma Giovanni Leone rinunciò alla difesa di Claire Bebawi e fu sostituito da Giuseppe Sotgiu. Ormai Youssef accusava apertamente la moglie:

Venerdì 17 lei mi disse che voleva recarsi a Roma il giorno successivo perché intendeva cercare un appartamento. Quando le feci presente che era preferibile attendere fino a lunedì per non insospettire mio padre, mi rispose che aveva già prenotato un posto in aereo per lei e ne aveva riservato uno anche per me. Decisi così di accompagnarla perché la mia famiglia, vedendola partire sola, avrebbe potuto capire che i nostri rapporti erano cambiati. Mi recai direttamente all'aeroporto dove la trovai con le valigie. Alle tredici e mezzo partimmo in aereo da Ginevra. Al nostro arrivo a Roma prendemmo un taxi che ci portò all'albergo La Residenza in via Emilia. Poiché non c'era una camera con due letti feci collocare un altro letto in una stanza singola vicina al bagno. Qualche minuto dopo scendemmo nel salone per prendere il tè e mentre stavamo seduti lei si alzò e uscì. So ora che andò a telefonare.

Al suo ritorno risalimmo in camera e io andai nel bagno. Poi uscimmo insieme dall'albergo. Ci dirigemmo a sinistra e una volta giunti all'angolo della strada io mi incamminai alla volta di via Veneto come eravamo soliti fare. Mi accorsi però che lei proseguiva dritto e, tornato sui miei passi, le chiesi dove volesse andare.

Mi rispose: «Vado dal parrucchiere». Poi, una volta giunti all'angolo di via Emilia con via Lazio, mi spiegò che andava a trovare Farouk per dirgli che tutto era finito e che non voleva più vederlo. Io le feci osservare che era inutile andare da lui per comunicargli una cosa del genere e comunque la cosa non aveva alcuna importanza per me. Parlando avevo salito qualche gradino insieme a lei. Uscii dallo stabile e tornai nei pressi dell'albergo dove mi misi a passeggiare su e giù arrivando fino all'angolo di via Ludovisi. A un certo momento un impiegato dell'albergo uscì dal portone e mi salutò, io risposi al saluto.

Poco dopo lei tornò e la prima cosa che notai furono dei segni sul viso. Si trattava di piccole macchie sulla fronte e sulla guancia destra. Anche gli occhi erano molto rossi. «Che cos'hai sul viso?» chiesi, e lei mi rispose: «I shot him... I shot him... I shot him...». Lì per lì non mi resi conto di cosa volesse dire. Appena giunti in camera lei aprì la borsetta per prendere un fazzoletto e allora vidi la mia pistola e capii. Lei ripeté ancora: «Gli ho sparato, gli ho sparato cinque volte alle spalle, ha urlato, è caduto, è rimasto immobile». Poi si accasciò sul letto sfinita, disperata. Dopo qualche attimo di silenzio fui io a dire: «Dobbiamo andarcene subito da qui» e scesi per chiedere l'orario di un treno per Napoli.

Per giustificare i graffi al volto Youssef disse che durante il viaggio aveva parlato per la prima volta alla moglie della sua relazione con la governante e lei gli si era scagliata contro graffiandolo.

Arrivò il momento delle arringhe e l'avvocato Marcello Petrelli, che divideva con Giuseppe Sotgiu il non facile compito di strappare l'imputata a una dura condanna, iniziò il suo discorso in un'aula gremita di pubblico. «Si è parlato di Claire Ghobrial addirittura come di una tigre, di una creatura irruenta e dagli impulsi incontrollabili. Si dovrà invece tener conto che questa donna ha combattuto qui la più drammatica battaglia della sua vita; che è una donna sola, costretta a battersi contro nemici potenti (i congiunti di Farouk Chourbagi e quelli di Youssef Bebawi) chiusa in una trappola mortale che si è intessuta con le sottili reti della menzogna... Ebbene: io difendo Claire Ghobrial con la convinzione, direi quasi con l'orgoglio che mi proviene dalla consapevolezza di assistere una innocente!»

«Una questione d'onore» l'avvocato definì l'assassinio di Farouk. Ferito profondamente nel suo orgoglio di uomo e di marito dal tradimento della moglie, dopo aver invano cercato di strappare la donna dalle braccia dell'amante ricorrendo all'espediente del ripudio e alla minaccia di torglierle per sempre i figli, Youssef Bebawi, secondo l'avvocato, aveva commesso il crimine tentando di addossarne la responsabilità alla moglie. Secondo il difensore non era vero che Farouk nel 1963 si era stancato dell'amante come provavano alcune lettere da lei ricevute. Nel marzo di quell'anno Claire seguì il marito a Beirut e Farouk le aveva scritto una lettera rimproverandole di trascurarlo. Alla fine dell'aprile successivo Claire era a Losanna dove ricevette un'altra lettera dall'amante che le scriveva tra l'altro:

> Tu almeno hai i tuoi bambini: io sono sempre disperatamente solo...

E in un'altra:

> Quel diavolo è riuscito nel suo scopo di rendermi infelice e di non darmi la possibilità di vederti.

E nelle lettere che Farouk scrisse tra il luglio e il settembre dello stesso anno l'uomo ripeteva spesso la medesima invocazione:

> Scrivimi, scrivimi, perché non mi scrivi?

E poi:

> Non ho trovato con mio grande dispiacere e disillusione alcuna tua lettera, nemmeno una cartolina. Perché mi trascuri così? Senza il minimo scrupolo?

E:

> D'ora in poi ti scriverò solamente quando lo farai tu, è terribile per uno che ama come me non avere risposta alcuna.

E il 30 aprile:

> Ti ho inviato due lettere dal giorno del mio arrivo e un telegramma al quale tuttora non ho ricevuto risposta, non posso fare a meno di pensare che ti stai allontanando sempre più da me. È incredibile ma ho la sensazione che tu non sia più la mia vecchia Claire, che non faceva passare un giorno senza notizie.

Il 5 maggio le inviò un vero e proprio ultimatum:

> Ti indico due scelte: a) puoi continuare la tua vita coniugale con Joe il quale è più che propenso a voltare pagina; b) oppure puoi abbandonarlo e io ti attendo a braccia aperte con il più grande affetto e amore, perché come sai ti adoro.

Nel mese di luglio Claire era ad Atene con i figli e ricevette numerosissime lettere di Farouk alle quali rispose una sola volta e fu, secondo l'avvocato, l'ultima lettera che gli scrisse.

Lui rispose con frasi come:

> ... profondamente ferito dalla tua lettera ho il diritto di essere geloso ... Claire ti prego di perdonarmi se comunque ti ho fatto del male, è stato soltanto uno stupido atto di gelosia ... soffro come un cane perché non ho tenuto conto sin dal principio dei tuoi avvertimenti e dell'esatta valutazione degli ostacoli fatta da te.

Il 25 luglio la pregava:

> Scrivimi e dimmi quali sono i tuoi progetti.

E il giorno dopo:

Le lacrime mi salgono spesso agli occhi, sono pazzamente innamorato senza speranza di essere contraccambiato.

Poi il 1° settembre:

Che Dio ci dia forza e ci unisca ... Ti prego manda le fotografie, te ne scongiuro, a via Savastano non vi è alcun pericolo.

E il 3 settembre:

Tu mi sei necessaria, e Dio sa se sto cercando di affrettare il processo di autosufficienza per poter soddisfare i miei più intimi desideri liberamente e legittimamente.

Il 10 settembre scriveva:

So che non vuoi più saperne di me, ma io ti voglio come non ho mai desiderato nessun'altra cosa in vita mia ... Più il tempo passa e più mi rendo conto che non potrei assolutamente vivere senza la speranza di poter stare finalmente vicino a te per sempre ... Ti prego di scrivermi per espresso.

Perché quindi l'imputata doveva desiderare la morte di un uomo che dimostrava di amarla? Perché avrebbe dovuto associarsi al delitto del marito? Forse perché Farouk non voleva più sposarla? Ma era lei che non voleva legarsi definitivamente a lui, perché sembrava provato che, se Farouk aveva sempre frequentato altre donne, Claire ne era a conoscenza. Infatti una testimone dell'accusa, Arnalda Lusso, amica di entrambi, riferì nel suo interrogatorio: «In seguito Claire ha sempre detto che non intendeva sposarlo in quanto trovava che Farouk non fosse serio, correva a destra e a sinistra, aveva a Roma molte amanti ed era un bugiardo».

Petrelli basò la sua difesa su alcuni punti principali: Claire Ghobrial, contrariamente alle asserzioni di Youssef Bebawi, non sapeva nemmeno dell'esistenza nella sua casa di Losanna della pistola con la quale fu ucciso Farouk perché il marito l'aveva comprata durante il viaggio a Stoccarda che aveva fatto con Gisela Henke. Era impossibile che fosse stata Claire la donna che gridava e piangeva nell'ufficio di Farouk il 15 gennaio. Le urla furono udite dalle testimoni Luparelli e Trinca esattamente alle tredici e quindici. Ma il treno con il quale i Bebawi giunsero quel giorno da Losanna arrivò alla stazione Termini alle tredici e due minuti: Claire quindi non aveva la possibilità, in tredici minuti, di raggiungere via Lazio. Inoltre, nonostante la segretaria avesse detto di non essere stata in ufficio quel giorno, il portiere ricordava di averla vista e durante l'interrogatorio disse:

«Quando venne la segretaria le chiesi cosa avesse avuto Farouk (a proposito delle grida) e lei rispose: "Niente, niente, se lo fa un'altra volta io me ne vado"».

Secondo l'avvocato era assurdo parlare di un accordo fra i due imputati per il viaggio del 18 gennaio. Infatti risultò che Claire aveva prenotato un solo biglietto per il vagone letto Losanna-Roma ed era per il 19 gennaio. L'unico racconto realistico per quanto riguardava il quarto d'ora in cui avvenne il delitto era quello di Claire, la quale sosteneva che mentre lei e Farouk stavano parlando seduti sul divano il marito irruppe nella stanza. I colpi di rivoltella erano stati sparati da distanza notevole e il tipo di pistola, come aveva dimostrato anche la parte civile, esigeva da chi la impugnava mano ferma e occhio esperto. Tutti requisiti che soltanto Youssef, appassionato tiratore, possedeva.

Inoltre il fatto che Claire avesse delle piccole ustioni solo sulla fronte dimostrava che fu il marito a schizzarle in faccia l'acido rimasto nella bottiglia dopo che lo stesso Youssef l'aveva lanciato addosso alla vittima. I testimoni concordemente avevano affermato che le grida udite quel pomeriggio erano state lanciate da una donna dopo la caduta della vittima sul pavimento. «Se la donna avesse compiuto il delitto certamente non avrebbe gridato» spiegò l'avvocato. «L'omicidio fu per lei un evento imprevisto.»

Mentre per quanto riguardava le ipotetiche ustioni alla mano, quando la donna fu sottoposta a esame clinico ad Atene il medico escluse che quelle macchie gialle fossero state prodotte da una sostanza caustica.

Nella sua arringa Giuliano Vassalli disse che era assurdo accusare il suo cliente perché era notoria la sua abilità di tiratore e, per dimostrare che qualsiasi persona avrebbe potuto uccidere Farouk, egli ricordò che uno dei cinque colpi mancò il bersaglio. Secondo lui: «Claire sparò contro Farouk un primo colpo che raggiunse il giovane alla schiena mentre si trovava ancora seduta sul divano, poi la donna si alzò e, avvicinatasi a Farouk stramazzato in terra, sparò altri quattro colpi. Il primo mancò il bersaglio perché sparato mentre la donna si avvicinava alla vittima». Per quanto riguardava le urla, l'avvocato disse che la principale testimone, Isabella Luparelli, era inattendibile perché aveva dichiarato di non aver mai sentito, nei mesi che precedettero il delitto, la voce di Farouk provenire dall'ufficio sovrastante.

L'avvocato si disse convinto del fatto che Farouk, negli ultimi mesi, volesse lasciare Claire. Secondo lui era incontestabile che i rapporti tra i due amanti, desumibili dalla scarsa corrispondenza esibita dall'imputata, sottolineassero il progressivo allontanamento di

Farouk e i suoi tentativi di liberarsi definitivamente di Claire attribuendo anche a lei la colpa del distacco.

E a proposito delle lettere ricordate dall'avvocato Petrelli, Vassalli volle esibire anche l'unica risposta della donna che fu possibile reperire in via Savastano. La lettera diceva testualmente:

> Ho ricevuto ora la tua disgustosa lettera piena di bugie e di menzogne. Io non ho affatto scritto a Katarina, le ho telefonato prima di lasciare Roma per la Svizzera, per salutarla. Tu sei solo sempre pronto a credere qualsiasi cosa si dica male di me. Prima mi annoi con le tue menzogne che quel topo di tuo cugino ti ha detto, e ora osi accusarmi di cose che tu hai udito dire da quelle sgualdrine che frequenti. Sono bene intenzionata a inviare la lettera a Katarina e a chiederle una spiegazione. Credevo che tu non la frequentassi più, come mi avevi detto, come pure le molto rispettabili persone con cui ti accompagni. Ora mi dici che l'hai incontrata in una riunione. Bene, che cosa hai da rimproverarmi, quando tu possiedi una prostituta simile a Patrizia quale amante; vai da lei e rimproverala per la compagnia che intrattiene. Io scriverò certamente a Katarina per chiederle una spiegazione. Tu non hai alcun diritto di formulare ingiuste accuse a mio carico, dopo tutto il danno e la miseria che mi hai causato. Sono stata molto malata e mi sono recata da un dottore che mi ha detto che dovrei farmi operare e rimanere dieci giorni in ospedale. Ma non sono propensa a fare tale operazione. I miei nervi sono a pezzi e tu osi inviarmi una simile lettera. Sono sicura che Katarina avrà molte cose da dirmi quando io le scriverò. Tuttavia, d'ora innanzi, poiché mi hai giudicata in questa maniera, stai lontano da me e io farò altrettanto. Rimani alle tue puttane, alle quali appartieni e non interferire con la mia vita che hai rovinato completamente.

Numerosissime, secondo l'avvocato, erano le testimonianze raccolte sia negli ambienti di Ginevra sia in quelli di Roma che attestavano come dopo l'estate Farouk avesse riferito a tutti gli amici che la relazione era finita e che ormai era interessato ad altre donne. Proprio allora Claire si affannava a mostrare a confidenti e amici lettere e telegrammi d'amore di Farouk, a dichiarare che egli voleva sposarla. L'avvocato concluse la sua arringa con una preghiera: «Ridate la libertà a questo cristiano nella cui valigia, al momento del delitto, fu trovata una Bibbia. Chi parte per commettere un omicidio certamente non si porta dietro un libro del genere. Dovete assolvere Youssef Bebawi perché non è stato lui a uccidere Farouk Chourbagi».

Il pubblico ministero chiese ventidue anni per Youssef Bebawi e ventiquattro per Claire, ritenuta l'istigatrice del delitto. Gli avvocati della difesa chiesero, ognuno per il proprio cliente, un'assoluzione che automaticamente avrebbe comportato la condanna per il coimputato. Lunedì 21 maggio i giudici si riunirono in camera di consiglio.

Il giorno dopo, alle diciassette e quaranta, dopo ventinove ore di discussione, il presidente Nicolò La Bua lesse la sentenza: «In nome del Popolo italiano, la prima Corte d'Assise di Roma, visto l'articolo 479 del Codice di procedura penale, assolve Youssef Bebawi e Claire Ghobrial dalle imputazioni loro ascritte per insufficienza di prove e ne ordina l'immediata scarcerazione se non detenuti per altra causa».

Il pubblico esplose in un fragoroso applauso. Claire vacillò un attimo, e poi si portò al viso il fazzoletto che stringeva nelle mani e scoppiò silenziosamente a piangere mentre la stoffa si impregnava anche del sangue che le scendeva dal naso per un'improvvisa emorragia. Piangevano anche i due difensori della donna, gli avvocati Petrelli e Sotgiu.

Bebawi si guardava intorno ansioso e preoccupato non avendo afferrato il significato della sentenza. E infine disse: «Sono amareggiato perché un'ombra pesa su di me: ma se penso ai miei bambini sono contento di questa soluzione».

Sia la pubblica accusa che i legali della famiglia di Farouk ricorsero in appello e il secondo processo si concluse il 16 gennaio del 1968 con una sentenza che accolse sostanzialmente le richieste avanzate dal pubblico ministero nel procedimento di primo grado: Claire e Youssef vennero condannati a ventidue anni di reclusione. Ma gli imputati, rimessi in libertà dopo il primo processo, non erano presenti all'appello. Youssef era tornato in Svizzera e Claire in Egitto e per nessuno dei due paesi c'era l'estradizione.

La Cassazione poi annullò la sentenza di secondo grado, riscontrando alcune violazioni dei diritti della difesa, e un nuovo processo d'appello iniziò nel 1972 a Firenze. La condanna a ventidue anni venne confermata e poi resa definitiva dalla Cassazione nel 1974.

Ma né Claire né Youssef tornarono più in Italia. Di lui si seppe poi che aveva sposato Gisela Henke. Di lei non si ebbero più notizie finché, negli anni Ottanta, un giornalista italiano disse che era certo di averla riconosciuta in una guida turistica che viaggiava su un battello lungo il Nilo.

XX

LIBERI DI AMARE, LIBERI DI UCCIDERE

Wilhelm Leinauer e Christel Muller, Germania 1967

«Oggi non verrò a scuola» affermò Albert. «Ho un forte raffreddore e proprio non me la sento di uscire. Anzi, uscirò soltanto per andarmi a comprare una bottiglia di rum, lo consigliano in questi casi.»

Manfred gli disse che se proprio voleva qualcosa di alcolico per l'influenza c'era quel famoso pacchetto che aveva ricevuto in regalo da uno sconosciuto. Si trattava di un liquore molto apprezzato in Germania, amaro di genziana, e forse poteva fare lo stesso effetto del rum.

Aprì il cassetto dove aveva infilato la brocchetta di ceramica, sicuro di non doverla usare mai, e ne versò il contenuto in due tazze. A lui non piaceva l'amaro di genziana, ma decise comunque di assaggiarlo. Al primo sorso capì che la bevanda non era proprio di suo gusto e si chiese però come potesse essere gradita a qualcun altro dato che aveva un sapore terribile. Sputò in terra il poco liquido che aveva in bocca e alzò gli occhi verso l'amico, per vedere la sua reazione.

Albert aveva bevuto tutto il contenuto della tazza, come fosse una medicina. I due ragazzi si guardarono in silenzio, poi Albert si portò la mano alla gola, divenne cianotico e cadde svenuto sul pavimento.

La sera di sabato 5 novembre 1966, verso le nove, due giovani coppie viaggiavano in auto da Kempten, nella parte meridionale della Germania, fino alla vicina città di Marktoberdorf dove erano state invitate a un party.

Al volante c'era Wilhelm Leinauer, un meccanico di ventisei anni dai capelli biondi molto ricci e un viso dai lineamenti classici. La macchina era vecchia e apparteneva a lui. Nel sedile accanto era seduta Christel Muller, una ventiquattrenne con un caschetto di capelli neri, tanto bella che non c'era uomo o donna che non si voltasse vedendola passare. Dietro c'era il marito di Christel, Manfred Muller di venticinque anni, anche lui molto attraente, e vicino a lui la dolce e bionda Viktoria Leinauer, della sua stessa età e sposata con Wilhelm.

I quattro ragazzi si conoscevano da molto tempo ed erano inseparabili. Qualcuno malignava sulla loro amicizia, parlava di strane feste che si svolgevano a casa di una delle due coppie, feste orgiastiche con tanto di droghe e giochi sessuali. Ma qualcun altro rispondeva che era l'invidia a far parlare i sospettosi. Quei quattro ragazzi erano splendidi e si pensava che, per tanta bellezza, si dovesse pagare un prezzo.

Appena fuori Marktoberdorf la strada per Kempten costeggiava un fiume, il Wertach, non particolarmente profondo, ma delimitato da due alte sponde a strapiombo sull'acqua.

Improvvisamente, mentre imboccava la discesa, Wilhelm si accorse di avere un problema allo sterzo: la macchina tirava a sinistra. Si fermò vicino al ponte per controllare. Scese e girò intorno all'auto per aprire il cofano e prendere gli attrezzi adatti. Christel uscì e andò con lui.

A un tratto la macchina cominciò a scivolare lungo la discesa.

«Attenti!» gridarono contemporaneamente Wilhelm e Christel. «Si sta muovendo! Saltate fuori! Saltate!»

Ma era molto difficile che Manfred e Viktoria potessero uscire da una macchina che aveva soltanto due sportelli. I ragazzi cercarono di passare davanti per scendere mentre l'auto procedeva la sua corsa, ma la velocità li respinse indietro sui sedili. Nessuno dei due sapeva nuotare e se fossero andati a finire nelle acque gelate del Wertach sarebbero sicuramente morti. Ma anche se fossero stati dei bravi nuotatori gli argini del fiume erano talmente alti che sarebbe stato difficoltoso per loro poterli risalire.

L'auto non cadde nel fiume. Arrivò giusto al ciglio della scarpata e poi si fermò contro il grosso ceppo di un albero. L'arresto fu così brusco che i due andarono a sbattere contro i sedili davanti.

Qualche secondo più tardi Christel e Wilhelm li aiutavano a uscire. Nessuno dei due ragazzi fortunatamente era rimasto ferito, ma per l'auto ci fu bisogno del carro attrezzi. Wilhelm riparò la macchina da solo e trovò il guasto. Uno dei cavi idraulici collegato ai freni si era bruciato. Ma non riuscì a capire come mai lo sterzo tirasse a sinistra.

Christel e Viktoria erano vissute nello stesso quartiere, avevano frequentato la stessa scuola, provenivano entrambe da famiglie benestanti di professionisti. Ugualmente belle avevano avuto le medesime possibilità di essere corteggiate, invidiate, ammirate. Ma avevano personalità diverse. Christel era superficiale, ambiziosa, sicura di sé, sempre pronta a conquistare il mondo. Viktoria era accondiscendente, umile, riflessiva. Dove Christel sfondava con l'impeto, Viktoria arrivava con la volontà. Christel era abituata a prendersi quello che desiderava, sentiva di averne diritto. Viktoria lasciava che le cose accadessero. E Wilhelm era come Christel, forse per questo si era innamorato dell'amica, più dolce, romantica, remissiva. Mentre Manfred, serio, posato, aveva preferito l'effervescenza, lo spirito d'avventura, i cataclismi di Christel. E in quattro formavano un gruppo irresistibile.

Da qualche tempo Viktoria leggeva gli annunci sul giornale alla ricerca di un lavoro. Wilhelm non era d'accordo, avrebbe preferito che la moglie si limitasse a occuparsi della casa e del marito. Ma Viktoria si rendeva conto che un solo stipendio non bastava per condurre la vita che lei avrebbe desiderato. Voleva una casa accogliente e non poteva permettersi mobili costosi. Le piaceva vestire come una signora ed era invece costretta ad accontentarsi di abiti giovanili a buon mercato. Decise così di cercare un impiego senza dirlo al marito. Solo quando l'avesse trovato avrebbe messo Wilhelm di fronte al fatto compiuto.

Una settimana dopo l'incidente Viktoria lesse sul giornale che un avvocato cercava una segretaria. Il colloquio con le candidate si sarebbe svolto la mattina successiva alle otto. La sera andò a dormire per tempo e puntò la sveglia alle sette. Ma quando aprì gli occhi non riconobbe la luce del mattino. Aveva mal di testa e si sentiva confusa. Guardò l'orologio e si accorse che era già pomeriggio inoltrato.

«Wilhelm!» gridò al marito che era rientrato da poco. «Perché non mi hai chiamata questa mattina? Avevo messo la sveglia, non l'hai sentita?»

Wilhelm sorrise e le disse che l'aveva vista dormire così profondamente che non aveva avuto il coraggio di svegliarla. D'altronde non aveva appuntamenti e se anche per un giorno si alzava più tardi che cosa importava? Viktoria non protestò, altrimenti avrebbe dovuto parlare del colloquio di lavoro. Riuscì comunque a ottenere un altro appuntamento per il giorno dopo. Ma tutto si ripeté nello stesso modo. Si svegliò a metà del pomeriggio con la testa che le girava e un forte mal di stomaco. Questa volta non disse nulla e per un po' rinunciò a cercarsi un impiego.

A Wilhelm piaceva che la moglie rimanesse la mattina a letto, poteva tornare prima del solito e infilarsi sotto le coperte insieme a lei. Amava fare sesso quando lo desiderava, nei momenti magari più impensabili, non voleva essere costretto a seguire orari e convenienze. Ma Viktoria, se l'aveva accontentato al principio, ormai si negava sempre più spesso. Se rimaneva a letto troppo a lungo si sentiva in colpa e trovava qualcosa da fare; se Wilhelm la abbracciava con foga all'ora di pranzo protestava che il cibo si freddava. Il marito la voleva in casa, disponibile, dolce, innamorata come quando l'aveva sposata. Lei sentiva che la sua vita non aveva uno scopo, si annoiava e cercava qualcosa che le riempisse le giornate. L'amica, Christel, era molto diversa. Detestava lavorare, le piacevano il sesso e il divertimento, la trasgressione e l'avventura. E trovava giusto che un uomo la mantenesse e soddisfasse i suoi desideri visto che lei, a letto, cercava di accontentarlo in ogni modo. Ma Manfred pensava soprattutto alla propria carriera, voleva farsi strada nella vita e spesso tornava a casa stanco e preoccupato. Tanto che l'eccessiva vivacità della moglie, l'entusiasmo con cui faceva i programmi per la sera, a volte lo infastidivano.

Evidentemente non era un periodo fortunato per Viktoria perché qualche giorno dopo aver perduto il colloquio di lavoro le capitò un altro incidente. Aveva acquistato un ferro da stiro nuovo e lo stava provando, quando improvvisamente l'elettrodomestico produsse una pioggia di scintille che le ustionarono una mano. Sarebbe forse morta se non avesse indossato delle pantofole di feltro e non si fosse trovata su un tappeto. O almeno questo fu ciò che le disse il negoziante da cui portò il ferro. L'uomo le spiegò che c'era stato un falso contatto che aveva condotto la corrente nella parte metallica e aveva prodotto il guasto. Le chiese anche se, dopo averlo acquistato, avesse toccato qualcosa che non avrebbe dovuto.

Viktoria, che ancora non aveva superato lo shock, si lasciò prendere dallo sconforto. Disse indignata e con le lacrime agli occhi che non aveva toccato nulla, ma solo attaccato la spina alla presa nel muro. Il negoziante si convinse della sua buona fede e le diede un ferro da stiro nuovo, scusandosi per l'incidente. Prima di andarsene Viktoria volle che l'uomo provasse il ferro e, solo quando vide che funzionava perfettamente, se lo portò a casa.

Quella sera Viktoria si ritrovò a cena con il marito e la coppia di amici e raccontò la sua disavventura. Tutti cercarono una spiegazione plausibile all'incidente, ma nessuno riuscì a trovarla e il fatto fu presto dimenticato.

Il 1° novembre Manfred Muller, che da tempo sperava di ottenere un incarico presso il governo, fu mandato a seguire un corso preparatorio a Neustadt, a circa duecento miglia a nordovest di Kempten e vi sarebbe rimasto fino al 1° febbraio. In seguito sarebbe stato trasferito a Furstenfeldbruck, vicino a Monaco, a sole quaranta miglia da casa.

In quei due mesi di assenza non ci furono più incidenti in casa Leinauer.

A febbraio Manfred andò a Furstenfeldbruck e divise la stanza con il ventitreenne Albert Blumoser, anche lui un bellissimo ragazzo che veniva dalla città di Erding, a nordest di Monaco. Entrambi seguivano il corso per entrare nell'Ufficio meteorologico del governo. I due ragazzi non si erano mai visti prima, ma divennero subito amici.

Il 10 febbraio del 1967, un venerdì, si verificò un altro misterioso evento. Manfred ricevette per posta un piccolo pacco avvolto in carta marrone e indirizzato a Manfred Muller, 808 Furstenfeldbruck, Scuola dei servizi meteorologici di Fliegerhorst. C'era anche l'indirizzo del mittente: B. Schiller, 673 Neustadt/Weinstrasse, Bahnhofstrasse 5. Né il nome né l'indirizzo significavano qualcosa per Manfred che guardò il pacchetto con grande sorpresa.

«Forse è qualcuno che ho conosciuto a Neustadt e di cui non ricordo il nome» disse a Blumoser. «Ma vediamo che cosa c'è dentro.»

C'era una brocchetta di ceramica, decorata con fiori campestri, e con un'etichetta che ne identificava il contenuto. Si trattava di una bevanda tedesca molto diffusa, un amaro di genziana. Un'altra etichetta spiegava, se ce ne fosse stato bisogno, che era un prodotto tipico della Germania.

Manfred sembrava ancora più sorpreso. Quello era il classico regalo che si poteva fare a una vecchia zia o l'oggetto che i turisti acquistavano in Germania come souvenir da riportare nel loro paese. Non riusciva proprio a immaginare chi avesse potuto mandargli un oggetto così particolare, anche perché non aveva mai amato quel tipo di bevanda.

Insieme alla brocca c'erano anche una tazza di ceramica, una scatola di biscotti e un biglietto scritto sulla stessa carta usata per avvolgere il pacchetto. Il biglietto diceva: «Auguri dal Palatinato!», che era il distretto nel quale era situata la città di Neustadt, e poi: «Per ubriacarti con gusto... ma da solo!».

Manfred voleva gettare tutto nel cestino, ma l'amico consigliò di conservarlo nell'armadio, poteva sempre trovare qualcuno a cui quel regalo sarebbe stato gradito. Manfred infilò tutto in un cassetto e partì per Kempten dove avrebbe trascorso il weekend insieme alla moglie.

Il lunedì successivo Manfred e Albert tornarono a scuola e martedì Albert accusò un forte raffreddore. «Penso di non venire a scuola oggi» disse all'amico. «Ma uscirò comunque per andarmi a comprare una bottiglia di rum. Dicono che faccia bene per il raffreddore.»

Poiché la giornata era molto fredda, Manfred consigliò l'amico di non uscire e gli disse ridendo che, se proprio voleva bere qualcosa di alcolico per alleviare i sintomi dell'influenza, c'era sempre la brocca con l'amaro di genziana nell'armadio.

«Già. Perché no?» disse Albert. «Male non può fare e comunque peggio di così non potrei sentirmi.»

Manfred tirò fuori la brocca, la aprì e versò l'amaro nella tazza che poi passò all'amico. Riempì poi un altro bicchiere per sé. Nel frattempo Albert aveva bevuto tutto d'un fiato il contenuto della tazza. Manfred, che non amava l'amaro di genziana, ne prese un piccolo sorso come assaggio e lo trovò talmente cattivo che lo sputò.

Albert Blumoser lasciò cadere la tazza sul pavimento e si portò le mani alla gola. In pochi istanti la sua faccia diventò blu e Manfred si rese conto che il compagno non riusciva a respirare. Albert crollò sul pavimento e, mentre Manfred si riprendeva dalla sorpresa e si lanciava verso l'amico per sostenerlo, questi aveva perso conoscenza. Manfred chiamò i vicini di stanza perché lo aiutassero. Quindici minuti dopo Albert Blumoser fu caricato su un'autoambulanza e ricoverato all'ospedale Ludwigshohe.

Nel frattempo qualcuno nella scuola aveva chiamato la polizia mentre Manfred Muller, completamente stordito da quanto era successo, era all'ospedale ad aspettare notizie. La polizia volle interrogarlo subito e il giovane allora raccontò dell'amaro di genziana ricevuto in regalo e di come Albert si fosse sentito male dopo averlo bevuto. La brocca era ancora sul tavolo mentre la tazza era in mille pezzi sul pavimento. Gli agenti presero tutto, anche la carta da pacchi e il biglietto che il giovane aveva conservato e chiesero a Manfred e ai suoi vicini di stanza di seguirli alla centrale. Qui arrivò quasi subito la notizia che Albert Blumoser era morto.

Il caso passò quindi alla polizia criminale e all'ispettore Julius Wagner, un robusto poliziotto con folti capelli biondi divisi nel mezzo, che effettuò un sopralluogo sulla scena dell'omicidio insieme al detective Walter Hoffmann, con baffi e pizzetto. I due poliziotti esaminarono la stanza di Manfred e poi chiamarono una squadra di tecnici della scientifica per eventuali rilievi.

Mentre l'ispettore Wagner interrogava il direttore e alcuni allievi dell'istituto, Walter Hoffmann accompagnava Manfred Muller alla centrale per registrare la sua deposizione.

«Chi aveva interesse a ucciderla?» chiese Hoffmann, visto che era chiaro che Albert Blumoser era stato una vittima accidentale poiché il pacchetto incriminato non era indirizzato a lui. Manfred dichiarò di non avere nemici.

Intanto il medico legale stabiliva che la causa della morte di Albert Blumoser era una massiccia dose di acido prussico mescolato con l'amaro di genziana. Il liquido rimasto nella brocca venne analizzato in laboratorio e la conclusione fu che si era trattato inequivocabilmente di omicidio.

Nonostante fosse chiaro che Albert Blumoser non era la vittima designata, la polizia indagò ugualmente nella sua vita. Ma non esisteva una sola persona che avrebbe avuto un valido motivo per volerne la morte. Inoltre, soltanto i genitori di Albert erano al corrente del fatto che il ragazzo stava seguendo il corso preparatorio a Furstenfeldbruck. E Albert non era mai stato a Neustadt né conosceva persone nel Palatinato. Comunque ben presto si scoprì che il pacco non era stato spedito dal Palatinato, ma da un ufficio delle poste a Stoccarda, un centinaio di miglia a nord di Kempten.

La polizia fece anche delle ricerche a Neustadt per individuare il nome e l'indirizzo del mittente. Eppure, nonostante nella città ci fossero diversi Schiller, la strada indicata sul pacco era inesistente.

Fu analizzata anche la calligrafia sul pacco e sul biglietto, e si arrivò alla conclusione che l'indirizzo e il messaggio erano stati scritti da due mani diverse. Sull'involucro risultava una calligrafia maschile mentre il biglietto era stato compilato da una donna. La polizia interrogò l'impiegato delle poste che nel giorno e all'ora indicati nel timbro era in ufficio. L'uomo disse di ricordare che il 6 febbraio una donna che aveva sicuramente meno di trent'anni, con lunghi capelli biondi e occhiali da sole, nonostante fosse sera, si era presentata nell'ufficio postale con il pacco da spedire. L'impiegato le aveva fatto notare che mancava l'indirizzo del mittente e la donna aveva mostrato il suo braccio destro ingessato.

«Mi sono rotta il braccio» aveva detto. «Può per favore scriverlo lei?»

L'uomo aveva quindi riportato sul pacco i dati indicati dalla donna.

L'ispettore continuò a domandarsi chi poteva volere la morte di Manfred Muller visto che il giovane non era ricco e non aveva nemici. E poi: chi era quella donna? Il detective Hoffmann suggerì che poteva trattarsi della moglie.

«O di una fidanzata» aggiunse l'ispettore. «Manfred Muller è un uomo molto attraente e non mi stupirebbe se oltre alla moglie avesse anche qualche avventura, come accade sempre più spesso ai giovani di oggi. Non dimentichiamoci che siamo nel bel mezzo della liberazione sessuale...»

L'ispettore decise di inviare Hoffmann a Kempten per indagare da vicino sulla vita privata di Manfred Muller e sulla provenienza della scatola di cartone che aveva contenuto l'amaro di genziana avvelenato. Si scoprì che la scatola originariamente conteneva Brandy Chantre ed era stata spedita dall'azienda Dachser & Company a Mammingen, il 29 luglio dell'anno precedente, al negozio di liquori Schaenmayr di Kempten. Hoffmann andò a parlare con il proprietario del negozio. Ma qui venne semplicemente a sapere che, dopo aver tirato fuori le bottiglie, l'uomo aveva gettato il cartone nel deposito dell'immondizia che si trovava proprio a due isolati dalla casa di Manfred Muller.

Hoffmann suggerì all'ispettore che la signora Muller poteva aver raccolto la scatola, ma Wagner rispose che chiunque altro avrebbe potuto farlo. Non si trattava di una prova della colpevolezza della donna. Hoffmann, che aveva incontrato Christel Muller, la descrisse come una ragazza dalla notevole bellezza, con i capelli corti e neri. Prima di quello, aveva già avuto un precedente matrimonio. C'era poi il problema dell'acido prussico che non poteva essere stato acquistato a Kempten, disse Hoffmann, perché si trattava di una sostanza altamente tossica venduta soltanto con un'autorizzazione. E dalle sue indagini nessuna farmacia o altro negozio aveva avuto una simile richiesta nell'ultimo anno.

«Se non l'ha potuto acquistare nella sua città potrebbe averlo fatto altrove» disse l'ispettore Wagner. «E per quanto riguarda le relazioni sentimentali? Che cosa hai scoperto?»

«Ho interrogato i vicini e sono venuto a sapere che la signora Muller è considerata una donna molto libera. Sembra che abbia avuto a che fare con metà della popolazione maschile di Kempten prima e dopo il matrimonio. Ma probabilmente il marito non sa nulla, anche perché ultimamente è stato quasi sempre fuori città.»

Hoffmann riferì anche altri pettegolezzi dei vicini dei Muller. Parlavano della coppia di amici con cui Christel e Manfred uscivano molto spesso, i Leinauer, e si sospettava che tutti e quattro frequentassero quei locali a luci rosse in cui avvenivano scambi di coppie e altre amenità del genere. Allora l'ispettore si chiese: «Se già ognuno di loro va a letto con l'altro, che bisogno ci sarebbe di architettare un omicidio per farlo liberamente?».

Le indagini sembravano aver imboccato una pista falsa. Si decise così di inaugurarne una totalmente nuova e la polizia investigò sul primo marito di Christel, Gerd Fischer. Si scoprì così che Fischer non avrebbe voluto divorziare da Christel e, quando lei chiese la separazione, arrivò al punto di minacciarla di morte se l'avesse lasciato. Ma in quel periodo Christel non aveva ancora una relazione con

Manfred Muller e così Gerd non avrebbe avuto alcun motivo per ucciderlo, se non forse quello di mettere nei guai la sua ex moglie.

Ma allora chi era la donna che era andata all'ufficio postale a spedire il pacco e che aveva scritto il biglietto che vi era contenuto? La polizia scoprì che Gerd Fischer viveva con una ragazza, Susan, ma non aveva lunghi capelli biondi e neppure un braccio rotto. Certo, la donna poteva aver messo una parrucca e un gesso finto per confondere le idee, così Hoffmann decise di investigare anche su di lei.

Susan aveva un'ottima reputazione e, se anche Fischer le avesse chiesto di scrivere il biglietto e spedire il pacco, poteva averlo fatto senza rivelarle i suoi veri scopi. Forse, pensò l'ispettore, le aveva raccontato di voler fare uno scherzo a qualcuno. Inoltre le ultime indagini riportavano che Gerd era diventato furioso quando aveva scoperto che Christel voleva sposarsi di nuovo, perché sperava ancora di tornare a vivere con lei.

C'era anche dell'altro: Gerd Fischer aveva lavorato per qualche tempo in un'industria con un impianto di galvanizzazione, quindi poteva avere avuto facilmente accesso all'acido prussico. Siccome la fiaschetta che era stata spedita a Manfred Muller non conteneva un'eccessiva quantità di veleno, questo poteva benissimo essere stato sottratto da Gerd Fischer durante il suo lavoro senza destare troppi sospetti.

L'ispettore preferì però interrogare prima la fidanzata di Fischer per capire se in questo modo poteva incastrare il giovane. Infatti, se la ragazza avesse spedito il pacco da Stoccarda senza conoscerne il contenuto e quindi senza avere nulla da nascondere, avrebbe sicuramente risposto la verità alle domande della polizia.

Ma Susan cadde dalle nuvole, disse di non sapere nulla del pacchetto. E quando gli fu riferito del crimine e dei sospetti della polizia dichiarò che Fischer l'amava, che da molto tempo non pensava più alla ex moglie e che non avrebbe avuto alcun motivo di rischiare così tanto per un rancore ormai passato. Inoltre Susan ricordava perfettamente dove si trovavano lei e Gerd la sera in cui era stato spedito il pacco. Erano a Kempten, a casa di amici che avrebbero testimoniato volentieri, quindi nessuno di loro due poteva essere andato a Stoccarda quel giorno. Si sottopose comunque a una verifica della calligrafia che si dimostrò diversa da quella del biglietto di auguri contenuto nel pacco.

Da questa falsa pista era però emerso un suggerimento importante: qualcuno avrebbe potuto procurarsi l'acido prussico se avesse lavorato in un'industria che utilizzava normalmente quella sostanza. Chissà se Christel Muller aveva qualche amico che lavorava in un posto simile? Le indagini diedero risultati negativi.

Ma un conoscente di Christel, a cui gli investigatori si erano rivolti per porre questa domanda generica, dopo qualche giorno si presentò al commissariato per riferire un particolare.

«Christel è molto legata a Wilhelm Leinauer» disse. «E io so che lui ha un amico, Konrad Reisacker, che possiede un piccolo impianto di trattamento di metalli e galvanizzazione. Reisacker è quindi autorizzato ad acquistare acido prussico e a tenerne piccole quantità nel suo magazzino.»

Konrad Reisacker venne convocato al commissariato. Konrad era sposato e aveva quattro figli, alle prime domande dell'ispettore sembrò molto teso e quasi subito confessò tutto. Disse che i suoi guai erano cominciati quando aveva deciso di accettare l'invito di Wilhelm Leinauer ad andare a un sex party nella città di Ulm. Ovviamente non aveva detto nulla alla moglie che era molto gelosa. In quella festa Wilhelm non era insieme a Viktoria, ma aveva portato con sé Christel che, a quanto disse Reisacker, si era comportata in modo vergognoso e indecente per tutta la sera. In seguito lui aveva continuato a frequentare Wilhelm anche a Kempten, ma non aveva più accettato inviti equivoci.

Qualche tempo dopo l'amico si era presentato da lui in fabbrica a chiedere una piccola quantità di acido prussico per uccidere una donnola che stava sterminando i suoi polli. Leinauer gli aveva teso una fiaschetta vuota che aveva contenuto dell'amaro di genziana e Reisacker l'aveva riempita a metà con il veleno.

«Abbastanza» disse «da uccidere tutte le donnole della Germania.»

Non l'aveva più visto fino al 9 febbraio, quando Wilhelm si era ripresentato in fabbrica per dirgli che, se avesse letto qualcosa sui giornali riguardo a una certa quantità di acido prussico, doveva tenere la bocca chiusa o lui avrebbe rivelato alla moglie la sua presenza al famoso sex party.

«Capii subito che doveva essere successo qualcosa di grave e infatti il 15 febbraio lessi la notizia della morte di quel ragazzo a Furstenfeldbruck. Il titolo dell'articolo diceva: *La polizia cerca l'assassino dell'acido prussico.*»

Reisacker non era autorizzato a fare uscire il veleno dalla sua fabbrica, e aveva deciso di tacere, sicuro che anche Leinauer avrebbe fatto lo stesso. E poi c'era la questione del sex party. Se Reisacker avesse parlato dell'acido prussico, sicuramente poi sarebbe venuta fuori la storia del party. I giornali avrebbero pubblicato la notizia e sua moglie avrebbe chiesto il divorzio.

La polizia arrestò Wilhelm Leinauer e Chrystel Muller mentre

Konrad Reisacker fu considerato estraneo ai fatti criminali e, considerando anche la sua collaborazione con la giustizia, se la cavò con una multa per aver disposto inadeguatamente di sostanze tossiche. Per fortuna la moglie si dimostrò più comprensiva di quanto lui si sarebbe aspettato e, nonostante il resoconto del sex party a Ulm fosse uscito sui giornali con dovizia di particolari, non chiese il divorzio, ma da allora tenne il marito costantemente sotto controllo.

Wilhelm e Christel negarono il loro coinvolgimento nel crimine, ma quando fu letta la confessione di Reisacker ebbero due reazioni diverse. Leinauer dichiarò di aver confezionato il pacco insieme a Christel e che la donna, indossando parrucca e gesso finti, l'aveva poi portato all'ufficio postale di Stoccarda. Volevano uccidere Manfred perché sicuramente si sarebbe opposto al divorzio. Christel continuò ad affermare che l'omicidio era stato organizzato dal suo ex marito Gerd Fischer. Alla fine però, messa di fronte all'evidenza delle dichiarazioni di Leinauer, anche lei dovette cedere.

Durante il processo fu interrogata Viktoria Leinauer e anche lei disse che non avrebbe mai concesso il divorzio al marito, soprattutto se avesse saputo che questi lo chiedeva per sposare Christel Muller. Emersero allora tutti gli incidenti di cui la donna era stata vittima: il sonno innaturale che per due giorni l'aveva lasciata confusa e intossicata, il guasto al ferro da stiro, l'auto che aveva rischiato di cadere nel fiume con lei e Manfred all'interno.

Gli imputati negarono di aver voluto la morte di Viktoria e, dato che non esistevano prove dei tentativi di omicidio nei suoi confronti, sembrò che perfino lei credesse alla loro innocenza. Anzi, disse che riteneva il marito succube di Christel anche per il tentato omicidio di Manfred.

Inaspettatamente anche Manfred disse che riteneva la moglie innocente e che sicuramente era stata plagiata da Wilhelm, e per questo lui la perdonava. Dichiarò perfino di non avere mai creduto a quello che si diceva di lei riguardo al sex party di Ulm. Sicuramente Leinauer ce l'aveva portata con l'inganno.

Sui giornali apparve poi un curioso articolo nel quale si spiegava come, per assicurare a Christel un bravo avvocato, Manfred avesse venduto ai giornali le fotografie pornografiche che lui stesso scattava alla moglie.

Gli imputati furono ritenuti colpevoli di omicidio colposo e condannati a venti anni di carcere ciascuno.

XXI

LA BUCCIA DI BANANA

Marion Ihns e Judy Andersen, Germania 1973

Denny era partito da Copenhagen con il treno della notte e, arrivato ad Amburgo, si era presentato all'appuntamento.

La donna non gli disse il suo nome ma lo accompagnò nello scantinato del negozio e gli consegnò un secchio che conteneva un coltello e un'accetta. Poi gli mostrò la brandina dove, tra l'una e l'una e trenta del pomeriggio, si sarebbe sdraiata la sua vittima per il sonnellino quotidiano.

«Rimarrai nascosto fino a quel momento» gli disse. «E quando si sarà addormentato, dovrai colpirlo alla testa con il manico dell'accetta e poi pugnalarlo al cuore. Non devi fare errori. Accertati che sia morto prima di andare via» si raccomandò la donna.

Denny chiese qualcosa da mangiare durante la lunga attesa poiché era a digiuno dalla sera prima. Lei gli diede una banana e due mele che prese da una cesta.

Wolfgang Ihns e sua moglie Marion abitavano al terzo piano del palazzo adiacente al loro negozio di frutta e verdura nella città di Amburgo, in Germania. Wolfgang era un uomo di trentotto anni dalle spalle larghe, braccia e gambe forti, un infaticabile lavoratore. Si svegliava ogni mattina alle quattro e mezzo per recarsi al mercato generale e acquistare frutta fresca per i clienti più mattinieri. Alle sette apriva il negozio dove passava tutta la giornata. All'ora del pranzo faceva una rapida pausa a casa insieme alla moglie e poi scendeva nello scantinato del negozio per un sonnellino di un'ora, fino alla riapertura alle due e mezzo del pomeriggio. La sera chiudeva alle sette. Avrebbe avuto bisogno di un aiutante, ma non aveva il denaro necessario per permetterselo. Se avesse avuto un figlio maschio avrebbe risolto questo problema, ma Marion gli aveva dato una bambina che adesso aveva cinque anni e la donna, un'affascinante trentacinquenne, non aveva in programma di allargare la famiglia.

La sua giornata si svolgeva tra le pulizie di casa e la cura della figlia, la cucina e l'organizzazione del guardaroba di tutta la famiglia. La sua era una vita monotona, diversa da quella che aveva sognato. Marion era stata una bambina timida e un'adolescente insicura. Romantica e delicata, introversa e riflessiva, aveva poche amicizie e raramente usciva con i ragazzi. Aveva sposato Wolfgang perché assomigliava al padre, morto quando era molto piccola, e perché le aveva prospettato un'esistenza tranquilla, protezione, amore. Ma Wolfgang la costringeva in una vita da manuale, una risposta per ogni domanda, una soluzione per ogni problema. Abitudini, ordine e disciplina. Anche i rapporti sessuali seguivano orari e percorsi rigidi. Aiutare il marito al pomeriggio era diventato l'unico diversivo per Marion, il modo per vedere qualcuno, uno spiraglio per l'imprevisto.

Wolfgang scendeva a riposarsi su una brandina nello scantinato perché i pianti e i capricci della figlia gli impedivano di prendere sonno. E lui ci teneva a recuperare le energie, ad apparire ai suoi clienti sempre in forma ed efficiente.

Il 13 marzo del 1973 c'era stata una mattina gelida, le strade si erano ricoperte di neve e di ghiaccio e pochi clienti si erano affacciati nel negozio di Wolfgang. Un gran vento proveniente dal mare del Nord batteva le strade di Amburgo. Marion chiuse tutte le finestre e poi consumò il pranzo insieme al marito. Come d'abitudine poi Wolfgang scese nello scantinato per fare il suo sonnellino.

Alle due del pomeriggio Marion andò a svegliarlo. A volte, quando lo vedeva molto stanco, scendeva a chiamarlo. Altrimenti lui era capace di dormire oltre l'ora di apertura del negozio e questo l'avrebbe innervosito per tutta la giornata. Era un uomo pignolo e coscienzioso.

Non c'era accesso al negozio dal palazzo dove abitavano gli Ihns, bisognava entrare dall'edificio adiacente. Di solito Wolfgang chiudeva la porta a chiave dall'interno prima di scendere in cantina, ma questa volta Marion la trovò aperta. Non era mai accaduto prima.

Qualche minuto dopo il proprietario del negozio di elettricità, che si trovava accanto a quello di Wolfgang, vide entrare la signora Ihns precipitosamente. Annaspava cercando le parole, aveva il fiatone. L'uomo le andò vicino cercando di calmarla e di capire cosa fosse successo.

«Mio marito!» disse lei. «È ferito... giù, nello scantinato...» e indicò in basso.

«Ferito? Come? Dove?» chiese l'uomo.

«Non lo so... non si muove... l'ho scosso, pensavo dormisse ma non si muove più...»

L'uomo rimase qualche istante incerto se andare a controllare o chiamare subito un'autoambulanza. Decise per questa seconda soluzione e poi chiese a Marion di accompagnarlo nello scantinato.

Wolfgang giaceva sulla brandina, morto. Il medico, che arrivò insieme all'autoambulanza, non poté fare altro che constatarne il decesso. Disse però alla signora Ihns che la morte di suo marito non era avvenuta per cause naturali e che doveva chiamare subito la polizia.

Marion si fece prendere dallo sgomento e cominciò a singhiozzare, a dire che non era possibile. Così il medico chiamò la centrale con il radiotelefono dell'ambulanza e chiese alla signora Ihns se volesse andare all'ospedale. Marion sembrò riacquistare immediatamente il suo autocontrollo perché rispose razionalmente che la figlia di cinque anni era rimasta sola a casa e che doveva occuparsi di lei. Il medico la volle accompagnare temendo qualche reazione sconsiderata, ma Marion si comportò con estrema calma da quel momento in poi. Ciò nonostante prima di lasciarla il dottore le fece un'iniezione tranquillante e poi tornò nello scantinato ad aspettare gli agenti.

La squadra omicidi, composta da tre uomini, l'ispettore Wilhelm Krause, il detective Peter Hartmann e il dottor Walter Reichauer, esperto in medicina legale, cominciò i rilevamenti del caso.

Reichauer era un uomo dall'aspetto e dall'abbigliamento serio e professionale, portava occhiali di tartaruga ed era di poche parole. Osservò il cadavere e disse: «Frattura mortale alla tempia destra. Sembra che l'assassino abbia inferto soltanto un colpo con un pesante martello o forse con il manico di un'accetta. Inoltre c'è una singola ferita da coltello, ma molto profonda, nella parte destra del torace. Probabilmente la lama ha colpito il cuore o ha reciso una vena principale. Anche questa è una ferita fatale».

L'ispettore Krause, un uomo slanciato, saldo e robusto di membra, di circa quarant'anni, chiese in quale ordine fossero stati inferti i colpi.

«Probabilmente» spiegò il medico «la vittima non si è accorta di quanto le stava per accadere. Forse l'assassino l'ha colpito con il martello mentre dormiva e poi l'ha pugnalato al cuore per essere sicuro di averlo ucciso.»

Nel frattempo il detective Hartmann, un giovane simpatico, espansivo e tendente all'obesità, era salito a interrogare la vedova. Marion disse che il marito era abituato a fare un sonnellino ogni pomeriggio prima di aprire il negozio. Quel giorno era scesa per svegliarlo e aveva trovato la porta inspiegabilmente aperta. Wolfgang non era il tipo d'uomo che avrebbe dimenticato di chiudere a chiave il suo negozio.

Con un brutto presentimento aveva chiamato il marito ad alta voce mentre entrava nel negozio semibuio. Non aveva ricevuto risposta. Continuò a chiamare, a voce sempre più alta. Disse al detective che a volte era accaduto che il marito aprisse in anticipo e poi scendesse giù a prendere qualche cosa che aveva dimenticato. Il magazzino della merce si trovava infatti nello scantinato. Ma in questo caso avrebbe udito i suoi richiami.

Marion continuò a raccontare: «Arrivai alle scale e cominciai a scendere guardinga e in silenzio. Non ricordo se fui io ad accendere la lampadina in cantina o se il luogo fosse già illuminato. Vidi mio marito sdraiato sulla brandina, di spalle. Era la posizione in cui di solito si addormentava, ma la sua mano destra, che penzolava dalla rete, era rossa di sangue. E il sangue si era anche raccolto sul pavimento, in una piccola pozza». Marion disse di aver gridato, di aver risalito le scale e di essere andata a cercare aiuto nel negozio di materiale elettrico.

Prima di tornare nello scantinato a riferire all'ispettore dell'interrogatorio, Hartmann era passato nel negozio indicato dalla donna dove il proprietario gli aveva detto di aver udito l'ultimo grido di Marion, ma di non averla sentita chiamare il marito precedentemente.

L'ispettore si chiese chi poteva avere interesse a uccidere in maniera tanto professionale un semplice fruttivendolo. Forse un marito geloso che si era vendicato?

«Com'è la moglie?» chiese Krause al detective.

«È una donna molto bella. In questo momento è estremamente confusa, ma penso sia a causa dei tranquillanti che le hanno somministrato. Ha una figlia, una bambina di cinque anni.»

«Le hai chiesto se ha qualche sospetto?» volle sapere l'ispettore.

«Sì. Ha risposto che secondo lei nessuno al mondo poteva volere la morte del marito. Ha detto che forse si è trattato di un furto...» rispose Hartmann.

«È quello che vedremo» disse l'ispettore e andò a controllare la cassa al piano di sopra. C'era ancora tutto il denaro guadagnato nella mattinata. Quella sera, quando Marion si fu ripresa dall'effetto dei tranquillanti, scese nel negozio insieme al detective per controllare se qualcosa d'altro fosse stato sottratto. Ma non mancava nulla.

Il medico legale aveva stabilito che la morte di Wolfgang Ihns era avvenuta intorno alle due meno un quarto del pomeriggio. Nel negozio erano state rilevate centosettantadue diverse impronte digitali, senza considerare quelle dei proprietari, ma d'altronde era normale in un luogo così frequentato. Alcune combaciavano perfino con quelle in possesso della polizia, ma era naturale anche che qualche piccolo criminale andasse ogni tanto a comprarsi della frutta. La porta del negozio non era stata forzata, forse era già aperta quando l'assassino era entrato.

Quando Marion fu interrogata di nuovo escluse che il marito potesse avere lasciato la porta aperta di proposito per poi scendere nello scantinato a fare il suo sonnellino. Lasciare il negozio incustodito con la cassa piena di denaro non era proprio nel suo carattere.

L'ispettore ordinò al detective Hartmann di svolgere le ricerche di routine: eventuali nemici, ricatti, relazioni sentimentali. Le investigazioni sul passato e sulla vita della vittima non diedero alcun risultato. Wolfgang era un uomo solitario, non aveva amici, a parte il lavoro dedicava il resto del suo tempo soltanto alla famiglia. Non beveva, non aveva amanti, non giocava a carte. La sua giornata aveva la precisione di un cronometro e l'unica occasione che avrebbe avuto per intrecciare una relazione clandestina era l'ora tra il pranzo e l'apertura del negozio, a parte gli sguardi e le parole che poteva rivolgere a un'eventuale innamorata mentre serviva gli altri clienti.

L'ispettore si informò sull'eredità che avrebbe ricevuto Marion Ihns, ma anche quella pista non portò a nulla. Wolfgang non aveva soldi da parte e la famiglia viveva del guadagno quotidiano del fruttivendolo. Morto lui, la moglie si sarebbe trovata in serie difficoltà perché la vendita del negozio non le avrebbe permesso di vivere a lungo senza lavorare.

La pista successiva riguardava Marion. Il detective cercò di scoprire se avesse un amante. Ma la vita privata della donna sembrava impeccabile, non c'erano stati altri uomini nel suo passato e non ve ne erano adesso che il marito era morto.

«Una donna virtuosissima» disse Hartmann. «Abbiamo indagato accuratamente e sono pronto a giurare che la signora Ihns non abbia avuto alcun contatto con altro uomo che non fosse il marito. Le uniche amicizie che ha sono femminili.»

Fu anche esclusa l'ipotesi che Marion avesse ucciso personalmente il marito poiché il proprietario dell'altro negozio l'aveva vista entrare proprio alle due. Era sicuro dell'orario perché in quel momento anche lui stava aprendo.

«Se fosse stata lei a ucciderlo» disse l'ispettore «sarebbe dovuta scendere un quarto d'ora prima, assassinare il marito, nascondere le armi del delitto, uscire dal negozio, tornare a casa. Poi scendere di nuovo e rientrare nel negozio alle due precise. È semplicemente assurdo.»

«Ma sarebbe stato impossibile per chiunque altro» commentò il detective. «Marion Ihns ha detto che il marito ha finito di pranzare all'una. È rimasto ancora un quarto d'ora a casa e poi è sceso nel negozio. Non avrebbe quasi avuto il tempo di addormentarsi prima di venire ucciso...»

«Evidentemente l'assassino era già nello scantinato. Il posto è abbastanza grande. Poteva nascondersi ovunque.»

«Ma questo significherebbe che l'assassino si è infilato nel negozio prima dell'apertura delle sette. E dovrebbe essere rimasto nascosto per tutta la mattina! A meno che non sia entrato mentre Wolfgang era di sopra a pranzo.»

L'ispettore era dell'idea che l'assassino fosse penetrato nel negozio la mattina o addirittura la sera precedente. Nello scantinato era stata ritrovata la buccia di una banana, ma i poliziotti non riuscivano a capire se si trattasse di una traccia oppure no. I tecnici stabilirono che il frutto era stato sbucciato circa sei ore prima del delitto.

Chi aveva sbucciato, e probabilmente anche mangiato, la banana?

Non era stato Wolfgang perché l'analisi compiuta sul suo stomaco non rivelò la presenza di resti di banana e inoltre, dalle descrizioni che ne aveva dato la moglie, il signor Ihns non sembrava il tipo da gettare rifiuti sul pavimento del suo scantinato, che per il resto era pulitissimo.

I poliziotti si divisero sulle tesi che riguardavano il frutto. Alcuni pensavano che si era trattato dello spuntino consumato dal killer in attesa. Altri sostenevano che un uomo pronto a uccidere non può essere tanto rilassato da sbucciare e mangiare una banana.

«A meno che non si trattasse di un professionista» suggerì l'ispettore. «E più rifletto su questo caso più mi convinco che il delitto sia stato opera di un professionista. Omicidio perfetto, a sangue freddo. Qualcuno voleva eliminare Wolfgang Ihns e ha assoldato un killer.»

Ma chi voleva eliminare Wolfgang Ihns? Nessuno avrebbe beneficiato della sua morte, né economicamente né per altri motivi. L'ispettore chiese al detective Hartmann di tenere sotto controllo la signora Ihns e tornare a riferirgli qualsiasi comportamento sospetto.

Marion aveva cambiato casa e adesso divideva un appartamento insieme a un'amica danese, Judy Andersen. Le due donne si conoscevano da diversi anni e si frequentavano spesso, nonostante Judy fosse minore di dieci anni. Marion aveva anche cercato un lavoro, ma non l'aveva trovato. L'unica esperienza che aveva era quella fatta nel negozio di frutta insieme al marito.

La signora Ihns usciva raramente e soltanto per fare la spesa o per qualche colloquio di lavoro. Neppure Judy Andersen si assentava spesso e neanche lei aveva amicizie o relazioni maschili. Aveva però uno strano lavoro: manovrava le gru. Sembrava impossibile che si fosse scelta un'occupazione così faticosa, perché Judy era una ragazza magrolina, esile, delicata.

Dato che le ricerche non davano alcun esito, l'ispettore Krause ordinò che il telefono delle due donne fosse messo sotto controllo. Qualche giorno dopo si ebbe un primo importante risultato, ma soltanto perché l'agente che era stato adibito all'ascolto delle telefonate aveva deciso anche di registrarle. Solo così la conversazione che si era svolta tra Judy Andersen e un uomo che parlava danese poté essere tradotta da un interprete convocato alla centrale.

Si trattava di una chiamata da Copenhagen. Un uomo che diceva di chiamarsi Denny chiedeva seccamente alla donna il pagamento di qualcosa. Judy gli disse che doveva avere pazienza perché il testamento non era ancora stato aperto. I soldi sarebbero arrivati subito dopo. Denny balbettò qualcosa, che non era perfettamente convinto, e riattaccò.

Ma Judy Andersen non aspettava alcuna eredità, quindi l'ispettore pensò si trattasse del testamento di Wolfgang Ihns. Fece una richiesta ufficiale alla polizia di Copenhagen perché venisse rintracciata la chiamata fatta a Judy Andersen. Qualche giorno dopo la polizia di Copenhagen riferì che la telefonata era stata effettuata dalla casa di un giovane, Denny Svend Pedersen. Era stato possibile accertarlo perché la società telefonica teneva il registro delle chiamate interurbane. Ulteriori ricerche su Denny Pedersen stabilirono che il giovane era un omosessuale che si prostituiva e quindi non poteva essere l'amante di una delle due donne. La polizia l'aveva fermato un paio di volte per furto e adescamento, ma niente di più.

Denny fu interrogato. Era un bel ragazzo di circa venticinque anni, ma con un carattere debole e influenzabile. Bastò qualche minaccia da parte dei poliziotti a farlo confessare. Disse di aver conosciuto Judy Andersen a una festa e di avere accettato di compiere il lavoro che lei gli aveva proposto per una somma di denaro. Judy gli aveva detto che c'era un uomo crudele e violento ad Amburgo che andava eliminato. Denny viveva in Danimarca e dopo l'omicidio sarebbe ripartito per il suo paese, nessuno avrebbe mai sospettato di lui.

Alla fine Denny, che si trovava a corto di denaro, aveva accettato. Judy non gli aveva fatto alcun nome ma gli aveva dato un indirizzo di Amburgo. Denny doveva presentarsi alla porta di quella casa esattamente alle sei e mezza del 13 marzo e suonare il campanello. Una bella donna dai capelli neri l'avrebbe ricevuto e gli avrebbe dato ulteriori istruzioni.

Denny era partito con il treno della notte ed era arrivato ad Amburgo all'alba. Si era poi recato all'indirizzo che gli aveva dato Judy. Aveva suonato il campanello e una donna bruna lo aveva condotto nello scantinato del negozio e gli aveva consegnato un secchio che conteneva un coltello e un'accetta. Gli aveva poi mostrato la brandina dove si sarebbe coricata la vittima.

«Stai attento a non commettere errori» si era raccomandata. «Stordiscilo con il manico dell'accetta e poi pugnalalo. Accertati che sia morto prima di andare via.»

Denny aveva chiesto un favore, qualcosa da mangiare perché era a digiuno dalla sera prima. Lei gli diede quello che aveva a portata di mano, una banana e due mele.

Mentre aspettava la sua vittima, Denny aveva mangiato le mele e la banana gettandone la buccia sul pavimento. Poi aveva sentito Wolfgang scendere le scale. L'uomo si era sdraiato sulla brandina e dopo qualche istante già russava. Denny l'aveva colpito alla testa e poi accoltellato. Gli aveva sfilato le chiavi dalla tasca destra e aveva rimesso le armi nel secchio come gli aveva chiesto di fare la donna. Infine era salito nel negozio. Una volta aperta la porta avrebbe dovuto lasciare le chiavi all'interno. Poi era ripartito per Copenhagen dove aveva atteso pazientemente il resto del pagamento.

La polizia si stupì del comportamento indifferente del ragazzo. Non ricordava a quanto ammontasse l'anticipo che Judy gli aveva dato, non ricordava quanti altri soldi avrebbe dovuto ricevere, non provava alcuna emozione nei confronti del delitto compiuto né si faceva troppe domande. Per uccidere Wolfgang gli era stato sufficiente sapere che l'uomo era cattivo e violento, e per questo andava eliminato.

L'ispettore Krause, soddisfatto di aver trovato l'assassino, si chiedeva quale motivo avesse spinto le due donne ad assoldare un killer per uccidere Wolfgang Ihns. Chiese ai suoi colleghi a Copenhagen di interrogare ancora Denny Pedersen per capire se almeno lui aveva qualche suggerimento da dare in proposito. Denny rispose che il motivo era chiarissimo: Judy e Marion volevano eliminare Wolfgang per sposarsi.

La disponibilità e la voglia di collaborare di Denny gli fecero guadagnare la simpatia della giuria che al processo, che si celebrò il 10 maggio 1974, si limitò a condannarlo a tredici anni di carcere. Una pena molto lieve per un giovane che aveva ucciso a sangue freddo uno sconosciuto per una somma che non ricordava.

Dopo il primo interrogatorio di Denny Pedersen da parte della polizia danese, l'ispettore Krause aveva ordinato l'arresto di Judy Andersen e Marion Ihns. Quella mattina la notizia della confessione di Denny era apparsa sui giornali e la polizia si era appostata in un appartamento vicino a quello di Judy Andersen con le apparecchiature adatte per ascoltare le telefonate che provenivano dalla casa. L'ispettore era sicuro che una volta appreso che il killer aveva confessato, le due donne avrebbero cercato di fuggire e, dato che nessuna di loro possedeva una macchina, avrebbero chiamato un taxi per andare alla stazione o all'aeroporto.

Infatti, mezz'ora dopo aver letto sul giornale l'articolo che le incriminava, dall'appartamento di Judy Andersen partì una telefonata. La donna stava chiamando un taxi. L'auto venne intercettata dalla polizia e un agente sostituì l'autista e si fermò sotto casa di Judy Andersen suonando il clacson. Judy e Marion scesero con le valigie. Marion aveva con sé anche la bambina. Avevano fretta. Entrate in macchina, Judy disse all'autista di portarle alla stazione. L'agente mise in moto ed effettivamente si diresse verso la stazione, ma all'improvviso cambiò direzione e puntò verso il commissariato. Il taxi era seguito dall'auto della polizia con a bordo il detective Hartmann che fece scendere le due donne e lesse loro i capi d'accusa.

Judy Andersen disse che voleva comunicare immediatamente con il suo avvocato e, dopo un attimo di esitazione, Marion fece la stessa richiesta. Inoltre aggiunse che doveva chiamare i suoi parenti per affidare loro la bambina. Il piano dell'ispettore Krause aveva funzionato soltanto a metà. Sperava infatti che lo shock dell'arresto avrebbe portato le amiche a confessare l'omicidio, ma questo non avvenne. Judy e Marion non sembravano spaventate e neppure troppo preoccupate.

Judy Andersen disse di aver conosciuto Denny Pedersen casualmente, a una festa a Copenhagen. Negò di averlo assoldato per commettere l'omicidio e chiese come avrebbe potuto una come lei, che si guadagnava la vita manovrando le gru, avere abbastanza denaro per pagare un killer.

Era un'osservazione giusta, anche perché Denny era stato incapace di dire quanto avessero pattuito per il suo lavoro, ma nessuna giuria sarebbe stata disposta a credere che il giovane si fosse impegnato a uccidere uno sconosciuto per pochi soldi.

«Non ho mai sentito nominare Denny Pedersen» disse Marion. E quando l'ispettore le chiese come mai fosse fuggita così in fretta con la sua amica quella mattina, rispose: «Volevamo evitare i giornalisti».

Non c'erano prove per incriminare le due donne. Semplicemente la parola di un ragazzo che si prostituiva per denaro contro la loro. «Non si può neppure dichiarare in aula che Judy e Marion hanno fatto uccidere Wolfgang Ihns perché sono lesbiche» rifletté l'ispettore ad alta voce. «La difesa direbbe che la loro relazione non è sostenuta da alcuna prova.»

Infatti Judy e Marion giuravano che i loro rapporti erano di semplice amicizia. Si conoscevano da molti anni, Judy era spesso stata ospite di Marion quando il marito era ancora in vita. Era ovvio che, essendo rimasta sola con la sua bambina, Marion fosse andata ad abitare per un certo periodo a casa sua. L'ispettore non sapeva come comportarsi. Era certo della colpevolezza delle donne ma era anche sicuro che le amiche si trinceravano dietro un piano elaborato nei particolari in precedenza. Così come stavano le cose la giuria le avrebbe assolte per mancanza di prove.

Krause disse al detective Hartmann che aveva un'idea. L'esperienza gli aveva insegnato che le donne omosessuali sono particolarmente gelose, forse perché il fatto che molti paesi non riconoscano legalmente la loro unione le rende più insicure. Fece chiudere le imputate in due sezioni diverse del carcere femminile, in modo che fosse impossibile per loro comunicare. Poi fece sostituire le guardiane assegnate alle loro celle con delle ragazze più giovani, graziose e con tendenze omosessuali. Presto Judy e Marion cominciarono a scriversi approfittando della compiacenza delle guardiane nel consegnare i messaggi. Ovviamente non immaginavano che le loro lettere venivano intercettate e lette dalla polizia prima di essere recapitate.

Ma i messaggi non contenevano nulla di sospetto. Semplicemente espressioni di simpatia tra due amiche che si lamentavano dell'ingiustizia delle accuse di cui erano oggetto. C'erano sì delle frasi ricorrenti che potevano far pensare a un codice segreto, ma scoprirlo sembrava impossibile.

L'ispettore decise allora di cambiare tattica. Fece mettere nella cella di Marion una poliziotta anziana che doveva fingersi una detenuta e le chiese di comportarsi nella maniera più spiacevole e antipatica possibile. Nello stesso tempo mandò nella cella di Judy una compagna giovane e carina, Inge Schultz, una lesbica che aveva deciso di collaborare con la polizia. In cambio l'ispettore Krause avrebbe chiuso un occhio su certi reati minori commessi dalla donna.

«Adesso» disse l'ispettore al direttore del carcere «faccia in modo che ogni volta che la signora Ihns deve essere interrogata passi davanti alla cella della sua amica. Sono sicuro che la corrispondenza fra le due donne diventerà molto più interessante.»

Infatti, dopo una settimana, Marion scrisse a Judy una breve lettera dal tono disperato. La lettera, che fu prontamente fotocopiata dai poliziotti, diceva:

Ho fatto tutto per te. Per favore, per favore, non vedere più Inge. Ho sacrificato tutto per te. Pensa al mio amore. Scrivimi. Mi ucciderò se tu mi lasci. Non posso sopportarlo...

Judy rispose che la sua relazione con la compagna di cella era soltanto platonica. Ma l'ispettore aveva fatto girare fra le altre detenute la voce del rapporto d'amore fra Judy e Inge. Così, nonostante le parole rassicuranti dell'amica, Marion continuò a dubitare e ormai sicura che le lettere che scriveva non venivano intercettate si lasciò andare di più:

Mio tesoro, mio unico amore. Ti amo così tanto. Dobbiamo essere sagge e forti. Spero solo di poterti vedere presto. Le prime settimane pensavo di diventare matta. Adesso mi accorgo sempre di più di quanto io ti ami. Quando usciremo da qui ricominceremo da capo. Bacio la tua fotografia.

Marion non sapeva però che le voci messe in giro dall'ispettore Krause non erano false: Judy aveva davvero allacciato un rapporto intimo con la sua compagna di cella.

Quello che mancava ormai all'ispettore Krause era un diretto accenno all'omicidio. Ma non dovette aspettare molto perché la settimana seguente Marion scrisse un'altra lettera all'amante:

Fanno anche a te un sacco di domande? Stai attenta a non dire troppo. Io sto male. Credo di avere contratto un'infezione. Non capisco come mai. Ho già fatto tre iniezioni. Dimmi, non ti ho passato la stessa cosa? O è stato lui? Sii onesta e dillo alla polizia. Così non si stupiranno del fatto che ti sei voluta liberare di lui. Quando potrò stringerti di nuovo a me? Ti amo e penso continuamente a te. Brucia questa lettera dopo averla letta. Non dimenticare che il nostro amore non morirà mai. Diventerà sempre più forte. Hai una mia fotografia? Baci, baci, baci. Tua, eternamente, Marion.

L'ispettore si chiese a cosa si riferisse Marion quando parlava della sua infezione, visto che l'autopsia effettuata sul cadavere del marito non aveva rilevato alcuna malattia venerea. Che Marion avesse contratto l'infezione era certo, ma era anche certo che Judy non aveva nulla. L'ispettore fece due ipotesi: o Marion continuava ad avere rapporti sessuali con il marito anche poco prima di farlo uccidere oppure si trattava di un altro uomo. Comunque, ormai aveva la prova che cercava, Marion si era riferita esplicitamente al delitto e a questo punto sarebbe stato facile farla confessare.

Infatti Marion, quando seppe che i suoi sospetti sulla relazione dell'amante con la compagna di cella erano giustificati, cadde in una profonda depressione e confessò il delitto nei dettagli. Avrebbe fatto qualsiasi cosa per punire Judy del suo tradimento. Un solo particolare era rimasto sconosciuto all'ispettore fino a quando Marion lo rivelò: lei e Judy erano marito e moglie. Si erano sposate in Danimarca, dove il matrimonio tra omosessuali era consentito, circa otto mesi prima dell'omicidio di Wolfgang.

L'ispettore Krause registrò la confessione di Marion e poi fece convocare Judy Andersen perché la ascoltasse. Judy disse che era tutto vero eccettuato un particolare: l'idea e la responsabilità dell'omicidio erano soltanto di sua moglie. Marion non sopportava la presenza del marito in casa e soprattutto voleva sottrarsi agli amplessi che l'uomo pretendeva quasi ogni sera e che la disgustavano. Judy aveva agito soltanto da mediatrice tra Marion e Denny Pedersen.

Il processo a carico di Marion Ihns e Judy Andersen si svolse in un clima di odio e accuse reciproche. Entrambe le donne, il 2 ottobre 1974, furono condannate al carcere a vita.

XXII

IL PECCATO PIÙ NERO

Kenneth Bianchi e Angelo Buono, Stati Uniti 1977

Alle quattro del mattino, come era sua abitudine, l'elettricista Charles uscì di casa per andare nel suo laboratorio a lavorare. Alle sei tornò a casa per fare colazione insieme alla famiglia. Parcheggiando l'auto davanti alla sua villetta, si accorse con orrore del cadavere di una ragazza in mezzo all'erba. Lo coprì con una tela incerata per evitare che i bambini andando a scuola lo vedessero, e chiamò la polizia.

Più tardi l'agente Frank Salerno rilevò sul corpo tracce di corda in cinque punti: collo, polsi e caviglie. La ragazza, che non doveva avere più di quindici anni, era stata violentata e strangolata.

Notò anche qualcosa sulla palpebra destra. Era giusto un puntino, del tessuto o della lanugine. L'agente lo raccolse per farlo analizzare. Il corpo era stato lasciato in un luogo dove chiunque avrebbe potuto vederlo, aveva le gambe aperte e le ginocchia rialzate, e, sull'erba, non c'erano tracce. Salerno ne dedusse che il cadavere non era stato trascinato, ma doveva essere stato sollevato da almeno due uomini.

Angelo Buono era nato a Rochester, nello stato di New York, il 5 ottobre 1934. I suoi nonni erano siciliani. Angelo aveva sei anni quando i genitori divorziarono e la madre, Jenny Sciolino Buono, si trasferì con lui e un'altra figlia di dieci anni, Cecilia, a Los Angeles. Soltanto dopo aver cresciuto i due figli, Jenny decise di rifarsi una vita con un indiano americano di nome George White. Anche il padre di Angelo, dopo essersi risposato, andò ad abitare a Los Angeles dove trovò lavoro come guardia giurata. Angelo lasciò la scuola senza avere imparato né a leggere né a scrivere, ma con la convinzione di avere il talento necessario per riuscire nella vita.

Prima di risposarsi con George White, la madre aveva avuto molti uomini e spesso andava agli appuntamenti portando Angelo con sé. Se invece l'incontro avveniva in casa teneva il bambino fuori dalla porta ad aspettare. Jenny andava a letto con chiunque potesse farle un favore o uno sconto, dall'elettricista al salumiere, dal postino al lattaio. Angelo chiamava la madre «puttana» e puttane erano per lui le donne in generale.

Quando abbandonò la scuola aveva già avuto problemi con la polizia per risse e piccoli furti. La sua reputazione era pessima, i compagni criticavano il suo cattivo carattere, il suo temperamento violento. Fu arrestato una prima volta a sedici anni per il furto di un'auto, ma riuscì a scappare. Fu ripreso e nel dicembre del 1951 fu mandato al riformatorio.

Liberato sulla parola, Angelo tornò a occupare il suo posto in una banda di giovani delinquenti che si divertivano a compiere rapine e ad assalire le ragazze. Iniziò a lavorare, prima come imbianchino e poi come muratore, costruì caminetti e si scoprì dotato di una buona manualità. Così decise di aprire un laboratorio di tappezzeria. Insieme ai primi soldi arrivarono anche le prime ragazze. A vent'anni guidava una Cadillac e vestiva come i gangster dei suoi film preferiti. Amava andare con le donne e ne era sempre circondato. Nell'aprile del 1955 Geraldine Yvonne Vinal rimase incinta. Aveva solo diciassette anni e Angelo la sposò per lasciarla una settimana dopo il matrimonio. Alla nascita del bambino, Michael Lee Buono, Geraldine chiese il divorzio. Nel 1956 Angelo ebbe un altro figlio e l'anno dopo sposò la madre, Mary Catherine Castillo, di nuovo incinta. Dopo Angelo Anthony nacque Peter e poi Danny e ancora Louis nel 1960 e Grace nel 1962. Angelo chiese a tutti i suoi figli di non chiamarlo mai «papà».

Mary Catherine aveva diciassette anni quando sposò Angelo e andò a vivere insieme a lui in un cottage. Per sette anni il marito cercò di mantenere la sua numerosa famiglia e se non ci riusciva con il mestiere di tappezziere, faceva altri «lavoretti». Fu arrestato due volte. Nel 1964 Catherine chiese il divorzio e raccontò al giudice una storia terrificante di violenze sessuali e torture psicologiche di ogni genere. Disse che il marito la chiamava puttana e la faceva sentire tale. Una notte, durante il primo anno di matrimonio, Angelo era entrato nella camera da letto con una corda con cui le aveva legato le mani alla spalliera del letto e poi l'aveva presa con tale violenza che Mary Catherine aveva temuto per la propria vita. In seguito la donna si accorse che le sue sofferenze gli procuravano un grande piacere. Non aveva però il coraggio di ribellarsi perché Angelo la minacciava e la picchiava a sangue anche in presenza dei figli. Quando un giorno provò a negarsi, lui la trascinò in salotto e la sodomizzò davanti ai bambini. Fu allora che Catherine si rivolse alla polizia e chiese il divorzio per maltrattamenti.

Nel 1965 Angelo andò a vivere insieme a Nanette Campina, una venticinquenne di New York. Nanette aveva già due figli e con Angelo ebbe Tony nel 1967 e Sam due anni dopo. Rimasero insieme diversi anni e Nanette subì gli stessi maltrattamenti di Catherine. Angelo le ripeteva ogni giorno che se avesse tentato di lasciarlo l'avrebbe uccisa.

Nel 1971, dopo che Angelo era stato arrestato di nuovo per furto d'auto e quando scoprì che era stato a letto perfino con sua figlia Annette, finalmente Nanette trovò il coraggio di andarsene di casa. «Meglio rischiare la vita che passarla con lui» disse agli amici. Prese i figli e partì per la Florida per non tornare mai più.

Un anno dopo Angelo sposò Deborah Taylor a Las Vegas, ma i due non vissero mai insieme. Angelo continuò a cambiare casa e lavoro finché non si stabilì al numero 703 di East Colorado Street, a Glendale, e aprì un laboratorio di tappezzeria nel garage dietro la villetta. Dipinse personalmente la sua casa e scelse con cura tappezzerie e pavimenti. Collezionava riviste pornografiche e amava gli animali. Oltre al cane Sparky aveva un acquario per i pesci e due coniglietti bianchi. Orgoglioso delle sue origini italiane aveva messo in giardino una grande bandiera bianca, rossa e verde.

Angelo aveva un fisico asciutto e giovanile, era più alto della media e aveva grandi mani e braccia e gambe muscolose. I capelli erano folti e ricci, scuri come gli occhi. Le ragazze erano molto attratte da lui, dalla sua aria spavalda e dallo sguardo volitivo e prepotente. Di solito erano cameriere che conosceva nei locali dove andava a bere con gli amici. Fu una di loro, Tonya Dockery, che gli regalò il cane Sparky e la coppia di coniglietti. Tonya viveva con un uomo, ma Angelo le aveva dato il permesso di passare a casa sua quando voleva e lei l'aveva preso in parola. Certe sere arrivava con una bottiglia di vino, ma la beveva tutta da sola perché Angelo era astemio. Poi rimaneva a dormire sul letto ad acqua dell'amante.

I vicini lo descrivevano come un bravo tappezziere e un altrettanto bravo «stallone», come lui stesso amava definirsi. Le sue conquiste lo andavano a trovare talmente spesso, e talmente numerose, che ci si chiedeva quando l'uomo trovasse il tempo per lavorare. Angelo non poteva fare a meno delle donne, le fermava ovunque, nei negozi, nei ristoranti, per la strada. Le preferiva giovani, anzi giovanissime e spesso aveva rapporti con le fidanzatine dei suoi stessi figli. A volte mandava soldi ad Annette, la figlia della sua ex convivente Nanette, perché venisse a stare qualche giorno da lui. Le fotografie delle sue amanti erano allineate sulle pareti e ognuna aveva una dedica particolare.

A quarantadue anni cominciò a tingersi i capelli di nero, si comprò una catena d'oro e un anello di turchesi, oltre a camicie di seta rossa. Quando nel gennaio del 1976 Kenneth Bianchi arrivò dall'Est pensò di aver trovato nel cugino l'uomo che lui stesso voleva essere.

Kenneth Bianchi era nato il 22 maggio 1951, a Rochester, da una prostituta. Non incontrò mai la madre anche se sapeva vagamente chi fosse. La donna l'aveva affidato a dei genitori adottivi, Frances Sciolino Bianchi, la sorella di Jenny Buono, e a suo marito Tony, un fonditore con la passione per i cavalli.

Quando Kenneth crebbe, Frances si accorse di avere a che fare con un bambino particolare. Raccontava sempre bugie e spesso veniva preso da strani deliri. Il medico diagnosticò degli attacchi di epilessia, ma disse che non ci sarebbero stati problemi per la scuola. A undici anni Kenneth manifestò un graduale disinteresse nei confronti dello studio e un temperamento aggressivo e violento. La madre lo portò in una clinica psichiatrica e il medico che lo ebbe in cura lo descrisse come un bambino ostile con una dipendenza morbosa dalla madre.

Il padre adottivo morì quando Kenneth aveva tredici anni e Frances dovette mettersi a lavorare per mantenere il figlio. Kenneth vestiva in maniera sobria e con classe, con le ragazze era molto dolce, scriveva poesie e regalava fiori. A diciotto anni sposò Brenda Bech che conosceva dall'infanzia. La lasciò pochi mesi dopo il matrimonio quando venne a sapere che Brenda aveva avuto un altro uomo prima di lui. Per Kenneth la purezza e la fedeltà erano valori molto importanti in una donna, mentre la sua attività preferita era quella di tradire e inventare bugie.

Kenneth si sentiva un aristocratico, il lavoro non faceva per lui. Il suo eroe era Prince Valiant, un personaggio dei fumetti. Avrebbe voluto diventare un artista o un politico. Oppure arruolarsi nella polizia per occupare un ruolo importante nella società. Cominciò a seguire dei corsi per diventare poliziotto ma non andava alle lezioni con continuità e, quando si presentò per un lavoro nel dipartimento dello sceriffo, la sua richiesta fu rifiutata. Si accontentò allora di un posto di guardia giurata. Approfittando delle occasioni che l'impiego gli procurava, cominciò a rubare gioielli e vestiti che poi regalava alle sue ragazze. Non fu mai colto in flagrante, ma i sospetti gli fecero perdere il posto. Fu poi autista di ambulanze e di nuovo guardia in un grande magazzino.

Da tempo però Kenneth sognava di trasferirsi a Los Angeles, e cominciare lì una nuova vita. Si mise in contatto con il cugino Angelo che acconsentì a ospitarlo per un breve periodo. Nel gennaio del 1977 Kenneth arrivò a Glendale e occupò una stanza libera a casa di Angelo, con la promessa di andarsene quando avesse trovato un'altra sistemazione. Rimase affascinato dal successo che il cugino aveva con le donne e cercò di imitarlo. La villa di Angelo in quel periodo era molto affollata. Quasi tutti i suoi figli passavano a trovarlo con le loro fidanzate, ma lui aveva una passione particolare per la figlia Grace, che portava a cena nei migliori ristoranti presentandola come la sua ragazza.

Kenneth non aveva abbandonato l'idea di diventare poliziotto, ma gli esami gli andarono male e allora si dedicò allo studio della psicologia. Lesse una grande quantità di libri sull'argomento e acquistò un diploma falso.

Nel frattempo Angelo aveva deciso di disfarsi di tutti i suoi ospiti e chiese anche a Kenneth di trovarsi un altro alloggio. Kenneth si fece mandare dei soldi dalla madre con i quali acquistò una Cadillac berlina e prese in affitto un appartamento al numero 809 di East Garfield Avenue, a Glendale. In quei primi mesi trascorsi a Los Angeles aveva mantenuto i contatti con la fidanzata che aveva a Rochester, Susan Moore, e che, prima di partire, aveva promesso di sposare. Aveva però anche una compagna fissa a Los Angeles, Sheryl Kellison, e non disdegnava neppure alcune vicine di casa e qualche ragazza che gli presentava Angelo.

Improvvisamente decise di mettere la testa a posto e sposare Susan. Le scrisse di essere cambiato, di aver trovato finalmente un lavoro, e le inviò un biglietto di sola andata per Los Angeles. Susan lo raggiunse e come prima cosa si accorse dei diplomi fasulli che Kenneth aveva attaccato alla parete. L'uomo si giustificò dicendo che voleva dare delle consulenze a poco prezzo e gli serviva un certificato da esibire. Poi interrogò la ragazza sulla sua vita a Rochester e quando seppe che Susan era uscita con altri ragazzi divenne geloso e aggressivo. Passarono la notte a litigare. Quando Susan disse che sarebbe ripartita con il primo aereo, Kenneth scoppiò a piangere: «Non mi vuoi dare neppure una possibilità» le disse. «Non capisci quanto ti amo... sono perduto senza di te. Potrei anche uccidermi se mi lasci.»

Mentre lui singhiozzava, Susan telefonava per prenotare un biglietto aereo. Kenneth disse che l'avrebbe accompagnata all'aeroporto, ma nel tragitto finse di non trovare la strada e le fece perdere il volo. Susan non si scoraggiò e acquistò un biglietto per il successivo. Nella sala d'aspetto continuarono a discutere e quando si avvicinò l'ora della partenza Kenneth riprese a piangere, ad abbracciarla, ignorando le sue proteste e gli sguardi incuriositi della gente. Susan prese l'aereo: qualcosa l'aveva convinta che quello non era l'uomo per lei.

Kenneth si consolò in fretta e cominciò a uscire con Angie Holt. Anche lei si stancò subito della sua gelosia morbosa. Kenneth continuò a bussare alla sua porta nonostante Angie gli avesse detto che viveva con un uomo. Lui la perseguitò per diversi giorni, seguendola ovunque, e infine una notte, quando lei non c'era, entrò in casa, devastò l'appartamento e si portò via il televisore lasciando come sfregio davanti alla porta un preservativo usato.

Al party di fine anno Kenneth conobbe Kelli Boyd, una bionda formosa che si trasferì a casa sua. A maggio era incinta. Kenneth rifletté a lungo sulla paternità. Forse era l'occasione giusta per calmarsi e mettere su famiglia, ma poteva anche essere un buon pretesto per scappare. Scelse la prima soluzione e disse a Kelli che voleva sposarla. Lei, inaspettatamente, rifiutò: aveva bisogno di più tempo per pensarci. «Sono sicura di volere il bambino» disse «ma non sono così sicura di volere te.»

Kenneth le scriveva poesie, le mandava fiori, era gentile e attento, ma a volte la sera tornava molto tardi. Le spiegava che aveva bisogno della sua libertà e che in quelle serate faceva lunghi giri in macchina o passeggiava a piedi da solo per la città. Ma erano le solite bugie, Kenneth vedeva altre ragazze.

Gli piaceva mentire. Aveva raccontato che aveva un tumore e che doveva seguire dei cicli di chemioterapia. Con questo giustificava i suoi ritardi e le sue assenze dal lavoro. A volte chiedeva a Kelli di portarlo in ospedale e di aspettarlo nel parcheggio mentre lui si sottoponeva alla terapia. Per Kelli questa malattia era solo una ragione in più per evitare il matrimonio. Una mattina Kenneth fu scoperto mentre fumava marijuana in ufficio e venne licenziato. Riuscì a trovare un altro lavoro e si trasferì con la fidanzata al 1950 di Tamarind Avenue, a Hollywood. Ma i soldi non bastavano mai e così accettò la proposta del cugino di mettere su un giro di prostituzione. Conobbero a un party una sedicenne di Phoenix, Sabra Hannan, venuta a Los Angeles per fare la modella. «Sei molto bella» le disse Angelo, e aveva ragione. Sabra era bionda con grandi occhi chiari e una bella bocca carnosa. «Farai un bel po' di soldi come modella. Ma devi incontrare la gente giusta. Se vuoi posso aiutarti. Ho molte conoscenze. Penso di poterti garantire cinquecento dollari la settimana.»

Sabra rispose che voleva riflettere sulla proposta. Sarebbe partita il giorno dopo per Phoenix e avrebbe telefonato quando si fosse decisa. Chiamò a giugno dicendo che era rimasta senza soldi e chiese un prestito per pagarsi il biglietto aereo per Los Angeles. Angelo le mandò il denaro e Kenneth andò a prenderla all'aeroporto. Le fece bere un succo di frutta nel quale aveva messo dei sonniferi e arrivò a casa di Angelo con la ragazza addormentata sul sedile.

«Come faremo per convincerla a prostituirsi?» chiese Kenneth.

«Non preoccuparti, ho un piano. Adesso portala nel motel di fronte e sii gentile con lei in modo che acquisti fiducia, e poi vedrai» disse Angelo.

Quando furono nella stanza del motel, Kenneth mostrò a Sabra dei diamanti. «Se lavorerai per noi sei mesi ne avrai uno così» le disse. Poi le regalò delle camicie da notte e volle che ne indossasse una. Provò anche ad avere rapporti intimi con lei, ma Sabra rifiutò. Kenneth non volle forzarla e la lasciò dormire. Il giorno dopo la condusse nel laboratorio di Angelo che le diede dei soldi. «Ecco, comprati dei vestiti. Lavorerai per noi adesso?» le chiese.

La ragazza disse di sì e Angelo si fece dare la sua parola al posto di un regolare contratto. Poi fece un patto con lei: Sabra non doveva uscire di casa senza avvertirlo, se capitava un lavoro voleva che fosse sempre reperibile. Nei giorni che seguirono Angelo disse a Sabra che era un momento pessimo per le modelle, ma che avrebbe comunque fatto di tutto per procurarle qualcosa. Il passo successivo fu di invitarla a stare a casa sua e poi la convinse a posare nuda per avere delle fotografie da mostrare a eventuali clienti. Infine le disse che forse doveva considerare l'eventualità di lavorare per un certo periodo come prostituta. Sabra rifiutò decisamente, ma Angelo le ricordò che gli doveva parecchio denaro e che in qualche modo doveva restituirglielo.

Un pomeriggio Sabra uscì senza avvertirlo e andò a comprarsi dei vestiti accettando il passaggio in auto di un giovane sconosciuto. Quando tornò a casa scoprì che Angelo l'aveva seguita e che voleva punirla. I due cugini presero degli asciugamani bagnati e la picchiarono con violenza, senza però lasciarle segni sul corpo. Poi la violentarono a turno e alla fine le dissero che ormai doveva prostituirsi per loro.

Cominciò per Sabra un periodo terrificante di torture fisiche e psicologiche. I cugini abusavano di lei notte e giorno, poi la portavano al ristorante e le impedivano di mangiare. Inoltre la minacciavano di morte se non avesse fatto ciò che volevano.

Angelo organizzò un piccolo party con alcuni suoi clienti e mise loro Sabra a disposizione. Gli uomini apprezzarono la ragazza e le regalarono sessanta dollari. Gli appuntamenti continuarono per qualche mese e poi Angelo chiese a Sabra di andare a Phoenix e di tornare con qualche altra ragazza che volesse fare il suo lavoro, soltanto così l'avrebbe lasciata libera. Sabra tornò con un'amica quindicenne, Rebekah Gay Spears, che desiderava vivere a Los Angeles.

Becky, come veniva chiamata, era diversa da Sabra. Fragile e malinconica, accettava passivamente di fare tutto ciò che i cugini le chiedevano. Si faceva anche picchiare senza emettere alcun lamento e andava agli appuntamenti che i due le procuravano senza mai protestare. Ma il suo sguardo si faceva sempre più disperato. Angelo aveva trasferito Sabra in un appartamento vicino al suo per avere Becky a casa con sé e poterne abusare a piacimento.

Una sera di agosto l'avvocato David Wood, che si sentiva solo, chiese la compagnia di una prostituta e Angelo Bianchi, tramite un'agenzia con cui era collegato, gli mandò Becky. Forse perché per la prima volta si trovava insieme a un uomo gentile e premuroso, la ragazza raccontò l'incubo che stava vivendo. Disse a Wood che era tenuta prigioniera da due uomini. Gli riferì delle botte, della sodomia, delle minacce di morte.

«Ridono tanto quando mi picchiano. Per questo sono sicurissima che prima o poi mi uccideranno» disse tra le lacrime.

L'avvocato prese rapidamente una decisione. Prenotò un aereo per Phoenix e la mattina dopo accompagnò la ragazza all'aeroporto. Le diede il suo numero di telefono e le ordinò di non tornare mai più a Los Angeles.

I cugini si accorsero della scomparsa di Becky solo il giorno dopo e decisero di sfruttarla a loro favore. Infilarono i vestiti lasciati dalla ragazza in una scatola insieme a un gatto morto e spiegarono a Sabra che quella era la fine che facevano le persone che tradivano la loro fiducia. Valeva per Becky ma anche per lei. Poi cercarono di vendicarsi di David Wood. La prima volta Angelo telefonò all'avvocato e gli disse che l'avrebbe denunciato perché aveva avuto rapporti con una minorenne. Wood riattaccò il ricevitore. Le telefonate continuarono e Wood allora si rivolse a uno dei suoi clienti, un ex boxeur chiamato Tiny, e gli chiese un piacere.

Angelo stava sistemando la tappezzeria di un'automobile quando Tiny entrò nel laboratorio accompagnato da quattro amici grossi quanto lui.

«È lei Angelo Buono?» chiese l'ex boxeur.

Angelo continuò a lavorare senza neppure alzare la testa. Tiny infilò una mano attraverso il finestrino e afferrò il braccio di Angelo.

«Posso avere la sua attenzione, signor Buono?» chiese ancora.

Angelo uscì dall'auto e Tiny lo prese sotto le ascelle scuotendolo. Poi disse: «David Wood è un mio amico. Se tu procuri guai a un mio amico è come se li procurassi a me. Sono stato chiaro?».

Angelo disse di aver capito perfettamente e da quel momento non si occupò più di David Wood.

Nel mese di settembre anche Sabra fuggì. Lasciò la California e scomparve senza avvertire nessuno. I cugini dovevano trovare qualcuno che la sostituisse. Nel frattempo, per sbollire la rabbia, a Hollywood fecero salire sulla Cadillac due giovani prostitute e poi mostrarono loro il distintivo della polizia. Violentarono entrambe e le abbandonarono nude per strada. La notte successiva decisero di ripetere l'esperienza e fermarono altre due ragazze che tornavano a casa a piedi. Una riuscì ad allontanarsi mentre l'altra fu costretta a esibire i documenti. Quando però Angelo si accorse che era la figlia di Peter Lorre, l'attore cinematografico, decise di lasciar perdere immaginando il movimento di polizia che ne sarebbe derivato. Catherine se ne andò con il dubbio che quegli uomini non fossero dei veri poliziotti.

A ottobre Angelo passò diversi mesi vicino a sua madre, che era in ospedale per un tumore all'utero, e Kenneth cercò di rimanere più tempo con Kelli che diventava ogni giorno più irritabile mentre la gravidanza progrediva.

I cugini trovarono poi altre due ragazze disposte a lavorare per loro, Jennifer Snider e una prostituta negra, Yolanda Washington, che in una serata di grande tedio Kenneth strangolò sul sedile posteriore della sua auto, mentre Angelo era al volante.

La domenica del 30 ottobre 1977 Angelo si era annoiato tutto il giorno, guardando la televisione e occupandosi dei suoi pesci. Nel pomeriggio Kenneth passò da lui. Angelo era un uomo di poche parole, mentre Kenneth non chiudeva mai la bocca, e forse per questo il cugino non amava vederselo sempre intorno. Quel giorno però gli dedicò più attenzione per interrompere la monotonia delle lunghe ore domenicali.

Da qualche tempo i due stavano pensando di uccidere una prostituta come avevano fatto con Yolanda Washington: l'esperienza era stata eccitante, ma volevano organizzarsi meglio. Avrebbero rapito il soggetto giusto, si sarebbero divertiti e infine l'avrebbero ucciso. La polizia non faceva mai troppe indagini sulle ragazze di strada che scomparivano. Sulla morte di Yolanda non era uscito neppure un trafiletto sui giornali. Dovevano però trovare un luogo dove agire con calma, senza destare troppi sospetti. Kenneth disse che l'appartamento di Angelo gli sembrava perfetto, il cugino rifletté per qualche minuto e poi disse: «Hai ragione. Qui nessuno può vederci o sentirci».

Per attirare la ragazza avrebbero usato il falso distintivo della polizia e le manette che Angelo aveva acquistato da un robivecchi. Per le armi non c'era problema visto che possedevano cinque pistole. Definiti i dettagli decisero di agire quella sera stessa.

Salirono sulla Cadillac di Kenneth che, essendo blu col tettuccio bianco, poteva essere scambiata per un'auto della polizia. Si diressero verso Hollywood. Le strade erano affollate come i bar e le discoteche. Videro una ragazza piuttosto carina, ferma su un marciapiede. Kenneth scese dall'auto e andò a sedersi su una panchina poco lontano mentre Angelo si accostava con l'auto alla prostituta. Tirò giù il finestrino e parlò con la ragazza. Si accordarono e lei salì sulla macchina che si mosse lentamente. Kenneth seguì l'auto a piedi e quando vide la Cadillac fermarsi in una strada solitaria la raggiunse velocemente e aprì lo sportello.

«Sei in arresto» disse alla ragazza mostrando il distintivo. Le ordinò di uscire e di risalire sul sedile posteriore, poi la ammanettò e le disse che dovevano portarla alla centrale per alcuni controlli.

«Ma perché mi arrestate?» si lamentava lei.

«Reato di adescamento» rispose Kenneth.

Angelo guidò fino alla sua villetta e poi fermò l'auto. La ragazza chiese sorpresa: «Che cos'è questo posto?».

Le dissero che era una specie di ufficio distaccato della polizia e la spinsero dentro casa. La fecero sedere su una sedia e Kenneth rimase a sorvegliarla mentre Angelo andava a prendere nel garage il necessario per tapparle la bocca e coprirle gli occhi.

«Quanti anni hai?» le chiese Kenneth.

«Quindici.»

Angelo tornò con della gommapiuma da fissare con del nastro adesivo per chiuderle occhi e bocca. La ragazza si mise a gridare: aveva capito di non essere in compagnia di poliziotti. Ma dopo qualche secondo non poté più dire nulla. La fecero alzare e la portarono in una delle camere vuote della casa. La adagiarono sull'unico letto e le aprirono le manette. Poi, mentre Kenneth le teneva le braccia ferme, Angelo le toglieva la camicetta, il reggiseno e tutto il resto. Tirarono a sorte per chi doveva cominciare. Mentre Angelo la violentava, Kenneth guardava eccitato dallo spiraglio della porta. Quando fu il suo turno sodomizzò la giovane che ormai tremava violentemente e mandava lunghi lamenti nonostante la bocca tappata.

Soddisfatti i loro istinti sessuali, i killer andarono in cucina per accordarsi su come uccidere la loro vittima. Spararle era troppo pericoloso, a causa dei vicini, e scartarono anche il coltello e il veleno. Alla fine presero un sacchetto di plastica del supermercato che Kenneth le infilò in testa mentre Angelo, seduto sulle sue gambe, le impediva di muoversi. Oltre a soffocarla con la busta usarono anche una cordicella di nylon per strangolarla.

Infine radunarono i suoi vestiti e la borsetta e infilarono tutto in un sacco per l'immondizia che avrebbero gettato più tardi in una discarica. Portarono la ragazza in macchina e Angelo guidò fino alle colline di La Crescenta Avenue dove abitava una sua ex fidanzata. Gli piaceva l'idea che la ragazza che l'aveva abbandonato qualche tempo prima trovasse il cadavere la mattina andando al lavoro. Lasciarono il corpo bene in vista su un prato e si allontanarono.

Alle quattro del mattino un elettricista che abitava in quella zona uscì dalla sua villetta per andare nel proprio laboratorio. Due ore dopo tornò verso casa per fare colazione insieme alla famiglia come era sua abitudine. Parcheggiando l'auto vide il corpo di una ragazza in mezzo all'erba. Prese subito una tela incerata dal portabagagli della sua macchina e coprì il cadavere, poi chiamò la polizia.

L'agente Frank Salerno eseguì i primi rilievi e trovò tracce di corda sul corpo della vittima. Notò anche qualcosa sulla palpebra destra, forse del tessuto, e lo prese per farlo analizzare. Sul prato non c'erano tracce, e Salerno dedusse che il cadavere doveva essere stato sollevato da due uomini. Indagò nel vicinato, ma nessuno aveva né visto né udito nulla.

Nei giorni che seguirono il detective Salerno non riuscì a identificare il cadavere nonostante avesse fatto pubblicare sul giornale un disegno che ritraeva la ragazza. Nessuno dei suoi parenti si presentò e l'agente pensò che forse la vittima non viveva in famiglia e che, probabilmente, si prostituiva. Così andò a Hollywood, cercando di negozio in negozio e di locale in locale qualcuno che l'avesse conosciuta. Alla fine, in un *fish and chips*, il proprietario riconobbe nel disegno una prostituta quindicenne che si chiamava Judy Miller. Dopo un lungo interrogatorio ammise di essere stato a letto con lei proprio la sera dell'omicidio. L'aveva poi accompagnata in un bar a bere un caffè e subito dopo l'aveva vista salire su una limousine guidata da un uomo che sembrava un portoricano.

La notizia apparve sui quotidiani soltanto una volta, poi né la stampa né la televisione ne parlarono più. Il trafiletto soddisfò Kenneth Bianchi che telefonò al cugino per leggergli l'articolo e per annunciargli che la polizia non era riuscita a identificare la vittima. Per godersi il ricordo della serata in tutti i dettagli Kenneth non era andato a lavorare e aveva usato il solito trucchetto della malattia che lo obbligava a sottostare a dei cicli di chemioterapia. Disse al cugino che voleva ripetere l'esperienza al più presto e Angelo gli diede appuntamento per il sabato successivo. Kenneth passò i giorni di attesa a casa della fidanzata, immerso nelle sue letture preferite: libri di psicologia, soprattutto teoria della Gestalt e analisi transazionale. Con il diploma fasullo di psicologo ogni tanto riusciva anche ad accaparrarsi dei clienti ai quali offriva la sua consulenza a un prezzo inferiore rispetto agli altri psicanalisti.

Si videro a casa di Angelo e questa volta prepararono tutto in anticipo: gommapiuma, sacchetti di plastica, corda e tutto il resto.

«Kelli si è infuriata» disse Kenneth. «Il sabato sera la porto sempre fuori...»

«Che cosa le hai detto?»

«Che voglio starmene un po' da solo. Allora lei si è messa a piangere, dice che da quando è incinta io non la voglio più. Be', forse è vero, non mi diverte portarmela dietro così, e poi sta sempre male. Io questo bambino non lo volevo e lei lo sapeva.»

Mentre parlavano prendevano la misura della corda con cui avrebbero strangolato la prossima vittima. Quando tutto fu pronto salirono in macchina e Kenneth questa volta si mise alla guida. Avevano deciso di cambiare: non più una prostituta, ma una ragazza qualsiasi, e così quando videro una giovane alla guida della sua auto la seguirono.

La ragazza si fermò davanti a un palazzo e parcheggiò. Stava chiudendo lo sportello quando Kenneth si affiancò e mostrò il distintivo. «Polizia» disse Angelo «documenti per favore.»

La ragazza tirò fuori la patente, si chiamava Lissa Kastin. Kenneth le disse che c'era stata una rapina poco lontano e che la sua auto era uguale a quella segnalata. Le chiesero quindi di salire in macchina e di seguirli alla centrale perché volevano interrogarla. Lissa protestò, disse di essere appena uscita dal locale dove lavorava come cameriera e di non sapere nulla della rapina.

«Dove si trova questo ristorante?» le chiese Kenneth.

«Vine Street» rispose lei.

«Molto vicino a dove è stata compiuta la rapina... deve venire con noi.»

Lissa continuò a protestare, ma alla fine salì in quella che credeva una macchina della polizia.

«È un errore» ripeteva. «Ci saranno centinaia di auto come la mia...»

Le proteste aumentarono quando Angelo le disse che doveva ammanettarla. «È la procedura...» spiegò.

Arrivati a casa di Angelo la ragazza si rifiutò di scendere dall'auto. Kenneth fu obbligato a trascinarla fuori con la forza. Quello che avvenne poi fu l'esatta ripetizione del primo omicidio, eccettuati due particolari. Una volta spogliata, la ragazza non piacque a nessuno dei due. «Troppi peli» disse Angelo e rinunciò. Kenneth pensò allora a delle alternative per procurarsi l'eccitazione che non sentiva e usò una bottiglia. Poi infilò il sacchetto sulla testa della ragazza e si rese conto di provare un grande piacere nell'allentare e stringere la corda intorno alla plastica in modo da ritardare a piacimento la morte della poveretta.

Portarono il corpo e i vestiti sull'auto e Angelo guidò fino alle colline dove si trovava il Chevy Chase Country Club. Lasciarono il cadavere sul prato che costeggiava il campo da golf e se ne andarono commentando fra loro che era stato uno sbaglio accontentarsi della prima ragazza capitata a tiro. «Non ne valeva la pena» dichiarò Angelo. «Avrei fatto meglio a guardare la TV.»

Domenica 6 novembre una donna che faceva jogging vicino al circolo del golf vide il cadavere di Lissa Kastin e avvertì la polizia. Il sergente Salerno scoprì che la ragazza aveva ventun'anni e faceva la cameriera all'Healthfaire Restaurant. I suoi genitori erano separati e, proprio il giorno precedente la sua sparizione, Lissa era stata a cena dalla madre e le aveva detto che stava pensando di battere il marciapiede, perché quello che guadagnava come cameriera non le bastava per vivere. La sera successiva il proprietario del ristorante l'aveva vista lasciare il locale alle nove e un quarto. Salerno trovò l'auto della ragazza posteggiata davanti alla casa dove abitava, ma stranamente lo sportello non era chiuso a chiave.

Il poliziotto andò all'obitorio per confrontare i cadaveri di Judy Miller e di Lissa Kastin: riscontrò moltissime coincidenze che confermarono la sua idea di trovarsi in presenza degli stessi assassini. Per l'identificazione di Judy, Salerno cercò di nuovo di rintracciare la famiglia. Finalmente trovò i signori Miller e due figli piccoli in un sordido motel. Il signor Miller aveva perso il lavoro come guardiano notturno e viveva nella sporcizia e nell'indigenza insieme al resto della sua famiglia. Fu lui a riconoscere il cadavere della figlia, ma sembrò non stupirsi troppo della sua morte, così come priva di reazioni apparve la madre.

Quattro giorni dopo i cugini erano pronti per un altro tentativo. Era un mercoledì sera, il 9 novembre, e Kenneth andò a casa di Angelo. Dopo gli abituali preparativi guidarono fino a Hollywood. Erano le dieci passate e così decisero di dare uno sguardo all'uscita dei cinema. Alla fine, di fronte al Mayfair Market, all'angolo tra Franklin e Bronson, videro una bionda in jeans davvero notevole. La ragazza era seduta sulla panchina alla fermata dell'autobus.

I due cambiarono tattica. Kenneth scese dall'auto e andò a sedersi accanto alla ragazza. Chiese qualche informazione sull'autobus e poi conversò del più e del meno. Lei disse di chiamarsi Jane King e rispose amichevolmente alle domande di Kenneth, rassicurata dal suo aspetto e dal modo di parlare dolce, calmo. Disse di essere appena uscita da un corso di recitazione, mentre Kenneth le parlò dei suoi studi di psicologia. Dopo qualche minuto Angelo passò con la Cadillac.

«Ehi, ma quello è Angelo!» disse Kenneth alzandosi e fermando la macchina. Si avvicinò al finestrino fingendo di salutare l'amico e poi tornò alla panchina. «Angelo dice che se non abiti troppo lontano può darti un passaggio. Siamo veramente fortunati perché chissà quando arriverà il nostro autobus.»

Jane disse che preferiva aspettare, ma Kenneth la convinse spiegandole che non doveva preoccuparsi perché sia lui che l'amico erano poliziotti. La ragazza entrò in macchina e Angelo guidò fino a un distributore di sigarette. I cugini scesero per concertare i passi successivi. Poi tornarono in macchina.

«Sai, il mio amico deve assolutamente tornare a casa subito. Possiamo lasciare lui e poi posso accompagnarti io» disse Kenneth. Jane ringraziò e si mise tranquillamente ad ascoltare la musica appoggiata allo schienale.

Arrivati a Glendale i cugini afferrarono la ragazza per le braccia, le infilarono le manette e la minacciarono di morte se avesse continuato a urlare. Jane ammutolì, ma prese a tremare violentemente. Fu trascinata all'interno dell'appartamento dove le tapparono gli occhi e la bocca e la spogliarono. I jeans erano così attillati che Angelo dovette fare un grosso sforzo per sfilarli. Come d'abitudine tirarono a sorte. Fu Angelo il primo ad approfittarsi di Jane e anche questa volta Kenneth guardò dalla porta socchiusa. Vide Jane ribellarsi, scalciare, la sentì piangere mentre affermava che soltanto il suo fidanzato poteva vederla nuda. Fu poi il turno di Kenneth che la sodomizzò e la uccise con il sacchetto di plastica. Ebbe il suo secondo orgasmo quando la ragazza era già morta.

Il cadavere di Jane King fu portato fino a Griffith Park e lasciato nella boscaglia. La mattina dopo il fidanzato e la sua compagna di stanza ne denunciarono la scomparsa.

Nessuno, eccettuato Frank Salerno, aveva cercato delle similitudini nei tre omicidi avvenuti a Los Angeles e quando, nei dieci giorni che seguirono, se ne verificarono altri cinque la città fu presa dal panico. Cinque ragazze furono trovate nude nell'area collinare di Glendale-Highland Park. Non passava giorno che la popolazione non leggesse sul giornale l'annuncio di un nuovo efferato delitto. Le donne avevano paura a girare sole in auto la sera, i genitori erano preoccupati per le loro figlie, si moltiplicarono i corsi di difesa personale, i parcheggi non furono più utilizzati la notte, aumentarono gli acquisti di pistole e spray contro le aggressioni.

I giornali titolavano: *Panico nelle strade* o *Un nuovo vicino: la paura.*

Il 20 novembre, il sergente Bob Grogan era stato richiamato in servizio mentre trascorreva la domenica a pescare. Vide il corpo senza vita della ragazza abbandonato sotto un albero e pensò alla figlia adolescente rabbrividendo. Più tardi si rese conto che l'assassino aveva abusato sessualmente della vittima dopo averla uccisa. Necrofilia. C'erano segni di corda alle caviglie e ai polsi e due punture sulle braccia, ma il medico legale non trovò tracce di droga. La ragazza non era stata trascinata, ma portata a braccia, probabilmente da due uomini, dalla macchina al luogo dove era stata abbandonata. Verso le quattro dello stesso pomeriggio Armando Guerrero, di nove anni, mentre giocava in una discarica vicino a una strada isolata, trovò i corpi di altre due ragazze. Terrorizzato andò a casa a chiamare il fratello Alonso che, dopo aver visto i cadaveri, avvertì la polizia. Il collega di Bob Grogan, Dudley Varney, andò a esaminare i corpi e stabilì che le ragazze erano morte da circa una settimana. Alonso disse al sergente di aver saputo che due giovani erano scomparse dalla scuola St. Ignatius ed era stata offerta una ricompensa a chiunque avesse dato notizia delle due studentesse: Dolores Cepeda di dodici anni e Sonja Johnson di quattordici. Le ragazze erano salite su un autobus dopo la scuola ed erano scese a York, non molto lontano dalle loro abitazioni. Un giovane che era sull'autobus le aveva seguite con lo sguardo e le aveva viste avvicinarsi a una berlina e parlare con il passeggero seduto davanti. I genitori delle due ragazze le avevano cercate disperatamente tutta la notte e i giorni successivi.

Varney e Grogan paragonarono i rispettivi appunti sui recenti omicidi per scoprire se si trattava dello stesso o degli stessi assassini. Ovviamente, se le due ragazze avevano parlato con il passeggero, dovevano esserci due uomini nella vettura. Il cadavere esaminato da Grogan apparteneva a una ragazza di vent'anni, Kristina Weckler, studentessa all'istituto d'arte di Pasadena. Una sua compagna, preoccupata per non averla vista a scuola il lunedì, era andata a cercarla nel suo appartamento al numero 809 di East Garfield Avenue, a Glendale. Kristina viveva lì da diversi anni, i suoi genitori abitavano a Sausalito. La sua Volkswagen era ancora parcheggiata davanti all'edificio. Nessuno dei vicini sembrò ricordare che un certo Kenneth Bianchi aveva abitato nello stesso palazzo fino all'agosto precedente.

Grogan ispezionò l'appartamento di Kristina e vedendo i suoi disegni, i vestiti, leggendo il suo diario sentì la rabbia crescergli dentro e giurò a se stesso che avrebbe trovato i suoi assassini. Parlò anche con Frank Salerno della squadra omicidi. Insieme arrivarono alla conclusione che gli ultimi cinque delitti, e forse anche quello di Yolanda Washington, la prostituta trovata morta il 18 ottobre, dovevano essere stati commessi dalle stesse persone. Ma decisero di tenere le riflessioni per loro senza comunicarle alla stampa per non insospettire i criminali. Grogan diventò amico del padre di Kristina Weckler, un famoso fotografo del «National Geographic», e a lui disse che probabilmente le ragazze venivano rapite con tanta facilità perché i killer si fingevano poliziotti.

Il giorno dopo fu scoperto anche il cadavere di Jane King. Dudley Varney fu assegnato a questo caso e dichiarò che la ragazza era stata uccisa circa due settimane prima. Si formò una specie di task-force comandata da Ed Henderson per risolvere quelli che vennero definiti i delitti dello «strangolatore della collina», perché tutti i corpi erano stati trovati su differenti colline della città.

Ci si chiedeva in che modo le vittime potessero essere collegate. Che cosa avevano in comune? Perché erano state scelte? La squadra era composta da un centinaio di poliziotti fra i quali Grogan, Salerno e Varney. Arrivavano centinaia di telefonate di mitomani che mettevano la polizia su piste false, e decine di poliziotti venivano distolti dalle indagini per controllare ogni informazione.

Il 29 novembre Grogan fu chiamato a esaminare un altro corpo sulle colline di Glendale, questa volta nell'area di Mount Washington. Il cadavere si trovava come al solito in una stradina isolata, difficilmente localizzabile, ma era stato lasciato bene in vista. Grogan notò i segni di corde alle caviglie e ai polsi, oltre a quelli dello strangolamento. Ma c'era qualcos'altro: delle strane ferite sul palmo delle mani, delle piccole abrasioni. Grogan pensò che gli assassini si fossero stancati di violentare e strangolare le loro vittime e avessero inventato qualche nuova tortura. Il test sullo sperma che fu trovato nel corpo della vittima non servì a nulla perché la persona a cui apparteneva (come accade al venti per cento dei maschi) non produceva un particolare antigene che, secreto insieme allo sperma, può essere analizzato per determinare il gruppo sanguigno.

Lauren Rae Wagner venne identificata dai genitori. Era una studentessa di diciotto anni, iscritta a un corso universitario di economia in un college nella San Fernando Valley. Viveva con il padre e la madre, due sorelle e un fratello a Lemona Street, vicino al Sepulveda Boulevard. Grogan interrogò il padre, Joe Wagner, che raccontò come la sera prima Lauren fosse uscita annunciando che sarebbe rientrata per le nove. Era sempre stata puntuale e comunque non era mai tornata a casa dopo la mezzanotte. Lui e la moglie erano andati a dormire e la mattina dopo l'uomo aveva notato la macchina della figlia parcheggiata davanti al vialetto come sempre. Ma l'auto non era chiusa a chiave e aveva la luce ancora accesa al suo interno.

Una loro vicina di casa, Beulah Stofer, disse che la sera prima, intorno alle nove, aveva visto Lauren tornare con la sua auto seguita da un'altra macchina. Ne erano scesi due uomini con cui la ragazza aveva avuto una piccola discussione. Dopo era salita con loro. Grogan chiese alla signora Stofer perché non avesse pensato di avvertire la polizia. La donna, tremando, disse che sul momento l'aveva scambiata per una discussione tra amici e non voleva allarmare inutilmente la famiglia della ragazza. Alla fine confessò di aver ricevuto una telefonata di minaccia: «Un uomo mi ha chiesto se ero la donna con il cane. Gli ho risposto che effettivamente ho un dobermann e lui ha detto di tenere la bocca chiusa su ciò che ho visto ieri sera altrimenti uccideranno anche me». Aggiunse che la sera prima il suo dobermann aveva cominciato ad abbaiare, ecco perché lei si era affacciata alla finestra.

«Che cosa ha visto esattamente?» le chiese il sergente.

«L'altra macchina era grande, scura con il tettino bianco. I due uomini hanno discusso con Lauren e poi l'hanno quasi trascinata con loro...»

Grogan continuava a non capire perché la donna non avesse avvertito la polizia e lei, piangendo, confessò di essere stata violentata da ragazza e che la sera prima era rimasta paralizzata dal terrore. Il detective decise di non insistere più e le chiese se aveva visto in faccia gli assassini.

«Uno dei due ha capelli neri ricci e molto folti. L'altro era più alto e più giovane.»

«Potrebbe riconoscerli se li vedesse di nuovo?»

«Sì, sicuramente» rispose la donna.

Anche se la polizia aveva chiesto ai giornali di limitare al minimo le informazioni sulle indagini, il «New York Times» pubblicò la notizia che una testimone aveva assistito al rapimento dell'ultima vittima.

Kenneth sembrava godere moltissimo dei servizi televisivi e degli articoli che riempivano i quotidiani sullo strangolatore delle colline. Si era perfino abbonato al «New York Times» e ogni mattina ne sfogliava con ansia le pagine. In ufficio si divertiva ad ascoltare i racconti e le ipotesi delle sue colleghe e un paio di volte aveva detto: «L'assassino potrebbe essere chiunque, anche io».

Dopo l'omicidio di Jane King, i cugini avevano deciso di cercare una ragazza vergine e, girando per la città con la Cadillac di Kenneth, si erano imbattuti in Dolores Cepeda e Sonja Johnson. Spacciandosi per poliziotti avevano detto alle due ragazzine che c'era un rapinatore ancora libero nelle vicinanze e che avrebbero dato loro un passaggio. Dolores e Sonja avevano appena rubato della bigiotteria in un negozio e temevano di essere perquisite, così salirono in macchina e non protestarono neppure quando Angelo disse loro che le avrebbe portate in un ufficio secondario della polizia, non proprio alla centrale. Dolores e Sonja furono entrambe violentate e strangolate.

La vittima successiva fu Kristina Weckler che Kenneth aveva conosciuto quando abitava nel suo stesso edificio, e che aveva sdegnosamente rifiutato di uscire con lui. Suonò il campanello ed esibì il distintivo di poliziotto, poi le disse che la sua auto, parcheggiata fuori dal palazzo, era stata tamponata. Kristina lo seguì all'esterno e fu trascinata dai cugini nella loro macchina. Dopo averla violentata, Kenneth e Angelo pensarono di variarne l'uccisione. Angelo prese una siringa che aveva rubato all'ospedale quando assisteva la madre malata e iniettò nel braccio della vittima un medicinale che provocava le convulsioni. Ma Kristina non morì e quindi si passò al solito sacchetto. Anche qui ci fu una variante. Kenneth introdusse nel sacchetto un tubicino che collegò alla stufa a gas e, mentre Angelo allentava e stringeva la corda intorno alla busta, Kenneth apriva e chiudeva il gas.

La sera che precedette il Giorno del Ringraziamento Kenneth litigò definitivamente con Kelli. Perse il controllo e colpì la donna che cadde sul pavimento. Temendo per il bambino e non sopportando più la presenza del fidanzato accanto a sé, Kelli se ne andò di casa. Kenneth passò una giornata infernale, telefonò alla madre a Rochester e seppe così che si era risposata, poi passò la sera di festa a casa della mamma di Angelo che era stata momentaneamente dimessa dall'ospedale e aveva cucinato il tacchino per tutta la famiglia.

Il lunedì successivo i cugini decisero di cambiare zona e attraversarono il Sepulveda Boulevard. Quando videro Lauren Wagner passare sulla sua Mustang la seguirono. Usarono il solito metodo per obbligarla a seguirli. Un cane cominciò ad abbaiare e una donna uscì dalla casa di fronte per vedere cosa stesse succedendo. Angelo e Kenneth si accorsero della sua presenza e partirono velocemente con la Cadillac. Prima di essere uccisa, Lauren Wagner fu torturata con dei fili elettrici che i cugini le attaccarono al palmo delle mani. Nonostante lo shock, la ragazza non morì e alla fine Kenneth usò il sacchetto di plastica.

I giorni successivi i giornali riportarono la descrizione della loro auto e l'ipotesi che gli assassini usassero un travestimento da poliziotti per adescare le vittime. Kenneth propose allora di cambiare metodo e, attraverso un'agenzia, contattò una prostituta alla quale diede l'indirizzo di un appartamento vuoto nello stesso palazzo dove abitava. La ragazza arrivò in orario, ma quando i due cercarono di trascinarla fuori dall'abitazione per portarla in macchina e poi a casa di Angelo, si mise a urlare allarmando gli inquilini degli altri appartamenti. Kenneth le puntò una pistola alla tempia e le ordinò di tacere. Rimasero tutti e tre immobili per qualche minuto e, quando finalmente la gente rientrò nelle proprie case giustificando il chiasso con qualche litigio familiare, lasciarono l'appartamento e tornarono a Glendale.

Il giorno dopo i giornali riportarono la notizia del ritrovamento del cadavere di una prostituta, Kimberly Diane Martin. Angelo se la prese con il cugino per la scelta sbagliata che aveva rischiato di farli catturare e gli disse che, almeno per un po', dovevano smetterla. Angelo stava pensando di allontanare definitivamente Kenneth dalla sua vita. Era stupido ed esibizionista. Si compiaceva troppo di ciò che dicevano la televisione e i giornali sulle loro imprese e poteva compiere qualche passo falso.

Kenneth venne anche licenziato perché il suo capo si era accorto che la chemioterapia era soltanto una scusa per non andare a lavorare. Dovette quindi restituire l'automobile e lasciare l'appartamento che non poteva più permettersi, e per qualche tempo andò ad abitare dai fratelli di Kelli a Corona Street. Accettò di fare le pulizie in una clinica e cercò di convincere la fidanzata a tornare a vivere insieme a lui, ma Kelli preferì rimanere dalla madre per trascorrere l'ultimo periodo della gravidanza in tranquillità. Per consolarsi Kenneth riprese a uscire con Sheryl Kellison.

Un pomeriggio che Kenneth era passato dal cugino per lamentarsi di non avere più una macchina, del lavoro servile che era costretto a fare, del rifiuto di Kelli di tornare a vivere con lui, Angelo gli propose un giro sulla sua Excalibur per distrarlo. Stavano guidando lungo Riverside Drive, a Burbank, quando videro una ragazza bionda alla fermata dell'autobus. Angelo si accostò e le chiese se voleva andare con loro a una festa. Lei rifiutò. Angelo scese dall'auto e afferrò la ragazza per un braccio, ma in quel momento si fermò una macchina e ne scese una donna che si mise a gridare in mezzo alla strada chiamando aiuto.

I cugini si allontanarono velocemente. Jan Sims, così si chiamava la donna, andò a denunciare il fatto alla polizia. L'agente a cui si rivolse la prese per la solita mitomane e non le diede ascolto. Possibile che gli assassini avessero rischiato tanto agendo nel centro della città e in pieno giorno? Così Jan Sims non ebbe la possibilità di raccontare un altro episodio. Era infatti convinta di avere già visto il più giovane degli uomini qualche giorno prima, mentre si trovava nel parcheggio di un edificio a Lankershim ad aspettare la figlia. L'uomo era vestito in giacca e cravatta e aveva una valigetta con sé. Le aveva chiesto i documenti e poi aveva spiegato che si occupava della sicurezza del palazzo e stava quindi compiendo il suo dovere. Ricordava benissimo come era fatto ed era sicura che si trattasse della stessa persona dell'Excalibur, ma non riuscì a dirlo a nessuno.

Se fosse stata creduta forse la polizia avrebbe evitato il successivo omicidio, quello di Cindy Hudspeth, che era passata con la sua auto davanti alla villetta di Angelo e si era fermata per ordinare dei tappetini per la sua Datsun. I cugini l'avevano convinta a entrare in casa e avevano bevuto qualcosa con lei. Interrogandola avevano saputo che insegnava danza e che abitava al numero 800 di East Garfield Avenue, proprio di fronte al palazzo dove Kenneth aveva vissuto per un certo periodo.

Poi le chiacchiere cessarono e cominciò la solita macabra procedura.

Un elicottero che sorvolava la zona scoprì dopo qualche giorno la Datsun e il cadavere della sua proprietaria sulle colline di Angeles Crest. Frank Salerno andò a esaminare il corpo riscontrando tutte le analogie che si aspettava di trovare. Era stata la compagna di stanza di Cindy Hudspeth a denunciarne la scomparsa. Cindy era uscita di casa alle quattro e mezzo del pomeriggio per andare in un college a Glendale Avenue dove lavorava la sera come centralinista, e non era più tornata.

Frank Salerno e Bob Grogan si vedevano molto spesso in un bar, il Code 7, per discutere degli ultimi eventi e confrontare i propri appunti. Il fatto che Kristina Weckler e Cindy Hudspeth avessero abitato una di fronte all'altra, anche se non si conoscevano, poteva indicare che i killer probabilmente vivevano a Glendale. Inoltre la microscopica fibra trovata nell'occhio di Judy Miller era stata analizzata e risultava di poliestere, ma non se ne capiva la provenienza. Altre fibre erano rimaste attaccate al nastro adesivo con cui erano state legate le mani di Lauren e peli di cane si trovavano tra i capelli della stessa ragazza, anche se i Wagner non possedevano cani.

Gli psichiatri cominciarono a rilasciare ipotetici ritratti dell'assassino ai giornalisti. Secondo loro doveva essere bianco, tra i venti e i trent'anni, single, separato o divorziato, comunque non viveva con una donna. Di media intelligenza, disoccupato o occupato in lavori saltuari. Passivo, freddo e con capacità manuali. Inoltre era probabilmente il prodotto di una famiglia degenerata la cui infanzia doveva essere stata segnata da crudeltà e violenza, soprattutto da parte della figura femminile. Nessuno degli psichiatri dava credito all'ipotesi della polizia che si trattasse di due assassini.

Nell'ottobre del 1978, dopo otto mesi in cui non ci furono né nuovi omicidi né svolte nelle indagini, a parte le centinaia di false segnalazioni che continuavano a intasare i centralini della polizia, i giornali si stancarono del caso e smisero di parlarne.

Una settimana dopo l'omicidio di Cindy Hudspeth, Kelli diede alla luce il suo bambino che il padre volle chiamare Ryan Bianchi. A febbraio Kenneth fu costretto a cambiare casa per la quinta volta in venticinque mesi, perché i fratelli di Kelli lo mandarono via infastiditi dalla vita sregolata che conduceva e dal fatto che Kenneth prendeva la loro macchina senza preavviso. Inoltre non pagava l'affitto. Avevano anche scoperto, frugando fra i suoi vestiti, un distintivo falso della polizia e, pur non sospettando di lui, vollero comunque evitare qualsiasi coinvolgimento. Quando però Kenneth se ne andò, raccontarono a un loro vicino poliziotto di aver visto il distintivo.

Kenneth trovò un appartamento in Verdugo Road, a Glendale. Kelli gli portava il bambino molto spesso, ma continuava a rifiutarsi di tornare con lui. Stava pensando di trasferirsi a Bellingham dove vivevano i suoi genitori e far crescere Ryan in un ambiente più sano di quello di Los Angeles. Kenneth trovò un altro lavoro, doveva pulire e sterilizzare gli strumenti chirurgici al Verdugo Hills Hospital, e con i risparmi e un prestito che gli fece Sheryl Kellison si comprò un'auto usata. Non si preoccupò troppo quando due poliziotti vennero a chiedergli se per caso possedeva un falso distintivo della polizia. Rispose di no. Gli agenti tornarono di nuovo allertati dalla madre di Sheryl, a cui Kenneth non era mai piaciuto. La signora Kellison pensava seriamente che potesse essere «lo strangolatore delle colline». Ma erano moltissime le madri che chiamavano la polizia per la stessa ragione, e gli agenti non presero troppo sul serio i sospetti della donna.

Vollero comunque fare qualche indagine. Tramite la motorizzazione scoprirono che Kenneth Bianchi aveva abitato al numero 809 di East Garfield, ma non collegarono il fatto con i delitti di Kristina Weckler e Cindy Hudspeth. Interrogarono i vicini che descrissero Kenneth come un inquilino perfetto, educato, discreto, socievole. Aveva appena avuto un bambino e si era trasferito a Verdugo Road. Gli agenti raggiunsero Kenneth a casa e gli fecero delle domande a proposito dei delitti. Lui rispose tranquillamente e i poliziotti lo lasciarono dopo dieci minuti non sospettando nulla. Kenneth andò a trovare Angelo ed entusiasticamente raccontò delle tre visite della polizia.

Angelo non si mostrò altrettanto entusiasta. Se i detective erano stati tre volte dal cugino voleva dire che avevano qualcosa in mente. Si infuriò, puntò addirittura la pistola alla tempia di Kenneth urlando che stranamente da lui non era andato alcun agente. Kenneth si scusò e per qualche mese si tenne lontano dal cugino. Ma Angelo era ossessionato dal timore che facesse qualche passo falso e la notte trascorreva lunghi minuti a immaginare come ucciderlo. Nel frattempo si sposò ancora una volta. La ragazza si chiamava Tai-Fun Fanny Leung, aveva ventun'anni ed era di Hong Kong. I suoi genitori le avevano mandato dei soldi per comprarsi una casa e Angelo stava architettando qualcosa per impadronirsene.

Un pomeriggio di aprile Kenneth tornò dal cugino. Gli disse che Kelli l'aveva abbandonato definitivamente ed era andata a vivere dai genitori a Bellingham. Angelo colse al volo l'occasione e gli disse che doveva assolutamente raggiungerla perché il bambino aveva bisogno di lui. Kenneth tergiversò, pensando che non aveva alcuna voglia di lasciare Los Angeles e neppure Shirley, ma poi capì che il cugino non tollerava più la sua presenza e quindi decise di partire almeno per qualche mese.

A maggio raggiunse Kelli e il bambino a Bellingham e presero un appartamento in affitto in North Street. Kenneth ottenne un lavoro come incaricato della sicurezza nel grande emporio di ferramenta e merci varie Fred Meyer, dove si divertiva a compiere piccoli furti. Fece anche domanda per lavorare nell'ufficio dello sceriffo e cominciò a seguire un corso di formazione per poliziotti.

Ma la vita monotona di Bellingham lo annoiava. La cittadina con quarantamila abitanti si trovava a nord di Seattle, a meno di cinquanta miglia dal confine con il Canada. Ormai anche i rapporti sessuali con Kelli erano cessati, Kenneth non riusciva più a desiderarla dopo che era diventata madre. Passava il tempo a ripensare al cugino, lo sognava la notte, lo ricordava durante il giorno. A casa non parlava quasi più, guardava la televisione e per il resto leggeva libri di psicologia. Arrivò il momento in cui Kelli si stancò di questa situazione: gli disse che aveva bisogno di un uomo che le fosse vicino, che fosse più presente e più sensibile di lui. Per Natale doveva andarsene e, per quanto Kenneth piangesse e la supplicasse, era ormai decisa a vivere sola.

Fu forse quest'ultima delusione che spinse Kenneth a commettere un delitto per conto proprio. «Porterò il terrore di Los Angeles anche nella quieta Bellingham» disse tra sé.

Martedì 9 gennaio telefonò a Karen Mandic, una ragazza di ventidue anni che aveva conosciuto quando lavorava come guardiano nel negozio di ferramenta. Karen non c'era e Kenneth lasciò un messaggio per lei alla sua compagna di stanza, Diane Wilder. Più tardi Karen tornò e richiamò l'amico. Kenneth le disse che lei e Diane potevano guadagnare cento dollari con un lavoretto semplice. La sera di giovedì i Catlow sarebbero stati fuori città e la loro villa di Bayside Drive, nella quale doveva essere installato un nuovo sistema di allarme, rimaneva incustodita. Gli avevano chiesto di sorvegliarla per una notte e lui avrebbe passato il lavoro a loro. Non dovevano dirlo a nessuno perché i proprietari potevano non gradire l'idea. Karen ringraziò e disse che si sarebbero visti alla villa giovedì alle nove.

Kenneth passò due giorni nei preparativi e nell'ansia di non vedere comparire le ragazze all'ora stabilita. Decise di ucciderle nello scantinato e vi portò la corda che avrebbe usato. Il giovedì alle nove Karen e Diane arrivarono con la loro Mercury nel viale della villa. Kenneth disse a Diane di aspettare fuori ed entrò con Karen per accendere tutte le luci. Poi la condusse in cantina e in pochi secondi la uccise stringendole la corda intorno al collo. Subito dopo fece lo stesso con l'altra ragazza. Poi si rese conto che questa volta non c'era stato sesso e, quasi controvoglia, si masturbò davanti ai cadaveri prima di portarli nella Mercury che lasciò in una strada senza uscita poco lontano.

Kenneth non fece neppure in tempo a leggere la notizia sul giornale che venne arrestato. Karen infatti aveva detto al suo fidanzato che l'amico le aveva procurato un lavoro e gli aveva dato l'indirizzo. Inoltre la polizia trovò il biglietto sul quale Diane aveva appuntato la chiamata di Kenneth. In casa di quest'ultimo gli agenti trovarono diversa merce rubata nel negozio di ferramenta e anche alcuni gioielli delle ragazze uccise a Los Angeles.

Quando Frank Salerno seppe dell'arresto e rifletté su alcuni particolari, improvvisamente il caso dello «strangolatore delle colline» gli fu chiaro. Tutto tornava. Anche perché Kelli, quando fu interrogata, disse che l'unico amico che il suo compagno aveva a Los Angeles era Angelo Buono, il cugino. E Angelo abitava in Colorado Street, a Glendale, proprio al centro dell'ipotetico cerchio nel quale erano stati ritrovati i dieci corpi delle ragazze strangolate. Il detective dispose che Buono fosse sorvegliato giorno e notte e lui stesso insieme a Grogan andò a interrogarlo. Si resero subito conto che far confessare quell'uomo era un'impresa disperata.

Con estrema tranquillità Angelo negò tutto, e quello che proprio non poté negare lo attribuì al cugino.

«Gli ho permesso di abitare con me per un certo periodo solo per fare un favore a mia zia. Ma poi gli ho detto di andarsene perché non voleva trovarsi un lavoro e perché non avevamo nulla in comune.»

E, a proposito degli omicidi, dichiarò: «L'unica cosa che posso dire è che io non ho fatto niente».

Le ispezioni che vennero effettuate nella sua casa non portarono a nulla perché l'appartamento era perfettamente pulito e perfino disinfettato. Non c'erano impronte digitali, segni di alcun genere, neppure le fotografie con dedica che Angelo collezionava e attaccava alle pareti.

Vennero raccolti alcuni indizi contro di lui, ma non abbastanza importanti da incriminarlo. Per esempio i residui di fibra trovati su due dei cadaveri appartenevano alla poltrona che Angelo aveva nel salotto. E l'avvocato David Wood raccontò tutta la storia di Becky e Sabra. Le due ragazze furono rintracciate a Phoenix e arrivarono a Los Angeles dove descrissero alla polizia le torture e i maltrattamenti inflitti loro da Angelo e Kenneth. Ma non bastava pér accusare Angelo di dieci omicidi. Quando l'uomo scoprì di essere controllato andò perfino alla polizia a lamentarsi perché venivano negati i suoi diritti civili.

Nel frattempo Kenneth metteva in pratica tutto quello che aveva imparato sui libri di psicologia e fingeva di avere delle incredibili amnesie. I diversi psichiatri che lo esaminarono scrissero nei loro verbali che il giovane soffriva di sdoppiamento della personalità. Durante l'ipnosi Kenneth aveva fatto parlare un altro se stesso che chiamò Steve e che confessò i delitti di Bellingham e anche quelli commessi a Los Angeles insieme al cugino.

Tre psichiatri dichiararono che Kenneth non poteva essere processato perché era uno psicopatico con una personalità multipla. In questo caso sarebbe stato ricoverato in un ospedale psichiatrico e rilasciato una volta guarito. Ma altri tre professori sostennero il contrario. La polizia decise allora di fare un patto con il criminale: Kenneth doveva dichiararsi colpevole dei due omicidi commessi a Bellingham e di cinque delitti avvenuti a Los Angeles (Washington, King, Weckler, Martin, Hudspeth) e avrebbe dovuto testimoniare contro il cugino. In questo modo, invece di essere processato nello stato di Washington, dove sarebbe stato condannato a morte, il processo si sarebbe svolto a Los Angeles dove avrebbe avuto la possibilità di essere prima o poi liberato sulla parola. Inoltre i penitenziari californiani erano meno duri del Walla Walla che aveva una pessima reputazione.

Kenneth accettò l'accordo, era comunque una maniera per prendere tempo, e cominciò la sua confessione. Durante l'udienza che si svolse a Bellingham, che doveva stabilire se Kenneth potesse o no essere processato, l'imputato scoppiò a piangere raccontando i due omicidi commessi qualche giorno prima e i cinque delitti di Los Angeles. «Vostro Onore» disse «non trovo le parole per spiegare il dispiacere che provo.»

Fornì anche dei particolari che la polizia stessa non aveva notato, come il piccolo foro sul collo di Kristina quando aveva provato a ucciderla con un'iniezione letale. La polizia infatti aveva riscontrato soltanto le punture sul braccio. Kenneth raccontò anche l'episodio della figlia di Lorre, che fu confermato dall'interessata.

Confessandosi colpevole, Kenneth fu condannato all'ergastolo e Angelo Buono fu arrestato e accusato di dieci omicidi.

Si verificò poi uno strano episodio. Kenneth riceveva in carcere lettere appassionate di una poetessa e commediografa, Veronica Lynn Compton, che voleva incontrarlo per scrivere la storia di un serial killer. All'inizio Kenneth rifiutò, ma in seguito cedette alle insistenze e alle dichiarazioni ammirate di Veronica e accettò di vederla. Rimasero per ore a parlare scoprendo di avere delle passioni in comune, fra le quali la necrofilia.

Dopo alcuni incontri, nei quali Veronica si dimostrò talmente innamorata del criminale da essere disposta a fare qualsiasi cosa per salvarlo, Kenneth le chiese di commettere un omicidio a Bellingham usando la solita procedura adottata da lui e dal cugino e di lasciare sul posto il suo sperma, così la polizia avrebbe avuto la prova di avere arrestato l'uomo sbagliato. Veronica accettò e il giorno dopo, dentro un libro che Kenneth le restituì, trovò il dito di un guanto di gomma con del liquido seminale. Partì per Bellingham e cercò la vittima giusta. La trovò in un locale, il Coconut Grove e, poiché con un cuscino sotto il vestito aveva finto di essere incinta, le fu facile avvicinare una donna e inventare una triste storia di abbandono. Le chiese poi di accompagnarla nel suo motel per continuare la conversazione e bere nella sua stanza un bicchiere di vino. Vedendola così sola e sconsolata l'altra accettò. Una volta in camera Veronica andò in bagno e ne uscì con una corda che velocemente passò intorno al collo della vittima che le dava le spalle. Ma questa riuscì ad afferrarle i polsi e, dopo una breve lotta, si liberò e fuggì per correre al primo posto di polizia. Veronica lasciò velocemente la città, ma fu arrestata all'aeroporto di San Francisco e nel marzo del 1981 fu condannata all'ergastolo da scontare nello stato di Washington. Nel 1988 riuscì a fuggire dalla prigione di Gig Harbor e scomparve.

Dopo essere stato condannato al carcere a vita dal tribunale di Bellingham, Kenneth fu condotto in California per testimoniare contro il cugino. Ma il 6 luglio, durante una delle udienze preliminari, improvvisamente cambiò idea, si dichiarò innocente e disse di non sapere nulla dei delitti commessi a Los Angeles. Il procuratore distrettuale Roger Kelly chiese allora al giudice Ronald George di far cadere le accuse contro Angelo Buono perché non c'erano prove sufficienti per condannarlo senza la testimonianza di Kenneth Bianchi.

Il giudice si prese una settimana per riflettere e poi decise di fare comunque il processo. La stampa lo applaudì mentre alcuni colleghi trovarono il suo atteggiamento non regolare. Il procuratore distrettuale Roger Kelly rifiutò l'incarico e due assistenti del procuratore generale George Deukmejian, Roger Boren e Michael Nash, furono incaricati di esaminare di nuovo le prove. I procuratori scoprirono che diversi indizi erano stati sottovalutati da Roger Kelly. Per esempio le fibre trovate sul corpo di Lauren Wagner che appartenevano alla poltrona di casa Buono, dove la ragazza era stata legata prima di venire violentata e uccisa.

Il processo, che fu il più lungo e il più costoso nella storia americana fino a quel momento, durò dal 16 novembre 1981 al 14 novembre 1983. L'accusa era rappresentata da Roger Biren e Michael Nash, e la difesa da Gerald Chaleff e Katherine Mader. Per scegliere i giurati, sette donne e cinque uomini, ci vollero tre mesi e mezzo. Furono ascoltati quattrocento testimoni. Alcuni soffrirono visibilmente, come Becky Spears, nel dover ricordare esperienze tremende, altri, come Sabra Hannan, che nel frattempo si era sposata e lavorava in uno studio dentistico, raccontarono i tragici eventi con vivacità e precisione.

Kenneth Bianchi rimase al banco dei testimoni per cinque mesi, ma continuò a confondere le idee dei giurati prima ammettendo e poi negando ogni fatto. Quando il dibattimento ebbe termine, il 21 ottobre, il giudice Ronald George chiese ai giurati di non tornare a casa, ma di trasferirsi direttamente in un albergo per evitare qualsiasi condizionamento e rapporto con la stampa. Ogni mattina si sarebbero ritrovati nell'aula del tribunale per discutere.

Dopo nove giorni i giurati raggiunsero l'unanimità soltanto su un caso di omicidio, quello di Lauren Wagner. Il loro verdetto fu letto in aula il 31 ottobre. Poi si riunirono ancora per gli altri omicidi. Il 3 novembre in aula dichiararono l'innocenza di Angelo Buono riguardo al delitto di Yolanda Washington. In seguito lo condannarono per l'omicidio di Judy Miller. Il lunedì successivo lo trovarono colpevole dei delitti Cepeda e Johnson. Colpevole anche dell'omicidio di Kimberly Martin, e due giorni dopo fu condannato per i delitti di Kristina Weckler, Lissa Kastin e Jane King. La giuria si bloccò sul delitto di Cindy Hudspeth, undici a uno. Finalmente il 14 novembre fu emesso un verdetto di colpevolezza anche per quest'ultimo omicidio.

Si trattava ora di stabilire la sentenza. Furono di nuovo ascoltati tutti gli avvocati, poi la giuria si ritirò tornando dopo un'ora con la decisione di un ergastolo senza possibilità di libertà sulla parola.

Il 9 gennaio il giudice chiamò Kenneth Bianchi e Angelo Buono. Disse al primo che sarebbe stato rinchiuso nel terribile carcere di Walla Walla, nello stato di Washington, perché aveva fatto di tutto per sabotare il processo. Riguardo ad Angelo Buono il giudice commentò che gli dispiaceva che non fosse stato condannato a morire nella camera a gas e lo fece rinchiudere nel penitenziario di Folsom, in California, per il resto della sua vita.

XXIII

DENTRO IL FURGONE

Gerald e Charlene Gallego, Stati Uniti 1978

Quella sera io e Charlene siamo usciti. Entrambi eravamo armati, lei aveva una calibro 25 che aveva comprato nel 1977 e io una 357 Magnum. Ci siamo fermati in un bar, io ho bevuto molto e mi sono drogato con un tizio che si chiama Ernie. A un certo punto ero talmente fatto che non capivo dove fossi e insieme a chi. Non ricordo neppure di aver lasciato il bar. Rammento qualcosa di quella notte ma non so se sono sogni o cose realmente accadute. Non so neppure se alcune me le abbia raccontate Charlene o io stesso le abbia lette sui giornali. L'unica cosa che ricordo chiaramente è che era mattina e mi sono svegliato nel mio letto. Charlene mi stava lavando con un asciugamano bagnato perché avevo schizzi di sangue sul viso.

Gerald Armond Gallego era nato nell'ospedale di Sacramento alle nove del mattino di un mercoledì, il 17 luglio 1946. Le sue origini erano francesi e irlandesi da parte di madre, e portoghesi da parte di padre. Albert Gallego era stato un ladro e un rapinatore, giustiziato nel 1955 nella camera a gas di Parchman, Mississippi, per l'omicidio di due poliziotti. Gerald non lo conobbe mai e la madre, Lorraine, per molti anni gli fece credere che il padre fosse morto in un incidente d'auto. Soltanto a venticinque anni Gerald scoprì la verità.

Lorraine e Albert Gallego si erano incontrati l'11 settembre 1945, due settimane dopo che l'uomo era stato rilasciato sulla parola dal carcere di San Quentin dove scontava cinque anni per furto d'auto e falsificazione di documenti. Invece di presentarsi regolarmente alla centrale di polizia Albert rubò una macchina insieme a un altro bandito.

Lorraine aveva già avuto un figlio, David, con Harold Hunt. Si erano conosciuti giovanissimi: Harold aveva quindici anni e Lorraine due di più. Lui voleva sposarla, ma Lorraine gli disse che non poteva farlo perché quando aveva dodici anni sua madre, Hazel, l'aveva venduta a un uomo che voleva una moglie bambina. Si erano sposati a

Portland, nell'Oregon. In seguito la madre l'aveva rivoluta con sé a Sacramento. Non potendo sposarsi, Lorraine e Harold finsero di essere marito e moglie di fronte al mondo. Una notte lei gli raccontò di essere stata violentata a sette anni insieme alla sorella Ramona dal padre, Pullen. Le ragazze accettavano di essere morse e molestate perché poi Pullen consentiva loro di andare al cinema. Raccontava: «Il dolore dei morsi durava cinque minuti mentre il film durava tutto il pomeriggio, così non protestavamo».

Lorraine e Harold Hunt vissero insieme per diciotto mesi, poi lui la lasciò per un'altra ragazza.

Nel 1945 Lorraine era appena uscita dall'ospedale dove era stata curata per un'epatite. Era debole e molto pallida. Stava facendo colazione con un'amica in un caffè quando Albert Gallego entrò nel locale. Mezz'ora dopo essersi incontrati, Lorraine e Albert erano diretti a Reno per sposarsi. Due mesi dopo lei era incinta e veniva ricoverata una seconda volta in ospedale per una ricaduta dell'epatite, mentre Albert tornava in carcere per aver violato la libertà sulla parola. Fu liberato dopo otto anni, nel 1953. Quella stessa mattina ruppe il vetro di un negozio e, non trovandovi i liquori che cercava, rubò sei bottigliette di Coca-Cola. Fu arrestato dall'agente Ernest Beauquez. Albert si ribellò all'arresto, colpì l'agente, lo disarmò e lo uccise con il revolver d'ordinanza.

Scrisse poi Albert Gallego nel suo diario:

> Non credo di essermi mai divertito tanto nella mia vita come nel momento in cui il poliziotto mi spiegava quanto la moglie e i figli avessero bisogno di lui. Quando mi chiese cinque minuti per pregare io gli diedi trenta secondi e poi lo colpii in testa.

Albert fu catturato due giorni dopo a Gulfport mentre era ancora in possesso della pistola del poliziotto ucciso. Fu chiuso in carcere in attesa del processo per omicidio di primo grado. Riuscì a scappare insieme a un altro prigioniero, Minor Sorber, gettando un liquido disinfettante sulla faccia dell'agente di guardia, e poi colpendolo a morte a forza di pugni. Gli presero le chiavi e fuggirono. Furono arrestati di nuovo il giorno dopo e il 3 marzo 1955 Albert Gallego fu giustiziato nella camera a gas.

Lorraine ebbe il suo bambino e lo chiamò Gerald. Nel 1958 incontrò di nuovo Harold Hunt in un bar dove lavorava come cameriera. Decisero di sposarsi.

Lei gli raccontò di Albert Gallego e del figlio che aveva avuto da lui. Gerald era un bambino magro con capelli scuri e grandi occhi neri. Il viso era pallido e l'espressione cupa. Harold Hunt non lo amava, lo considerava un bambino strano, taciturno, sempre attaccato alle gonne della madre e poi, improvvisamente, pronto a compiere ogni tipo di cattiveria. Lorraine e Harold si lasciarono ancora una volta e la donna sposò George Bulgar dal quale ebbe due figli. George era un ubriacone che picchiava lei e i bambini, inoltre era geloso di Gerald e non permetteva che la madre lo abbracciasse e lo coccolasse.

Gerald imparò a difendersi da solo e iniziò a rubare più o meno quando cominciò a camminare. La madre lo incoraggiava a prendersi ciò che non poteva comprarsi. A otto anni lavorava come lustrascarpe, ma guadagnava delle mance extra consegnando droga per gli spacciatori, facendo il messaggero per le prostitute, l'accattone a Natale, il posteggiatore, il ladruncolo e il palo. Quindi la cassetta con i lucidi per le scarpe veniva usata poco, ma serviva come passaporto di rispettabilità per il piccolo delinquente.

Gerald doveva pagare alla madre il vitto e l'alloggio anche se la donna non aveva mai cucinato un pasto in vita sua e la stanza del bambino consisteva in un paglericcio in cucina. A scuola gli insegnanti, ignari che Gerald lavorasse fino all'alba, non capivano le sue assenze e la sua mancanza di concentrazione. A dieci anni fu arrestato per la prima volta. A quell'epoca Lorraine viveva in una casa in affitto alla periferia di Sacramento. Alle nove del mattino del 7 marzo 1956, Gerald entrò nella villetta di una vicina che a quell'ora andava a fare la spesa, ma non si era accorto che la donna era ancora nel garage perché non riusciva a mettere in moto l'auto.

Fu scoperto mentre tentava di appropriarsi del televisore. Quando vide la donna fece cadere l'apparecchio e scoppiò a piangere dicendole che l'aveva ingannato fingendo di uscire. Poi si riprese e tirò fuori dalla tasca un coltello ma lei riuscì a fermarlo afferrandogli il polso e colpendolo alla testa. Gerald perse i sensi e si svegliò alla presenza di tre poliziotti che gli infilavano le manette. Fu mandato al riformatorio dal quale scappò il giorno dopo. Ma fu lui stesso a tornarvi quando si accorse che non sarebbe riuscito a trovare la strada di casa.

Tre mesi dopo fu rilasciato grazie alla sua capacità di recitare. Aveva infatti convinto lo psichiatra del penitenziario di essere solo un povero ragazzino che aveva nostalgia della sua mamma. Tornato a Sacramento diede fuoco alla casa della signora che l'aveva denunciato. Ma a scuola il suo comportamento era diverso, si batteva sempre per i ragazzi più deboli, aveva una grande passione per tutti gli animali e li difendendeva dai compagni che li volevano torturare. Non cercava mai la rissa anche se, quando veniva coinvolto in qualche accesa discussione, riusciva sempre ad avere la meglio.

Lorraine si trasferì ancora e affittò una vecchia casa cadente al 2120 M Street di Sacramento. Gerald diventò il terrore del quartiere devastando i giardini dei vicini, danneggiando le loro auto, rubando nei garage. Il 12 ottobre 1958 giocava nella cantina di una casa adiacente alla sua. La proprietaria chiese alla figlia di sei anni di controllare che il ragazzino non facesse danni mentre lei preparava la cena. Mezz'ora dopo vide apparire la figlia nuda. La bambina disse candidamente che lei e Gerald avevano giocato a «mamma e papà a letto». La donna si sentì male, poi afferrò un'ascia e si diresse in cantina. Gerald la vide arrivare, ma riuscì a sgusciarle tra le gambe e a fuggire all'aperto. Non trovando altro riparo, si arrampicò su un albero. Soltanto l'intervento di una pattuglia della polizia riuscì a farlo scendere. Fu condotto al commissariato e interrogato. Fortunatamente la bambina non aveva subito danni, ma Gerald fu mandato di nuovo in riformatorio a Preston dove sarebbe dovuto rimanere fino ai ventun'anni.

Fuggì cinque volte, fu catturato due volte e le altre tre tornò di sua spontanea volontà. Ventitré mesi dopo gli psichiatri trovarono che si era riabilitato e lo rilasciarono sulla parola affidandolo alla madre. Lorraine aveva accettato di riprendersi il figlio solo per le insistenze della nonna che voleva occuparsene. Lei si era appena liberata del marito ubriacone e non voleva altri problemi.

Qualche mese dopo Gerald si unì al fratellastro David Hunt in una rapina a Chico. Furono catturati, fuggirono il giorno dopo e furono ripresi. Gerald ebbe una condanna a cinque anni. Mentre era in carcere gli diedero la notizia che l'altro fratellastro, il figlio che Lorraine aveva avuto con George Bulgar, era morto investito da un'auto. Fu il pretesto per fingere una grave depressione e per convincere gli psichiatri che il grande dolore l'aveva realmente cambiato. Venne ancora una volta rilasciato sulla parola.

Gerald si sposò almeno sette volte, ma esistono seri dubbi sulla legalità di questi matrimoni. Per ognuno di essi lui mentì sull'età, sul nome, sullo stato civile. La prima donna che sposò si chiamava Ellen Weed, aveva venticinque anni e faceva la cameriera in un locale per camionisti sulla Freeway 405. Gerald, che aveva sedici anni, era stato appena rilasciato sulla parola e l'assistente sociale che si occupava di lui gli aveva trovato un lavoretto come venditore di libri porta a porta. Gerald bussò a casa di Ellen e un'ora dopo erano a letto insieme.

La ragazza rimase incinta e quando raggiunse il nono mese di gravidanza Gerald la sposò confessandole di avere cinque anni meno di quanto le aveva detto. Il matrimonio durò soltanto otto mesi perché Gerald picchiava la moglie, accusandola di tradirlo con altri uomini mentre lui era fuori a vendere libri. Il giorno che la minacciò con un coltello Ellen decise di lasciarlo e lo denunciò alla polizia.

La loro bambina, Sally Joe, fu affidata al padre dagli assistenti sociali che criticarono la sporcizia e il disordine in cui viveva la madre mentre Gerald, che si presentava ben vestito, educato, intelligente, dimostrò durante le interviste un reale affetto nei confronti della figlia. Affermava di voler essere un vero padre e di non poter vivere senza la sua bambina. Disse che sua madre Lorraine l'avrebbe aiutato ad allevarla e alla fine fu così convincente che ne ottenne la custodia. Gerald affidò la bambina a Lorraine e per sei anni non la vide mai; quando poi decise di occuparsi di lei fu soltanto perché aveva cominciato a molestarla sessualmente.

Charlene Adelle Williams era nata il 10 ottobre 1956 a Stocton, a cinquanta miglia da Sacramento, in California. Era una bella bambina bionda con grandi occhi azzurri ma molto minuta e di bassa statura. Il padre, Charles, aveva fatto carriera nel mondo del commercio. Prima droghiere, poi impiegato, infine manager e vicepresidente di una catena di supermercati. Era un instancabile lavoratore con una personalità gradevole che attirava la simpatia di colleghi e clienti. Con la figlia aveva un buon rapporto, era molto affettuoso e, quando la madre Mercedes ebbe un incidente d'auto e non poté più viaggiare, era lei che lo accompagnava nei suoi viaggi di lavoro.

Charlene si diplomò alla scuola superiore di Sacramento raggiungendo un alto punteggio nei test di intelligenza. Un piccolo genio che possedeva un'incredibile memoria fotografica e un eccellente talento per il violino, tanto da essere invitata a studiare al Conservatorio di San Francisco. Ma la madre non voleva che Charlene intraprendesse la carriera musicale che le sembrava inadatta a una ragazza. A scuola fu inserita in una classe per ragazzi particolarmente dotati. Suonava nell'orchestra scolastica e dirigeva il gruppo teatrale. I compagni la consideravano timida e musona, altri la evitavano per la sua arroganza e il suo narcisismo. Dicevano che era molto precoce e infatti, a tredici anni, Charlene aveva cominciato ad assumere ogni tipo di droga, a quattordici era quasi alcolizzata e a quindici anni si vantava con le amiche del suo rapporto con un ragazzo di colore, Tyrone, con cui faceva del sesso veramente speciale.

Charles e Mercedes Williams la viziavano perché era la loro unica figlia. Quando Charlene decise di entrare in affari, i genitori le diedero quindicimila dollari da investire in un negozio di articoli da regalo a Folsom. Ma si stancò presto dell'iniziativa e lasciò l'attività. Si sposò con un uomo chiamato Craig, ma il marito se ne andò, sia perché detestava le continue interferenze dei suoceri nella sua vita matrimoniale sia perché Charlene continuava a tradirlo con altri uomini e a parlare di sesso «strano». La sua ricorrente fantasia era quella di un rapporto a tre. Inoltre non si curava del suo aspetto esteriore, era sempre spettinata, struccata e si vestiva come una hippie.

Ci fu poi un secondo marito, Gary, un eroinomane che spacciava droga e che dopo qualche settimana di matrimonio lasciò Charlene per un'altra donna. Seguì un travagliato rapporto con un uomo sposato. Charlene aveva scoperto che ciò che la eccitava maggiormente era fare l'amore con lui se l'uomo le raccontava di averlo appena fatto con la moglie. A volte gli dava appuntamento nel garage della casa dove lui viveva con la famiglia, per fare del sesso veloce e rischioso. La divertiva molto pensare che in quel momento la moglie del suo amante dormiva a qualche passo da loro. Il giorno in cui Charlene suggerì all'uomo di portare anche lei ai loro appuntamenti lui troncò spaventato la relazione.

Il 10 settembre 1977, a un mese dal suo ventunesimo compleanno, Charlene andò a comprare della cocaina in una sala da gioco a Sacramento. Poi andò in bagno per farsi un tiro e quando ne uscì di corsa andò a sbattere contro Gerald Gallego. Nessuno dei due protestò, lei perché lo vide tanto affascinante, lui perché sentì che quella ragazza vestita con gusto significava denaro. Gerald la accompagnò al parcheggio, fece i complimenti a lei e alla sua auto e la invitò a cena. Al ristorante lasciò che fosse Charlene a pagare il conto, ma si comportò da perfetto gentiluomo accendendole le sigarette, tenendole aperta la portiera dell'auto, baciandole la mano per salutarla.

Il giorno dopo le mandò dodici rose rosse con un biglietto: «A una ragazza dolcissima. Con amore, Gerald Gallego». Una settimana dopo Gerald e Charlene presero in affitto un appartamentino al numero 2067 di Bluebird Lane e andarono a vivere insieme. A trentun'anni Gerald era stato arrestato ventisette volte e ne aveva passati sei in prigione.

Per qualche tempo Gerald e Charlene ebbero un discreto rapporto matrimoniale anche se le occasioni di litigi e discussioni violente non mancavano. Soprattutto quando Gerald ricordava le entusiastiche descrizioni che Charlene gli aveva fatto del suo rapporto sessuale con il boyfriend di colore. Gerald odiava i negri quasi quanto le prostitute. In quei casi Gerald chiamava Charlene «la prostituta del negro» e anche davanti agli amici le chiedeva particolari sulla lunghezza del pene del suo ex fidanzato.

Gerald era un accanito lettore e, oltre alla letteratura classica, si interessava di tutti i libri che parlavano di processi. Questa sua passione lo aveva aiutato a risolvere alcuni dei problemi legali. Aveva un fisico solido, spalle larghe, braccia e gambe muscolose, un collo corto ma forte. Ciò che impressionava di più erano i suoi occhi, profondi, scuri, sempre freddi. Non aveva mai avuto bisogno di corteggiare le donne che si innamoravano di lui al primo sguardo. Aveva la reputazione di essere un grandissimo amatore, un uomo che sapeva come soddisfare i desideri femminili prima di pensare ai propri. Ovviamente c'era anche chi lo considerava un maniaco perverso, amante soltanto del sesso violento e non convenzionale. Gerald aveva spiegato a Charlene che a causa dei suoi terribili parenti (oltre al padre anche uno zio e tre cugini erano stati condannati per omicidio) sentiva di avere dentro di sé un diavolo che era cresciuto insieme a lui.

Un pomeriggio d'estate del 1978 Gerald tornò a casa dal lavoro prima del solito e trovò Charlene a letto con una ragazza di sedici anni conosciuta in un locale dove ballava e che lui stesso aveva sedotto. L'aveva portata a casa una sera e Charlene era stata felice di condividere con lei le performance sessuali del marito. Ma quando Gerald vide le due donne abbracciate sul suo letto matrimoniale andò su tutte le furie. Prese la ragazza e la lanciò dalla finestra, fortunatamente si trovavano al primo piano, e poi picchiò la moglie a sangue. Da quel momento non riuscì più ad avere rapporti sereni con Charlene. Aver scoperto le sue inclinazioni omosessuali gli creava grossi problemi di erezione a meno che lei non si sottoponesse a rapporti anali che però non amava. Queste difficoltà durarono un mese nel quale Charlene abbandonò Gerald per una settimana e andò a stare dai suoi genitori. Lui si consolò con una cameriera dai capelli rossi e Charlene tornò di corsa a casa, ossessionata dalla gelosia e dal desiderio di trovare una soluzione per l'improvvisa impotenza di Gerald.

Il 17 luglio 1978, per il trentaduesimo compleanno del marito, Charlene invitò a casa la figlia quattordicenne di Gerald, Sally Joe, e una sua coetanea. Charlene scoprì così che gli amplessi con la figlia risvegliavano sessualmente il suo compagno e anche lei si unì all'orgia. Ormai aveva capito qual era la cura per Gerald: procurargli delle giovanissime schiave sessuali. Discussero insieme dei dettagli e due mesi dopo erano pronti per il primo tentativo.

La mattina del 12 settembre 1978 Gerald svegliò Charlene alle sette con un doloroso colpo di gomito ai fianchi e le disse: «Alzati puttana! Lo faremo oggi!». Consumarono l'abituale colazione con uova, bacon, toast e caffè che Gerald preparò personalmente, poiché Charlene era una pessima cuoca, e poi presero le armi che avevano acquistato recentemente. Salirono sul furgone e si diressero verso il Country Club Plaza di Sacramento, un grande centro commerciale. Mentre cercava un posteggio, Gerald le diede le istruzioni da seguire: «Io verrò con te a scegliere le ragazze, poi tornerò qui e mi nasconderò nel retro del furgone. Quando le avrai convinte a salire in macchina, uscirò e le minaccerò con la pistola. Tu allora dovrai chiudere loro la bocca con il nastro adesivo e guidare verso le montagne. Okay?».

«Sì, papà» disse lei. L'aveva sempre chiamato così per lo stesso motivo per cui si vestiva e si atteggiava come la figlia che Gerald adorava.

Il centro commerciale era affollato di giovanissimi perché le scuole erano ancora chiuse per le vacanze estive. Dopo qualche giro di ricognizione Gerald sussurrò a Charlene: «Eccole. Voglio quelle». Lei seguì il suo sguardo e vide due ragazze di fronte al banchetto dove si vendevano gli hot dog. Erano entrambe molto giovani e carine con jeans attillatissimi e top ridotti.

«Vanno benissimo. Faranno qualsiasi cosa. Vai a prenderle» disse Gerald prima di tornare al parcheggio. Charlene si avvicinò al banchetto degli hot dog e cominciò a leggere il menu. La più alta delle ragazze le diede qualche consiglio sulla scelta del panino e cominciò a chiacchierare. Disse di chiamarsi Kippi Vaught e la sua amica Rhonda Scheffler, rispettivamente di sedici e diciassette anni. Entrambe somigliavano in qualche modo a Charlene che a sua volta ricordava la figlia di Gerald. Erano quindi la scelta giusta. Qualche minuto dopo la conversazione cadde sulle droghe e le ragazze proposero uno scambio di sostanze.

«Ho la roba nel furgone, volete venire?» chiese Charlene. Le ragazze la seguirono. Kippi Vaught disse di essere scappata dalla sua casa in Nevada e di essere andata ad abitare dalla sua amica che era sposata. Charlene aprì lo sportello posteriore e le fece entrare nel furgone. Quando entrambe si furono accomodate, la portiera si aprì di nuovo e apparve Gerald che, puntando una calibro 25 automatica, ordinò loro di non fiatare.

«Chiudi loro la bocca con il nastro adesivo e lega polsi e caviglie con la corda» ordinò a Charlene. Poi le disse di guidare verso la Sierra Nevada, fino a Baxter. Erano le cinque del pomeriggio quando si fermarono in un sentiero isolato.

«Adesso vi toglierò il nastro adesivo e vi libererò le caviglie» disse alle ragazze. «Mi seguirete fino a quel bosco e poi farete sesso con noi, separatamente e insieme. Se eseguirete esattamente ciò che vi diremo, domani mattina dormirete nel vostro letto. Se griderete o rifiuterete di cooperare vi uccideremo. D'accordo?» Le ragazze, con gli occhi pieni di terrore, annuirono.

«Bene, spogliatevi!» ordinò ancora Gerald dopo averle liberate.

Cinque ore dopo Gerald e Charlene erano esausti e le ragazze stremate e piene di paura.

«Adesso sali sul furgone e torna a Sacramento» disse Gerald. «Fai in modo di essere vista e poi vieni a prenderci.» Si fidava totalmente di Charlene se le aveva fatto una tale richiesta. Lei avrebbe potuto non farsi più viva, o rimanere coinvolta in un incidente e raccontare tutto alla polizia. Ma Charlene ritornò e trovò le ragazze con gli abiti sporchi e i capelli pieni di terra e aghi di pino. Capì che Gerald aveva continuato ad abusare di loro, ma non disse nulla, aprì lo sportello e i tre entrarono nel furgone. Gerald le diede le indicazioni da seguire, mentre scherzava e rideva per rassicurare le ragazze sul loro destino. Charlene imboccò la Old Jackson Road verso Sloughouse e quindici minuti dopo lui le disse di prendere un sentierino che veniva usato soltanto dai trattori.

«Bene, ragazze, fuori dalla macchina» ordinò Gerald minacciandole con la pistola. Poi disse che le avrebbe condotte in una baracca e legate di nuovo ma non troppo, in modo che avrebbero potuto liberarsi e cercare un passaggio per tornare a casa. Si incamminarono attraverso i campi.

«Vai avanti e non voltarti indietro» disse alla prima e le sparò alla schiena. Subito dopo colpì l'altra alla testa con una sbarra di ferro. Stava raggiungendo la macchina quando udì un lamento e allora capì che una delle ragazze non era morta, quindi tornò sui suoi passi e completò il lavoro.

Il giorno dopo due contadini che lavoravano nel ranch di Marcello Silvero percorrevano la Sloughouse Road aspettando un passaggio per raggiungere Sacramento. Uno dei due, Alfredo Oregal, notò qualcosa in un fossato in mezzo ai campi, a un centinaio di metri dalla strada.

«Che cos'è quella roba?» chiese.

Samuel Ochoa disse che gli sembrava un mucchio di vestiti vecchi. «Andiamo a vedere» disse Alfredo «magari c'è qualcosa che può essere ancora utilizzato.» Mentre Samuel aspettava sulla strada l'amico andò a controllare e quando vide che si trattava del corpo di una ragazza rimase senza parole.

«Di che si tratta?» gridò Samuel.

«Un cadavere. Una ragazza con lunghi capelli neri» rispose lui inorridito. Per qualche minuto i due uomini pensarono al da farsi. Non volevano essere coinvolti in un omicidio ma non potevano neppure ignorare il cadavere. Decisero allora di andare a riferire la scoperta a Enrique Oregal che parlava bene l'inglese e poteva avvertire la polizia. Enrique volle andare prima a vedere di che si trattava e quando tornarono sul luogo i tre uomini guardarono pietrificati la scena: i corpi erano due!

Un quarto d'ora dopo arrivavano l'ambulanza e due auto della polizia. I cadaveri furono portati all'obitorio per l'autopsia. Entrambe le ragazze erano state violentate e sodomizzate e avevano segni di morsi sul seno e sui glutei. Una di esse era stata colpita da una sbarra di ferro e poi entrambe erano morte sotto i colpi di una calibro 25. La seconda era incinta. Il medico legale stabilì che i segni di denti lasciati sui corpi delle vittime appartenevano a due persone diverse.

Dopo gli omicidi Gerald pensò che il modo migliore di assicurarsi il silenzio di Charlene fosse quello di sposarla. Quindi, il 30 settembre 1978, Charles e Mercedes Williams andarono a Reno per assistere, per nulla convinti, al matrimonio della loro unica figlia con Gerald Gallego.

Charlene, con l'aiuto del padre, trovò un impiego in un supermercato. Come regalo di nozze i genitori di Charlene offrirono a Gerald una Triumph del 1974 e lui, per ringraziarli e dimostrare la sua buona volontà, accettò un lavoro come barista dalle quattro del pomeriggio alle due del mattino in un locale. Charlene tornava a casa alle cinque, puliva e riordinava, preparava i sandwich per il pranzo del giorno dopo, faceva un sonnellino o andava a Sacramento a trovare i suoi genitori. A mezzanotte raggiungeva Gerald e aspettava che finisse il turno. Poi entrambi andavano a cena. Spesso durante il weekend la coppia visitava la famiglia di Gerald. Lorraine viveva a Chico in una stamberga lurida insieme all'ultimo marito, Ed Davies, e alla nipotina Sally Joe. Ma durante l'ultima visita della coppia, Sally Joe decise che era arrivato il momento di raccontare a Ed Davies i rapporti sessuali a cui il padre l'aveva costretta da quando aveva sei anni.

L'uomo sembrò come impazzito. Amava teneramente Sally Joe, l'aveva allevata come una figlia e adesso aveva intenzione di uccidere Gerald. Lorraine riuscì a impedirglielo chiudendolo a chiave nella camera da letto e consentendo a Gerald e Charlene di fuggire. Prima però insultò il figlio e gli chiese perché non le avesse detto che aveva quel tipo di problemi con la ragazzina.

Gerald rispose: «Volevo soltanto dimostrarle quanto la amavo». E poi balbettando continuò: «Lei mi aveva detto di capire... lo so, non è stata una cosa giusta ma l'ho fatto per amore». Mentre lui cercava di spiegarsi, Ed aveva avvertito la polizia telefonando dalla sua stanza. Gli agenti arrivarono quando Gerald e Charlene erano già ripartiti. Fu comunque emesso un mandato di cattura per Gerald Gallego, responsabile di abuso nei confronti della figlia minorenne e di una sua coetanea. Quando la madre di Charlene venne a sapere quanto era successo decise di informarsi sul passato del genero e andò alla polizia. Scoprì quindi che Gerald, oltre che essere un molestatore di ragazzine, aveva commesso ogni sorta di reato.

Dopo la fuga da casa della madre, Gerald guidò fino allo sfinimento e infine si fermò in un motel. Ma era di umore nero e ogni tanto si prendeva la testa fra le mani e singhiozzava. Disse a Charlene che non poteva immaginare la sua vita senza Sally Joe, che era l'unica ragazza che avesse mai amato. Poi sembrò calmarsi e cominciò a pensare che con il furgone intestato a loro non sarebbero andati lontano. Chiese a Charlene di andare a prendere la sua Oldsmobile e di rubare il certificato di nascita di un suo cugino, Steven Robert Feil, che voleva usare per farsi fare una patente falsa. Mentre Charlene lasciava il motel lui cominciava una lunga lettera d'amore per Sally Joe.

Gerald abbandonò l'impiego al bar e insieme a Charlene andò a visitare i genitori di lei. Charles Williams gli trovò un lavoro come autista di uno dei camion che portavano la carne al supermercato per undici dollari l'ora. Ma Gerald odiava doversi alzare alle sei del mattino per andare a lavorare, quasi quanto odiava che qualcuno gli dicesse cosa dovesse o non dovesse fare. Inoltre non gli restava tempo per i soliti furti o per il poker serale. «Praticamente è come se fossi rimasto in prigione» disse alla moglie.

Ormai aveva una doppia identità, sul lavoro si faceva chiamare Steven Feil mentre tra gli amici Gerald e Charlene erano i Gallego.

Le indagini sugli omicidi di Kippi Vaught e Rhonda Scheffler si concentrarono su due uomini di colore che diversi testimoni avevano visto caricare le ragazze su un'auto marrone. I detective individuarono il proprietario della Firebird scura notata da tante persone, ma l'uomo aveva un alibi di ferro e le indagini ricominciarono da capo.

Dall'inverno del 1978 i problemi di impotenza di Gerald ricominciarono ad angustiare Charlene. Ormai non era più possibile invitare Sally Joe per tirarlo su di morale e lei, per quanto si desse da fare, non otteneva alcun risultato. Il loro rapporto si stava rapidamente deteriorando e i litigi erano frequentissimi. Una sera che Charlene desiderava fare sesso con Gerald, ma non c'era modo di fargli avere un'erezione, lo insultò dicendogli che non era un vero uomo. Gerald la colpì alla tempia con tale forza da fratturarsi un dito. Normalmente a questo punto Charlene avrebbe ceduto all'amore e alla paura, e avrebbe chiesto al marito di perdonarla, invece prese il manico di un aspirapolvere e cominciò a colpirlo mentre lui faceva lo stesso con una scopa. La discussione finì con Gerald che le puntava la 357 Magnum alla tempia. Improvvisamente si aprì la porta e Mercedes Williams entrò ordinando al genero di abbassare l'arma. Poi gliela strappò di mano e lo colpì alla testa con il calcio della pistola provocandogli una profonda ferita. Venti minuti dopo Gerald si era calmato e le due donne lo avevano lavato e bendato.

Alle tre e mezzo del mattino del 24 giugno 1979 Gerald svegliò Charlene con la solita gomitata ai fianchi. «Svegliati, puttana! Oggi lo rifaremo!» Poiché era domenica l'uomo pensò di compiere le sue ricerche alla Washoe County Fair a Reno, la fiera annuale del Nevada con corse di cavalli, gare di ogni genere, competizioni culinarie e giostre. Gerald e Charlene arrivarono alle dieci del mattino, parcheggiarono il furgone e andarono in uno dei ristoranti a fare colazione. Quando Gerald scorse una bella ragazza che si aggirava sola fra le bancarelle mandò Charlene in avanscoperta. Lei provò ad attaccare discorso con la giovane che si limitò a fare un sorriso per poi proseguire. Charlene riprese a parlare alla sosta successiva, ma questa volta la ragazza le disse di girare al largo. Charlene non riusciva a trovare i soggetti giusti. Ed era spaventata perché sapeva che Gerald se la sarebbe presa con lei.

Finalmente vide due ragazze sole che avevano l'aria di essere scappate di casa e si rivolse loro: «Volete guadagnarvi velocemente venti dollari?» chiese.

«Di che cosa si tratta?» si informarono loro.

«Niente di difficile. Semplicemente mettere dei foglietti pubblicitari sulle macchine del parcheggio» spiegò Charlene.

«Allora va bene» dissero le ragazze e si presentarono. Erano Brenda Judd e Sandra Colley, di quattordici e tredici anni.

«Andiamo a prendere gli annunci» disse Charlene dirigendosi verso il parcheggio. Da lontano vide Gerald vicino al furgone e spiegò a Brenda e Sandra che era il suo boss che la aspettava.

Quando Gerald le vide arrivare tirò fuori la pistola e disse: «Bene ragazze, questo è un rapimento. Entrate in macchina e non fiatate». Prese alla sprovvista e terrorizzate, Brenda e Sandra scoppiarono a piangere e Charlene dovette chiudere loro la bocca con il nastro adesivo.

Mentre Charlene guidava il furgone Gerald decise di togliere il nastro dalla bocca delle ragazze, ma non fece quasi in tempo a farlo che Brenda gli vomitò addosso. Charlene staccò un braccio dal volante e diede un manrovescio alla poveretta mentre Gerald si toglieva la camicia e gliela gettava in faccia ordinandole di pulirla. L'altra piangeva silenziosamente. Charlene attraversò il deserto e alle nove di sera erano a metà strada tra Reno e Lovelock. Mentre continuava a guidare, ormai esausta, si accorse dallo specchietto retrovisore che Gerald aveva cominciato ad abusare delle ragazze.

«Che cosa stai facendo?» gridò.

«Tu che cosa pensi?» rispose lui ridacchiando. Con rabbia Charlene gli disse che avrebbe dovuto aspettarla e che adesso si sarebbe fermata. Gerald le ordinò di proseguire minacciandola con la pistola. Ma quando Charlene sentì che il marito aveva ripreso a toccare una delle ragazze frenò improvvisamente mandando Gerald e le due vittime a sbattere contro gli sportelli. L'uomo si era ferito ai genitali e alla testa e, sceso dal furgone, urlava e bestemmiava. D'un tratto imbracciò il fucile e fece fuoco verso Charlene che evitò per un soffio di venire ferita, e a sua volta sparò con la pistola. Dimostrò di avere migliore mira perché il marito fu colpito al braccio. Gerald sparò ancora mancandola e poi si accasciò a terra.

«Sono ferito, baby! Sono ferito!» si lamentava.

Charlene gli fu subito vicino e cercò di consolarlo dicendogli che la pallottola lo aveva soltanto colpito di striscio al braccio. Poi entrambi si ricordarono delle ragazze e corsero a controllare, sicuri che avessero approfittato della loro distrazione per scappare. Invece erano ancora lì, rannicchiate e tremanti nel furgone. Ripartirono e si diressero a Humboldt Sink, vicino a un lago preist... mezzo al deserto.

Per un'ora Charlene ebbe ... con entrambe le ragazze mentre Gerald, ch... colpo ai genitali, si limitava a guard... udire il grido che Charlene sempre ... un orgasmo e ancora di più quando la ... [?]ere i glutei e i capezzoli delle due vittime. ... condusse una per volta in un luogo riparato dove le ... [?]endole alla testa con un martello. Infine scavò una fossa ... sabbia e vi depose i corpi.

Quando Brenda e Sandra erano state rapite stavano aspettando la sorella di una di loro, Frances, che doveva incontrarle all'ingresso della fiera. Frances attese e poi cominciò a cercarle fra le bancarelle. Alla fine andò a denunciare la loro scomparsa al dipartimento di polizia di Reno. Che le ragazzine fossero scappate era fuori discussione perché nessuna di loro sembrava avere problemi personali o con la propria famiglia, nessuna faceva uso di droghe o liquori. La polizia interrogò tutti gli impiegati che lavoravano alla fiera e si fecero avanti decine di persone che affermavano di aver visto le ragazze con questo o con quell'uomo.

I giornali non riportarono la notizia del ritrovamento dei corpi, e Gerald volle festeggiare portando Charlene in vacanza. Avrebbero fatto visita ai suoi genitori nell'Oregon. Charlene gli confessò di essere rimasta incinta. Sapeva quanto quest'incidente avrebbe disturbato Gerald, ma stavolta lui non si arrabbiò, non la colpì neppure, le ordinò semplicemente di abortire al più presto perché dovevano partire. Charlene si sottopose all'intervento la mattina seguente e per tutto il giorno il marito fu gentile con lei, cucinandole i suoi piatti preferiti e accarezzandole la testa. Il vero motivo dello stato d'animo gioioso di Gerald era un incontro che aveva fatto. Mentre in ospedale aspettava che la moglie uscisse dalla sala operatoria, aveva conosciuto una deliziosa infermiera svedese, Hannelore, e aveva preso un appuntamento per la sera successiva.

Quando Gerald e Hannelore ebbero il loro primo rapporto sessuale ne ricavarono un tale appagamento da voler ripetere l'esperienza tutte le sere. Gerald si giustificò con Charlene dicendole che l'infermiera aveva cinquemila dollari in banca ed era sua intenzione appropriarsene. Per questo doveva andare via di casa per un paio di mesi, ma una volta presi i soldi potevano finalmente trasferirsi in Texas, comprare un bar-dancing e vivere felici per sempre. Naturalmente Charlene non fu d'accordo. Non ammetteva che il marito avesse ra[illegible]rti sessuali con altre donne se non in sua presenza. Gerald le disse c[illegible]oppo non si poteva parlare di sesso con l'infermiera visto che no[illegible] avere un'erezione. Charlene credette in parte alla bugia ma [illegible]ianse, protestò e gridò perché non voleva essere lasciata so[illegible]tte, ma chiese a Gerald di chiamarla ogni giorno.

Nei successivi tre mesi Gerald visse [illegible] da vista sul fiume, dormì tra lenzuola di [illegible] profumi nell'aria e gustando la colazione a let[illegible] scoperto l'amante perfetto e non voleva perderlo, qu[illegible]a splendi- di attenzioni a patto che non uscisse mai di casa. La de[illegible]icati avere rapporti con lui al mattino prima di andare al lavoro, nella pausa del pranzo e naturalmente la sera.

Al telefono Charlene continuava a chiedere al marito se le stesse mentendo a proposito dei contatti fisici con l'infermiera, ma Gerald le spiegava che l'unico rapporto che avevano era mentale, perché Hannelore era un'intellettuale con scarso interesse per il sesso. Una sera Gerald raccontò a Hannelore una storia drammatica. Le disse di essere coinvolto con la mafia e di dover restituire quindicimila dollari che aveva perso al gioco a Las Vegas. Ma non li possedeva, ed era fuggito. Adesso temeva per la sua vita.

«Nessuno oserà fare del male al mio bambino!» disse lei. E poi chiese: «Quanto ti serve?».

In un mese il conto di Hannelore fu prosciugato, la sua macchina venduta e la casa ipotecata. Poi la donna accompagnò Gerald all'aeroporto dove avrebbe preso il volo per Las Vegas per restituire il denaro. Lui finse di partire, invece andò a Sacramento, salì su un taxi e si fece condurre nell'appartamento di Hannelore. Qui preparò le valigie, prese un altro taxi e avvertì Charlene che stava tornando.

La moglie gli aveva preparato una sorpresa: si fece trovare nuda in mezzo alla stanza, con i peli del pube rasati, i capelli tagliati come li portava Sally Joe e i capezzoli dipinti col rossetto.

«Sally Joe!» mormorò Gerald abbracciando Charlene. E continuò a chiamarla così facendo l'amore con lei per tutta la notte.

Quando il giorno successivo Charlene chiese la sua parte dei soldi sottratti all'infermiera, Gerald disse che li aveva nascosti e che quando avessero trovato finalmente il bar da acquistare li avrebbe tirati fuori. Finalmente fecero il viaggio programmato nell'Oregon da alcuni parenti di Gerald. Ma la gita fu un disastro, Charlene si sentì a disagio nella fredda e sporca casa. Abiti sudici e piatti sporchi dappertutto. Nove adulti e sei bambini che vivevano in promiscuità in due stanze mentre Gerald e Charlene dovevano accontentarsi di dormire nel loro gelido furgone.

Nel luglio del 19... loro come autista di camion per un'a... quel mese acquistò una 357 Ma-
...formidabile. Perse ancora una volta
numerose assenze ma continuò a portare
contava a Charlene che si trattava di vincite al
credeva ma non gli faceva domande.
trovò un'altra occupazione: capo barista al Muskogee Joès
un grande locale che aveva anche la sala da ballo e la piscina a
la strada tra Sacramento e Rio Linda. Questa volta il lavoro gli pia-

ceva, ma ciò nonostante piombò in una profonda depressione quando si accorse di avere un nuovo problema sessuale: adesso, anche se aveva un'erezione, non riusciva a eiaculare. Anche Charlene ebbe il suo periodo nero. Era di nuovo incinta e andò ad abortire a San Francisco visto che a Sacramento c'era il rischio di incontrare l'infermiera svedese. Risolto il suo, Charlene cercò di occuparsi del problema che affliggeva Gerald, ma non riuscendo a fare nulla personalmente, pensò che l'unica soluzione fosse quella di procurarsi nuovamente delle schiave sessuali.

Il 24 aprile 1980, dieci mesi dopo gli ultimi omicidi, Gerald e Charlene parcheggiarono il furgone vicino alla Tower Records di Sacramento, proprio di fronte al Country Club Plaza dove un anno e mezzo prima avevano rapito Kippi Vaught e Rhonda Scheffler. Cercarono le loro vittime nel grande negozio di dischi, ma senza risultati. Si fermarono allora al Sunrise Mall, un centro commerciale. Individuarono subito due ragazze che portavano abiti provocanti e sembravano molto disinibite. Erano ferme davanti alla vetrina di un negozio e avevano in mano le buste dei recenti acquisti. Charlene le avvicinò proponendo loro un party di compleanno per il suo fidanzato, completo di alcol e droga.

Stacey Ann Redican era una biondina scappata di casa, disse che i suoi genitori vivevano nel Nevada, ma non si curavano troppo di lei. Adesso abitava dalla sua amica, Karen Twiggs, ed entrambe stavano programmando un viaggio a Los Angeles dove volevano lavorare come attrici nei film porno. Quella sera avevano appuntamento con la madre di Karen, che comunque non si sarebbe preoccupata molto non vedendole apparire perché era già successo altre volte.

Seguirono Charlene fino al furgone dal quale sbucò Gerald con un grande sorriso e una pistola pronta a fare fuoco. «Questo è un rapimento, ba... Fate quello che vi diremo e non succederà niente. Gridate o cercat... e vi uccido entrambe» disse.

Karen e Stacey n... la cosa sul serio e si misero a ridere. Soltanto quando Charl... i polsi con una corda cominciarono a sospettare che non ... scherzo. Gerald, che era alla guida, imboccò l'Interstat... Poi si fermò da Sears dove acquistò un martello. Infine ... in un campeggio deserto al Limerick Canyon.

Le ragazze non erano ancora certe che ... e quando Charlene tolse loro i cerotti dalla b... di cocaina. Charlene sapeva che Gerald odiava... la bottiglietta. M... gava ed era indecisa se tirare fuori la bottiglietta.

se che forse avrebbe reso le vittime più vivaci e le permise di offrire loro la cocaina.

Alle due e mezzo di notte Charlene, sfinita, tornò al furgone mentre Gerald si approfittava un'ultima volta di Stacey. Poi l'uomo si accese una sigaretta mentre le ragazze, che presentivano il pericolo, gli dissero che si erano divertite moltissimo e che sarebbero state a disposizione per altre serate. Gerald rimase colpito dalla proposta e andò nel furgone a discuterne con Charlene.

«Papà, non dobbiamo ucciderle» disse lei. «Non lo diranno a nessuno, ne sono sicura.»

«Lo credo anch'io. Ma pensa se la polizia le prende perché sono scappate di casa. Racconterebbero di essere state con noi. E forse la polizia potrebbe collegarci con le altre ragazze scomparse. No, dobbiamo farlo.»

Gerald uscì di nuovo all'aperto e disse alle ragazze che aveva deciso di passare la notte lì, ma prima voleva accendere un bel fuoco. Chiese a Karen di accompagnarlo a cercare la legna e dopo qualche minuto tornò solo. «Andiamo Stacey, Karen ha bisogno del tuo aiuto» disse all'altra ragazza. Ma Stacey non voleva camminare con le braccia legate. Gerald, per non perdere altro tempo, se la caricò sulle spalle e nonostante lei si dibattesse disperatamente riuscì a portarla nel luogo dove aveva ucciso Karen con il martello e le fece fare la stessa fine.

Gerald e Charlene passarono il resto della notte nel furgone e il giorno dopo raggiunsero Stateline sul lago Tahoe dove si fermarono in un motel. Fecero un bagno caldo e piombarono in un sonno ristoratore fino al pomeriggio seguente. Poi andarono a giocare al casinò. Alla fine tornarono in camera e dopo tanto tempo fecero del sesso «normale» godendo entrambi.

Stacey si era sbagliata affermando che la madre della sua amica non si sarebbe preoccupata. La donna aspettò alcune ore e poi andò a denunciare la scomparsa al dipartimento di polizia di Sacramento. La polizia cominciò le indagini. Arrivarono decine di telefonate di persone che affermavano di aver visto le due ragazze, ma la verità venne fuori quando il cane di una famiglia che faceva un picnic vicino a Lovelock si mise ad abbaiare furiosamente contro qualche cosa. Pensando che si trattasse di un rettile i padroni andarono a controllare, ma quello che videro tra i denti della bestiola era un braccio umano. Fu così che la polizia scoprì i corpi di Karen Twiggs e Stacey Redican.

Tre settimane dopo Charlene si accorse di essere di nuovo incinta. Aveva paura di dirlo a Gerald, ma inaspettatamente questa volta il marito fu contento della notizia e le disse che poteva tenere il bambino. L'eccitazione per la novità durò poco e presto Gerald ricadde in depressione e cominciò a passare le giornate sdraiato a letto a guardare il soffitto o i cartoni animati alla televisione, mentre Charlene sedeva sul pavimento accanto a lui bevendo gin e prendendo droghe di ogni tipo. Entrambi avevano continuato a chiedersi se fosse stato proprio necessario uccidere le ultime due ragazze. Poi, una sera Gerald guardando dalla finestra si accorse che lo sportello posteriore del furgone Dodge era aperto.

«Ehi, hai lasciato lo sportello aperto?» chiese a Charlene.

«No di certo. Perché?»

«Perché è aperto.»

Andarono a controllare e quando furono all'interno del veicolo sentirono passare sulla loro testa un vento gelido. Chiusero lo sportello e tornarono a casa terrorizzati. Pensarono che gli spiriti delle ragazze uccise fossero tornati per tormentarli.

Nelle settimane seguenti Gerald continuò a lavorare al Muskogee Joès. Charlene lo accompagnava e tornava a prenderlo alle due di notte. Da qualche tempo non stava bene, aveva delle terribili nausee che la assalivano al mattino e la lasciavano spossata e svuotata. Nulla la interessava più, lasciò perfino il lavoro e chiese dei soldi in prestito ai genitori per aiutare Gerald. Poi lui le comunicò una strana decisione. Voleva sposarla di nuovo, ma questa volta usando il nome Feil con cui ormai venivano chiamati sia al lavoro sia dai vicini di casa.

I genitori di Charlene assistettero perplessi anche a questo secondo matrimonio che ebbe luogo il 1° giugno 1980 a Reno. Poi Gerald disse alla moglie di preparare le valigie perché avrebbero trascorso la luna di miele nell'Oregon. Lei non aveva voglia di partire a causa dei continui malesseri, ma era troppo debole per protestare. Passò quindi mezza giornata a fare i bagagli. La mattina dopo, mentre Charlene non faceva che vomitare, i due partirono per la vacanza.

Passarono alcuni giorni vicino Gold Beach pescando e passeggiando, e il 7 giugno ripresero il viaggio. Mentre guidava, Gerald fu colpito da un'autostoppista. Era carina e visibilmente incinta. Lui fermò il Dodge e disse a Charlene che aveva deciso di servirsi della ragazza per superare la sua fobia verso le donne incinte. Si sporse dal finestrino e offrì a Linda Aguilar, così disse di chiamarsi, un passaggio. Lei accettò. Quando Gerald vide un luogo adatto, solitario e fuori mano, le chiese se le dispiaceva aspettare che lui e Charlene andassero a riprendersi delle cose che avevano usato in un precedente campeggio e poi dimenticate. Linda disse di non avere fretta.

Gerald uscì dall'auto, prese la sua Magnum dal portabagagli e tornò indietro per puntarla alla tempia della ragazza: «Sdraiati sul pavimento a faccia in giù. Questo è un rapimento!» le ordinò.

Linda cominciò a singhiozzare, ma poi improvvisamente raccolse tutte le sue forze e colpì con la testa i genitali di Gerald. Quando Charlene si accorse di cosa era successo prese la ragazza per i capelli e le fece sbattere la testa più volte contro lo sportello. Gerald disse in seguito che non aveva mai visto Charlene così furiosa contro qualcuno. Linda si lamentava chiedendo pietà per il bambino che stava per nascere e per quello di tre anni che aveva lasciato a casa. Senza lasciarsi impietosire Gerald le ordinò di spogliarsi.

Quando entrambi ebbero soddisfatto ogni perverso desiderio fecero rivestire la ragazza e guidarono fino a una zona isolata e rocciosa presso Gold Beach. Gerald condusse Linda dietro un grosso masso e con una pietra le spaccò il cranio. Poiché la donna continuava a lamentarsi, la strangolò a mani nude. Poi scavò una fossa e ci fece cadere il corpo senza vita della vittima.

Il compagno di Linda, un pescatore, denunciò la scomparsa della ragazza il giorno dopo. Disse che ultimamente era molto nervosa sia per la gravidanza che per le attenzioni che richiedeva l'altro figlio di tre anni; i loro amici raccontarono che ultimamente i due non facevano che litigare. Linda era una ragazza indipendente, che spesso faceva l'autostop, e la polizia pensò che la ragazza se ne fosse semplicemente andata di casa.

Quindici giorni dopo, il 22 giugno 1980, una coppia di turisti tedeschi, Arel Kohnen e sua moglie Carmen, arrivarono a Gold Beach con la loro automobile verso le sette di sera. Aprirono la portiera per lasciare libero il loro cagnolino. Il cane cominciò a correre sulla spiaggia, ma poi si fermò in un punto preciso e iniziò ad abbaiare furiosamente. Fu così che i due turisti scoprirono il cadavere di Linda Aguilar. Il medico legale che eseguì l'autopsia trovò sabbia nei polmoni da cui dedusse che la donna era stata seppellita mentre era ancora in vita. Ma aveva le mani e i piedi legati e non aveva potuto salvarsi.

Quando tornarono a Sacramento, la salute di Charlene peggiorò. Aveva la febbre e non faceva che tremare. Gerald decise di ricorrere a una donna che praticava la magia vudu. Le chiese di allontanare gli spiriti cattivi dalla sua casa. E quando più tardi tornò da Charlene la trovò in cucina, affamata, rinvigorita e sfebbrata. E se lei lo guardò con gratitudine quando ebbe ascoltato cosa aveva fatto per farla stare meglio, Gerald si sentì ancora più oppresso dall'angoscia di aver verificato che effettivamente qualche diavolo maligno viveva dentro di lui.

Ma presto le discussioni, le botte, i terrificanti litigi ricominciarono tanto che i vicini furono costretti a chiedere l'intervento della polizia per due volte. Queste visite preoccuparono Charlene che temeva di essere arrestata per disturbo della quiete pubblica e di vedere la sua casa ispezionata. Ma, nonostante tutto, i diverbi continuarono e una mattina Gerald gettò il piatto della colazione sul pavimento e diede uno spintone alla moglie mandandola a sbattere contro il lavello della cucina. Quando la vide accasciarsi in terra tenendosi il ventre con le mani scoppiò a piangere e corse ad abbracciarla, poi la sollevò e la portò sul letto rimanendo accanto a lei per chiederle infinite volte perdono.

Qualche giorno dopo andarono a cercare altre vittime in bar e sale da ballo, ma senza risultati. Tornati a casa delusi, cercarono di fare l'amore ma non ci riuscirono. Ripresero la ricerca i giorni successivi, sempre inutilmente. La frustrazione divenne quasi insopportabile. Si stava avvicinando il compleanno di Gerald, e Charlene era intenzionata a trovargli le schiave sessuali per quel giorno. Girò da sola per i negozi di dischi, le piscine pubbliche, i fast food. Di nuovo, la notte del 16 luglio riprovarono inutilmente per diverse ore a fare l'amore. Quando Gerald capì che non ci riusciva si voltò dall'altra parte e disse: «Mi dispiace, baby».

«Non essere sciocco, papà» lo rassicurò Charlene. «Non è colpa tua. In un modo o nell'altro domani troveremo qualcuno che ci aiuti... dopo tutto, è il tuo compleanno.»

Il giorno successivo Gerald volle andare a pescare e poi decisero di finire la serata al Sail Inn a giocare a biliardo. Pensavano di avere ormai rinunciato a trovare delle ragazze per la serata quando Charlene notò che la barista del locale era molto carina, magra con i capelli biondi. Fece segno al marito che annuì. Charlene attaccò discorso con la donna che disse di chiamarsi Virginia Mochel e di avere trentaquattro anni.

Gerald e Charlene uscirono dal locale un quarto d'ora prima della chiusura, poi lei tornò dentro e disse a Virginia di aver dimenticato il giubbotto. Controllò che nel locale non fosse rimasto nessuno e chiese alla donna se voleva un passaggio fino a casa. Lei rispose che aveva la sua auto parcheggiata fuori e ringraziò. Charlene e Gerald aspettarono che uscisse e le dissero che volevano vederla montare in macchina per essere sicuri che non le succedesse niente. Ma quando Virginia entrò nella sua Pinto, Gerald riaprì lo sportello e le puntò la Magnum alla tempia. La donna lo seguì fino al furgone dal quale

Charlene uscì con uno straccetto per pulire le impronte che il marito aveva lasciato sull'auto di Virginia.

Questa volta Gerald e Charlene portarono la loro vittima a casa e la torturarono fino all'alba.

«Perché non mi uccidete?» chiedeva Virginia piangendo. «Non potrei vivere ricordando quello che mi avete fatto.»

Gerald portò la donna nel furgone e la strangolò. Poi guidò fino alla baia di San Francisco e lasciò cadere il corpo dall'alto di una scarpata. Nell'oscurità non si accorse che il cadavere non era finito in acqua, ma era rimasto sulla riva dove venne trovato tre mesi dopo.

Alle quattro del mattino del 18 luglio, Bill Cannon, un cliente abituale del Sail Inn, passando davanti al locale, notò che l'auto di Virginia Mochel era ancora lì. Si fermò, vide che la porta del bar era chiusa, ma bussò ugualmente. Andò vicino all'auto di Virginia e osservò che il finestrino dalla parte del guidatore era abbassato. Pensò che la donna fosse andata a fare colazione con qualche amico. La baby-sitter che si occupava dei due figli di Virginia attese fino alle tre del pomeriggio del 18 luglio prima di chiamare la polizia. Disse che la donna non era tornata a casa dal lavoro e che non aveva dato sue notizie. Una cosa mai successa prima.

La polizia cercò negli ospedali senza risultato. Il caso fu affidato ai detective Dave Trujillo e Rick Mayoral che, fra i vari interrogatori, arrivarono anche a Bill Cannon, che lavorava al Convention Center di Sacramento e staccava a mezzanotte. Di solito passava al Sail Inn e vi rimaneva fino all'ora di chiusura chiacchierando con Virginia, di cui era un caro amico. Spesso era lui che l'aiutava a chiudere e la accompagnava a prendere la macchina nel parcheggio. Cannon disse che la sera del 17 aveva notato al bar una coppia che conosceva qualcuno dei clienti abituali. L'uomo non gli era piaciuto, beveva troppo ed era diventato offensivo. Aveva perfino dato un paio di pizzicotti sul sedere a Virginia quando la donna si era avvicinata al biliardo portando da bere ai giocatori.

«Lei l'ha scansato e gli ha detto di non riprovarci più» disse Bill al detective Trujillo. Cannon raccontò di aver fatto una partita a biliardo con quell'uomo, che era un discreto giocatore. Trujillo interrogò i clienti che secondo Cannon lo conoscevano e uno di loro disse che si trattava di un certo Feil che lavorava in un bar nella parte nord della città. I detective trovarono il numero di telefono di Steven Feil e chiamarono. Trujillo chiese a Gerald se aveva notato qualcosa di strano al Sail Inn e se rammentava una ragazza di nome Virginia Mochel che lavorava nel locale come barista. Gerald rispose che aveva giocato sempre a biliardo e non aveva fatto molta attenzione ai clienti e ai baristi, inoltre era ubriaco e non ricordava molto. Trujillo volle interrogare anche Charlene che ammise di aver parlato con la barista al Sail Inn, ma soltanto per ordinare da bere. Il poliziotto ringraziò della collaborazione e salutò.

La telefonata dell'agente preoccupò la coppia che decise di vendere il furgone e di pulire perfettamente l'appartamento nel caso la polizia avesse deciso di fare qualche ispezione. Poi vagabondarono tra l'Oregon, lo stato di Washington, il Montana e l'Idaho, pescando e campeggiando. Dopo un mese tornarono a casa più rilassati e spensierati.

Il 2 ottobre il cadavere di Virginia Mochel fu scoperto da un pescatore che passeggiava sulla riva vicino a Freeport. Il detective Trujillo esaminò il corpo che era stato gettato nell'acqua nudo e con le braccia e le gambe legate da una corda di nylon usata di solito dai pescatori. Ricordò allora che la coppia che era stata vista al Sail Inn aveva raccontato di aver trascorso il pomeriggio a pescare. Chiamò Charlene e la convocò alla stazione di polizia. Ma la donna non fu di alcun aiuto nonostante mostrasse, all'apparenza, di voler cooperare.

Il 1° novembre 1980 la coppia decise di fare un ultimo tentativo, ormai la gravidanza di Charlene era così avanzata che non le avrebbe più permesso molta libertà di movimento. Gironzolarono con l'auto di Gerald per le vie residenziali della città, e intorno all'una del pomeriggio parcheggiarono vicino al Carousel Restaurant e aspettarono in macchina. Poco dopo videro arrivare due ragazzi, Craig e Beth, mano nella mano. Lei era piccola di costituzione con lunghi capelli biondi. Il giovane era di media altezza e teneva la fidanzata alla vita. Si fermarono vicino a una Honda Civic parcheggiata in un angolo e mentre il ragazzo armeggiava con le chiavi Gerald avanzò con la Olds e affiancò la coppia. Nello stesso momento Charlene usciva dalla macchina puntando la sua pistola.

«Questo è un rapimento. Entrate nell'auto!» ordinò Gerald minacciando i due con la Magnum. Charlene strappò le chiavi dalle mani del ragazzo e le gettò sotto l'Honda.

«Per favore» disse Craig «prendete me e lasciate stare Beth.» Gerald ripeté il suo ordine e la coppia entrò in macchina. In quel momento un amico dei ragazzi, Andy Beal, si avvicinò alla Olds e si sedette davanti, accanto a Gerald.

«Che succede qua dentro?» chiese divertito.

Craig gli lanciò uno sguardo serissimo e disse: «Stanne fuori, Andy. Va' a casa, via da qui. Non ho bisogno di te».

Nello stesso momento Charlene afferrava il ragazzo per il braccio e gli gridava di uscire dalla macchina. Poiché lui, protestando, le aveva messo una mano sulla spalla, Charlene lo colpì sul viso con forza e poi si mise al volante e partì. Andy Beal riuscì a leggere la targa.

I Gallego si diressero verso Carson City, in un'area di ricreazione chiamata Bass Lake. Gerald disse a Craig di scendere dall'auto e poi gli sparò tre colpi al torace. Craig cadde in terra.

«Oh Dio!» si lamentò Beth coprendosi la faccia con le mani. Per paura che qualcuno avesse sentito gli spari Gerald e Charlene decisero di cambiare luogo e si diressero verso casa. Qui la vittima subì le solite torture sessuali per due ore e poi fu ricondotta nell'auto. Beth era sfinita e sotto shock, non emise più un lamento, non disse una parola. Gerald scese dalla macchina vicino a un fossato, scavò una buca dove trascinò la vittima e poi le sparò tre volte alla testa.

Andy Beal avrebbe voluto seguire l'auto in cui erano i suoi amici ma esitò, non era sicuro che fossero lì dentro contro la loro volontà e non voleva impicciarsi. Ma il dubbio rimase. Altri amici che uscirono dal ristorante lo convinsero a non chiamare la polizia, forse Craig aveva qualche motivo per trattarlo così e non avrebbe apprezzato la loro intrusione. Andy si sentì a disagio tutta la sera e dopo aver mangiato una pizza con la fidanzata tornò nel parcheggio, dove trovò l'Honda di Beth nello stesso posto. All'interno c'era il giubbotto della ragazza e in terra il fiore che aveva appuntato al vestito. Era l'una e mezzo del mattino e Andy andò a dormire, ma due ore dopo, non riuscendo a prendere sonno, tornò ancora una volta nel parcheggio e vedendo l'Honda fermò una macchina della polizia e raccontò tutta la storia.

Craig Miller aveva ventidue anni e si era laureato a pieni voti alla California State University di Sacramento. Da qualche tempo era fidanzato con Mary Beth Sowers, la figlia di un famoso fisico nucleare. Anche lei era una studentessa modello, ambiziosa, intelligente, già richiesta da un'importante società finanziaria. Quando Andy raccontò cosa era successo al parcheggio, gli agenti risposero che non potevano agire prima che fossero passate ventiquattro ore dalla scomparsa dei ragazzi. Andy dichiarò di essere sicuro che Beth e Craig fossero stati rapiti, ma i poliziotti risposero che non c'erano le prove. Quando Andy ripassò dal parcheggio, questa volta trovò le chiavi dell'auto di Beth sul tappetino della macchina. Tornò alla polizia e disse di voler sporgere una denuncia ufficiale per il rapimento dei suoi amici. Il detective Lee Taylor fu incaricato del caso e, insieme al collega Gene Burchett, inserì i dati della targa automobilistica nel computer, scoprendo che la Oldsmobile Cutlass del 1977 era registrata a nome di Charles e Mercedes Williams. Decisero allora di controllare a casa Williams. Mercedes disse che l'auto apparteneva alla figlia, Charlene Feil, che viveva con il marito, Steven Robert Feil, al numero 2067 di Bluebird Lane a Sacramento.

Nel frattempo un uomo che passeggiava con il figlio lungo Bass Lake Road notò degli avvoltoi che volavano in cerchio intorno a un punto preciso. Venne così scoperto il corpo di Craig Miller.

La notte del delitto Charlene era tornata a casa piena di paura perché sapeva che il ragazzo al parcheggio aveva preso il loro numero di targa. Insieme al marito pulì a fondo la macchina e ancora una volta tolse ogni traccia dall'appartamento. Gerald si disfò della pistola che aveva usato per uccidere le ultime due vittime. Il giorno dopo radunarono i vestiti sporchi e si diressero verso la casa dei genitori di Charlene per usare la loro lavatrice. Parcheggiarono a un isolato di distanza e, mentre si dirigevano dai Williams con il pesante sacco dei vestiti sporchi, scorsero la macchina della polizia davanti all'ingresso. Passarono dalla porta posteriore e Mercedes, che li aveva visti dalla finestra, aprì prima ancora di sentirli bussare.

«C'è la polizia» mormorò la donna. «Andate via e chiamate più tardi.» Chiuse quindi la porta prima che Charlene potesse dire qualcosa.

La coppia tornò nell'auto e raggiunse una stazione di servizio per fare un piano. Gerald disse che Charlene doveva tornare a casa dei genitori e scoprire esattamente cosa volevano i poliziotti.

«Può darsi che sia per quel vecchio mandato di cattura a causa di mia figlia... forse non si tratta di altro» suggerì Gerald. Charlene acconsentì e gli chiese di telefonarle lì dopo mezz'ora.

I detective Burchett e Taylor stavano ancora interrogando Mercedes Williams a proposito della Oldsmobile quando l'auto apparve davanti all'ingresso della villetta. «Ecco mia figlia» disse la donna.

Gli agenti chiesero alla ragazza dove fosse stata la sera prima e Charlene rispose che era talmente ubriaca da non ricordare più niente. «Credo che io e mio marito siamo andati al cinema e poi da qualche parte a bere, ma non ricordo dove. Comunque non eravamo con questa macchina, ma con la sua Triumph.»

Quando mezz'ora dopo il telefono squillò, Charlene balzò in piedi affermando che aspettava una chiamata della nonna. Gerald le chiese se i poliziotti le avessero letto i suoi diritti e, quando seppe che ciò non era avvenuto, le disse di non preoccuparsi perché non l'avrebbero arrestata. Poi le disse di andare a prenderlo al Red Sails quando gli agenti se ne fossero andati. I detective che avevano riconosciuto in Charlene la ragazza descritta da Andy Beal vollero controllare la Oldsmobile e si resero conto che la macchina era stata lavata dentro e fuori di recente. La targa era la stessa indicata da Beal. I poliziotti ordinarono a Charlene di rendersi disponibile per futuri interrogatori e se ne andarono.

Charlene andò a prendere il marito davanti al bar che le aveva indicato. Pensarono di fuggire nell'Oregon, poi in Texas. Potevano lasciare l'auto a Reno e prendere un autobus. Charlene gli chiese dove avesse messo i quindicimila dollari che si era fatto dare dall'infermiera svedese, lui rispose bruscamente che non era possibile ritirarli subito, ma soltanto quando fossero arrivati in Texas. Poi volle che lei chiamasse la madre per chiederle di portare denaro e indumenti pesanti in un bar ad Orangevale. Alle sette di sera Mercedes e Charles arrivarono con il denaro e i vestiti, e li salutarono piangendo.

I poliziotti che avevano cercato Steven Robert Feil a casa ricevettero la comunicazione che era stato trovato il corpo di Craig Miller da un cacciatore vicino a Bass Lake. Seguendo le indicazioni che avevano ottenuto dai Williams cercarono sul computer la fotografia del proprietario della Triumph e videro la patente di Steven Feil. Mostrarono la fotografia a Andy Beal che riconobbe nell'uomo la persona che aveva rapito Craig. Tornarono allora dai Williams a chiedere se Steven Feil fosse in realtà Gerald Gallego. Quando ebbero la conferma aprirono il file che riguardava Gerald e, scoprendone i precedenti penali, emisero subito un mandato di cattura nei suoi confronti.

Tra il 3 e il 16 novembre i Williams ricevettero numerose telefonate da parte della figlia che chiedeva denaro. Il telefono della coppia era sotto controllo e così, quando i Williams partirono per Reno per recuperare la macchina che Charlene aveva abbandonato in un parcheggio, un'auto dell'FBI li tallonava. Durante il tragitto i Williams si fermarono in una banca nella piccola città di Sparks per effettuare un bonifico di cinquecento dollari a favore della figlia, che doveva ricevere il denaro a Omaha, nel Nebraska. Gli agenti comunicarono ai loro colleghi di Omaha di arrestare i Gallego quando li avessero visti entrare in banca. Era necessario fare attenzione perché erano armati e pericolosi.

Dopo aver lasciato l'auto a Reno, Gerald e Charlene erano saliti su un autobus per Salt Lake City. Charlene indossava una lunga tunica per coprire l'avanzata gravidanza. Il 14 novembre arrivarono a Omaha e presero una stanza in un albergo dove rimasero un paio di giorni. La mattina del 17 diverse auto della polizia si appostarono in attesa davanti alla banca in Dodge Street. Alle undici e mezzo videro comparire Gerald e Charlene che camminavano sorridenti, tenendosi per mano. Mentre lui restava fuori, la ragazza entrava e si rivolgeva a un cassiere: «Sono Charlene Williams. Dovrebbe essere arrivato del denaro per me».

Qualche secondo dopo la ragazza sentì una voce alle sue spalle: «Charlene?».

«Sì?» rispose lei voltandosi.

«FBI. Lei è in arresto. Non si muova perché non voglio far del male a lei o al bambino» disse il poliziotto.

Contemporaneamente un'auto bloccò Gerald che passeggiava lungo la strada adiacente alla banca. L'uomo cercò di scappare nella direzione opposta, ma un'altra auto gli impedì la fuga e gli agenti che ne uscirono gli puntarono le pistole a pochi centimetri dalla faccia.

Gerald e Charlene si rividero qualche ora dopo davanti al magistrato che doveva decidere la cauzione, che venne fissata a centomila dollari per ciascuno degli imputati. La coppia fu condotta nella vecchia prigione di Placerville City. La notizia dell'arresto dei Gallego si diffuse in tutti gli Stati Uniti e schiere di giornalisti e di operatori televisivi si affollarono intorno al tribunale di Placerville. Gridavano, chiedevano notizie, sollecitavano attenzione, litigavano fra loro. Ma Gerald e Charlene tennero la bocca chiusa.

Due giorni dopo venne ritrovato anche il corpo di Mary Beth Sowers.

Gerald, non avendo denaro, era difeso da un avvocato d'ufficio, mentre i genitori di Charlene affidarono la sua difesa al loro legale di famiglia. La coppia apparve davanti al giudice Edward Garcia il 21 novembre mentre circa duecento reporter si stringevano l'uno contro l'altro nell'aula del tribunale. Gerald protestò con il giudice per come lui e la moglie, incinta di sette mesi, venivano trattati. Furono loro letti i capi d'accusa: rapimento e omicidio di primo grado di Craig Miller e Mary Beth Sowers. Il legale di Charlene dichiarò la sua cliente innocente per entrambi i crimini, lo stesso fece il difensore di Gerald.

L'avvocato di Charlene chiese per la sua cliente la libertà su cauzione considerando il suo stato di avanzata gravidanza. Se la richiesta fosse stata accolta sarebbe rimasta a casa dei genitori. Ma il giudice decise che entrambi gli imputati restassero in carcere. Fissò per l'8 dicembre l'udienza preliminare durante la quale il pubblico ministero Jim Morris doveva produrre le prove per collegare i Gallego all'omicidio di Craig Miller e Mary Beth Sowers. Ma oltre ai due corpi con ferite da arma da fuoco e la deposizione di Andy Beal, che aveva visto Craig e Beth salire in macchina con gli imputati, sembrava non esserci altro. I sei bossoli trovati vicino ai corpi dei due ragazzi erano stati sparati dalla stessa pistola, ma l'arma era diversa dalla calibro 25 semiautomatica trovata a casa Gallego.

Il processo si tenne nel tribunale di Sacramento e gli imputati vennero accusati degli omicidi di Craig Miller e Mary Beth Sowers. Gerald fu trasferito al Sacramento County Jail mentre Charlene fu rinchiusa al Rio Cosumnes Women's Correctional Center a Elk Grove. Charlene chiese di essere giudicata separatamente dal marito. Gerald sapeva che la moglie costituiva per lui l'unica vera minaccia, che poteva mandarlo alla camera a gas, ma si fidava di Charlene.

La coppia si scambiava numerose lettere d'amore. Lei scriveva:

> Non preoccuparti per me. So esattamente cosa fare. Voglio che tu sappia che questi ultimi tre anni sono stati i più felici della mia vita e i più eccitanti ... Non vedo l'ora di vedere il nostro bambino ... Sono sicura che sarà un altro bellissimo Gerald Armond Gallego ...

Il piccolo Gerald Armond Gallego nacque il 17 gennaio 1981 da una Charlene sofferente legata al muro da una catena al polso. Due settimane dopo il bambino venne affidato alle cure della nonna Mercedes. Verso la fine del mese di ottobre Gerald capì che la moglie si stava liberando della sua influenza, le lettere erano meno frequenti, come i messaggi che i due si scambiavano tramite i visitatori che andavano da entrambi. Ciò che Gerald non sapeva era che Charlene aveva iniziato una relazione omosessuale con una compagna di cella. Le autorità decisero allora di sostituire la detenuta con una loro informatrice.

Charlene mal sopportava la prigionia e il 27 luglio fece un tentativo per lasciare il carcere annunciando che aveva le prove della colpevolezza del marito e che, se le avessero concesso la libertà vigilata, avrebbe parlato. Nessuno le credette. Poi nel mese di aprile del 1982, quando si rese conto che Gerald non avrebbe preso su di sé tutta la colpa dei crimini come le aveva sempre promesso, decise di confessare tutto. Inoltre, proprio in quel periodo aveva saputo che i quindicimila dollari rubati all'infermiera svedese, oltre ai soldi ottenuti dalla vendita del furgone, erano stati versati da Gerald su un conto intestato alla figlia Sally Joe. Una persona di fiducia la convinse anche che il marito aveva progettato di liberarsi di lei, simulando un incidente per riscuotere la sua assicurazione sulla vita, e ricominciare una nuova esistenza con la figlia in Texas.

Il 2 maggio Charlene chiamò i suoi avvocati, Hamilton Hintz e Fern Laethem, con cui aveva sostituito il legale di famiglia, e annunciò che era pronta a fare un patto per la sua vita. In cambio di una condanna lieve avrebbe raccontato non solo i due omicidi di cui lei e il marito erano imputati, ma altri otto delitti. Ancora una volta non venne creduta, ma poiché continuava a insistere e a riferire dettagli che soltanto un testimone oculare avrebbe potuto conoscere, i poliziotti cominciarono a prenderla sul serio.

Charlene rese una confessione completa al suo avvocato. In ragione del patto che venne concluso con il pubblico ministero, questi durante il processo usò soltanto le dichiarazioni che potevano servire a incriminare Gerald senza aggravare troppo la posizione della donna. Charlene quindi si dichiarò colpevole di complicità negli ultimi due omicidi e ottenne una condanna a sedici anni e otto mesi di carcere.

Il processo contro Gerald Gallego cominciò il 15 novembre 1983 a Martinez, una piccola città costiera sulla baia di San Francisco. Gerald aveva rinunciato all'avvocato d'ufficio per assumere personalmente la propria difesa. Gli fu affiancato un assistente, Richard Fathy, ma lui rifiutò di farlo sedere al suo stesso tavolo affermando che non aveva bisogno di una baby-sitter. Nel suo discorso di apertura disse che era sua intenzione chiamare quaranta persone a testimoniare per la difesa. Quando si trattò di scegliere la giuria avrebbe voluto soltanto donne ma fu persuaso a decidere per sette donne e cinque uomini. Gerald veniva condotto ogni mattina al tribunale in manette e catene, consumava la sua colazione da solo prendendo appunti e fumando, e poi entrava nell'aula nel ruolo del difensore di se stesso.

Il pubblico ministero chiamò trenta testimoni contro Gerald Gallego. E lui riuscì a controinterrogarli con grande astuzia e capacità. Venne poi il turno di Charlene che Gerald lasciò al suo assistente, almeno per la prima parte della deposizione.

«Può dirmi che cosa ha fatto per evitare che ciascuna di queste persone venisse uccisa?» chiese Richard Fathy.

«Non facevo nulla. Ero come impazzita» rispose lei tra le lacrime.

«Non pensa di essere anche lei responsabile, anche se in minima parte, di queste morti?»

«Sì, lo sono. Avrei dovuto uccidere mio marito. Ma non l'ho fatto... Il mio dovere di moglie era quello di essergli fedele fino alla morte. Non avevo il diritto di fermarlo o di fuggire. Ci sono differenti lati di Gerald. La mia vita con lui era un misto di amore e paura e piacere. L'unica cosa buona venuta fuori dal nostro matrimonio è mio figlio Gerald junior.»

«Ha detto che lei era incaricata di trovare le vittime per suo marito. Come le voleva?»

«Dovevano essere molto giovani e molto carine.»

«E lei le andava a cercare.»

«Sì.»

«Che cosa diceva loro?»

«Qualcosa su un party o sulle droghe o entrambe le cose.»

«Perché attirava queste ragazze?»

«Per soddisfare le sue fantasie sessuali.»

«Lei non aveva le stesse fantasie sessuali?»

«No.»

«Bene. Cosa accadeva poi?»

«Io le portavo al furgone e Gerald le minacciava con la pistola affermando che si trattava di un rapimento.»

«Poi lei aiutava suo marito, l'uomo che ancora ama, ad abusare sessualmente di loro e a ucciderle, è così?»

«Sì.»

«Ma non ha detto proprio qui, davanti a questa corte e questa giuria, che non era coinvolta nelle molestie sessuali e nell'omicidio delle vittime?»

«È vero.»

«Bene. Quindi la corte e la giuria dovrebbero ritenere che lei rischiava la vita e la libertà, e qualsiasi altra cosa preziosa per un essere umano, solo per aiutare suo marito a soddisfare le sue fantasie sessuali?»

«Sì.»

«E lei non ricavava da tutto questo alcun appagamento se non la soddisfazione di renderlo felice?»

«No.»

«Bene, arriviamo al caso della barista. Lei ha detto di non averla attirata al furgone.»

«Sì.»

«Sa dire come mai la donna non gridò?»

«No.»

«È vero che ha pulito le impronte digitali che Gerald Gallego aveva lasciato sulla macchina della vittima prima di condurre la ragazza al furgone?»

«Sì.»

«Perché?»

«Non volevo che venissero trovate tracce che avrebbero potuto farci arrestare.»

«Poi lei ha guidato fino a casa con la vittima e suo marito. Si è seduta nel salotto e ha accarezzato il gatto e dondolato sulla sedia, mentre Gerald nel furgone abusava della ragazza e poi la uccideva?»

«Sì.»

«Poi, quando suo marito ha finito di violentare e uccidere la ragazza, lei lo ha aiutato a nascondere il corpo?»

«Sì.»

«In ognuno di questi dieci casi lei ammette di aver procurato le vittime, di aver aiutato suo marito a legarle, di aver assistito alla sepoltura dei corpi, ma di non aver partecipato ad alcun abuso sessuale o omicidio?»

«Sì. Questo è quello che ho detto. Non l'ho fatto.»

«Davvero? Lei quindi faceva tutto il resto soltanto per renderlo felice?»

«Sì.»

A questo punto Gerald volle continuare l'interrogatorio e si trovò faccia a faccia con Charlene per la prima volta in circa due anni.

«È vero, signora Gallego, che lei è una lesbica e che ha avuto relazioni omosessuali in carcere?»

«Be', posso aver avuto quel tipo di relazioni che lei definisce omosessuali in carcere, ma non sono una lesbica.»

«Bene, signora Gallego. Davanti a questa corte lei mi ha accusato di ogni sorta di crimine, ha mentito è vero?»

«No» rispose Charlene con un filo di voce.

Gerald continuò l'interrogatorio chiedendo a Charlene di descrivere l'omicidio di Craig Miller. Riuscì a mettere in difficoltà la moglie che spesso scoppiò in lacrime. Verso la fine dell'interrogatorio, che durò sei giorni, Gerald chiese: «Signora Gallego, perché lei è sempre venuta con me, guidando il furgone o la macchina e aiutandomi a rapire tutte quelle ragazze che lei afferma io abbia rapito?».

«Avevo paura per la mia vita a volte e per la vita del mio bambino...» Charlene riprese a piangere.

«Perché non ha approfittato delle centinaia di opportunità che aveva per scappare o per chiamare la polizia?»

«Avrei dovuto farlo...»

«Ma non l'ha fatto.»

«No.»

«Non è stata proprio lei, signora Gallego, a mostrarmi dove ha ucciso Mary Beth Sowers?»

«Io non ho ucciso Mary Beth Sowers! E tu dovresti saperlo!»

«Perché ha detto tante bugie ai poliziotti che l'hanno arrestata?»

«L'ho fatto per coprirti! E tu lo sai, Gerald Gallego!»

«Signora Gallego, l'unica persona che lei ha voluto coprire è se stessa.»

«Non è vero!»

Gerald si avvicinò ancora di più a Charlene e, alzando la voce, continuò: «Signora Gallego, non è forse vero che lei ha fatto un patto per testimoniare contro di me soltanto perché in realtà... lei è un'assassina?».

«No!»

«Sì, lo sei!»

«Non è vero! Sei un bugiardo!»

Il giudice richiamò all'ordine la coppia gridando dal suo scranno.

Gerald continuò con più calma l'interrogatorio e alla fine tirò fuori alcune lettere che la moglie gli aveva spedito dal carcere. Secondo lui le parole usate dimostravano che Charlene non aveva mai avuto paura di lui come invece aveva affermato in tribunale. Le tese quindi una lettera datata 17 gennaio 1982 e le chiese di leggerla ad alta voce.

Oggi è il compleanno del nostro bambino. Sai, siamo davvero fortunati ad avere un figlio così bello e sano. Quando lo guardo vedo te. Lo amo quanto amo te. Non ha importanza ciò che la gente dice di noi o ci farà, rimane il fatto che abbiamo vissuto uno splendido amore e che tu sei l'unico uomo che io abbia mai amato. Tesoro, mi manchi e ho bisogno di te.

Gerald le tese una seconda lettera.

Adoro ripensare a quando campeggiavamo insieme o quando mi suonavi la chitarra e a quanto tu mi amassi. Per favore non lasciarmi mai. Ti vedo nei miei sogni. Buonanotte. Con amore. Tua moglie Charlene.

«Hai scritto tu queste lettere?»

«Sì.»

«E ti aspetti che il giudice e la giuria credano che una donna che prova tutto questo amore per suo marito poi sia spaventata da lui? Pensi che credano che tu lo aiutavi a rapire e a uccidere delle persone soltanto perché avevi paura?»

«Sì.»

Gerald poi ammise di aver ucciso Craig Miller ma soltanto per autodifesa. Disse anche che la responsabile dell'omicidio di Beth Sowers era Charlene. «Perché ammettendo un omicidio non dovrei ammetterne due? Che cosa cambierebbe per me? Ma io vi racconterò come sono andati veramente i fatti.» Gerald riferì di essere uscito con Charlene quella notte e di essere andato in un locale. Ma aveva bevuto talmente tanto che non ricordava più nulla. L'unica cosa che rammentava era di essersi svegliato la mattina dopo nel suo letto con Charlene che gli lavava il viso dalle macchie di sangue rappreso.

Si era infatti ritrovato con dei tagli sulle labbra e un bozzo in testa. «Charlene mi disse che avevamo visto Craig Miller e avevamo deciso di rapinarlo. Lui era insieme a Beth e così, dopo averlo derubato, abbiamo rapito entrambi per portarli in un luogo isolato, lasciarli lì e avere il tempo di fuggire. Charlene disse che Miller mi aveva colpito per disarmarmi, poi aveva provato a fare lo stesso con lei. Per questo io gli avevo sparato, per difenderla. Subito dopo ero svenuto. Lei aveva cercato di svegliarmi, poi si era spaventata e aveva eliminato Mary Beth per non lasciare testimoni e per proteggere me e il nostro futuro insieme. Quando mi fui ripreso da questo racconto le chiesi di portarmi sul luogo del delitto e potei accertarmi di persona che quello che aveva detto era la verità. Ricordo che ero talmente furioso che la schiaffeggiai. Non bastava che io avessi ucciso una persona? Adesso eravamo entrambi assassini.»

Quando più tardi il pubblico ministero chiese a Gerald se la moglie lo soddisfacesse sessualmente, l'imputato rispose: «No. No, perché Charlene Gallego è una lesbica. Qualche anno fa tornai dal lavoro e la trovai a letto con un'altra ragazza. Dopo quella scoperta non riuscii più a provare un vero interesse sessuale nei suoi confronti. Volevo lasciarla ma l'amavo troppo. Inoltre lei mi promise di non farlo mai più. Ma mentiva! A me, suo marito!».

La figlia di Gerald non si presentò in aula, ma fu prodotto un documento da lei firmato durante un interrogatorio avvenuto in un albergo davanti al pubblico ministero e all'avvocato difensore. Gerald chiese di potersi assentare durante la lettura delle dichiarazioni di Sally Joe. La ragazza aveva detto di provare sentimenti contrastanti nei confronti del padre. A volte lo amava, a volte lo odiava, a volte era molto confusa. Raccontò degli abusi sessuali e dell'orgia organizzata da Charlene per festeggiare il compleanno di Gerald.

La giuria raggiunse il verdetto il 22 giugno 1983, tre anni e sette mesi dopo gli omicidi di Craig Miller e Mary Beth Sowers. Gerald Gallego fu ritenuto colpevole di omicidio di primo grado e il giudice lo condannò a morire nella camera a gas. Gerald fu ricondotto al penitenziario di San Quentin, in attesa dell'esecuzione. Ma il giudice della Suprema Corte di giustizia della California, Rose Bird, era conosciuta per essere contraria alla pena capitale, e Gerald sperò nel suo intervento finale. Non immaginava che lo stato del Nevada volesse a sua volta processarlo per gli omicidi di Karen Twiggs e Stacey Redican.

Le autorità ottennero l'estradizione ma il problema era trovare il denaro per istruire il processo. Un giornalista decise di aprire una colletta pubblica e presto dai lettori del giornale, dai cittadini di tutti gli stati americani e perfino dall'estero, arrivarono trentamila dollari che servirono per le spese che doveva sostenere l'accusa rappresentata da Richard Wagner.

Questa volta Gerald si affidò per la propria difesa a un avvocato, e tutto ricominciò di nuovo, nella città di Lovelock, nel maggio del 1984, davanti al giudice Llewellyn Young. Charlene testimoniò ancora una volta contro il marito. Il 7 giugno la giuria, formata da sei uomini e sei donne, trovò Gerald Gallego colpevole di omicidio di primo grado nei confronti di Karen Twiggs e Stacey Redican, e il giudice lo condannò a essere giustiziato per mezzo di un'iniezione letale nella prigione di Carson City.

Charlene fu rimessa in libertà nell'agosto del 1997, a quarantun'anni.

Ad agosto del 1989 Lorraine, la madre di Gerald, morì colpita alla testa da una pallottola. Fu trovata nel salotto della sua casa, a Chico, con un foro nella fronte. Non si seppe mai se si fosse trattato di suicidio o di omicidio. Tre mesi dopo, il fratellastro di Gerald, David Hunt, fu arrestato e accusato di rapimento e omicidio di primo grado.

Nel 1997 la condanna a morte di Gerald è stata commutata nel carcere a vita.

XXIV

CHE COSA AVETE FATTO A PAPÀ E MAMMA?

Lyle ed Erik Menendez, Stati Uniti 1989

Lyle fu interrogato dall'avvocato Lansing: «Amavi tuo padre e tua madre?».

«Sì» rispose il ragazzo.

«Anche Erik li amava?»

«Sì.»

«Il 20 agosto 1989 tu e tuo fratello avete ucciso i vostri genitori?»

«Sì.»

«Li avete uccisi per i soldi?»

«No.»

«Li avete uccisi perché volevate vendicarvi del modo in cui vi avevano educati?»

«No.»

«Li avete uccisi forse perché sospettavate che vi avessero cancellati dal loro testamento?»

«No.»

«Perché avete ucciso i vostri genitori?»

«Perché avevamo paura di loro.»

Poi Lyle cominciò a raccontare una storia raccapricciante.

La sera del 20 agosto 1989 era domenica e faceva molto caldo. I residenti di Elm Drive, a Beverly Hills, tenevano le finestre aperte per catturare un filo di brezza. A casa del produttore cinematografico José Menendez, una villa favolosa da quattro milioni di dollari, i domestici erano in libera uscita e Kitty andò in cucina a prendere il dessert per sé e per il marito che si trovava in salotto. Anche i due figli della coppia, Erik di diciotto anni e Lyle di ventidue, erano fuori quella sera.

Kitty era una bella donna di quarantaquattro anni, dagli occhi verdi e dai folti capelli biondi, e voleva godersi una serata tranquilla con il marito di cui si era follemente innamorata venticinque anni prima e che amava ancora con la stessa intensità. José, un immigrato cubano che aveva costruito un impero dal nulla, era un uomo affascinante e autoritario. Quella sera si rilassava davanti al gigantesco schermo televisivo posto al centro del soggiorno. Dopo aver assaggiato il dessert si addormentò sul divano e Kitty si sedette accanto a lui appoggiandogli la testa sul petto.

Due uomini armati di fucili a canne mozze entrarono nella villa che in quel momento aveva gli allarmi disinseriti. Quando furono nel salotto, illuminato soltanto dalla luce proveniente dallo schermo televisivo, fecero fuoco contro la coppia. Una pallottola raggiunse José alla spalla, una al braccio destro e poi ne seguirono altre finché uno dei killer gli puntò l'arma alla testa e sparò il colpo di grazia. Kitty si alzò cercando di raggiungere qualcosa con cui difendersi, ma fu ferita e cadde a terra. Si rialzò mentre il sangue le colava lungo il corpo e uno degli assassini si fermò davanti a lei, con calma prese la mira e fece fuoco colpendola al braccio destro e poi al petto, perforandole un polmone. I fucili erano scarichi e Kitty non era ancora morta. Quindi gli assassini corsero fuori a prendere altre munizioni nella loro auto e tornarono dentro per finire la donna. Poi raccolsero i bossoli e uscirono dalla porta principale.

Quella sera Erik e Lyle tornarono a casa alle undici. Lyle parcheggiò la sua Ford Escort davanti alla villa e i due fratelli entrarono in casa. Entrambi avevano ereditato dal padre la struttura fisica atletica e virile. Lyle era più alto, con un viso dai lineamenti ben marcati e grandi occhi neri dall'espressione singolarmente gelida. Erik aveva i capelli ricci e castani e uno sguardo più dolce, quasi timido. Quando furono di fronte alla scena raccapricciante reagirono in modo diverso. Mentre il più pratico Lyle andava a chiamare la polizia, Erik rimaneva ipnotizzato davanti ai suoi genitori assassinati. La telefonata arrivò alla centrale alle ventitré e quarantasette.

«Pronto, polizia?» disse Lyle con un filo di voce.

«Qual è il problema?» chiese l'agente.

«Siamo i figli...» balbettò Lyle.

«Ho capito, ma qual è il problema?» domandò ancora l'agente irritato. «Hanno assassinato i miei genitori» disse Lyle scoppiando a piangere. «Cosa?» disse stupito l'agente. Lyle ripeté la sua affermazione e l'agente chiese: «Sono ancora lì?».

«No, no...» disse Lyle che poi cominciò a gridare qualcosa al fratello che gli era arrivato vicino.

«C'è qualcuno che ha una crisi isterica...» disse l'agente passando la comunicazione al suo collega. Questi chiese ancora una volta a Lyle cosa fosse successo.

«Non ho sentito niente. Sono appena arrivato a casa» disse Lyle.

«Sono ancora lì gli assassini?» domandò il poliziotto.

«Erik, lasciali stare!» gridò Lyle al fratello.

«Chi è stato ucciso?» volle sapere l'agente.

«Hanno ucciso il mio papà e la mia mamma» singhiozzò Lyle.

L'agente Michael Butkus fu il primo ad arrivare sul luogo insieme al suo collega, John Czarnocki. Mentre uscivano dall'auto videro due ragazzi precipitarsi fuori dalla villa e gettarsi a terra sul prato. Gridavano, piangevano, si torcevano le mani. Erik sembrava aver perso totalmente il controllo. Correva per il giardino e poi si fermava davanti a un albero per sbattervi contro la testa. Poi improvvisamente gridava: «Li ucciderò! Voglio torturarli!». Lyle lo rincorreva e cercava di calmarlo.

Subito dopo arrivò il sergente Kirk West per coordinare il sopralluogo nella villa. Les Zoeller della squadra omicidi veniva svegliato con la notizia del doppio omicidio e la richiesta di recarsi sul posto.

«Sono in vacanza» rispose Les.

«Eri in vacanza» ribatté il suo capo Marvin Iannone. E poi gli ordinò di prendere una squadra di cinque uomini e di occuparsi del caso.

Les Zoeller era considerato il miglior detective del dipartimento. Era un uomo di trentotto anni, intelligente, curioso, un vero segugio. Arrivò a casa Menendez e trovò i poliziotti al lavoro. Quando vide i corpi delle vittime disse che si trattava di un chiaro messaggio. I due erano stati uccisi da qualcuno che aveva manifestato un odio patologico.

Mentre Les rimaneva sulla scena del delitto, Lyle ed Erik furono condotti alla stazione di polizia per essere interrogati. I due fratelli erano molto legati fra loro, ma erano estremamente diversi. Lyle era distaccato e spiritoso mentre Erik era molto sensibile e sperava di diventare uno scrittore o un attore. Amavano lo sport e giocavano a tennis ad alto livello. Dei due, la personalità più forte apparteneva senza dubbio a Lyle che l'aveva ereditata dal padre. Sia Lyle sia Erik avevano successo con le ragazze. Il fratello minore aveva un modo romantico e fantasioso di corteggiarle: una volta mandò un amico in un ristorante a consegnare fiori e a leggere ad alta voce, in mezzo alla sala, la poesia che aveva scritto per una cameriera; un'altra, per riconquistare una fidanzata con la quale aveva litigato, si vestì da clown e la raggiunse all'aeroporto di Los Angeles per portarle decine di palloncini con la scritta «ti amo».

E anche le loro reazioni davanti al sergente Thomas Edmonds furono diverse. Erik appariva distrutto, piangeva a dirotto e non riusciva a stare seduto più di qualche minuto. Poi improvvisamente straparlava, diceva che il suo cane nero era scomparso e che doveva assolutamente ritrovarlo. Poi a un tratto chiedeva: «Sono morti?».

Suo fratello Lyle non pianse mai. Aveva il totale controllo dei propri nervi e rispondeva metodicamente alle domande, scegliendo bene le parole da dire. Quella mattina lui ed Erik avevano giocato a tennis nel campo che si trovava sul retro della villa. Poi, insieme ai genitori, avevano guardato una partita di tennis alla TV. Verso le cinque i ragazzi erano andati a fare shopping al Beverly Center. Tornati a casa ne erano riusciti alle otto per andare in un cinema di Westwood a vedere *Batman*. Avevano poi raggiunto l'amico Perry Berman alla Fiera del gusto di Los Angeles al Santa Monica Civic Auditorium.

Lyle disse che ultimamente la madre era molto nervosa e temeva per la sicurezza della propria casa, così oltre a diversi sistemi di allarme teneva sempre una pistola a portata di mano. «Solo io ed Erik lo sappiamo, ma mamma recentemente parlava sempre di suicidio» aggiunse. Effettivamente Kitty soffriva di crisi depressive e due anni prima aveva tentato di togliersi la vita con i sonniferi.

Quando il sergente chiese a Lyle se immaginava chi potesse avere ucciso i suoi genitori, il ragazzo disse che probabilmente era stato il crimine organizzato. I fratelli vennero rilasciati e ringraziati per la loro collaborazione. Poiché in casa erano ancora in corso le indagini andarono a dormire da alcuni parenti, ma prima passarono alla villa a prendere le racchette da tennis.

«Darei un milione di dollari per non aver visto quello che ho visto ieri notte» disse Lyle agli agenti che perlustravano il giardino.

«Lyle e io potevamo essere in casa quando hanno ucciso mamma e papà» disse Erik.

L'omicidio di José Menendez apparve nelle prime pagine dei maggiori quotidiani e i lettori conobbero così tutta la sua vita. Era nato quarantacinque anni prima a Cuba da un calciatore. Aveva lasciato L'Avana dopo la rivoluzione del 1959 che aveva detronizzato il dittatore Batista, ed era emigrato a New York. Trovò lavoro come lavapiatti in un ristorante e poi, con intelligenza, capacità e una grandissima volontà, raggiunse in dieci anni livelli considerevoli nel mondo degli affari. A venticinque anni era presidente di una piccola società finanziaria di Chicago e nel 1976 era già ai vertici della casa discografica

RCA/Ariola. Diventò poi capo di una società di produzione associata alla Carolco Pictures di cui presto divenne vicepresidente.

Contemporaneamente arrivò in cima alla International Live Entertainment, compagnia che lavorava nella distribuzione di videocassette e di registrazioni musicali. Fu lui a intuire che il personaggio inventato dal professor David Morrell nel libro *Primo sangue* avrebbe avuto fortuna al cinema, e così nacque Rambo. Ormai aveva raggiunto la ricchezza, il successo e il potere. Nonostante una leggera pinguedine, José rimase sempre un uomo avvenente. Aveva un portamento eretto che lo faceva sembrare più alto e manteneva una struttura fisica forte e atletica dedicandosi quotidianamente al suo sport preferito, il tennis. Era un uomo molto sicuro di sé, un grande conversatore e un umoristico intrattenitore nelle serate in società. Aveva una maniera tutta personale di mettere a proprio agio l'interlocutore, fosse esso un semplice impiegato o qualcuno al suo livello. Guardava il prossimo dritto negli occhi e ascoltava con interesse chiunque avesse qualcosa da dirgli, anche la più insignificante.

José Menendez detestava l'ostentazione e l'esibizionismo. Vestiva in maniera semplice e rifiutava tutti quegli status symbol che andavano di moda presso gli uomini ricchi e potenti. In ufficio era amato e odiato. Poteva infatti diventare brusco e anche brutale con chi non si dedicava al lavoro anima e corpo come lui. I suoi scatti erano leggendari, così come il suo sarcasmo quando aveva a che fare con chi giudicava incompetente. In questi casi aveva l'abitudine di umiliare la gente anche in pubblico e non ne provava rimorso. Chi lo conosceva sapeva che detestava la debolezza con tutto se stesso.

«Il dispiacere che provo non è soltanto per me» disse Erik in quei giorni. «Mio padre era un tipo incredibile. Di uomini così ne nascono pochi.» Eppure entrambi i ragazzi si erano lamentati spesso di quanto fosse difficile essere figli di un uomo «così». José pretendeva da loro risultati sportivi e intellettuali altissimi e seguiva ossessivamente i loro progressi.

Kitty Andersen, che in realtà si chiamava Mary Lou, era cresciuta a Oak Lawn, una località appena fuori Chicago. Alla sua morte i giornalisti la descrissero come la moglie perfetta dell'uomo di potere. Sempre due passi dietro il marito, sempre in disparte durante le riunioni mondane di Hollywood. Carina, gentile, timida. Ma quando usciva dal ruolo che la società le aveva imposto cambiava personalità. Poteva diventare aggressiva, ribelle, incontrollata.

Aveva amato il rischio e l'avventura fin da piccola, ragionava in modo trasgressivo, le piacevano le situazioni difficili e soprattutto adorava correre in macchina ad altissima velocità. Aveva successo con i ragazzi anche se non era bellissima. Ispirava simpatia e confidenza con il suo sorriso luminoso e il volto dolce e minuto. Era ambiziosa e, finito il liceo, era intenzionata a fare carriera. Adorava il teatro e aveva recitato in numerose commedie messe in scena dalla sua scuola. Poi aveva trovato lavoro in una emittente televisiva. Sognava di diventare una regista affermata o una produttrice. José andò a Chicago con una borsa di studio e per Kitty fu amore a prima vista e amore per tutta la vita. Gli amici criticarono la sua scelta: un immigrato cubano che neppure parlava bene l'inglese! Ma Kitty aveva intuito le potenzialità di José e non cambiò mai idea.

Si sposarono e Kitty non si pentì del suo matrimonio neppure quando si accorse che José le era infedele. Un anno prima di essere uccisa gli scriveva: «Dopo ventiquattro anni sono ancora pazza di te». Quando nacquero i due figli, Kitty si dedicò totalmente a loro. Passava le giornate ad aiutarli nei compiti o ad accompagnarli alle lezioni di tennis e di nuoto. Aveva sempre detestato i bambini capricciosi ed era altrettanto competitiva ed esigente del marito per quanto riguardava i suoi ragazzi.

Era anche una donna disorganizzata, ritardataria, disordinata. La conduzione della casa era caotica, con ospiti a tutte le ore, un avvicendarsi continuo di domestici; e poi giornali, libri, vestiti sparsi ovunque e piccoli animali che scorrazzavano liberi per le stanze. Amava divertirsi, ballare, scherzare. Poi piombava in profonde depressioni dovute al comportamento di José e ai suoi numerosi tradimenti. Anche il marito l'amava, ma non la considerava intellettualmente al suo livello e non le permetteva di intervenire alle conversazioni serali che aveva con i due figli, così come non la rendeva partecipe delle sue battaglie.

José sognava di fare di Lyle un uomo perfetto. Voleva che frequentasse le persone giuste, le ragazze giuste, che guidasse le macchine giuste, e che trovasse il giusto posto nella società. Per questo passava tanto tempo a cercare di formare la mente e il corpo del figlio. Lyle doveva diventare grande, più grande di lui. Plasmare Lyle divenne la sua missione. Gli insegnò a essere ambizioso, competitivo, ma anche forte e controllato. Se uno dei due bambini cadeva e si faceva male ogni lamento era proibito. Kitty veniva criticata dalle altre madri perché lasciava che i suoi figli affrontassero situazioni pericolose che, secondo lei, avrebbero temprato il loro carattere.

José aveva stabilito regole rigide per la vita quotidiana. Era lui a decidere cosa i bambini potevano mangiare, chi frequentare, dove andare in vacanza e quali libri leggere. Ogni amicizia veniva contrastata perché considerata una perdita di tempo, e poi José non sopportava i bambini indisciplinati, sporchi, maleducati. Non voleva che i suoi figli venissero influenzati negativamente. Ogni ora della giornata doveva essere utilizzata al meglio. I parenti si chiedevano quando i bambini avessero tempo per giocare e disapprovavano i sistemi di José.

Quando Lyle nacque, i suoi genitori erano ancora molto poveri e vivevano a New York. Kitty era stata costretta a riprendere il lavoro solo cinque settimane dopo la nascita del figlio e José aveva trovato un impiego come contabile notturno in un mercato locale. Lyle veniva spesso affidato alla madre di Kitty, Maria. Il bambino si dimostrò precoce: a cinque mesi si alzò in piedi, a sette cominciò a camminare e a tre anni andava in bicicletta. Quando nacque Erik, nel 1970, i Menendez si erano trasferiti a Hinsdale, nell'Illinois, a poche miglia dalla città dove Kitty era nata e dove ancora abitavano i suoi fratelli. Erik era un bambino vivace e scapestrato. Kitty pensò che sarebbe diventato molto coraggioso e intraprendente. Mentre i ragazzi crescevano, aumentavano le persone che biasimavano i metodi educativi di José. Quando tornarono a vivere in un sobborgo di New York, la sorella di José, Maria, venne in visita con il marito, Peter Cano. Lyle aveva solo cinque anni e Peter assistette a una scena che non dimenticò. José aveva rimproverato il figlio per la sua estrema vivacità, e poi aveva avvicinato la testa a quella del bambino e l'aveva fissato negli occhi dicendogli delle cose che Peter non riuscì mai a ripetere. Lyle si era fatto la pipì addosso per la paura e il padre l'aveva colpito al petto con un pugno e l'aveva trascinato in camera. Peter protestò e José gli disse che poteva anche andarsene, cosa che l'uomo fece immediatamente portandosi via la moglie e i figli.

Uno dei cugini di Lyle, il figlio di un fratello di Kitty, Brian Anderson, passò qualche tempo ospite dai Menendez e in seguito raccontò di aver spesso assistito a tremende liti tra José e Kitty, dalle quali la donna a volte usciva ferita al volto. Brian disse che la famiglia sembrava una scuola militare, con regole ferree che governavano la vita quotidiana. Per esempio, José e Kitty volevano che i loro figli diventassero degli atleti anche se non avevano ancora scelto in quale sport dovessero eccellere e per questo il menu era costituito soprattutto da proteine.

Quello fu il periodo in cui José cominciò le sue interrogazioni serali con Lyle. Il bambino doveva rispondere a tutte le domande che il padre gli rivolgeva e che di solito vertevano sui fatti di attualità che comparivano sui quotidiani. Se Lyle non sapeva rispondere a tono veniva rimproverato aspramente e doveva smettere di mangiare per andare a controllare sui giornali o sull'enciclopedia la risposta giusta. Presto Lyle cominciò a prepararsi per la cena con grande ansia, come per un esame, e se il suo rendimento era scarso le punizioni variavano dalle botte con la cinghia alla reclusione in camera insieme al fratello. Quando José usava la cinghia sua moglie aumentava il volume della televisione perché i vicini non sentissero le grida.

Un altro episodio che poi Brian ricordò fu quando José volle insegnare a Erik ad andare in bicicletta senza le rotelline che, secondo lui, servivano solo per le «femminucce». Poiché il bambino non si decideva a muoversi, il padre gli diede una spinta mandandolo a cadere sull'asfalto. Erik si ferì malamente e la cicatrice gli rimase per tutta la vita. Brian voleva intervenire, ma Kitty lo fermò, anche se non approvava i metodi violenti con cui il marito educava i figli, non avrebbe mai interferito nelle sue decisioni.

Quando uno dei bambini piangeva perché si era fatto male il padre lo rimproverava dicendo: «Un vero uomo non mostra le sue emozioni». Se Lyle diceva qualcosa che il padre disapprovava, il bambino immediatamente cambiava punto di vista. Ci furono ovviamente delle conseguenze nella crescita dei ragazzi a seguito del terrore che regnava in famiglia. Cominciarono a balbettare e furono mandati da uno specialista, poi ebbero problemi di stomaco. Lyle aveva improvvisi accessi di rabbia nei quali distruggeva i suoi giocattoli.

Anche Kitty veniva presa a volte da tremende crisi d'ira durante le quali digrignava i denti, stringeva i pugni e poi, se si trovava in cucina, distruggeva piatti e bicchieri. Altre volte la donna si calmava grazie a forti dosi di Valium. Ma c'era un'altra soluzione ai suoi problemi quotidiani: l'alcol. Kitty cominciava a bere dal pomeriggio, ma nascondeva il suo vizio al marito per evitare lo sguardo sarcastico che l'uomo sempre le rivolgeva quando assisteva ad atti di debolezza. Kitty soffriva per il poco tempo che José le dedicava, totalmente preso dal lavoro e dall'educazione dei bambini com'era. E arrivò al punto di desiderare di non aver mai avuto dei figli. Ma anche lei si dimostrava dura, soprattutto con Erik che stava diventando fragile e pauroso. Un giorno Kitty si trovava in un negozio a provarsi delle scarpe quando Erik cadde e si fece un taglio sulla fronte. La madre non lo guardò neppure e finì di scegliere le scarpe prima di portare il figlio all'ospedale perché gli fosse cucita la ferita.

Quando erano piccoli i due fratelli giocavano a calcio e prendevano lezioni di nuoto, ma non avevano mai l'aria di divertirsi. In piscina, invece di nuotare insieme agli altri ragazzi, se ne stavano sempre per conto loro. Kitty andava a prenderli il pomeriggio e se arrivava anche José cominciavano i drammi, perché l'uomo si tuffava in acqua e anche se i bambini erano stanchi li faceva ricominciare a nuotare insieme a lui e li rimproverava per ogni sbaglio. Non gli bastava che i figli facessero bene le cose, dovevano essere i migliori e spesso li umiliava davanti ai loro compagni.

Lyle aveva preso lezioni di tennis da quando aveva cinque anni, ma quando ne ebbe undici José disse che i ragazzi dovevano scegliere tra calcio e tennis. Lyle ed Erik preferirono il tennis e cominciò per loro un durissimo allenamento quotidiano controllato dal padre, che lesse decine di libri sulla tecnica di questo sport e la mattina alle sei e mezzo li aspettava sul campo. Ogni giorno i ragazzi facevano due ore di dura pratica seguita da mezz'ora libera, poi ancora due ore e una pausa, e infine altre due ore di tennis. Dopo la doccia José li seguiva in camera per parlare loro della storia romana e della grande disciplina che aveva permesso ai soldati di conquistare il mondo intero. Gli piaceva parlare, raccontare, esporre le proprie idee, e voleva avere un uditorio attento. Lyle ed Erik erano perfetti per questo.

Anche quando Lyle ebbe un allenatore personale il padre interferì nelle sue lezioni e durante le gare spronava il figlio dagli spalti. Un giorno, Lyle era ormai cresciuto, José stava ridicolizzando il suo modo di giocare parlando ad alta voce in mezzo al pubblico. Lyle gli gridò di tacere. José diventò rosso, scese dalla tribunetta, prese il figlio per un braccio e lo portò fino alla sua limousine, parcheggiata dietro alcuni alberi. Lo sbatté contro il cofano e lo colpì con un pugno in pieno viso urlando: «Non ti permettere più di mettermi in imbarazzo davanti alla gente o ti ammazzo!». Il labbro di Lyle sanguinava copiosamente.

«È perfettamente chiaro?» chiese José.

«Sì» rispose Lyle ricacciando indietro le lacrime.

Lyle ed Erik erano molto uniti, anche se il fratello maggiore aveva più temperamento e più coraggio. Erik era fragile, vulnerabile, amava gli animali, scriveva poesie, soffriva anche spezzando il ramo di un albero.

Quando la famiglia si trasferì a Pennington, nel 1979, José iscrisse i figli alla scuola preparatoria di Princeton, un collegio molto competitivo. Erik e Lyle erano studenti mediocri anche se Kitty faceva con loro i compiti quasi ogni giorno. Era una tale vergogna per José la scarsa riuscita scolastica dei figli, che proibiva ai parenti di tirar fuori il discorso durante le riunioni di famiglia.

Un'insegnante volle parlare con José per dirgli che Lyle mancava di concentrazione e non era abbastanza preparato. José insultò la donna e le disse che non sapeva apprezzare le capacità del figlio maggiore. Un'altra insegnante raccontò che in un colloquio con José Menendez, nel quale gli aveva riferito che i suoi due ragazzi avevano problemi di apprendimento, l'uomo le aveva risposto che Lyle era perfetto e, oltre che il migliore tennista degli Stati Uniti, sarebbe diventato il più capace studente della scuola. L'insegnante notò anche che i compiti che venivano da casa erano sempre fatti meglio di quelli svolti in classe.

Lyle si innamorò per la prima volta a quindici anni di una ragazza che giocava a tennis, Stacy. Le comprava rose ogni venerdì e le regalava continuamente gioielli. Avrebbe voluto sposarla, ma Stacy lo lasciò perché voleva avere le sue esperienze. Disperato Lyle le disse che se non l'avesse abbandonato le avrebbe comprato una pelliccia. Stacy lo guardò con disprezzo.

Nel frattempo il matrimonio di José e Kitty attraversava un periodo di crisi. José aveva sempre avuto delle amanti, ma dal 1978 si era innamorato di Louise, una donna dai capelli rossi. Non avrebbe mai lasciato Kitty, anche perché immaginava quanto il divorzio gli sarebbe costato, ma nello stesso tempo non voleva rinunciare a Louise. Kitty ebbe il sospetto dei tradimenti del marito per moltissimo tempo e nel 1981 andò anche via di casa per qualche giorno. Ma la conferma della lunga relazione con Louise la ebbe soltanto nel 1986. Da allora cominciò a parlare sempre più spesso di suicidio. Scriveva lettere drammatiche al marito, ai figli, perfino a se stessa. Piangeva tutte le notti ed Erik, che la sentiva dalla sua stanza, rimaneva sveglio ad ascoltarla addolorato.

Kitty cominciò ad andare da uno psicanalista e a prendere antidepressivi e tranquillanti. Cambiò diversi terapisti e uno di questi, Edwin Cox, volle parlare anche con José. In seguito disse che l'uomo aveva una personalità molto forte, era intelligente, brillante e autoritario. Aveva sempre il controllo delle situazioni. Ma non dimostrava un atteggiamento affettuoso, o anche solo amichevole, nei confronti della moglie.

«Forse provava delle emozioni» raccontò Cox dopo la morte di José «ma io non me ne sono mai accorto.» Comunque da allora José fece del suo meglio per rassicurare Kitty. Le prendeva frequentemente la mano, cercava di passare più tempo insieme a lei, ascoltava i suoi problemi.

José esercitava un controllo anche sulla vita sentimentale dei figli.

Lyle si innamorò di una ragazza maggiore di lui di cinque anni, Jamie Pisarcik, che giocava nella sua stessa squadra di tennis. La relazione non piaceva a José che per troncarla sponsorizzò segretamente un tour della ragazza in Europa. Non poteva però prevedere che Lyle l'avrebbe seguita.

Kitty invece era preoccupata per l'educazione sessuale del figlio minore. Erik aveva un comportamento strano con le ragazze. Una volta aveva litigato con una fidanzata, l'aveva chiusa a chiave in una stanza e mentre lei gridava e piangeva, lui rideva fuori dalla porta. Come Lyle, anche lui regalava alle ragazze gioielli e fiori, ma non aveva ancora avuto rapporti sessuali con nessuna di loro. Una di queste, Jan, diventò la sua fidanzata ufficiale e passava giorni interi a casa Menendez. Kitty fece di tutto per favorire la loro intimità e regalò alla ragazza perfino i suoi profilattici, ma quando chiedeva al figlio come fosse Jan a letto, lui rispondeva che non poteva saperlo.

Lyle venne sospeso da Princeton perché aveva copiato il compito di un compagno. Fu la prima volta che vide suo padre piangere. Per non far perdere un anno inutilmente al figlio, José gli diede una stanza nel suo ufficio e lo fece lavorare con lui alla International Live Entertainment. Nel 1988 la famiglia Menendez si trasferì a Beverly Hills e Lyle comunicò al padre che voleva lasciare Princeton per l'UCLA, dove c'era più vita sociale. I ragazzi non si mostrarono all'altezza delle aspettative paterne: Lyle fu accusato di aver provocato danni all'università durante un party, poi gli fu ritirata la patente per una scorribanda notturna in un campo da golf. Esasperata, Kitty cominciò a pensare che il testamento che José aveva fatto in favore dei figli fosse da rivedere e ne preparò un altro sul suo computer.

Poi, la notte di sabato 19 agosto 1989 tutta la famiglia andò a pesca di squali. La sera dopo Kitty e José vennero uccisi.

I funerali si svolsero nella cappella dell'università di Princeton. Durante la commovente cerimonia, Lyle lesse una lettera che il padre gli aveva scritto di recente. Ma già una settimana dopo sembrava aver superato la tragedia senza grossi traumi e gradualmente cominciò a cambiare. Divenne più autoritario, più aggressivo, più sicuro di sé. Camminava dritto come il padre, lanciava gli stessi sguardi da padrone del mondo. Erik sembrava invece più scosso da quanto era successo, spesso scoppiava in lacrime se qualcuno nominava la madre a cui era particolarmente affezionato, e per quanto riguardava il suo futuro non aveva affatto le idee chiare. Agli amici diceva di non essere sicuro se entrare all'università o cercare di sfondare nel tennis.

«Vorrei avere mio padre a consigliarmi» si lamentava.

Lyle non perse tempo e, dopo la morte dei suoi genitori, acquistò una limousine e andava in giro con due guardie del corpo. Inoltre comprò tutti quegli oggetti di cui ogni uomo d'affari sembrava non poter fare a meno e che il padre aveva sempre disprezzato. Cominciò con due Rolex d'oro e proseguì con alcune auto d'epoca e abiti firmati.

I due fratelli si aspettavano un'eredità di quattordici milioni di dollari oltre all'assicurazione sulla vita del padre. Ma all'inizio poterono contare soltanto su due milioni ciascuno. Lyle pensava che il padre avesse nascosto settantacinque milioni di dollari in una banca svizzera.

Più passavano i giorni e più Lyle diventava arrogante, dispotico, classista. Se trattava male una cameriera in un ristorante poi si giustificava dicendo: «È qui per servirmi» o «Me lo ha insegnato mio padre». Poiché l'esecutore testamentario era lo zio Carlos Baralt, Lyle prese l'abitudine di piombare a casa dell'uomo a qualsiasi ora per rifornirsi di soldi, irritandosi a ogni rifiuto. Sembrava felice soltanto quando poteva spendere. I parenti cominciarono a preoccuparsi nel vedere Lyle bruciare così rapidamente la sua eredità, ma il ragazzo non accettava né consigli né rimproveri. Volava soltanto in prima classe perché anche sua madre, diceva, aveva sempre fatto lo stesso. Gli zii cercavano di giustificarlo affermando che forse quella era una maniera per superare il lutto che lo aveva colpito. E non erano neppure sorpresi dalla sua mancanza di emozioni riguardo agli omicidi, sapevano che il padre l'aveva educato in modo da controllarsi in ogni occasione «come un vero guerriero».

Perfino gli amici cominciarono a sentirsi a disagio con lui. Lyle non sorrideva mai e il suo sguardo impassibile e distaccato li respingeva. Ma subivano il suo fascino anche perché, proprio come il padre, aveva una grande capacità di ascoltare gli altri e di risolvere i loro problemi. Non era mai afflitto da dubbi e le persone deboli si affidavano a lui come a un fratello maggiore. In molti si accorsero di come cambiava anche l'atteggiamento di Erik in sua presenza. Diceva un loro amico: «Quando i due sono insieme Erik è totalmente sottomesso».

Lyle volle mettersi in affari fondando una società insieme a un gruppetto di amici dell'università, la Menendez Investment Enterprises, e affittò un vastissimo ufficio vicino a Princeton. Ma non vi mise mai piede. Preferiva lavorare a casa o prendere appuntamenti in vari punti della città. La mattina si svegliava presto, andava a trovare un avvocato, poi un architetto, poi un altro avvocato. E secondo lui erano sempre affari, affari, affari. E poi c'era un sogno che aveva condiviso con il padre, quello di acquistare un ristorante. Cercò nei dintorni di Princeton il locale adatto e scelse Teresa's Pizza. Invitò a cena uno dei proprietari, Venanzio Momo, e gli propose l'affare. L'impressione che Momo ricavò da Lyle fu quella di «un bambino in un mondo di grandi».

L'affare non venne concluso e Lyle decise di investire nel Chuck's Spring Street Café, il locale preferito di quando era bambino, e pagò cinquecentocinquantamila dollari quello che secondo Momo ne valeva al massimo duecentomila. La famiglia cercò di intervenire, ma Lyle ignorò qualsiasi consiglio o avvertimento e, contrariamente a ogni regola per un locale di successo, gli cambiò il nome in Mr. Buffalo's. Mentre poi cercava altri locali per formare una catena di ristoranti, con il primo già cominciava a perdere soldi, soprattutto perché consentiva a tutti gli amici di mangiare gratis.

Riguardo alla recente morte dei loro genitori sia Lyle sia Erik avevano un comportamento ambivalente. Quando l'auto che il padre gli aveva regalato per il diploma rimase coinvolta in un incidente, Lyle si disperò e disse che avrebbe desiderato lasciarla a suo figlio. Poi però riusciva a scherzare cinicamente sui delitti. Ed Erik un giorno disse a un amico che in fondo tutti i grandi uomini avevano perduto i genitori da giovani, e fece l'esempio di Adolf Hitler.

Nel frattempo le indagini sugli omicidi di José e Kitty Menendez sembravano essersi arenate. Les Zoeller e il suo assistente, Tom Lineahan, seguivano ogni pista possibile. José Menendez aveva avuto moltissimi nemici e ognuno sembrava avere un'orribile storia da raccontare sul suo conto. Tutti i giorni arrivavano segnalazioni e false informazioni alla centrale e ognuna veniva accuratamente controllata. Le piste sembravano infinite: dallo spaccio di droga di cui alcuni lo accusavano e con cui spiegavano la sua enorme ricchezza, alla rappresaglia politica, visto che José era un convinto anticastrista e sognava di trasferirsi a Miami e diventare il primo senatore cubano-americano, e anche di fare di Cuba un territorio dipendente dagli Stati Uniti come Portorico. Furono tenute in considerazione anche la pista mafiosa e quella della produzione di video pornografici.

Zoeller era instancabile, controllò ogni più piccolo indizio, qualsiasi segnalazione e andò a trovare tutti gli amici della coppia. A uno di questi, Pete Wiere, chiese: «Qual è stata la sua prima impressione a proposito degli omicidi?».

Wiere rispose: «Non so perché, ma mi chiedo se non siano stati i ragazzi». Zoeller fu sorpreso dalla risposta e volle sapere come mai Wiere avesse avuto un tale pensiero.

«Non riesco a spiegarmelo. So che un'idea simile non ha alcun senso. Lyle ed Erik dimostravano di amare moltissimo i genitori. Ma ho sempre pensato che quei ragazzi fossero troppo perfetti per essere veri. Troppo educati, troppo deferenti nei confronti degli adulti.»

Il 17 settembre Zoeller e Lineahan andarono nel New Jersey per interrogare gli zii dei ragazzi, Carlos Baralt e sua moglie Terry. Quando fu nella loro casa il detective Zoeller si lamentò di non essere ancora riuscito a parlare con calma con Lyle ed Erik perché, nonostante li avesse cercati diverse volte, non lo avevano mai richiamato. Terry allora gli disse che Erik era al piano di sopra e che Lyle sarebbe arrivato poco dopo con alcuni amici. Così Zoeller poté avere il colloquio che desiderava da tempo, ma al quale non si era potuto preparare. Decise di interrogarli separatamente e cercò di ricordare tutte le domande che voleva fare. Innanzitutto chiese ai ragazzi se i loro genitori fossero soliti addormentarsi davanti al televisore. Lyle rispose che se il programma era noioso suo padre poteva fare un sonnellino mentre la madre, che soffriva di insonnia, si sarebbe addormentata difficilmente, ma la sera prima erano andati a pesca di squali ed erano molto stanchi.

Erik chiese a Zoeller se pensava che gli assassini fossero delle persone che i suoi genitori conoscevano e il detective rispose: «L'esperienza mi dice di sì, visto che non c'era alcun segno di lotta sul luogo del delitto». Erik disse che, da quando si erano trasferiti a Beverly Hills, i suoi genitori lasciavano sempre le porte aperte perché pensavano che in quella zona della città non potesse succedere nulla. Negli ultimi tempi, però, sua madre aveva cominciato a preoccuparsi e a volere che fossero installati i più sofisticati sistemi di allarme.

Zoeller domandò ai ragazzi se per caso avessero conservato i biglietti del cinema, ma risposero di no. Poi disse loro che era obbligato a fare le stesse domande che faceva a ogni sospetto.

«Ultimamente avete avuto problemi con i vostri genitori?» si informò. Lyle disse che ricordava solo una futile litigata la sera prima dei delitti con la madre. «Lei aveva questa mania di chiudere tutte le porte anche se sapeva che io dimenticavo sempre le chiavi» raccontò. «Così ogni volta che rientravo a casa era una discussione.»

Due giornalisti del «Los Angeles Times», Ron Soble e John Johnson, stavano seguendo le stesse piste di Zoeller e Lineahan. E anche loro arrivarono ai ragazzi. Lyle ed Erik ricevettero i giornalisti nel salotto e Lyle disse subito che era stanco di parlare di indagini e sospetti. Poi però lui stesso dichiarò che considerava plausibile una vendetta del crimine organizzato.

«È probabile che mio padre non abbia voluto cooperare con attività illecite» suggerì.

Erik disse che forse preferiva non scoprire chi fossero gli assassini perché saperlo non avrebbe cambiato niente.

«Già» disse Lyle «io ed Erik non siamo sicuri di volerlo sapere. Certo ci piacerebbe che i killer fossero messi in carcere, ma non ci sarebbe di nessun aiuto. La perdita è stata molto più grande di qualsiasi soddisfazione che avremmo scoprendo i colpevoli.»

Lyle disse che era pronto a prendere il posto di suo padre nella famiglia anche se non condivideva la sua visione della vita. «Mio padre era un grande perfezionista e questo a volte creava problemi a Erik e me. Era molto stressato ed erano stressate le persone che lo circondavano. Doveva essere il migliore, sempre in vetta, e pensava di avere sempre ragione.»

«Era difficile perché dovevi essere un grande tennista e anche bravo a scuola» aggiunse Erik.

«Non avremmo voluto un padre diverso. Era un uomo che avrebbe cambiato la società» concluse Lyle.

Quando i giornalisti si informarono riguardo ai loro progetti per il futuro, Lyle disse che avrebbe lasciato gli studi per seguire la carriera di tennista, perché il tennis era ciò che aveva unito tutta la sua famiglia più di qualsiasi altra cosa. Ma gli amici di Lyle non la pensavano così. Avevano assistito a moltissime discussioni tra padre e figlio a proposito del desiderio di Lyle di abbandonare gli studi per il tennis. E per la carriera sportiva José sapeva bene che Lyle era ormai fuori età.

Soble e Johnson conclusero l'intervista e ringraziarono i ragazzi. Quando furono soli Soble guardò il collega e disse ciò che entrambi pensavano: «Sono stati loro».

Soble e Johnson intervistarono anche alcuni amici di Lyle ed Erik. Glenn Stevens raccontò che era sempre stato in ottimi rapporti con Lyle, ma da quando i suoi genitori erano stati uccisi l'amico era cambiato. Lui stesso aveva sospettato dei due fratelli, quando gli avevano raccontato di aver cancellato dal computer della madre la bozza di un nuovo testamento che la donna voleva sottoporre al marito. Glenn disse anche che la sera prima di essere ucciso, José aveva discusso con Lyle perché il figlio voleva lasciare gli studi e dedicarsi soltanto al tennis.

Les Zoeller decise di usare i sospetti dei due giornalisti per provocare Erik e lo andò a trovare. Gli disse che sul «Los Angeles Times» sarebbe uscito un articolo in cui si parlava dell'ipotesi che i figli, e soprattutto Lyle, fossero i responsabili dei delitti. Erik rimase impassibile. Zoeller disse che il loro comportamento non era collaborativo, visto che non richiamavano mai quando li cercava al telefono per rivolgere loro delle domande.

«Quali domande?» chiese Erik.

Zoeller parlò del testamento cancellato da Lyle nel computer. Erik disse che anche lui non aveva approvato questa azione del fratello. Poi, a proposito dei problemi tra loro, disse che Lyle stava spendendo troppi soldi. «Spende anche i miei» spiegò.

Allora Zoeller provò a insistere: «Pensi che Lyle sia coinvolto nei delitti? Che abbia pagato qualcuno?».

«No» disse Erik decisamente.

Quando il detective se ne fu andato, Erik chiamò Princeton e chiese di Lyle. Gli rispose Glenn al quale disse che la polizia sospettava di lui e del fratello. Glenn gli comunicò che Lyle non era lì. Erik era preoccupato e presto l'ansia divenne angoscia. Così, il 24 ottobre, andò dal suo psicanalista, Jerry Oziel, e gli raccontò tutto.

Nel frattempo Zoeller aveva interrogato il migliore amico di Erik, Craig Cignarelli, che gli aveva riferito una strana storia. Craig disse che, qualche giorno dopo i delitti, Erik stava chiacchierando insieme a lui di cose banali quando a un tratto gli aveva chiesto se voleva sapere chi fossero gli assassini. Erik raccontò che la sera dei delitti erano tornati a casa a prendere dei falsi documenti per andare a bere alcolici in un locale, e mentre lui camminava verso la macchina Lyle aveva tirato fuori i fucili a canne mozze e gli aveva detto: «Facciamolo!». Allora si erano messi d'accordo che, mentre Lyle avrebbe ucciso il padre, lui si sarebbe occupato di Kitty. Rientrarono in casa e andarono nel salotto. Lyle sparò al padre e, poiché Erik non riusciva a far fuoco, sparò anche alla madre che cercava di fuggire. Quando Erik pensò che Kitty fosse morta le sparò addosso altri due colpi.

Craig disse al detective di non aver creduto al racconto dell'amico e di aver cambiato discorso. Zoeller lo pregò di collaborare e gli spiegò il suo piano. Il 29 novembre Craig doveva vedere Erik a un party in un ristorante a Pacific Palisades. Poco prima il ragazzo incontrò Zoeller che gli sistemò un microfono sotto i vestiti. La conversazione tra Craig ed Erik venne quindi ascoltata da Zoeller che si trovava nella sua auto nel parcheggio del ristorante. Craig disse al giovane Menendez che i poliziotti l'avevano interrogato perché avevano dei sospetti su di lui. L'amico si mostrò preoccupato e gli chiese se avesse raccontato anche quello che lui gli aveva detto qualche tempo prima.

Ridendo Craig aveva risposto: «Oh, certo. Ho detto che hai ucciso i tuoi genitori! Be', li hai uccisi?».

«No» rispose Erik.

L'incontro non servì molto alla polizia, ma almeno Zoeller si convinse dell'attendibilità delle dichiarazioni di Craig. E forse il nervosismo dimostrato da Erik nel rispondere all'amico poteva essere considerato un indizio.

Un altro strano episodio si verificò qualche giorno dopo, quando un amico di Lyle, al quale il ragazzo aveva prestato la sua Porsche Carrera, trovò in una giacca abbandonata nell'auto la cartuccia di un fucile a canne mozze. La portò alla polizia, ma si scoprì che non era dello stesso tipo usato durante i delitti. Zoeller pensò si fosse trattato di uno scherzo che gli amici avevano voluto fare a Lyle.

Poi il colpo di scena.

Il 5 marzo 1990 Judalon Rose Smyth, una ex attrice di trentasette anni che lavorava in un negozio di libri e audiovisivi New Age, andò alla polizia a raccontare una strana storia. Judalon disse che lo psichiatra Oziel le aveva chiesto, la sera di Halloween, di ascoltare di nascosto il colloquio che aveva con i fratelli Menendez.

La donna aveva sentito Lyle gridare: «Non posso crederci! Non posso credere che glielo hai detto! Non ho più un fratello! Dovrei liberarmi di te per quello che hai fatto! Spero che tu sappia cosa dobbiamo fare adesso. Dobbiamo ucciderlo».

Erik aveva replicato singhiozzando: «Non posso fermarti ma io... non posso più uccidere».

Alla fine Erik era corso fuori dallo studio con le lacrime agli occhi, seguito da Lyle e poi da Oziel. Tutti e tre erano passati davanti alla donna e si erano diretti all'ascensore. Lyle aveva spinto il bottone per scendere e poi si era rivolto a Oziel: «Posso comprendere mio fratello, ma non avrebbe dovuto farlo... Adesso dovremo occuparci di questo».

«Mi stai minacciando?» aveva chiesto Oziel.

A questo punto Lyle gli aveva stretto la mano dicendo: «Buona fortuna, dottor Oziel».

Oziel era talmente spaventato che aveva chiesto alla moglie e ai figli di lasciare la casa e andare dai nonni. Lui si trasferì da Judalon. Poi il medico comprò delle armi per la sua famiglia e per Judalon e nelle sedute successive disse ai fratelli Menendez che, se lo desideravano, poteva aiutarli a capire perché erano arrivati alla terribile decisione di uccidere i loro genitori. Lo psicoanalista aveva le registrazioni di tutte le sedute. In esse Lyle si vantava di aver commesso il delitto perfetto e dichiarava che perfino José lo avrebbe ammirato se fosse stato in vita. Erik invece si lamentava del fatto che Lyle si stava comportando esattamente come suo padre.

Judalon continuò a essere interrogata e presto passò dal racconto sui Menendez ai suoi problemi personali, e accusò Oziel di averla violentata. «Già, una delle volte che abbiamo fatto sesso insieme è stato un vero e proprio stupro perché io stavo dormendo e lui mi ha presa con la forza» spiegò.

Tre giorni dopo l'avvocato Gary Mogil ricevette l'incarico di fare delle ricerche nello studio e a casa del dottor Jerry Oziel. La polizia poteva infatti intervenire nei casi in cui uno psicanalista veniva minacciato da un proprio paziente o che questi volesse coinvolgerlo in un piano per commettere o coprire un crimine. L'uomo andò a casa di Oziel e fu ricevuto dalla moglie Laurel che cercò di prendere tempo per vestirsi. Poi arrivò anche Oziel, al quale l'avvocato Mogil e il detective Zoeller chiesero le cassette con le registrazioni delle sedute con i fratelli Menendez. Oziel era riluttante, ma il poliziotto gli disse che se non acconsentiva avrebbero messo a soqquadro la casa. Infine il terapista consegnò i nastri che prese in banca. L'uomo si mise sotto la protezione della polizia e chiamò il suo avvocato, Bradley Brunon, perché sollecitasse l'arresto dei due ragazzi.

L'8 marzo Lyle si trovava insieme ad alcuni amici nella sua casa di Beverly Hills. Verso l'una entrarono tutti nell'auto di Erik, che era in Israele per un torneo di tennis, e uscirono alla ricerca di un ristorante. Una pattuglia di poliziotti li aspettava fuori dal cancello. Lyle fermò l'auto e gli agenti sbucarono da ogni parte. Ordinarono ai tre ragazzi di sdraiarsi per terra e poi li ammanettarono mentre la gente usciva dalle altre ville per vedere cosa stesse succedendo. Lyle fu portato al commissariato di West Hollywood e poi in carcere. Gli amici, Glenn Stevens e Hayden Rogers, furono rilasciati e tornarono a casa Menendez ad avvertire la nonna di Lyle che il nipote era stato arrestato.

Quando Erik seppe dell'arresto chiamò lo zio che gli consigliò di tornare in California. Erik partì per Miami dove incontrò la zia, Marta Cano, e poi insieme a lei prese l'aereo per Los Angeles dove, all'aeroporto, lo aspettavano Zoeller e Lineahan. Durante il volo Erik disse alla zia che poteva essere chiuso in prigione per il resto della sua vita e la donna rispose intenerita: «Non mi importa che cosa hai fatto, io ti perdono». Erik fu ammanettato e portato nello stesso carcere dove era rinchiuso il fratello.

I media si gettarono a capofitto sul caso e cominciarono anche a registrare una miniserie sulla storia della famiglia Menendez; gli amici più stretti dei fratelli lasciarono Los Angeles per non venire coinvolti. Judalon fu utile ancora una volta. Zoeller aveva cercato inutilmente a Los Angeles il negoziante che aveva venduto i fucili, la donna gli disse di aver sentito che i ragazzi li avevano acquistati a San Diego e che la maggiore preoccupazione di Lyle era la telecamera installata nel negozio, tanto che aveva telefonato al proprietario per chiedergli quanto tempo conservava le cassette registrate prima di gettarle via. «Tre mesi» aveva risposto l'uomo.

Zoeller aveva cercato in quasi tutti i negozi di San Diego, e disperava di ottenere qualche risultato. Mancavano due soli posti da verificare. In uno di questi il detective trovò la ricevuta della vendita di due fucili a pompa Mossberg, avvenuta il 18 agosto 1989. Lyle ed Erik li avevano acquistati usando i documenti rubati a un amico.

Il processo cominciò il 16 giugno del 1990 con un'udienza a porte chiuse in cui il giudice James Albrarcht volle ascoltare le cassette del dottor Jerry Oziel prima di decidere se potevano essere utilizzate dall'accusa. Alla fine acconsentì.

Per difendere Erik i parenti scelsero l'avvocato Leslie Abramson, una donna molto determinata e anche molto affascinante, con un temperamento focoso che infastidiva i giudici. Jill Lansing assunse la difesa di Lyle. Il pubblico ministero era Pam Ferrero, di trentanove anni, che si sposò durante il processo e rese difficile la vita al novello sposo passando gran parte delle sue notti al lavoro. Pam Bozanich, il cognome che usò era quello del marito, era una donna molto formale, razionale e intelligente.

Ma ci fu subito un arresto nel dibattimento a causa delle registrazioni del dottor Oziel. La difesa si appellò sulla decisione del giudice di usarle come evidenza per l'accusa. Prima che il caso fosse risolto passarono due anni.

Quando il processo ricominciò, nel settembre del 1992, soltanto una cassetta era rimasta a disposizione dell'accusa, quella in cui Oziel aveva creduto seriamente di essere minacciato dai suoi pazienti. Inoltre il nastro non poteva essere ascoltato in aula perché la difesa non poteva controinterrogare una cassetta.

Non aiutarono certamente Pam Bozanich le accuse che Judalon Smyth rivolse contro il dottor Oziel. La testimone disse che si erano conosciuti per telefono quando lei lavorava nel negozio di prodotti

New Age. Il loro rapporto telefonico era continuato finché lui non aveva chiesto di incontrarla. Quando si erano visti Jerry le aveva detto di essere sposato, ma in attesa di divorzio. Judalon dichiarò che Oziel l'aveva sedotta e costretta ad avere rapporti sessuali con minacce e ricatti psicologici. Le aveva fatto prendere tranquillanti e droghe di vario genere.

Judalon raccontò a un giornalista di aver fatto con Oziel «il peggior sesso della mia vita». Si lamentò anche del fatto che, domandandole di assistere alla seduta con i fratelli Menendez, lui l'aveva messa seriamente in pericolo. Le aveva chiesto di rimanere in sala di attesa come se si fosse trattato di una paziente in modo da poter chiamare la polizia se fosse successo qualcosa. In quell'occasione Judalon portò una pistola.

Nella sala d'aspetto Lyle le rivolse qualche parola e poi fu ricevuto dal dottor Oziel. Dopo la drammatica scena, Judalon disse all'amante che doveva rivolgersi alla polizia, ma il medico rifiutò. Contemporaneamente, secondo la donna, le diagnosticò una depressione e cominciò a somministrarle psicofarmaci. Una volta lei si sentì male e Oziel la fece ricoverare al pronto soccorso dell'ospedale affermando che la donna aveva tentato il suicidio. Poi la portò a vivere a casa sua insieme alla sua famiglia per tre mesi, dal 13 dicembre al 4 marzo del 1990, continuando a tenerla sotto psicofarmaci e forzandola ad avere rapporti sessuali. Finalmente Judalon trovò il coraggio di denunciarlo.

Jerry Oziel e la moglie Laurel decisero allora di convocare una conferenza stampa al Beverly Hilton hotel nella quale il medico accusò Judalon di averlo diffamato inventando accuse inesistenti contro di lui. Negò di aver mai forzato la donna ad avere rapporti intimi. Si erano conosciuti quando lei gli aveva proposto di registrare alcune cassette da vendere nel suo negozio e poi si era innamorata di lui. Oziel disse che Judalon Smyth non era mai stata una sua paziente e che non le aveva mai fatto prendere medicinali. Inoltre non le aveva chiesto di spiare la sua seduta con i fratelli Menendez, anche perché dalla sala d'attesa del suo studio non si poteva udire nulla di ciò che accadeva o veniva detto durante le terapie.

Ma Judalon, sentendosi comunque in pericolo, aveva chiesto alla famiglia Oziel di ospitarla. A questo punto intervenne Laurel Oziel che raccontò di aver saputo dal marito della relazione intima avuta con Judalon ma che era finita quasi subito. Laurel lesse anche alcuni brani delle lettere che la signora Smyth aveva scritto a suo marito:

> È amore, dipendenza, curiosità?... Io credo di essere la donna che stavi aspettando.

E poi:

Non so cosa sia la vita per te quando non siamo insieme, ma per me è una specie di limbo... tu sei la magia, la musica, il batticuore che mi riporta alla vita... Quando non ci sei io funziono solamente, ma comincio a vivere quando siamo insieme.

Oziel aggiunse che la donna soffriva realmente di depressione e ansia, e che durante la permanenza a casa sua aveva minacciato lui e la sua famiglia.

L'avvocato Leslie Abramson trovò anche altre donne disposte a testimoniare contro il dottor Jerry Oziel e a raccontare storie simili a quella di Judalon Smyth.

Nel frattempo Lyle ed Erik avevano passato lunghi mesi nelle rispettive celle di tre metri per quattro contenenti un letto, un water, un lavandino e una piccola scrivania. Era loro consentito ricevere una visita al giorno per venti minuti, ma uscivano di rado nel cortile della prigione. Erik assunse un colorito pallidissimo e, dato che piangeva spesso e aveva frequenti crisi di ansia, fu curato con dei tranquillanti. Lyle passava le giornate in modo più attivo, occupandosi anche dal carcere dell'andamento del suo ristorante e dei suoi affari. I due fratelli avevano moltissimi visitatori, alcuni dei quali erano veri e propri fan, e ricevevano centinaia di lettere d'amore da uomini e donne. Nei primi tempi Erik ebbe forti impulsi suicidi, ma il suo avvocato lo convinse dell'importanza della sua testimonianza per aiutare il fratello. Jan, la sua prima fidanzata, andava a trovarlo spesso e riferiva di trovarlo molto maturato.

Il processo cominciò il 20 luglio 1993. Tutto il paese si sintonizzò sulla Court TV che aveva avuto il permesso di riprendere le udienze in diretta. L'accusa era rappresentata da Pam Bozanich e dal suo collega Lester Kuriyama; Jill Lansing e Micael Burt difendevano Lyle per il quale fu scelta una giuria composta da sette uomini e cinque donne; Leslie Abramson e Marcia Morrissey difendevano Erik la cui giuria era costituita da otto uomini e quattro donne. Il giudice era Stanley Weisberg.

L'impetuosa Leslie Abramson scelse per il suo cliente un abbigliamento da bravo adolescente, e lei stessa in aula sembrava comportarsi da mamma, carezzandogli i capelli, prendendogli la mano, togliendogli i pelucchi dal pullover, sussurrandogli rassicurazioni all'orecchio. Spesso fu ripresa dal giudice Weisberg che le chiese di assumere un atteggiamento più professionale.

L'accusa cominciò ricostruendo il duplice omicidio e come i due ragazzi avessero finito i genitori quando questi erano già feriti a morte. Poi raccontò il comportamento e le bugie di Lyle ed Erik dopo i delitti. Le loro spese folli, la cancellazione dei file dal computer.

Parlò poi l'avvocato Lansing. Disse che nessuno negava che i ragazzi avessero commesso i delitti, ma avevano agito per legittima difesa, perché avevano paura. Paura di genitori brutali e perversi. Cominciò col descrivere la vita lussuosa che José e Kitty concedevano ai figli di condurre, dalle carte di credito personali alle auto sportive, dalle vacanze in luoghi esotici agli abiti costosi.

Poi il colpo di scena.

L'avvocato Lansing disse che ciò che aveva spinto Lyle a commettere i delitti era stata la confessione che gli aveva fatto il fratello qualche giorno prima: il padre l'aveva molestato sessualmente per dodici anni.

Lyle confidò a Erik di essere stato sottoposto alle stesse molestie dai sei agli otto anni. Subito dopo andò ad affrontare il padre, minacciandolo di raccontare tutto se non gli avesse permesso di prendere il fratello e portarlo via con sé. Ma José gli aveva risposto che poteva fare quello che voleva con suo figlio e nessuno aveva il diritto di accusarlo. Lyle raccontò di essersi sentito minacciato. Il giorno successivo aveva rubato i documenti di un amico con i quali insieme a Erik era andato a San Diego ad acquistare i fucili a canne mozze. Secondo l'avvocato, quindi, Lyle ed Erik avevano ucciso per non venire uccisi.

Prevenendo i dubbi della giuria, l'avvocato disse che i ragazzi avevano assassinato anche la madre perché era complice del marito, non li aveva mai amati, spesso inseguiva Lyle brandendo un coltello e lasciava per casa gli escrementi dei cani e dei furetti domestici, obbligandolo a sdraiarsi per punizione in mezzo alla sporcizia sotto il suo letto.

L'avvocato Abramson raccontò dei primi approcci sessuali che il padre fece a Erik e Lyle, massaggiandoli dopo una partita di tennis, prendendoli sulle ginocchia e toccando loro i genitali, fino ad arrivare al sesso orale e alla sodomizzazione di entrambi. Abramson parlò anche della manipolazione mentale e fisica dei figli da parte di José Menendez: «Era un uomo che amava imporre il proprio potere sui più deboli, specialmente sui suoi ragazzi... i testimoni vi diranno come José Menendez si credesse un essere superiore, e come insegnasse ai suoi figli che la loro famiglia era eccezionale in confronto alle altre, e che la ricchezza era tutto ciò che contava veramente nella vita, e che chi non raggiungeva il successo era soltanto una pecora». E poi continuò: «José Menendez era un uomo capace di tirare i capelli di Erik, undicenne, per costringerlo a un rapporto orale. Lo schiaffeggiava con violenza quando piangeva dopo l'eiaculazione. Lo sodomizzava sul letto di casa».

Anche Kitty era solita «ispezionare i genitali» dei suoi figli. Erik non aveva il coraggio di ribellarsi al padre che lo violentò per l'ultima volta nel maggio del 1989. Qualche giorno prima degli omicidi, Erik si stava preparando a lasciare la casa per andare a stare nel campus dell'università, ma José gli chiese di rimanere nella villa per una settimana per una specie di esame scolastico. Erik capì subito cosa intendesse con quella richiesta e, spaventato, raccontò tutto al fratello.

Il pubblico americano era diviso. Se veramente José Menendez aveva fatto le cose raccontate dalla difesa era un mostro, ma se i figli avevano inventato tutto, erano più che assassini. Ragazzi che avevano ucciso due volte, prima con i fucili e poi infamando la memoria dei loro genitori.

Craig Cignarelli, il miglior amico di Erik, fu ascoltato come testimone ma non poté raccontare ciò che aveva rivelato alla polizia, cioè che nel 1988 i fratelli Menendez avevano scritto la sceneggiatura di un film. La storia era semplice: un ragazzo apre il testamento, vede che erediterà centocinquantasette milioni di dollari, va al piano di sopra e uccide i genitori. Il giudice non permise che la sceneggiatura fosse ammessa come prova per l'accusa.

Poi testimoniò Jerry Oziel per sei giorni consecutivi e raccontò come un cugino di Erik lo avesse chiamato per prendere un appuntamento affermando che il ragazzo si rotolava spesso sul pavimento piangendo e lamentandosi. Il 31 ottobre 1989 Erik andò da Oziel e gli disse che sognava i genitori morti e che ultimamente stava perdendo peso e si sentiva solo. Oziel lo portò fuori a fare una passeggiata e poi, quando rientrarono, Erik raccontò gli omicidi nei dettagli.

Secondo Oziel i ragazzi avevano ucciso anche la madre perché non potevano fare altrimenti e perché senza il marito la donna si sarebbe sicuramente tolta la vita. Quando Lyle venne a sapere che Erik aveva confessato ogni cosa all'analista andò su tutte le furie e minacciò Oziel. Nelle sedute successive lo psicanalista comunicò ai ragazzi di aver messo i nastri in banca, ma Lyle continuò a minacciarlo. Il medico cercò di indurli a capire i motivi che li avevano spinti a uccidere i genitori, e loro risposero che il padre li tiranneggiava e li ridicolizzava davanti alla gente. Inoltre controllava tutte le loro attività e li faceva sentire inadeguati, inferiori, insomma li dominava. Oziel aggiunse che i fratelli si erano dimostrati molto soddisfatti del modo in cui avevano commesso i delitti senza venire sospettati.

Per screditare il testimone, la difesa tirò fuori la storia dello psicanalista con Judalon Smyth e anche il costo delle sedute di Erik e Lyle, un buon motivo per continuare la terapia molto a lungo. Oziel aveva perfino fatto pagare ai ragazzi la sua presenza al funerale di José e Kitty. Infatti Judalon, quando fu interrogata, disse che in realtà non le era sembrato che Lyle volesse minacciare Oziel, ma il medico le aveva chiesto di dire così. E inoltre, quando Oziel aveva saputo che i ragazzi avrebbero ereditato quattordici milioni di dollari, le aveva detto che forse sarebbe riuscito a convincerli ad affidarsi a lui per gli investimenti.

Fu poi il turno degli imputati. Lyle fu interrogato dall'avvocato Lansing: «Il 20 agosto 1989 tu e tuo fratello avete ucciso i vostri genitori?».

«Sì.»

«Perché li avete uccisi?»

«Perché avevamo paura di loro.»

Lyle fu invitato a raccontare la sua vita. Dagli allenamenti alle diete, dagli esami la sera a tavola alle botte con la cinghia. Raccontò che la madre gli aveva spesso ripetuto che avrebbe preferito che lui non fosse mai nato. Disse che il padre portava a casa riviste e film pornografici e che spesso fotografava i figli nudi. Gli raccontava anche dei rapporti sessuali tra uomini che erano così diffusi nella Roma antica. Poi, piangendo, descrisse come il padre l'avesse violentato tra i sei e gli otto anni. Accadeva due o tre volte la settimana nella sua camera, dopo gli allenamenti di tennis, e in seguito avvenne in bagno, dove il padre lo metteva in ginocchio e lo costringeva a pratiche sessuali orali. Disse che a volte «si divertiva» con lui con uno spazzolino da denti e la vaselina. Aveva chiesto al padre di smetterla e José gli aveva spiegato che non voleva fargli del male perché lo amava.

Lyle si era rivolto alla madre, che aveva commentato freddamente che il ragazzo stava semplicemente esagerando e che comunque un padre ha il diritto di punire il proprio figlio se non si comporta bene.

Ma l'ultima dichiarazione di Lyle fu particolarmente scioccante. Disse che quando il padre smise di molestarlo, a otto anni, lui cominciò a fare le stesse cose al fratello piccolo. Lo disse piangendo e poi si rivolse a Erik sussurrando: «Mi dispiace».

Lyle raccontò anche di aver minacciato José di raccontare tutto alla polizia e quel giorno nella discussione fu coinvolta anche la madre.

«Tu sapevi e non hai fatto niente!» la accusava Lyle.

Sicuri che i genitori volessero ucciderli, Lyle ed Erik si procurarono i fucili e poi parteciparono alla gita in barca. Il giorno dopo ci fu un'altra discussione perché Kitty non voleva che andassero al cinema. José si infuriò e disse a Erik di aspettare in casa finché non fosse finito il film che stava guardando alla TV. I fratelli andarono allora a prendere i fucili, poi rientrarono in casa e cominciarono a sparare. Uscirono per procurarsi un alibi e infine tornarono e chiamarono la polizia. Lyle disse che non avevano pensato affatto al denaro perché erano convinti che i genitori li avessero cancellati dal testamento.

Il giorno in cui Erik doveva testimoniare, il 27 settembre, il pubblico cominciò ad aspettare davanti al tribunale dalle quattro del mattino. Erik raccontò fra le lacrime le molestie paterne, le volte che aveva pensato al suicidio, la sua disperazione. Quando qualche giorno prima dei delitti il padre gli aveva ordinato di rimanere a casa per una settimana, era stato preso dal panico e si era rivolto al fratello. A proposito della discussione che si era svolta il pomeriggio del giovedì, Erik raccontò di essere andato nel salottino dove la madre stava guardando la televisione.

«Che ti succede?» aveva chiesto lei.

«Niente, non potresti capire» aveva replicato Erik.

«Ma io so, io ho sempre saputo tutto. Pensi che sia stupida?»

«Ti odio» le aveva detto Erik prima di uscire dal salottino. Kitty l'aveva seguito nella stanza di Lyle, dove questi le aveva chiesto perché non avesse mai fatto nulla per impedire al marito di abusare di Erik.

«Nessuno ha mai fatto niente neanche per me» gli aveva risposto Kitty.

Erik raccontò poi la sua infanzia e come il padre avesse sempre cercato di spaventarlo, entrando nella sua stanza con maschere mostruose in piena notte o lasciandolo da solo al cimitero di sera. Disse anche che il fallimento con la sua ragazza, Jan, era dovuto ai rapporti a cui lo forzava il padre.

Il 24 gennaio 1994 i giurati annunciarono al giudice Weisberg che non erano riusciti a raggiungere un verdetto. Il processo doveva essere rifatto. Tre settimane dopo la fine del primo dibattimento, la Fox TV aveva terminato le riprese di un film per la televisione girato in venti giorni sul caso Menendez, dal titolo *Onora il padre e la madre*. Lo sceneggiato ebbe un enorme successo e si piazzò al secondo posto nella classifica dei programmi più seguiti della serata. Gli avvocati della difesa protestarono definendo il film «bugiardo, fazioso e pro-accusa», ma la giustizia americana si pronunciò a favore della libertà di parola e di espressione.

Il nuovo dibattimento cominciò nell'ottobre del 1995 e questa volta non fu consentito alla TV di riprendere le udienze. Non si presentarono trenta testimoni della difesa che nel primo processo avevano confermato i sospetti di molestie sessuali di José Menendez nei confronti dei figli.

Il nuovo pubblico ministero, David Conn, si mostrò molto più aggressivo del primo e considerò la teoria dell'abuso sessuale come «la più sciocca e ridicola storia mai sentita nell'aula di un tribunale». Riuscì facilmente a convincere i giudici della colpevolezza degli imputati di omicidio volontario. La difesa, invece, cercò di dimostrare che si era trattato di omicidi colposi effettuati per autodifesa sotto una impellente minaccia di morte.

Il 20 marzo 1996 la giuria popolare di Los Angeles riconobbe Lyle ed Erik Menendez colpevoli di omicidio volontario e li condannò al carcere a vita senza possibilità di uscire sulla parola. Lyle fu rinchiuso nel penitenziario di Tehachapi ed Erik in quello di Sacramento.

XXV

L'UOMO PIÙ PERFETTO DEL MONDO

Paul Bernardo e Karla Homolka, Canada 1990

Paul scosse con forza il braccio di Karla che dormiva profondamente.

«L'ho presa!» le sussurrò all'orecchio con aria euforica. «L'ho presa, è di sotto!»

«Ma cosa? Chi?» chiese Karla intontita dal sonno. Pensò si trattasse di qualche ragazza raccolta in un bar con la quale il marito si sarebbe divertito un po'. Guardò l'orologio: non credeva fosse tanto tardi.

«Lasciami dormire» disse.

«Non hai capito! Ho preso una ragazzina. Potremo farle di tutto. L'ho legata e imbavagliata, è di sotto!»

Karla si girò dall'altra parte. «Lasciami dormire» ripeté.

«Tu dormi, non fare niente. Stai qui finché non vengo a chiamarti» disse Paul che non stava in sé dall'eccitazione.

Tornò al piano di sotto, nonostante fossero le tre del mattino si comportava come fosse pomeriggio. Leslie, seduta sul pavimento, singhiozzava e lo pregava di lasciarla andare, ma Paul aveva aspettato molto tempo per avere una giovane vittima a sua completa disposizione e non l'avrebbe liberata tanto facilmente.

Dorothy Seger era nata a Toronto il 26 settembre 1946. I suoi genitori avevano avuto un matrimonio sereno e lei aveva incontrato l'uomo della sua vita in un campeggio nelle vicinanze di Mississauga, in Ontario: Karel Homolka era di origini cecoslovacche ed era nato il 25 gennaio 1943. Dorothy era una bella donna con un viso largo e aperto, lavorava come segretaria in un ospedale psichiatrico.

Karla nacque con il parto cesareo nell'ospedale di Mississauga, il 4 maggio 1970, e la madre lasciò il lavoro per dodici anni. C'era già una figlia, Lori Priscilla, nata quattordici mesi prima, e un anno e mezzo dopo nacque Tammy Lyn. La famiglia si trasferì numerose volte finché, nel 1975, non si stabilì definitivamente a St. Catharines, una cittadina di centotrentamila abitanti, non molto distante dal lago Ontario. Nel 1978 gli Homolka andarono ad abitare al numero 61 di Dundonald Street, vicino al Victoria Lawn Cemetery. La casa non era grande, ma aveva un bel giardino dove gli Homolka avevano fatto costruire una piscina che divenne il centro di attrazione dei ragazzi della zona. Karel era un uomo dal sorriso dolce e con la pelle così scura che sembrava sempre abbronzato, d'estate e d'inverno. Lavorava come commesso viaggiatore vendendo lampade e oggetti d'arredamento in giro per la provincia.

Karla era una bambina precoce che aveva imparato a parlare, a camminare, a leggere prima dei suoi coetanei. Dal padre aveva ereditato una fastidiosa asma i cui attacchi arrivavano in occasione delle feste, dei compleanni o dell'inizio della scuola: ogni volta che la bambina aveva qualche motivo per emozionarsi o spaventarsi. Era bella, con grandi occhi blu e morbidi capelli biondi. A scuola si dimostrò una studentessa intelligente, con un quoziente intellettivo molto elevato, descritta dai suoi insegnanti come «volenterosa ed entusiasta». Dai compagni era considerata la più carina e la più popolare della classe, e anche la ragazza con più gusto nel vestire.

Karla avrebbe voluto diventare bibliotecaria, amava leggere ed era anche interessata all'occulto. Le piaceva recitare e partecipava a tutti i varietà e i musical organizzati dalla scuola. Per tre anni studiò musica e canto. Ma non era una ragazza felice e parlava spesso di suicidio. La sua amica Lisa pensava che fosse a causa dei rapporti insoddisfacenti con i ragazzi. Anche il primo boyfriend di Karla, Doug, la considerava un po' strana. Karla infatti era diversa dalle sue compagne. Aveva un carattere duro e prepotente. Spesso discuteva con i genitori e, se non aveva intenzione di riordinare la sua stanza o di aiutare la madre in cucina, il suo «no!» era definitivo.

Lisa aveva assistito ad alcune di queste scene e si era stupita nel vedere come i genitori di Karla subissero con noncuranza il comportamento insolente della figlia. Difficilmente Karla ammetteva di avere torto, anche con gli amici, e nelle discussioni sosteneva il proprio punto di vista anche quando era palesemente sbagliato. Era sincera e diretta e diceva sempre quello che le passava per la testa, lo faceva con i genitori, con i compagni, con gli insegnanti e anche con gli estranei.

Karla aveva uno spirito libero, non le importava ciò che pensavano gli altri di lei e faceva sempre quello che desiderava fare. Spesso si tingeva i capelli di nero, nonostante li avesse biondi naturali, e questo, per le sue amiche, era un comportamento bizzarro. Presto cominciò ad averne abbastanza della scuola. I ragazzi divennero il suo unico interesse, come d'altronde il matrimonio, di cui parlava continuamente. Perse la verginità con il suo secondo fidanzato e soffrì perché il ragazzo si trasferì a Kansas City.

La sorella maggiore, Lori, seguiva un corso per diventare segretaria in uno studio medico, era anche lei bionda e carina, ma aveva un aspetto più serio e austero di Karla. La più appariscente, atletica, simpatica e socievole delle tre era sicuramente la piccola Tammy Lyn.

Karla amava molto la madre che aveva un carattere forte e dominante, mentre dichiarava che non avrebbe mai sposato un uomo simile al padre, sempre fuori per lavoro e privo di un'occupazione stabile. La passione di Karla erano gli animali, a casa addestrava gatti e conigli e a sedici anni cominciò a lavorare nelle ore pomeridiane, dopo l'orario scolastico, nel negozio di animali di Kristy Maan insieme all'amica Debbie Purdie, e lesse anche moltissimi libri sui mammiferi e sulle loro malattie.

Nell'ottobre del 1987 Karla e Debbie furono invitate da Kristy Maan a una convention organizzata per i proprietari di negozi di animali. La conferenza si svolse all'Howard Johnson East hotel a Scarborough, un sobborgo di Toronto. Quell'estate i giornali si erano occupati molto della cittadina per una serie di stupri che vi si erano verificati. Di solito si trattava di ragazze che scendevano dall'autobus e venivano seguite da un uomo armato di coltello che le minacciava e le violentava in qualche vicolo, anche in pieno giorno.

Dopo la riunione, Karla e l'amica parteciparono al party che si svolgeva nella hall dell'hotel e più tardi andarono in discoteca. Tornate in albergo avevano fame e scesero nel *coffee shop* dove incontrarono due ragazzi, Paul Bernardo e Van Smirnis, che invitarono in camera a vedere un film in cassetta. Quella notte Karla si innamorò di Paul Bernardo e in seguito disse: «Appena lo vidi capii che volevo sposarlo».

Paul Bernardo era nato il 27 agosto 1964. Era il terzo figlio di Kenneth e Marilyn Bernardo. Quando era molto piccola, Marilyn era stata data in adozione alla famiglia Eastman che viveva a Kitchener, nell'Ontario. Ma non capì mai perché i suoi genitori avessero preso quella decisione. A diciotto anni si innamorò di un ragazzo attraente, robusto, ma molto ribelle. Capì che sposarlo sarebbe stato uno sbaglio e accettò il consiglio del padre adottivo, Gerald, che per lei preferiva il figlio dei suoi migliori amici, immigrati dall'Italia. Così sposò Kenneth Bernardo nel 1960 e si trasferì con lui a Scarborough. Nel marzo del 1961 nacque il primo figlio, David, e l'anno dopo Deborah.

Marilyn era infelice, il marito la picchiava e la tradiva con altre donne, e spesso tornava a Kitchener per passare qualche giorno a casa Eastman.

Durante una di queste visite incontrò di nuovo il suo primo ragazzo e si pentì di non averlo sposato. L'anno dopo nacque Paul e i Bernardo acquistarono la loro prima casa al numero 21 di Sir Raymond Drive. Era una villetta modesta, ma con una grande piscina sul retro, che rendeva i Bernardo la famiglia più popolare del vicinato.

Dei tre figli, Paul era il più gentile, il più socievole, aveva un carattere allegro. Era bello, con i suoi riccioli biondi e gli enormi occhi blu. Sembrava il figlio perfetto, educato, bravo a scuola, tenero nella sua uniforme di boy scout. Tutte le madri del vicinato lo invidiavano a Marilyn. Aveva molti amici che invitava a passare le giornate in piscina, ma i suoi compagni preferiti erano i fratelli Smirnis, Steve, Alex e Van, figli di ristoratori greci.

A casa i genitori dormivano in camere separate, il padre gridava troppo e la madre era perennemente depressa. Kenneth Bernardo era un ragioniere che riteneva che le donne dovessero avere un ruolo subordinato. Era prepotente e irascibile, si lamentava del modo in cui la moglie cucinava, non voleva confusione a casa e per questo proibiva ai figli di invitare gli amici in piscina quando lui era presente. Dal vicinato era benvoluto e stimato, anche perché nessuno conosceva il suo vizio segreto, quello di molestare le ragazzine. Ma ne era consapevole la moglie, e questo era uno degli argomenti delle più feroci litigate fra i due.

Marilyn si lasciò andare, cominciò a ingrassare e ormai usciva raramente. Passava le giornate nella sua stanza, con le tende tirate e le luci spente. Non cucinava più e così sua figlia Deborah si incaricò di mandare avanti la casa anche se la madre la rimproverava continuamente.

Un giorno Paul, che all'epoca aveva sedici anni, era rimasto a casa perché aveva l'influenza. Sua madre entrò nella sua camera in lacrime, sembrava arrabbiata, confusa, veniva da una violenta discussione con il marito. Aveva una fotografia in mano e la mostrò al figlio. «Questo è il tuo vero padre» gli disse e poi lasciò la stanza. Paul guardò la fotografia che ritraeva un giovane alto, magro, con i capelli biondi e gli occhi azzurri. Si stupì dell'incredibile somiglianza e non dubitò delle parole della madre. Si alzò dal letto e uscì di casa. Piombò in lacrime dall'amico Van Smirnis e gli raccontò tutto. Da quel giorno ogni volta che Marilyn era arrabbiata con il figlio lo definiva «bastardo», e da quel giorno Paul cominciò a ridicolizzarla davanti alla gente. La chiamava «vacca» o «puttana». Divenne disubbidiente e aggressivo. Odiava la madre ancora più di quanto odiasse il padre e le sue perversioni sessuali. Ormai tutto il vicinato sapeva che Kenneth spiava le donne dalle finestre e che aveva anche provato ad avere rapporti sessuali con la figlia Deborah.

Il sesso divenne un'ossessione anche per Paul. A forza di criticare il padre volle provare anche lui l'emozione di osservare di nascosto le ragazze che si spogliavano nelle loro stanze. Si acquattava tra i cespugli e passava lunghe ore davanti alle finestre dei bagni e delle camere da letto del vicinato. Si divertiva anche a ritagliare le pubblicità della biancheria intima dalle riviste femminili o dai cataloghi di vendita per corrispondenza. Poi passò a materiale pornografico vero e proprio, libri, giornali, cassette.

Paul finì la scuola nel 1982, e quello stesso anno i suoi genitori si separarono. Aveva frequentato le lezioni con assiduità e durante il pomeriggio guadagnava qualcosa vendendo giornali o facendo il cameriere. I soldi non gli bastavano mai, anche perché aveva un vero e proprio culto del proprio corpo, doveva pagarsi le lezioni di judo e gli altri sport, oltre ad acquistare prodotti di bellezza e abiti alla moda. Con i fratelli Smirnis andava a caccia di avventure facili, con loro cominciò a guadagnare molto con il contrabbando di alcol e sigarette.

Nel settembre del 1987 si laureò all'università di Toronto e fu assunto come ragioniere in un'importante azienda. Paul aveva due fidanzate, Jennifer Galligan, alta e bruna, e Lenore Marcos, una splendida filippina. Proprio il primo giorno di lavoro, Jennifer era passata a trovarlo e si era portata i libri per studiare. Ultimamente litigavano spesso, ma Jennifer era ancora molto innamorata di Paul dopo tre anni di fidanzamento e quella sera, dopo un periodo di separazione, si incontrarono per fare l'amore. Mentre erano a letto sentirono suonare il campanello. Paul si affacciò alla finestra e vide Lenore, così decise di non rispondere nonostante le domande di Jennifer. Disperata, Lenore spaccò con le mani la vetrata d'ingresso e si ferì seriamente. I vicini chiamarono la polizia e un'ambulanza e Jennifer venne così a sapere che da anni Paul la tradiva con un'altra ragazza.

Il 17 ottobre Paul conobbe la donna che avrebbe sposato. Karla Homolka era scesa insieme all'amica Debbie nel *coffee shop* dell'albergo di Scarborough e aveva ordinato dei sandwich al formaggio. Paul arrivò con l'amico Van Smirnis per bere qualcosa prima di andare a dormire. Vide Karla e notò che era in pigiama. Allora si sedette accanto a lei e la prese in giro per la sua tenuta. Fra loro passò subito una corrente elettrica, sentirono una forte attrazione e un'ora dopo stavano facendo l'amore. Nella stessa stanza, per passare il tempo, Van Smirnis abbracciava malvolentieri Debbie che qualche minuto dopo dormiva profondamente.

Karla aveva trovato il ragazzo dei suoi sogni. L'uomo con una forte personalità, sicuro di sé, appassionato, dolce, premuroso. Nulla importava più, né la scuola, né le litigate con i genitori, né gli amici, ormai si sentiva appagata e in pace con il mondo e con se stessa. Telefonò a Lisa e le disse che aveva trovato «l'uomo più perfetto del mondo». Era più grande di lei di sei anni, ma questo non era un problema. Inoltre, aggiunse Karla, era stanca dei ragazzi immaturi con cui era uscita fino a quel momento. Paul si era laureato all'università di Toronto e veniva da una solida famiglia borghese di Scarborough. Era ambizioso, entusiasta, voleva diventare molto ricco. E poi era bellissimo. Era tutto quello che lei voleva.

Il weekend successivo lo invitò a un party a casa sua. Mentre gli amici si divertivano in giardino, Karla portò Paul nella sua stanza da letto e gli mostrò un paio di manette. «Puoi usarle su di me» gli disse. Lui non se lo fece ripetere, gliele infilò ai polsi e le attaccò alla spalliera del letto. Poi cominciò a spogliarla lentamente. Da quel giorno ogni venerdì sera Paul usciva dal lavoro e guidava per tre ore fino a St. Catharines per passare la serata con Karla, poi tornava a Scarborough. Faceva la stessa cosa il sabato e anche la domenica. Finché Karla, preoccupata che il fidanzato potesse addormentarsi alla guida e avere un incidente, chiese ai genitori il permesso di invitarlo a dormire durante i weekend.

Quando uscivano, andavano lungo il lago Gibson, il loro posto preferito, e facevano l'amore in macchina, nella Capri bianca di Paul. Nei giorni in cui non si vedevano, Karla gli scriveva lettere, bigliettini, cartoline e continuò a farlo per sei anni.

Il 16 dicembre, intorno alle dieci e mezzo di sera, Paul assalì una ragazza, Libby Ketchum, che era scesa dall'autobus in una strada poco illuminata di Scarborough. La aggredì alle spalle e la minacciò con un coltello. La portò in un luogo più tranquillo, in un vicolo tra due case, e le chiese il nome e l'età. Mentre continuava a rivolgerle domande la spogliava e le passava una corda di nylon intorno al collo. Per un'ora la stuprò e la obbligò a fare del sesso orale. Infine scomparve. La ragazza andò a denunciare la violenza alla polizia e il detective Steve Irwin non poté che collegare quel caso agli altri dello stesso tipo avvenuti negli ultimi tempi a Scarborough. Tutte le vittime avevano descritto l'assalitore come un bel ragazzo biondo, con denti sani e un buon odore. Non avrebbero potuto dire di più perché Paul le obbligava a tenere gli occhi chiusi mentre le stuprava.

Due giorni prima di Natale, Mary Booth scese dall'autobus alle dodici e cinquanta e non si accorse del ragazzo che la seguiva. Paul la fermò e la violentò esattamente come aveva fatto con le altre ragazze. Mentre la penetrava si rivolgeva a lei insultandola e chiedendole di ripetere: «Tu sei il re... tu sei il migliore... ti amo...». La vittima descrisse l'assalitore, disse che guidava una Capri bianca e che portava un anello d'oro con tre diamanti all'anulare destro.

Dopo i primi mesi Paul trovò sempre più difficile raggiungere l'orgasmo insieme a Karla. Non gli bastava fare sesso nel modo tradizionale, preferiva i rapporti non convenzionali e Karla doveva faticare a lungo per soddisfarlo. Ogni tanto parlavano di cosa fare per migliorare i loro rapporti sessuali e Paul le chiedeva di essere più aggressiva, di non lasciare che fosse sempre lui a prendere l'iniziativa.

Per Natale Paul le regalò dei vestiti, una collana d'oro e un grosso orsacchiotto di peluche. Contemporaneamente, però, cercava di riallacciare con Jennifer, la sua ex fidanzata, e quando finalmente ci riuscì la picchiò perché lo aveva lasciato. Poi continuò a seguirla finché il padre di Jennifer gli disse che avrebbe chiamato la polizia se l'avesse visto un'altra volta insieme alla figlia.

Tornando da St. Catharines, dove era stato a trovare Karla, Paul assalì un'altra ragazza, Jean Baxter. La trascinò in un prato e la stuprò con crudeltà e violenza. Lei cercò di resistere, ma Paul le legò i polsi con la propria cintura e la schiaffeggiò ripetutamente. Anche Jean descrisse lo stupratore come un ragazzo avvenente, biondo, muscoloso e con gli occhi azzurri. I detective furono quindi in grado di realizzare un identikit che diffusero a tutte le centrali di polizia.

Per il compleanno di Karla, il 4 maggio, Paul le regalò un anello d'oro e la portò in vacanza a Disneyworld, in Florida. Fu allora che la filmò per la prima volta: Karla nuda con la panna montata sul pube, Karla con le manette, Karla in ginocchio che inarcava la schiena... E poi Karla e Paul insieme mentre la telecamera riprendeva i loro amplessi.

Fu denunciato un altro stupro il 15 agosto 1989 e ancora uno qualche giorno dopo. Questo fu particolarmente violento. Paul seviziò Cathy Thompson per un'ora e mezzo dopo averle coperto il viso con il pullover e legato i polsi con una corda.

«Non urlare» le diceva «o ti uccido.» E poi aggiungeva: «Anzi, dimmi perché non dovrei ucciderti».

La ragazza piangeva, non riusciva quasi a parlare con la bocca schiacciata contro il terreno. Pregava per la propria vita, assicurava che non lo aveva visto in faccia e non l'avrebbe mai riconosciuto.

Prima di lasciarla andare Paul le disse: «Se avverti la polizia io tornerò e questa volta ti ammazzerò».

Mentre Paul continuava a stuprare le ragazze di Scarborough, Karla sognava di sposarlo e di avere così la possibilità di vederlo tutti i giorni. La sua famiglia provava simpatia per quel ragazzo, e Dorothy lo chiamava il «figlio del weekend». Da parte sua Paul aveva trovato la donna ideale, colei che avrebbe ubbidito a tutti i suoi desideri, che l'avrebbe amato incondizionatamente. Quando erano insieme Paul metteva in funzione la telecamera e la riprendeva con le manette ai polsi, oppure legata con un filo elettrico intorno al collo mentre la sodomizzava. Karla urlava, piangeva, ma avrebbe fatto qualsiasi cosa per lui. Si comprò perfino un collare da cane perché lui glielo infilasse mentre facevano l'amore. Poiché Paul era così soddisfatto di lei, le disse che l'avrebbe sposata. Decisero insieme la data, il 29 giugno 1991, e il luogo, la storica chiesa di St. Mark a Niagara-on-the-Lake.

Una domenica i genitori di Karla diedero una festa intorno alla piscina. Quando le bevande alcoliche cominciarono a scarseggiare, Paul si offrì di andare a comprarle e Tammy Lyn, la sorella minore di Karla, volle assolutamente accompagnarlo. Diverse ore più tardi non erano ancora tornati, la festa era finita e gli ospiti erano andati tutti via. Soltanto Karla, umiliata e dispiaciuta, aspettava il ritorno dei due. Quando li vide arrivare aggredì Paul. Sapeva che la tradiva con altre donne, le aveva detto che a volte le violentava, facendole capire che era lui lo stupratore di Scarborough. Sapeva anche che aveva un debole per sua sorella e un giorno, per accontentarlo, aveva lasciato le tende della stanza di Tammy aperte proprio perché dal giardino lui potesse spiare la ragazzina che si spogliava. Ma non accettava le bugie, Paul doveva sempre dirle tutto ciò che faceva e soprattutto quello che desiderava. Lui glielo disse: voleva possedere Tammy Lyn. Karla rispose che avrebbe cercato il modo per accontentarlo.

Il detective Irwin ricevette una segnalazione, una delle ragazze stuprate aveva riconosciuto il suo assalitore mentre mangiava da McDonald's. Irwin era scettico, disse che le donne violentate vedono i loro assalitori dappertutto e non fece caso all'informazione. Paul stuprò un'altra vittima, Sharon Moon, e le morse un capezzolo a sangue per lasciarle un ricordo di sé.

Ci fu una segnalazione riguardo a Paul Bernardo, veniva dall'impiegato di una banca. E poi un'altra dalla moglie di Alex Smirnis, il fratello di Van, l'amico di scorribande di Paul. Alex si era sposato di recente e Paul era andato alla cerimonia. C'era un video del matrimonio da mostrare alla polizia, dove si poteva riscontrare l'evidente somiglianza tra Paul e l'uomo dell'identikit. Alex disse al detective Irwin che Paul amava il sesso violento e spesso gli aveva parlato delle sue fantasie di rapire e stuprare ragazze.

Il 19 novembre Irwin convocò Paul Bernardo alla centrale di polizia. Paul disse di sapere la ragione dell'interrogatorio, l'identikit dello stupratore gli somigliava molto, ma lui non c'entrava niente con quei crimini. Si dimostrò disponibile a lasciarsi prendere le impronte digitali, i campioni di sangue e di liquido seminale. Non era obbligato a farlo per la legge canadese, ma volle dimostrare di non avere nulla da nascondere e il suo atteggiamento fu molto apprezzato. Irwin non gli disse che l'esame del DNA aveva stabilito che lo stupratore delle ultime tre ragazze era lo stesso uomo e che si trattava solo di vedere a chi corrispondesse quel particolare DNA. Ma il detective volle sapere tutto di lui, dove abitava, che auto possedeva (Paul aveva appena cambiato la sua Capri bianca con una Nissan 240X dorata). Poi, visto che non c'erano prove contro il ragazzo e dato che molti altri soggetti corrispondevano all'identikit diramato dalla polizia, ma soprattutto perché sembrava impossibile che un tipo come lui, educato, bello, gentile fosse il responsabile di stupri efferati, lo rilasciò.

L'interrogatorio della polizia gettò Paul nel panico. Andò a trovare Karla e le disse che aveva paura di essere stato riconosciuto. Le comunicò anche che i risultati delle analisi non sarebbero stati pronti prima di uno o due mesi. In realtà ci vollero più di due anni.

Se in quei giorni Paul non rimuginava che sul suo colloquio con i poliziotti, Karla aveva due pensieri: i preparativi del matrimonio e il regalo da fare a Paul per Natale, il tanto desiderato rapporto sessuale con Tammy Lyn. Per diverso tempo aveva rifiutato l'idea, ma Paul insisteva, dichiarava che voleva essere lui a sverginare la sorellina. Alla fine Karla cedette e, poiché nella clinica per animali dove lavorava veniva usata una sostanza anestetizzante che si faceva inalare agli animali da operare, l'Halothane, ne prese una certa quantità e la portò a casa. Karla sapeva che era molto importante dosare la sostanza con l'ossigeno, per evitare una pericolosa concentrazione dell'anestetico che poteva soffocare il paziente, animale o uomo che fosse.

Si presentò la giornata giusta: per festeggiare il loro anniversario di nozze, Karel e Dorothy erano soliti andare per il weekend alle cascate del Niagara. Poteva essere l'occasione adatta per rimanere soli a casa, ma Lori, che ormai viveva per conto suo, decise di passare la notte con le sorelle. Karla spostò tutto al 23 dicembre. Durante la mattina polverizzò un sonnifero, l'Halcion, da mettere nel bicchiere di Tammy e, insieme a Paul, preparò la videocamera e lo spray anestetizzante. Era la domenica che precedeva il Natale e quella sera tutta la famiglia decise di bere, compresa Tammy, per festeggiare. Dopo due bicchieri di liquore la ragazza disse che aveva fame e andò a farsi un paio di panini. Poi riprese a bere. In tutto aveva assunto una decina di pillole di sonnifero da 5 mg mescolate all'alcol.

A Lori non piaceva vedere la sorella piccola così ubriaca e quindi si ritirò nella sua stanza per dormire. Anche i genitori andarono a letto mentre Paul, Karla e Tammy rimasero in salotto a guardare un film in cassetta. Tammy crollò presto addormentata sul pavimento. Karla le mise uno straccetto spruzzato di anestetico sul viso mentre Paul metteva in funzione la videocamera. La spogliarono. Poi Paul riprese il suo pene che entrava e usciva dalla vagina di Tammy. Karla lo pregò di usare un preservativo, ma il ragazzo rifiutò. Ogni tanto Karla aggiungeva dell'anestetico e controllava il respiro di Tammy. Paul ebbe un orgasmo e poi chiese alla sua fidanzata di eseguire tutto ciò che lui le chiedeva di fare sul corpo della sorella. Ma a un certo punto Karla rivolse alla telecamera un'espressione disgustata. Paul smise di filmare e le urlò che così aveva rovinato il suo video su Tammy.

Ci fu una breve discussione. Poi Paul accese di nuovo la telecamera, ma mentre stava sodomizzando la ragazzina, questa vomitò. Karla sapeva che quando gli animali venivano anestetizzati prima di un'operazione non potevano mangiare. Tammy aveva mangiato e bevuto troppo. Improvvisamente Karla e Paul si guardarono terrorizzati. Karla mise uno specchietto davanti alla bocca di Tammy e si accorse che non respirava più.

«Dio mio, Dio mio!» gemeva. «Abbiamo ucciso mia sorella!»

Paul le fece la respirazione bocca a bocca, la misero a testa in giù, la scossero, ma non c'era nulla da fare. La trascinarono fino alla camera di Karla, la adagiarono sul letto e la rivestirono. Gettarono via ogni cosa che potesse farli sospettare e poi svegliarono tutta la famiglia. Arrivò l'ambulanza e, quando fu certo che Tammy era morta, la polizia volle interrogare Paul, Karla e Lori. I poliziotti si chiedevano la ragione di certe macchie sul viso di Tammy, somigliavano a delle bruciature. Karla disse che forse gliele avevano procurate loro trascinando il corpo della ragazza dal salotto alla camera da letto. Probabilmente erano abrasioni prodotte dal tappeto. Disse anche che la sorella, come lei, soffriva di asma. La polizia concluse che la morte della quindicenne Tammy Homolka era stata un incidente. La ragazza era stata soffocata dal proprio vomito.

Tammy fu seppellita il 27 dicembre. Rimanevano però dei sospetti. Quando era arrivata alle due del mattino a casa Homolka, la polizia aveva trovato Karla intenta a mettere in lavatrice alcuni vestiti della sorellina e, inoltre, per le abrasioni sul volto non era stata trovata alcuna spiegazione credibile.

Nella settimana che seguì, Paul e Karla dimagrirono a vista d'occhio e cercarono di annegare la depressione nell'alcol. Paul sembrava il più provato dalla morte di Tammy. Karla sapeva che il fidanzato dava la colpa a lei per aver perduto il suo giocattolo preferito, ma sapeva anche che la morte di Tammy li legava per sempre. Paul le ripeteva: «Se lo dici a qualcuno io ti ammazzo e ammazzo anche l'altra sorella e poi i tuoi genitori. Hai capito? Ucciderò tutta la tua famiglia se osi aprire bocca. Non dimenticare che ho la cassetta registrata e dentro ci siamo tutti e due».

La reazione di Karla dopo la morte di Tammy si dimostrò confusa e contraddittoria. Scriveva lettere agli amici ricordando la sorellina e poi raccontava la propria eccitazione per i preparativi del matrimonio. Oppure spiegava furiosa che i suoi genitori criticavano la data delle nozze, troppo vicina alla morte di Tammy, e non avevano voluto pagare tutta la cerimonia come la desideravano lei e Paul, perché avevano speso molto per il funerale della figlia. Per questo avevano dovuto ricorrere al contributo economico dei Bernardo.

Lori aveva qualche sospetto su Paul, e chiese alla madre di mandarlo via: da quando lui viveva a casa loro succedevano cose terribili. Dorothy lo disse a Karla, che lo riferì al fidanzato. Paul se la prese con lei, la colpì ripetutamente e le fece due occhi neri. In seguito gli psichiatri dissero che Karla cominciò a nascondere i segni delle percosse perché non voleva dare troppe spiegazioni alla sua famiglia. Temeva che la storia di Tammy Lyn venisse fuori. Ma soprattutto dissero che Karla aveva sviluppato delle tecniche di sopravvivenza, con le quali semplicemente spegneva la propria mente quando Paul diceva o faceva qualcosa che la faceva soffrire, mentre si concentrava su ciò che gli avrebbe procurato piacere, sperando di migliorare la loro relazione. Qualcosa di simile alla sindrome di Stoccolma, nella quale la vittima si mette dalla parte della persona che la tiene prigioniera, approvandola anche quando abusa di lei. Ma altri psichiatri dissero che se Karla si comportava così era semplicemente per la paura di quello che poteva capitarle se avesse detto la verità. Lo faceva per proteggersi. E per evitare ulteriori liti con Paul decise di andare a vivere con lui. La coppia trovò la casa dei suoi sogni al numero 57 di Bayview, a Port Dalhousie. Era un appartamento grande tre volte quello degli Homolka e l'affitto era molto caro.

Paul diceva agli amici che non riusciva a riprendersi dalla morte di Tammy, ma spesso usava il suo dolore per adescare giovani donne. In quei giorni regalò a Karla il cane che tanto desiderava, un cucciolo di rottweiler che chiamarono Buddy. Spesso la sera Paul non tornava a dormire, e Karla sapeva che aveva cominciato ad assalire e violentare le ragazze anche nella sua città.

Gli amici che andavano a trovarli si stupivano di vedere appese al muro tante fotografie di Paul insieme a ragazze giovanissime. Ma non osavano prenderlo in giro, conoscevano troppo bene il suo temperamento esplosivo. Si accorgevano anche di come Paul si comportava con Karla, schioccando le dita perché gli portasse da bere, o non lasciandola mai parlare quando erano in compagnia. Un giorno la trattava come una schiava e il giorno dopo come una regina, coprendola di fiori e di gentilezze. Erano entrambi gelosi e possessivi, e presto gli amici cominciarono a diradare le loro visite, stanchi di litigi e discussioni.

Gli sbalzi d'umore di Paul aumentarono. A volte, quando tornava dai giri in cui contrabbandava alcol e sigarette tra il Canada e New York, le portava regali costosi, altre volte le ordinava di dormire sul pavimento perché voleva avere il letto tutto per sé.

C'era una ragazza in particolare che Paul avrebbe desiderato in quel periodo, si trattava di Jane Doe, una tredicenne che aveva conosciuto Karla nella clinica veterinaria e che le faceva continue domande sugli animali. Karla la invitò a casa a conoscere il suo cucciolo perché si era accorta della grande somiglianza tra Jane e la sua sorellina morta. Jane viveva con la madre in una cittadina poco distante. Quel giorno Paul era fuori e Karla portò Jane al cinema e a cena, poi, mentre stava per riaccompagnarla a casa, incrociarono Paul che rientrava. La madre di Jane si domandava come mai la figlia provasse tanto interesse per una coppia sposata molto più grande di lei. Jane infatti le chiedeva continuamente il permesso di andare a trovare i Bernardo. Durante una di queste visite Karla le offrì una bevanda con dentro i sonniferi usati per Tammy e utilizzò di nuovo l'anestetico.

Quando Paul tornò a casa non poté credere ai suoi occhi: sul pavimento c'era Tammy Lyn. O almeno sembrava Tammy perché aveva gli stessi vestiti, gli stessi capelli, la stessa età. Andò a prendere la videocamera e riprese nei dettagli lo stupro della ragazza, che era vergine proprio come Tammy Lyn. Più tardi Jane si risvegliò ignara di quanto le fosse accaduto.

Martedì 14 giugno 1991, a Burlington, una cittadina tra Toronto e le cascate del Niagara, Leslie Mahaffy, una graziosa biondina di quattordici anni, indossò un paio di short beige e una camicetta di seta bianca e raggiunse alcuni suoi compagni per andare a portare l'ultimo saluto a quattro ragazzi morti in un incidente d'auto, fra i quali c'era il suo amico più caro, Chris Evans. Aveva promesso alla madre, Helen, di tornare prima delle undici. Più tardi Leslie andò a bere al The Rock Bar insieme a Martin McSweeney, di quindici anni. Chiacchierò a lungo con la sua migliore amica, Amanda Carpino, a proposito del suo boyfriend, Grant Vanderveen, e alle dieci e mezzo la salutò perché Amanda doveva tornare a casa. Leslie si trattenne ancora e quando si accorse che era passata la mezzanotte chiese a Martin di accompagnarla. Ma quando arrivò a casa trovò la porta chiusa. Aveva dimenticato le chiavi e aveva paura di svegliare la madre. Martin voleva aspettarla per essere sicuro che l'amica riuscisse a entrare, ma Leslie aveva altri progetti e lo mandò via. Raggiunse poi una cabina telefonica e chiamò Amanda Carpino per chiederle se poteva andare da lei.

«Non mi sembra una buona idea, Leslie» le rispose Amanda. «Oggi ho litigato con mia madre e adesso dorme. Non posso svegliarla per chiederle il permesso. E poi come verresti fino a qui?»

Effettivamente la casa dell'amica era molto distante e, per un attimo, Leslie aveva sperato che la madre di Amanda sarebbe andata a prenderla come aveva fatto altre volte.

«Perché non suoni il campanello?» le chiese ancora l'amica. «Mi sembra l'unica soluzione anche se tua madre si arrabbierà. Non puoi passare la notte fuori...»

Leslie disse che avrebbe fatto così e tornò verso casa.

Paul era appena uscito da un bar e stava raggiungendo la macchina quando vide la ragazza sola nel giardino della sua abitazione. Le chiese cosa stesse facendo a quell'ora e Leslie gli disse che era rimasta chiusa fuori. Paul le offrì una sigaretta e la ragazza, che voleva rimandare il momento in cui sarebbe esplosa la collera materna, accettò. Andarono insieme verso la Nissan di Paul e lui finse di cercare le sigarette nel cruscotto, invece tirò fuori il coltello e obbligò Leslie a salire.

La portò a casa e le mise una maglietta sul viso perché non lo guardasse alla luce. Poi la legò. «Devi eseguire tutto quello che ti ordino, altrimenti ti ammazzo, hai capito?» le disse. Poi accese la videocamera e cominciò a violentarla. Mentre la sodomizzava le chiedeva il nome, l'età, se aveva o no un fidanzato. Leslie singhiozzava, si lamentava e tremava dalla paura.

Più tardi Paul, al colmo dell'eccitazione, salì a svegliare Karla. Le spiegò di avere rapito una ragazzina che era giù nel salotto. Non volle però che Karla scendesse.

«Tu continua a dormire» le disse. «Ti chiamerò io.»

Tornò nel salotto e poiché Leslie non smetteva di piangere la colpì sul viso facendole sanguinare il labbro. Poi la spogliò, le pizzicò i glutei facendola gridare, la violentò in tutti i modi e infine, esausto, andò in cucina a prendere dello champagne. Aveva messo nel bicchiere di Leslie del sonnifero e poco più tardi la ragazza si addormentò profondamente.

La mattina dopo Karla si svegliò alle otto e scese per portare a spasso il cane. Vide che in salotto c'erano i flûte da champagne a cui lei teneva moltissimo e andò in collera. Paul e Leslie erano addormentati sul pavimento.

Nel frattempo la signora Mahaffy aveva scoperto che la figlia non aveva dormito a casa e la cercava da tutti gli amici. Poi, preoccupata, si rivolse alla polizia. Era sicura che Leslie non fosse scappata di casa, come era accaduto altre volte, perché quel giorno c'era il funerale del suo migliore amico a cui non sarebbe mai mancata.

Paul svegliò Leslie e la portò in bagno dove la filmò mentre la ragazza espletava tutte le funzioni corporali. Poi la spinse nella doccia e le chiese di lavarsi accuratamente. Leslie sentiva bagnarsi la maglietta che le copriva il volto e temeva che le scivolasse via. Se avesse guardato il suo stupratore lui non l'avrebbe lasciata certo in vita. Dopo la doccia Paul riprese a violentarla e questa volta volle che partecipasse anche Karla.

«L'hai mai fatto in tre?» domandò a Leslie.

«No» rispose lei piangendo.

«Bene, lo farai ora.»

Leslie cominciò a lamentarsi piano e a tremare.

«Dille che l'altra persona è una donna» sussurrò Karla all'orecchio di Paul. Poi cominciò a baciare la ragazza.

Per ventiquattro ore Leslie subì ogni sorta di sevizia sessuale, poi Karla e Paul la lasciarono nel salotto e andarono in cucina a discutere cosa fare della ragazza.

«Dobbiamo ucciderla» disse Paul.

Karla era d'accordo, ma si chiedeva se esistesse qualche possibilità di lasciarla viva.

«Andrebbe di corsa alla polizia e per noi sarebbe finita» le spiegò Paul. Prese un filo elettrico e tornò in salotto. Mentre strangolava Leslie, Karla voltò il viso da un'altra parte. Poi portarono il corpo nello scantinato perché quella sera gli Homolka sarebbero venuti a cena. Diverse volte il corpo di Leslie rischiò di essere scoperto perché Dorothy voleva assolutamente andare a vedere anche il seminterrato, dove si trovava la cantina, nonostante la figlia le dicesse che doveva ancora essere messo a posto.

Il giorno dopo Paul acquistò diversi sacchi di cemento a presa rapida e si chiuse in casa a sezionare il corpo di Leslie. Poi si fece aiutare da Karla per portare i blocchi più pesanti in macchina e gettarli nel lago Gibson. Il blocco che conteneva il torso si stava spaccando, e mentre lo portavano nell'auto qualche goccia di sangue cadde sulla strada. Karla si affrettò a pulirla.

Il 29 giugno, alle cinque e mezzo del pomeriggio, Bill Grekul e sua moglie Linda si trovavano sulla riva del lago Gibson, pronti a far scendere in acqua la loro canoa. Bill aveva i piedi immersi nel fango e a un tratto sbatté contro qualcosa di solido. Erano cinque blocchi di cemento. Uno di essi sembrava spezzato e ne emergeva qualcosa che Bill scambiò per uno strano pesce. Poi ebbe il dubbio che si trattasse di qualcos'altro, ma non disse nulla per non impressionare la moglie e per non rovinarsi la gita in canoa. Solo quando fu in mezzo al lago gridò del ritrovamento a una coppia di pescatori che vide sul ponte.

Quando Grekul rientrò dalla gita vide che i pescatori erano fermi sulla riva ma non avevano toccato i blocchi di cemento, semplicemente li osservavano. Gli uomini erano il reverendo Michael Doucette e suo figlio che, sollecitati da Grekul, decisero di controllare i blocchi. In uno di essi trovarono il piede di una ragazza. Per gli altri aspettarono la polizia. Gli agenti rinvennero sette blocchi di cemento e li infilarono in altrettanti sacchi di plastica che numerarono.

La mattina dopo Randy Zdrobov, un pescatore, e sua sorella Karen insieme al loro amico Randy Corman, videro diversi poliziotti sulla riva del lago Gibson. Arrivarono poi nel luogo prescelto e tirarono fuori l'attrezzatura per la pesca. Lanciarono le canne e quella di Randy Corman si impigliò in un blocco di cemento. Poco lontano un torso umano galleggiava sull'acqua. Randy Zdrobov lo agganciò con la canna e mandò la sorella ad avvertire la polizia.

Il giorno prima, mentre i primi blocchi di cemento venivano ritrovati, Paul e Karla arrivavano in carrozza alla chiesa di St. Mark, nel pittoresco villaggio di Niagara-on-the-Lake, dove li aspettavano il prete e gli invitati. La cerimonia del matrimonio fu molto romantica e seguì un pranzo fastoso. Karla era bellissima e ammirata da tutti, ma nessuno sapeva, a parte coloro che l'avevano aiutata a vestirsi, che sotto il vestito di pizzo bianco braccia e gambe erano piene di lividi e abrasioni, perché Paul l'aveva picchiata la notte prima delle nozze. Karla si era giustificata affermando che quando si assisteva un veterinario si aveva sempre qualche ferita sul corpo.

Il giorno dopo, mentre Paul e Karla prendevano un aereo che li avrebbe portati alle Hawaii in luna di miele, il sergente Maracle e due colleghi, insieme al patologo David King, aprirono i blocchi di cemento e trovarono nel primo il braccio sinistro, nel secondo il braccio destro, nel terzo la testa, nel quarto l'avambraccio destro e la mano destra, nel quinto la coscia sinistra, la gamba e il piede destro, nel sesto la coscia destra, la gamba e il piede sinistro, nel settimo l'avambraccio e la mano sinistra di una ragazza. Non c'erano tatuaggi, cicatrici o gioielli che potessero aiutare nell'identificazione del cadavere. Soltanto attraverso i denti si poté stabilire che si trattava di Leslie Mahaffy. La notizia venne portata dagli agenti all'hotel dove Deborah Mahaffy stava trascorrendo il suo quarantacinquesimo compleanno.

La luna di miele di Paul e Karla fu rovinata dai temporali e dall'umore pessimo dello sposo, che trovò ogni maniera per punire severamente la sua giovane moglie. Eppure Karla continuava ad amarlo, sperava che prima o poi sarebbe tornato a essere il ragazzo affascinante, gentile e pieno di mistero che aveva conosciuto.

I genitori di Karla andarono a riprenderli all'aeroporto e diedero loro la notizia del ritrovamento del corpo di Leslie Mahaffy nel lago Gibson. Paul e Karla si guardarono sconvolti. Dopo tutta la fatica e le precauzioni prese erano sicuri che il corpo della ragazzina non sarebbe mai stato ritrovato.

Alle tre e mezzo del mattino del 10 agosto 1991 Karla chiamò il pronto intervento. «Per favore, correte. Una mia amica ha smesso di respirare» disse, poi diede il suo indirizzo e riattaccò. Andò vicino a Jane Doe e prese a schiaffeggiarla finché la ragazza ricominciò a respirare. Allora Karla richiamò il 911 e annullò l'emergenza.

Per tutta l'estate Jane era stata insieme a Karla e Paul. La ragazzina amava soprattutto la compagnia di Karla con la quale condivideva la passione per gli animali. Quando Paul le chiese di fare sesso con lui, Jane rifiutò. Così la coppia diabolica usò il solito sistema dei sonniferi e dell'anestetico. Ma ancora una volta avevano esagerato. Fortunatamente Jane non morì e la mattina dopo sembrò stare bene, tanto che Karla la riaccompagnò a casa.

Dopo il matrimonio i rapporti tra Karla e Paul erano peggiorati. Lui trovava ogni occasione per picchiarla, per abusare di lei e filmarla in posizioni pornografiche. Spesso tornava a casa con qualche ragazza e le chiedeva di aiutarlo nelle pratiche che tanto lo eccitavano.

Nonostante tutto Karla continuava a scrivergli bigliettini innamorati e a parlare bene di lui con gli amici, proprio come il primo giorno.

Nel frattempo le indagini sullo stupratore di Scarborough proseguivano e le analisi sui campioni di sangue e di sperma si erano concentrate su cinque sospetti, fra cui Paul Bernardo.

Il 16 aprile 1992 Paul e Karla decisero di rapire un'altra ragazza. Andarono davanti alle scuole, nei centri commerciali e finalmente trovarono il soggetto adatto: Kristen French, una sedicenne con lunghi capelli neri. Kristen era la più piccola dei cinque figli di Doug e Donna French. Una ragazza molto sportiva che amava soprattutto il pattinaggio. Quel giorno Kristen era contenta perché per le vacanze di Pasqua il suo fidanzato, Elton Wade, sarebbe stato ospite a casa sua. Pioveva a dirotto e Kristen non aveva trovato un passaggio per tornare a casa. Stava correndo sulla strada bagnata quando Karla e Paul misero in atto un piano precedentemente studiato. Karla si affacciò al finestrino e chiamò la ragazza per chiederle un'informazione tirando fuori una mappa (non si accorse però che era la piantina della città di Scarborough).

Se ci fossero stati due uomini nella vettura forse Kristen non si sarebbe avvicinata, ma quella bella ragazza bionda aveva un aspetto dolce e rassicurante. Kristen si accostò allo sportello e cominciò a guardare la mappa. Paul, che era seduto al posto di guida, tirò fuori fulmineamente il coltello e la costrinse a entrare in macchina. Kristen provò a lottare, a ribellarsi, ma Paul era più forte di lei.

Nello stesso momento la signora Barbara Joan Packham stava passando da quelle parti per andare a prendere la figlia dal parrucchiere, nel centro di St. Catharines, e vide sotto la pioggia scrosciante una ragazza parlare con qualcuno che si trovava all'interno di un'auto. Le sembrò, anzi, che la ragazza stesse lottando e poi la vide scomparire dentro quella che le sembrò una Camaro. Pensò si trattasse semplicemente di un litigio tra innamorati e proseguì senza fermarsi.

Quando Paul mise in moto, Karla afferrò i lunghi capelli di Kristen per impedirle di muoversi. Arrivarono a casa e Karla staccò tutti i telefoni lasciando solo quello che aveva la segreteria telefonica inserita. Volevano dare l'impressione di essere in casa e quindi rispondere ad alcune chiamate. Paul coprì la faccia di Kristen con una maglietta e poi cominciò a filmarla mentre si spogliava. Kristen volle andare in bagno e Paul la seguì continuando a riprenderla.

«Fammi vedere qualcosa di carino» le chiese.

«Non c'è niente di carino da vedere» rispose lei. Poi domandò se fossero passate le sei.

«Sì» disse Paul.

«Mia madre si preoccuperà» disse Kristen.

Per qualche ora la ragazza subì tutto ciò che aveva dovuto sopportare la vittima precedente.

«Per favore, basta!» si lamentava sempre più debolmente.

Karla era in cucina a preparare la cena mentre Kristen vomitava sulla maglietta che le copriva il viso. La maglietta scivolò via e Paul chiamò Karla a pulire. Andarono tutti in cucina a cenare e Kristen non ebbe più la maschera sul viso. Le chiesero della sua famiglia, del suo boyfriend e del suo cane.

I genitori di Kristen denunciarono la scomparsa della figlia, e i detective si misero alla ricerca della ragazza. Sette persone erano sicure di averla vista entrare controvoglia in una Chevrolet Camaro, fra cui la signora Packham. I giornali parlarono del rapimento, così la televisione. Si formò una task-force comandata da Vincent Bevan che fu chiamata Green Ribbon, dai fiocchi verdi che gli amici di Kristen portavano appuntati alla camicia per solidarietà con l'amica scomparsa.

Paul diede alcuni sonniferi a Kristen nel timore che cercasse di fuggire durante la notte. La mattina dopo la filmò mentre faceva il bagno nella Jacuzzi e poi riprese con le violenze e le torture per tutta la giornata. Infine ebbe l'idea di fare una gara di bellezza con le ragazze e chiese loro di truccarsi e profumarsi, lui avrebbe scelto la migliore. Kristen faceva del suo meglio per compiacere i suoi aguzzini, sperando di essere lasciata in vita.

Per cena domandarono a Kristen cosa volesse mangiare e la ragazza chiese una pizza di McDonald's. Paul lasciò a Karla un martello di gomma perché se ne servisse con Kristen nel caso la ragazza avesse provato a fuggire. Quando rimasero sole Kristen scongiurò Karla di lasciarla libera.

«Andiamo insieme alla polizia» le disse. «Come puoi vivere con un uomo così?»

Ma Karla non le rispose. Accese la televisione proprio mentre veniva trasmesso un commovente appello del padre di Kristen French che si rivolgeva alla figlia, le diceva che lui e sua madre stavano facendo il possibile per trovarla e che non doveva avere paura. Kristen cominciò a singhiozzare e Paul, quando tornò a casa, rimproverò Karla perché aveva permesso alla ragazza di guardare il telegiornale.

Tennero Kristen con loro per tredici giorni e alla fine decisero di ucciderla: li aveva visti in faccia, aveva visto la loro macchina, la casa, il loro cane. Non c'erano possibilità per lei. Paul usò di nuovo il filo elettrico e poi chiese a Karla di tagliarle i capelli per rendere più difficile l'identificazione. Infine la misero nella vasca da bagno per lavarla accuratamente e cancellare le impronte digitali e qualsiasi traccia dello stupro.

Gli agenti ispezionavano il luogo in cui era stata rapita Kristen. Trovarono mozziconi di sigaretta, chewing gum, il lembo di una piantina di Scarborough e perfino una delle scarpe della ragazza. L'ispettore Vincent Bevan era determinato a fermare ogni Camaro segnalata in Canada e di segnalazioni ne riceveva a centinaia. Poteva quindi succedere che la stessa auto venisse fermata diverse volte. Così alla fine l'ispettore ideò un adesivo da mettere sul parabrezza delle vetture già controllate.

Il 30 aprile 1992, due settimane dopo essere stata rapita, Kristen French fu ritrovata morta in un fossato, a meno di un chilometro da dove era stato rinvenuto il cadavere di Leslie Mahaffy. Il corpo era nudo ma intatto, soltanto i capelli erano stati tagliati a zero. I poliziotti stabilirono che i due omicidi erano collegati. Kristen French fu seppellita il giorno del ventiduesimo compleanno di Karla. Quattromila persone resero omaggio alla sfortunata ragazza mentre Paul faceva progetti per andare in vacanza con la moglie.

Nel frattempo le indagini sullo stupratore di Scarborough si concentravano di nuovo su Paul. I detective Nesbitt e Kenney andarono a interrogarlo. Paul li vide arrivare dalla finestra del piano superiore e rimase qualche istante indeciso. Poi scese a riceverli. I detective notarono che la casa era pulita e bene arredata. Videro le fotografie del matrimonio e osservarono che Paul era un ragazzo attraente e ben vestito. Paul disse loro di essere stato sospettato come lo stupratore di Scarborough perché somigliava all'identikit diramato dalla polizia e aggiunse che si era spontaneamente sottoposto a tutti i test. Nesbitt gli domandò dove si trovava il 16 aprile intorno alle tre del pomeriggio e Paul rispose che probabilmente era a casa a scrivere una canzone rap. Vollero anche sapere se possedeva una Camaro, ma Paul disse che la sua unica auto era nel garage.

Quando Karla tornò a casa e seppe della visita dei poliziotti si preoccupò per le videocassette. Paul le prese e disse che le avrebbe nascoste nel garage. Qualche giorno dopo fece richiesta per cambiare il loro cognome da Bernardo in Teale.

L'ispettore Vincent Bevan volle riesumare i corpi delle due vittime per analizzare meglio alcune ferite e avere la conferma che le ragazze erano state stuprate e torturate dallo stesso assassino.

Dopo il secondo omicidio Paul ebbe problemi sessuali. Nonostante Karla gli procurasse delle ragazze e insieme facessero di tutto per eccitarlo, non riusciva ad avere un'erezione. Karla cercava di consolarlo, di essere comprensiva; si rivelò instancabile, ma senza successo. Finalmente trovò una ragazzina, Norma Tellier, che in qualche modo somigliava a Tammy Lyn e anche a Jane Doe, e ripresero i soliti giochi.

Ormai Paul picchiava la moglie per ogni sciocchezza, la faceva cadere dalle scale, la pizzicava o la pungeva con degli aghi. Karla non riusciva più a nascondere i segni delle percosse e, dopo il Natale del 1992, Dorothy Homolka ricevette diverse chiamate anonime che la invitavano a osservare il viso della figlia. Il 5 gennaio Dorothy andò a trovare Karla alla Marindale Animal Clinic dove la figlia lavorava. Gli occhi di Karla erano neri e la ragazza aveva lividi e abrasioni in tutto il corpo. Mentre pranzavano da McDonald's finalmente Karla ammise che il marito l'aveva sempre picchiata e ultimamente aveva usato una torcia elettrica per colpirla in faccia. Dorothy la convinse a lasciarlo quella sera stessa. Ma quando gli Homolka si presentarono a casa di Paul per aiutare Karla a portare via le sue cose, non trovarono nessuno. Provarono anche a telefonare, ma l'apparecchio squillava a vuoto. Soltanto alle nove e mezzo di sera Paul alzò il ricevitore e passò la comunicazione a Karla che disse ai suoi genitori che tutto andava bene. Il giorno dopo gli Homolka trovarono Karla sola a casa, aveva il viso ancora più tumefatto e ferite dappertutto. Paul l'aveva punita perché aveva capito che voleva lasciarlo.

«Paul mi ha portato con sé a contrabbandare sigarette e mi ha picchiata per tutta la strada da St. Catharines fino a Niagara Falls» spiegò ai genitori.

«Tu adesso vieni via con me» le disse la madre.

«Non posso mamma... Tu non puoi capire!» si lamentò Karla.

Alla fine Dorothy riuscì a convincere la figlia a seguirla e la accompagnò in ospedale. Il medico che la ricoverò disse che era il peggior caso di abuso che avesse mai visto. Paul fu arrestato per violenza contro la moglie, ma non aveva precedenti penali e fu rilasciato dopo il pagamento di una cauzione.

Da quando Karla se ne era andata Paul sembrò perdere il controllo dei nervi. Passava la giornata sul divano a bere vodka, cercava di parlare con la moglie senza riuscirci, andava all'ospedale ma non gli veniva indicata la stanza dove si trovava Karla. Allora registrò in una cassetta tutta la sua disperazione, il suo amore, il suo dolore, la sua furia.

Il 1° febbraio la polizia ebbe la prova che Paul Bernardo era lo stupratore di Scarborough. I risultati dei test del DNA erano arrivati dopo due anni da quando erano stati effettuati. Il detective Irwin organizzò immediatamente una stretta sorveglianza del sospettato. Mise anche il suo telefono sotto controllo.

Uscita dall'ospedale Karla era andata a stare dagli zii Patti e Calvin Seger, a Brampton, vicino a Toronto. Il 5 febbraio andò in un locale in compagnia di due amiche e conobbe Jim Hutton, un commesso viaggiatore di venticinque anni. Jim si sedette al tavolo vicino a quello di Karla e cominciò a parlarle. Le chiese di ballare. Si rividero la sera successiva e andarono a casa di un amico di Jim dove fecero l'amore. Il giorno dopo Karla dovette ripartire per St. Catharines dove la polizia la aspettava per interrogarla.

I detective Metcalfe, Whitefield e Smollet le fecero molte domande riguardo al marito e agli stupri avvenuti nella città di Scarborough. Karla si aspettava questo interrogatorio, ma cominciò a preoccuparsi quando i poliziotti le fecero delle domande sugli omicidi avvenuti a St. Catharines. Le presero anche le impronte digitali e le chiesero la provenienza dell'orologio con la faccia di Topolino che Karla portava al polso. Sembrava infatti lo stesso orologio che aveva una delle vittime quando era stata rapita. Karla disse che apparteneva a sua sorella Lori. Quando alla fine i detective se ne andarono sembrava preoccupatissima, continuava a ripetere «sanno tutto, sanno tutto» e gli zii Patti e Calvin le chiesero cosa volesse dire esattamente. Karla disse loro che Paul era lo stupratore di Scarborough e infine dichiarò che il marito aveva ucciso Leslie Mahaffy e Kristen French. Poi chiamò l'avvocato George Walker del quale conosceva la moglie, Lori, perché portava spesso il suo cane dalmata nella clinica dove lei lavorava. Lori disse a Karla che poteva andare nell'ufficio del marito alle tre del pomeriggio di giovedì.

Il mercoledì Jim Hutton invitò Karla a mangiare una pizza. Poi passarono da lui a vedere un film alla televisione e a fare l'amore. Karla disse a Jim che era sposata, ma che aveva lasciato il marito all'inizio di gennaio. Gli spiegò che era stato un matrimonio terribile. Jim aveva visto le abrasioni e i lividi sul corpo di Karla, ma non ne aveva parlato perché non voleva essere coinvolto. Alle dieci lasciò Karla dai suoi zii e andò a giocare a hockey.

L'avvocato George Walker uscì dal colloquio con Karla con l'aria sconvolta. Aveva appena ascoltato la storia più allucinante della sua vita. Non riusciva a crederci: Karla gli aveva appena confessato i più spaventosi crimini avvenuti nel paese.

Quella sera la moglie lo guardò preoccupata. «George, che cosa succede?» gli chiese. Ma lui le rispose che non poteva parlare. Faceva perfino fatica a respirare. Karla gli aveva confessato che lei e il marito erano coinvolti nella morte di sua sorella Tammy e di essere stata presente quando Paul aveva ucciso Leslie Mahaffy e Kristen French. Aveva aggiunto che esistevano delle registrazioni delle sevizie sessuali sulle vittime, ma non dei delitti. Aveva cercato le cassette, ma non le aveva trovate. Forse Paul le aveva nascoste.

Karla voleva l'immunità, in cambio avrebbe testimoniato contro il marito. L'avvocato le ordinò di non parlare con nessuno e andò a discutere con il pubblico ministero Ray Houlahan, un uomo brizzolato, con grossi baffi e un'aria dura. L'incontro si protrasse per mezz'ora, nella quale George Walker disse a Houlahan che Paul Bernardo era il responsabile degli omicidi e che la sua cliente era presente ed era stata obbligata a partecipare. Disse anche che Bernardo aveva ripreso lunghi momenti degli stupri, ma non i delitti. Riguardo all'immunità Houlahan disse di non avere il potere di approvare un simile accordo e mandò l'avvocato a parlare con il procuratore generale Murray Segal. Questi dichiarò di voler prima conoscere a fondo tutta la storia e poi avrebbe preso una decisione. Era comunque da escludere l'immunità totale per Karla Homolka. Ma dato che la ragazza rappresentava l'unica possibilità di incriminare Paul Bernardo, un accordo si sarebbe sicuramente trovato.

George lo comunicò alla sua cliente, le disse che doveva aspettarsi di fare qualche anno di carcere e che, come prima cosa, doveva dimenticare il nuovo boyfriend, lasciare la casa degli zii a Brampton e tornare immediatamente dai suoi genitori. Inoltre doveva chiedere il divorzio da Paul perché la moglie non poteva testimoniare contro il marito.

Segal tornò a parlare con George Walker e gli disse che bisognava considerare la responsabilità di Karla nella morte della sorella, e poi c'erano alcune cose che ancora non erano chiare. Karla aveva detto che erano dieci i contenitori di cemento che nascondevano il corpo di Leslie Mahaffy, mentre la polizia ne aveva trovati soltanto otto. Come faceva Karla a essere così sicura che fossero dieci, se dichiarava di essere stata al lavoro quando Paul aveva tagliato il corpo della vittima? Walker spiegò che la sua cliente si era semplicemente sbagliata. Segal dichiarò che se si faceva un accordo, Karla avrebbe dovuto dire sempre la verità, alla prima menzogna poteva saltare tutto.

Karla vide Jim per l'ultima volta, andarono a cena e poi a casa del ragazzo dove fecero l'amore ripetutamente. Lei gli rivelò che qualcosa di veramente terribile le stava accadendo ma che non ne poteva parlare. «Forse ne saprai di più dai giornali» gli disse. Jim non le credette, per lui Karla era solo una ragazza molto carina con il gusto del melodramma e una vivida immaginazione.

Anche se l'ispettore Vincent Bevan voleva arrestare Paul soltanto dopo aver concluso l'accordo con Karla, temendo che i giornali facessero trapelare qualcosa che allarmasse il ragazzo anticipò la cattura. Due agenti andarono a prelevarlo a casa, gli lessero i suoi diritti e lo ammanettarono. Era accusato di quarantatré stupri e due omicidi, quelli di Leslie Mahaffy e Kristen French. Non c'erano prove, eccettuata la testimonianza di Karla, per queste due ultime accuse.

L'interrogatorio di Paul durò tutta la notte, ma fu un buco nell'acqua visto che il ragazzo si limitava ad ascoltare, a sorridere e a rispondere «no comment» a ogni domanda. Fu poi portato nel carcere di Scarborough.

Jim Hutton lesse la notizia sui giornali e telefonò a Karla, le disse che non riusciva a crederci.

«Mi odierai adesso?» chiese lei. Jim le rispose che non la odiava, anzi voleva confortarla e aiutarla se poteva. Ma poi non la chiamò più e non rispose alle sue telefonate.

Dopo l'arresto di Paul la polizia andò nella sua casa a Port Dalhousie a cercare le prove degli omicidi. Ogni centimetro quadrato fu ispezionato accuratamente con tutti i mezzi disponibili. I detective raccolsero capelli, impronte digitali, peli, studiarono ogni macchia sul pavimento, sui tappeti, sulle pareti. Trovarono ritagli di giornali sui crimini, c'era perfino una lista cronologica con tutti gli stupri di Scarborough. C'era un'intera collezione di libri e cassette su serial killer, omicidi, stupri, violenze.

Ma l'unico video fatto da Paul durava un minuto e cinquantotto secondi: nel primo segmento Karla era con una ragazza alla quale succhiava il seno, nel secondo segmento la ragazza era un'altra, aveva le gambe aperte ma il viso era in ombra e non poté essere identificata.

Poiché sembrava chiaro che la seconda ragazza era in stato di trance, i peli del suo pube erano scuri e il luogo era la casa di Paul a Bayview, la polizia pensò si trattasse di Kristen French. Leslie Mahaffy infatti era una bionda naturale. L'ispettore volle fare analizzare il video per scoprire se alla ragazza filmata mancasse un dito della mano destra come a Kristen French. Solo molto più tardi si scoprì che era Jane Doe.

Finalmente Walker e Segal trovarono un accordo su Karla Homolka. Sarebbe stata accusata dell'omicidio colposo di Leslie Mahaffy e Kristen French e le avrebbero dato dieci anni. Ma dopo tre anni Karla avrebbe potuto chiedere la libertà sulla parola. Tutto questo a patto che la ragazza non dicesse una sola bugia durante il processo.

Karla fu mandata in un ospedale psichiatrico per sette settimane, in cura dal dottor Arndt. In quel periodo fu sottoposta a test, a terapie di diverso genere, poteva ricevere visite e fare telefonate. Il dottor Arndt le diede vari tipi di psicofarmaci ma sembrava che Karla non ne avesse mai abbastanza. I medici che la seguirono non la trovarono schizofrenica, ma parlarono di inadeguatezza sociale. Gli psichiatri che avevano visitato Karla discussero a lungo sulla ragazza. Secondo il dottor Arndt la morte di Tammy aveva costituito il punto di non ritorno oltre il quale tutto era diventato automatico e privo di significato. Karla era ormai una complice e continuò a esserlo meccanicamente finché rimase insieme a Paul. Fu all'ospedale che finalmente Karla decise di confessare quello che era successo a Tammy Lyn in una lettera che indirizzò ai suoi genitori. Quando la notizia arrivò al procuratore generale, questi disse che così si aggiungeva un nuovo crimine a quelli commessi da Karla e quindi invece di dieci anni avrebbero dovuto accordarsi su dodici.

Karla lasciò l'ospedale psichiatrico il 24 aprile 1993 e andò a trovare il suo avvocato a Niagara Falls. Nel frattempo l'appartamento di Paul era stato rivoltato completamente, i tappeti rialzati, rimossi i pavimenti e la carta da parati, sequestrati libri e cassette registrate, scavato il giardino, forati i muri in diversi punti.

Anche il legale di Paul Bernardo, Ken Murray, arrivò a Bayview Drive il 6 maggio con degli assistenti per ritirare tutti gli effetti personali del suo cliente. Mentre frugavano nelle stanze, in ciò che era rimasto dopo l'accurato lavoro dei detective, arrivò una chiamata al telefono cellulare di Murray.

«È Paul dal carcere» disse l'uomo ai suoi assistenti. Era infatti Paul che gli dava istruzioni precise. Murray andò nel bagno del piano di sotto, svitò la copertura di una grossa lampada che si trovava sul soffitto e si impadronì delle sei famose cassette registrate. La prova schiacciante non solo della colpevolezza di Paul Bernardo, ma anche di Karla Homolka. Infine Murray e i suoi colleghi lasciarono la casa con un sacco dell'immondizia pieno di vestiti e altri oggetti di Paul.

A quel punto per Murray si pose un grave problema. Se avesse consegnato le cassette al pubblico ministero il patto di Karla con la giustizia sarebbe saltato, ma nello stesso tempo Paul non avrebbe più avuto alcuna chance. L'unica cosa da fare era aspettare il processo di Paul e cercare di screditare il più importante testimone dell'accusa: Karla.

Il processo a carico di Karla Homolka, imputata di due omicidi colposi oltre a quello della sorella Tammy Lyn, cominciò a St. Catharines il 28 giugno 1993 a porte chiuse. Soltanto a giornalisti canadesi era concesso di partecipare e solo per prendere appunti che avrebbero potuto utilizzare durante il processo a Paul Bernardo, non prima. La decisione sollevò moltissime proteste tra i cittadini e i mass media che volevano sapere cosa stava succedendo. Il giudice Francis Kovacs ritenne che qualsiasi notizia fosse trapelata da questo primo dibattimento avrebbe pregiudicato un giusto processo contro Paul Bernardo.

Era impressionante la forza di carattere di Karla che sedeva per ore nella gabbia degli imputati senza muovere un muscolo, senza cambiare espressione: sembrava un manichino. Il giudice Kovacs sostenne che Karla era stata una vittima di Paul Bernardo, che paralizzata dalla paura era diventata ubbidiente e servile.

«Non è una persona pericolosa» disse il giudice, «ma ha bisogno di cure adeguate e di assistenza. Karla è una ragazza passiva, non violenta, non poteva ribellarsi al marito neppure per proteggersi.»

La sentenza del giudice Kovacs fu di dodici anni di carcere. Karla fu chiusa nella prigione femminile di Kingston e lei stessa chiese la segregazione. Personalizzò la sua cella con manifesti di Topolino e altri oggetti; la sera dalle sei alle nove poteva frequentare le altre detenute con le quali giocava a carte e guardava la televisione. Volle anche che le fossero affidati diversi lavoretti per rendersi utile.

Ken Murray decise di rinunciare alla difesa di Paul Bernardo e si rivolse a un veterano degli avvocati, John Rosen, al quale raccontò delle cassette in suo possesso. Rosen accettò di sostituirlo. L'ispettore Vincent Bevan ebbe la possibilità di vedere le registrazioni e pensò che, se Murray le avesse mostrate a suo tempo, quello che lui chiamava «il patto con il diavolo» che Karla aveva fatto per la propria immunità non sarebbe stato possibile. Ma ormai era troppo tardi.

Nonostante fosse stato proibito ai giornali di pubblicare qualsiasi notizia sul processo contro Karla Homolka, i quotidiani statunitensi e perfino Internet diffusero i macabri dettagli degli omicidi di Leslie Mahaffy e di Kristen French. Inoltre sui giornali uscì la confessione di Karla sulla morte della sorella che lei stessa aveva provocato insieme a Paul Bernardo. Quando il «Washington Post» pubblicò i racconti dei delitti, circa duemila canadesi passarono il confine con gli Stati Uniti per acquistarne una copia. I giornalai furono perfino costretti a vendere delle fotocopie del quotidiano.

Il processo contro Paul Bernardo cominciò il 1° maggio 1994 a Toronto, e questa volta pubblico e giornalisti furono ammessi in aula.

I video incriminati, tre ore e mezzo di orribili sevizie sessuali, non furono mostrati in pubblico perché le famiglie delle vittime rifiutarono il loro consenso. Così si decise che le cassette fossero visionate soltanto dalla giuria, dagli avvocati, dalla polizia, dai membri della corte, e da Paul e Karla. Se le cassette mostravano la responsabilità nelle violenze e depravazioni sessuali di entrambi, non costituivano però una prova del fatto che Paul avesse ucciso le sue vittime.

Quando Karla entrò nell'aula Paul alzò gli occhi e la guardò con disinteresse. Poi abbassò lo sguardo sul taccuino degli appunti senza più considerare la donna che l'avrebbe mandato in prigione per il resto della sua vita. Il pubblico ministero interrogò Karla e dichiarò di ritenerla altrettanto colpevole dell'imputato, ma la donna non poteva più essere processata. Karla cominciò a deporre contro Paul il 25 giugno 1995. Houlahan le chiese se era presente in aula la persona che aveva ucciso Leslie Mahaffy e Kristen French. Karla rivolse lo sguardo verso Paul e lo indicò con il dito puntato.

«Come fa a saperlo?» le chiese il pubblico ministero.

«Perché ero presente» disse Karla. Poi raccontò di essere sempre stata vittima del marito, rivelò che Paul aveva manifestato il suo sadismo sessuale qualche mese dopo il loro primo incontro, ma lei gli ubbidiva soltanto perché lo amava. Parlò della «indescrivibile infatuazione» che l'aveva soggiogata, descrisse il magnetismo di Paul, il suo fascino, la sua incredibile abilità nell'attrarre le donne. A sentirsi così descrivere, Paul alzò per qualche istante lo sguardo. Ma poi Karla disse: «Mi sento molto più libera in prigione che insieme a lui».

La versione che diede Karla sulla morte di Leslie Mahaffy non aveva senso secondo l'avvocato Rosen. Karla disse che Paul aveva picchiato la ragazza, ma non erano stati trovati segni sul corpo della vittima. Poi disse che Paul l'aveva strangolata con un filo elettrico che era a portata di mano. Lei era nella stanza ma dichiarò di non aver visto Paul uccidere la ragazza. Rosen pensò che Karla stesse mentendo, perché erano stati trovati dei segni sulla schiena di Leslie che sembravano appartenere a ginocchia femminili, a qualcuno che si era inginocchiato sulle spalle della ragazza per tenerla ferma con il viso contro un cuscino e così soffocarla. Inoltre Karla riferì che Paul aveva sezionato il corpo della vittima con la sega elettrica mentre lei era al lavoro. Il marito aveva acquistato il cemento, l'aveva portato in cantina, aveva fatto a pezzi il cadavere e l'aveva diviso in diversi blocchi. Inoltre, sempre secondo lei, Paul aveva trasportato tutti i blocchi da solo e li aveva gettati nel fiume; Karla l'aveva aiutato solo con il blocco più grosso, quello che conteneva il torso di Leslie.

Rosen commentò che questo sarebbe potuto accadere se Paul avesse avuto poteri magici. Tagliare con una sega elettrica un corpo in tante parti voleva dire spruzzare sangue tutt'intorno. Qualcuno aveva dovuto pulire. Inoltre era Karla l'esperta nei tagli chirurgici, visto che era l'assistente del veterinario durante le operazioni sugli animali. Secondo Rosen era stata Karla a uccidere Kristen French, quando Paul si era assentato per andare a prendere da mangiare e le aveva dato un martello di gomma per evitare la fuga della loro vittima. Forse Karla aveva colpito la ragazza alla testa, uccidendola, proprio perché lei aveva cercato di fuggire.

Rosen disse anche che era molto strano che Karla proclamasse la sua sudditanza nei confronti del marito, la sua incapacità a fuggire nonostante ormai lo odiasse, e poi continuasse a scrivergli biglietti d'amore.

Quando Paul si presentò a testimoniare in propria difesa sembrava il ragazzo della porta accanto, certo non il feroce assassino descritto da tutti i media. Aveva un vestito nero e una camicia bianca con una cravatta a fiori. I capelli biondi ben ravviati, gli occhi azzurri calmi e dolci. Disse: «Io so di aver fatto delle cose terribili. Lo so. E che ho causato dolore a molta gente e mi dispiace davvero per questo. So che merito di essere punito, ma io non ho ucciso quelle ragazze».

Poi descrisse lo smembramento del corpo di Leslie nel quale Karla l'aveva aiutato dall'inizio alla fine. Quando arrivò a parlare della morte delle due ragazze disse che in entrambi i casi le vittime erano state uccise mentre lui era fuori casa.

Quando il processo terminò il pubblico ministero chiese ai giurati di dimenticare tutto ciò che era stato detto contro Karla Homolka, perché non era lei che dovevano giudicare.

Gli otto uomini e le quattro donne che formavano la giuria trovarono Paul colpevole di tutti i crimini. In Canada non esiste la pena di morte e le diverse sentenze non possono essere sommate, così Paul Bernardo venne condannato all'ergastolo senza la possibilità di chiedere la libertà sulla parola prima di aver scontato venticinque anni. Fu rinchiuso nel penitenziario maschile di Kingston e isolato dal resto dei detenuti.

Karla, che nel 1997 ha fatto domanda per essere liberata sulla parola, ha detto che il suo obiettivo era quello di tornare a essere la persona che era prima di incontrare Paul Bernardo.

Ma nell'opinione pubblica è rimasto il dubbio. E se Karla avesse mentito? Se fosse stata lei a uccidere le due ragazze e non Paul?

Karla Homolka rimarrà per sempre il vero enigma di questa tragica storia.

BIBLIOGRAFIA

AAVV, *Crimes of passion*, London, Treasure Press, 1991.

AAVV, *Encyclopédie internationale du crime et de la criminologie*, Genève, Edito Service S.A., 1974.

AAVV, *Fatal Attraction*, London, True Crime Library, 1992.

AAVV, *La criminalità femminile in Italia*, Roma, Istituto Poligrafico dello Stato, 1987.

AAVV, *Storia del crimine*, Bologna, Europa, 1968, 6 voll.

AAVV, *The Handbook Guide to Murder Horror*, London, Handbook Publishing, 1998.

Abroset, Sonia, *Criminologia femminile*, Milano, Unicopli, 1984.

Adler, Freda, *Sisters in Crime*, New York, McGraw-Hill, 1975.

Ambler, Eric, *The ability to kill*, London, The Mysterious Press, 1987.

Baccolo, Luigi, *La marchesa de Brinvilliers e le signore dei veleni*, Milano, Rusconi 1983.

Bailey, Brian, *The Guinnes Book of Crime*, London, Guinnes Publishing, 1988.

-, *Hangmen of England*, London, W.H. Allen, 1989.

Beckett, David, *The Ones That Got Away...?*, UK, Sigma Leisure, 1997.

Bellemare, Pierre e Nahmias, Jean-François, *Les grands crimes de l'histoire*, Paris, Editions n. 1, 1984.

-, *Les tueurs diaboliques*, Paris, Edition n. 1, 1985.

Biondi, Ray Lt. e Hecox, Walt, *All his father's sins*, New York, Pocket Book, 1990.

Birkenhead, Earl, *Famous Trials*, London, Hutchinson, 1926.

-, *More Famous Trials*, London, Hutchinson, 1928.

Birmingham, George A., *Murder Most Foul*, London, Chatto & Windus, 1929.

Bland, James, *True Crime Diary*, London, Warner Books, 1986.

-, *Crime Strange but True*, London, Warner Books, 1991.

-, *True Crime Diary, 2*, London, Warner Books, 1995.

Bolitho, William, *Murder for Profit*, London, Jonathan Cape, 1926.

Bourgoin, Stéphane, *Serial Killers*, Paris, Grasset, 1993.

-, *La follia dei mostri*, Milano, Sperling & Kupfer, 1995.

-, *Crimes et Faits Divers*, Paris, Editions Méréal, 1997.

Brown, W. e Dakers, Andrew, *Introduction to Murder: the Unpublished Facts behind the Lonely Hearts Killers Martha Beck and Raymond Fernandez*, Greenberg, 1952.

Browne, Douglas G. e Tullet, E.V., *Bernard Spilsbury*, London, Harrap 1951.

Burkhart, Kathryn, *Women in Prison*, New York, Doubleday, 1973.

Burnside, Scott e Cairns, Alan, *Deadly Innocence*, London, Warner Books, 1995.

Canonic Brookes, J.R., *Murder in Fact and Fiction*, London, Hurst & Blackett, 1926.

Cecchini, Luigi, *Dieci grandi processi d'amore e di morte*, Milano, De Vecchi, 1965.

Costantini, Costanzo, *Amore o morte. I grandi delitti passionali del secolo*, Milano, SugarCo, 1988.

Couraud, Stéphane, *Incroyables histoires vraies*, Paris, Michel Lafon, 1997.

Crockett, Art (a cura di), *Serial Murders*, New York, Pinnacle Books, 1996.

Cullen Tom, *Crippen: The Mild Mannered Murdered*, London, Bodley Head, 1967.

Curtin, Philip, *Noted Murder Mysteries*, Hamilton, Kent, Simpkin Marshall, 1914.

Cyriax, Oliver, *The Penguin Encyclopedia of Crime*, London, Penguin Books, 1996.

De' Rossignoli, Emilio, *Gli efferati*, Milano, Il Formichiere, 1978.

Decaux, A., *Les assassins*, Paris, Perrin, 1986.

Dernley, Syd e Newman, David, *The Hangman's Tale*, London, Pan Books, 1989.

Dilnot, George, *Celebrated Crimes*, Stanley Paul & Co., 1925.

Duke, Winifred, *Six Trials*, London, Gollancz, 1934.

Dunning, John, *Mindless Murders*, London, Arrow Books, 1987.

-, *Carnal Crimes*, London, Arrow Books, 1988.

-, *Murderous Women*, London, Arrow Books, 1997.

Ellis, John, *Diary of a Hangman*, London, True Crime Library, 1997.

Emsley, Clive, *Crime and Society in England, 1750-1900*, London-New York, Longman, 1996.

Evans, Colin, *Killer Doctors*, Michael O'Mara, 1993.

-, *The Casebook of Forensic Detection: How Science Solve 100 of the World's Most Baffing Crimes*, New York, John Wiley & Sons, 1996.

Ferrero, Ernesto (a cura di), *La Mala Italia*, Milano, Rizzoli, 1973.

Fido, Martin, *Murder Guide to London*, Chicago, Academy Chicago, 1990.

-, *Murders After Midnight*, London, Orion, 1990.

-, *Deadly Jealousy*, London, Headline Book Publishing, 1993.

Fouquier, Armand, *Causes celebres*, Paris, 1864.

Franklin, Charles, *The World's Worst Murderers*, Feltham, Odhams Books, 1965.
Furneaux, Rupert, *Famous Criminal Cases 2*, Allan Wingate, 1955.
Gardiner, Dorothy e Sorley Walker, Kathrine (a cura di), *Parola di Chandler*, Milano, Milano Libri Edizioni, 1976.
Gaute, J.H.H. e Odell, Robin, *Lady Killers 2*, Granada, 1981.
-, *The new murderers's who's who*, London, Headline Book Publishing, 1989.
Gayot de Pitaval, F., *Cause celebri ed interessanti*, Palermo, Sellerio, 1991.
Glaister, John, *The Power of Poison*, C. Johnson, 1954.
Glueck, K. e Glueck, G., *Five Hundred Delinquent Women*, New York, Knopf, 1934.
Glyn Jones, Richard, *Couples Who Kill*, London, True Crime, 1993.
Goodman, Jonathan (a cura di), *The Pleasures of Murder*, London, Warner Books, 1983.
-, *The Lady Killers. Famous Women Murderers*, London, Warner Books, 1992.
Gribble, Leonard, *Famous Judges and Their Trials*, J. Long, 1957.
Guillais, Joëlle, *La chair de l'autre. Le crime passionnel au XIX siècle*, Paris, Olivier Orban, 1986.
Hargrave, Adam Lee, *Murder Most Mysterious*, London, Sampson Low, 1932.
Harrison, Fred, *Brady and Hindley. Genesis of the Moors Murders*, London, HarperCollins Publishers, 1994.
Hartman, Mary S., *Victorian Murderesses: a True History of Thirteen Respectable French and English Women Accused of Unspeakable Crimes*, London, Robson Books, 1985.
Haycraft, Howard, *Murder for Pleasure*, New York, Carroll & Graf edition, 1984.
Hugget, R. e Berry, P., *Daughters of Cain*, Sydney, Allen & Unwin, 1956.
Humphreys, Christmas, *Seven Murderers*, Oxford, Heinemann, 1931.
Humphreys, Travers, *Book of Trials*, Oxford, Heinemann, 1953.
Huson, Richard, *Sixty Famous Trials*, Daily Express Publication, 1938
Irving, Henry B., *A Book of Remarkable Criminals*, Westport, Conn., Hyperion Press, 1975.
James, Mike (a cura d) *Fatal Attraction. When Love Turns to Murder*, London, True Crime Library, 1992.
Jenkins, Elizabeth, *Six Criminal Women*, Freeport, N.Y., Books for Library Press, 1971.
Jesse, F.T., *Murder and Its Motives*, Oxford, Heinemann, 1924.
Jones, Ann, *Women Who Kill*, New York, Beacon Press, 1996.
Jones, Frank, *Murderous Women*, London, Signet Book, 1991.
-, (a cura di), *The Mammoth Book of Killer Women*, New York, Carroll & Graf Publishers, 1993.
-, *Couples Who Kill*, London, Virgin Publishing, 1993.
Kershaw, A., *Murder in France*, London, Constable, 1995.
King, Brian (a cura di), *The Writings and Artifacts of Murderers*, Bloat, 1996.

Kingston, Charles, *Remarkable Rogues... Some Notable Criminals of Europe and America*, John Lane, 1921.
Knappman, Edward W. (a cura di), *Great Worls Trials*, Detroit, Visible Ink Press, 1997.
Kohn, George C., *Dictionary of Culprits and Criminals*, Lanham, Md., Scarecrow Press, 1995.
Krafft-Ebing, Richard, *Psychopathia Sexualis*, New York, Stein & Day, 1978.
Kuncl, Tom, *Death Row Women: The Shocking True Stories of America's Most Vicious Female Killers*, New York, Pocket Books, 1994.
-, *Femmes fatales*, London, True Crime Library, 1994.
Kuncl, Tom e Einstein, Paul, *Ladies Who Kill*, New York, Windsor Publ. Corp., 1985.
Laborde, Jean, *Amour, que de crimes*, Paris, Gallimard, 1954.
Lane, Brian e Gregg, Wilfred, *The New Encyclopedia of Serial Killers*, London, Headline, 1996.
Lane, Brian, *Chronicle of 20th Century Murder:1900-1938*, New York, Berkley Books, 1995.
Macé, G., *Mon musée criminel*, Paris, G. Charpentier, 1890.
Manners, Terry, *Deadler than the Male*, London, Pan Books, 1995.
Marjoribanks, Edward, *The Life of Marshall Hall*, London, Gollancz, 1936.
Marriner, Brian, *Murder with Venom*, London, True Crime Library, 1993.
McCluer Stevens, C.L., *Famous Crimes and Criminals*, Stanley Paul & Co., 1924.
McLynn, Frank, *Famous Trials, Cases That Made History*, London, Reader's Digest, 1996.
Mellusi, Vincenzo, *Quelli che amano e uccidono*, Milano, Bocca, 1924.
-, *Delinquenti dell'amore*, Milano, Vallardi, 1932.
Milner, E.R., *The Lives and Times of Bonnie and Clyde*, Carbondale, Southern Illinois University Press, 1996.
Monestier, Alain, *I grandi del crimine*, Roma, Gremese Editore, 1989.
Moores Ball, James, *The Body Snatchers*, New York, Dorset Press, 1989.
Mortimer, John, *Famous trials*, London, Penguin, 1984.
Morton, James, *A Calendar of Killing*, Boston, Little Brown, 1997.
Murder file, «The Daily Telegraph», UK, Mandarin Paperbacks, 1993.
Nash, Jay Robert, *Encyclopedia of American Crime*, London, Headline Book Publishing, 1992.
-, *World Encyclopedia of 20th Century Murder*, New York, Smith Mark Publishers, 1992.
-, *Bloodletters and Badmen: A Narrative Encyclopedia of American Criminals from the Pilgrims to the Present*, New York, M. Evans & Co., 1995.
Newton, Michael, *Bad Girls Do It! An Encyclopedia of Female Murderers*, Port Townsend, Wash., Loompanics Unlimited, 1993.
Nicolosi, Salvatore, *Breviario criminale*, Catania, Tringale Editore, 1988, 2 voll.
O'Brian, Darcy, *Two of a Kind, the Hillside Stranglers*, New York, Nal Books, 1985.

O' Donnell, Bernard, *The World's Strangest Murders*, F. Muller, 1957.
O' Connor, Kevin, *Thou shalt not kill*, Dublin, Gill & Macmillan, 1995.
Odell, Robin, *The International Murder's Who's Who*, London, Headline Book Publishing, 1996.
Pearce, Charles E., *Unsolved Murder Mysteries*, Stanley Paul & Co., 1924.
Playfair, Giles e Sington, Derrick, *The Offenders. Society and the Atrocious rime*, London, Secker & Warburg, 1957.
Pron, Nick, *Lethal Marriage*, New York, Ballantine Books, 1995.
Reouven, René, *Dictionnaire des assassins*, Paris, Denoël, 1986.
Riva, Alessandro e Viganò, Lorenzo, *Un delitto al giorno*, Milano, Baldini & Castoldi, 1994.
Roberts, G.F.B., *The New World of Crime, Famous American Trials*, Eyre & Spottiswoode, 1933.
Roughead, William, *Classic Crimes*, London, Cassell, 1951.
Rowland, John, *A Century of Murder*, Home & Van Thal, 1950.
Russell, Don, *Best Murder Cases*, London, Faber & Faber, 1958.
Sabouret, Anne, *Une femme éperdue*, Paris, Grasset, 1990.
Schechter, Harold ed Everitt, David, *The A to Z Encyclopedia of Serial Killers*, New York, Pockett Books, 1996.
Shapiro, Ann Louise, *Breaking the Codes: Female Criminality in Fin de siècle Paris*, Stanford, Cal., Stanford University Press, 1996.
Simpson, Keith, *Forty Years of Murder*, London, Harrap, 1978.
Singer, Kur (a cura di), *20 affaires criminelles authentiques*, Bruxelles, Marabout, 1962.
Smith, Jack Hughes, *Unfair Comment Upon Some Victorian Murder Trials*, London, Cassell, 1951.
Soble, Ron e Johnson, John, *Blood Brothers*, New York, Onyx True Crime, 1994.
Sparrow, Gerald, *Women Who Murder*, London, Barker, 1970.
Storry Deans, R., *Notable Trials, Difficult Cases*, London, Chapman & Hall, 1932.
Vincent, Adrian, *Fatal Passions*, London, Warner Books, 1992.
-, *A Galery of Poisoners*, London, Warner Books, 1993.
Williams, Stephen, *Invisible Darkness*, New York, Bantam Edition, 1998.
Wilson, Colin, *A Criminal History of Mankind*, New York, G.P. Putnam's Sons, 1984.
-, *The Mammoth Book of True Crime 1 - 2*, London, Robinson Publishing, 1988.
- (a cura di) *Colin Wilson's World Famous Crimes*, New York, Carroll & Graf Publishers, 1995.
-, *World Famous True Crimes*, London, Parragon, 1995.
Wilson, Colin e Damon, *World Famous Crimes of Passion*, London, Siena Book, 1992.
-, *Crimes of Passion*, London, Parragon, 1996.
-, *World Famous Unsolved Crimes*, London, Parragon, 1996.

Wilson, Keith D., *Cause of Death*, Cincinnati, OH, Writer's Digest Books, 1996.
Wolf, Marvin J., *Fallen Angels*, New York, Ballantine Books, 1986.
Wolfe, Sebastian (a cura di) *Kiss and Kill*, New York, Carroll & Graf Publishers, 1990.
Wynn, Douglas, *Blind Justice?*, London, Warner Books, 1990.
-, *On Trial for Murder*, London, Pan Books, 1996.

OSCAR BESTSELLERS

Follett, L'uomo di Pietroburgo
Ludlum, Il treno di Salonicco
Cruz Smith, Gorky Park
Krantz, La figlia di Mistral
Forsyth, Il giorno dello sciacallo
Follett, Triplo
Follett, La cruna dell'Ago
Tacconi, La verità perduta
Fruttero & Lucentini, Il palio delle contrade morte
Follett, Sulle ali delle aquile
Forsyth, Il Quarto Protocollo
De Crescenzo, Così parlò Bellavista
Forsyth, L'alternativa del diavolo
Robbins, Ricordi di un altro giorno
Forsyth, Dossier Odessa
Lapierre - Collins, Il quinto cavaliere
Forsyth, I mastini della guerra
Bevilacqua, Il Curioso delle donne
Fruttero & Lucentini, A che punto è la notte
Agnelli, Vestivamo alla marinara
Lapierre - Collins, «Parigi brucia?»
Lapierre - Collins, Gerusalemme! Gerusalemme!
Tacconi, Lo schiavo Hanis
De Crescenzo, Storia della filosofia greca. I presocratici
De Crescenzo, Storia della filosofia greca. Da Socrate in poi
Lapierre - Collins, Alle cinque della sera
Bevilacqua, La Donna delle Meraviglie
Krantz, Conquisterò Manhattan
Fruttero & Lucentini, L'amante senza fissa dimora
Follett, Un letto di leoni
Lapierre - Collins, Stanotte la libertà
Pilcher, I cercatori di conchiglie
Russo, Uomo di rispetto
Manfredi, Lo scudo di Talos
Harris T., Il silenzio degli innocenti
Le Carré, La spia perfetta
De Crescenzo, Oi dialogoi
Bevilacqua, Una città in amore
Follett, Lo scandalo Modigliani
Rutherfurd, Sarum

James P.D., Un lavoro inadatto a una donna
Wood, Verde città nel sole
Forsyth, Nessuna conseguenza
Follett, Alta finanza
Le Carré, La tamburina
Wolfe, Il falò delle vanità
De Carlo, Due di due
Bevilacqua, Una misteriosa felicità
Pilcher, La tigre che dorme
Forsyth, Il negoziatore
Bevilacqua, La grande Giò
De Crescenzo, Vita di Luciano De Crescenzo scritta da lui medesimo
Turow, Presunto innocente
Manfredi, Palladion
Krantz, Fino al prossimo incontro
Ellroy, Dalia nera
Williams T., Il canto di Acchiappacoda
Neville, Il segreto del Millennio
Pilcher, Sotto il segno dei Gemelli
Cruz Smith, Stella polare
Bevilacqua, Il viaggio misterioso
Pilcher, La casa vuota
McBain, Un'ombra sulla spiaggia
James P.D., La torre nera
Tacconi, La Signora di Atlantide
Ellroy, Il grande nulla
Asimov, Nemesis
James P.D., Una notte di luna per l'ispettore Dalgliesh
Manfredi, L'oracolo
Bevilacqua, La festa parmigiana
Katzenbach, Facile da uccidere
James P.D., Per cause innaturali
Pilcher, I giorni dell'estate
McBain, Tre topolini ciechi
Grisham, Il momento di uccidere
Bevilacqua, Il gioco delle passioni
Le Carré, La talpa
Bevilacqua, Una scandalosa giovinezza
Ellroy, L.A. Confidential
James P.D., Copritele il volto
Le Carré, Tutti gli uomini di Smiley
Le Carré, Lo specchio delle spie
Fruttero & Lucentini, Enigma in luogo di mare
Turow, L'onere della prova
Pilcher, Autoritratto
Forsyth, Il simulatore
De Crescenzo, Elena, Elena, amore mio
Sgorlon, Il guaritore
De Crescenzo, Zio Cardellino
Sgorlon, La conchiglia di Anataj
Bergonzoni, Le balene restino sedute
Cacucci, Puerto Escondido
Pilcher, Settembre
Gallmann, Sognavo l'Africa
Wood, Il tempo dei sogni
James P.D., Un indizio per Cordelia Gray
Cornwell, Oggetti di reato
Ellroy, Le strade dell'innocenza
Grisham, Il rapporto Pelican
Follett, Notte sull'acqua
Ellroy, Perché la notte
Bevilacqua, Umana avventura
Pilcher, Neve d'Aprile
Simmons, Hyperion

Sclavi, Sogni di sangue
Asimov, Viaggio allucinante
Brooks, La spada di Shannara
James P.D., Una mente per uccidere
McBain, Vedove
Castellaneta, Villa di delizia
Sclavi, Tre
Brooks, Le pietre magiche di Shannara
Harris R., Fatherland
Muhsen, Vendute!
Sgorlon, La foiba grande
Brooks, L'unicorno nero
Tacconi, Masada
Franceschini - Buffa - Giustolisi, Mara Renato e io
Cardella, Volevo i pantaloni
Brooks, Il magico regno di Landover
Du Maurier, Rebecca la prima moglie
Charrière, Papillon
Brooks, La canzone di Shannara
Zecchi, Estasi
James P.D., Sangue innocente
Pilcher, Fiori nella pioggia
Pilcher, Voci d'estate
Ellroy, La collina dei suicidi
Sgorlon, Racconti della Terra di Canaan
Grisham, Il socio
Brooks, La regina degli Elfi di Shannara
Le Carré, La pace insopportabile
Rutherfurd, Russka
Rushdie, I versi satanici
Sclavi, Apocalisse
Ruesch, Paese dalle ombre lunghe
Brooks, Il druido di Shannara
Pilcher, Il giorno della tempesta
D'Orta, Io speriamo che me la cavo
Harris T., Drago rosso (Il delitto della terza luna)
James P.D., Un gusto per la morte
Brooks, Mago a metà
Bergonzoni, È già mercoledì e io no
Cornwell, Quel che rimane
Le Carré, Ingenuo e sentimentale amante
Rendell, Il mistero della brughiera
Sgorlon, La carrozza di rame
Brooks, Gli eredi di Shannara
Pilcher, Profumo di timo
Rendell, Il volto del peccato
Bevilacqua (a cura di), I grandi della risata
Castellaneta, Cerchi nell'acqua
D'Eramo, Ultima luna
Lapierre, Più grandi dell'amore
De Crescenzo, Croce e delizia
Le Carré, Un delitto di classe
Sgorlon, Il patriarcato della luna
Rendell, Oltre il cancello
Bevilacqua, Un cuore magico
Le Carré, Chiamata per il morto
Turow, Harvard, Facoltà di legge
D'Orta, Dio ci ha creato gratis
Hoving, Tutankhamon
Sgorlon, Il Caldèras

Dolto, Adolescenza
Weis - Hickman, La stella degli elfi
Dolto, Quando i genitori si separano
Angela - Pinna, Oceano
Williams M., La leggenda di Weasel
Buscaglia, La coppia amorosa
Pasini, Intimità
Schelotto, Strano, stranissimo, anzi normale
Parsi, I quaderni delle bambine
Buscaglia, Amore
Dolto, Come allevare un bambino felice
Allegri, Padre Pio
Asimov, Destinazione cervello
Asimov, Cronache della Galassia
Asimov, Il tiranno dei mondi
Silvestri, Caporetto
Mandruzzato, Il piacere del latino
Asimov, Tutti i racconti (vol. I, parte I)
Heinlein, Fanteria dello spazio
Asimov, Il sole nudo
Asimov, L'orlo della Fondazione
Asimov, Lucky Starr e gli anelli di Saturno
Spinosa, Edda. Una tragedia italiana
Gibson, Monna Lisa Cyberpunk
Sgarbi, Onorevoli fantasmi
Curcio - Scialoja, A viso aperto
Brooks, I talismani di Shannara
Greer, La seconda metà della vita
D'Orta, Romeo e Giulietta si fidanzarono dal basso
Utley, Toro Seduto
Rocca, Avanti, Savoia!
Ellroy, White Jazz
Durrani, Schiava di mio marito
Cornwell, Postmortem
Asimov, La fine dell'eternità
Grisham, Il cliente
Vacca, Medioevo prossimo venturo
Asimov, Tutti i racconti (vol. I, parte II)
Pilcher, La camera azzurra
Regan, Il Guinness dei fiaschi militari
Resca - Stefanato, Scoppia il maiale, ferito un contadino
Chang, Il Tao dell'amore
Sterling, Cronache del basso futuro
Turow, Ammissione di colpa
Asimov, Il meglio di Asimov
Sclavi, Tutti i misteri di Dylan Dog
Cruz Smith, Red Square
Sclavi, Tutti gli incubi di Dylan Dog
Gibson, La notte che bruciammo Chrome
Campbell, Il racconto del mito
Sgorlon, Il trono di legno
Pasini, Volersi bene, volersi male
Motta (a cura di), Vita di padre Pio attraverso le lettere
Asimov, Preludio alla Fondazione
Zavoli, La notte della Repubblica
De Crescenzo, Raffaele
Asimov, Il paria dei cieli
Asimov, Il crollo della Galassia centrale

Asimov, Fondazione e Terra
Asimov, I robot dell'alba
Asimov, Abissi d'acciaio
Asimov, Il club dei Vedovi Neri
Pasini, La qualità dei sentimenti
McBain, Mary Mary
Forattini, Bossic Instinct
Gibson - Sterling, La macchina della realtà
Angela, La straordinaria storia della vita sulla Terra
Della Pena, Stupidario giuridico
Wood, Vergini del Paradiso
Gibson, Giù nel Ciberspazio
Dolto, Il desiderio femminile
Vespa, Telecamera con vista
Angela, La straordinaria storia dell'uomo
Tacconi, Il pittore del Faraone
Forattini, Il mascalzone
Brooks, Il ciclo di Shannara
Venè, Mille lire al mese
Monduzzi, Manuale per difendersi dalla mamma
Asimov, Azazel
Mafai, Pane nero
Asimov, Lucky Starr e gli oceani di Venere
Asimov, Il libro di biologia
Asimov, Lucky Starr e il grande sole di Mercurio
Gies, Si chiamava Anna Frank
Bonelli - Galleppini, Tex l'implacabile
Asimov, I robot e l'Impero
Rea, Ninfa plebea
Olivieri, Hotel Mozart
Pasini, Il cibo e l'amore
Forsyth, Il pugno di Dio
Follett, Una fortuna pericolosa
Nolitta - Ferri, Zagor contro il Vampiro
Masini, Le battaglie che cambiarono il mondo
Pilcher, Le bianche dune della Cornovaglia
Sclavi - Castelli, Dylan Dog & Martin Mystère
Asimov, Il libro di fisica
Irving, Göring, il maresciallo del Reich
Sclavi, Tutti i mostri di Dylan Dog
Asimov, Le correnti dello spazio
Asimov, Neanche gli Dèi
Asimov, L'altra faccia della spirale
Buscaglia, Nati per amare
Ka-Tzetnik 135633, La casa delle bambole
Loy, Sogni d'inverno
Zecchi, Sillabario del nuovo millennio
Grisham, L'appello
Zimmer Bradley (a cura di), Storie fantastiche di spade e magia (vol. I)
Castellaneta, Le donne di una vita
Resca - Stefanato, Il ritorno del maiale
Sgorlon, Il regno dell'uomo
McBain, Kiss
Asimov, Tutti i racconti (vol. II, parte I)
Asimov, Tutti i racconti (vol. II, parte II)
Rendell, La morte non sa leggere

Manfredi, Le paludi di Hesperia
Di Stefano, Stupidario medico
Daniele, Chi è felice non si ammala
Sgorlon, La fontana di Lorena
Zimmer Bradley (a cura di), Storie fantastiche di spade e magia (vol. II)
Vespa, Il cambio
Olivieri, Piazza pulita
Petacco, La Signora della Vandea
Schelotto, Una fame da morire
Sgarbi, Le mani nei capelli
Disegni, Esercizi di stile
Sgorlon, L'armata dei fiumi perduti
Asimov, Lucky Starr, il vagabondo dello spazio
Fromm, L'arte di amare
García Márquez, Dell'amore e di altri demoni
Buscaglia, La via del toro
Olivieri, Villa Liberty
Thompson, L'angelo bruciato
Katzenbach, La giusta causa
Castellaneta, Progetti di allegria
Olivieri, Maledetto ferragosto
Rendell, I giorni di Asta Westerby
Allegri, I miracoli di Padre Pio
Forattini, il garante di Lady Chatterley
Brooks, La sfida di Landover
Brooks, La scatola magica di Landover
Bocca, Il sottosopra
Follett, I pilastri della terra
Buscaglia, Vivere, amare, capirsi
Giussani, I mille volti di Diabolik
Sgorlon, Il costruttore
Le Carré, Il direttore di notte
Sclavi, Tutte le donne di Dylan Dog
Lapierre, La città della gioia
García Márquez, Taccuino di cinque anni 1980-1984
Høeg, Il senso di Smilla per la neve
Bonelli - Galleppini, Tex, Sangue Navajo
Carr, L'alienista
Zorzi, Il Doge
Olivieri, La fine di Casanova
Lovett, Legami pericolosi
Nasreen, Vergogna (Lajja)
Madre Teresa, Il cammino semplice
Dick, Memoria totale
Rendell, La leggerezza del dovere
Regan, Il Guinness dei fiaschi militari 2
Bonelli - Galleppini, Tex. Città senza legge
Castellaneta, La città e gli inganni
Krantz, Amanti
Dolto, I problemi dei bambini
Weis - Hickman, La mano del caos
James P.D., Morte sul fiume
Grisham, L'uomo della pioggia
Lagostena Bassi, L'avvocato delle donne
Pasini, A che cosa serve la coppia
Buscaglia, Autobus per il Paradiso
De Filippi, Amici
Salvatore, Il mago di Azz

Vespa, Il duello
Cornwell, Insolito e crudele
Madre Teresa, La gioia di darsi agli altri
MacBride Allen, Il calibano di Asimov
Sclavi, La circolazione del sangue
Zavoli, Viva l'Ita*g*lia
Smith, Nell'interesse della legge
Quilici, Il mio Mediterraneo
Boneschi, Poveri ma belli
Forattini, Berluscopone
Rendell, La notte dei due uomini
Friday, Donne sopra
Sgorlon, La poltrona
Monduzzi, Della donna non si butta via niente
Olivieri, L'indagine interrotta
Olivieri, Il caso Kodra
Sgorlon, L'ultima valle
Sclavi, Mostri
Allegri, A tu per tu con Padre Pio
Messaoudi, Una donna in piedi
Schelotto, Certe piccolissime paure
Hyde, Le acque di Formosa
Mafai, Botteghe Oscure, addio
Vergani, Caro Coppi
Curzi, Il compagno scomodo
Hogan, Lo stallo
Follett, Un luogo chiamato libertà
Zecchi, Sensualità
Ellroy, American tabloid
Castellaneta, Porta Romana bella
Asimov, Lucky Starr e le lune di Giove
Asimov, Fondazione anno zero
Gallmann, Il colore del vento
Rota, Curs de lumbard per terùn
Høeg, I quasi adatti
Dick, Il disco di fiamma
Hatier (a cura di), Samsāra
Simmons, I figli della paura
D'Orta, Il maestro sgarrupato
Bevilacqua, Questa specie d'amore
Manfredi, La torre della solitudine
Katzenbach, Il carnefice
Le Carré, La passione del suo tempo
Olivieri, Madame Strauss
Sclavi, Tutti i demoni di Dylan Dog
Bonelli - Galleppini, Tex. I figli della notte
Medda, Serra & Vigna, Nathan Never. I killer del futuro
Madre Teresa, La gioia di amare
Giussani, Diabolik. Le rivali di Eva
Gallmann, Notti africane
Cotroneo, Presto con fuoco
Isaacs, Ora magica
AA.VV., 25 storie di magia nera per adulti
Rendell, La morte mi ama
McBain, Romance
Fosnes Hansen, Corale alla fine del viaggio
Rossi, Diario di bordo del Capitano
De Crescenzo, Panta rei
Rushdie, L'ultimo sospiro del Moro
Asimov, Lucky Starr e i pirati degli Asteroidi
Weis - Hickman, L'ala del drago

Nolitta, Mister No. Inferno verde e magia nera

Castelli, I mondi impossibili di Martin Mystère

De Crescenzo, Il dubbio

Milsted, Il Guinness delle gaffe

Cornwell, La fabbrica dei corpi

Bevilacqua, I sensi incantati

Augias, I segreti di Parigi

Bocca, Il viaggiatore spaesato

Olivieri, Il Dio danaro

Dolto, Solitudine felice

Evangelisti, Il mistero dell'inquisitore Eymerich

Dujovne Ortiz, Evita

Harris, Enigma

Brooks, Il primo re di Shannara

Vespa, La svolta

Forattini, Il forattone

Allegri, Il catechismo di Padre Pio

Rota, Padania fai da te

Schelotto, Perché diciamo le bugie

Follett, Il terzo gemello

Pasini, I tempi del cuore

Rendell, Il tarlo del sospetto

Bevilacqua, Lettera alla madre sulla felicità

Costanzo, Dietro l'angolo

Simmons, La caduta di Hyperion

Di Stefano, Mal cognome mezzo gaudio

Weis - Hickman, La settima porta

Baldacci Ford, Il potere assoluto

Laurentin, Lourdes

Cruz Smith, La rosa nera

Gates, La strada che porta a domani

Spaak, Oltre il cielo

Fruttero & Lucentini, Il nuovo libro dei nomi di battesimo

Forattini, Giovanni Paolo secondo Forattini

McCarthy, Il falconiere

McFarlan - Bishop, Il Guinness dei perché

Forsyth, Icona

Pilcher, Ritorno a casa

García Márquez, Scritti costieri 1948-1952

Volcic, Est

De Crescenzo, Ordine e Disordine

Sgorlon, La malga di Sîr

Maurensig, Canone inverso

De Mello, Chiamati all'amore

Bonelli - Letteri, Tex. El Morisco

Gibson, Aidoru

Angela P. e A., La straordinaria avventura di una vita che nasce

Dalai Lama, Incontro con Gesù

Høeg, La donna e la scimmia

Cardini, L'avventura di un povero crociato

Dolto - Hamad, Quando i bambini hanno bisogno di noi

Sclavi, Tutti gli orrori di Dylan Dog

Simmons, Il canto di Kali

Krantz, Collezione di primavera

Bocca, Italiani strana gente

AA.VV., Tutti i denti del mostro sono perfetti

Giussani, Diabolik. Le grandi evasioni

Citati, La colomba pugnalata

Guccini- Machiavelli, Macaronì
Grisham, La giuria
De Filippi, Amici di sera
Bevilacqua, Anima amante
Sgarbi, Lezioni private 2
Saul, I misteri di Blackstone
Willocks, Re macchiati di sangue
De Crescenzo, Socrate
Iacchetti, Questo sì che è amore
Jackson, Il Guinness dei cos'è
Salvi, Storia della cultura mondiale
Greggio, Chi se ne fut-fut
Høeg, Racconti notturni
Baldacci Ford, Il controllo totale
García Márquez, Notizia di un sequestro
Castelli, I mondi segreti di Martin Mystère
Schelotto, Il sesso, probabilmente
Di Stefano - Buscemi, Signor giudice, mi sento tra l'anguria e il martello
Ravera, Nessuno al suo posto
Knight - Lomas, La chiave di Hiram
Boneschi, La grande illusione
Forattini, Io e il bruco
Alten, Meg
Quilici, Cielo verde
Leroux, Il fantasma dell'Opera
Citati, La luce della notte
Vespa, La sfida
Bonelli - Galleppini, Tex e il figlio di Mefisto
Clancy, Stormo da caccia
Katzenbach, Il Cinquantunesimo Stato
Silva, La spia improbabile
Barbero, Bella vita e guerre altrui di Mr. Pyle, gentiluomo
Regan, Il Guinness delle gaffe reali
Zecchi, L'incantesimo
Fede, Finché c'è Fede
Grisham, Il partner
Rendell, Il segreto della casa
De Crescenzo, Nessuno
Cornwell, Il cimitero dei senza nome
Matheson, Al di là dei sogni
Galli, Gli Agnelli
Milingo, Guaritore d'anime
Bettiza, Esilio
Robertson, Oasis
Sclavi, Non è successo niente
Evangelisti, Cherudek
Di Stefano, Alle sogliole del Duemila
Cornwell, Il nido dei calabroni
Gervaso, I sinistri
Harrer, Sette anni nel Tibet
De Crescenzo, Sembra ieri
Braghetti, Il prigioniero
Jacq, Il faraone nero
Castellaneta, Racconti d'amore
Zadra, Tantra
Messori, Qualche ragione per credere
Blauner, Il nero dell'arcobaleno
Bevilacqua, Gialloparma
Collins M.A., Salvate il soldato Ryan

«Coppie assassine»
di Cinzia Tani
Bestsellers Oscar Mondadori
Arnoldo Mondadori Editore

Questo volume è stato stampato
presso Mondadori Printing S.p.A.
Stabilimento NSM – Cles (TN)
Stampato in Italia – Printed in Italy

48485
2000